HH

Bibliografische Information der Deutschen Nationalbibliothek
Die Deutsche Nationalbibliothek verzeichnet diese Publikation
in der Deutschen Nationalbibliografie; detaillierte
bibliografische Daten sind im Internet über
http://dnb.ddb.de abrufbar.

Lutz Mükke
Korrespondenten im Kalten Krieg.
Zwischen Propaganda und Selbstbehauptung
Köln: Halem, 2014

Alle Rechte, insbesondere das Recht der Vervielfältigung
und Verbreitung sowie der Übersetzung, vorbehalten.
Kein Teil des Werkes darf in irgendeiner Form (durch
Fotokopie, Mikrofilm oder ein anderes Verfahren)
ohne schriftliche Genehmigung des Verlages reproduziert
oder unter Verwendung elektronischer Systeme
(inkl. Online-Netzwerken) gespeichert, verarbeitet,
vervielfältigt oder verbreitet werden.

© 2014 by Herbert von Halem Verlag, Köln

E-Book (PDF): ISBN 978-3-86962-126-5
Print: ISBN 978-3-86962-059-6

Den Herbert von Halem Verlag erreichen Sie auch im
Internet unter http://www.halem-verlag.de
E-Mail: info@halem-verlag.de

Foto auf dem Umschlag:
Lothar Loewe vor der Ständigen Vertretung der BRD in Ostberlin.
Quelle: BStU, MfS, AOPK 1499/84, Bd. 2, S. 26

SATZ: Herbert von Halem Verlag
DRUCK: docupoint GmbH, Magdeburg
GESTALTUNG: isidoesit : mediendesign Isabell Paustian, Köln
Copyright Lexicon ©1992 by The Enschedé Font Foundry.
Lexicon® is a Registered Trademark of The Enschedé Font Foundry.

Lutz Mükke

Korrespondenten im Kalten Krieg

Zwischen Propaganda und Selbstbehauptung

HERBERT VON HALEM VERLAG

Inhalt

Einladung und Dankeschön · 11

Auftakt.
Der Kalte Krieg der Auslandskorrespondenten –
Akteure, Aktionsräume und Motivationen · 12

KLAUS STEINIGER
»Es gibt keinen Journalismus im luftleeren Raum« · 46

KLAUS BEDNARZ
»Ich wollte journalistisch arbeiten und nichts weiter« · 68

DIETMAR SCHUMANN
»Meine Oma sah mich im Westfernsehen und dachte,
ich wäre abgehauen« · 87

HORST SCHÄFER
»Nie war es der Mann mit den Brötchen oder der Milch« · 117

PETER NÖLDECHEN
»Für die Staatsführung waren wir Feinde« · 152

LOTHAR LOEWE
»Die CIA-Kontakte konnte ich zu Hause anrufen« · 168

RALF BACHMANN
»Wir waren nicht Speerspitzen.
Wir wollten Brückenbauer sein« · 186

REINER OSCHMANN
»Immerfort um internationale Anerkennung bemüht« 207

MANFRED POHL
»Wir haben uns als Akteure in einer
Auseinandersetzung begriffen« 225

ULRICH KIENZLE
»Ich habe ihm gesagt, dass das viel Ärger geben wird« 244

GERD JOSWIAKOWSKI
»Jetzt kommt das erste rote Mäuschen nach Paris« 266

PAUL M. SCHUMACHER
»Wir haben uns dann geprügelt, der Staatssekretär und ich« 281

HEIKE SCHNEIDER
»Mitten im Kriegselend fand ich Familienglück« 300

ROLAND WILHELM HEPERS
»Jeder versucht, den anderen auszunutzen« 328

Südafrikas verdeckte ›psychologische Kriegsführung‹
und der Muldergate-Skandal (Exkurs) 355

HELLMUT KAPFENBERGER
»Fünf Mal Bombenalarm am Tag« 359

LUTZ HERDEN
»Welche Beiträge wir gedreht haben,
entschieden wir selbst« 387

MANFRED VON CONTA
»Siemens, Volkswagen störten sich wohl
an meinen Reportagen« 404

Die Interviewer 426
Sach- und Personenregister 430

Abkürzungsverzeichnis

ADN	Allgemeiner Deutscher Nachrichtendienst
AFP	Agence France-Presse
AIM	American Indian Movement
AP	Associated Press
ANC	African National Congress
ARD	Arbeitsgemeinschaft der öffentlich-rechtlichen Rundfunkanstalten der Bundesrepublik Deutschland
Attac	association pour la taxation des transactions financières et pour l'action citoyenne, globalisierungskritisches Netzwerk
ATO	Allied Travel Office
BBC	BRITISH BROADCASTING CORPORATION
BFSt	Bundesamt für Fernmeldestatistik (Tarnbezeichnung für die Abteilung 2 des Bundesnachrichtendienstes)
bpb	Berliner Pressebüro
BKA	Bundeskriminalamt
BND	Bundesnachrichtendienst
BOSS	Bureau of State Security/South Africa
BPA	Bundespresseamt
BRD	Bundesrepublik Deutschland
BStU	Behörde des Bundesbeauftragten für die Stasi-Unterlagen
CDU	Christdemokratische Partei Deutschland
CGT	Confédération générale du travail, französischer Gewerkschaftsbund
CIA	Central Intelligence Agency
ČSSR	Czechoslovak Socialist Republic
CSU	Christlich-soziale Union
DC-9	McDonnell Douglas DC-9 (Flugzeug)
DDR	Deutsche Demokratische Republik

DEFA	Deutsche Film-Aktiengesellschaft
DFF	DEUTSCHER FERNSEHFUNK der DDR
DGB	Deutscher Gewerkschaftsbund
DhfK	Deutsche Hochschule für Körperkultur
DINA	Dirección de Inteligencia Nacional, chilenischer Geheimdienst
dju	Deutsche Journalistenunion
DKP	Deutsche Kommunistische Partei
DM	Deutsche Mark
DS-KULTUR	DEUTSCHLANDSENDER KULTUR
dpa	Deutsche Presse-Agentur
EBU	European Broadcasting Union
EL	Entwicklungsländer
FA-Cup	Football Association-Cup
FAZ	*Frankfurter Allgemeine Zeitung*
FDJ	Freie Deutsche Jugend (sozialistischer Jugendverband in der DDR)
FDP	Freie Demokratische Partei
FKP	Französische Kommunistische Partei
FLA	Befreiungsfront der Azoren
FOA	Feindobjekt-Akte
FRELIMO	Frente de Libertação de Moçambique
FSLN	Führungsgremium der Frente Sandinista
GSG-9	Grenzschutzgruppe 9 der Bundespolizei
GST	Gesellschaft für Sport und Technik (Massenorganisation in der DDR)
HVA	Hauptverwaltung Aufklärung (Auslandsgeheimdienst der DDR)
IM	Inoffizieller Mitarbeiter
IOC	Internationales Olympisches Komitee
KGB	Komitet gossudarstwennoi besopasnosti pri Sowjete Ministrow / Komitee für Staatssicherheit beim Ministerrat der UdSSR
KP	Kommunistische Partei
KPD	Kommunistische Partei Deutschlands
KPdSU	Kommunistische Partei der Sowjetunion
KSZE	Konferenz über Sicherheit und Zusammenarbeit in Europa
LPG	Landwirtschaftliche Produktionsgenossenschaft
LSD	Lysergsäurediethylamid

MdB	Mitglied des Bundestages
MDR	MITTELDEUTSCHER RUNDFUNK
MfS	Ministerium für Staatssicherheit, Stasi
MI5	Military Intelligence, Section 5, britischer Geheimdienst
MI6	Military Intelligence, Section 6, britischer Geheimdienst
MPLA	Movimento Popular de Libertação de Angola, Volksbewegung zur Befreiung Angolas
PDS	Partei des Demokratischen Sozialismus
PR	Public Relations
NATO	North Atlantic Treaty Organization, Nordatlantikpakt-Organisation
ND	*Neues Deutschland*
NDR	NORDDEUTSCHER RUNDFUNK
NS	Nationalsozialismus
OAU	Organisation für Afrikanische Einheit
OibE	Offizier in besonderem Einsatz
OPK	Operative Personenkontrolle
ORB	OSTDEUTSCHER RUNDFUNK BRANDENBURG
OV	operative Vorgänge
PDS	Partei des Demokratischen Sozialismus
PLO	Palestine Liberation Organization
PSD	Sozialdemokratische Partei Deutschlands (rechtskonservativ)
RAF	Rote Armee Fraktion
RIAS	RADIO IM AMERIKANISCHEN SEKTOR
RGW	Rat für Gegenseitige Wirtschaftshilfe
SAA	South African Airways
SANA	Syrian Arab news agency
SBZ	Sowjetische Besatzungszone
SDA	Schweizerische Depeschenagentur
SDR	SÜDDEUTSCHER RUNDFUNK
SED	Sozialistische Einheitspartei Deutschland
SFB	SENDER FREIES BERLIN
SIS	Secret Intelligence Service (britischer Geheimdienst)
SNG	Substitue Natural Gas or Synthetic Natural Gas
SPD	Sozialdemokratische Partei Deutschland
SU	Sowjetunion
SS	Schutzstaffel

SWAPO	South West Africa People's Organisation
SWR	SÜDWESTDEUTSCHER RUNDFUNK
SZ	*Süddeutsche Zeitung*
TASS	Telegraph Agency of the Soviet Union
UdSSR	Union der Sozialistischen Sowjetrepubliken
UNITA	National Union for the Total Independence of Angola
UN	United Nations (Vereinte Nationen)
UNO	United Nations Organisation
UPI	United Press International
US	United States
USA	United States of America
Ü-Wagen	Übertragungswagen
VDJ	Verband der Journalisten
VOA	VOICE OF AMERICA
WDR	WESTDEUTSCHER RUNDFUNK
ZANU	Zimbabwe African National Union
ZAPU	Zimbabwe African Peoples Union
ZDF	ZWEITES DEUTSCHES FERNSEHEN
ZK	Zentralkomitee

Einladung und Dankeschön

Es würde mich freuen, wenn Sie das vorliegende Buch mit Gewinn lesen und sich anregen ließen, über den hohen Stellenwert nachzudenken, den freier und wahrhaftiger Journalismus hatte und hat – ob im Kalten Krieg oder heute.

An diesem Buch haben viele Anteil. Für Mitarbeit, Geduld und Offenheit geht mein herzlicher Dank an alle Gesprächs- und Interviewpartner, auch an jene, deren Interviews hier nicht abgedruckt werden konnten oder sollten. Ihre Bereitschaft, als Zeitzeugen über einen Abschnitt ihres Lebensweges zu berichten, Nachfragen zu beantworten und Fotos und Dokumente beizusteuern, war grundlegend für das Projekt. Auch etlichen Familienmitgliedern von befragten Korrespondenten sei für die freundliche Unterstützung gedankt.

Mein besonders herzlicher Dank geht ebenfalls an alle ehemaligen Studenten, die engagiert und mit Verve ihre Seminaraufgaben erfüllten: Ohne Sie wäre dieses Gemeinschaftswerk nicht entstanden.

Etliche Bibliothekare, Archivare, Experten und Hinweisgeber unterstützten die Seminar- und meine Forschungsarbeiten in Deutschland, Russland, den USA, der Schweiz, Schweden und in Südafrika. Namentlich danken möchte ich Sibylle Menzel, Gabriele Steinbach, Ruth Weiss, Perry Kretz, Vincent Mos, Peter Scheifler, Andreas Schmidt, Siegfried Schmidt, Piet Swanepeol, Veit Scheller, Leiter des ZDF-Archivs, sowie Markus Anhalt von der Behörde des Bundesbeauftragten für die Unterlagen des Staatssicherheitsdienstes. Darüber hinaus geht mein Dank auch an den Südwestrundfunk, den Rowohlt-Verlag, das Deutsche Rundfunkarchiv sowie sehr herzlich an den Verleger dieses Buches, Herbert von Halem.

Besonderer Dank gilt auch Martin Hoffmann, der dem Buchprojekt mit Ausdauer insbesondere als Fact-Checker zur Seite stand. In diese Projektarbeit waren auch Maria Wiesner und Jennifer Giwi involviert.

Meiner Familie danke ich ganz, ganz herzlich für ihre Langmut und dafür, dass zuhause unablässig Papierberge und Bücherstapel wild nachwachsen dürfen.

Dr. Lutz Mükke, August 2014

Auftakt.
Der Kalte Krieg der Auslandskorrespondenten – Akteure, Aktionsräume und Motivationen

Das Treffen von Melville

Der Interviewtermin war seit Monaten vereinbart. Ich sah ihm mit großen Erwartungen entgegen. Wir saßen in einem der netten Cafés in der 7th Street im Johannesburger Stadtteil Melville. Draußen regnete es stark. Das Wasser strömte die Straße hinunter. Drinnen kamen wir über ein holpriges Gespräch nicht hinaus: Die Antworten auf meine Fragen waren Plattitüden über die Arbeit von Auslandskorrespondenten, hie und da angereichert durch persönliche Anekdoten. – Irgendetwas stimmte nicht. Irgendetwas störte mich. Irgendwie passten die Antworten nicht zu dem Typ Mensch, der mir gegenüber saß. Nach anderthalb Stunden verabschiedeten wir uns. Ich saß noch eine Weile da, trank meinen Kaffee aus und langsam wurde mir klar: Mein Gegenüber war nicht gekommen, um mir zu antworten – sondern um meine Fragen zu hören. Ich fühlte mich über den Tisch gezogen. Doch heute, rückblickend, bin ich dankbar für dieses Erlebnis, halfen mir die leeren Worte meines Gegenübers doch viel weiter, als meine Fragen es hätten tun können. Ich blieb mit einer ganz neuen, entscheidenden Frage zurück: Weshalb dieses Versteckspiel? Und hinter dieser Frage öffnete sich eine mir bis dahin unbekannte Welt. Die Suche nach dem ›Warum‹ führte mich für fast ein Jahrzehnt in Archive, Behörden, Bibliotheken, auf Veranstaltungen, in Seminare und nächtelang ins Internet. Dem Interview von Melville folgten etwa 60 weitere. Die während der Recherche zusammengetragenen Publikationen und Bücher füllen mittlerweile Regalmeter, die aus Archiven kopierten Dokumente zählen mehrere zehntausend Seiten. Das Buch, das Sie gerade in Ihren Händen halten, spiegelt nur einen Bruchteil dieser Recherchen. Das Thema, zu dem mich jenes schiefe Interview führte, kristallisierte sich bald heraus: ›Korrespondenten im Kalten Krieg‹. Denn in jener Zeit liegen die Gründe, weshalb das Gespräch in Melville so fragwürdig verlief.

Die Leipziger Projektseminare

Längst aus Südafrika wieder nach Deutschland zurückgekehrt arbeitete ich als Wissenschaftlicher Assistent der Journalistik an der Universität Leipzig. 2009 und 2010 nutzte ich hier mehrere Projektseminare, um das Thema ›Korrespondenten im Kalten Krieg‹ weiter voranzutreiben. Kerngedanke der Seminare war: Studenten sollten sich mit Arbeitsbedingungen und Rollenverständnissen von Auslandskorrespondenten während des Kalten Krieges auseinandersetzen und dadurch – so der Anspruch – auch ihre eigenen Positionen und Berufsverständnisse festigen. Zeitzeugen wie Christoph-Maria Fröhder, jahrzehntelang Auslandsreporter u.a. für die ARD, Horst Schäfer (s. Interview auf S. 117ff.), ehemals Allgemeiner Deutscher Nachrichtendienst (ADN) oder Heike Schneider, Radio und Fernsehen der DDR (s. Interview auf S. 300ff.) kamen als Gäste nach Leipzig ins Seminar und diskutierten mit Studenten über ihre Erfahrungen und beruflichen Standpunkte. Schließlich schwärmten die Studenten in Rechercheteams durch ganz Deutschland, fuhren bis nach Schweden oder führten Telefon- und Skype-Interviews mit ehemaligen Korrespondenten, die heute in Brasilien, Indien oder Südafrika leben. Jede Arbeitsgruppe, meist bestehend aus zwei Studenten, war angehalten, jeweils einen aus der DDR und aus der BRD stammenden Korrespondenten zu befragen, die in etwa für das gleiche Berichterstattungsgebiet zuständig waren. Um vorbereitet in die Gespräche zu gehen, sollten die Studierenden vorab in Bibliotheken und Archiven über die Arbeit ihrer Interviewpartner recherchieren. Die Seminare waren auch Initialzündung für mehrere Master- und Diplomarbeiten.

Die vorliegende Auswahl präsentiert nun Gespräche, denen eine gewisse Qualität, Reflexionskraft und Erkenntnisgewinn zugesprochen wird. In den problemzentrierten Leitfadeninterviews wurden historisch-biografische Dimensionen erfasst, die als biografische Interpretationen, Sinnstrukturen und Deutungsmuster der Interviewten verstanden werden müssen. Die hier vorliegenden geformten Versionen wurden zudem interaktiv konstruiert, abgestimmt, verhandelt und zusammengefasst. Die Interviews entstanden im Akteursdreieck Interviewer (Studententeam) – Interviewpartner (Korrespondent) – Lehre, Moderation, Redaktion (Seminarleiter).[1]

Der gesamte Forschungsprozess bis hin zur Veröffentlichung dieses Buches war heikel und durchzogen von zwiespältigen und mühsamen Erfahrungen. Interviewanfragen wurden vielfach abgelehnt und selbst langwierige und bis dahin gedeihliche Kooperationen brachen im finalen Autorisierungsprozess doch noch zusammen. Gründe hierfür war mehrfach die Konfrontation der Korrespondenten mit ihren nachweisbaren Falschaussagen in Bezug auf fragwürdige Arbeitspraktiken, Berichterstattung und Rollenverständnisse – etwa bei der Vermischung von Propaganda und PR und Journalismus oder bei geheimdienstlichen Hintergründen, auf die ich später noch genauer eingehe.

Zum Abbruch von Kooperationen kam es sowohl mit Korrespondenten aus Ost- wie aus Westdeutschland. Häufiger lehnten ehemalige DDR-Korrespondenten das Gespräch ab. Sie begründeten dies oft mit einer von ihnen erlebten undifferenzierten Diskreditierung ihrer Arbeit nach dem Zusammenbruch der DDR und einem daraus resultierenden tiefen Misstrauen gegenüber einem (möglichen) öffentlichen Diskurs. Viele der DDR-Korrespondenten fielen mit dem Fall der Mauer beruflich ins Bodenlose, fanden ihre Lebensleistungen komplett und pauschal entwertet. – Wenn derartige Verfasstheiten Jahrzehnte nach der deutschen Wiedervereinigung einen Forschungsgegenstand immer noch so stark prägen, sollte auch dies als ein bemerkenswerter und durchaus beunruhigender Befund festgehalten werden.

Doch zurück in die Leipziger Seminare. Zu deren Beginn wurde schnell deutlich: Der Kalte Krieg war für viele Studenten weit weg – neblige His-

---

1 Zur Genese der in diesem Buch abgedruckten Interviews: Die SeminarteilnehmerInnen adaptierten zunächst einen vom Seminarleiter bereitgestellten Interviewleitfaden für ihre jeweiligen Interviews und führten die Gespräche selbstständig durch. Die Interviewpartner wurden von den Studenten in der Regel frei gewählt. Einige Kontakte regte der Seminarleiter an. Die Interviewlängen variierten von 30 Minuten bis zu acht Stunden. Die Mitschnitte der Interviews wurden verschriftlicht und anschließend redigiert. Danach durchliefen sie einen Fact-Checking-Prozess. Dieser Verständigungsprozess wurde von mir begleitet und vorangetrieben, etliche vertiefende Fragen und viele meiner Recherche-Ergebnisse flossen in diesen Prozess ein. Die Einblicke, welche die Interviewten in der hier veröffentlichten Version gewähren, sind ein kleiner Teil ihrer autobiografischen Narration. Sie geben eine subjektive Perspektive auf das Erlebte wieder und binden Geschehnisse und Handlungen, die teilweise ein halbes Jahrhundert zurückliegen, in aktuelle Reflexionshorizonte, Kontexte und Diskurse ein. Die Aussagen der Gesprächspartner können sich unter Umständen auch an sozialen Gewünschtheiten orientieren (vgl. DEPPERMANN 2013).

torie, gefühltes 18. Jahrhundert, Entertainment á la *Goodbye Lenin*. Für die Korrespondenten, die sie als Zeitzeugen interviewen sollten, war das hingegen komplett anderes. Für sie war und ist der Kalte Krieg lebendiger und stark prägender Teil ihrer Lebensläufe, ihrer zum Teil großen Karrieren. Mir als Vertreter der Zwischengeneration und Wissenschaftler blieb die Aufgabe, im begrenzten Seminarzeitraum zwischen diesen Generationen und Erfahrungshorizonten so zu vermitteln, damit sie zusammenfinden und dadurch brauchbare Resultate in Form von qualitativen Interviews entstehen konnten.

Privilegierte Bedingungen

Was die Erforschung des Themas ›Korrespondenten im Kalten Krieg‹ angeht, herrschen in Deutschland privilegierte Bedingungen: Auf der einstigen Demarkationslinie zwischen den verfeindeten Machtblöcken kann man heute auf Erfahrungen und Perspektiven beider Systeme zurückgreifen. An den Standorten Bonn sowie West- und Ostberlin arbeiteten in den Jahrzehnten des Kalten Krieges, zwischen 1945 und 1990, tausende Auslandskorrespondenten. Zahlreiche Behörden, parastaatliche Einrichtungen, Organisationen und Medienhäuser beschäftigten sich teils minutiös mit der Arbeit von Korrespondenten und legten dabei Archive an. Noch heute leben in Deutschland Zeitzeugen und Experten sowohl aus der Bundesrepublik als auch aus der DDR.

Dieses reichhaltige Angebot an Quellen, Perspektiven und Archiven eröffnet nicht nur für die Journalismusforschung große Möglichkeiten. Die vorhandenen Daten erlauben systemvergleichende Analysen und darauf basierende Reflexionen auf Metaebene. Dazu arbeite ich an einem zweiten Buch. Der hier vorliegende (erste) Band enthält 16 ausgewählte Korrespondenteninterviews, die im Zuge der oben genannten Seminare geführt wurden sowie ein Interview aus meinem Forschungsfundus (Gespräch mit Roland W. Hepers, S. 328ff.). Die abgedruckten Gespräche geben subjektiv-individuelle Einblicke in die Zeit des Kalten Krieges und sollen die Leser zum Nachdenken darüber anregen, wie Auslandsberichterstattung in diktatorischen und pluralistischen Mediensystemen funktionierte, welchen Normen und Zwängen, welchen staatlichen und institutionellen Einflüssen sie unterlag, und welche Berührungspunkte Auslandskorrespondenten der konkurrierenden politischen und journalistischen Systeme miteinander hatten.

Der Kalte Krieg

Der Kalte Krieg war ein Zustand permanent aufrecht erhaltener Spannungen zwischen zwei weltanschaulich-ideologischen Machtpolen. Das Wettrüsten und die nukleare Abschreckung gehörten zu den zentralen Politikelementen im Verhältnis zwischen der Sowjetunion, den USA und ihren jeweiligen Satellitenstaaten. Heiß wurde diese Auseinandersetzung auf den Schlachtfeldern zahlreicher Stellvertreterkriege wie in Korea, Vietnam, Angola, Mosambik, Nicaragua, Honduras, Afghanistan oder in Zaire, wo Millionen Menschen starben und wohin für Abermilliarden an Dollar Rüstungsgüter, Truppen und Militärberater beider Blöcke transferiert wurden. Dutzende Putsche gegen unliebsame Regierungen, geheime Kommando-Aktionen und Niederschlagungen von Aufständen wie in der DDR, Ungarn, der Tschechoslowakei, in Chile, Kuba, Algerien, Guatemala oder im Iran charakterisierten die Periode des Kalten Krieges. Auf beiden Seiten arbeiteten dafür Heerscharen von Politikern, Diplomaten, Geheimdienstlern, Militärs und Medienmacher. Sie schlugen ihre Schlachten auch in den politischen Systemen ihrer Länder, in internationalen Organisationen wie der UNO oder der Konferenz über Sicherheit und Zusammenarbeit in Europa (KSZE) oder in den Propagandalinien von Massenmedien, Buchverlagen und Kultureinrichtungen (vgl. SAUNDERS 2001; STÖVER 2002; WILFORD 2008). Greiner et al. resümieren: »knapp die Hälfte des über vier Jahrzehnte währenden Kalten Krieges standen im Zeichen akuter politischer und militärischer Krisen.« Ursachen und Impulse für diese Krisen lagen im »zählebigen Erbe der Kolonialzeit« ebenso wie in der hintergründigen Präsenz der 1920er- und 1930er-Jahre und des Zweiten Weltkriegs (GREINER et al. 2008: 7).

Kongo-Wirren, Vietnam-Krieg und Olympia 1980

Was erwartet den Leser? – In diesem Buch blicken Auslandskorrespondenten aus Ost- und Westdeutschland auf ihre Arbeit für den ADN, die ARD, das *Handelsblatt*, den *Horizont*, das *Neue Deutschland*, für den Rundfunk und das Fernsehen der DDR, für den *Spiegel*, den *Stern*, die *Süddeutsche Zeitung*, die *Wochenpost*, das ZDF und eine ganze Reihe anderer Medienhäuser zurück.

Die Interviews führen Sie zu einer Vielzahl zeitgeschichtlicher Ereignisse rund um den Globus: Gerd Joswiakowski (ADN) berichtete beispielsweise 1960 über die folgenschweren ›Kongo-Wirren‹ aus Kinshasa und übersetzte in historischem Moment für Patrice Lumumba. Später, als

Korrespondent in Paris, geriet er in die gewaltsamen Proteststürme der 68er-Bewegung. Lothar Loewe (ARD) erinnert an seinen Bericht über die Demonstration vor dem Lincoln Memorial in Washington, als Martin Luther King sein berühmtes ›I have a dream!‹ in die Welt hinausrief. Hellmut Kapfenberger war von 1970 bis 1973 einer der wenigen Korrespondenten in Nordvietnam und informierte für den ADN aus der ›Vietcong‹-Perspektive über den Krieg. Manfred von Conta (*Stern* und *Süddeutsche Zeitung*) bereiste als Korrespondent mehr als ein Jahrzehnt lang Lateinamerika – reportierte über Fidel Castros Kuba, über die sandinistische Revolution und die Contras in Nicaragua oder die Frente Farabundo Marti in El Salvador.

Paul M. Schumacher, erster *Spiegel*-Korrespondent im Apartheid-Staat Südafrika, war Augenzeuge der Soweto-Aufstände und der langsamen Entmachtung der weißen Siedlerkolonien im südlichen Afrika. Er berichtet, wie Rudolf Augstein den südafrikanischen Botschafter »einbestellte« und so seine Akkreditierung rettete. Klaus Bednarz (ARD) begann 1977 seine Korrespondentenarbeit im streng kontrollierten Moskau, obwohl ihn die Sowjetunion zunächst nicht akkreditieren wollte. Er suchte die Nähe zu intellektuellen Dissidenten und Menschenrechtlern, etwa zur Moskauer Helsinki-Gruppe. In seine Moskauer Zeit fiel auch die Olympiade 1980, die wegen des Einmarschs der Sowjetarmee in Afghanistan von etlichen westlichen Staaten boykottiert und über die im Westen auch nur begrenzt berichtet wurde. Für Dietmar Schumann war Olympia 1980 hingegen eine arbeitsintensive Zeit. Seine Beiträge erschienen nicht nur im Fernsehen der DDR, sondern auch im öffentlich-rechtlichen Fernsehen der Bundesrepublik. Für die ARD berichtete Ulrich Kienzle 1982 über das Massaker von Sabra und Shatila im Libanon-Krieg. Und im *Neuen Deutschland* erschienen die Beiträge, die Reiner Oschmann 1984/85 über die großen Bergarbeiterstreiks in England schrieb. – Die Beispiele aus den Interviews ließen sich zahlreich fortsetzen und geben Zeugnis über den welthistorisch relativ kurzen, aber spannungsgeladenen Zeitraum von 1945 bis 1990.

Neben den Rückbezügen auf konkrete Ereignisse äußern sich die befragten Korrespondenten auch zu einer Vielzahl von Aspekten, die ihre Arbeit und ihre Karrieren beeinflussten. Sie beantworten Fragen etwa zur Inneren und Äußeren Pressefreiheit, zur Gängelung durch Redaktionen, zu Tabuthemen, zur Propaganda und zur Geheimdienstarbeit. Sie beschreiben ferner, warum Kontakte zu Journalisten der jeweils anderen deutschen Seite oft wenig ergiebig waren. Und schließlich erklären sie, wie für sie die politische Wende verlief und warum sie trotz aller Hürden nach wie vor davor davon überzeugt sind, dem schönsten ›Beruf der Welt‹ nachgegangen zu sein. Auf einige dieser Aspekte geht dieser Auftakt ein.

Massenmedien im Kalten Krieg

Massenmedien und Journalisten beider Blöcke trugen im Kalten Krieg maßgeblich dazu bei, zentrale bipolare Gut-Böse-Narrative zu implementieren. So standen sich die Gesellschaftsideologien des Kapitalismus und des Sozialismus bzw. Kommunismus, die Militärblöcke NATO und Warschauer Pakt sowie die Wirtschaftsphilosophien der freien Marktwirtschaft und der Planwirtschaft gegenüber. Der andere war meist das Feindbild, das Minderwertigere, das Irrationale, der Aggressor. Zur Verbreitung, Verfestigung und politischen Nutzung dieser identikativen Erzählrahmungen war Massenkommunikation das zentrale Mittel und für die jeweiligen politisch-ideologischen Eliten von höchster Wichtigkeit. Im psychologisch-propagandistischen ›Krieg um die Herzen und Köpfe‹ der Menschheit erklärte jede Seite, Freund wie Feind, fortwährend, der Welt den besseren, zukunftsträchtigeren und aufrichtigeren Gesellschaftsentwurf anbieten zu können (vgl. STÖVER 2002; SAUNDERS 2001). Die Grenzen zwischen originärer Medienmanipulation, politischer Doktrin und kultureller Sozialisation lassen sich dabei nicht immer leicht erkennen und verschwimmen durchaus auch im westlichen Lager, wie Bernhard in ihrem Buch U.S. Television News and Cold War Propaganda, 1947-1960 schreibt. Und es verblüfft nicht, dass entgegen aller proklamierten Staatsferne auch privat geführte Medien des westlichen Lagers bereit waren, eng mit staatlichen Akteuren zu kooperieren und die Doktrin des Antikommunismus systematisch in ihre Programme zu integrieren, um die Öffentlichkeit von der Notwendigkeit des Kalten Krieges zu überzeugen (BERNHARD 2003).

War die zentrale Steuerung der Massenmedien im Ostblock als politisch-ideologisches Konzept definiert (s. Abb. 1, S. 30), verstanden sich Massenmedien in der privaten und öffentlich-rechtlichen Ausprägung innerhalb westlicher Gesellschaften meist als ›unabhängig‹ – wobei sich das Attribut ›unabhängig‹ vor allem auf die Distanz zu den Mächtigen, zu den Eliten und auf die gelebte Innere und Äußere Pressefreiheit bezieht. Systemstabilisierende Wirkung erzielten Massenmedien im westlich-demokratischen Lager durch einen ständigen öffentlichen Diskurs. Dieser ventilierte eine vergleichsweise offene gesellschaftliche Debatte und entfaltete dadurch Integrationskraft sowie pluralistisch-disperse Orientierungen.

Erinnert werden muss an dieser Stelle allerdings daran, dass unter dem Schlagwort ›Westliches Lager‹ während des Kalten Kriegs kein Block von Staaten ähnlicher demokratischer Gesellschaftssysteme zu verstehen war. Abhängig vom Zeitpunkt zählten zum westlichen Bündnis auch diktatorische Staaten wie Griechenland, Portugal, Spanien und eine große Zahl an verbündeten totalitären und autoritären Diktaturen in der südlichen Hemisphäre wie Südafrika, Pakistan, Indonesien oder Saudi Arabien, die allesamt ihre Mediensysteme sehr restriktiv überwachten.

Am deutlichsten kamen Propagandabemühungen beider Lager in der Berichterstattung des jeweiligen Auslandsrundfunks zum Ausdruck. Staatliche oder parastaatliche Radiostationen wie VOICE OF AMERICA (VOA), RADIO FREE EUROPE/RADIO LIBERTY, RADIO IM AMERIKANISCHEN SEKTOR (RIAS) oder RADIO MARTI sendeten ihre Programme direkt ins feindliche Lager und erreichten dort viele Zuhörer. Die Westmächte flankierten mit diesen Sendern ihre psychologische Kriegsführung. Diese mehr oder weniger direkt von der US-Regierung gesteuerten Rundfunkstationen waren wichtige Instrumente des ›Kreuzzugs für die Freiheit‹ und sollten zur Schaffung ›innerer Opposition‹ im Ostblock beitragen, wo man diese Aktivitäten als ›politisch-ideologische Diversion‹ und ›Inspirierung politischer Untergrundtätigkeit‹ bezeichnete. Unter den Mitarbeitern der Sender gab es eine erhebliche Zahl an politischen Aktivisten, Dissidenten, immigrierten Oppositionellen und CIA-Mitarbeitern. Viele, die in diese Propaganda-Arbeit des westlichen Lagers involviert waren, handelten als Patrioten und setzten sich für westliche Werte ein (CONE 1998/99).[2]

---

2 Westlicher Auslandsrundfunk konnte von weiten Teilen der Bevölkerung im Ostblock empfangen werden. Bereits Ende der 1950er-Jahre sendete allein VOICE OF AMERICA 147 Radioprogramm-Stunden täglich, in mehr als ein Dutzend mittel- und osteuropäischer Sprachen. Alle oben genannten amerikanischen Auslandssender hatten sich der Destabilisierung des Ostblocks und dem ›Kampf gegen den Kommunismus‹ verschrieben. Eine der wichtigsten Struktureinheiten von VOA war beispielsweise die ›Operations Intelligence Unit‹, die bereits »1951 ausdrücklich dafür eingerichtet worden war, nachrichtendienstliches Material auszuwerten, das für die Sendungen eingesetzt wurde«. Zudem gab es eine ›Ideological Advisory Unit‹, die »für die Analyse sowjetischer Politik und die Entwicklung von Gegenstrategien verantwortlich« zeichnete (STÖVER 2002: 418-420). Daugherty nennt in dem von ihm 1958 herausgegebenen Buch *A Psychological Warfare Casebook* (1958) die dahinter stehende Strategie der psychologischen Kriegsfühung »Constructive Subversion« (zit. n. STÖVER 2002: 428). Zwei zentrale Konzepte hebt Stöver hervor – die ›Magnettheorie‹ und die ›Wahrheitsoffensive‹. Über die Massenmedien sollte zum einen die vergleichsweise schlechte Versorgung im Osten und zum anderen die dort fehlende Freiheit aufgezeigt und fortwährend problematisiert werden. Im Gegenzug stellte man die Vorzüge westlicher Lebensart und der Konsumgesellschaft dar. Dies geschah über Themen und Formate, die Flüchtlinge, Oppositionsanhänger, sensible Minderheitenfragen, bürgerliche

Ebenfalls davon überzeugt, der richtigen Sache zu dienen, arbeitete auf der anderen Seite des Eisernen Vorhangs die ideologische Konkurrenz mit ähnlichen Mitteln, nur unter umgekehrten Vorzeichen, für Auslandssender wie RADIO MOSKAU, DEUTSCHER FREIHEITSSENDER 904 oder die STIMME DER DDR. Dort hatte man sich dem ›Kampf für Frieden und Sozialismus‹ und ›gegen Krieg und Imperialismus‹ verschrieben (vgl. WILKE 2004; KAISER 2014). Das vorliegende Buch fokussiert jedoch nicht auf Auslandssender als massenmediale Sonderform im Kalten Krieg. Im Fokus stehen hier Korrespondenten, die ihre Beiträge in erster Linie für die Bevölkerung des eigenen Landes produzierten.

Opportunisten, Tagelöhner und Aufklärer

Um ein Forschungsergebnis vorwegzunehmen: Wie verschieden die Eigentums- und Steuerungsformen von Massenmedien und die Journalismus-Rollen, -Verständnisse und -Definitionen in Ost und West auch gewesen sein mögen – eine Gemeinsamkeit bleibt festzuhalten: Auslandsberichterstatter fungierten in beiden Systemen meist als Wertevertreter und Werteverteidiger des politischen Systems, in dem sie sozialisiert wurden. Und sie gehörten zu besonders privilegierten Informations- und teils auch zu den Repräsentationseliten ihrer Länder und politischen Systeme.

Inbesondere im ›gegnerischen‹ Ausland waren die Arbeitsbedingungen für Journalisten im Kalten Krieg schwierig. Es oblag dem jeweiligen Selbstverständnis und dem Geschick der Auslandsberichterstatter, die Aktionsräume der Inneren und Äußeren Pressefreiheit auszuloten. Die Qualitäten und Quantitäten dieser Spielräume fielen an den verschiedenen Korrespondentenstandorten und im Zeitlauf sehr unterschiedlich aus, wie die nachfolgenden Interviews belegen. Willige Tagelöhner, stramme Ideologen und politische Opportunisten gab es in beiden Gesellschaftssystemen, gleichwohl auch geistvolle journalistische Aufklärer.

DDR-Korrespondenten sahen Journalismus in der Regel als politisch-ideologische Arbeit im Kampf gegen die ›andere Seite‹, gegen den Kapitalismus und für eine ›neue Zeit‹, für den Sozialismus. Sie agierten in einer Doppelrolle, die sie selbst oft gar nicht als eine solche empfanden – als Journalisten und parallel als weisungsgebundene Staatsangestellte im

---

Freiheiten, Religion oder im Ostblock verbotene Literatur in den Fokus rückten und Sendungen, die bevorzugt Jugendliche ansprachen (STÖVER 2002: 429).

Dienste der Außenpolitik der DDR. Im Sinne Lenins füllten Sie die Funktionen kollektiver Propagandisten, Agitatoren und Organisatoren aus. Nach dem in pluralistischen Demokratien heute vorherrschendem Verständnis lässt sich ihr Rollenbild wohl am ehesten mit dem linker Politaktivisten vergleichen. Im Kern waren sie PR-Arbeiter für eine Ideologie und einen Staat(enverbund) (vgl. MEYEN/FIEDLERm 2010: 357). Ähnlich wie Diplomaten hatten sie diszipliniert zu dienen, ohne jedoch dem diplomatischen Dienst anzugehören oder diesem weisungsgebunden zu sein. Die meisten erfüllten die Erwartungen, die in sie gesetzt wurden, aus einer tiefen inneren Überzeugung heraus, historisch-dialektisch gesehen auf der ›richtigen Seite‹ zu stehen.

Als ein Beleg ihrer starken Bindung und Systemtreue kann die sehr geringe Zahl an DDR-Korrespondenten gelten, die die Seite wechselten. In den Jahrzehnten des Kalten Krieges dürfte höchstens ein Dutzend DDR-Korrespondenten Republikflucht begangen haben, obwohl es organisatorisch für Hunderte ein Leichtes gewesen wäre. Wie ist das zu erklären? – Eine der Abschlussarbeiten, die aus den Leipziger Seminaren entstanden, widmete sich diesem Thema (WIESNER 2011): Für Korrespondenten aus dem Osten kam ein Wechsel ins feindliche Lager kaum in Betracht. Sie waren überzeugte Sozialisten und Kommunisten, genossen als sogenannte ›Nomenklaturkader‹ Privilegien und ihre Auswahl war das Resultat einer intensiv betriebenen zentralisierten Personalsteuerungspolitik. Die Leitungsgremien des Parteiapparats besetzten die herausragenden Posten von Auslandskorrespondenten fast auschließlich mit Parteikadern, die der sozialistischen Weltanschauung zuverlässig verbunden waren und auch die offensichtlichen Widersprüche der DDR-Realität weitgehend ignorierten oder akzeptierten. Durch ein stringent organisiertes Auswahlverfahren innerhalb des SED-Medienmonopols und eine staatlich strukturierte und formalisierte Ausbildung (Volontariat, Journalistik-Studium oder Fernstudium in Leipzig, Parteihochschule, Parteigruppe) wurden berufliche Sozialisation, Professionalität, politische Ideologie, Partei- und Systemtreue für Auslandskorrespondenten sichergestellt. Allerdings gab es immer wieder individuelle Karrieren, die leicht aus dem Raster fielen (s. das Interview mit Heike Schneider, S. 300ff.). Zudem wurde auf soziale und familiäre Hintergründe bis hin zur sexuellen Orientierung geachtet. Stabile familiäre Verhältnisse wirkten sich positiv auf die Auswahl aus. Fast immer wurden Korrespondenten zusammen mit ihrer Ehefrau ins Ausland entsendet. Ledig oder homosexuell zu sein war von Nachteil.

Das Berufsverständnis westdeutscher Journalisten war hingegen überwiegend von Handlungsmaximen der Staatsferne geprägt, obwohl sich insbesondere in den ersten Jahrzehnten der Bundesrepublik etliche Korrespondenten auch als Repräsentanten ihres Staates sahen (vgl. DOVIFAT/WILKE 1976: 24). Auch gab es im westlichen Lager, wie bereits erwähnt, umfangreiche offene und verdeckte Kollaborationen zwischen staatlichen Organisationen und privaten Massenmedien. Im Interview mit Roland Hepers (S. 328ff.) kommt beispielsweise die enorme Tragweite der geheimen Propaganda-Aktivitäten der Republik Südafrika zur Sprache.

Das Mediensystem der Bundesrepublik erlaubte einen weitgehend freien Zugang zum Journalisten-Beruf. Hier konnte sich jeder auf den Weg machen und Auslandskorrespondent werden, wenn er nur Abnehmer für seine journalistischen Produkte fand. Das galt selbstverständlich auch für Systemkritiker. In der DDR hingegen hätte ein solcher niemals Korrespondent werden können. In der Bundesrepublik bildete sich ein pluralistisch-heterogenes Berufsverständnis heraus, ein von der politischen Machtsphäre sehr viel weniger abhängiger, multifunktionaler und teils kritisch-kontrollierender Berufsstand, in dem eine Vielzahl an journalistischen Rollenverständnissen zu finden waren (NOELLE-NEUMANN et al. 1996; DONSBACH 1994; SCHÖNBACH et al. 1994; WEISCHENBERG et al. 1994; WEISCHENBERG 1995; WEISCHENBERG et al. 2006). Die Vielfalt dieser Verständnisse wird auch beim vergleichenden Lesen der Interviews mit Lothar Loewe (S. 168ff.), Manfred von Conta (S. 404ff.), Roland Hepers (S. 328ff.), Peter Nöldechen (S. 152ff.), Paul M. Schumacher (S. 281ff.) oder Ulrich Kienzle (S. 244ff.) schnell deutlich.

In der Bundesrepublik entwickelte sich ein ganzer Forschungszweig, der sich der wissenschaftlichen Erkundung journalistischer Rollenverständnisse widmete. Hagemann (1950: 52) schreibt über das Selbstverständnis von Auslandskorrespondenten in der frühen Bundesrepublik:

> »Man hat den Auslandskorrespondenten einen inoffiziellen Botschafter seines Landes genannt. Dieser anspruchsvolle Vergleich ist durchaus zutreffend [...]Bedenkt man, daß ihre Berichte die Vorstellungen von Millionen über ein fremdes Land beeinflussen und formen, daß ihre politischen Urteile häufig wie diplomatische Erklärungen bewertet werden, dass sie nicht selten vertrauliche Aufträge ihrer Regierungen und Botschaften ausführen, daß sie hinter den Kulissen der Politik des fremden Landes oft besser Bescheid wissen als die amtlichen Missionschefs [...] Inmitten von widerspruchsvollen Informationen, von Intrigen, Interessen, Beeinflus-

sungsversuchen, muß das höchste Streben des Korrespondenten darauf gerichtet sein, der Wahrheit und den Interessen seines Landes zu dienen, die Beziehungen von Volk zu Volk zu fördern und zu entgiften«.

Die 1960er-Jahre brachten im Westen zwar einen deutlichen Wandel hin zu mehr Distanz und Kritik am eigenen Staat, doch noch bis in die 1970er-Jahre hinein beschreiben Wissenschaftler den »politischen Pionier, Abenteurer und Diplomaten als Leitbild« vieler Auslandskorrespondenten (GIZYCKI 1974: 11). Manche sahen sich gar als »Halbbruder des Diplomaten« (DOVIFAT/WILKE 1976: 24). In den 1970er-Jahren kam jedoch verstärkt Kritik an jenen Korrespondenten auf, die sich im Kalten Krieg als Repräsentanten ihrer jeweiligen Staaten verstanden und ihre Berichterstattung an der Kollektivwahrnehmung des jeweiligen Machtblocks ausrichteten (MOSKAU 1974; vgl. MOOS 1977). Jürgens beschrieb zu dieser Zeit einen »Korrespondentenkomplex« bei ZDF- und ARD-Amerikakorrespondenten, der sich durch überhöhte Rollenverständnisse gepaart mit maßloser Selbstüberschätzung äußerte (JÜRGENS 1973: 350f.). Diese deutliche Kritik ist ein Zeugnis für eine in der Bundesrepublik mehr oder weniger kontinuierlich in der Medienbranche, in der Wissenschaft und auch in der breiten Öffentlichkeit geführte Debatte über Leistungen und Fehlleistungen von Korrespondenten. Dieses fortwährende gesellschaftliche Selbstgespräch formte die Standards und Auseinandersetzungen über Rollenverständnisse, Funktionen und Qualität von Journalismus maßgeblich mit und wirkte sich auf berufsständische Kodizes wie den Pressekodex, aber auch auf die Gesetzgebung aus (vgl. *Spiegel*-Affäre).

Debatten über Journalismus gab es auch in der DDR: auf Korrespondententreffen, an den journalistischen Forschungs- und Ausbildungseinrichtungen, während Redaktionssitzungen oder auf Parteitreffen. Aber noch viel stärker und offener fanden Diskussionen über die Qualität des DDR-Journalismus im Privatbereich statt. Das Private konstituierte sich über die Jahrzehnte zunehmend als Parallelwelt. Hier herrschte tiefes Misstrauen gegenüber den staatlich gesteuerten Massenmedien. Der im Privaten geführte Diskurs löste sich mehr und mehr vom Offiziösen. Die Propagandastrategien der Staats- und Parteiführung erreichten das Volk letztlich nur noch bedingt. Zumal die DDR-Bevölkerung in fast allen Landesteilen einfach auf ›Westradio‹ oder ›Westfernsehen‹ umschalten konnte. Bachmann: »Wenn die Leute dann dort sahen, was wirklich passierte – dass zum Beispiel die Friedensbewegung nicht nur gegen die amerikanischen, sondern auch gegen die sowjetischen Raketen protestierte – und es mit dem DDR-Rundfunk und der DDR-Presse verglichen, haben sie gesagt: ›Das enthalten die uns vor. Die lügen‹« (S. 189). Das Misstrauen, gegenüber der Informationspolitik sei letztlich einer der Gründe gewesen, die zum Ende der DDR führten, resümiert Bachmann heute und kommt damit zu einem ganz ähnlichen Fazit wie sein westdeutscher Kollege Lothar Loewe (s. das Interview mit Loewe, S. 168ff.).

Was Ideologiegläubigkeit und Staatstreue anbelangte, gab es auch im Osten Unterschiede zwischen den Korrespondenten-Generationen. Reiner Oschmann sagt zur Generationenfrage unter DDR-Korrespondenten: »Die ersten, die in den 1960er-Jahren ihre Arbeit aufnahmen, waren [...] viel stärker von den verheißungsvollen Anfängen der DDR geprägt. Sie waren diesem Großexperiment doch mit sehr viel mehr Hoffnung, Idealismus und Elan verbunden. Die Spätergeborenen waren wahrscheinlich deutlicher beeinflusst von dem Eindruck des Problematischen, des Ungelösten, was sich mit dem Sozialismus verband. Sie waren stärker mit dem Krisensozialismus in Berührung gekommen, diesem oftmals schreienden Widerspruch zwischen Anspruch und Wirklichkeit« (S. 219). Schumann skizziert das ähnlich. Geprägt vom Zweiten Weltkrieg sei die erste Korrespondenten-Generation eine »Generation von Antifaschisten« (S. 94) gewesen, die eine bessere Welt aufbauen wollten. Viele seien von der SED in die Medien delegiert worden. »Unter ihnen gab es viele ehrliche Kommunisten, die aber oft keine allzu begabten Journalisten waren. Sie betrachteten ihre Arbeit in den Redaktionen als Erfüllung eines Parteiauftrages«, so Schumann (S. 94). Die Nachkriegsgeneration sei dann meist gut ausgebildet gewesen und habe sich stärker im Journalismus verortet als in den Handlungsmaximen des Parteiauftrags. Mitte der 1980er-Jahre, so stellt Schumann fest, spalteten sich die DDR-Korrespondenten in zwei Lager: die Perestroika-Anhänger und deren Gegner. Zu den Reformanhängern hätten viele erfahrene Kollegen gehört, »die so wie bisher nicht weitermachen wollten« (vgl. MEYEN/FIEDLER 2010: 331-355).

Auf Generationen-Aspekte auf westdeutscher Seite geht Manfred von Conta ein: »In den ersten 15 oder 20 Jahren Bundesrepublik bedienten sich die Redaktionen aus Kostengründen der Dienste bereits vor Ort anwesender und wirtschaftlich irgendwie bereits versorgter Personen, die nicht unbedingt Journalisten sein mussten, wenn sie nur des Schreibens mächtig waren. Diese Korrespondenten der ersten Jahre bedienten meist einen Bauchladen regionaler Zeitungen mit Meldungen fürs Vermischte [...] Mit wachsendem Wohlstand der Verlage rückte die zweite Gruppe von Korrespondenten vor, die aus der Heimat entsandte Volljournalisten waren und einen Fulltime-Job versahen. Statt vieler kleiner Meldungen produzierten sie größere Artikel in dem Versuch, den Dingen auf den Grund zu gehen« (S. 424).

Deutsch-deutsche (Ent-)Spannungen

Die Konfrontation zwischen den Blöcken verlief in den ersten 25 Jahren des Kalten Krieges deutlich aggressiver als in den 1970er- und 1980er-Jahren. Zwei Ismen und ihre Nachwehen prägten die ersten beiden Jahrzehnte der Ost-West-Konfrontation maßgeblich: der McCarthyismus und der Stalinismus. In dieser Zeit etablierten sich auf westlicher Seite auch zwei für den Kalten Krieg wichtige Journalisten-Stereotype, die noch heute im kollektiven Gedächtnis fest verankert sind: Was Ostjournalisten betrieben, sei pure Propaganda und westliche Journalisten berichteten weitgehend objektiv (vgl. FAINBERG 2012). In den besonders spannungsgeladenen 1950er-Jahren sorgten einige spektakuläre Urteile gegen Auslandskorrespondenten im Ostblock für weltweite Spannungen. 1951 verurteilte beispielsweise ein tschechoslowakisches Gericht den AP-Korrespondenten William Oatis wegen angeblicher Spionage zu zehn Jahren Haft und seine lokalen Mitarbeiter zu noch höheren Strafen. Zwei US-Präsidenten, Harry S. Truman und Dwight D. Eisenhower, setzten sich persönlich für Oatis ein. Politische und wirtschaftliche Beziehungen zu Prag wurden ausgesetzt, US-Bürger durften nicht mehr in die Tschechoslowakei reisen. Oatis kam 1953 frei (ALWOOD 2010). Korrespondent zu sein, bedeutete im Kalten Krieg auch immer, Gefahren und Aktionsräume einschätzen zu müssen und mit multiplen Widrigkeiten und Behinderungen umgehen zu können (vgl. die Interviews mit Kienzle [S. 244ff.], Bednarz [S. 68ff.], Schumann [S. 87ff.], Steiniger [S. 46ff.], Joswiakowski [S. 266ff.] und Schäfer [S. 117ff.]; PÖHLANDT 2011).

Insbesondere die Beziehungen zwischen der von den jeweiligen Siegermächten installierten Bundesrepublik Deutschland (BRD) und der Deutschen Demokratische Republik (DDR) waren vergiftet. Das deutsch-deutsche Verhältnis war in der ersten Hälfte des Kalten Krieges stark von der Hallstein-Doktrin geprägt: Die Bundesrepublik sprach der DDR die Existenzberechtigung ab und erhob den Anspruch, alle Deutschen allein zu vertreten. Die DDR-Außenpolitik wurde hingegen maßgeblich von den Bemühungen bestimmt, internationale Anerkennung zu erreichen. In diesem Spannungsfeld hatten DDR-Korrespondenten ihre Rolle und ihre Aufgaben zu erfüllen. Manfred Pohl, langjähriger ADN-Korrespondent, erklärt: »Wir haben uns schon als Akteure in einer Auseinandersetzung begriffen, das war klar. Es gab nun mal die Hallstein-Doktrin [...] Unser Missfallen haben wir mit unseren journalistischen Mitteln zum Ausdruck gebracht, und zwar aus wirklich tiefster Überzeugung« (S. 237).

In dieser Konfrontationslage bauten Medien beider deutscher Staaten weltweit ihre Korrespondentennetze aus, insbesondere in den jeweils befreundeten Staaten. Viele Korrespondenten begegneten der jeweils anderen Seite mit erheblichem Misstrauen. Und paradoxerweise bezogen sich beide Seiten auf die Lehren aus dem Zweiten Weltkrieg: Der Osten proklamierte Antifaschismus und Antikapitalismus für sich, der Westen Antitotalitarismus (vgl. BERNHARD 2003; FAINBERG 2012; MEYEN/FIEDLER 2010).

Die Arbeit im jeweils anderen deutschen Staat blieb für Berichterstatter besonders schwierig. DDR-Behörden stellten westliche Journalisten unter den Generalverdacht, sich als Klassenfeinde und Spione zu betätigen. Die Beobachtung westlicher Journalisten, die die DDR bereisten, wurde durch die Staatssicherheit auf ein paranoid-minutiöses Maß hochgefahren. Unmengen Aktenordner geben über die Arbeit dieser Bürokratie Auskunft.[3]

3   Ob westliche Geheimdienste auch so weit gingen und wie der Staatssicherheitsdienst der DDR Listen mit Namen akkreditierter Korrespondenten anfertigten, die in ›Spannungsperioden‹ hätten interniert werden sollen, ist eine bisher ungeklärte Frage (BSTU; MfS, HA XXII 1401). Im Rahmen der streng geheimen ›Direktive 1/67‹ aktualisierte die Staatssicherheit diese Listen kontinuierlich bis zum Oktober 1989. Sie enthielten Namen fest angestellter und freier Korrespondenten und deren Ehepartner, Namen von Reisekorrespondenten, Kameramännern, Fotografen, Tontechnikern sowie Büroangestellten plus deren Kontaktpersonen und ihre relevanten Quellen in der DDR (BSTU, MFS, HA II/13/533 sowie HA II/13/883).
Unter der Rubrik ›Internierung BRD/WB‹ waren Ende 1989 62 Journalisten-Namen gelistet, darunter Mitarbeiter von ZDF, ARD, AP, *Süddeutscher Zeitung*, *Westfälischer Rundschau*, *Frankfurter Allgemeinen Zeitung*, RIAS, *Die Welt*, *Der Spiegel*, *Die Zeit*, *Stern*, *Neue Ruhr-Zeitung* und dpa. Jeder einzelne der Aufgelisteten war von der Stasi in Operativen Vorgängen (OV), in einer Operativen Personenkontrolle (OPK), in einer Personenkarteikarte (F16, KK) oder in einer Feindobjekt-Akte (FOA) erfasst worden.
Unter der Kategorie ›Internierung Ausländer A-Z‹ wurden Ende 1989 weitere 38 Korrespondenten und Journalisten und deren Ehepartner aufgelistet, die u.a. aus Pakistan, Frankreich, dem Libanon, Großbritannien, Österreich, Zypern, Italien, Neuseeland, Griechenland, den USA, Schweden, Argentinien, Japan, Brasilien, Schweiz und den Niederlanden kamen. Darunter Korrespondenten vo *The Observer*, *Tages-Anzeiger*, Reuters, BBC, *The Guardian* oder *Svenska Dagbladet*.
Die Vermerke der Staatssicherheit zu den einzelnen Personen enthalten eine Fülle von Informationen. Diese reichen von Anmerkungen, dass zu den Personen keine ›operativen Hinweise‹ vorlägen, die auf eine feindliche Tätigkeit schließen lassen, über Verweise zu vermuteter Geheimdienstmitarbeit, illegaler Recherchetätigkeit, diffamierender Berichterstattung, Berichterstattung mit ›feindlich-negativem Charakter‹, Verbindungen zur DDR-Opposition, ›subversive Aktivitäten‹, Kurierdienste bis hin zur Unterstützung staatsfeindlicher Gruppierungen.

Die Politik der Nicht-Anerkennung der DDR durch die Bundesrepublik beinhaltete unter anderem auch die Nicht-Anerkennung von DDR-Reisepässen. Jeder DDR-Bürger benötigte bis 1970 ein ›Temporary Travel Document‹, eine befristete Reisegenehmigung, wenn er in ein Land reisen wollte, das die DDR nicht anerkannte. Für die Ausgabe dieser Genehmigung war das Allied Travel Office (ATO) verantwortlich. ATO war eine Einrichtung der drei westlichen Besatzungsmächte USA, Großbritannien und Frankreich. Die Entscheidungen über die Genehmigungen folgten auch politischem Kalkül und konnten Wochen dauern. Insbesondere Partei-Funktionären und Journalisten wurde die Genehmigung oftmals verwehrt. Den Bau der Berliner Mauer 1961 vergalten die Westalliierten, indem sie dieses Instrument noch öfter und schärfer nutzten (HOFF 2003: 19, 409).

Die DDR-Führung fand eine Notlösung: Kommunisten und Sozialisten aus westlichen Ländern sollten verstärkt die Berichterstattung aus dem westlichen Ausland übernehmen. Der bayerische Kommunist, Geschäftsmann und Journalist Franz Dötterl wurde damit betraut, entsprechende Korrespondentennetze aufzubauen. Die Berichterstatter, Kameraleute und Techniker, die er engagierte, hatten britische, dänische, schwedische, südafrikanische, australische und am häufigsten westdeutsche Pässe. Streng geheim wurden in Skandinavien die Produktionsfirmen ›Nordreporter AB‹ und ›Baltic Film‹ installiert, die so camoufliert im Auftrag der DEFA und des DDR-Fernsehens weltweit filmen, recherchieren und interviewen konnten. Westliche Geheimdienste bekamen allerdings recht schnell Wind davon. Dennoch umging die DDR auf diesem Wege erfolgreich das auf ihr lastende Embargo. Als Resultat entstanden unter anderem investigative Dokumentationen aus dem diktatorischen Griechenland, aus Portugal, aus Australien, Westdeutschland und aus Namibia, das damals streng vom Apartheid-Staat Südafrika kontrolliert wurde (STEINMETZ/PRASE 2002; HARTLEP 2011).

Einer, der als Bundesbürger und Kommunist für DDR-Medien aus der westlichen Hemisphäre berichtete, war Horst Schäfer. Er arbeitete u.a. in der BRD und den USA für das (Ost-)Berliner Pressebüro (bpb) und später für den ADN. Schäfer nennt in seinem Interview eine Fülle von Repressalien, denen er und andere Journalisten in der BRD ausgesetzt waren: Hausdurchsuchungen, Verhöre, Festnahmen, Verhaftungen, Überwachungen, Aussperrungen, Tätlichkeiten und Herabwürdigungen. Am 14. Mai 1963 etwa durchsuchten Polizei und Staatsanwaltschaft bundesweit die Wohnungen und Büros von ihm und seinen Kollegen, die für DDR-Medien arbeiteten. Die Aktion, die den Namen ›Maitest‹ trug, provozierte zahlreiche Medienberichte in Ost und West (S. 117ff.).

Insbesondere in den ersten Jahrzehnten des Kalten Krieges beobachtete, kontrollierte und schikanierte man Berichterstatter auf beiden Seiten des Eisernen Vorhangs. Mit dem deutsch-deutschen Grundlagenvertrag und den Aushandlungen entsprechender Bestimmungen in den Jahren 1972 und 1973 sowie einer Zahl von Verträgen, die im Zuge von Willy Brandts neuer Ostpolitik mit der UdSSR, Polen oder der ČSSR geschlossen worden waren, fand in der zweiten Hälfte des Kalten Krieges auch für Auslandsberichterstatter ein gewisser ›Wandel durch Annäherung‹ statt. Zum Abbau der Konfrontation trug auch die Unterzeichnung der KSZE-Verträge in Helsinki 1975 bei. Zwar veränderten solche internationalen Verhandlungen und Vertragsabschlüsse politische Rahmenbedingungen, sodass sich Korrespondenten beider Lager beispielsweise leichter als zuvor in den jeweiligen Metropolen akkreditieren, Büros eröffnen oder reisen konnten. Insbesondere im Ostblock und in der DDR wurden diese Annäherungen jedoch durch sehr rigide Gesetze, Verordnungen und Überwachungsstrukturen flankiert (WINTERS 2000). Auch nahm die Beobachtungsintensität durch die Staatssicherheit nicht ab.

Hin und wieder rückten diese Einschränkungen in den Blick der bundesdeutschen Öffentlichkeit, insbesondere dann, wenn wegen angeblich unbotmäßiger und verzerrender Berichterstattung, staatsfeindlichen Verhaltens, Spionage und/oder Einmischung in innere Angelegenheiten bundesdeutsche Korrespondenten aus der DDR ausgewiesen wurden. 1975 musste etwa Jörg R. Mettke (*Der Spiegel*) das Land verlassen – wegen kritischer Berichterstattung und Spionage-Verdachts (GRASHOFF/MUTH 2000: 75f.). 1979 wurde Peter van Loyen (ZDF) ausgewiesen, weil er gegen die ›Durchführungsbestimmung zur Verordnung vom 21. Februar 1973 über die Tätigkeit von Publikationsorganen anderer Staaten und deren Korrespondenten in der DDR vom 11. April 1979‹ verstieß. Der Anlass: Van Loyen hatte Stefan Heym interviewt und Ausschnitte davon waren im ZDF gezeigt worden. Sein Vergehen – ein protokollarischer Fehler: Er hatte vorher keine behördliche Interviewgenehmigung eingeholt (CHMEL 2009: 217-226). Und schließlich Lothar Loewe, den die DDR-Regierung wegen seines »herrischen und provokanten Auftretens« zunächst nicht akkreditieren wollte (GRASHOFF/MUTH 2000: 76-77; CHMEL 2009: 155ff.). Der Ärger blieb tatsächlich nicht aus. Loewes Fernsehaufsager »Hier in der DDR weiß jedes Kind, dass die Grenztruppen den strikten Befehl haben, auf Menschen wie auf Hasen zu schießen« (S. 169), kostete ihn 1976 die Akkreditierung. Binnen 48 Stunden musste er die DDR verlassen. Die ostdeutschen Behörden hatten zudem den Verdacht, Loewe sei Mitarbeiter westlicher Geheimdienste. Ähnlich erging es im Januar 1983 auch dem Stern-Korrespondenten Dieter Bub. Der Grund für seine Ausweisung war die Veröffentlichung einer umstrittenen Sensationsstory über einen angeblichen Anschlag auf Erich Honecker unter dem Titel Das Attentat (CHMEL 2009: 227). Derlei Einschränkungen und Behinderungen waren in staatsrigiden Ländern nicht selten. Weltweit hatten Korrespondenten und Journalisten unter direkter oder indirekter Kalter-Kriegs-Zensur zu leiden. Journalisten-Visa, Akkreditierungen, Einreise-, Dreh- und Arbeitsgenehmigungen wurden je nach Lagerzugehörigkeit schneller, schleppender oder gar nicht erteilt. Reisemöglichkeiten wurden beschnitten, indem man Bannmeilen, Aufenthaltsgebiete und Sperrzonen für Journalisten einrichtete, so etwa um das UN-Hauptquartier in New York oder um Moskau. Im Ostblock bekamen Korrespondenten von staatlichen Stellen nicht selten lokale Mitarbeiter zwangsvermittelt, die ihnen bei der Organisation ihrer Arbeit helfen sollten – und sie gleichzeitig bespitzelten. Immer wieder kam es im Westen wie im Osten zu Beschlagnahmungen von Recherchematerial, zu Schikanen bei Grenzübertritten, zu Ausweisungen, Festnahmen und Verhören sowie zu körperlichen Übergriffen. Observationen und Überwachungen von Post, Telefon und Bewegungen der Korrespondenten waren übliche Maßnahmen.

Spielräume Ost

Dem Ende der DDR vorangegangen waren vier Jahrzehnte, die auch dort gewisse Aktionsräume und Diskursivität im Hinblick auf Innere und Äußere Pressefreiheit eröffneten. Steiniger: »Natürlich hatte der Journalismus in der DDR bestimmte Schranken. Aber die waren zu unterschiedlichen Zeiten auch unterschiedlich hoch. Unter Ulbricht wurde vom *Neuen Deutschland* Kritik, Kritik und nochmals Kritik gefordert. Da gab es große Artikel, in denen Funktionäre oder 1. Sekretäre von Bezirksleitungen der Partei massiv attackiert wurden. [...] Ulbricht verlangte vom *Neuen Deutschland* eine kritische Auseinandersetzung mit den Partei- und Staatsfunktionären« (S. 57). Nach Schumanns Einschätzung konnte man noch zu »Beginn der Honecker-Zeit, 1975/76 [...] ein paar journalistische Freiheiten« austesten (S. 100). Allerdings habe diese Phase nicht lange angehalten. Als Günter Schabowski der »verlängerte Arm Erich Honeckers« wurde, habe der Chefredakteur des *Neuen Deutschland* »jedes kritische Wort« herausgestrichen.

Die Losung hieß: »Der Feind kritisiert uns genug, wir müssen es nicht auch noch selbst tun« (Steininger, S. 57). Solche »unsinnigen Parolen« hätten auch die Auslandsberichterstattung betroffen. So erinnert sich Steininger, als Paris-Korrespondent Weisung aus Berlin erhalten zu haben, »keine Gesellschaftskritik an Frankreich zu üben, da Genosse Honecker die Absicht habe, dieses Land zu besuchen« (S. 57). Bachmann über die 1980er-Jahre in Bonn: »Alle Entscheidungen über Beiträge aus Bonn wurden auf höchster Ebene getroffen – vom Generaldirektor, vom Chefredakteur vom Dienst und in vielen Fällen sogar direkt von der Agitationsabteilung des Zentralkomitees« (S. 200). Bei politisch brisanten Fragen habe sogar der Staatsratsvorsitzende Erich Honecker selbst entschieden und Beiträge redigiert (s. Abb. 1).

ABBILDUNG 1
Medienlenkung in der DDR

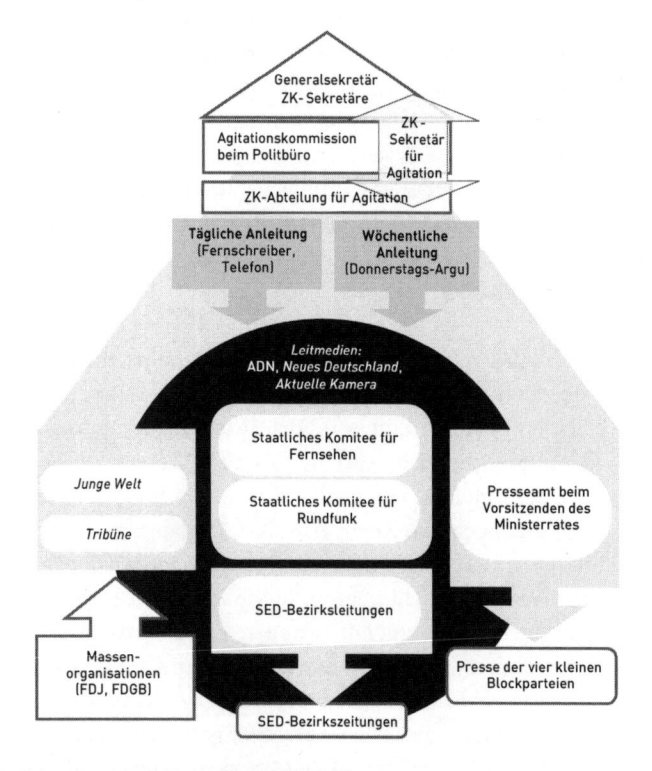

Quelle: Darstellung nach Meyen/Fiedler 2010: 17

Für DDR-Medien und Auslandsberichterstatter gab es eine Fülle an Tabuthemen und Vorgaben. Bachmann erinnert sich, dass »einige Chefs vom Dienst dafür eigens Bücher angelegt« hatten, da man diese Sprachregelungen nicht schriftlich bekam. Der »Klassenstandpunkt« habe immer eine Rolle gespielt. »Die gesamte Berichterstattung sollte parteilich sein« (S. 196). Bachmanns Erfahrungen mit der Lenkung von Themen aus Westdeutschland: »Wir mussten – was die politische Situation betraf – Instabilität, innere Auseinandersetzungen und typisch imperialistisch-kapitalistische Züge der Regierung der Bundesrepublik darstellen. Zu zeigen, wie diese Regierung zum Beispiel innere und äußere Probleme löst, war nicht die Funktion des Korrespondenten der sozialistischen Nachrichtenagentur« (S. 196). Ein fatales Problem dabei sei gewesen: »Im ›Großen Haus‹, wie der Sitz des ZK der SED genannt wurde, hatte man ein falsches Bild von der politischen und ökonomischen Situation der Bundesrepublik. Die Realität in der BRD stimmte nicht mit der Realität in den Köpfen der DDR-Führung überein« (S. 197).

Doch eben diese Köpfe bestimmten selbst die tagesaktuelle Politikberichterstattung. So sei es vorgekommen, dass ohne »Rücksicht auf die Tatsachen« (S. 188) berichtet wurde. Schumann erinnert sich an den Nachrichtenauswahlprozess bei der wichtigsten Nachrichtensendung des DDR-Fernsehens, der *Aktuellen Kamera*: »Die Abstimmung erfolgte von oben nach unten. Der Chefredakteur der *Aktuellen Kamera* ist im Prinzip jeden Tag in die Stadtmitte zum Zentralkomitee in die Abteilung Agitation und Propaganda gefahren und hat dort die Richtlinien für den Tag bekommen. [...] Sie dürfen sich aber nicht vorstellen, dass es eine ständige Gehirnwäsche gab. Da hatte jeder auch seine eigene Schere im Kopf und wusste schon von sich aus, was sprachlich gewünscht wird und was nicht« (S. 102).

Themenauswahl und -präsentation der Auslandsberichterstattung von DDR-Medien waren dabei außerordentlich eng an außen-, aber auch an innenpolitische Ziele und Überlegungen der DDR-Regierung gekoppelt. Korrespondenten berichten beispielsweise, negative Beiträge aus den Bruderstaaten seien nicht erwünscht gewesen. Lieferschwierigkeiten innerhalb des Rats für Gegenseitige Wirtschaftshilfe (RGW) etwa oder inhaftierte Oppositionelle waren genauso tabu wie die Boat People und Umerziehungslager in Vietnam. Auch Themen wie Waffenlieferungen, Militärberatung und Geheimdienstarbeit gehörten in diese Kategorie. Zwar wurde über den Einmarsch der Sowjetarmee in Afghanistan berichtet, dieser aber nach Vorgaben aus Moskau als internationalistische Entwicklungshilfe propagiert. Jegliche Kritik an der Sowjetunion kam nicht infrage. Auch Kuba verlangte eine besondere Themenaufbereitung – eine positive Darstellung, in der die Solidarität der DDR zum Ausdruck kam (s. die Interviews mit Schumann [S. 87ff.], Schneider [S. 300ff.], Kapfenberger [S. 359ff.] und Herden [S. 387ff.]).

Lutz Herden erklärt, dass Frankreich-Berichterstattung per se freundlich sein musste, da sich die DDR-Regierung bei Frankreich um gute Beziehungen bemühte. In dieser Situation verloren Arbeiterstreiks an Interesse. Vielmehr sollte nun »mehr über die Vorbereitungen französischer Firmen auf die Leipziger Messe« (S. 396) berichtet werden.

Die Vorgaben über die Berichterstattung aus der Bundesrepublik Deutschland waren mitunter so weitgehend, dass selbst »die Schönheit einer Landschaft« nicht beschrieben werden durfte, damit bei DDR-Bürgern keine Reisewünsche geweckt würden (Bachmann, S. 199). Aus »übergeordneten Interessen« sei auch über Kanzler Willy Brandt nicht negativ berichtet worden. Schäfer spricht von »Brandtschutzwochen« im Interesse der Entspannungspolitik (S. 133).

Oschmann erinnert sich an den Falkland-Krieg 1982, in dem Argentinien und Großbritannien gegeneinander kämpften. »Wir nahmen explizit keine politische Bewertung vor. Die DDR-Führung meinte, so könne sie ihre Interessen am besten schützen. Die DDR war weltpolitisch ein Underdog, immerfort um internationale Anerkennung bemüht« (S. 212). Ähnliche Denkweisen sollen sich auch bei Begründungen gezeigt haben, nichts Kritisches aus Ländern zu berichten, die zum Beispiel Apfelsinen an die DDR verkauften – da sonst vielleicht die Lieferung ausbleiben könne. Die Regierungslenkung sei so weit gegangen, dass Tschechoslowakei-Korrespondenten nicht über den dortigen Autobahnbau hätten berichten dürfen, weil die DDR sich selbst keinen Autobahnbau leisten konnte. Diese Anweisung sei direkt aus dem Zentralkomitee gekommen, so Kapfenberger.

Der Gestaltungsspielraum von Auslandskorrespondenten war jedoch nicht nur von den Weisungen des Zentralkomitees der Sozialistischen Einheitspartei Deutschlands sowie deren außenpolitischen Zielen abhängig, sondern variierte auch von Ressort zu Ressort, nach Berichtsgebiet und Zeitraum. Korrespondenten, die im aktuellen, politischen Tagesgeschäft arbeiteten, waren stärker reglementiert als jene, die Reportagen oder Kultur-Beiträge erstellten (s. die Interviews mit Schumann [S. 87ff.] und Pohl [S. 225ff.]). Und während die Berichterstattung aus Bonn oder Moskau minutiös begutachtet wurde, hatten Korrespondenten an peripheren Standorten wie Singapur oder Conakry größere Freiräume (s. die Interviews mit Schumann [S. 87ff.], Schneider [S. 300ff.] und Bachmann [S. 186ff.]).

Dass die Berichterstattung von DDR-Massenmedien zu einem erheblichen Teil gesteuerte Propaganda der SED war, streitet kaum einer der befragten Korrespondenten ab. Dennoch regen einige Befragte an, zu differenzieren, was Sprachgestus, Sprachkultur, Themenwahl und Differenziertheit einzelner Medien betreffe. Neben dem *Neuen Deutschland* und den SED-Bezirkszeitungen habe es auch noch die eher feuilletonistische *Wochenpost*, den kulturpolitischen *Sonntag* oder die *Weltbühne* gegeben (Schneider). Und Oschmann vergleicht: »[...] bei aller Einäugigkeit der DDR-Informationspolitik in den 1980er-Jahren« war »aus einem Staat wie Großbritannien in punkto Themenvielfalt manches möglich«, was umgekehrt über die DDR so vielfältig nicht erfolgt sei. Großbritanniens Medien hätten die DDR auf Themen wie »gedopte Spitzensportler oder Leute, die abgehauen waren« reduziert. Mit »umfassender Berichterstattung« hätte auch das sehr wenig zu tun gehabt (S. 213).

Für Oschmann war der Kalte Krieg »eine unmenschliche Zeit«, weil »man sich für den anderen in seiner Vielfalt nicht interessierte« (S. 213). Bachmanns Resümee aus seiner jahrzehntelangen Arbeit als Auslandsberichterstatter: Selbst politische Propaganda habe nicht immer »im Widerspruch zur Wahrheit« gestanden. Nur dürfe man »sich nicht so weit in die Fänge einer Partei oder einer Ideologie bringen lassen, dass die Wahrheit darunter leidet. Über der Nähe zu einer Partei muss die unbedingte Treue zur Wahrheit stehen« (S. 205).

Spielräume West

»Betrieben westdeutsche Massenmedien keine Propaganda?« Lothar Loewes Antwort auf diese Interviewfrage lautet: »Doch sicher war das so, aber es gab keine zentrale Steuerung. [W]ir Journalisten waren daran interessiert, dieses System zu schwächen« (S. 179). So seien Schwerpunkte gesetzt worden, die ein besonders schlechtes Licht auf die DDR warfen. »Das druckten wir Tag für Tag in den Zeitungen. Das war natürlich ein Kampagnen-Journalismus, den ich heute anders beurteile« (S. 180). Loewes Fazit der Propagandaschlacht zwischen Ost und West: Westdeutsche Medien seien der »Nagel im Sarg der DDR« gewesen. Die Berichterstattung habe dazu beigetragen, die DDR zu destabilisieren. Loewe sah sich dabei als »Verteidiger der westlichen Werte, der Freiheit und der Demokratie.« Propaganda habe es im Grunde gar nicht bedurft, so Loewe, »wir mussten nur darstellen, wie es wirklich war.« Er war überzeugt davon, das gesamte System im Osten beruhe lediglich auf »den Bajonetten der sowjetischen Truppen« und erhalte sich durch »massive Unterdrückung der Bevölkerung« (S. 180).

Der Umgang mit offener und verdeckter Propaganda wird in den Korrespondenten-Interviews mehrfach angesprochen. Roland Hepers gibt beispielsweise Einblicke in koordinierte und geheime Propaganda-Aktionen der Apartheid-Republik Südafrika. Vor seiner journalistischen Laufbahn war Roland Hepers lange Zeit beim südafrikanischen Informationsministerium angestellt und dort unter anderem für die Bearbeitung von Auslandskorrespondenten zuständig. Lange sei es unkompliziert gewesen, westliche Korrespondenten und Journalisten in die internationalen Propaganda-Aktivitäten des Apartheid-Staates einzubinden. »Als ich 1979 austrat, hielt ich mich von allen Korrespondenten zunächst fern, weil ich die Leute klar identifizieren konnte, die für uns gearbeitet hatten. Die standen in großen Zeitungen in Europa und Amerika als das Nonplusultra da, als unabhängige Berichterstatter. Das waren sie aber keineswegs.« Korrespondenten auf die Payroll der südafrikanischen Regierung zu bekommen, sei »überhaupt nicht schwierig« gewesen, erklärt Hepers. »Wenn man gut bezahlt, ist das kein Problem« (s. das Interview mit Hepers, S. 353).

In den hier veröffentlichten Interviews finden sich auch zahlreiche Hinweise und Beispiele für Über- und Eingriffe in die Innere Pressefreiheit von West-Korrespondenten. Ulrich Kienzle weist etwa daraufhin, es wäre naiv zu glauben, dass die bundesdeutsche Politik den Journalismus nicht beeinflusst habe – etwa in der Personalauswahl zentraler Entscheidungsträger wie der Chefredakteure der öffentlich-rechtlichen Anstalten. Kienzle berichtet auch von einer »schockierenden« Sanktion: Einer seiner Berichte über die israelische Unterstützung für die maronitischen Christen im Süd-Libanon habe beispielsweise zur Intervention des israelischen Botschafters beim Intendanten geführt. »Kurz darauf rief mich dann der Chefredakteur der ARD an und bot mir einen Wechsel nach Südafrika an« (S. 258). Manfred von Conta erlebte Ähnliches: Dem Chefredakteur der *Süddeutschen Zeitung*, Hans Heigert (vom BND unter dem Decknamen ›Holtkamp‹ geführt [SCHMIDT-EENBOOM 1999: 67f.]) habe von Contas Wortwahl in der Chile-Berichterstattung nicht gefallen. Heigert forderte von Conta unter anderem dazu auf, keine ideologisch anstößigen Vokabeln mehr zu verwenden und hob dabei auf Wörter wie ›bürgerlich‹ oder ›Bourgeoisie‹ ab. Einen politisch kommentierenden Beitrag habe Heigert derart fundamental geändert und ins Gegenteil verkehrt, dass ihn von Conta zurückzog.

Von Conta erinnert sich weiter: »Systematisch haben einzelne Redakteure dann angefangen, mich unter Druck zu setzen, wohl im Versuch, mich zu disziplinieren« (S. 418). Schließlich bekam er einen Anruf vom *Stern*. Dessen Chefredakteur Peter Koch hatte offenbar von seinen Schwierigkeiten mit der sz-Redaktion gehört und bot ihm eine Stelle an. Von Conta sagte zu, wurde aber auch beim *Stern* nicht glücklich. Denn dort hätten sich die Vertreter eines aufklärerischen Journalismus nicht durchsetzen können. Vielmehr sei nach dem Skandal um die Hitler-Tagebücher eine »Linie der leicht verkäuflichen Seichtigkeit« (S. 420) etabliert worden, bedauert von Conta und spricht damit zwei Spannungsfelder an, mit denen sich marktwirtschaftlich organisierter Journalismus auch im Kalten Krieg schon fortwährend auseinandersetzen musste – Kommerzialisierung und Boulevardisierung der Berichterstattung.

Daneben berichten die Interviewpartner über viele Situationen und Begebenheiten die Äußere Pressefreiheit betreffend, bei denen sie journalistische Aktionsräume verteidigen oder erstreiten mussten. Klaus Bednarz erinnert sich beispielsweise an die Intervention des sowjetischen Außenministeriums bei Friedrich-Wilhelm von Sell, dem damaligen Intendanten des WDR. Die sowjetische Regierung wollte die Akkreditierung des als unbequem geltenden Bednarz in der sowjetischen Hauptstadt verhindern. Der WDR habe ihm daraufhin zunächst eine Stelle in New York angeboten, woraufhin Bednarz protestierte und letztlich doch in Moskau akkreditiert wurde.

Vielfach bestellten die zuständigen Ministeriumsabteilungen in Ostberlin, Moskau oder Warschau westliche Auslandskorrespondenten ein und versuchten, sie in persönlichen Gesprächen zu disziplinieren, wenn diese unliebsam berichtet oder recherchiert hatten. Auch gab es Warnungen, bestimmte Themen gar nicht erst aufzugreifen. Als Ultima Ratio schwang immer das Damoklesschwert der Ausweisung über den Köpfen der Korrespondenten. An oben genannten Standorten wurde die Berichterstattung der westlichen Auslandskorrespondenten permanent penibel verfolgt und analysiert. Gleichzeitig wurden die Bewegungsspielräume der Korrespondenten auf vielfältige Weise eingeschränkt. Bednarz sagt über seine Zeit in Moskau: »Jede Reise musste angemeldet werden. [...] Manchmal waren es Kämpfe, die Jahre dauerten, bis eine Reise in bestimmte Regionen freigegeben wurde. Es darf auch nicht vergessen werden, dass zu der damaligen Zeit mehr als 90 Prozent des sowjetischen Territoriums offiziell Sperrgebiet waren« (S. 76). Um Genehmigungen zu bekommen, habe es sich manchmal gelohnt, so Bednarz, den offiziellen Kontaktpersonen »gewisse Sachen mitzubringen. Dabei herrschten ziemlich hohe Ansprüche« (S. 77).

Kontakte zur anderen Seite

Die Ost-West-Konfrontation bildete ihre Feindbildmetastasen auch im persönlichen Verhältnis zwischen den Korrespondenten beider Seiten. Zwar ist der Generalvorwurf unhaltbar, die DDR-Korrespondenten hätten einem Kontaktverbot zu BRD-Kollegen unterstanden – denn es gab viele intensive Beziehungen zwischen Journalisten der verfeindeten Lager bis hin zu guten Freundschaften. Aber für DDR-Korrespondenten waren solche Beziehungen delikat. Wie sensibel Kontakte insbesondere zu Journalisten aus der BRD, den USA oder Großbritannien zu handhaben waren, wurde wohl allen DDR-Korrespondenten mehrfach während ihrer beruflichen Laufbahn deutlich gemacht. So berichtet Schumann (S. 87ff.), dass DFF-Mitarbeiter angewiesen waren, ihre Vorgesetzten zu informieren, wenn sie sich mit Westkollegen trafen. Auch konnten Verwandtschaftsbeziehungen zum Westen die Entscheidung beeinflussen, ob ein DDR-Journalist ins Ausland entsendet wurde oder nicht. Es gab keine Automatismen und jeder Einzelfall wurde geprüft. Angehende DDR-Auslandskorrespondenten mussten den Kader-Entscheidern Namen und Adressen ihrer Westverwandtschaft vorlegen (vgl. das Interview mit Bachmann, S. 186ff.). Den meisten DDR-Journalisten dürfte zudem bekannt gewesen sein, was die vorsätzliche oder unbedachte Weitergabe sensibler Informationen an den ›Klassenfeind‹ bedeuten konnte. Das Drohpotenzial elastischer DDR-Strafgesetze[4] und tatsächlich verhandelte Fälle wie etwa der von Rudolf Bahrow waren erheblich.[5] Mit einer Freiheitsstrafe von bis zu drei Jahren konnte zum Beispiel belegt werden, wer »in der Öffentlichkeit die staatliche Ordnung oder staatliche Organe,

---

4 Im DDR-Strafgesetzbuch fanden sich dafür teils politisch motivierte, elastische Paragrafen zu Spionage (§ 97, 98), Landesverräterischer Nachrichtenübermittlung (§ 99), Landesverräterischer Agententätigkeit (§ 100), Staatsfeindlicher Hetze (§106), Ungesetzlicher Verbindungsaufnahme (§ 219) oder zu Öffentlicher Herabwürdigung (§ 220; vgl. GRASHOFF/MUTH 2000: 176-178).

5 Am 30. Juni 1978 wurde Rudolf Bahrow zu acht Jahren Gefängnis verurteilt. Ihm wurde »Geheimnisverrat« und »Übermittlung von Nachrichten für eine ausländische Macht« zur Last gelegt. Anlass war sein Buch *Die Alternative* sowie damit in Verbindung stehende Veröffentlichungen im Nachrichtenmagazin *Der Spiegel* sowie in den westdeutschen Fernsehanstalten ARD und ZDF (LAITKO 2010).

Einrichtungen oder gesellschaftliche Organisationen oder deren Tätigkeit oder Maßnahmen herabwürdigt«. Wer dies im Ausland tat, konnte sogar zu einer Freiheitsstrafe von bis zu fünf Jahren verurteilt werden. Für Landesverräterische Nachrichtenübermittlung konnten die Strafen noch weit härter ausfallen (Gesetzblatt der DDR, Teil I, 1979, zitiert nach GRASHOFF/MUTH 2000: 176-178). DDR-Korrespondenten mussten also genau überlegen, wem sie was wie sagten – besonders an zentralen Korrespondentenstandorten wie Moskau oder Bonn. Denn dort lebten größere DDR- oder Ostblock-Delegationen und Gemeinschaften und Korrespondenten aus der DDR mussten ständig damit rechnen, von Geheimdienstmitarbeitern des eigenen wie des feindlichen Lagers beobachtet zu werden (vgl. die Interviews mit Bachmann [S. 186ff.], Joswiakowski [S. 266ff.], Bednarz [S. 68ff.], Schäfer [S. 117ff.]). Unter derartigen Dauereinengungen, die bis tief ins Privatleben reichten, standen Journalisten aus der Bundesrepublik nicht. Dennoch: Trotz dieser staatlich verordneten Schwierigkeiten reichten die Kontakte zwischen Ost- und Westkorrespondenten von Einbindungen in berufliche Gesprächskreise und Journalistenorganisationen, Einladungen zu Empfängen von Botschaften und Unternehmen sowie gemeinsamen Freizeitaktivitäten bis hin zu langjährigen persönlichen Freundschaften. Ost- wie westdeutsche Korrespondenten saßen weltweit in Vorständen von Korrespondenten-Vereinigungen. Ab und an wurden auch vertrauliches Recherchematerial und Kontakte ausgetauscht (s. die Interviews mit Bachmann [S. 186ff.] und Schäfer [S. 117ff.]). Eine solche Kooperation beschreibt Lothar Loewe (ARD): Mit Ulrich Makosch vom DDR-Fernsehen habe er 1975 während der KSZE-Konferenz in Helsinki Filmmaterial von den Treffen ›Honecker & Ford‹ gegen ›Schmidt & Breshnew‹ getauscht. Der ARD-Korrespondent Dirk Sager vermittelte dem DFF-Korrespondenten Schumann (s. das Interview mit Schumann, S. 107) ein Interview mit Bundeskanzler Helmut Schmidt am Roten Platz. Auch der Austausch sensibler Dokumente fand statt. So berichtet Schäfer von Rohmaterial über einen hochrangigen NS-Kriegsverbrecher, das er einem Westkollegen überlassen habe. Schäfer erklärt: Eine Veröffentlichung in DDR-Medien wäre damals nicht zielführend gewesen, da westliche Medien die DDR-Berichterstattung über Naziverbrecher üblicherweise ignoriert hätten.

Jenseits der persönlichen Ebenen existierten auch vielfältige vertragliche und kommerzielle Verbindungen zwischen Medienunternehmen der verschiedenen Lager. Die Sportberichterstattung des DFF zu Olympia 1980 wurde laut Schumann »komplett an Westdeutschland verkauft« (S. 108).

Letzteres bestreitet Klaus Bednarz allerdings (s. das Interview, S. 68ff.). Schumann erinnert sich jedoch, dass das DDR-Fernsehen bereits bei der Produktion der vorolympischen Berichterstattung auf westdeutsche Rezipientengewohnheiten achtete. Ein Erinnerungsanker Schumanns: Seine Oma habe damals allen Ernstes geglaubt, ihr Enkel sei in den Westen abgehauen, als er im Zuge der Olympia-Berichterstattung plötzlich im Westfernsehen auftrat. Auch war der Austausch von Nachrichten, Technik, Filmmaterial etc. beispielsweise zwischen ADN und dpa oder ARD/ZDF und DFF vertraglich geregelt. Manfred Pohl erinnert sich: »Der Honecker-Besuch 1987 wurde dann zu einem bisher einmaligen Beispiel der Kooperation von Ost und West.« DDR-Fernsehen sowie ARD und ZDF berichteten von allen Stationen des Besuches von einer gemeinsamen technischen Basis, »also jeweils einem Ü-Wagen oder einer SNG, hatten das gleiche Live-Bild und den Originalton zur Verfügung« (S. 240). Zudem fand ein Austausch auch über die Europäische Rundfunkunion statt. – An dieser Stelle sei angemerkt, dass das Ausmaß der Kooperationen zwischen den Medien beider Lager bislang ein weitgehend unerforschtes Feld ist.

Die komplizierten Beziehungen zwischen Ost- und Westkorrespondenten kleinzureden oder auf die oben skizzierten (Droh-)Szenarien zu reduzieren, würde die Realität grob verzerren. Kooperationen und vereinzelte Freundschaften waren die Ausnahme. Denn zum einen gab es auch auf westlicher Seite Kalte Krieger vom Schlage derer, die sich weigerten, mit Journalisten aus »der Zone« in einem Bus zu fahren (s. das Interview mit Schumann, S. 106). Zum anderen waren die meisten Korrespondenten aus der DDR überzeugte Parteigänger, die sich als publizistische Brückenköpfe und Kämpfer für die internationale Arbeiterbewegung, für antikoloniale Befreiungsbewegungen, gegen Faschismus und kapitalistische Ausbeutung sahen, wie weiter oben bereits beschrieben wurde.

Geheime Dienste von Korrespondenten

Beide Lager des Kalten Krieges fochten hinter den Kulissen mit großer Zähigkeit und ohne Atempause einen vorher noch nie dagewesenen Geheimdienstkrieg aus. Hunderttausende Geheimdienstmitarbeiter waren täglich an dieser verbissen geführten Schlacht beteiligt. Bisherige Erkenntnisse legen nahe, dass aufgrund ihrer exponierten Stellung vermutlich die Mehrzahl der Ost- und West-Auslandskorrespondenten bei ihrer Arbeit zumindest temporär unter Beobachtung eigener und/oder gegnerischer

Geheimdienste stand. Ein erheblicher Teil der Korrespondenten führte ein Doppelleben als Journalist und als Agent, Spion beziehungsweise Kundschafter. Manche arbeiteten mit mehreren Geheimdiensten zusammen. Insbesondere ihre Nähe zu wichtigen Persönlichkeiten und Ereignissen, ihre Mobilität, ihre Analysefähigkeit sowie ihr Vermögen, unauffällig Kurierdienste übernehmen zu können, machte Auslandskorrespondenten für Geheimdienste zu gefragten Partnern. Viele Korrespondenten hatten persönlichen Zugang zu höchsten Regierungsmitgliedern, Parteien, einflussreichen Oppositionsgruppen, Kriegsfraktionen, Befreiungs- und Rebellenorganisationen und zu inneren Zirkeln der Medienbranche. Gut belegen lässt sich die Geheimdienstnähe vor allem bei vielen Korrespondenten, die für DDR-Medien arbeiteten. Allerdings muss in diesem Zusammenhang auf eine sehr asymmetrische Quellenlage hingewiesen werden, denn im ehemals westlichen Lager sind die Geheimdienstarchive nicht annähernd so zugänglich wie in einigen Staaten des ehemaligen Ostblocks.

Fakt ist, dass auch Westmedien im Kalten Krieg in Geheimdienststrategien und -aktionen eingebunden waren. Zahlreiche journalistische Sachbücher und Autobiografien geben detaillierte Einblicke, wie eng verwoben Geheimdienste, manche Massenmedien und etliche Journalisten im Westen waren. Über Jahrzehnte recherchierte etwa der australische Geheimdienstexperte Phillip Knightley zu Geheimdiensten in Großbritannien. Sein Fazit: Die tonangebende Journalisten-Elite der Londoner Fleet Street sei im Kalten Krieg in großem Maß vom MI5 und MI6 unterwandert gewesen (KNIGHTLEY 2006). Schon 1968 veröffentlichte die sowjetische Zeitung *Iswestja* britische Geheimdienstdokumente, die die streng geheime und umfangreiche Einbindungen des BBC World Service in die Aktivitäten des MI6 enthüllten und zudem Korrespondenten von *The Daily Telegraph*, *The Daily Mail*, *The Sunday Times* und *The Guardian* als MI6-Agenten enttarnten. Die britische Seite bestritt dies damals entschieden. BBC-Recherchen von 2013 legen jedoch die Authentizität der Dokumente nahe (DUNS 2013). Ähnlich eifrig kümmerten sich Geheimdienste offenbar auch in der Bundesrepublik um die veröffentlichte Meinung. Erich Schmidt-Eenbooms Publikation *Undercover. Wie der BND die deutschen Medien steuert* (1999) liegt unter anderem ein Geheimdienstdokument zugrunde, in dem 230 Namen von teils prominenten Journalisten verzeichnet sind, die in den Zeiten des Kalten Krieges mit dem BND kooperiert haben sollen.

Ernüchternde Einblicke in die Ausmaße der Mediensteuerung und -manipulation auf internationaler Ebene durch amerikanische Geheimdienste finden sich im Buch von Frances Stonor Saunders *Wer die Zeche zahlt ... Der CIA und die Kultur im Kalten Krieg* (2001), in Bernd Stövers (2002) Habilitation *Die Befreiung vom Kommunismus. Amerikanische ›Liberation Policy‹ im Kalten Krieg 1947-1991* oder in Hugh Wilfords Buch *The Mighty Wurlitzer: How the CIA Played America* (2008).

Ein Ziel westlicher Geheimdienstaktivitäten im Medienbereich war, ein Gegengewicht zur Polit- und Kulturpropaganda des Ostblocks zu etablieren. Die Anziehungskraft sozialistischer und kommunistischer Gesellschaftsphilosophien sollte geschwächt werden – denn viele westeuropäische Intellektuelle und Kulturschaffende fühlten sich von deren Idealen angezogen. Als Gegenmaßnahme wurden von der CIA unter anderem Tarn-Stiftungen und -Organisationen wie die ›National Student Association‹ oder der ›Kongress für kulturelle Freiheit‹ etabliert, Verlage gegründet, hunderte Bücher herausgegeben, zielgerichtet Diskurse durch die Veranstaltung von Konferenzen, Preisverleihungen und Gesprächsrunden vorangebracht. Zu den über Jahrzehnte betriebenen Programmen der CIA gehörte auch die geheime Finanzierung eines weltweiten Netzes mit dutzenden Zeitschriften. Zu diesem geheimdienstlich genutzten Medienkonglomerat gehörten beispielsweise *Der Monat* in Deutschland, *Preuves* in Frankreich, *Quest* in Indien, *Quadrant* in Australien, *Transition* in Uganda und *Encounter* in Großbritannien. Über diese von der CIA finanzierten Zeitschriften konnten Teile der linken (sozialdemokratisch, sozialistisch, antikolonial, bürgerrechts- und friedensbewegt eingestellten) Intelligenzija der jeweiligen Länder und Regionen eingebunden, abgeschöpft und analysiert werden. Gleichzeitig injizierte und beförderte man antikommunistische Argumentationen und Perspektiven.

Knightley (2006: 22-27) warnt im Gespräch mit dem Autor vor der Unbedarftheit vieler Journalisten im Umgang mit Geheimdiensten mit folgenden Worten:

»Eine Zeitung oder ein Fernsehsender verfügt über *eine* Auslandsredaktion. Ein Geheimdienst hat deren viele. Die Korrespondenten und/oder Reporter einer Auslandsredaktion sind über die ganze Welt verstreut – genau wie die Geheimdienstmitarbeiter. Korrespondenten und Reporter schicken regelmäßig Berichte über die Lage in der Region, in der sie arbeiten – genau wie die Leiter von Geheimdienststationen. Der Leiter der Auslandsredaktion stellt die eingegangenen Berichte bei Redaktionskonferenzen zur Diskussion. Genau solche Besprechungen halten auch Ressortleiter der Geheimdienste mit ihren Kollegen ab. [...] Daher sollte es uns nicht überraschen, dass eine solche Redaktion manchmal absichtlich oder unbewusst dem Geheimdienst die Arbeit abnimmt. Ich will auf Folgendes hinaus: Geheimdienste sind sich der Ähnlichkeiten zwischen Journalismus und Spionage sehr wohl bewusst und machen sie sich in vollem Umfang zu Nutze. Aber Journalisten sind sich dieser Ähnlichkeiten eher nicht bewusst. Spione unterwandern Print- und Fernsehredaktionen.«

Dabei sind die Beweggründe von Journalisten bewusst für Geheimdienste zu arbeiten, vielschichtig: Patriotismus, Karriere, Geld, Abenteuerlust, Erpressung, familiäre Traditionen, Religion, ideologische Überzeugungen, Einfalt ...

Um sich den Facetten dieses vielschichtigen Stoffes zumindest anzunähern, empfiehlt sich insbesondere die Lektüre der entsprechenden Passagen aus den hier abgedruckten Interviews mit Ralf Bachmann (S. 186ff.), Roland Hepers (S. 328ff.), Klaus Steiniger (S. 46ff.), Harald Schumann (S. 87ff.), Klaus Bednarz (S. 68ff.), Lothar Loewe (S. 168ff.), Horst Schäfer (S. 117ff.), Paul M. Schumacher (S. 281ff.), Ulrich Kienzle (S. 244ff.) und Reiner Oschmann (S. 207ff.). Dort finden sich unter anderem Aussagen und Informationen zu Tötungen von Korrespondenten, geglückte und misslungene Anwerbungsversuche von westlichen und östlichen Geheimdiensten, Argumente für und gegen eine Geheimdienstmitarbeit, Informationstreffen, Überwachungsaktionen bzw. empfohlene Verhaltensstrategien im Umgang mit Geheimdiensten.

Ralf Bachmann räumte im Zuge der Recherchen zu diesem Buch erstmals öffentlich seine Geheimdiensttätigkeit ein. Seine beiden autobiografischen Bücher (1995, 2009) hatten diesen Aspekt seiner Karriere ausgespart. Bachmann war seinerzeit ein in Bonner Korrespondenten-Kreisen beliebter DDR-Journalist – mit Zugang zu höchsten SPD-Kreisen und zur obersten DDR-Nomenklatur. Er war der einzige Korrespondent, der trotz der Konfrontation mit seiner Verpflichtungserklärung weiterhin bereit war, an diesem Buch mitzuarbeiten. Während eines ausführlichen Gesprächs 2013 in seiner Wohnung in der Nähe des Berliner Alexanderplatzes erklärte er mir seine Beweggründe.

Andere ehemalige Geheimdienstler brachen die Zusammenarbeit in dem Moment abrupt ab, als sie mit ihrer Geheimdienstkarriere konfrontiert wurden. Als Beispiel sei an dieser Stelle ein Oberstleutnant der Hauptverwaltung Aufklärung des DDR-Ministeriums für Staatssicherheit erwähnt. Legendiert als Korrespondent war er – mit Unterbrechungen – drei Jahrzehnte weltweit als ›Offizier im besonderen Einsatz‹ (OibE) unterwegs und hatte für seine Erfolge im ›feindlichen Zielgebiet‹ einige hohe Auszeichnungen erhalten. Er soll unter anderem in militärische Aktionen von Befreiungsorganisationen involviert gewesen sein, die nach westlicher Lesart damals als ›Terroristen‹ galten. Sein Hauptargument für den Abbruch der Zusammenarbeit: Um seine Familie vor eventuellen Nachteilen und Anfeindungen zu schützen, wolle er sich in dem für ihn bis heute gesellschaftlich feindlichen Umfeld des wiedervereinigten Deutschland nicht öffentlich zu seiner Vergangenheit in der DDR-Auslandsspionage äußern. Seine ›Eidesstattliche Verpflichtung‹ zur Geheimdienstmitarbeit verdeutlicht seine Sonderstellung: Die handschriftlich niedergeschriebene Erklärung ist mit drei A4-Seiten vergleichsweise lang und explizit. Sie lässt an Deutlichkeit nichts zu wünschen übrig, insbesondere, was die Konsequenzen eines Bruchs der Verschwiegenheit anbelangt. Über die ›Folgen der Verletzung‹ seiner Pflichten sei er informiert worden und ein Ausstieg aus dieser Verpflichtung »hängt nicht von [ihm] ab«, heißt es dort abschließend.

Zurück nach Melville

Zurück zu jener Frage, die der Auslöser für meine Forschungen war: Weshalb trieb mein Interviewpartner damals in Johannesburg dieses Versteckspiel? Die Antwort: Es war der letztlich fehlgeschlagene Versuch eines Geheimdienstmitarbeiters herauszufinden, was ich von ihm wollte beziehungsweise was ich zu diesem Zeitpunkt über ihn wusste. Besagtes Treffen in Johannesburg liegt nunmehr fast zehn Jahre zurück. Damals wusste ich fast nichts. Heimgekehrt mit einer trüben Ahnung, erarbeitete ich mir über Jahre etwas mehr Klarheit. Dieses Wissen floss in die Leipziger Seminare, in den Interviewleitfaden, in die Interviewbearbeitung und in diese Einleitung ein. – In diesem Sinne bin ich meinem Gesprächspartner für das Treffen an jenem regnerischen Tag in Melville durchaus dankbar.

Literatur

ALWOOD, E.: The Spy Case of AP Correspondent William Oatis: A Muddled Victim/Hero Myth of the Cold War. In: *Journalism and Mass Communication Quarterly*, 87/2, 2010, S. 263-280

BACHMANN, R.: *Ich bin der Herr. Und wer bist Du? Ein deutsches Journalistenleben.* Berlin [Dietz Verlag] 1995

BACHMANN, R.: *Ich habe alles doppelt gesehen: Erkenntnis und Einsichten eines Journalisten; 40 Reportagen und Artikel aus dem geteilten und dem vereinigten Deutschland (1948-2008)*. Beucha [Sax- Verlag] 2009

BERNHARD, N.: U.S. *Television News and Cold War Propaganda, 1947-1960*. [Cambridge University Press] 2003

CHMEL, C.: *Die DDR-Berichterstattung bundesdeutscher Massenmedien und die Reaktionen der SED (1972-1989)*. Berlin [Metropol-Verlag] 2009

CONE, STACEY: Presuming a Right to Deceive: Radio Free Europe, Radio Liberty, the CIA and the News Media. In: *Journalism History* 24, 1998/99, S. 148-157

DAUGHERTY, W. E.; M. JANOWITZ: *A Psychological Warfare Casebook*. Baltimore [Arno Press] 1958

DEPPERMANN, A.: Interview als Text vs. Interview als Interaktion [61 Absätze]. In: *Forum Qualitative Sozialforschung / Forum: Qualitative Social Research*, 14 (3), Art. 13, Volume 14, No. 3, Art. 13. September 2013. Abgerufen von: www.qualitative-research.net [15. Oktober 2013]

DOVIFAT, E.; J. WILKE: *Zeitungslehre*. Berlin [de Gruyter] 1976

DUNS. J.: *The MI6 and the Media*. Gesendet am 4. März 2013, 20 Uhr, BBC Radio 4

FAINBERG, D.: *Notes from the Rotten West, Reports from the Backward East: Soviet and American Foreign Correspondents in the Cold War, 1945-1985*. New Jersey [Rutgers University] 2012

GIZYCKI, R. V.: Den Dschungel ins Wohnzimmer. Kritische Bemerkungen zu Selbstbild und Rolle von Auslandskorrespondenten im Fernsehen der BRD. In: *medium*, 4/4, 1974, S. 10-14

GIZYCKI, R. V.: Eingeschränktes Weltbild. Bemerkungen zum Selbstverständnis von Auslandskorrespondenten. In: NEUDECK, R. (Hrsg.): *Den Dschungel ins Wohnzimmer. Auslandsberichterstattung im bundesdeutschen Fernsehen*. Frankfurt/M. [Haus der Evangelischen Publizistik] 1977, S. 134-143

GRASHOFF, E.; R. MUTH (Hrsg.): *Drinnen vor der Tür. Über die Arbeit von Korrespondenten aus der Bundesrepublik in der DDR zwischen 1972 und 1990*. Berlin [Edition Ost] 2000

GREINER, B.; C. T. MÜLLER; D. WALTER (Hrsg.): *Krisen im Kalten Krieg*. Hamburg [Hamburger Edition Bodoni] 2008

HAGEMANN, W.: *Die Zeitung als Organismus*. Heidelberg [Vowincke] 1950

HARTLEP, M.: *Die DDR-Schattenreporter – Arbeitsweise und Berichterstattung der westlichen Mitarbeiter des DDR-Fernsehens*. Leipzig [Masterarbeit an der Universität Leipzig] 2011

HOFF, H.: *Großbritannien und die DDR 1955-1973: Diplomatie auf Umwegen*. München [Oldenbourg-Verlag] 2003

JÜRGENS, G.: Zum Selbstverständnis der Amerikakorrespondenten von ARD und ZDF. Eine Fallstudie zur Kommunikatorforschung. In: *Publizistik* 18/4, 1973, S. 350-363

KAISER, G.: *Hier ist der Deutsche Soldatensender 935 – Eine Stimme im Kalten Krieg*. Berlin [Edition Bodoni] 2014

KNIGHTLEY, P.: *The second oldest profession. Spies and Spying in the Twentieth Century*. London [Random House] 2003

KNIGHTLEY, P.: Journalisten als Schachfiguren. In: *message*, 4, 2006, S. 22-27

LAITKO, H.: *Wer war wer in der DDR?* Berlin [Ch. Links Verlag] 2010

MEYEN, M.; A. FIEDLER: *Die Grenze im Kopf: Journalisten in der DDR*. Berlin [Panama-Verlag] 2010

MOOS, M.: *Die Afrika-Berichterstattung des Deutschen Fernsehens 1971-75*. Rheinstetten [Schindele] 1977

MOSKAU, J.: Vom Dramatiker zum Stenographen. Das Berufsbild des Auslandskorrespondenten hat sich gewandelt. In: *medium*, 4/4, 1974, S. 6-9

NOELLE-NEUMANN, E.; W. SCHULZ; J. WILKE (Hrsg.): *Fischer Lexikon. Publizistik-Massenkommunikation*. Frankfurt/M. [Fischer] 1996

PÖHLANDT, J.: *Wanzen, Inoffizieller Mitarbeiter, Desinformation – Spiegel, Frankfurter Allgemeine Zeitung und das Ministerium für Staatssicherheit*. Leipzig [Diplomarbeit an der Universität Leipzig] 2011

SAUNDERS, F. S.: *Wer die Zeche zahlt ... Der CIA und die Kultur im Kalten Krieg*. München [Siedler Verlag] 2001

SCHMIDT-EENBOOM, E.: *Undercover. Wie der BND die deutschen Medien steuert*. München [Knaur] 1999

SCHÖNBACH, K.; D. STÜRZEBECHER; B. SCHNEIDER: Oberlehrer und Missionare? Das Selbstverständnis deutscher Journalisten. In: NEIDHARD, F. (Hrsg.): *Öffentlichkeit, öffentliche Meinung, soziale Bewegungen. Kölner Zeitschrift für Soziologie und Sozialpsychologie 34* (Sonderheft). Opladen [Westdeutscher Verlag] 1994, S. 139-161

STEINMETZ, R.; T. PRASE: *Dokumentarfilm zwischen Beweis und Pamphlet*. Leipzig [Leipziger Universitätsbuchverlag] 2002

STÖVER, BERND: *Die Befreiung vom Kommunismus. Amerikanische ›Liberation Policy‹ im Kalten Krieg 1947-1991.* Köln [Böhlau Verlag] 2002

WEISCHENBERG, S.: *Journalistik. Theorie und Praxis aktueller Medienkommunikation, Band 2: Medientechnik, Medienfunktionen, Medienakteure.* Opladen [Westdeutscher Verlag] 1995

WEISCHENBERG, S.; M. LÖFFELHOLZ; A. SCHOLL: Merkmale und Einstellungen von Journalisten. In: *Media Perspektiven*, 1994, 4, S. 154-167

WEISCHENBERG, S.; A. SCHOLL; M. MALIK: *Die Souffleure der Mediengesellschaft. Report über die Journalisten in Deutschland.* Konstanz [UVK] 2006

WILFORD, H.: *The Mighty Wurlitzer: How the CIA Played America.* Cambridge [Harvard University Press] 2008

WILKE, J.: Radio im Geheimauftrag. Der Deutsche Freiheitssender 904 und der Deutsche Soldatensender 935 als Instrumente des Kalten Krieges. In: ARNOLD, K.; C. CLASSEN (Hrsg.): *Zwischen Pop und Propaganda, Radio in der DDR.* Berlin [Christoph Links Verlag] 2004, S. 249-266

WINTERS, P. J.: Die normale Unnormalität. Die journalistischen Beziehungen im deutsch-deutschen Vertragsgeflecht. In: GRASHOFF, E.; R. MUTH (Hrsg.): *Drinnen vor der Tür. Über die Arbeit von Korrespondenten aus der Bundesrepublik in der DDR zwischen 1972 und 1990.* Berlin [Edition Ost] 2000, S. 14-25

WIESNER, M.: *Der zerrissene Vorhang – Wieso nur wenige Auslandskorrespondenten der DDR die Flucht wagten.* Leipzig [Masterarbeit an der Universität Leipzig] 2011

Klaus Steiniger

»Es gibt keinen Journalismus im luftleeren Raum«

Klaus Steiniger, Korrespondent und Starreporter des *Neuen Deutschland*, im Interview über seinen Aufsehen erregenden Auftritt beim Angela-Davis-Prozess, wie er der CIA und Kissinger als Bote diente und über die Schranken des DDR-Journalismus.

KLAUS STEINIGER, Angela Davis and Henry Winston, chairman of the U.S. Communist party.

Klaus Steiniger berichtete als erster fester Politik-Korrespondent der DDR über den Prozess gegen Angela Davis. Diese Aufnahme mit der Bürgerrechtlerin und dem Vorsitzenden der Kommunistischen Partei, Henry Winston, entstand während seiner Prozessberichterstattung in Kalifornien. Quelle: Privatarchiv Klaus Steiniger, Name der Publikation unbekannt

Dr. Klaus Steiniger wurde 1932 in Berlin geboren. Nach dem Studium der Rechtswissenschaften war er zunächst als Staatsanwalt tätig, arbeitete dann als Bürgermeister, später für das DDR-Fernsehen und schließlich im DDR-Außenministerium. Er promovierte 1966 am Institut für Internationale Beziehungen der Akademie für Staats- und Rechtswissenschaften in Potsdam-Babelsberg – der DDR-Diplomatenschule. 1968 übernahm er die Leitung der Sektion ›Kapitalistische Länder‹ in der Abteilung Außenpolitik des *Neuen Deutschland*. Er war dort von 1967 bis 1991 Redakteur und Auslands- bzw. Sonderkorrespondent mit Einsätzen in den USA, Japan, Portugal, Frankreich, Italien, Spanien, Griechenland, Finnland, den Niederlanden, Irak, Argentinien, Uruguay und vielen anderen Ländern. Seit 1998 ist Steiniger Chefredakteur der kommunistisch-sozialistischen Zeitschrift *RotFuchs* in Berlin.

Frage: Herr Dr. Steiniger, Sie haben in der DDR eine Bilderbuch-Karriere hingelegt. Sie waren der jüngste Kreisstaatsanwalt, hatten danach einen verantwortlichen Posten im Außenministerium, promovierten mit magna cum laude an der Diplomaten-Hochschule und haben anschließend sehr bald eine Leitungsposition beim *Neuen Deutschland* bekommen. Was war Ihr Erfolgsgeheimnis?

Dr. Steiniger: Es war nicht ganz so bruchlos, wie es auf den ersten Blick vielleicht aussieht. Mein Vater wurde während der Nazizeit verfolgt, auch weil mein Großvater ein tschechischer Jude war. Deshalb sollte mein Vater als ›Mischling ersten Grades‹ 1944 in ein Arbeitslager gebracht werden. 15 seiner Verwandten väterlicherseits wurden in Auschwitz vergast. Meine Mutter starb bereits 1948 mit nur 39 Jahren an Tuberkulose. Somit musste er alleine für mich sorgen.

Ihr Vater war Dekan an der Rechts- und Staatswissenschaftlichen Fakultät der Humboldt-Universität in Berlin, an der Sie dann Jura studierten.

Ja, er hatte mir empfohlen, Rechtswissenschaften zu studieren. Während der Nazi-Zeit habe ich einige Jahre keine Schule besuchen können. Leider fiel es mir sehr schwer, wieder Anschluss im Fach Mathematik zu finden. Ich musste also etwas studieren, was nichts damit zu tun hatte. So bot sich Jura an.

Sie wurden 1956 mit 23 Jahren der jüngste Kreisstaatsanwalt der DDR.

Damals herrschte ein Mangel an ausgebildeten Juristen. Eigentlich hatte ich nach dem Studium eine Stelle im Außenministerium sicher, aber die Berufsberatungskommission legte mir nahe, Staatsanwalt zu werden. Ich habe das dann fünf Jahre lang gemacht, bis ich sozusagen rausgeflogen bin.

Wie ist das passiert?

Ich hatte mich geweigert, zwei Arbeiter, die sehr derbe Sachen gesagt hatten, einsperren zu lassen. In dem einen Fall war es so, dass sich ein Mann über die Butterrationierung geärgert hatte. Nach der durchgängigen Kollektivierung der Landwirtschaft entstanden 1961/62 für kurze Zeit Schwierigkeiten bei der Butterversorgung. Während dieser Zeit gab es dann nur alle sieben Tage ein Stück Butter. Wer es erhalten wollte, musste sich in eine Liste eintragen. Ausnahmen gab es unter anderem für Fernfahrer. Irgendwann wurde das aufgehoben, was aber nicht alle mitbekommen hatten. Ein Fernfahrer ging in Güstrow in ein Lebensmittelgeschäft und wollte Butter haben. Er sagte der Verkäuferin, dass er als Fernfahrer nicht eingetragen sein müsse und zeigte seine Karte. Die Verkäuferin weigerte sich, ihm Butter zu geben und teilte ihm mit, dass sich das geändert habe. Daraufhin gab es einen Disput und der Fernfahrer hat eine längere Rede gehalten. Es fiel der Satz: »Wenn wir im Sozialismus schon nichts zu fressen kriegen, was soll dann erst im Kommunismus werden?« Der zweite Vorfall ereignete sich in einem Holzbetrieb in Güstrow. Dort sollten Verkehrspolizisten Rekruten für die NVA werben, da es damals noch keine Wehrpflicht gab. Die Werber waren außerstande, das Publikum an die Hand zu kriegen. Da hat der Betriebsleiter einen Arbeiter angesprochen und gesagt: »Du bist doch damals freiwillig zur Kasernierten Volkspolizei[1] gegangen, erklär doch mal den Kollegen, wie das gewesen ist.« Die Stimmung war schon sehr aufgeheizt und da sagte der Arbeiter: »Das kann ich Ihnen sagen. Ich war noch Lehrling. Sie haben mich in Ihr Büro bestellt und so lange gezwiebelt, bis ich gegangen bin.« Damit war die ganze Sache geplatzt. In beiden Fällen habe ich das Verfahren wegen Geringfügigkeit eingestellt. Ich bin in den Betrieben gewesen und habe das Gespräch gesucht, so wie das von mir immer gehandhabt worden ist, ohne dass es vorher je beanstandet wurde. Aber auf einmal, nach dem 13. August 1961, als die Grenze geschlossen war, hat mir der Bezirksstaatsanwalt die Weisung gegeben, ich

---

[1] Die Kasernierte Volkspolizei (KVP) war eine militärische Vorläuferorganisation der Nationalen Volksarmee der DDR (NVA) und wurde 1956 in diese eingegliedert.

solle die beiden einsperren und in einem beschleunigten Verfahren jeweils ein Jahr Gefängnis beantragen. Ich hatte einen sehr guten Tag und feige war ich auch gerade nicht. Also sagte ich zu ihm: »Diese Weisung richtet sich erkennbar gegen die Interessen der Deutschen Demokratischen Republik. Ich verweigere ihre Ausführung.« Da flog ich raus. Ein Jahr lang bin ich ›zur Bewährung‹ Dorfbürgermeister gewesen.

1972 veröffentlicht Gitta Bauer vom Springer-Auslandsdienst ein Porträt über Klaus Steiniger und dessen ›vorgefasster‹ Meinung auf die USA und den Davis-Prozess. Die Randnotizen sind leider nicht klar zu zuordnen. Quelle: Privatarchiv Klaus Steiniger, Name der Publikation unbekannt

Dann sind Sie zum DDR-Fernsehen gegangen.

Ich kannte den stellvertretenden Intendanten Günther Klein und der bot mir im Frühjahr 1963 eine Stelle bei der *Aktuellen Kamera*, der Nachrichtensendung des DDR-Fernsehens, an. Für die außenpolitische Redaktion habe ich kurze Filme betextet. Ich war damit täglich ein oder zwei Stunden beschäftigt, bin dann ins Studio gegangen, habe das mit dem jeweiligen Nachrichtensprecher eingeübt und den Rest des Tages im Casino verbracht. Nach einem Jahr wurde mir das zu langweilig. Aber ich hatte eine Alternative: Im Sommer 1964 bewarb ich mich beim Außenministerium. Man empfahl mir die USA-Abteilung. Dort könne ich sofort Mitglied einer Forschungsgruppe über Nord- und Lateinamerika werden und nach drei Jahren an der Diplomatenhochschule promovieren. Ich war dann einige

49

Zeit Mitarbeiter der USA-Abteilung. Anschließend habe ich meine Dissertation verteidigt. Daraufhin wurde ich als wissenschaftlicher Berater zum damaligen Außenminister Otto Winzer versetzt. Der hatte aber nicht die Eigenschaft, sich mit vielen zu beraten, jedenfalls nicht mit mir. Es war also auch keine ernsthafte Tätigkeit.

Die Herausforderung kam dann aber beim *Neuen Deutschland*?

Ich bin dort als Oberstufenredakteur, also auf der höchsten journalistischen Ebene, eingestiegen. Somit war ich von Anfang an abzeichnungsberechtigt. Sachlich war ich für Lateinamerika und die USA zuständig. Ich hatte ja eine entsprechende Qualifikation: abgeschlossenes Hochschulstudium, promoviert, Berufserfahrung, Arbeit im Außenministerium auf diesem Gebiet. Das waren natürlich Gründe, mich dafür zu nehmen. Nach einem Jahr wurde ich Leiter der Sektion ›Kapitalistische Länder‹. Sie bearbeitete Vorgänge in fast allen halbwegs entwickelten kapitalistischen Ländern mit Ausnahme der Bundesrepublik und Westberlins, für die es eine eigene Sektion gab.

1972 wurden Sie der erste USA-Korrespondent mit DDR-Staatsbürgerschaft für den Angela-Davis-Prozess.

Ich muss das korrigieren, denn ich war der erste DDR-Korrespondent, der zu einem politischen Ereignis zugelassen wurde. Sportreporter aus der DDR kamen schon lange in die USA. In New York gab es zwei UNO-Korrespondenten, die aber die Bannmeile um das Hauptquartier der Vereinten Nationen nicht passieren und nicht über die Vereinigten Staaten berichten durften, sondern nur über die UNO. Ich sollte dort Prozess-Reporter sein, weil ich mir mittlerweile so etwas wie den Ruf eines USA-Spezialisten erworben und schon vor Prozessbeginn sehr interessiert die akademischen und politischen Aktivitäten von Angela Davis verfolgt hatte. Ein Jahr bevor ihr Fall weltweit so große Aufmerksamkeit erlangte, habe ich einen Artikel im *Neuen Deutschland* darüber geschrieben. Ich war auch der Erste, der nach ihrer Verhaftung eine Kampagne für Angela Davis organisierte. Dazu hatte ich eine Broschüre mit dem Titel *Freiheit für Angela Davis* geschrieben, die auch an sämtlichen Schulen verteilt wurde und eine Auflage von einer halben Million erreichte.

Der farbigen Bürgerrechtlerin Angela Davis wurde vorgeworfen, die Waffen für einen missglückten Befreiungsversuch für das Black-Panther-Mitglied George Jackson geliefert zu haben, bei dem mehrere Menschen erschossen wurden. Ihr drohte die Todesstrafe. Der Fall hat international für Proteste gesorgt.

Ja, es gab Proteste in aller Welt, aber ich denke, die größte Protestwelle erfasste die DDR. Die Kampagne ›Eine Million Rosen für Angela Davis‹ wäre da hervorzuheben. Von Schulkindern wurden Rosen gemalt und an Angela Davis geschickt. Ich kann mich noch daran erinnern, wie ich in San Francisco eine LKW-Kolonne gesehen habe mit unzähligen Säcken voller Solidaritätspost für Angela Davis. Das war eine unwahrscheinliche Geschichte.

War es schwierig, an das Visum für die USA zu kommen?

Die DDR hatte noch keine diplomatischen Beziehungen mit den USA und ich musste mich an den amerikanischen Konsul in Westberlin, G. Edward Reynolds, wenden. Zuvor hatte mir dieser die Einreise verweigert, weil ich Mitglied sogenannter ›kommunistischer Frontorganisationen‹ war, wie das im USA-Fragebogen hieß. Ich habe den Ablehnungsbescheid vom 1. April 1969 nur Tage danach im *Neuen Deutschland* unter dem Titel: *Antikommunismus behindert freie Information* faksimiliert veröffentlicht. Daran erinnerte sich Reynolds noch, als ich ihn erneut um eine Einreise-Erlaubnis bat. Ich habe ihn letztlich als umgänglichen Mann kennengelernt. Anders als seinen Nachfolger Alexander Akalovsky, der mich vor meiner Abreise in die USA – ich hatte das Visum nach neun Monaten Wartezeit mit etlichen Verhören endlich erhalten – einzuschüchtern versuchte. Den Unternehmer David Packard, der während des Vietnam-Krieges stellvertretender Verteidigungsminister der USA geworden war, hatte ich in einem Artikel »Mörder« genannt, was er in meinen Augen ja auch war, da seine Firma die Flugzeugelektronik für die amerikanischen Bomber herstellte. Jedenfalls sagte Akalovsky in scharfem Ton, Packard könne mich deswegen anzeigen, sobald ich in Kalifornien einträfe. Ich drohte meinerseits damit, diese Aussage des Generalkonsuls im *Neuen Deutschland* zu veröffentlichen. Er machte nun einen Rückzieher und meinte, doch nur eine Vermutung geäußert zu haben. Bald darauf reiste ich nach San José in Kalifornien, wo der Prozess gegen Angela Davis stattfand.

Das Nachrichtenmagazin *Der Spiegel* schrieb damals, die wahre Sensation bei diesem Prozess sei eigentlich Ihr Auftauchen gewesen.

Ja, im *Spiegel* ist eine Personalie über mich erschienen, obwohl dessen Redaktion mit mir persönlich gar nicht gesprochen hatte. Ich war eben der ›bunte Vogel‹ dort und gab dutzende Interviews für Presse, Funk und Fernsehen. Außerdem wurde ich zu etlichen Dinner-Partys eingeladen.

Wie war Ihr Verhältnis zu Journalisten aus dem ›anderen Lager‹?

Das war unterschiedlich. Ich kann mich an eine Begegnung erinnern. Ich wurde kurz vor Beginn des Davis-Prozesses vom FBI daktyloskopisch

1969 verweigern die USA Klaus Steiniger die Einreise zum Kongress der Kommunistischen Partei der USA, hier übermittelt durch den damaligen amerikanischen Konsul, G. Edward Reynolds. Quelle: Privatarchiv Klaus Steiniger

behandelt und von allen Seiten fotografiert. Bald danach hörte ich eine Stimme: »Ah, Deutsche!« Ich unterhielt mich gerade mit dem westdeutschen Kollegen Horst Schäfer, der auch beim Davis-Prozess längere Zeit tätig und später viele Jahre ADN-Korrespondent in Washington war. Während ich mit ihm sprach, rief mir plötzlich eine Frau zu: »Deutsche! Landsleute!« Sie stellte sich als Gitta Bauer von Springers Auslandsdienst vor. »Klaus Steiniger, Deutsche Demokratische Republik, *Neues Deutschland*, Berlin«, antwortete ich korrekt. Da fiel der Dame die Kinnlade runter, später hat sie Artikel gegen mich geschrieben, zum Beispiel in der *Morgenpost*. Dort berichtete sie sehr tendenziös. Sie hielt mich offensichtlich für einen ›roten Halunken‹. Solche Kontakte habe ich nicht geschätzt. Andererseits habe ich auch viele bürgerliche Journalisten kennen gelernt, mit denen ich einen sehr kollegialen Umgang pflegte.

Mit denen ist man auch mal ein Bier trinken gegangen?

Na klar. Sie dürfen wirklich nicht diese schematischen Vorstellungen haben, die man heute verbreitet. Wenn ich in Lissabon, in den USA oder in Japan mit irgendeinem etwas trinken wollte – ich bin kein Biertrinker –, habe ich niemanden um Erlaubnis gebeten und ich musste darüber auch keinen Bericht schreiben.

Kollegen von Ihnen haben das anders erlebt...

Bei mir war das jedenfalls nicht so. Ich bitte das nicht falsch zu verstehen, aber es gab natürlich auch in der DDR Journalisten sehr unterschiedlicher Kategorien. Darunter solche, die ich auch nicht auf jeden losgelassen hätte, schon allein wegen ihrer geringen Qualifikation.

Sie haben für eine ganze Reihe von DDR-Medien geschrieben.

Ja, ich habe für verschiedene Medien gearbeitet, darunter für das Fernsehen, und auch viele Namen gehabt. Bei *Horizont*, der außenpolitischen Wochenzeitung der DDR, habe ich oft unter dem Pseudonym Eldridge R. Jackson, New York, geschrieben. Beim *Magazin* war ich Stewart Allison, Los Angeles. Auch in der *Weltbühne* habe ich etliches unter deutschen und portugiesischen Pseudonymen veröffentlicht. Bei der Westberliner *Wahrheit*[2] stand jahrelang über meinen Beiträgen: von unserem amerikanischen Korrespondenten Dr. Claude M. Stone.

Haben diese Pseudonyme beim Leser nicht den fälschlichen Eindruck erweckt, dass der Artikel von einem Einheimischen stammt?

Das *Neue Deutschland* wollte nicht, dass man für zu viele Zeitungen unter eigenem Namen schrieb.

Warum?

Die Zeitung, deren Auflage damals 1,3 Millionen Exemplare betrug, war auf Exklusivität ihrer Quellen, Beiträge und Autoren genauso bedacht wie

---

2 *Die Wahrheit* erschien von 1955 bis 1989 und war die Zeitung der Sozialistischen Einheitspartei Westberlins (SEW). Sie wurde von der SED der DDR finanziell, logistisch und inhaltlich unterstützt.

die meisten Blätter dieser Ebene in der Welt. So empfahl sie ihren Journalisten, in anderen Publikationen ein Pseudonym zu benutzen. In Rundfunk und Fernsehen, wo ich viele Kommentare sprach, trat ich natürlich stets unter meinem eigenen Namen auf.

Was entgegnen Sie jemandem, der sagt, der DDR-Journalismus sei reine Propaganda gewesen?

Es gibt keinen Journalismus im luftleeren Raum. Man ist entweder dafür oder dagegen. Neutralität ist nur eine Illusion. Denn man kann auch Dinge propagieren, die ganz unpolitisch aussehen und trotzdem ein bestimmtes Ziel verfolgen, die der Manipulation dienen. In der Bundesrepublik und in der DDR war die Grundsituation gleich. Sie bestand darin, dass jeder politische Journalist versuchte, eine Linie oder Überzeugung – ob nun seine eigene oder die der Redaktion – zu vertreten. Ein solcher Journalist wird immer versuchen, seinen Standpunkt an den Mann zu bringen und andere von dem, was er selber denkt, zu überzeugen. Journalismus ist Information, aber auch Überzeugungsarbeit.

Glauben Sie, dass das in Ost und West in gleichem Maße geschehen ist?

Man kann Sozialismus und Kapitalismus nicht miteinander vergleichen. Es ist so, dass wir aus meiner Sicht für eine richtige Sache standen. Diese Sache ist zum Teil schlecht gemacht worden. Ich stimme zu, wenn Leute sagen, dass richtige Ziele manchmal mit ungeeigneten Mitteln verfolgt worden seien. Dazu gehört ein Teil der Medienarbeit der DDR. Ich kann mich an Zeiten erinnern, in denen ich sehr glücklich mit ihr war und an andere, in denen ich sehr unglücklich gewesen bin. Aber man kann keine formellen Vergleiche zwischen Bourgeoisie und Nicht-Bourgeoisie oder Kapitalismus und Sozialismus anstellen. Die Presse der Bundesrepublik ist ganz zielgerichtet, ob man das Agitation nennt oder anders. Sie dient der Festigung der gesellschaftlichen Verhältnisse. Hinzu kommt noch eine Komponente, die es bei uns so nicht gab: In bürgerlichen Medien spielt Sensation, die Möglichkeit, etwas als erster verkaufen zu können, eine ganz wichtige Rolle.

Das *Neue Deutschland* war doch bekannt für seine »knalligen« Überschriften. Von Ihnen stammen doch auch ein paar schöne ...

Ich bin ein großer Freund packender Überschriften bei eigenen Artikeln. Denn wenn die Leute schon beim Titel einschlafen, ist die Sache gestorben. Und das Zweite: Die Aufmachung muss stimmen. Sie muss nicht spektakulär oder sensationalistisch sein. Aber das ist der Wurm auf dem

Haken und wenn der nicht zappelt, wird nicht gebissen. Beim ND war es nicht leicht, spannende Überschriften anzubieten.

Sie kritisieren die bürgerliche Presse: Die hat aber doch den Vorteil, pluralistisch zu sein. Eine solche Meinungs- und Informationsvielfalt hat der Sozialismus dagegen nie zugelassen!

Bei den bürgerlichen Medien gibt es zwar ein enormes Maß an Pluralität, aber im Grunde keinen Pluralismus. Wer von ihnen würde es denn wagen, die kapitalistische Gesellschaftsordnung fundamental und radikal als System zu attackieren, die Aufhebung ihrer auf Ausbeutung beruhenden Eigentumsverhältnisse einzufordern? Natürlich gibt es investigative und couragierte bürgerliche Journalisten wie Peter Scholl-Latour u. a. Doch sie tun dem System und seiner herrschenden Klasse nicht wirklich weh.

Dem Journalismus der DDR fehlte es gewiss an Kolorit und oft auch an zündenden Ideen, was häufig zu Eintönigkeit führte. Aber er stand im Ganzen für eine neue gesellschaftliche Qualität, in der die Dominanz des kapitalistischen Profitmotivs nicht mehr galt. Damit war auch die Sensationshascherei als Haupttriebfeder bürgerlicher Berichterstattung entfallen. Aus bunt wurde leider allzu oft grau, was den Eindruck von Monotonie erzeugte und nicht hätte sein müssen.

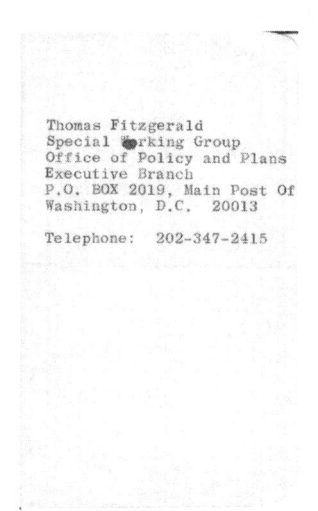

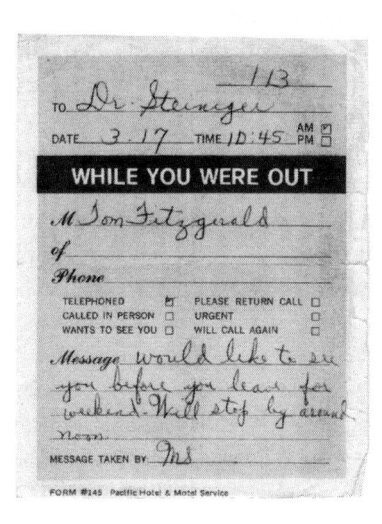

Diese ›Visitenkarte‹ soll Klaus Steiniger von CIA-Mann Fitzgerald erhalten haben, nachdem dieser sich in seinem Motel nach ihm erkundigt hatte, wie die nebenstehende Nachricht an Steiniger vermerkt. Quelle: Privatarchiv Klaus Steiniger

Was verstehen Sie denn unter bürgerlichen Journalisten?
Natürlich muss nicht jeder bürgerliche Journalist selbst der Bourgeoisie entstammen. Andererseits gibt es auch nicht wenige fortschrittliche Intellektuelle, die aus dem Bürgertum hervorgegangen sind. Marx, Engels und Lenin waren die besten Beispiele dafür.

Ein bürgerlicher Journalist ist in meinen Augen durch zweierlei charakterisiert: Er arbeitet für ein Medium, das sich im Besitz der Kapitalistenklasse oder ihres Staates befindet und mit Meinungsmanipulation in deren Sinne befasst ist. Er denkt, schreibt und spricht, wie es seine Auftraggeber von ihm erwarten, wobei es natürlich Spielräume und auch Beherzte gibt.

Wurden Sie jemals zensiert?
Es gibt völlig falsche Vorstellungen darüber, was in der DDR geschehen ist. Ich bin niemals irgendeiner formellen Zensur unterworfen worden. Fast alle 2.500 Artikel, die ich allein im ND veröffentlicht habe, sind mehr oder weniger so in die Zeitung gekommen, wie ich sie geschrieben habe. Bei allen Reisen, die ich unternahm, gab es keine Vor- oder Nachbesprechung.

Das Vertrauen in Sie war groß.
Wenn sich jemand ein bestimmtes Renommee erarbeitet hatte, galt er als vertrauenswürdig. Die Frage, die sich stellte, war doch: Kann man den Mann oder die Frau in den letzten Winkel der Welt schicken? Wichtig war erstens, darauf vertrauen zu können, dass die Betreffenden immer zurückkommen würden. Und zweitens, dass sie ungeschminkt sagten, was sie dort erlebt haben. ›Ungeschminkt‹ bedeutete natürlich auch: aus einer marxistischen Position heraus. Mich hat nie einer behelligt. Wenn ich in kapitalistischen Ländern gearbeitet habe, hatte ich ununterbrochen auch mit Kommunisten zu tun, die nicht an der Macht, sondern in der Opposition waren, die bekämpft und verfolgt wurden. Deshalb ist mein Prinzip: Eine Weltanschauung ist nicht abhängig von Sieg oder Niederlage. Entweder man hat sie oder man hat sie nicht. Wenn man sie hat, dann ist sie nicht abhängig davon, ob man oben oder unten liegt. Im Augenblick sind die Kommunisten und andere Linke in diesem Land eher unten und andere oben. Aber das gehört zum politischen Spiel.

Zur Frage der Zensur will ich noch hinzufügen: Ja, es gab einen Zensor und der Zensor war ich selbst. Ich habe mir immer überlegt, was bei einer Geschichte heraus kommen soll. Niemals habe ich auf ›Teufel komm' raus‹ irgendwas geschrieben, weil ich es aus Sensationslust an die große Glocke hängen wollte. Es ging mir immer darum, ob etwas politisch sinnvoll ist oder nicht.

Es gab keine Beschränkungen?
Natürlich hatte der Journalismus in der DDR bestimmte Schranken. Aber die waren zu unterschiedlichen Zeiten auch unterschiedlich hoch. Unter Ulbricht wurde vom *Neuen Deutschland* Kritik, Kritik und nochmals Kritik gefordert. Da gab es große Artikel, in denen Funktionäre oder 1. Sekretäre von Bezirksleitungen der Partei massiv attackiert wurden. Es gab einen berühmten ND-Beitrag *Misstöne im brandenburgischen Konzert*. Dort ging es um das Stahlwerk Brandenburg. Die dort Zuständigen der Partei wurden scharf angegriffen. Ulbricht verlangte vom *Neuen Deutschland* eine kritische Auseinandersetzung mit den Partei- und Staatsfunktionären. Dabei gab es keine Tabus.

Ist das nicht eine sehr romantische Sicht?
Nein, überhaupt nicht. Später, auch unter Günter Schabowski, dem verlängerten Arm Erich Honeckers, war das dann ganz anders. Der strich als Chefredakteur des *Neuen Deutschland* jedes kritische Wort heraus, das beispielsweise auf Tagungen des Zentralkomitees gesagt worden war. Es wurde die Losung ausgegeben: »Der Feind kritisiert uns genug, wir müssen es nicht auch noch selbst tun.« Solche unsinnigen Parolen gab es in dieser Zeit. Das betraf natürlich auch die Auslandsberichterstattung. Als ich Korrespondent in Paris war, erhielt ich aus Berlin die Weisung, keine Gesellschaftskritik an Frankreich zu üben, da Genosse Honecker die Absicht habe, dieses Land zu besuchen. Da zog ich den Schluss: Hier bist du falsch am Platze. In der Straße, in der ich gewohnt habe, befand sich beispielsweise eine Zweigstelle des Pariser Arbeitsamtes. Und da standen jeden Tag endlose Schlangen, aber ich sollte nun nur noch den Eiffelturm loben. Da habe ich nicht mitgemacht.

Sie wurden zur Schönfärberei angehalten?
Es gab in der Endphase der DDR ein gerütteltes Maß an Schönfärberei. Ich war nie ein Freund davon und habe mich daran nicht beteiligt. Es gab so manches, was antijournalistisch war. Bei Staatsbesuchen Honeckers wurde der ND-Bericht beispielsweise schon im Voraus geschrieben, weil man doch sowieso wusste, was passieren würde. Da gab es Werner Micke, der war stellvertretender Chefredakteur. Er schrieb diese Texte immer und setzte dann manchmal auch meinen Namen mit darüber, wenn ich für das Land zuständig war, in das Honecker gerade reiste. Ich betrachte so etwas nicht als meine eigenen Artikel. Schönfärberei ist immer eine Verfälschung der Wahrheit. Ich habe an dem, was ich beruflich tat, selten gezweifelt, doch die Qualität des Journalismus in der DDR war sehr un-

terschiedlich. Ich würde sagen, aus meiner Sicht als Kommunist ist die Ausgangsposition die Verteidigung des Sozialismus, der Kampf gegen den Kapitalismus und der Kampf gegen die westlichen Militärblöcke. Damit war ich voll einverstanden. Aber ich war der Meinung, dass die Presse der DDR zu einem großen Teil einfach handwerklich schlecht gemacht worden ist. So waren die Bezirkszeitungen der Partei in der Regel mehr oder weniger ein Abklatsch des *Neuen Deutschland*, zumal sie sich ausnahmslos unter dem Dach einer Organisation für Druckerzeugnisse befanden, die sich Zentrag nannte.

Was auch daran gelegen haben könnte, dass die dem Zentralkomitee der SED unterstellte Zentrale Druckerei-, Einkaufs- und Revisionsgesellschaft, die Zentrag, für die fast alle Druckerzeugnisse in der DDR zuständig war.

Natürlich ist es immer so: Wenn eine Partei die Macht hat, dann ist sie für alle attraktiv. Wenn morgen in der Bundesrepublik eine andere Konstellation zum Zuge käme, würden manche, die heute mit den Wölfen der Regierung heulen, sicher die Farbe wechseln. Unter den DDR-Journalisten hat es zweifellos auch genügend Opportunisten gegeben, die sich im Tonfall von Treue und Ergebenheit überschlagen haben und sobald die alten Herren weg waren, erzählten sie dann das Gegenteil von dem, was sie vorher verkündet hatten.

Wie viele Ihrer Berichte waren für die sogenannte ›interne Verwendung‹ bestimmt?

Ich habe für die interne Verwendung Berichte geschrieben, wenn es sich um Themen handelte, die nicht für die Veröffentlichung geeignet waren. Zum Beispiel habe ich im Sommer 1974 mit dem Generalsekretär der Portugiesischen Kommunistischen Partei, Álvaro Cunhal, gesprochen. Er vertraute mir unter vier Augen an, im Herbst würden die Kommunisten zusammen mit der Volksbewegung versuchen, den erzkonservativen General Spínola, der zu dieser Zeit Portugals Präsident war, zu stürzen. Ich kann doch nicht die geheimen Pläne der kommunistischen Partei in die Zeitung bringen.

Was passierte mit den Informationen, die Sie weitergegeben haben?

Ich habe meine Redaktion verständigt. Was diese damit gemacht hat, war ihre Sache.

Waren Sie verpflichtet, die Partei zu informieren?

Um es klar und deutlich zu sagen: Der Geheimdienst der DDR war nicht mein Feind. Er ist von Kommunisten gegründet worden, die in Spanien in

den Internationalen Brigaden gekämpft haben, in Hitlers Konzentrationslager gingen oder Partisanen waren, nicht aber von Nazi-Generälen wie in der Bundesrepublik. Also habe ich da keine Berührungsängste. Ich beteilige mich auch nicht an der nachträglichen Umgestaltung der Geschichte.
Kooperierten Sie mit Markus Wolfs Abteilung oder mit anderen?
Nein, zu keiner Zeit. Die äußerst erfolgreiche, dem Frieden dienende und die aggressiven Absichten der NATO durchkreuzende Tätigkeit der Hauptverwaltung Aufklärung – kurz HVA genannt – hat mir jedoch stets in ganz besonderem Maße imponiert.
Laut Verband der Journalisten der DDR (VDJ) war der Journalist ein »Funktionär der Partei«.
Das trifft so nicht zu, da es in der DDR bekanntlich fünf Parteien mit ihren eigenen Zentralorganen gab. Was mich selbst betrifft, so habe ich mich immer in diesem Sinne verstanden. Ich will von mir ohne Hochmut behaupten, ein halbwegs gebildeter Marxist zu sein. Das heißt, ich rede nicht nur von Marx, Engels, Lenin und anderen, sondern habe vieles von ihnen tatsächlich gelesen. Mich können Sie nachts um drei aus dem Schlaf holen, und ich kann Ihnen über die Situation in der Arbeiterbewegung, in den kommunistischen Parteien der ganzen Welt, Auskunft geben.
Haben Sie Kontakt mit Geheimdiensten gehabt?
Aber sicher. Da gibt es zum Beispiel eine Geschichte aus den USA. Eines Tages kam ich in mein Motel und die Managerin sagte mir, am Swimmingpool sitze ein gewisser Mr. Fitzgerald aus Washington. Ich bemerkte, dass ich keinen Fitzgerald kenne. »Der wartet schon seit zwei Stunden und möchte Sie unbedingt sprechen.« Am Schwimmbecken erhob sich aus dem Liegestuhl ein Herr, den ich nicht kannte. Er gab mir eine ›Visitenkarte‹. Sie war aus dünnem Papier und anscheinend nur für diesen Termin angefertigt worden. Ich las: Thomas Fitzgerald, Special Working Group, Office of Policy and Plans, Executive Branch. Wie ich später erfuhr, hatte er sein Büro offenbar im Old-Executive-Office-Building in Washington D.C. Dort befindet sich zufälligerweise auch ein Stadtbüro der CIA, ganz in der Nähe des Weißen Hauses. Dann haben wir mit offenen Karten gespielt. Fitzgerald sagte zu mir: »Mr. Steiniger, ich komme von Henry Kissinger und lade Sie nach Washington zu einem Gespräch mit ihm ein.« Kissinger war damals noch Chefsicherheitsberater von Präsident Richard Nixon, bevor er Außenminister wurde. Fitzgerald sagte zu mir, dass mich Henry Kissinger darum bitten möchte, eine Botschaft an Erich Honecker zu übermitteln. Das war immerhin zweieinhalb Jahre vor der Herstellung

diplomatischer Beziehungen zwischen der DDR und den USA im September 1974. Ich hatte mit allem Möglichen gerechnet, aber nicht damit. Ich sagte Fitzgerald, dass er sich in mir täusche. Ich wäre lediglich Reporter und hätte den Auftrag, über den Davis-Prozess zu berichten. Nicht mehr und nicht weniger. Daraufhin erwiderte er:»Tja, aber Sie sind nicht irgendein Journalist. Sie haben vorher in der USA-Abteilung des Außenministeriums gearbeitet und Ihr Vater, Professor Peter Alfons Steiniger, ist Mitglied des Kollegiums des Außenministeriums. Sie sind der Mann, der weiß, an welcher Tür man klopfen muss.« Er sei deswegen extra aus Washington gekommen, fügte er hinzu. Ich begann zu überlegen: Vielleicht gibt es zu Hause Ärger, wenn ich diese Gelegenheit verstreichen lasse. So sagte ich:»Ich mache Ihnen ein Angebot. Ich bin bereit, Ihnen als Bote zu dienen. Ich bin zwar nicht befugt, Gespräche zu führen, aber teilen Sie mir doch bitte mit, was Mr. Kissinger Herrn Honecker zu übermitteln hat.«

Was hat Ihre Meinung geändert?

Die Führung der SED hätte mir vermutlich Vorwürfe gemacht: Da kommt einer auf Dich zu und sagt Dir, dass Kissinger mit Honecker in Verbindung treten will. Das ist doch eine äußerst günstige Gelegenheit, in der Anerkennungsfrage weiterzukommen, schoss es mir durch den Kopf. Dann hat Fitzgerald seinen Diplomatenkoffer geöffnet, der ein vorbereitetes Dossier enthielt. Der Text, auf den er sich bezog, begann mit den Worten:»In zwei bis drei Jahren werden die USA diplomatische Beziehungen mit der DDR herstellen. In deren Vorfeld sind folgende Fragen zu klären: Werden den USA Kulturzentren in Leipzig, Berlin und Dresden zugebilligt?« (Diese waren bekanntlich immer Zentralen für geheimdienstliche Tätigkeit. Solche Einrichtungen wurden und werden von allen Beteiligten stets für solche Zwecke genutzt.) Und dann kam die nächste Frage:»Ist die DDR bereit, nach dem Krieg enteignetes amerikanisches Vermögen zu entschädigen?« Einige Konzerne waren damals davon betroffen und die USA-Seite wollte nun wissen, ob die DDR zur Kompensation bereit sei. Hinzu kam eine ganze Reihe weiterer Fragen. Fitzgerald machte mir schließlich noch ein Angebot:»Meine Einladung nach Washington gilt. Rufen Sie mich einfach an. Außerdem können Sie jederzeit in einem Nationalpark der USA auf unsere Kosten ein paar schöne Tage verleben, denn im Prozess gibt es doch sicher auch Pausen. Wir bieten Ihnen, wenn Sie zu Gesprächen in Washington bereit sind, ein Freiflugticket für das gesamte Flugnetz der USA an.« Ich habe mich natürlich nicht darauf eingelassen.

Hatten Sie Angst, als bestechlich zu gelten?

Angebote dieser Art gab es immer wieder, aber ich habe nie Gebrauch davon gemacht. Nach der Verabschiedung von Fitzgerald habe ich Eduard Baskakow von der sowjetischen Nachrichtenagentur TASS in New York angerufen. Er war sozusagen meine Nabelschnur. Die DDR hatte ja keine Diplomaten vor Ort. Es gab nur die erwähnten UNO-Korrespondenten in New York. Mit TASS hatten wir gute Arbeitskontakte. Baskakow war auch in den ersten Tagen beim Prozess in San José gewesen. Wir hatten vereinbart, dass ich ihn sofort verständigen würde, wenn irgendetwas Besonderes passieren sollte. »Eduard, Du musst kommen, der Prozess nimmt einen interessanten Verlauf«, sagte ich nur, und am nächsten Tag war er da. Dann habe ich ihm alles erzählt und er warnte mich vor einer möglichen Falle. Ich müsste herausbekommen, was das für Leute seien. Es spräche viel dafür, dass Fitzgerald von der CIA wäre, zugleich aber auch dafür, dass er im Auftrag Henry Kissingers handele. Baskakow riet mir, in Washington anzurufen und meinem ›neuen Freund‹ zu sagen, ich hätte es mir überlegt und würde gerne ein Wochenende in einem Nationalpark Kaliforniens verbringen. Ich wählte also die Nummer und es meldete sich eine Sekretärin, die mir sagte, Mr. Fitzgerald sei leider abwesend, werde aber sofort informiert. Nach zwei Stunden rief er zurück. Ich sagte, dass ich doch gerne von der Weekend-Einladung Gebrauch machen würde. Er erwiderte: »Kein Problem, wann soll ich da sein?« Und am Freitag stand dann auf dem Parkplatz meines Motels ein grüner Ford Lincoln Mercury, damals ein sehr teures Auto, mit Fitzgerald am Steuer. Neben ihm saß ein Mann mit einem starken Südstaatlerakzent. Der war offensichtlich ein bestens informierter CIA-Spezialist für die DDR. Die beiden hatten den Auftrag, Genaueres über die neue DDR-Führung in Erfahrung zu bringen, um sie besser einschätzen zu können. Honecker war zu dieser Zeit gerade erst ein Jahr an der Spitze. Sie wollten wissen, was sich mit ihm ändern würde. Mein Ziel bestand darin herauszufinden, ob diese Leute echt, also in offiziellem Auftrag Handelnde, seien. Wir sind dann in einen Nationalpark am Pazifik gefahren, wo es die großen Mammutbäume gibt, und haben uns dort zwei Tage lang aufgehalten. Zum Abschluss besuchten wir die Kneipe ›Fisherman's Wharf‹ in der Monterey-Bucht unweit von San Francisco. Dort wurde ziemlich scharf getrunken. Doch man alkoholisiert mich nicht so schnell. Was die beiden nicht wussten: Ich war zu DDR-Zeiten sieben Jahre lang in Güstrow ›nebenbei‹ Kreisvorsitzender der Gesellschaft für deutsch-sowjetische Freundschaft. In der Stadt befanden sich eine starke sowjetische Garnison und ein dazugehöriges Bezirkshospital. Die ›Russen‹

hatten viele Feiertage und der Wodka floss dann immer in Strömen. Dort habe ich gelernt, wie man trinkt, ohne blau zu werden. Im ›Fisherman's Wharf‹ sollte der Südstaatler mit mir um die Wette saufen, während sich Fitzgerald zurückhielt. Das Ergebnis: Der dritte Mann war total betrunken und ich blieb ziemlich nüchtern. Da sagte ich zu Fitzgerald: »Den Mann müssen Sie aus dem Verkehr ziehen. Er ist nicht geeignet, weil er zu viel trinkt.« Die Taktik der beiden war nicht aufgegangen.

Und was war Ihre Erkenntnis?

Ich telefonierte mit Baskakow, um mich zu erkundigen, was ich jetzt aus seiner Sicht tun solle. »Ruf ihn an und sag, Du möchtest jetzt nach Washington kommen, zum Gespräch mit Kissinger«, riet er mir. Daraufhin habe ich wieder bei Fitzgerald angerufen, es war abermals die Sekretärin dran, die sagte, dass der Chef nicht im Haus sei, aber sich umgehend melden werde. Nach zwei Stunden rief er zurück. Er sagte: »Morgen früh bringt einer von der Air West das Ticket.« Tags darauf kam tatsächlich jemand von der Air West und übergab mir das Ticket für den kürzesten Flug, den ich je erlebt habe. Von San José nach San Francisco – nur sieben Minuten mit einer DC-9. Dann ging es über Chicago nach Washington. Dort holte mich Fitzgerald am Flughafen ab und brachte mich in das Hay-Manger-Adams-Hotel, das direkt gegenüber dem Weißen Haus liegt. Von einem Balkon dieses Gebäudes werden häufig die Aufnahmen für das Fernsehen gedreht, wenn man einen Blick auf den Amtssitz des Präsidenten werfen will. Ich habe mich mehrere Tage auf Kosten Fitzgeralds in Washington aufgehalten, doch Kissinger war nicht da. Er begleitete den sowjetischen Botschafter nach Moskau. Fitzgerald hat mich dann mehreren Senatoren und Kongressleuten vorgestellt, um zu beweisen, dass er Zugang zu diesem Milieu hat. Ich konnte ihm ja nicht sagen, er solle mir seinen Pass zeigen – das dürfte unter seinesgleichen nicht üblich sein. Jedenfalls ist alles bestens gelaufen. Das einzige, was ich ein bisschen unfein fand, war die Tatsache, dass man mir LSD verabreicht hat.

Er hat Ihnen LSD gegeben?

Wir sind ins Madison-Hotel gefahren, wo ich auch im Mai 1988 gewohnt habe, als ich mit einer offiziellen DDR-Delegation unter Leitung Hermann Axens in Washington war. Es gilt gewissermaßen als ›erstes Haus am Ort‹. Fitzgerald und ich haben in einem ›Chambre séparée‹ das Dinner eingenommen. Zum Abschluss wurde mir ein Cointreau serviert, der offensichtlich mit LSD versetzt war. Damals wurden viele Menschen von der CIA mit LSD getestet. Man bekam eine bestimmte Dosis, ohne dass man es sofort merkte. Doch schon bald traten Halluzinationen auf – bunte Kringel und andere Lichteffekte. Es entstand ein Gefühl von Leichtigkeit, als ob man fliegen wolle. Fitzgerald brachte mich gleich nach dem Essen wieder ins Hotel. Am nächsten Morgen war mir ziemlich übel. Mein ›Betreuer‹ kam und fragte süffisant: »Na, gut geschlafen? Wie geht es Ihnen?« Ich machte gute Miene zum bösen Spiel und habe mich einen ganzen Tag lang fürchterlich gequält. Wieder in San José, rief ich Baskakow an und bat ihn, über Moskau auch Berlin zu verständigen. Schließlich konnte ich nicht in den USA Verhandlungen führen, ohne dass jemand wusste, was ich da tat. Baskakow sorgte dafür, dass der sowjetische Botschafter in Washington, Anatoli Dobrynin, der später stellvertretender Außenminister wurde, das Notwendige veranlasste. So erhielt Honecker Kenntnis von Kissingers Angebot.

Was für eine Antwort haben Sie bekommen?

Ich bin dann nach Berlin zurückgeflogen und mein Chefredakteur sagte mir, dass ich am nächsten Tag um zehn bei Honecker sein müsse. »Den russischen Text habe ich schon, nun möchte ich noch den deutschen von Dir«, forderte er mich zum Rapport auf. Daraufhin habe ich ihm zwei Stunden lang die ganze Geschichte erzählt. Ich wurde autorisiert, den Kontakt zu Fitzgerald aufrecht zu erhalten, bis eine offiziöse Ebene der Beziehungen erreicht sein würde. Bei der Korrespondenz mit diesem gab ich meine Post in Westberlin auf. Eines Tages schrieb mir Fitzgerald aus Frankfurt am Main, wo sich die europäische Zentrale der CIA befindet. Der Absende-Ort war also nicht zufällig gewählt worden. Mein ›Partner‹ wollte mir auch auf diese Weise zeigen, wo er einzuordnen sei. Wir vereinbarten ein Treffen bei Kempinski am Kurfürstendamm, wobei ich darauf aufmerksam machte, dass Honeckers Antwort nur auf Ostberliner Boden übergeben werden könnte. Fitzgerald möge versichert sein, dass es bei der Grenzüberschreitung keinerlei Kontrollen geben werde.

Doch es kam ganz anders: Ich fuhr mit einem unserer Chauffeure zum Kurfürstendamm und sagte diesem, er solle sich an den Tresen der Bar setzen und auf mich achten. Ich wusste ja nicht, was passieren würde. Der in den USA sehr großspurig auftretende Fitzgerald, der sonst kein Blatt vor den Mund nahm, schien mir plötzlich klein wie eine Kirchenmaus. Es war nämlich ein zweiter Mann dabei, der das große Wort führte. »Ich möchte Sie einladen, mit mir nach Ostberlin zu kommen. Ich bin autorisiert, Ihnen dort eine Antwort Erich Honeckers zu übergeben« , begann ich. Doch der Unbekannte blockte ab: »Das kommt überhaupt nicht infrage.« Plötzlich begann er zu schreien: »Nehmen Sie den Mann dort weg!« Er meinte meinen Fahrer. »Das ist doch nur mein Fahrer«, sagte ich, er aber wiederholte: »Nehmen Sie sofort den Mann dort weg.« Darauf erwiderte ich: »Sie haben nicht darüber zu entscheiden, wo mein Fahrer sitzt.« Dann eröffnete er den Schlagabtausch: »Mit dem Ministerium für Staatssicherheit der DDR können wir jeden Tag verhandeln.« Der Fahrer hatte mit der Stasi überhaupt nichts zu tun, sondern war von unserer Fahrbereitschaft. So entschied ich mich ebenfalls für eine groben Keil und sagte ziemlich laut: »Mit der Central Intelligence Agency können wir auch jeden Tag verhandeln.« Dabei wusste ich gar nicht, wer Fitzgeralds Begleiter eigentlich war. Unser Treffen platzte auf der Stelle. Der Kontakt riss zwar nicht ab, doch an diesem Abend trat Funkstille ein. Etliche Jahre später schaute ich mir eine Sendung der ARD oder des ZDF an. Da erschien plötzlich mein ›Freund‹ aus dem Kempinski auf dem Bildschirm. Unter seinem Konterfei wurden die Worte eingeblendet: »Ehemaliger CIA-Chef in Deutschland«. Solche Begegnungen gab es eben auch.

Sie waren also verstrickt in ein Geflecht von Geheimdiensten?

Das ist sicher etwas übertrieben. Indes: Wie jeder Mensch habe ich gute und schlechte Eigenschaften. Zu den positiven gehört Kaltblütigkeit. Ich bin jemand, der selten Angst hat, zumindest aber nicht dann, wenn sich etwas besonders Wichtiges ereignet. Meistens mache ich mir vorher oder hinterher darüber Gedanken. Ich erinnere mich an eine Konferenz auf der portugiesischen Atlantikinsel Madeira. Ihr Thema lautete: ›Die russische Gefahr‹. Geleitet wurde die ›Beratung‹ vom Chef der Regionalregierung Madeiras, Alberto Joao Jardim, Führungsmitglied der rechtskonservativen Sozialdemokratischen Partei, PSD. Der Mann gab hinterher vor westlichen Journalisten die feierliche Erklärung ab, er schwöre, sich nie in seinem Leben von einem Korrespondenten des Sowjetblocks interviewen zu lassen. Schon am nächsten Morgen habe ich ihm ein Fernschreiben gesandt: »Exzellenz, ich möchte Sie um ein Interview zu dringenden Problemen Madeiras bitten.« Den Text unterzeichnete ich mit vollem Namen. Normalerweise benutze ich den Doktortitel nicht, aber diesmal tat ich es. Dem fügte ich hinzu: »Mitglied des Direktionsrates der Auslandspressevereinigung in Lissabon und Chefkorrespondent der Zeitung *Neues Deutschland*«. Der Gebrauch des Wortes ›Deutschland‹ hat so manche Gesprächspartner zu der Annahme verleitet, ich sei aus der Bundesrepublik. So wurde mir von Jardim das dann zweistündige Interview auf Madeira auch prompt zugesagt.

Sie wurden für einen Westdeutschen gehalten?

Ich bin ja nicht zur Aufklärung des letzten Unbedarften verpflichtet. Wenn sich andere täuschen, dann ist das deren Sache. In den meisten Fällen habe ich den Irrtum natürlich aufgeklärt, aber wenn ihm bestimmte Leute unterlagen, die meine politischen Gegner waren, habe ich das bisweilen auch gern in Kauf genommen.

Passierte das öfter?

Ja. Ich habe noch ein weiteres Beispiel aus Portugal. Dort gehörte ich, wie gesagt, der Leitung des Auslandspressevereins an. Zu diesem Gremium zählten proportional Journalisten aus allen Himmelsrichtungen. Ein tschechoslowakischer Kollege und ich vertraten die sozialistischen Länder. Einmal im Jahr gab der Ministerpräsident ein Essen für das Präsidium unseres Verbandes. So wurden wir auch von Mário Soares in dessen als Residenz dienenden Lissabonner Palast São Bento eingeladen. Der Regierungschef hatte sich in mir getäuscht und nahm an, ich wäre ein ihm besonders wohlgesonnener bundesdeutscher Korrespondent. Dabei hatte ich nie behauptet, einer zu sein, sondern stets gesagt, ich käme von der Zeitung *Neues Deutschland*. Mário Soares kannte dieses Blatt offenbar nicht und wurde ebenfalls durch das Wort ›Deutschland‹ irritiert. Wir saßen also mit ihm am Mittagstisch, Reporter, Minister und PS-Funktionäre bunt gemischt. Mein Nachbar war der Pressereferent der Sozialistischen Partei, deren Wirtschaftssekretär mir gegenüber Platz genommen hatte. Soares schenkte selbst ein. Er galt als guter Gastgeber. Sein Pressechef sprach mich an und sagte: »Klaus, wir sitzen doch alle im selben Boot.« Ich habe nichts erwidert. »Wir gehören doch alle zur freien Welt«, fuhr er fort. Ich blieb abermals schweigsam. Dann folgte eine Eloge: »Wir werden nie vergessen, was Sie für uns getan haben. Denn die Hilfe Ihres Landes hat dazu geführt, dass wir heute um diesen Tisch versammelt sind. Sonst wären wir nie ans Ruder gekommen.« (Damals sind in der Tat unwahrscheinliche Summen aus dem Westen nach Portugal geflossen.) Mir schien der Augenblick günstig. »Ich fliege nächste Woche auf die Azoren und würde gerne mit den Führern Ihrer Partei dort sprechen. Vielleicht können Sie ein Wort für mich einlegen und mich anmelden«, bat ich. Das wurde überschwänglich zugesagt. Ich kam also auf die Azoren, wo die Faschisten gerade ihre Bomben warfen. Tags darauf empfing mich der Führer der Sozialisten des Archipels, die wie die Kommunisten zur Zielscheibe von Anschlägen geworden waren. »Wir sitzen doch alle im selben Boot. Wir verteidigen doch alle ...«, begann er. Diese Worte kannte ich bereits aus Lissabon. Dann fügte er hinzu: »Wir haben hier die FLA, die Befreiungsfront der Azoren. Das sind Faschisten, also Kommunisten unter umgedrehten Vorzeichen.« So etwas wollte ich nicht hinnehmen.

Dann haben Sie sich zu Erkennen gegeben?
Und ob. »Ich glaube, Sie täuschen sich in mir. Sie sprechen im Augenblick mit einem kommunistischen Journalisten aus einem sozialistischen Land«, sagte ich nicht ohne Schärfe. »Die Portugiesische Kommunistische Partei hat im jahrzehntelangen Kampf gegen den Faschismus die meisten Opfer gebracht. Bitte unterlassen Sie solche Bemerkungen!« Danach herrschte Funkstille. Nichts ging mehr, obwohl der PS-Politiker zuvor betont hatte, wir säßen doch alle im selben Boot. Nach einer Weile eisigen Schweigens nahm ich das Gespräch wieder auf und sagte: »Sie haben recht, Genosse. Wir sitzen tatsächlich im selben Boot. Sie kämpfen gegen die Faschisten und wir tun es auch.« Da erhob er das Glas: »Trinken wir darauf.« Ich habe diesen Parlamentsabgeordneten der Sozialistischen Partei einige Jahre danach in die DDR eingeladen. Zu jener Zeit war ich Vizepräsident der Gesellschaft DDR-Portugal, später deren Vorsitzender.

Sie haben mich gefragt, ob ich immer mit verdeckten Karten gespielt hätte. Nein, ich habe meistens mit offenen Karten gespielt, bin aber auch nicht mit der Tür ins Haus gefallen, sondern habe wie jeder Journalist zunächst einmal Auskünfte eingeholt und bisweilen dabei meine Herkunft offen gelassen.

Dieses Spiel aus Tarnen und Täuschen hat Ihnen offensichtlich Spaß gemacht.
So etwas gehört doch dazu. Wenn man im investigativen Journalismus Informationen bekommen will, muss man selbst stets etwas anzubieten haben. Geben und Nehmen sind da die Regeln. Wer nicht fragt, erhält keine Antwort. Wer selbst nichts sagt, muss mit dem Schweigen der anderen rechnen.

Das Interview führten Irene Habich und Markus Fischer.

Literatur

STEINIGER, KLAUS: *Portugal Traum und Tag.* Leipzig [Brockhaus Verlag] 1982
STEINIGER, KLAUS: *Schauprozeß in San José.* Berlin [Verlag Neues Leben] 1983
STEINIGER, KLAUS: *Die Brut des Al Capone – Gangstersyndikate in den USA.* Berlin [Verlag Neues Leben] 1986

STEINIGER, KLAUS: *Tops und Flops. Die Geschäfte der US-Geheimdienste*. Berlin [Elefanten Press] 1998

STEINIGER, KLAUS: *Bei Winston und Cunhal. Reporter auf vier Kontinenten*. Berlin [edition ost] 2004

STEINIGER, KLAUS: *CIA, FBI & Co., Das Kartell der US-Geheimdienste*. Berlin [Das Neue Berlin] 2008

STEINIGER, KLAUS: *Angela Davis. Eine Frau schreibt Geschichte*. Berlin [Verlag Neues Leben] 2010

STEINIGER, KLAUS: *Portugal im April. Chronist der Nelkenrevolution*. Berlin [Verlag Wiljo Heinen] 2011

Klaus Bednarz

»Ich wollte journalistisch arbeiten und nichts weiter«

Schon bevor Klaus Bednarz 1977 seine Arbeit als ARD-Korrespondent in Moskau begann, waren sowjetische Behörden vor ihm gewarnt. Ein Gespräch über seine Arbeit zwischen zentralistischem Staatsapparat und intellektuellen Dissidenten.

Klaus Bednarz als Moskau-Korrespondent auf dem Roten Platz. 1977 übernahm er von Fritz Pleitgen die Stelle des ARD-Studio-Leiters in der Hauptstadt der Sowjetunion.
Copyright © Rowohlt Verlag GmbH, Reinbek b. Hamburg

Geboren wurde Klaus Bednarz 1942 bei Berlin. Der Fernsehjournalist lebte bis Ende 1955 in der DDR, bevor er mit seiner Familie nach Hamburg ging. Nach dem Abitur studierte er Theaterwissenschaft und forschte – mittlerweile promoviert – ein Jahr lang zum Thema

›Sowjetisches Theater‹ in Moskau. Nach seiner Rückkehr bewarb er sich beim Westdeutschen Rundfunk und wurde dort ohne journalistische Vorkenntnisse eingestellt. 1971 bis 1977 war er ARD-Korrespondent in Warschau. 1977 folgte er Fritz Pleitgen auf die Stelle des Studioleiters ins ARD-Studio Moskau, bevor er ab 1982 die redaktionelle Leitung des Auslandsstudios für den Kölner WDR übernahm und die Moderation der ARD-*Tagesthemen*. Von 1983 bis 2001 leitete Bednarz das Politmagazin *Monitor*. Danach arbeitete er als Sonderkorrespondent und Chefreporter für das WDR-Fernsehen. Seine journalistischen Leistungen wurden vielfach gewürdigt, unter anderem mit dem Grimme-Preis, der Carl-von-Ossietzky-Medaille oder dem Deutschen Kritikerpreis.

Frage: Als Ihnen 1977 nach Ende Ihrer Tätigkeit als ARD-Korrespondent in Warschau vom WDR die Stelle des Studioleiters in Moskau angeboten wurde, kündigten die sowjetischen Behörden massiven Widerstand an. Der WDR bot Ihnen in Folge statt der Stelle in Moskau eine Stelle in New York an. Warum haben Sie diese nicht angenommen?

Klaus Bednarz: Moskau lag mir am Herzen. Ich hatte, noch in der DDR lebend, bereits in der fünften Klasse angefangen, Russisch zu lernen und nach dem Studium lebte ich ein Jahr als Austauschwissenschaftler in Moskau. Als Fritz Pleitgen Moskau verließ, wurde mir die Stelle angeboten. Das sprach sich offenbar herum und die polnischen Behörden protestierten beim sowjetischen Außenministerium. Ich wäre ›antisozialistisch‹. Noch härter haben die DDR-Behörden in Moskau protestiert. Das sowjetische Außenministerium reagierte auf diese Proteste und wendete sich an den WDR. Zu dieser Zeit war Friedrich-Wilhelm von Sell Intendant. Durch ihn erfuhr ich, dass Moskau davor gewarnt hatte, mich als Korrespondenten zu akkreditieren. Sie hätten aus den Bruderländern grundsätzliche Bedenken gehört – ich wäre eine Belastung für das deutsch-polnische, deutsch-deutsche und das deutsch-sowjetische Verhältnis. Der WDR sei in Moskau durch Fritz Pleitgen bestens eingeführt. Dies solle nicht gefährdet werden. Stattdessen wurde mir vom WDR die Stelle in New York angeboten. Das hielt ich für falsch und widersprach von Sell. Der WESTDEUTSCHE RUNDFUNK dürfe sich seine Personalpolitik nicht von irgendeiner anderen Behörde vorschreiben lassen. Ich bat ihn, zumindest den Versuch zu unternehmen und einen Antrag auf meine Akkreditierung in Moskau zu stellen.

Der Antrag wurde schließlich gestellt. Wie hat Moskau reagiert?
Ich wurde akkreditiert, aber erst einmal nur für drei Monate, auf Bewährung sozusagen. Daraus sind dann fünf Jahre geworden. Wäre meine Akkreditierung abgelehnt worden, wäre es wohl ein Affront seitens des sowjetischen Außenministeriums gewesen. Denn die sowjetischen Behörden konnten mir keine professionellen Fehler, Unrichtigkeiten in der Berichterstattung oder sonstige Dinge vorwerfen, sondern wohl nur, dass ich in Polen in einer Art berichtet hatte und auch Themen aufgegriffen hatte, die ihnen nicht angenehm waren.

Es war sicher nicht einfach, in Pleitgens Fußstapfen zu treten. Hat er Ihnen am Anfang ein paar Tipps gegeben?
Ja, das war für mich ein großes Glück. Es ist in der Praxis erfahrungsgemäß oft so, dass die Vorgänger schlecht über ihre Nachfolger sprechen und die Nachfolger schlecht über ihre Vorgänger. Pleitgen jedoch war immer fair. Es gab Kollegen, die ihren Nachfolgern nichts als verbrannte Erde hinterlassen haben. Pleitgen nicht. Er hat mir ein funktionierendes Studio hinterlassen und mir darüber hinaus alle wichtigen Kontakte übergeben. Er war es, der mich unter anderem bei Lew Kopelew, dem russischen Übersetzer, Humanisten und Schriftsteller, eingeführt hat. Das war großartig. Niemand wird irgendwo ein negatives Wort von mir über Pleitgen als meinen Vorgänger gehört haben und auch umgekehrt: Pleitgen hat, soweit mir bekannt ist, ebenfalls nie ein schlechtes Wort über mich als seinen Nachfolger gesagt. Es war ein Glücksfall.

Kopelew galt in der Sowjetunion als Dissident. Im Lauf der Zeit wurden Sie zu einem Vertrauten Kopelews. Unter anderem haben Sie für ihn Briefe geschmuggelt und seinen Anliegen im Westen ein Forum gegeben. Waren Sie sich dieser besonderen Bedeutung als Kopelews Helfer bewusst?
Das Wort ›Helfer‹ würde ich in diesem Zusammenhang nicht benutzen. Ich habe einfach wunderbare Menschen kennengelernt. Dahinter lag keine Berechnung. Wenn man einmal in einem bestimmten Kreis von Menschen als vertrauenswürdig und seriös akzeptiert war, standen einem viele andere Türen überall in der Sowjetunion offen. Ich erlebte das zum Beispiel, als ich Kopelew von einer geplanten Reise nach Tiflis erzählte. Er nannte mir sofort einige Namen von Professoren vor Ort, die alle seine Freunde waren. Ich sollte von ihm grüßen, er würde mich als ›einen von unseren Leuten‹ avisieren. Und dieses Stichwort war eine Art ›Sesam öffne dich‹. Das galt für die ganze Sowjetunion. Leute wie Kopelew hatten Kontakte

in alle Regionen. Das war für meine Arbeit als Korrespondent überaus hilfreich. Dass man dann nebenbei als ›Brieftaube‹ von Ost nach West und umgekehrt oder Transporteur für alle möglichen anderen Sachen, vor allem für Medikamente, fungierte, war eine Selbstverständlichkeit und nichts Besonderes.

Sie haben in diesen Situationen nie reflektiert, welche Rolle Sie als Unterstützer der Opposition spielen?

Das war mir egal. Ich habe nach meinem journalistischen Gewissen gehandelt. Wenn ich über Kopelew oder auch Sacharow berichtete, ging es ja nicht nur um die Person Kopelew oder Sacharow, sondern auch um deren Anliegen. Wenn sich Kopelew dafür einsetzte, dass Gefangene in Sibirien besser behandelt werden, ging es erst einmal um eine humanitäre Forderung. Dafür haben Kollegen und ich versucht, Öffentlichkeit herzustellen. Das haben die sowjetischen Behörden natürlich nicht gern gesehen. Was bei unserer Arbeit richtig oder falsch ist, was möglich ist und was nicht, darüber haben wir uns zum Teil auch unter den Korrespondenten gestritten. Die Frage war, ob man Menschen wie Kopelew oder anderen Regimekritikern durch eine Veröffentlichung ihrer Anliegen nützt oder den Menschen schadet. Das musste man abwägen. Manche Korrespondenten waren der Meinung, nichts zu unternehmen, was in einigen Fällen vielleicht hilfreich war, in vielen Fällen aber auch nur eine Ausrede. Mir wurde immer wieder von den russischen Dissidenten – wie übrigens zuvor auch den polnischen – gesagt, wenn es überhaupt einen Schutz vor Übergriffen durch die sowjetischen Behörden gibt, dann ist es die Öffentlichkeit im Westen.

In welchen Fällen konnte Ihnen auch die westliche Öffentlichkeit nicht weiterhelfen?

Tatjana Welikanowa zum Beispiel konnte keiner helfen. Die Mathematikerin und Sprecherin der Moskauer Helsinki-Gruppe wurde direkt nach einer ARD-*Kontraste*-Sendung, in der unser Beitrag über ihre Arbeit lief, verhaftet. In anderen Fällen hatte ich schon das Gefühl, dass die Sowjets vorsichtiger reagierten. Als beispielsweise Kopelew den Gundolf-Preis der Darmstädter Akademie für Sprache und Dichtung bekam, wandten sich die Stifter an mich und baten mich, Kopelew in Moskau den Preis zu übergeben. Den Preis hab ich nicht nur persönlich an Kopelew übergeben, sondern darüber auch einen Beitrag für die *Tagesschau* gemacht. Auf diese Weise hatte ich das Gefühl, zusätzlich etwas Sinnvolles getan zu haben, weil wir dem Preisträger ein Forum gegeben haben, das er in seinem eigenen Land nicht hatte. Wir haben sehr intensiv mit Kollegen vom Hörfunk, mit Dirk Sager vom ZDF und anderen diskutiert. Oft haben wir nächtelang gesessen, viele Flaschen Wodka getrunken und reflektiert. Manchmal sind wir lange im Park spazieren gegangen, wo wir dachten, dass man uns dort nicht abhört. Dass wir ansonsten fast überall abgehört werden, war uns natürlich bewusst. Und es gab auch einen Korrespondenten-Kollegen wie Uwe Engelbrecht, der sagte, diese Dissidenten seien Spinner, mit denen er nichts zu tun haben will. Nach der Wiedervereinigung hat er sich als langjähriger Mitarbeiter der Stasi geoutet.[1]

Wenn ein Westkorrespondent so entschieden gegen Dissidenten der Sowjetunion spricht, haben Sie sich nicht damals schon denken können, dass dieser möglicherweise ein Spitzel ist?

Darauf bin ich nicht gekommen. Ich hab mich nur gefragt: »Was ist das für ein komischer Kerl, der immer gegen die Dissidenten wettert?« Er war für mich in dieser Zeit aber nicht so wichtig, als dass ich mir viele Gedanken darüber gemacht hätte.

Lange Diskussionen, wie Dissidenten ein Forum gegeben werden kann. Spaziergänge im Park. Das Verhältnis zwischen den Korrespondenten war also bis auf wenige Ausnahmen ausgesprochen gut?

Zu meiner Zeit war Dirk Sager als ZDF-Korrespondent in Moskau. Bis heute sind wir befreundet. In Moskau waren wir damals eigentlich Konkurrenten. Doch wer zu jener Zeit als Westkorrespondent in Moskau arbeitete, der stand unter besonderem Druck der sowjetischen Behörden. Diesen Druck verspürte jeder Korrespondent aus der BRD und wir haben uns gegenseitig geholfen. Wenn es Termine gab, die sowohl von einem Vertreter der ARD als auch einem des ZDF wahrgenommen wurden und plötzlich einem von beiden die Kamera oder der Ton ausfiel, konnte er sich auf die Hilfe des anderen verlassen. Sager und mir ist so etwas zum Beispiel bei einem Willy-Brandt-Empfang durch Breschnew passiert. Eine Kamera war

---

1   Uwe Engelbrecht wurde zu Beginn der 1960er-Jahre vom Ministerium für Staatssicherheit (MfS) angeworben, als Inoffizieller Mitarbeiter (IM) unter dem Decknamen ›Rabe‹. Er räumte seine IM-Tätigkeit nach der Wende ein. Im Berliner *Tagesspiegel* gliederte Engelbrecht seine Tätigkeit als IM in zwei Phasen: »Zu Beginn der sechziger Jahre habe er sich als damaliger Student am Dolmetscherinstitut an der Heidelberger Universität während eines Besuchs der Potsdamer Parkfestspiele von der Stasi ›einspannen‹ lassen. Anschließend habe er Techniken zur Nachrichtenübermittlung – beispielsweise über Kurzwellensender – erlernt«. Diese Zeit seiner Geheimdienstarbeit bezeichnete Engelbrecht als ›romantische Phase‹. 1968 sei es aber wegen des Einmarschs der Sowjetunion in die Tschechoslowakei ›fast zum Bruch‹ gekommen. Die Kontakte mit dem MfS in seiner Zeit »als Moskau-Korrespondent ab 1971, er arbeitet zu dieser Zeit unter anderem für den Tagesspiegel, die Stuttgarter Zeitung und den Kölner Stadtanzeiger, habe er vor allem in der Hoffnung aufgenommen, mehr über die Sowjetunion zu erfahren« (*Tagesspiegel*, 19.7.2004).

kaputt. Der andere gab dann dem Geschädigten sein Material. Es wurde der Fahrer geschickt oder gesagt: »Hol es dir ab!« Umgekehrt galt das genauso. Es herrschte ein ausgesprochen kollegiales Verhältnis. Natürlich hat jeder seine Arbeit gemacht. Jeder hatte seinen Stil. Aber zwischenmenschlich hab ich an keinem Platz der Welt ein so gutes Verhältnis der Korrespondenten untereinander erlebt wie in der Zeit von 1977 bis 1982 in Moskau.

Und wie sah das Verhältnis zu den ausländischen Kollegen aus?

Wir hatten hervorragende Verhältnisse zu fast allen Ostblock-Kollegen, zu den Kollegen aus der damaligen ČSSR, aus Polen, aus Jugoslawien und sogar zu den Chinesen. Die haben uns jedes Jahr zum Staatsfeiertag eingeladen. Dort gab es den kulinarisch tollsten Empfang, der in Moskau überhaupt stattfand. Auch zu uns haben wir eingeladen. Das ARD-Studio war damals eine Art gesellschaftliche und professionelle Drehscheibe der kleinen Moskauer Korrespondenten-Community. Bei uns gingen Korrespondenten-Kollegen aus Ungarn, aus Polen und viele andere ein und aus, die westlichen sowieso. Die einzigen, die wir in den ganzen fünf Jahren trotz Einladung bei uns nicht einmal gesehen haben, waren die DDR-Kollegen. Sie waren vollkommen separiert und es gab weder gesellschaftliche noch professionelle Kontakte. Bis auf Dietmar Schumann haben uns – mich jedenfalls – die Ost-Korrespondenten nicht einmal gegrüßt.

Schumann sagte in unserem vorangegangen Gespräch mit ihm, dass das westdeutsche Fernsehen im Rahmen der Berichterstattung zu den Olympischen Spielen 1980 in Moskau Material vom DFF aufgekauft hätte. Gab es also bis zu einem gewissen Grad eine Zusammenarbeit über die Blockgrenzen hinweg?

Die gab es in Bezug auf das DDR-Fernsehen definitiv nicht. Bei Olympia 1980 bekamen wir das Material über die Sportereignisse vom Pool des IOC, dem sogenannten ›Weltbild‹ und manchmal von GOSTELRADIO. Vom DFF bekamen wir nichts. Im Gegenteil: Unsere Bitten beim DFF um Hilfe – da wir selbst ja nicht bei den Sportereignissen drehen durften – blieben ohne Reaktion. Das weiß ich definitiv, da ich damals in Moskau Studioleiter war. Auch das ZDF erhielt vom DFF – trotz Bitten – nichts, wie mir Dirk Sager erst unlängst noch einmal bestätigte. Die DDR-Kollegen hätten sich mit einer solchen Hilfe selbst wohl auch in Schwierigkeiten gebracht. Es herrschte, so haben wir es jedenfalls empfunden, die Doktrin der totalen Abgrenzung.

So eine Art Programmaustausch über Blockgrenzen hinweg, den gab es in keiner Form?

Mit den DDR-Kollegen nicht. Aber wenn wir beispielsweise russisches Archivmaterial brauchten, haben wir das sowjetische Fernsehen gefragt, ob sie etwas haben. Oder wenn irgendwelche Staatsbesuche stattfanden, wo keine westlichen Journalisten zugelassen waren, sondern nur die Kollegen vom russischen Fernsehen, haben wir ebenfalls offiziell um Material angefragt. In den ersten Jahren lief das ohne materiellen Ausgleich, bis die sowjetische Seite eines Tages darauf kam, durch solche Anfragen Geld zu verdienen. Dem entgegneten wir einfach, indem wir verlauten ließen, ebenfalls unsere Hilfen in Rechnung zu stellen. Das sowjetische Fernsehen hat damals zuweilen auch Material von uns übernommen. Durch diese Reaktion blieb der Austausch schließlich unentgeltlich.

Glauben Sie, dass es eine Leitlinie gab, die den DDR-Korrespondenten vorgab, nicht mit BRD-Korrespondenten zu kommunizieren?

Das weiß ich nicht. Ich kann nur den Ist-Zustand beurteilen und feststellen: Es war so, dass wir für die DDR-Korrespondenten nicht existierten. Zum Stichwort ›Leitlinien‹ fällt mir noch ein Erlebnis ein. ARD und DFF besaßen damals in Moskau noch keine eigenen Überspielungsmöglichkeiten von Filmmaterial und Live-Kommentaren. Das bedeutete, für jede Überspielung nach Deutschland auf GOSTELRADIO angewiesen zu sein. Man musste beim sowjetischen Fernsehen um einen Termin bitten. Die Zeit war genau festgelegt und die Leitung konnte in der Regel maximal zehn Minuten genutzt werden. Einmal war ich mit meinen ARD-Kollegen zu früh bei GOSTELRADIO. Wir haben im Regieraum gewartet und sahen, dass noch ein DDR-Kollege im Studio war. Dieser gab gerade seinen Text nach Berlin durch. Im Regieraum saßen wir neben den sowjetischen Kollegen und konnten alles mithören und sehen, was im Studio passierte. Nachdem der DDR-Kollege seinen Text gesprochen hatte, verließ er das Studio nicht, sondern blieb vor der Kamera und dem Mikrofon sitzen. Ich wurde schon ungeduldig. Die Zeit wurde knapp. Ich wollte meinen Kommentar auch überspielen. Plötzlich klingelte das Telefon. Der russische Kollege im Regieraum nahm ab, stellte den Anruf ins Studio durch und sagte: »Aus Berlin.« Ich beobachtete, wie der DDR-Kollege im Studio erst einen Moment lang zuhörte und dann seinen Block nahm und schrieb und schrieb und schrieb. Als er auflegte, sagte er den russischen Kollegen: »Wir machen alles noch mal.« Dieses Mal nahm er den aus Berlin diktierten Text.

Den DDR-Journalisten wird häufig vorgeworfen, nur Propaganda gemacht zu haben und die vorgegebenen Texte wiederzugeben. Gab es das im Westen auch?

Nicht ein einziges Mal in meinen mehr als zwölf Jahren Korrespondententätigkeit im Ostblock. Ich würde allerdings auch nicht behaupten, dass die DDR-Journalisten immer Propaganda gemacht haben. Sie haben sicher auch menschelnde Geschichten gebracht, bei denen man nicht das Gefühl hatte, dass sie primär durch Propaganda geprägt sind. Doch das grundsätzliche Journalismusverständnis war, ob freiwillig oder unfreiwillig, ein anderes.

Wenn Sie Ost-Korrespondenten in solchen Situationen sahen und so auf Granit gestoßen sind im Kontakt mit ihnen, haben Sie das verstanden oder bemitleidet?

Zum Teil habe ich die Kollegen bemitleidet, zum Teil habe ich auch eine gewisse Spur von Verachtung gehabt. Ich konnte nicht verstehen, dass so elementare zwischenmenschliche Dinge wie die Begrüßung, die nichts mit politischen, mit gesellschaftlichen oder sonstigen Bedingungen zu tun haben, so missachtet werden. Ich glaube, es gehört auch eine gewisse Prädisposition dazu, so zu handeln. So groß kann die Not nicht gewesen sein, dass sich Menschen derartig verbiegen. Wie gesagt, Schumann war der Einzige aus dem gesamten DDR-Presse-Corps, der, wenn es nicht auffiel, zurückgegrüßt hat.

Viele DDR-Korrespondenten hatten keine andere Möglichkeit, als sich anzupassen, um den Job nicht zu verlieren. Welche Möglichkeiten hatte hingegen ein westlicher Korrespondent, um sich gegen Vorgaben durch sowjetische Behörden zu wehren?

Es war schon so, dass die Ostblockländer genauso wie die anderen Länder auch auf ihre internationale Reputation bedacht waren. Die Art der Reaktion war für die sowjetischen Behörden eine Güterabwägung, wie damals, als sie mir nach einem Interview mit Jelena Bonner, der Frau Andrei Sacharows, den ›Rat‹ gaben: »Packen Sie Ihre Koffer.« Was ich aber nicht tat. Wäre ich wegen meiner journalistischen Berichterstattung offiziell ausgewiesen worden, hätte das internationale Ansehen der sowjetischen Behörden wohl gelitten. Es war in gewisser Weise durchaus spannend zu sehen, was passiert. Auf der anderen Seite war es allerdings auch nervenzehrend.

Hatten Sie einen Alternativplan, der gegriffen hätte, wenn Sie tatsächlich innerhalb von 48 Stunden hätten ausreisen müssen?

Nein. Wenn die Staatsorgane wirklich entschlossen sind, dass man ausreist, kann man nur zusehen, dass man schnell die Koffer packt und reist. Einen Plan B gibt es nicht. Solange es im Vorfeld aber noch Gespräche gibt, ein diplomatisches Hin und Her, konnte der WESTDEUTSCHE RUNDFUNK intervenieren. Das hat er massiv getan. Wenn die Entscheidung allerdings gefallen war, konnte man nur seine wichtigsten Sachen packen, den Rest einer Spedition anvertrauen und zusehen, dass man ausreist.

Hätte man die Karte spielen können: Wir ziehen einfach im Kollektiv alle deutschen Korrespondenten ab?

Ich fürchte, diese Solidarität werden Sie unter den deutschen Presseorganen nicht herstellen und in der internationalen Presse überhaupt nicht. Sicher, das eine oder andere Presseorgan würde vielleicht mitziehen. Aber die meisten würden sagen: »Wir müssen hier weiter jemanden vor Ort haben, wir müssen weiter berichten.« Diese Solidarität herzustellen, halte ich für utopisch und vielleicht auch nicht sinnvoll.

Für Sie galt, wie für alle anderen Korrespondenten auch, eine Reiseeinschränkung von 40 Kilometern um das Zentrum von Moskau herum. Nur mit einer Genehmigung durften Sie diesen Kreis verlassen. Wie lange dauerte es, bis eine solche Genehmigung erteilt wurde?

Jede Reise musste angemeldet werden. Dabei galt die Regel, reisen zu können, wenn es keinen Widerspruch vom Außenministerium gab. Oft kam ein Widerspruch, eine generelle Ablehnung, manchmal eine differenzierte Antwort. Differenziert hieß es beispielsweise: »Sie dürfen in diese Stadt reisen. Aber statt des Autos oder des Zugs müssen Sie das Flugzeug benutzen« oder umgekehrt. Dazu wurden die Reiserouten penibel vorgegeben. In den meisten Fällen mussten wir auf Genehmigungen lange warten. Manchmal waren es Kämpfe, die Jahre dauerten, bis eine Reise in bestimmte Regionen freigegeben wurde. Es darf auch nicht vergessen werden, dass zu der damaligen Zeit mehr als 90 Prozent des sowjetischen Territoriums offiziell Sperrgebiet waren.

Diese mehr als 90 Prozent Sperrgebiet galten doch nur für Westjournalisten?

Nicht nur. Zum Teil auch für die Sowjetbürger selbst.

Kamen DDR-Journalisten leichter in gesperrte Gebiete?

In der Regel war das so. Es kam aber auch vor, dass wir Genehmigungen bekamen und in Regionen drehten, wo DDR-Journalisten eine Absage bekommen hatten. Die beschwerten sich daraufhin im Moskauer Außenministerium, dass wir als Westdeutsches Fernsehen in eine Region gekommen sind, die ihnen vorher verwehrt worden war.

Wie erklären Sie sich das, dass Sie als Westjournalisten dorthin reisen durften und die DDR-Journalisten nicht?

Ich weiß es nicht. Wir hatten vielleicht einfach Glück. Vielleicht waren auch die Beziehungen zwischen Moskau und Ostberlin intern nicht immer so toll wie die sowjetischen und auch die DDR-Behörden nach außen den Anschein erweckten. Da kann ich nur spekulieren. Vielleicht hat es auch damit zu tun gehabt, dass mit der Zeit ein gewisses Vertrauensverhältnis entstanden ist, dass ich diesem Land nicht prinzipiell etwas Böses wollte.

Also lief die Entscheidung, wer in welche Region reisen darf, eher auf persönlicher Ebene als über die Institution ARD?
Vielleicht waren auch meine sowjetischen Mitarbeiter cleverer als die Mitarbeiter der DDR-Kollegen.

Den DDR-Kollegen hat es geholfen, einen Freund im sowjetischen Außenministerium zu haben. Hatten Sie auch einen solchen Freund?
Jedes Studio hatte im Außenministerium einen zuständigen Ansprechpartner. Unserer war oft ein relativ hoher KGB-Mann. Es gab vielerorts Personen, mit denen man offiziell zu tun hatte, sowjetische Journalisten, Beamte usw., bei denen aber auch relativ schnell klar war, dass sie vom KGB sind. Wir nannten solche Figuren ›Halbleiter‹. Ein solcher ›Halbleiter‹ hat auf einer fröhlichen Party bei uns im ARD-Studio seinen KGB-Ausweis verloren. Mit diesem zuständigen Beamten musste ich mich regelmäßig treffen, bei offiziellen Anlässen; ab und an auch zum Mittagessen im Restaurant. Vor solch einem Treffen habe ich grundsätzlich alle weiteren Nachmittagstermine abgesagt. Schließlich gibt's im Russischen das Sprichwort: »Was ist nichts? Eine Flasche Wodka für zwei!«

Je mehr Wodka getrunken wurde, umso schneller gab es die Genehmigungen? Galt bei Ihnen auch das Motto einiger Ostkorrespondenten ›Öfter einmal etwas aus der DDR mitgebracht, waren manche Reisegenehmigungen schneller zur Hand‹?
Das ließ sich nicht voraussehen. Es nützte umgekehrt möglicherweise eher denjenigen, die uns aushorchen wollten. Doch ich hatte nichts zu verbergen. Ich wollte journalistisch arbeiten und nichts weiter. Wenn es zu drastischen Behinderungen unserer Arbeit kam, habe ich mich in der Zeit nach der Konferenz von Helsinki immer auf die Helsinki-Akte mit ihrer Garantie für Meinungs- und Pressefreiheit bezogen: »Ihr habt die Helsinki-Akte unterschrieben. Ihr seid stolz darauf. Ihr habt das groß propagiert. Dann könnt Ihr uns hier nicht so restriktiv behandeln.«

Die Wodka-Menge war nicht entscheidend. Um Genehmigungen oder Ähnliches zu bekommen, hat es sich eher gelohnt, den Kontaktpersonen gewisse Sachen mitzubringen. Dabei herrschten ziemlich hohe Ansprüche. Sogar die Mitarbeiterinnen aus den Büros von Entscheidungsträgern wollten Dinge aus Westdeutschland haben. Die wussten besser Bescheid als ich, was es in Westdeutschland alles gab. Als mir einer vom KGB sagte, dass er für seine neue Wohnung gern eine Fototapete möglichst mit Bildern aus den Alpen haben möchte, konnte ich mit dem Begriff ›Fototapete‹ überhaupt nichts anfangen. Wenn ich die nicht mitgebracht hätte, dann hätte ich wohl ein paar Genehmigungen weniger bekommen. Pleitgen hat mir einmal erzählt, dass er sogar einen Goldfisch für einen Gartenteich aus Deutschland mitbringen musste. Den hat er in einer mit Wasser gefüllten Plastiktüte in der Hand transportiert, den ganzen weiten Weg mit dem Flugzeug. Es war auch üblich, sich Ersatzteile fürs Auto mitbringen zu lassen. Diese Korruption, die heute ja Gott sei Dank offiziell zumindest thematisiert wird, hat es schon damals immer und überall gegeben.

Haben Sie für diese Art der Informationsbeschaffung auch extra Finanzmittel erhalten?

Als ich noch in Polen Korrespondent war, musste ich jeden Monat die Studiokasse mit dem WDR abrechnen. Eines Tages wurden mir die Dinge, die ich immer privat mitbringen sollte, zu teuer. Da habe ich mir eine Formulierung überlegt, die ich in meine Monatsabrechnung geschrieben habe. Der Posten lautete ›Ausgaben zur Erhöhung der Arbeitsproduktivität polnischer Personen und Behörden‹. Der WDR war zunächst erst einmal relativ ratlos, hat es dann aber akzeptiert. Diese Formulierung setzte sich sogar bis zum Rechnungshof von Nordrhein-Westfalen in Düsseldorf durch und wurde offiziell anerkannt. Bis in die 1990er-Jahre wurde das akzeptiert. Heute sind solche Ausgaben verboten.

Haben sich die materiellen Ansprüche von Mitarbeitern im Außenministerium auch mal in ideelle umgekehrt? Galt die Bedingung, eine Art Propaganda-Beitrag zu drehen, um weitere Genehmigungen zu bekommen?

Es kam immer wieder die Aufforderung, die positiven Seiten der Sowjetunion zu zeigen. Das durchzog alle Hierarchie-Ebenen, von ganz oben bis zu den einfachen Personen vor Ort. In Irkutsk hatte ich beispielsweise einen offiziellen Begleiter vom dortigen Fernsehen, der mich überwachen sollte. Uns gefiel diese Stadt mit ihren alten Holzhäuschen mit Schnitzereien, Malereien und Verzierungen. Das drehten wir. Schließlich gab es großen Krach, weil der sowjetische Kollege der Ansicht war, wir wären nur gekommen, um zu zeigen, wie rückständig Irkutsk sei. Wir sollten die Neubaublöcke filmen. Ich habe ihm erklärt, dass diese Neubauten zwischen Magdeburg und Wladiwostok alle gleich aussehen. Die kennen unsere Leute. Die Holzhäuschen hingegen sind einzigartige Kulturschätze. Das wurde akzeptiert. Auf höherer Ebene wurde natürlich nicht so plump gesagt: »Zeigen Sie andere Häuser.« Da wurde unterschwellig Druck gemacht. Ich blieb aber bei meinem Standpunkt, das Land so zu zeigen, wie wir es aus unserer Sicht wahrnehmen: Ich müsse meinem Publikum gegenüber glaubwürdig bleiben, mein höchstes Kapital als Journalist.

Sie sagen, Ihnen war stets bewusst, von den sowjetischen Behörden und Geheimdiensten überwacht zu werden. Die oben wären gut über Ihre Schritte informiert. Hat es im Vorhinein auch mal Druck gegeben, bestimmte Stücke nicht zu machen?

Oft bekamen wir von den ›Halbleitern‹ den Hinweis, bestimmte Themen in unserem eigenen Interesse lieber nicht zu machen. Sie haben genau beobachtet, was wir tun. Das hat uns aber auch genützt. Manchmal produzierten wir etwas für die *Tagesschau* und von dort kam kein Feedback. Wir saßen da und wussten nicht, ob der Beitrag überhaupt gesendet wurde oder nicht. Damals war es noch schwierig, in Deutschland anzurufen. Es kam vor, dass ich am nächsten Morgen immer noch nicht wusste, ob der Beitrag am Abend vorher gelaufen war oder nicht. Aber wenn ich ins Büro kam und mir die russische Sekretärin ausrichtete, dass sich das Außenministerium über den Beitrag beschwert hatte, dann bekam ich mein Feedback eben auf diese Weise. Allerdings wussten die sowjetischen Behörden auch nicht immer alles. Wenn ich mit Sacharow oder Kopelew ein Interview plante, habe ich darüber vorher weder mit einem Offiziellen noch irgendeinem anderem außer meinem deutschen Kameramann gesprochen. Allerdings waren wir an unseren Autokennzeichen sofort für jeden Milizionär oder KGB-Mann zu erkennen.

Sie waren sich also bewusst, unter welchen Bedingungen Sie dort arbeiten und dass Sie nur durch bestimmte Mitarbeiter gewisse Dinge erreichen können? Ihrem Redaktionsmitarbeiter Boris wurde nachgesagt, dass er für den KGB arbeite.

Na und? Grundsätzlich konnte es jeder russische Mitarbeiter sein. Und mit ihnen musste ich arbeiten. Dass überhaupt niemand etwas mitbekam, kam ganz selten vor. Das war zum Beispiel beim Prozess gegen den Menschenrechtler Juri Orlow in einem Gericht in einem Moskauer Vorort der Fall. Sacharow und seine Ehefrau Jelena Bonner waren auch dort. Es war keine Presse zugelassen. Diese Geschichte habe ich mit dem deutschen Kameramann Jürgen Bever allein und heimlich gedreht. Vor dem Gerichtsgebäude protestierte die Schar der Freunde Orlows und forderte seinen Freispruch. Wir hatten eine Tasche an der Seite so aufgeschnitten, dass gerade das Objektiv durchpasste. Die verdeckende Klappe konnte der

Kameramann mit der Hand öffnen und schließen. So hat er gedreht. Ich habe mit verstecktem Mikrofon noch einen O-Ton eingeholt. Die Filmrolle haben wir zusammen mit ›unverfänglichem‹ Material und anders etikettiert mit der Lufthansa nach Deutschland geschickt. Das war natürlich eine Ausnahmesituation. In der Regel hat das Studio aber alle Aktionen mitbekommen. Ich gehe auch davon aus, dass die sowjetischen Behörden informiert waren. Einmal, als ich bei Sacharow drehte, wurden mir unten auf der Straße die Reifen zerstochen. Sicher kein Zufall...

Wenn Sie heimlich Beiträge über Dissidenten drehten und bei der Überspielung nach Deutschland auf das sowjetische Fernsehen angewiesen waren, wie haben Sie das Material dann nach Deutschland bekommen?

Solche Filmbänder habe ich natürlich nicht bei GOSTELRADIO entwickeln und überspielen lassen, sondern unentwickelt mit der Lufthansa oder auf andere Weise aus dem Land gebracht. Mein Interview mit Jelena Bonner während der Olympischen Spiele 1980 zum Beispiel, für das ich fast ausgewiesen worden wäre, haben norwegische Kollegen transportiert, denen ich angeboten habe, das Interview zeitgleich mit dem WDR zu senden.

Wieso denn gerade die norwegischen Kollegen?

Die skandinavischen Botschaften waren weniger streng als die deutsche, wenn es darum ging, Dinge zu machen, die etwas außerhalb der Legalität lagen. Bei den deutschen Botschaften gab es zwar auch gelegentlich Mitarbeiter, die bereit waren, uns zu helfen. Das waren aber mutige Einzelpersonen. In diesem Fall drängte der Sendetermin und da die Skandinavier bereitwilliger waren, gegen die Vorschriften zu verstoßen, war es einfacher, eine skandinavische Botschaft zu wählen.

Wie wichtig war es für Ihre Arbeit in Moskau, einen guten Draht zu deutschen Behörden zu haben?

Wenn jemand in Ländern wie Frankreich, England oder in den USA arbeitet, dann braucht er die deutsche Botschaft praktisch nicht. Aber für denjenigen, der damals in totalitären Ländern des Ostblocks arbeitete, war die Botschaft wichtig – aus zweierlei Gründen. Zum einen konnte über den Kurierdienst der Botschaft Post versendet und empfangen werden. Zum anderen waren sowohl die Botschaft als auch die Journalisten von vielen Informationsquellen ausgeschlossen. Von einem Austausch haben beide Seiten profitiert. Die Botschaft hat gern mit uns geredet, weil wir durch unsere Reisen viel wussten. Wir haben gern mit der Botschaft gesprochen, weil es dort zuweilen Informationen gab, die wir nicht hatten. Wie intensiv und locker der Austausch war, hing allerdings von den Personen ab. In Moskau zum Beispiel war der Kontakt zum deutschen Militärattaché sehr wichtig. Es wurden uns zwar keine Staatsgeheimnisse verraten, aber manche für uns wichtige Geschichten. Ich werde nie vergessen, wie in Polen 1981 die Solidarność-Bewegung auf dem Höhepunkt stand, unmittelbar bevor dort das Kriegsrecht verhängt wurde. Da hat die polnische Regierung lanciert, ein russischer Einmarsch stehe unmittelbar bevor. Also trafen wir uns mit dem Militärattaché in dem einzigen angeblich abhörsicheren Raum in der Botschaft. Wir fragten, ob es stimme, dass die Russen eine Invasion nach Polen vorbereiten. Nach seinen Informationen gab es weder an der Grenze von Weißrussland zu Polen noch an der Küste vor Polen verstärkte militärische Aktivitäten. Ein Einmarsch muss aber lange vorbereitet werden und war somit unwahrscheinlich. Diese Information war für unsere Einschätzung der Lage ganz wichtig und sie stellte sich ja später auch als richtig heraus.

Klaus Bednarz auf einer Brücke über die Moskwa. Im Hintergrund das Haus der Regierung und das ehemalige Gebäude des Rats für gegenseitige Wirtschaftshilfe.
Copyright © Rowohlt Verlag GmbH, Reinbek b. Hamburg

Wie reagierte die Heimatredaktion auf solche Erkenntnisse, die nicht sofort offensichtlich waren?

Ich musste natürlich in vielen Fällen um die Programmplätze kämpfen. Wenn wir ein Thema angeboten haben, das vorher nicht schon von den Agenturen gemeldet worden war, hat das nicht immer sofort Anklang gefunden. In Warschau übernahm ich gelegentlich die Urlaubsvertretung für die Kollegin der dpa. In dieser Zeit hat es irgendein aktuelles Ereignis gegeben, das ich in meiner Rolle als ARD-Polen-Korrespondent der *Tagesschau* anbot. Der zuständige Redakteur lehnte es ab, mit der Begründung, dass die Agenturen über dieses Thema nichts gemeldet hätten. Nach dem Telefonat habe ich in meiner Rolle als Urlaubsvertretung sofort eine dpa-Meldung geschrieben. Eine halbe Stunde später rief die *Tagesschau* an: Es gäbe eine Meldung von dpa. Der Beitrag wurde genommen. Um dieser Agenturgläubigkeit entgegenzuwirken, muss man sich als Korrespondent in den Redaktionen erst ein gewisses Standing erarbeiten.

Gab es Vorgaben, etwas besonders dramatisch darzustellen?

Nein, Vorgaben über die Inhalte und die Art der Berichterstattung hat es nie gegeben. Allerdings war es schon damals so, wie es heute noch ist, dass Kollegen der aktuellen Sendungen lieber Beiträge ins Programm heben, die Aktionismus zeigen – in denen es knallt und geschossen wird oder in denen Unglücke passieren –, als Hintergrundberichte, die politisch ebenso wichtig sein können, aber nicht diese optischen Reiz-Elemente enthalten.

Sie haben ja fast immer Ihre eigene Sichtweise durchgesetzt, wenn es um Ihre Reisepläne oder Reportagen über verbotene Städte zu Ihrer Zeit als SU-Korrespondent ging. Manchmal haben Sie Ihre Filme auch mit Bildern des sowjetischen Fernsehens machen können. War das die Regel?

Nein. Wenn ich irgendwo nicht hindurfte, habe ich oft meinen russischen Kameramann dort hingeschickt, um ein paar Einstellungen zu drehen. Pleitgen hat beispielsweise mal eine ganze Reportage über das Kaliningrader Gebiet gemacht, das damals – auch zu meiner Zeit – Sperrgebiet war. Ich habe ihn mal gefragt, wie er da hingekommen ist: Er war gar nicht da. Er hatte Boris hingeschickt, der hat alles gedreht. Dass wir vom sowjetischen Fernsehen Bilder bekommen haben, war eher selten – etwa, wenn wir Bilder von Städten oder Regionen zeigen wollten, in die wir prinzipiell nicht durften.

Setzten sich solche Beiträge, die der Kameramann alleine drehte und die vom Redakteur nur im Studio bearbeitetet wurden, nur mit kulturellen Themen auseinander? Oder wurde mit solchem Material auch mancher politischer Beitrag produziert?

Offizielle O-Töne von Politikern, wie beispielsweise eine Rede von Breschnew in Wladiwostok mussten wir beim sowjetischen Fernsehen erbitten. Wenn wir es nicht bekommen haben, haben wir manchmal den Beitrag vom sowjetischen Fernsehen abgefilmt. Damals fragte keiner nach Copyright oder so. Später waren wir so dreist, dass wir einfach beim sowjetischen Fernsehen anriefen und sagten: »Gebt Ihr uns den Beitrag? Wir können ihn auch abfilmen, aber da ist immer das Logo drin.« Als Gegenleistung gab es dann zuweilen Material von uns.

Die Qualität der Arbeit eines Korrespondenten hängt nicht zuletzt von seinen Quellen ab. Welche nutzten Sie neben Informationen aus der Botschaft, Dissidenten oder sowjetischem Fernsehmaterial?

Schon als ich das erste Mal in Moskau war, 1966/1967, lernte ich den Satz: »In der *Prawda* steht ganz viel drin.« Die *Prawda* war eine wichtige Quelle. Man musste sie nur ganz genau und zwischen den Zeilen lesen. Ansonsten war der Kreml bereits damals ein geschlossener Block; eine Nachrichtenfestung, aus der nichts entfleucht, was nicht rauskommen soll. Und wenn Leute im Westen behaupten, sie wüssten, was im Kreml vor sich geht, hat das damals nicht gestimmt und stimmt heute auch nicht. Das ist zum großen Teil Spekulation. In Polen war es einfacher. Da hatten wir sehr gute Informationen aus dem Zentralkomitee und auch aus dem Politbüro. In Moskau war es mühsam. Ein Puzzle setzt sich erst aus vielen Teilen zusammen. Wichtig war auch der Informationsaustausch der Korrespondenten untereinander. Wenn einer in eine bestimmte Region fuhr und eine Geschichte entdeckte, erzählte er den anderen davon. Auch andere Informationen wurden untereinander ausgetauscht.

Der BND-Resident sitzt üblicherweise in der Botschaft. Sind Sie auch dorthin gegangen, um Ihr Puzzle zusammen zu setzen?

In Warschau habe ich gewusst, wer in der Botschaft der BND-Resident ist. Aus dieser Erfahrung konnte ich Rückschlüsse ziehen, dass der größte Stoffel in der Botschaft in Moskau wahrscheinlich auch der BND-Resident wäre. Gewusst habe ich es aber nicht, nicht zu dieser Zeit. Ich habe erst viel später erfahren, wer der Resident war. Das war der damalige Leiter der Lufthansa-Niederlassung. Das ist auch in einem Buch von Schmidt-Eenboom beschrieben worden. Dass ich von diesem ganzen Metier sowieso nichts halte, und dass mir solche Typen suspekt sind, muss sich herumgesprochen haben. Sie haben mich relativ in Ruhe gelassen. Aber, dass mich die Stasi durch die Schwägerin meines besten Freundes bespitzeln ließ, das hatte ich natürlich nicht geahnt.

Das hat Sie geärgert? Sonst gehen Sie mit Bespitzelung immer so um, als wäre es Ihnen egal.

Nein, da habe ich mich geärgert. Als ich das erfuhr, habe ich sofort den Kontakt abgebrochen und gesagt, mit diesem Menschen möchte ich nie wieder etwas zu tun haben; und auch nicht einmal fragen, gar nicht wissen, was die Motive waren. Da fiel für mich einfach der Vorhang. Ende. Aus.

Sie haben von dieser Überwachung erst im Nachhinein erfahren. Haben Sie Ihre Stasi-Akten gelesen? Gab es noch mehr Enttäuschungen?
Noch nicht, ich will das immer machen, bin aber nicht dazu gekommen. Mich hat das Innenministerium von Nordrhein-Westfalen über Inhalte der Akte informiert. Als ich – 1993 – schon zurück in Köln war, riefen mich die Beamten an und baten um ein Gespräch. Eine Abteilung des Innenministeriums in Düsseldorf, der Verfassungsschutz, hatte meine Stasi-Akten. Sie fragten, ob ich den Namen kenne. Den kannte ich. Es war der von der Schwägerin meines Freundes. Die Beamten lasen mir aus den Akten vor. Sie lasen mir auch vor, was die Stasi-Leute in Leipzig protokolliert hatten. Diese Frau hatte verschiedene Themen, worüber sie mich aushorchen sollte. Unter anderem sollte sie ein Meinungsbild über die Vorgänge in Polen von mir einholen. Unter meiner reportierten Einschätzung hatte die Stasi vermerkt: »Dürfte der Realität entsprechen.« Das hat mich amüsiert. Es ist doch der Ritterschlag, wenn mir die Stasi bescheinigt, dass meine Einschätzung der politischen Situation in Polen der Realität entspricht. Das ist doch toll.

Im Nachhinein kann man über so etwas sicherlich lachen. In der Zeit, in der das passiert, sicher eher nicht. In Ihrem Buch schreiben Sie, dass Sie einmal sogar weinten: Als Tatjana Welikanowa verhaftet wurde. Warum weinten Sie da?
Es ist der Konflikt, in dem Sie stehen: Wenn Sie etwas machen, von dem Sie glauben, dass es wichtig ist – journalistisch wichtig ist –, Sie aber nicht ausschließen können, dass Sie dabei Menschen gefährden. Das war für unsere Arbeit in Moskau und Polen immer das oberste Prinzip: »Was Du auch machst, achte darauf, dass Du keinen der Menschen, die im Lande leben, in Gefahr bringst. Oder in die Gefahr kommst, ihnen Probleme zu bereiten.« Denn es ging in der SU ganz schnell, dass jemand wegen Kontakten zu westlichen Journalisten seinen Arbeitsplatz oder seinen Studienplatz verlor, verhaftet wurde oder noch anderen Repressalien ausgesetzt war. Das konnten schon völlig harmlose Begegnungen sein. Bei Tatjana Welikanowa und der ganzen Helsinki-Gruppe aber war allein die Begegnung mit ihnen heikel. Besonders in einer ohnehin schon völlig zugespitzten Situation im Vorfeld der Olympischen Spiele 1980, wenige Wochen vor der Verbannung Andrei Sacharows nach Gorki. Ich drehte damals das letzte Treffen der Helsinki-Gruppe. Tatjana Welikanowa, die Sprecherin der Moskauer Helsinki-Gruppe, war eine ungemein sensible, engagierte und kluge Frau. Sie hatte zur Pressekonferenz eingeladen, um die Auflösung

der Helsinki-Gruppe bekanntzugeben, außer ihr und zwei weiteren Mitgliedern waren bereits alle anderen Mitglieder der Gruppe verhaftet, verbannt oder zur Emigration gezwungen worden. Noch einmal hat sie über das Schicksal politischer Gefangener in der SU berichtet. Ich habe wirklich nicht gewusst, was ich machen soll. Mir war klar, dass es passieren kann, dass Tatjana Welikanowa am nächsten Tag verschwunden ist, wenn ich ihre Aussagen sende. Ich fragte sie danach. Und sie fragte verblüfft zurück, weswegen ich denn sonst da gewesen wäre. Der Beitrag lief. Sie wurde verhaftet und nach Mittelasien verbannt. Später als Gorbatschow an die Macht kam, wollte er sie begnadigen. Doch Tatjana Welikanowa lehnte ab: Sie wollte rehabilitiert werden. Also hat sie noch die ganzen nächsten zwei Jahre – bis 1988 – im Lager abgesessen, bis der Tag ihrer offiziellen Entlassung kam – acht Jahre nach ihrer Verhaftung.

Haben Sie Tatjana Welikanowa nach ihrer Entlassung noch einmal getroffen?

Wunderbarerweise traf ich sie 1992, kurz nach der Wende, wieder. Sie war Mathematikerin und Informatikerin und hinkte nach so langer Zeit in Haft und Verbannung in ihrem Beruf der Entwicklung hinterher. Als ich sie wiedertraf, gab sie an einer Grundschule Rechenunterricht und lebte in einem Zimmer, das nicht mehr als sechs Quadratmeter hatte. Da stand ein Bett und an der Wand war ein Brett, das man aufklappen konnte, das war der Tisch. Ich fragte sie, ob sie auch nach den acht Jahren Gefangenschaft alles noch einmal genauso machen würde. Und wieder schaute sie mich verblüfft an: »Dafür war ich doch da. Ich ziehe die Haft dem Schweigen vor.«

Und Sie: Würden Sie das nochmal so machen?

Ich hoffe, dass ich nie in die Situation komme, mir diese Frage noch einmal stellen zu müssen. Es gibt immer wieder für Journalisten, jedenfalls nach meiner Erfahrung, Situationen, in die man eigentlich nie kommen möchte. Es gab einmal in Peru oder Bolivien einen fürchterlichen Erdrutsch. Und die *Tagesschau* sendete Bilder von den vielen Opfern. Dabei gab es auch ein kleines Mädchen, das in einem Loch festgeklemmt war, in dem das Wasser stetig stieg. Die Helfer hatten ihr einen Rettungsring um den Hals gelegt. Es war aber klar, dass das Wasser nicht aufzuhalten war und das Mädchen nicht herauszuholen ist. Die *Tagesschau* hat die Bilder gesendet, wie das Wasser dem Mädchen schon bis zum Hals stand. Ich war froh, an diesem Tag nicht der Chef vom Dienst zu sein und diese Entscheidung treffen zu müssen. Es hat auch Situationen gegeben, in denen ich mich klar entschieden habe, nicht zu drehen. Zum Beispiel, als ich 1987 aus Armenien berichtete. Das war gespenstisch. Nach einem gewaltigen Erdbeben mit Tausenden Toten wusste man in vielen Dörfern, dass in den Neubauten in den Kellern noch Leute waren. Es waren Klopfzeichen zu hören. Aber man kam nicht ran. Und mit den Beerdigungen kamen die Behörden überhaupt nicht hinterher. Die Lastwagen fuhren nur durch die Dörfer und luden auf Verdacht einen Haufen Särge ab, die an den Straßenrändern liegenblieben. Auf einem Friedhof trafen wir einen Mann, der vor vier kleinen selbst ausgehobenen Gräbern kniete und weinte. Da blieb die Kamera aus. Solche Situationen gibt es. Und ich hoffe, dass ich nie mehr in solche Situationen komme oder – wie im Fall von Tatjana Welikanowa – nie wieder eine solche Situation erlebe.

Noch ein letztes Gedankenspiel: Wenn Sie nur für das DDR-Fernsehen als Korrespondent nach Moskau hätten gehen können, wären Sie gegangen?

Wahrscheinlich nicht. Obwohl es schwer zu sagen ist, was wäre wenn... Aber bei dieser Einschätzung überwiegt die Tatsache, dass meine Familie und ich damals ganz bewusst 1955 weggegangen sind. Ich war ja in der DDR aufgewachsen. Ich ging noch zur Oberschule; mit den Pionieren, der FDJ, der GST: Ich habe alles mitgemacht. Und glaube, dass es in der DDR für mich nur schwer vorstellbar gewesen wäre, die Richtung einzuschlagen, die ich im Westen eingeschlagen habe.

Das Interview führten Kathleen Bendick und Martin Hoffmann.

Literatur

BEDNARZ, KLAUS: *Mein Moskau. Notizen aus der Sowjetunion.* München [Deutscher Taschenbuch Verlag] 1988

BEDNARZ, KLAUS: *Ferne und Nähe: aus meinem Journalistenleben. Reportagen, Reden, Kommentare und andere Texte aus vier Jahrzehnten.* Reinbek bei Hamburg [Rowohlt] 2009

N. N.: »Keine Geheimnisse verraten« In: *Der Tagesspiegel* vom 19.7.2004

Dietmar Schumann

»Meine Oma sah mich im Westfernsehen und dachte, ich wäre abgehauen.«

Olympia-Boykott, Reisen in gesperrte Gebiete und Geschäfte mit dem Klassenfeind: DFF-Korrespondent Dietmar Schumann über seine Arbeit in der UdSSR, seinen Wechsel zum ZDF und die Stasi-Vorwürfe gegen ihn.

Dietmar Schumann berichtet 1979 in seinem Aufsager vor dem Moskauer Kreml für die Spätausgabe der *Aktuellen Kamera* über Chile-Solidaritätsveranstaltungen in fünf sowjetischen Großstädten. Quelle: *Aktuelle Kamera* vom 14.2.1979, Deutsches Rundfunk-Archiv

Dietmar Schumann wird 1951 in Wengelsdorf in Sachsen-Anhalt geboren. Schon mit zehn Jahren beginnt er, Artikel für die Regionalzeitung

Freiheit (später *Mitteldeutsche Zeitung*) und die DDR-Jugendzeitung *Trommel* zu schreiben. Nach dem Abitur 1969 geht Schumann ins Volontariat zum Deutschen Fernsehfunk der DDR (DFF) in Berlin-Adlershof. Es folgt ein vierjähriges Journalistik-Studium an der Universität Leipzig, dem ›Roten Kloster‹, das er 1974 abschließt. Im Anschluss arbeitet Schumann zunächst als Redakteur, zuständig für die sozialistischen Länder, in der Redaktion *Objektiv*, dem Auslandsfenster des DFF. Nach einem einjährigen Training als Inlandskorrespondent der *Aktuellen Kamera* wird Schumann 1977 mit 26 Jahren nach Moskau delegiert, als dritter Korrespondent im Studio. Sein Arbeitsschwerpunkt dort sind Reisereportagen. 1981 holt ihn der DFF nach Berlin zurück, um eine Studioleitertätigkeit in Prag vorzubereiten. 1984 wird er Studioleiter in Budapest. Dort arbeitete Schumann bis zur Wende 1990. Im selben Jahr gelingt Schumann der nahtlose Wechsel zur Redaktion *Kennzeichen D* des ZDF. 1998 delegiert ihn der Mainzer Sender dann ein zweites Mal als Korrespondent nach Moskau. Während seiner Korrespondententätigkeit bis 2003 berichtet Schumann unter anderem aus Afghanistan und Tschetschenien. Direkt im Anschluss schickt das ZDF Schumann als Studioleiter nach Tel Aviv. Als im Jahr 2004 im Rahmen einer ARD-Untersuchung Schumanns Name auf Akten der Hauptabteilung Aufklärung HVA des Ministeriums für Staatssicherheit der DDR auftaucht, wird er vom damaligen Chefredakteur Brender aus Tel Aviv zurückbeordert. Die Vorwürfe bestätigen sich nicht, trotzdem bleibt Schumann danach in Deutschland. Seitdem produziert er Auslandsreportagen für das ZDF und ist weiterhin als Auslandsreporter aktiv.

Frage: Sie hatten ja das Glück, einmal für den DFF und dann 16 Jahre später noch einmal für das ZDF als Korrespondent aus Moskau zu berichten. Wie hat das Ende des Kalten Krieges die Arbeitsbedingungen verändert?

Dietmar Schumann: Die Arbeitsbedingungen waren nicht vergleichbar. Es gibt immer noch ein paar Einschränkungen politischer Natur in Russland – Tschetschenien und ein paar andere Geschichten –, aber ansonsten konnte man ab 1990/1991 völlig frei berichten, die meisten Tabus waren weg. Das war wirklich nicht vergleichbar mit kommunistischen Zeiten.

Gehen wir zurück ins Jahr 1977. Als Sie mit 26 Jahren als dritter Mann ins DFF-Studio nach Moskau kamen, hauptsächlich zuständig für die Reisereportagen, sind Sie da schnell mit den Tabus konfrontiert worden?

Schon bei der Produktion meines ersten Beitrages bin ich fast nach Hause geschickt worden. Man hatte mich zur Ernte in das Gebiet Rjasan in der Nähe von Moskau geschickt. Als ich dort hinfuhr, hatte ich die Bilder aus einer DDR-Zeitschrift vor Augen: Riesige Mähdrescher fahren über riesige Felder. Und als ich ankam, da lebten die Leute zum Teil noch in Erdhütten. Dann sind wir zur Ernteschlacht gefahren, kilometerweit durch irgendein Feld. Ich habe gesagt, na, wo sind denn hier die Mähdrescher? Irgendwo stand einer – der war kaputt. Fünf Kilometer war der Nächste – auch kaputt. Und dann kam mal einer ganz langsam angefahren. Ich fragte: »Was ist das denn für ein Bild?« Dann kam ein LKW, der hat unterwegs noch die Hälfte der Ernte verloren. Daraus sollte ich ein Stück bereiten. Von dieser Erfahrung habe ich auf einer öffentlichen Parteiversammlung in der DDR-Botschaftsschule erzählt. Damals gab es die Kampagne, die DDR sollte von der sowjetischen Landwirtschaft lernen. Da hab ich mich gemeldet und gesagt, dass ich das so nicht bestätigen kann und habe berichtet, was ich in Rjasan gesehen habe. Das war natürlich ein Skandal. Einige Genossen fanden das so schlimm, dass sie mich wegen parteifeindlichen Verhaltens in die DDR zurückschicken wollten. Ich sei dieser wichtigen Aufgabe nicht gewachsen. Es gab dann ein ziemliches Hin und Her auf dieser Versammlung. Der damalige DDR-Botschafter Harry Ott sagte schließlich zu mir: »Du hast ja Recht, aber das kannst Du doch nicht auf so einer Versammlung sagen.« Dann habe ich mich mit dem noch gestritten. Ich sagte, dass ich nicht zwei Meinungen haben kann, eine für mich und eine für die Öffentlichkeit. Wir waren zwar unterschiedlicher Meinung, aber er sagte: »Na bleib mal hier, aber mach so etwas nie wieder.« Da war ich sofort in der Tabuzone.

Was musste sonst thematisch noch außen vor bleiben?

Auch über Lieferschwierigkeiten in der DDR sollte nicht berichtet werden. Die beiden Volkswirtschaften waren eng verbunden und die Sowjets haben von der DDR vieles bekommen, was sie an Technologie und Maschinen brauchten. Dafür bekamen wir Öl und Gas, schwere Lokomotiven, Traktoren und vieles mehr. Die Russen hatten natürlich auch Riesen-Lieferengpässe zum Beispiel bei Lada, aber auch bei LKW-Ersatzteilen. Das sollte nicht publik werden. Außerdem wollten die Sowjets nicht, dass man über die Zigeuner-Problematik berichtete. Eines meiner ersten Erlebnisse als

14-Jähriger in Moskau war, dass ich vor dem Eingang des Kaufhauses GUM bettelnde Zigeunerkinder sah. Das hat sich bis heute bei mir eingeprägt.

Haben Sie auch darüber nachgedacht, systemkritische Themen anzugehen?

Ja klar, da gab es eine Helsinki-Gruppe, da saßen Oppositionelle im Knast, Sacharow war uns natürlich auch ein Begriff. Aber wir durften darüber nicht berichten. Die wollte ich natürlich alle kennen lernen, aber das ist mir erst nach der Wende gelungen.

Ihre westdeutschen Kollegen Klaus Bednarz und Dirk Sager konnten diese Menschen regelmäßig treffen und auch Beiträge über sie machen. Hat Sie das gegrämt, dass Sie solche Themen nicht unterbringen konnten?

Manche Sachen ja. Zum Beispiel fuhr Dirk Sager damals von der SU aus nach Afghanistan, da wäre ich gerne mitgefahren. Das war ein hartes Los für mich. Afghanistan war für uns damals eine Tabunummer. Aber andersherum haben sich eher die westlichen Korrespondenten gegrämt, dass sie viele Gebiete in der Sowjetunion nicht bereisen durften, in die wir fahren konnten.

Die Sowjets haben den DDR-Korrespondenten ja nicht blind vertraut. Sie hatten bei Produktionen stets einen Mitarbeiter des sowjetischen Fernsehens oder einen Beamten des sowjetischen Außenministeriums an Ihrer Seite, der zugleich Ihre Reisen organisierte. Wovon sollte der Sie abhalten?

Beim sowjetischen Fernsehen gab es eine Abteilung für Auslandsjournalisten, die hat uns Korrespondenten betreut. Man hatte also auf jeder Reise einen sowjetischen Fernsehkollegen dabei. Bei uns war das Kolja Morosow. Der sprach gut deutsch und sollte uns im Prinzip bei der Organisation der Sachen helfen und Kontakte zu behördlichen Personen organisieren. Natürlich hatte er auch die Funktion, uns zu überwachen. Aber der hat uns nicht überwacht. Er hat uns eher geholfen und verhindert hat er im Prinzip überhaupt nichts. Ich bin heute noch mit ihm befreundet.

Und wie funktionierte diese offiziell gewollte Zusammenarbeit?

Wenn wir beispielsweise in das Stahlwerk Lipezk südöstlich von Moskau fahren wollten, hat er bei der Gebietsparteileitung angerufen und gesagt, passt auf, jetzt kommt mal das DDR-Fernsehen zu euch, und die wollen in dem Stahlwerk drehen. Dann haben die da ein Besuchsprogramm für uns gemacht. Sie haben vielleicht das Werk noch neu angestrichen und die Arbeiter neu eingekleidet. Man ist da nicht unangemeldet hingekommen.

Er war unser Organisator und das innerhalb der Kriterien, die in der Sowjetunion eben galten. Wir sollten keine Dreckecken drehen oder am besten gar nicht zu sehen bekommen. Übrigens ging man nach der Ankunft, egal wo man ankam, immer zuerst zum Parteisekretär. Und dessen erste Frage lautete dann oft: »Hast Du Lust auf irgendeine Dorfschönheit am Abend?« – Aber das nur am Rande.

Man wurde also immer hoch offiziell empfangen?

Ja, da stand schon ein Empfangskomitee, wenn man kam. Ich war mal in der Wüste Moin-Kum, im Süden von Kasachstan. Die Leute dort waren Viehzüchter und wohnten in Jurten. Wir kamen mit einem alten Doppeldecker angeflogen, schmutzig, dreckig, in Jeans. Dort erwartete uns ein Empfangskomitee am Landeplatz mit schmucken Pionieren mit roten Halstüchern und es hat eine Kapelle gespielt. Viele von diesen Leuten haben in diesem Moment zum ersten Mal Ausländer gesehen. Das war für sie ein Ereignis. Da haben sie sich natürlich alle Mühe gegeben, dass es gut aussah. Ich hatte 36 Begleiter in dieser Wüste, denen habe ich gesagt: »Wir können die Kamera wegwerfen, was soll ich denn hier drehen? Diese 36 Leute inszenieren ja alles und sie stehen immer im Bild.«

War das ein grundsätzliches Problem, dass viel inszeniert wurde?

Es wurde versucht, Dinge zu inszenieren, ja.

Gab es auch von DDR-Seite direkte Vorgaben, wie der Arbeiter- und Bauernstaat der Sowjetunion in den Beiträgen ins rechte Licht zu rücken sei?

Klar, die DDR-Führung wollte die Errungenschaften der Sowjetunion vorgeführt bekommen. Doch Fabriken und Wohngebiete möglichst ohne Kratzer und möglichst funktionierend zu zeigen, das ist uns sehr schwer gefallen. Denn viele Fabriken waren auf einem Standard, der weit unter dem Standard der Fabriken der DDR lag. Nicht nur in der Landwirtschaft, auch in den meisten Industriebetrieben waren die technische Einrichtung, die Sauberkeit und auch die Qualifikation der Arbeiter auf wesentlich niedrigerem Niveau als in der DDR.

Und wie sah das bei Straßenumfragen aus?

Das musste man zu den damaligen Zeiten bestellen. In solchen Fällen musste ich Bescheid sagen, das ging so einfach nicht.

Da war Herr Morosow vom sowjetischen Fernsehen also immer mit dabei?

Oder einer seiner Kollegen. Sie konnten nicht einfach in Moskau auf die Straße gehen und die Leute befragen. Wenn Sie aber unterwegs waren, haben Betriebe besucht und haben gesagt: »Ich will jetzt mal mit den Arbeitern sprechen!«; das konnte man relativ kurzfristig hinkriegen – zumindest, wenn man gute Leute mithatte.

Sie vergleichen in einem DFF-Beitrag die Lebensqualität der Städte Lark in den USA mit Nabereshnye Tschelny in der Sowjetunion. Dort gibt es auch eine Umfrage – sind das dann alles bestellte Leute?

Ich habe die nicht vorsortiert. Es kann aber sein, dass die Sowjets dort ein paar Leute ausgewählt haben. Aber in der Regel haben wir die Umfragen auch spontan gemacht. Man muss dazu sagen, das war Ende der 1970er-Jahre. Der Stolz auf die Sowjetunion war bei den meisten Sowjetbürgern damals noch ziemlich groß. Das war ja auch noch gar nicht so lange nach dem Krieg. Deshalb haben sie auch sehr positiv gesprochen. Die wollten nie, dass ein negativer Flecken auf die Sowjetunion fällt.

Da blieb die kritische Berichterstattung aber doch ziemlich auf der Strecke, oder?

Eine kritische Berichterstattung über die UdSSR gab es im DDR-Fernsehen nicht. Man konnte nur versuchen, in Reportagen Bilder und Bemerkungen einzuflechten, die das rosarote Bild etwas grauer werden ließen.

Potemkin'sche Dörfer, vorsortierte Interviewpartner, angemeldete Besuche – da waren Sie praktisch zur Propaganda verurteilt. Wie hat sich das mit Ihrem damaligen journalistischen Selbstverständnis vertragen?

Es gab einfach auch Dinge, die durchaus bemerkenswert und der Berichterstattung würdig waren. Die Sowjets hatten damals neben vielen maroden auch einige bemerkenswert funktionierende Betriebe. Sie waren etwa im Maschinen- und Fahrzeugbau und in der Luft- und Weltraumfahrt auf einem technologischen Stand, der sich vom westlichen kaum unterschied. Sie hatten auf einigen Gebieten durchaus Vorzeigenswertes. Darüber hat man berichtet. Außerdem sollten wir ja auch etwas für den DDR-Außenhandel tun. Die Leute, die in der DDR zum Beispiel Werkzeugmaschinen oder Waggons für den Export gebaut haben, die waren stolz, als sie sahen, wie diese Maschinen in der Sowjetunion ankamen.

Haben Sie sich mit diesem Auftrag auch ein Stück weit als Politiker gefühlt?

Ich habe mich immer nur als Journalist gefühlt. Ich habe immer ein Stück weit darum gekämpft, denn im Prinzip war jeder Bericht ein Kampf um eine gewisse Realitätsnähe.

Aber viele Realitäten blieben Ihnen ja damals schon von vorneherein verwehrt. Zahlreiche Regionen der Sowjetunion waren ›gesperrte Gebiete‹.

Ja, das stimmt. Alle Grenzen, alle Grenzregionen, überall wo Militär war, überall wo die Sowjets dachten, sie haben da strategische Interessen, all das war gesperrt. Ob das Industriezonen waren, wo die Sowjetunion strategisch wichtige Rohstoffe gefördert hat oder wie in der Gegend um Norilsk Gebiete, in denen es Unglücke gegeben hatte: Sie waren gesperrt. Auch in die Westukraine konnte man nicht reisen, wo die ukrainischen Nationalisten zu Hause waren. Da gibt es viele Beispiele. Ich weiß jetzt nicht genau, wie viel Prozent des Landes gesperrte Territorien gewesen sind. Ich habe manchmal gedacht, es wären vier Fünftel. Es war etwas weniger.

Haben Sie regelmäßig versucht, in solche Gebiete zu kommen? Oder haben Sie sich gesagt, dass das sowieso nichts bringt?

Ich habe gemeinsam mit den Leuten vom sowjetischen Außenministerium versucht, in diese gesperrten Gebiete reinzukommen. Da gab es ab und zu Spezialreisen, bei denen solche Ausnahmen gemacht wurden. Wir kannten einen duften Typen, Wolodja Wassiljew, der hat das zur Gewohnheit werden lassen. Zur Breschnew-Zeit, Ende der 1970er-Jahre, wurden die Riten auch etwas gelockert. Es gab dann weniger gesperrte Gebiete.

Sie haben einmal einen Beitrag bei Muslimen in Kasan gedreht. Sie sagen im Bericht selbst, dass eigentlich niemand da hinkam. Wie haben Sie das geschafft?

Wie gesagt, man musste die Reisen ins Land bei Herrn Morosow beim sowjetischen Fernsehen beantragen. Dort hat man die Reise disponiert. Man musste angeben, wo man hinwill und was man dort machen will. Dann haben sich unsere Betreuer eine Genehmigung geholt oder die sind gleich an die Behörden herangetreten, haben das organisiert und dann sind wir mit denen gereist. Außerdem gab es Journalistenreisen, die direkt von der Presseabteilung des sowjetischen Außenministeriums organisiert wurden. Da kannten wir einen Typen, dem haben wir immer mal etwas aus der DDR mitgebracht, ihn also ein bisschen geschmiert. Er ist dann mit uns in Gebiete gefahren, die eigentlich für Ausländer gesperrt waren. Mit ihm war ich zum Beispiel auf einer driftenden Arktisstation, die rund um den Nordpol trieb. Das war eine absolute Taburegion. Da sind die mit uns nach Tschersky gefahren, wir wurden mit Polarklamotten eingekleidet und mit einem Flieger auf diese Arktisstation gebracht. Dann sind wir eine Woche mit ihnen gedriftet. Das hat dieser Kollege aus dem sowjetischen

Außenministerium ermöglicht. Er wollte diese Tabuzonen ganz bewusst aufbrechen. Die westlichen Kollegen, Dirk Sager oder Klaus Bednarz, sind zu der Zeit da nie hingekommen.

In Moskau arbeiteten neben Ihnen noch drei weitere Korrespondenten vor Ort. Wie war die Arbeit aufgeteilt?

Es waren drei Korrespondenten und eine Korrespondentin. Der Studioleiter, Klaus Jeutner, war ein erfahrener Journalist. Er hat die große Politik gemacht und alles betreut, was die internationalen Beziehungen und die zwischen den Parteien betraf. Der zweite Korrespondent Wolfgang Mertin hat ihn vertreten. Außerdem arbeiteten dort noch das Ehepaar Irina und Wolfgang Lepke. Die haben das Sowjetunion-Magazin *Rendezvous mit Moskau* produziert. Ich war der dritte Korrespondent und habe die Reisen ins Land machen können. Das war die Aufgabe, bei der man am wenigsten unter den geltenden Tabus und Sprachregelungen litt. In den vier oder fünf Jahren dort als Korrespondent war ich fast ausschließlich auf Reisen, bin von Brest-Litowsk bis Wladiwostok und von der Arktis bis an die afghanische Grenze gekommen, konnte mir das Land ansehen. Ich war eigentlich überall und habe eine Reihe von 30-Minuten-Reportagen machen können wie zum Beispiel *Die härteste Straße der Welt*. Als junger Mann mit 26 Jahren war ich über eine solche Chance natürlich glücklich.

Gab es unter den DDR-Korrespondenten unterschiedliche Generationen von Journalisten, die sich in ihrem Verständnis von Journalismus unterschieden?

Ja. Als ich in Moskau war, Ende der 1970er-Jahre, gab es unter den DDR-Korrespondenten Vertreter zweier Generationen. Die Älteren hatten den Zweiten Weltkrieg noch erlebt und kamen aus der Generation von Antifaschisten, die nach der Befreiung die DDR aufbauten. Viele waren Gründungsmitglieder der FDJ gewesen und waren von ihr oder von der SED in die Medien geschickt worden. Unter ihnen gab es viele ehrliche Kommunisten, die aber oft keine allzu begabten Journalisten waren. Sie betrachteten ihre Arbeit in den Redaktionen als Erfüllung eines Parteiauftrages. Dann die jüngere Generation, zu der ich gehörte, die Nachkriegsgeborenen. Meist gut ausgebildet, viele sehr talentiert. Die meisten Kollegen aus dieser Generation betrachteten sich in erster Linie als Journalist und nicht als im Parteiauftrag Handelnde. Als ich dann in Budapest war, ab Mitte der 1980er-Jahre, zerfiel die DDR-Korrespondentenschar auch in zwei Gruppen: die Perestroika-Anhänger und die Perestroika-Gegner. Die erste Gruppe, zu der auch ich mich zählte, wollte den Sozialismus in der DDR reformieren. Ihn auf demokratische Grundlagen stellen. Mit Mehrparteiensystem, freien Wahlen, offenen Grenzen und ohne Zensur. Die zweite Gruppe wollte noch nach Honeckers Sturz, »fest geschart um den Genossen Egon Krenz«, wie sie sagten, das längst gescheiterte Modell der Diktatur der Parteioligarchie erhalten. In dieser zweiten Gruppe waren damals erstaunlich viele jüngere Journalisten, während zur ersten Gruppe viele erfahrene Kollegen gehörten, die so wie bisher nicht weitermachen wollten.

Mit 26 Jahren waren Sie Auslandskorrespondent für den DFF. Hat der Westen da versucht, Sie zu kontaktieren?

Das ist nicht passiert, nein.

Gar nicht? Da Sie ja damals noch relativ jung waren, könnte man ja denken...

Erkennbar hat sich mir niemand vom BND vorgestellt. Dass mich BND-Leute angesprochen haben, ist mir erst nach der Wende passiert, als ich von meiner ZDF-Tätigkeit aus Afghanistan oder Tschetschenien zurückkam und dann in Moskau wieder aufkreuzte.

Haben Sie umgekehrt im Nachhinein festgestellt, dass Sie zu Ihrer Moskauer Zeit von Stasi-Mitarbeitern umgeben waren? Haben Sie sich mal Ihre Akten kommen lassen aus dieser Zeit?

Ja. Bevor ich nach Moskau gegangen bin, gab es jemanden, der mich und meine Familie in Ostberlin beobachtet hat. Aus meiner Zeit als Korrespondent in Moskau und Budapest habe ich hingegen keine Dokumente gefunden.

Es gab ja auch gegen Sie selbst den Vorwurf, dass Sie Berichte für die Hauptverwaltung Aufklärung (HVA) des Ministerium für Staatssicherheit geschrieben haben. Wie erklären Sie sich das?

Bei einer ARD-Untersuchung im Jahr 2004 ist mein Name aufgetaucht. Man hat das damals über die Birthler-Behörde untersucht und auch eine ZDF-interne Untersuchung durchgeführt. Daran habe ich mich beteiligt und selbst recherchiert um herauszubekommen, wie das zustande gekommen ist. Ich hatte mich ja nie verpflichtet, für die Staatssicherheit zu arbeiten. Es existieren auch keine Verpflichtungserklärung oder Nachweise über Zahlungen oder dergleichen. Dass dort Berichte unter meinem Namen auftauchten, konnte ich mir nach meiner Recherche nur auf eine Art erklären: Grundlage der Berichte waren die Früh-Informationen, die ich während meiner Zeit als Studioleiter in Budapest vor allem an die *Aktuelle Kamera* geschickt habe. Diese Berichte habe ich nur an das DDR-Fernsehen gesandt.

Interview mit Dietmar Schumann

2004 berichtet der *Spiegel*, dass Dietmar Schumann in einer Akte der HVA als IM geführt werde. Quelle: *Spiegel* 30/2004, S. 63

Worum ging es in diesen Früh-Informationen?

Darin ging es um die internen Vorgänge in Jugoslawien, Ungarn und Österreich, aber auch um die Besuche von westdeutschen Politikern und was diese dort vorhaben. Wenn also Willy Brandt Wien besucht hat, dann hat man natürlich in Ostberlin Bescheid gesagt. Diese Berichte wurden im DDR-Fernsehen an die wichtigsten Leute verteilt. Außerdem haben sie einen Durchschlag an das DDR-Außenministerium geschickt. Und im DDR-Außenministerium gehörte ein Bereich zur HVA. So hat die HVA jeden Tag die Früh-Informationen lesen können, die ich in die DFF-Zentrale nach Adlershof geschickt habe. Da hat diese Abteilung offenbar einen Ordner für mich angelegt.

Welche Konsequenzen hatte das für Sie, nachdem bekannt wurde, dass diese Akten mit MfS-Bezug existieren?

Ich wurde als Studioleiter in Tel Aviv abberufen, um Irritationen zu vermeiden, so hat es der damalige Chefredakteur Nikolaus Brender formuliert. Als dieses Gerücht auftauchte, ging das durch die gesamte Presse. Ich wurde wie eine Sau durchs Dorf gejagt und alle haben sich drauf gestürzt – nur die *Bild*-Zeitung nicht. Erstaunlicherweise.

Auch wenn Sie die *Bild*-Zeitung verschont hat, standen Sie am medialen Pranger.

Das war wirklich keine einfache Zeit für mich und meine Familie. Da gilt keine Unschuldsvermutung mehr. Sie müssen dann nachweisen, dass Sie nicht für die Stasi gearbeitet haben – machen Sie das mal. Beweisen Sie mal, dass Sie nicht für die Stasi gearbeitet haben. Die hat ja nach der Wende keine Persilscheine ausgestellt oder Listen veröffentlicht mit den Namen von Leuten, die nicht für sie gearbeitet haben. Bis zur Wende war mir nicht einmal das Wort IM geläufig.

Sie konnten sich also wirklich nicht vorstellen, dass Teile Ihrer Einschätzungen weitergeleitet wurden?

Nein. Ich habe es erst im Nachhinein erfahren, das war 2005/2006. Damals lebte der für mich zuständige stellvertretende Chefredakteur des DFF, Ulrich Makosch, noch. Mit dem habe ich mich oft über die Anschuldigungen unterhalten und auch mit ihm zusammen recherchiert, wie sie zustande gekommen sind.

Wie genau sind Sie dabei vorgegangen?

Ich habe zum Beispiel ein Kamerateam des ZDF nach Moskau und Budapest begleitet, wo wir feststellen mussten, dass sowohl der KGB als auch der ungarische Geheimdienst meine Wohnungen abgehört hat. Ein wichtiger Fakt, der leider in der ZDF-Doku unterschlagen wurde.

Hat die Vorverurteilung Ihr Vertrauen in die deutschen Medien getroffen?

Mir wurde bewusst, dass es viel Sendezeit gibt und seitenweise Platz in den Zeitungen, wenn man so einen Riesenpopanz aufblasen kann. Kann man später über Indizien das Gegenteil nachweisen, dann verschwindet das auf Seite 16 oder 18 in einer kleinen Notiz oder durch eine Richtigstellung. In der FAZ oder der *Süddeutschen* wurde die Feststellung, dass das ZDF mich nicht entlässt, als Zweizeiler auf der Medienseite vermeldet. Ich denke, es gibt eindeutig einen Generalverdacht gegen ostdeutsche Journalisten.

Haben Sie denn das Gefühl, dass mit der DDR auch Ihre Arbeit schlechtgemacht wird?

Es stört mich nicht, wenn sich viele Menschen heute negativ über das DDR-Fernsehen äußern. Ich fand die *Aktuelle Kamera* genauso bescheuert, wie die Masse der Leute sie bescheuert fand. Und zum Ende hin ist sie auch immer schlimmer geworden. Aber im DDR-Fernsehen und auch in der *Aktuellen Kamera* finden Sie Stücke, die Sie heute noch unterschreiben können. Es werden bei der Beurteilung von Stücken aus dem Jahr 1980 die Maßstäbe von 2010 angelegt. Und das ist falsch, meine ich.

Die DDR wird Ihrer Meinung nach pauschal durch den Dreck gezogen?

Das Leben in der DDR wird, Ausnahmen bestätigen die Regel, auf Schießbefehl und Stasi reduziert. Da werden diese vorgestanzten Begriffe benutzt und viele geben sich nicht die Mühe, genauer hinzuschauen. Was war denn da Unrecht? Wem ist denn da Unrecht geschehen? Wer war denn da wirklich Opfer der Zustände in der DDR? Die Diktatur des Proletariats war eine Diktatur der Parteiobrigkeit, das stimmt schon. Aber es gibt auch andere Arten von Diktaturen. Man muss das schon differenzieren und den Leuten erklären. Es gab keine Freizügigkeit im Reisen, keine freien Wahlen, natürlich gab es die nicht. Und viele Menschen in der DDR, auch Mitglieder der SED, haben dies unerträglich gefunden.

Wie war denn Ihre Einstellung zur DDR? Hatten Sie die sozialistischen Werte verinnerlicht oder haben Sie gesagt, manches finde ich ganz gut so, aber anderes gilt es zu kritisieren?

Ich möchte mich davor hüten, die DDR im Nachhinein zu verklären. Im Positiven wie im Negativen. Vom Grundsatz her fand ich die DDR als antifaschistischen Staat schon in Ordnung. Ich bin in den 1950er-Jahren aufgewachsen und das antifaschistische Grundverständnis dieses Staates hat damals für mich eine große Rolle gespielt. Ich empfand diese Gesellschaftsordnung auch als gerechter, als die, in der wir heute leben. Mit all ihren Missständen und Ungerechtigkeiten – denn in jeder Gesellschaft gibt es Ungerechtigkeiten. Wenn man zwei Gesellschaftsordnungen vergleichen kann, fängt man gerade als Journalist an, nachzudenken. Die Kritik wird intensiver, deutlicher.

Ohne diese grundsätzlich systemtreue Einstellung wären Sie gar nicht zum Journalistik-Studium an der Karl-Marx-Universität angenommen worden – und nicht nach Moskau gekommen.

Der Journalismus in der DDR hat sich selbst als Parteijournalismus bezeichnet. Auch meinen Kommilitonen, die zuvor bei den Blockzeitungen gearbeitet haben, hat man gesagt: »Ihr seid Parteijournalisten.« Offiziell war man als Journalist ›kollektiver Organisator, kollektiver Propagandist und kollektiver Agitator‹. Ich bin mit 18 Jahren aus Überzeugung in die SED eingetreten. Eine Frau aus Amerika vom German Marshall Fund hat mich mal gefragt, warum ich dies in so jungen Jahren getan hätte. In dem Gespräch ging es um eine Aspirantur in den USA. Ich sagte, dass ich freiwillig eingetreten sei und fragte sie, ob sie auch mal 18 Jahre alt war. Sie sagte, sie hätte damals noch Träume gehabt. Ich auch, sagte ich ihr, mit 18 träumte ich von der freien, gerechten Gesellschaft. Weil das für mich die sozialistische Gesellschaft war, bin ich damals freiwillig in die SED eingetreten. So, und weil ich gesagt habe, ich bin da freiwillig eingetreten, durfte ich nicht in die USA zur Aspirantur.

Zum Journalismus hatten Sie aber schon vor dem 18. Lebensjahr gefunden, richtig?

Ja, ich bin schon als Kind zum Journalismus gekommen. Mit zehn Jahren habe ich angefangen, über die Ereignisse an unserer Schule für die damalige Zeitung *Freiheit* in Sachsen-Anhalt zu schreiben. Aus dieser Zeitung ging später die *Mitteldeutsche Zeitung* hervor. Meine Artikel wurden gedruckt, mein Name stand drunter, ich fand das toll. Später schrieb ich für die DDR-Kinderwochenzeitung *Die Trommel*, war also *Trommel*-Reporter. Als ich 14 Jahre alt war, lud mich die *Trommel* zusammen mit dem damals ziemlich bekannten Schriftsteller Horst Bastian ein, sechs Wochen im Sommer in die Sowjetunion zu fahren. Das war für mich faszinierend, 1965, mit 14 Jahren, nach Moskau und durch das ganze Land zu fahren. Was für Westdeutsche die USA waren, das war für uns zu der Zeit die Sowjetunion. Das war damals das große Staunen, ich bin da mit großen Augen durchgegangen. Meine Artikel wurden alle gedruckt. Da ist bei mir der Entschluss gefallen, Journalist zu werden, und ich habe weiter für die *Freiheit* und für die *Trommel* geschrieben. Mit 18 Jahren, kurz vor dem Abitur, habe ich mich dann um ein Volontariat beim DEUTSCHEN FERNSEHFUNK in Berlin-Adlershof beworben. Es gab ein Riesen-Auswahlverfahren für die insgesamt 20 Volontariatsstellen, 600 Leute hatten sich beworben. Ich bestand die mündlichen und schriftlichen Prüfungen und so machte ich mein einjähriges Volontariat, das man damals, anders als heute, vor dem Studium machte. Danach wurde ich von der Redaktion an die Universität nach Leipzig delegiert, für ein vierjähriges Journalistik-Studium. Damals hatte man sogar die Garantie, dass man nach dem Studium in die Redaktion zurückkehren konnte, in der man das Volontariat absolviert hatte.

Und was haben Sie in der Zeit nach dem Studium bis zum Einsatz als Auslandskorrespondent in Moskau gemacht?

Ich habe 1974 mein Studium abgeschlossen und kam zurück ins DFF-Studio nach Adlershof. Man hat sich ja während des Studiums schon auf das Medium und auf einen journalistischen Bereich spezialisiert. Wir bekamen in Leipzig eine Ausbildung mit einem sehr umfangreichen Übungssystem. Wenn Sie die marxistisch-leninistische Ausbildung mal beiseite lassen, war die Ausbildung sehr gründlich. Es gab zwei Jahre sozusagen ein Grundstudium und das dritte und vierte Jahr dienten der Spezialisierung. Ich habe mich auf Fernsehen und Außenpolitik spezialisiert. Es gab ein Fernsehstudio in Leipzig und ich hatte außerdem auch eine Sprachausbildung in Russisch. In meinem Russisch-Kurs saßen sechs Studenten mit zwei Lehrern: Der Standard war ziemlich hoch. Russische Politiksprache und Russische Alltagssprache mit einem Auslandssemester an der Lomonossow-Universität in Moskau; das war ein gut durchdachtes Ausbildungsprogramm. Ich kam als fertiger Journalist von der Uni.

Konnten Sie sich den Studienschwerpunkt selbst aussuchen?

Es gab Gespräche im DDR-Fernsehen, das mich delegiert hatte, und ein Jahr vor Ende des Studiums wurde ein Einsatzgespräch geführt. Da kamen Leute aus den Redaktionen nach Leipzig und dann wurde das festgelegt. Ich wollte gern in die Außenpolitik des DDR-Fernsehens. So kam ich nach meinem Studium in die Redaktion *Objektiv* – das war das außenpolitische Magazin im DDR-Fernsehen. Dort habe ich als Redakteur für sozialistische Länder angefangen und habe Korrespondentenberichte betreut, die die Redakteure aus den östlichen Ländern geschickt haben. Mich haben Kulturen anderer Länder interessiert, ich wollte unbedingt ins Ausland. Zu dem Zeitpunkt war mir schon klar: »In den Westen kommst Du eh nicht. Also lernst Du Russisch und gehst in die östliche Welt.« Es hat auch einer Schwedisch gelernt. Der war zu DDR-Zeiten nie in Schweden. Deswegen habe ich Russisch gelernt.

Und wie wurden Sie dann zum dritten Mann im Studio Moskau?

Ich war nach dem Studium bei der Redaktion *Objektiv* und habe die reinkommenden Beiträge bearbeitet. Der DFF hatte damals in Osteuropa außer in Moskau, wo ich von 1977 bis 1981 gearbeitet habe, auch Studios in Warschau, Budapest – dort war ich von 1984 bis 1990 tätig – Prag und Sofia. Außerdem bin ich selbst gereist und habe Beiträge produziert, vor allem in der SU. So kam relativ schnell die Frage, ob ich nach Moskau gehe. Es wurde ein Korrespondent ausgetauscht und dann haben die mich zunächst von *Objektiv* zur *Aktuellen Kamera* geschickt. Da war ich Bezirkskorrespondent und befasste mich für ein Jahr mit Innenpolitik. Da habe ich alles gemacht, was heute in den Landesstudios auch gemacht wird, von der Ernteschlacht bis hin zur Nachtschicht im Stahl- und Walzwerk. Das war eine hochspannende Zeit. Es war gerade so eine Phase, der Beginn der Honecker-Zeit, 1975/1976, in der man ein paar journalistische Freiheiten testete. Zum Beispiel konnte ich als Korrespondent im damaligen Bezirk Potsdam plötzlich über Mängel im Wohnungsbau berichten oder über

Produktionsschwierigkeiten im Stahlwerk Kirchmöser. Allerdings hielt die Phase nicht lange an.

1978 berichtet Dietmar Schumann über den freiwilligen Arbeitseinsatz (Subotnik) in einem Moskauer Eisenbahndepot anlässlich des 108. Geburtstags Lenins für die 17-Uhr-Ausgabe der *Aktuellen Kamera*. Quelle: *Aktuelle Kamera* vom 23.4.1978, Deutsches Rundfunk-Archiv.

Warum hat man gerade Sie nach Moskau geschickt?

Ich habe die Sprache in Wort und Schrift beherrscht und ich hatte mich außenpolitisch auf die Sowjetunion spezialisiert, das waren wohl die ausschlaggebenden Momente. Außerdem hatte ich 1976 gerade in der DDR einen Journalistenpreis bekommen. Vielleicht war ich auch nicht ganz untalentiert. Das spielt ja auch eine Rolle.

Wurden Sie noch in anderer Hinsicht geschult, etwa im Umgang mit hohen SU-Kadern?

Mein Training waren das Volontariat, die Universität und anschließend die drei Jahre Praxis im DFF. Ansonsten habe ich mich selbst vorbereitet. Ich bin ja zuvor schon gereist und hatte ein Auslandsstudium in Moskau absolviert, mich also mit der Sowjetunion befasst. Und die Tageszeitungen aus der Sowjetunion gab es am Kiosk.

Welche Medien standen Ihnen denn – neben den russischen Zeitungen – bei Ihrer Arbeit als Korrespondent zur Verfügung?

In diesen Ländern lesen Sie als Auslandskorrespondent wirklich zunächst einmal die einheimische Presse, in Moskau war das die *Prawda*.

Danach lesen Sie Agenturmeldungen von dpa, AP, Reuters und AFP. Wir bekamen im Studio auch mal ein Exemplar vom *Spiegel*, von der *Zeit* und vom *Stern*. Das war im Ausland ein bisschen anders als vor Ort in der DDR. Da ist das in den Giftschränken verschwunden. Ferngesehen haben wir auch.

Auch Westfernsehen, um zu schauen, was die Kollegen Sager und Bednarz zu bestimmten Themen machen?

Das konnten wir im Moskau der 1970er- und 1980er-Jahre nicht empfangen.

Wenn Sie ein tagesaktuelles Stück produzieren sollten, haben Sie dann erstmal beim ADN geguckt, wie die offizielle Leitlinie ist?

In Moskau habe ich weniger diese aktuellen politischen Stücke gemacht, aber an meinem zweiten Standort ab 1984 in Budapest dann schon. Aber man hat auch dann nicht als erstes beim ADN geschaut. Gleichwohl haben wir uns angesehen, was die machen. *Neues Deutschland*, ADN, der DDR-Rundfunk und das DDR-Fernsehen hatten Korrespondenten in Budapest. Ich habe mich schon mit den Kollegen vom ADN unterhalten. Vor allem bei Staatsbesuchen, wenn Honecker beispielsweise kam, wollte man keinen Fehler machen.

Wie verlief die Abstimmung zwischen dem Studio Moskau und der Zentrale in Adlershof?

Die Abstimmung erfolgte von oben nach unten. Der Chefredakteur der *Aktuellen Kamera* ist im Prinzip jeden Tag in die Stadtmitte zum Zentralkomitee in die Abteilung Agitation und Propaganda gefahren und hat dort die Richtlinien für den Tag bekommen. Er hat diese dann an die *Aktuelle Kamera* weitergegeben. Das betraf allerdings hauptsächlich das Inland. Wenn es etwas im Ausland gab, haben wir das im Studio vom Studioleiter erfahren. Sie dürfen sich aber nicht vorstellen, dass es eine ständige Gehirnwäsche gab. Da hatte jeder auch seine eigene Schere im Kopf und wusste schon von sich aus, was sprachlich gewünscht wird und was nicht.

Und hat Ihre Schere dann mit den Jahren anders geschnitten?

Eigentlich wurden die Arbeitsbedingungen zum Ende der DDR hin immer schlechter, die Schere im Kopf der Journalisten aber immer kleiner. Ich hatte zum Beispiel in Budapest engen Kontakt zu den sogenannten ›Reformkommunisten‹. Zu Imre Poszgay, zu János Berecz und anderen. Gorbatschow kam nach Budapest. Die Erfahrungen der Ungarn, ihren Menschen den Sozialismus erträglicher zu machen als in der DDR, hat mich damals durchaus beeindruckt. Auch die Möglichkeiten, die meine Kollegen beim ungarischen Fernsehen in den 1980er-Jahren schon hatten. Frei von jeglicher Zensur, freie Reisen in alle Gegenden der Welt, weg vom ›Partei-Chinesisch‹, dieser ekelhaften Funktionärssprache, hin zu verständlichen Texten. Das fand ich gut und nachahmenswert. Andere Kollegen fanden das auch. Dadurch aber wurde das Konfliktpotenzial zwischen zahlreichen Auslandskorrespondenten und den für sie Zuständigen in der DDR immer größer. Im letzten Jahr der DDR war die Schere dann völlig weg. Ich habe ja in Budapest bis zum letzten Tag ihrer Existenz, dem 3. Oktober 1990, gearbeitet. Dort war zwischen Herbst 1989 und DDR-Ende die Schere völlig weg. Dann war man völlig frei in seiner Arbeit.

Die Olympischen Spiele 1980 in Moskau wurden von den Westmedien boykottiert. Gab es Vorgaben, wie Sie sich in der Situation zu verhalten haben?

Die westlichen Staaten außer Großbritannien und Australien haben die Olympischen Spiele wegen des Einmarsches der Sowjetunion in Afghanistan boykottiert. Ob das richtig war oder nicht, darüber kann man streiten. Viele fanden das unpassend. Aber es war Kalter Krieg. Das waren traurige Geschichten für die Sportler, aber auch für uns. Selbst bei den Funktionären war die Enttäuschung riesengroß. Für uns war das ein großes Ereignis, denn die Olympischen Spiele fanden zum ersten Mal in einem sozialistischen Land statt. Alle haben sich große Mühe gegeben und wir haben über die Vorbereitung berichtet und über die Olympischen Spiele. Ich sollte den politischen Part übernehmen. Also über die Vorbereitung der Spiele berichten, den Bau der Stadien, die Vorolympischen Spiele und die Arbeit des IOC. Als der Boykott der westlichen Länder kam, waren die westlichen Medien und ihre Korrespondenten vor Ort im Prinzip dann auch relativ außen vor. Da haben die Russen gesagt: »Wenn Ihr die Olympischen Spiele boykottiert, könnt Ihr zwar weiter aus Moskau berichten, aber mit Priorität werden wir Euch nicht behandeln.« Für uns aber ging die Berichterstattung im Prinzip normal weiter. ARD und ZDF haben dann etliche Stücke bei uns eingekauft. Meine Oma, die zu Hause das *Aktuelle Sportstudio* geguckt hat, die dachte, wir wären abgehauen.

Wie haben Sie den DFF-Zuschauern den Grund des Boykotts in der Berichterstattung vermittelt? Wir haben in Ihren Beiträgen, die wir gesehen haben, nicht viel davon gefunden.

Afghanistan gehörte nicht zu unserem Berichterstattungsgebiet. Dafür war das Studio Dehli zuständig. Der Einzug der Russen 1979 in Afghanistan wurde in nahezu allen sozialistischen Staaten als internationalistische Hilfe dargestellt. Ich selbst war damals nicht in Afghanistan. Meine Frau lag aber zu dieser Zeit im Krankenhaus in Moskau. Ihre Bettnachbarin war die Tochter von Babrak Karmal, dem damaligen Präsidenten von Afghanistan. Da haben wir einige Male mit dem Ehepaar Karmal diskutiert. Ich fand es damals nicht richtig, dass die Sowjetunion in Afghanistan einmarschiert ist. Wir wussten, dass es dort eine kleine kommunistische Partei gibt, aber es war ein Export der Revolution. Das geht nicht.

Worüber haben Sie denn mit dem Ehepaar Karmal gesprochen?

Wir wussten so gut wie nichts über Afghanistan. Über den Einfluss des Islam, die Clan-Strukturen, den Drogenanbau und die Kriegsfürsten. Beide Karmals sprachen russisch, waren einfache und freundliche Menschen und haben uns geduldig unsere Fragen beantwortet. Sie glaubten, mithilfe der Sowjets ihr Land vom Mittelalter in die Neuzeit führen zu können. Solche Diskussionen haben wir allerdings nur intern geführt, offiziell natürlich nicht. Die Propaganda wurde von den Sowjets vorgegeben: »Das ist internationalistische Hilfe und wir müssen alles tun, damit keine reaktionäre Regierung an die Macht kommt.« Dass dieser Einmarsch für die Russen auch geostrategische Gründe hatte, blieb in der Öffentlichkeit ein Tabu.

Haben Sie das damals auch schon als Propaganda empfunden oder schätzen Sie die Situation erst rückblickend so ein?

Ich habe das damals auch schon als Propaganda empfunden.

Hatten Sie denn die Möglichkeit, die DDR-Sicht von der Sicht der Sowjetunion leicht abweichen zu lassen?

Nein, das gab es nicht. Zum Beispiel in Bezug auf China durfte nicht abgewichen werden. Damals gab es eine Kontroverse zwischen der Sowjetunion und China, die ehemaligen kommunistischen Freunde standen sich plötzlich als Feinde an der Grenze gegenüber. Es wurde auch geschossen. Die DDR hat damals einseitig Partei für die Sowjetunion ergriffen, in der offiziellen DDR-Propaganda wurde China deshalb als Feindesstaat behandelt. Das wäre mir einmal bei einer Reportage, die ich über LKW-Fahrer in Jakutien gemacht habe, fast auf die Füße gefallen. An der Spitze der Kolonne fuhr ein sowjetischer Staatsbürger chinesischer Nationalität. Mir persönlich war das egal; es gab viele Koreaner und Chinesen, die sowjetische Staatsbürger waren. Bei der Abnahme wurde ich gefragt, wie ich so etwas im Film zulassen könnte, dass als Brigadier an der Spitze der Kolonne ein Chinese fährt. Ich sagte, dass ich das nicht ändern könne. Der Film wurde dennoch gezeigt. Danach musste ich mir schlimme Worte anhören. Ich wäre politisch unreif, weil ich in der Sowjetunion einen Film produziert hatte, in dem der Spitzenprotagonist ein Chinese ist.

Von wem kamen denn die bösen Worte?
Die Kritik kam von der Abnehmer-, also von der Chefredaktion in Ostberlin. In diesem Film über die LKW-Fahrer hatte ich zudem einige Parts mit Musik von Santana, *Samba pa ti*, unterlegt. Diese Platten sind auch bei dem DDR-Plattenlabel Amiga erschienen. Trotzdem wurde kritisiert, dass ein Film aus der Sowjetunion nicht mit Westmusik unterlegt werden könne. Ich habe entgegnet, dass Santana eigentlich ein Mexikaner ist. Und gefragt, warum die Platte, wenn sie von Amiga verlegt ist, nicht verwendet werden dürfe. Ich habe gesagt, wenn die Musik nicht gefällt, dann ziehe ich den Film zurück. Das war im November 1979. Schließlich wurde er, so wie er war, ausgestrahlt. Die Kritik aber blieb: Der Film ist nicht gut, weil an der Spitze der Kolonne ein Chinese fährt und der Beitrag mit westlicher Musik unterlegt ist. Und drittens fanden sie noch eine Formulierung, die ihnen auch nicht gefallen hat. Dort ging es um die Frage, warum die Russen so unwirtliche Regionen in der Arktis besiedeln. Sie hatten dort neben Gegenden, in denen es Bodenschätze wie Gold, Silber und Diamanten gab, auch solche besiedelt, wo es nichts gab. Die Russen antworteten, dass besiedelte Gebiete im Kriegsfalle besser zu verteidigen sind als unbesiedelte. Diese Gebiete waren strategisch wichtig und nicht weit von Amerika entfernt. Und diese Beschreibung hat in der DDR nicht gefallen. Der Satz: »Besiedeltes Gebiet ist besser zu verteidigen.«, der sollte gestrichen werden. Ich habe meinen Film mitsamt den drei Kritikpunkten verteidigt. Der Film wurde am 7.11.1979 im DDR-Fernsehen so gesendet, in meiner Urfassung. Schließlich hatte er ja auch eine Menge Geld gekostet. Ein Jahr später lief dieser Film dann auch im ZDF.

Wie oft konnten Sie sich solche Renitenzen denn erlauben?
In dieser Situation ging es um Sach- und Fachdebatten, nicht um hohe Politik. Sie konnten sich Kritik schon erlauben oder widersprechen, wenn es sich nicht um Kritik an wesentlichen Punkten der Politik handelte. Beschlüsse des Politbüros wurden natürlich nicht kritisiert, der Parteiobrigkeit nicht widersprochen. Wenn es aber um Sibirien oder Jakutien ging, war das möglich. Alles war machbar, wenn die Hauptziele der DDR-Politik nicht infrage gestellt wurden. Dennoch haben es viele nicht gemacht.

Gab es unter den Korrespondenten große Diskussionen über solche Einstellungen?
Klar haben wir über Kritik und Grenzüberschreitungen gesprochen. Wir waren damals eine große Gruppe von 15 bis 20 Auslandskorrespondenten aus der DDR, zum Beispiel von der *Jungen Welt*, *Horizont*, der *Freien Welt* und der *Berliner Zeitung*. Solche Debatten gab es ständig. Es gab auch Kollegen,

die teilten unsere Ansicht und es gab Leute, wie einige vom ADN und dem ND, die anders gestrickt waren. Die waren ganz linientreu. Dazwischen gab es einige Schattierungen.

Gab es regelmäßige Treffen innerhalb dieser Korrespondentengruppe?

Wir waren alle in der SED und so haben wir uns regelmäßig auf Partei- oder Gewerkschaftsversammlungen getroffen. Der Zusammenhalt war damals ziemlich groß. Aber wir haben uns auch mit Korrespondenten aus nicht sozialistischen Ländern getroffen, mit Schweden, Japanern und westdeutschen Kollegen.

Hatten sie auch Kontakt zu Klaus Bednarz oder Dirk Sager, die damals für den WDR und das ZDF aus Moskau berichteten?

Dirk Sager und ich haben uns einige Male gegenseitig besucht. Auch im ARD-Studio war ich mal zu Gast. Dieses nach der Wende viel zitierte Kontaktverbot hat es in der Art ja eigentlich nicht gegeben. Ich habe zum Beispiel nie dafür unterschreiben müssen, dass ich keinen Kontakt zu westlichen Korrespondenten haben darf. Dann wäre ich wahrscheinlich auch nie ins Ausland gegangen. Sie wollten im DFF nur informiert werden, wenn man sich mit den Leuten aus den USA, Japan oder Westdeutschland getroffen hat. Das ging soweit, dass der für uns zuständige stellvertretende Chefredakteur Ulrich Makosch mich gebeten hat, Dirk Sager beim nächsten Treffen zu fragen, was sie nach der nächsten KSZE-Konferenz machen wollen.

Klaus Bednarz hat uns den Kontakt zwischen den west- und ostdeutschen Korrespondenten in unserem Interview im Juli ein wenig anders geschildert, hier das Zitat: »Bis auf Dietmar Schumann haben uns die Ost-Korrespondenten nicht einmal gegrüßt.« Wieso kommt Bednarz Ihrer Meinung nach zu der Einschätzung, dass die DFF-Korrespondenten, mit Ihrer Ausnahme, den westdeutschen Kollegen vornehmlich aus dem Weg gegangen sind?

Es gab Hardliner auf beiden Seiten. Es gab auch westdeutsche Korrespondenten, die ihren Ostkollegen aus dem Weg gingen. Einmal, auf einer Drehreise in Jalta auf der Krim, weigerte sich ein Westkollege sogar, gemeinsam im Bus mit uns zu fahren. Mit Leuten aus der ›Zone‹, sagte er, wolle er nicht in einem Raum sein. Es war eben ›Kalter Krieg‹. Wir im DDR-Fernsehen wurden von unserem Chef Makosch immerhin zu einem sachlich-freundlichen Umgang mit den Kollegen aus dem Westen angehalten. Leider haben sich nicht alle daran gehalten.

Haben Ihnen die westdeutschen Kollegen zuweilen auch mal einen Kontakt zu westlichen Politikern vermittelt?
Ja, das ist vorgekommen. Ich wollte damals für das DDR-Fernsehen ein Interview mit Helmut Schmidt in Moskau führen – und wenn es am Auto sei. Das hat der Kollege Sager, SPD-nah, vermittelt, das konnte ich machen. Da hatte ich ein Interview mit Helmut Schmidt, am Roten Platz, an der ewigen Flamme, 1979.

Für die Spätausgabe der *Aktuellen Kamera* interviewt Dietmar Schumann einen Vertreter des Moskauer Betriebes Moskabel, Anlass ist ein Festakt zu ›20 Jahren sowjetische Gesellschaft für Freundschaft mit der DDR‹. Quelle: *Aktuelle Kamera* vom 5.1.1978, Deutsches Rundfunk-Archiv.

Haben Sie sich denn auch thematisch mit den westdeutschen Journalisten ausgetauscht oder sich bei Problemen gegenseitig geholfen?
Redaktionell eher nicht. Aber: Wenn im ZDF-Studio beispielsweise Technik kaputt war, haben wir denen schon mal geholfen, die Technik zu reparieren, Tontechnik, Lichttechnik. Es gab immerhin ein Fernsehabkommen zwischen ARD, ZDF und dem DFF ab Mitte der 1970er-Jahre. Dadurch wurden auch die Korrespondenten zur Hilfeleistung bei technischen Ausfällen verpflichtet. Das ging bis zum Filmaustausch. Das wird heutzutage gern unterschlagen.
Der Materialverkauf vom DFF an die ARD und das ZDF ist in der Tat heutzutage kaum bekannt. Welche Themen ließen sich denn verkaufen?

Die Sportberichterstattung vor und zu Olympia 1980 wurde komplett an Westdeutschland verkauft. Spielfilme wurden verkauft. Kinderfernsehprogramme wurden verkauft. Es gab eine eigene Redaktion Programmaustausch und Film. Dort gab es auch eine Abteilung BRD. In Berlin wurden sogar Serien, die die westdeutschen Medien kauften, zum Beispiel *Ein Krankenhaus am Rande der Stadt* und die *Olsen-Bande* von der DDR synchronisiert. Damit wurde Geld verdient. Im publizistischen Bereich war das weniger der Fall. Da kann ich mich nur an den erwähnten Jakutien-Film erinnern.

Haben Sie in Moskau direkt auch Beiträge gemacht mit dem Ziel, diese an das westdeutsche Fernsehen zu verkaufen?

Bei der Produktion von olympischer und vorolympischer Berichterstattung hat man schon auf den westdeutschen Konsumenten geachtet.

Können Sie uns ein Beispiel nennen, wie Sie beziehungsweise Ihre DFF-Kollegen vor Ort damals die Sehgewohnheiten der Westdeutschen mit berücksichtigt haben?

Zum Beispiel haben wir versucht, in unseren Stücken sowjetische Prominente unterzubringen, die man auch im Westen kannte. Den Clown Popow, den Schauspieler Bondartschuk oder die Fußballtorwart-Legende Lew Jaschin.

Wurden Beiträge zum Teil auch direkt dafür umgeschnitten?

Nein, nie. Die Stücke wurden an das westdeutsche Fernsehen für die *Sportschau* eins zu eins so weitergegeben, wie sie in der DDR bei *Sport aktuell* liefen.

Wurden Sie für diese ›Zusammenarbeit‹ extra ausgezeichnet?

Das DDR-Fernsehen hat an diesen Verkäufen verdient. Ich habe damals eine Prämie von 100 DM für die olympische Berichterstattung bekommen.

Aber so etwas, was man heute Zulieferung nennen würde, O-Töne beispielsweise, hat es das gegeben?

Später, als ich in Budapest Korrespondent war, ist das mal passiert. Ende der 1980er-Jahre hatte mein Kollege Brieger vom ZDF vergessen, sich rechtzeitig ein ungarisches Visum zu besorgen. Da haben wir für den auch mal eine Geschichte rund um den 1. Mai in Budapest gedreht. Das Material haben wir dann nach Wien geschickt. Es hatte auch mal ein Kameramann des ZDF vergessen, sich ein Visum zu besorgen. Da haben wir dann mit meinem Kameramann den Aufsager drehen lassen. Und wir haben für sie auch einige Überspiele gemacht. Also wir haben den Westkollegen technisch und einige Male auch redaktionell Mitte/Ende der 1980er-Jahre in Budapest durchaus geholfen.

Kurze Zeit später, noch während der Wende, gingen Sie dann selbst zum ZDF. Wie haben Sie diese Anfangszeit beim ›Westfernsehen‹ in Erinnerung?

Ich ging ohne Pause direkt vom DFF zum ZDF. Als die DDR auf ihr Ende zuging, hatte ich Angebote von beiden großen westdeutschen Fernsehanstalten bekommen, von ARD und ZDF. Vom ZDF hatte ich ein Angebot, als Reporter zu *Kennzeichen D* zu gehen. *Kennzeichen D* war damals eine sehr renommierte Sendung, eigentlich das beste Politmagazin in Deutschland, geleitet von einem Spitzenkönner unter den ZDF-Journalisten, von Joachim Jauer. Deshalb habe ich mich für das ZDF entschieden und wurde nach Mainz eingeladen zum Intendanten Professor Dieter Stolte. Dem habe ich meine Biografie erzählt, auch von meiner SED-Mitgliedschaft. Da hat er zu mir gesagt: »Hören Sie mal zu, Sie müssen sich jetzt nicht dafür entschuldigen. Wenn ich in der DDR aufgewachsen wäre, wäre ich mit 18 wahrscheinlich auch in die SED eingetreten.«

Und war das ehrlich gemeint?

Ja klar, der hat das richtig ehrlich gemeint. Als ich da ankam, hat mir niemand einen Vorwurf gemacht. Alle wollten natürlich wissen: »Wie war das in der DDR?« Ich kam als erster DDR-Journalist zum ZDF. Das war natürlich spannend. Christa Wolf sagte damals, wir müssen uns, wenn die Wiedervereinigung funktionieren soll, unsere Biografien erzählen. Ich habe meine Biografie erzählt. Viele meiner Westkollegen haben dies nicht getan. Ich habe auch mal gesagt: Lasst uns auch über die Staatssicherheit reden und dem Einfluss von Geheimdiensten auf die Medien. Ich fand diese flächendeckende Überwachung der Menschen in der DDR natürlich total bescheuert. Trotz der vielen Jahre im Ausland ist mir das natürlich nicht verborgen geblieben. Aber man muss auch mal darüber reden, dass der BND die DDR doch auch ausspioniert hat. Über den Einfluss von CIA, BND, MI6 auf bundesdeutsche Medien, da hat man bis heute nicht gesprochen. Auch über die Arbeit des KGB. Da liegt mit hoher Wahrscheinlichkeit noch vieles im Dunkeln.

Insgesamt wurden Sie aber von Ihren neuen Kollegen beim ZDF ganz nett aufgenommen, oder?

Ja, das kann ich wirklich so sagen. Das *Kennzeichen D* wurde in einem alten Studio in Berlin Tempelhof produziert. Ich war acht Jahre in dieser Redaktion. Es hat nicht ein Problem zwischen ost- und westdeutschen Journalisten gegeben. Ich war erst der einzige ostdeutsche Journalist dort, dann kamen noch ein paar aus der ehemaligen DDR-Opposition. Zwischen mir als ehemaligem SED-Mitglied und den ehemaligen DDR-Oppositionellen hat es nie Probleme gegeben. Ich bin bis heute mit einigen befreundet.

Und haben Sie auch bei den Westkollegen so etwas wie Systemnähe beobachtet?

Ja, na klar. Bei manch einem in den Redaktionen, bis hin zum Hauptstadtstudio, ist es doch unverkennbar, dass sie die Bannerträger ihrer Parteien sind.

Und glauben Sie, dass Journalisten es sein dürfen?

Nein. Ich bin der Meinung, dass der Journalist, auch wenn er Hauptstadtberichterstattung macht und über die Innenpolitik berichtet, parteipolitisch unabhängig sein sollte.

Das ist aber erst in den letzten Jahren so entstanden?

Diese Überzeugung bei mir? Ja, klar. Ich war ja in der DDR Partei-Journalist und da wurde auch Partei ergriffen. Ich bin im Herbst 1989 aus der SED ausgetreten und seitdem parteilos.

Aber Sie sind ja nicht direkt von Moskau zu *Kennzeichen D* und dem ZDF gewechselt. Warum sind Sie 1981 eigentlich aus Moskau weggegangen?

Ich wollte länger in Moskau bleiben, aber 1981 kriegte ich einen Anruf vom DFF aus Berlin. Die sagten zu mir: »Könntest Du zurückkommen und sofort das Studio in Prag übernehmen?« Da habe ich gesagt, das ist auch nicht schlecht, habe die Koffer gepackt und bin in die DDR zurückgegangen. An der Sprachenschule in Berlin-Karlshorst habe ich mit meiner Frau zusammen einen Tschechisch-Lehrgang belegt. Als ich Tschechisch sprechen konnte und tschechische Lieder singen konnte, haben die plötzlich gesagt: »Nee, Du kannst jetzt nicht nach Prag, Du musst vorher noch ein Jahr auf die Parteihochschule.«

Ist ihnen dann eingefallen...

Ja, das ist ihnen dann eingefallen. Ich hatte meine Koffer schon in Prag. Der Lehrgang an der Parteischule hatte allerdings schon begonnen. Also musste ich erstmal ein Jahr bei der *Aktuellen Kamera* als Sonderkorrespondent arbeiten. Da gab es nicht viel zu tun. Ich habe ein paar Sowjetunion-Reisen gemacht und bin dann vom September 1983 bis Sommer 1984 zu diesem Lehrgang auf die Parteihochschule gegangen. Und während des Studiums dort bekam ich wieder einen Anruf aus Adlershof: »Könntest Du nach der Parteihochschule unser Studio in Paris übernehmen?« Ich sprach auch Französisch und habe gesagt: »Oh, das sollte ich können.« Unter einer Bedingung: Meine Tochter sollte dort die Schule besuchen können.

Da haben sie zugestimmt und gesagt: »Ja, sie kann bis zur sechsten Klasse zur DDR-Schule gehen.« Ich habe dann noch gefordert, dass meine Tochter nach ihrem sechsten Geburtstag auf die Internationale oder die Sowjetische Schule in Paris kommt. Das war aber schon zu Zeiten der Perestroika. Das gefiel denen nicht. Trotzdem versprachen sie, eine Ausnahmegenehmigung von Frau Honecker zu besorgen.

Soweit nach oben ging das?

Ja, zu Perestroika-Zeiten waren diese DDR-Parteioligarchen nicht mal mehr bereit, unsere Kinder die Sowjetischen Schulen besuchen zu lassen. Das ging ihnen zu weit.

Und wie ging es dann weiter mit dem Studioleiterposten in Paris?

Also sollte ich nach Paris gehen. Da bin ich nach Hause zu meiner Familie und habe gesagt: »Hört zu, was haltet Ihr davon, dass wir nach Paris gehen? Unsere Tochter kann dort in die Schule.« Alle haben sich gefreut. 14 Tage später kriege ich wieder einen Anruf: »Also nach Paris, Du, die Genossen im ZK, die haben Einspruch erhoben, Du seiest ideologisch nicht so gefestigt, dass Du ins kapitalistische Ausland gehen darfst.« Da war ich wütend. Das haben die mir so richtig unverblümt gesagt. Meinem Chef, Ulrich Makosch, war das peinlich. Er musste immer, wenn er jemanden ins Ausland schicken wollte, eine Vorlage erstellen und die im ZK im Agitationsbüro bestätigen lassen. Und bei mir haben die mit dem Kopf geschüttelt.

Woran haben die das festgemacht, hat man Ihnen das erzählt?

Es wurde nicht näher begründet. Es hieß, ich sei ideologisch nicht gefestigt und dürfe da also nicht hin.

Also war man als Korrespondent das Fähnchen im Wind?

Ja, also da war ich richtig stinkesauer. Erst habe ich also Tschechisch gelernt, als ich das fließend konnte, wurde ich auf Frankreich orientiert und am Ende bin ich nach Ungarn gegangen – ohne ein Wort ungarisch zu können. Auf der Hinfahrt habe ich meine ersten ungarischen Vokabeln gelernt.

Diese Verteilung der Korrespondentenposten klingt ja ziemlich nach Willkür...

Das ist willkürlich passiert. Sie konnten sich da nicht bewerben, also ging ich dann nach Budapest. Das ist jetzt aber ein wirklich sehr negatives Beispiel. Das lag auch nicht am DDR-Fernsehen, sondern das Zentralkomitee der SED hatte Einspruch gegen meine Entsendung nach Paris erhoben. Da blieb für mich das Studio Budapest, aber auch da bin ich natürlich gerne hingegangen. Im Prinzip lief es so: Die staatliche Leitung hat alle zwei oder drei Jahre mit Ihnen ein Gespräch geführt. Dann hat Ihnen Ihr

Chefredakteur, sekundiert vom Gewerkschaftsboss ihrer Abteilung, mitgeteilt, was er mit Ihnen vorhat, welchen Job Sie machen könnten, welche persönliche Perspektivplanung möglich ist. Dann wurden Sie angehört und konnten auch Ihre persönlichen Wünsche vortragen. Am Ende hat man ein Papier unterschrieben, in dem es hieß, »die staatliche Leitung vom DDR-Fernsehen und Mitarbeiter X haben heute ein Kadergespräch geführt«. Da wurde festgelegt, dass der Kollege seine tschechischen Sprachkenntnisse vervollkommnet und die Familie ebenso und sich orientiert im Jahr 1982, zum Beispiel, die Studioleiterstelle in Prag anzutreten. Da konnten Sie sich und Ihre Familie drauf einrichten. Und die haben Wort gehalten, normalerweise.

Und es war auch immer so eingerichtet, dass die ganze Familie mitreisen konnte?

Nicht nur das: Die Familie durfte mitreisen und man hat den Frauen – meine Frau hatte ja ihren Job aufgegeben – angeboten, in den Studios mitarbeiten zu können. Meine Frau hat also immer im Studio mitgearbeitet; Kasse, Verwaltung, bis hin zur redaktionellen Mitarbeit in Budapest. Das fand ich sehr großzügig. Das ist beim ZDF auch nur in Ausnahmefällen möglich.

Haben Sie sich eigentlich damals der DDR-Elite zugehörig gefühlt? Sie hatten eine sehr gute Ausbildung, viel mehr Reisemöglichkeiten, einen Informationsvorsprung....

Damals in der Sowjetunion nicht, da habe ich mich nicht als Elite gefühlt. Vom Verdienst her sowieso nicht. Da haben Sie ja als Journalist weniger als ein guter Facharbeiter verdient – zum Ende wurde das ein bisschen besser. Ich habe beim DDR-Fernsehen mit 580 DDR-Mark brutto angefangen. Da haben Sie 450 Mark rausgekriegt. Als ich nach Moskau kam, habe ich unter 1000 DDR-Mark im Monat verdient. Sie haben eine Aufwandsentschädigung vor Ort bekommen, die war in Rubel nicht schlecht. Mehr als die Sowjets damals verdient haben, die haben ja mies verdient. Aber ich war weder materiell noch von den Reisemöglichkeiten her elitär bedacht. Denn in die Sowjetunion oder auf die Krim oder in den Kaukasus sind Sie auch so gekommen, übers DDR-Reisebüro. Das Privileg, in Moskau zu arbeiten, wollten viele prominente SED-Journalisten nicht haben. Das war denen zu popelig.

Aber Moskau hatte ja viel Spannendes zu bieten. Hatten Sie in Moskau eigentlich Kontakt zur Opposition?

Zu Oppositionellen – als DDR-Korrespondent, nee.

Auch nicht inoffiziell?
Inoffiziell, ja, hin und wieder, ganz privat.
Wie ist das dann abgelaufen – informell, ohne Kamera?
Wir sind zu solchen Treffen natürlich ohne Kamera gegangen. Es hatte sich zum Beispiel eine oppositionelle Gruppe im Moskauer Stadtviertel Jugo Sapadnaja gegründet, wo wir wohnten. Freunde von uns waren dabei. Die kamen immer in einem Jazzkeller zusammen und da war ich dann schon mal mit meiner Frau zum Jazzkonzert oder im Underground-Theater.
Hat man das den anderen Kollegen erzählt, dass man da hingeht?
Teils, teils.
Glauben Sie, dass Sie von östlichen Diensten bespitzelt wurden? Das haben doch sicherlich einige mitbekommen.
Ich weiß inzwischen, dass meine Wohnungen sowohl in Moskau als auch in Budapest vom KGB und vom ungarischen Geheimdienst abgehört wurden. Das habe ich nach der Wende vor Ort nachprüfen können. Außerdem hat der KGB auch einige Begebenheiten, die auf Produktionen unterwegs in der Sowjetunion passierten, an die DDR-Seite weitergegeben. Da haben wir dann auch Probleme bekommen. Zum Beispiel begleitete uns eine Mitarbeiterin des sowjetischen Fernsehens auf einigen Reisen. Deren Mann war – wie sich später herausgestellt hat – Oberst beim KGB. Eine dieser Reisen unternahmen wir zu einem Baggerwerk nach Jaroslawl. Da kamen wir einmal abends um zehn Uhr ins Hotel zurück und die Kneipe war schon geschlossen. Wir hatten den ganzen Tag gearbeitet, wollten etwas essen und sind deshalb ein bisschen laut geworden, da wir so hungrig waren. Sehr unhöflich brachte die Bedienung dann doch noch irgendein Essen auf den Tisch, die Reinemachfrau hat uns zwischen den Beinen rumgewischt, und da habe ich mich dann beschwert. Mein Kameramann ist dabei mit der Dame vom sowjetischen Fernsehen in Streit gekommen. Sie hat dann einen Bericht geschrieben, dass wir unmöglich auftreten würden, die sowjetischen Genossen vor Ort beleidigen würden usw. Das ging schließlich über den KGB zur Stasi und dann gab es eine richtige klärende Aussprache in Adlershof. Wir haben uns letztlich entschuldigt. In dieser Art hat es mehrere Geschichten gegeben.
Und gab es auch mal den umgekehrten Versuch, dass die versucht haben, Sie für sich zu gewinnen?
Nein, das ist nicht passiert. Wer möglicherweise alles für den KGB gearbeitet hat, das hat sich mir nicht erschlossen. Es ist nicht auszuschließen, dass etliche Leute, mit denen wir im sowjetischen Außenministerium oder

im sowjetischen Fernsehen in Kontakt waren, für den KGB gearbeitet haben. Bestätigt ist dies aber nicht.

Wie war das Verhältnis zu den russischen Oberen? Hatte man da Zugang als DDR-Korrespondent?

Da sind Sie nicht rangekommen. Wenn mal ein DDR-Besuch stattfand, war man mal im Arbeitszimmer von Kossygin, dem damaligen Ministerpräsidenten. Sonst haben Sie die nur aus der Ferne gesehen. Auch zu den DDR-Oberen hatten Sie als normaler DDR-Korrespondent keinen Zugang. Das ist nicht so wie heute, wo Sie Frau Merkel auf der Straße anquatschen können.

Hatten Sie bei Interviews mit hohen Staatsvertretern manchmal Sorge, wenn ich jetzt die falsche Frage stelle oder einen Halbsatz zu viel fallen lasse, dann ist gleich das bilaterale Verhältnis gestört?

Nein, nicht wirklich. Aber da gab es mal eine Situation in Österreich, das ist eigentlich eine schöne Anekdote. Die Staatsoberhäupter anderer Staaten sollten ja von uns DDR-Journalisten immer mit Samthandschuhen angefasst werden. Die Obrigkeit in Ostberlin hat gedacht, wenn Journalisten aus der DDR mit denen in Berührung kommen, könnten Journalisten aus den Gaststaaten auch auf die Idee kommen, mit Honecker und anderen Politbüro-Mitgliedern Interviews zu führen. Also mir passierte Folgendes: Ich sollte 1986 auf der Wiener Messe für die *Aktuelle Kamera* einen O-Ton vom damaligen österreichischen Bundeskanzler Sinowatz holen. Der machte einen Messerundgang und auch am DDR-Stand Station. Ich sollte ihn zu den Beziehungen zwischen Österreich und der DDR, zur Wirtschaft usw. befragen. Also was mache ich? Ich gehe auf den DDR-Messestand und quatsch' den Sinowatz an, der bleibt stehen und gibt ein wunderschönes langes Interview. Wir machen unser Stück, überspielen das, abends läuft es in der *Aktuellen Kamera*, alles spitze, alles wunderbar. Er lobt die Beziehungen und die Wirtschaftskontakte waren eng, alles klappte hervorragend.

Und?

Und der DDR-Botschafter hat mich dann durch den Kakao gezogen. Der hat mich hinterher angesprochen und sagte: »Was erlauben Sie sich hier, am DDR-Messestand? Sie können den Herrn Bundeskanzler doch nicht einfach so ansprechen, das ist eine Unverschämtheit.« Er hätte die offizielle DDR-Politik in Wien zu vertreten und ich könnte nicht als Journalist mit ihm unabgesprochen dazwischenfunken. Da sagte ich: »Entschuldigen Sie mal, ich mache doch hier nicht Ihre Politik. Sie sind der Vertreter des DDR-Außenministeriums, ich bin der Vertreter des DDR-Fernsehens.

Ich bin Ihnen nicht unterstellt, nicht hörig, ich kann doch hier machen, was ich will.« Darauf sagte er: »Nein, dafür ist die Politik zuständig. Wenn Sie das wieder machen, sind Sie weg aus Wien. Dafür werde ich sorgen.« Er war ein hochrangiger Diplomat, ein späterer Stellvertretender Außenminister der DDR.

Was haben Sie daraufhin getan?

Ich habe das meinem Chef erzählt. Und der meinte, der soll uns doch mal... Am Tag des Messe-Endes jedenfalls kam der damalige Bundespräsident Österreichs, Rudolf Kirchschläger, auch an den DDR-Messestand und blieb mitten im Rundgang vor meinem Mikrofon stehen. Wenn eine Kamera da ist, Licht an, Kamera an, dann kommen die Westpolitiker im Prinzip ja zu Ihnen. Da war der Messerundgang also wieder unterbrochen. Der DDR-Botschafter, der die herzlichen Grüße von Erich Honecker überbracht hatte, fühlte sich nun beim zweiten Mal wirklich arg auf den Schlips getreten, um es mal so auszudrücken. Er drohte mir Konsequenzen an und hat einen Beschwerdebrief an das ZK geschrieben. Das führte fast zum Parteiausschlussverfahren gegen mich, obwohl das Interview wieder in der *Aktuellen Kamera* gesendet wurde. Ich musste mich dann in die nächste Maschine setzen und nach Berlin-Adlershof fliegen, um zu erzählen, was da gelaufen ist und ob ich mich mit dem DDR-Botschafter vielleicht gestritten hätte. Der hatte ja meine Abberufung verlangt in seinem Brief ans ZK der SED. Der Chefredakteur der *Aktuellen Kamera* verlangte von mir, ich solle mich beim Wiener DDR-Botschafter entschuldigen. Und ich sagte: »Das mache ich nicht, wofür soll ich mich da entschuldigen? Ihr sendet die Stücke, die werden hier gelobt, warum soll ich mich denn bei dem Heini entschuldigen? Wofür?« Naja, daraufhin wurde der Parteisekretär der *Aktuellen Kamera* nach Wien zum Botschafter geschickt, dem er sagte: »Ich bitte die Art unseres Korrespondenten zu entschuldigen«, blablabla. Jedenfalls wurde dort ein Agreement geschlossen, in dem ich mich verpflichten musste, zukünftig vor Interviews in Österreich die Fragen dem DDR-Botschafter zu zeigen.

Und das haben Sie gemacht?

Ich wollte nicht nach Hause und da habe ich gesagt: »Ja, machen wir.« Das nächste Stück, was ich zu machen hatte, war ein Vorbericht zum Fußball-Europacup-Spiel Rapid Wien gegen Dynamo Dresden. Der berühmteste Fußballspieler aufseiten der Wiener war der Mittelstürmer Hans Krankl. Den sollte ich interviewen. Vor dem Spiel schrieb ich also die Fragen, reine Fußballfragen, und legte sie dem DDR-Botschafter vor. Das war das einzige

Mal, dass ich diesem Herrn Fragen eingereicht habe. Er fühlte sich wohl veralbert und verlangte das nie wieder.
Das Interview führten Kathleen Bendick und Martin Hoffmann.

Literatur

FLECK; DIRK C.: *Die vierte Macht. Spitzenjournalisten zu ihrer Verantwortung in Krisenzeiten.* Hamburg 2012

SCHUMANN, DIETMAR: *Die härteste Straße der Welt.* Fernsehen der DDR 1978, Sibirien-Reportage

SCHUMANN, DIETMAR: *Bericht über eine Reise durch Jakutien.* Fernsehen der DDR 1979

SCHUMANN, DIETMAR: *Die Newa kennt viele Geschichten.* Fernsehen der DDR 1981, Leningrad-Reportage

SCHUMANN, DIETMAR: *An der Lena flußabwärts.* Berlin [Das Neue Berlin] 2002

WENSIERSKI, PETER: Operation Fernsehen. In: *Spiegel* 30/2004, S. 63-65

Horst Schäfer

»Nie war es der Mann mit den Brötchen oder der Milch«

Der westdeutsche Kommunist Horst Schäfer berichtete seit den 1950er-Jahren für DDR-Medien aus dem kapitalistischen Ausland. Für den ADN war er Korrespondent in Washington, New York und Bonn. Kalter Krieg bedeutete für ihn: Klassenstandpunkt, Hausdurchsuchungen, permanente Anfeindungen.

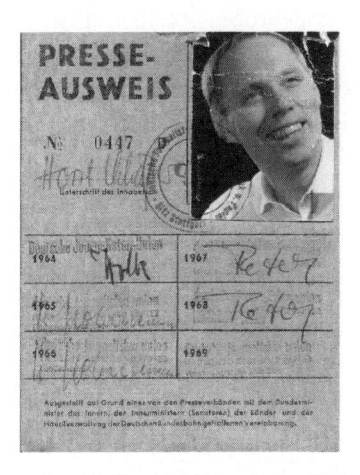

Diesen Bundespresseausweis nutzte Horst Schäfer zwischen 1964 und 1969 als München-Korrespondent des Berliner Pressebüros (bpb) der DDR. Quelle: Privatarchiv Horst Schäfer

Horst Schäfer wurde am 10. Juli 1930 in Detmold/Lippe geboren und arbeitete seit 1948 gelegentlich als Journalist, von 1955 bis 1991 hauptberuflich. Nach Abschluss des Journalismus-Studiums in Leipzig 1955 war er bis 1972 Korrespondent des Berliner Pressebüros (bpb) der DDR in München und schrieb außerdem für Radio Sofia und *Paese Sera*, eine kommunistische italienische Abendzeitung. Den größeren Teil seines Arbeitslebens war er als Korrespondent für den Allgemeinen Deutschen Nachrichtendienst (ADN) und für Zentralbild, der Bildagentur der DDR, tätig: von 1975 bis 1981 in Washington, von 1983 bis 1987 in New York an der UNO und dann von 1987 bis 1991 in Bonn. Sporadisch arbeitete er auch für andere DDR-Medien wie *Wochenpost*, *NBI*, *Zeit im Bild*, *Horizont*, *Für Dich* sowie *Rundfunk und Fernsehen*. Mit seiner Frau Ilse Schäfer, ebenfalls in Leipzig diplomierte Journalistin (1956), bildete Schäfer ein Korrespondententeam. Horst Schäfer, der Englisch spricht, ist nach wie vor journalistisch tätig. Er lebt gemeinsam mit seiner Frau in Berlin.

Frage: Sie haben zu Hochzeiten des Kalten Krieges als Korrespondent der DDR-Nachrichtenagenturen bpb in München und für den ADN in Washington, New York und Bonn gearbeitet – als Bürger der Bundesrepublik und später der DDR sowie als überzeugter Linker. Da wurde man sicherlich nicht überall mit offenen Armen empfangen, oder?

Horst Schäfer: Überall nicht. Insbesondere in meinen 17 Jahren als Korrespondent für die DDR in Bayern zwischen 1956 und 1972 bekam ich das zu spüren. Obwohl ich bei der Landesregierung als DDR-Korrespondent akkreditiert war, mit einem fett unterstrichenen Zusatz in der Presseliste der Staatskanzlei: ›ostzonal‹, gab es immer wieder kleinere und größere Schikanen. Dazu gehörten außer Hausdurchsuchungen auch Telefon-, Fernschreiber- und Post-Überwachung, Beschlagnahme von Postsendungen und Zeitungen aus der DDR, zahlreiche Ermittlungsverfahren wegen Postlieferung der Zeitung *Neues Deutschland*, Festnahmen bei Terminen, Versiegelung von Telekommunikationsmitteln wie dem Fernschreiber durch die politische Polizei und ein durch die Polizei exekutiertes Verbot des Innenministeriums, bei Veranstaltungen Notizen zu machen.

Vielleicht kann ich meine Situation mit einem Vergleich über den Unterschied zwischen DDR und BRD verdeutlichen, der damals in der bundesdeutschen Presse kolportiert wurde. Der ging in etwa so: Wenn man im Westen aufwacht, weil es laut an der Tür klopft, darf man sich beruhigt wieder hinlegen, denn es kann sich nur um die Brötchen oder die Milch handeln. Beides wurde damals noch an die Haustür gebracht. Ich habe in München mit meiner Familie auch immer darauf gehofft, dass es Milchmann oder Bäcker sein würden. Doch bei uns waren es politische Polizei und Staatsanwalt mit richterlichen Hausdurchsuchungsbefehlen.

Über wie viele derartige Aktionen reden wir?

Ich erinnere mich an zwei größere Hausdurchsuchungen und an einige weitere Besuche der Polizei in Zusammenhang mit den zahlreichen Ermittlungsverfahren gegen mich – unter anderem wegen ›staatsgefährdendem Nachrichtendienst‹, ›Teilnahme an Sicherheitsstörungen‹, ›landesverräterischem Nachrichtendienst‹, ›Haus- und Landfriedensbruch‹ und sogar wegen Verdachts der ›Geheimbündelei‹, ›Agententätigkeit‹ und Spionage.

Könnten Sie etwas ausführlicher auf das eine oder andere Verfahren gegen Sie eingehen, auf die juristische Grundlage dafür und das Echo in der westdeutschen Presse?

Ja natürlich. Aber vorweg: Eine wirkliche juristische Grundlage hatte keine dieser Aktionen. Es gab nur juristische Begründungen, die sich aber später als haltlos erwiesen. Alles hatte mehr mit der restaurativen politischen Entwicklung und dem regierungsamtlichen Anti-Kommunismus in der Nachkriegs-BRD zu tun. Ich gebe Ihnen ein paar Beispiele:

Am 12. Mai 1962 sollten auf dem Friedhof von Alt-Aubing bei München am Grab von Philipp Müller Kränze niedergelegt werden. Müller war zehn Jahre zuvor bei einer Jugend-Demonstration gegen die Wiederbewaffnung in Essen von der Polizei erschossen worden. Ich wollte über das Gedenken berichten, wurde aber festgenommen, die Polizei beschlagnahmte alle meine Notizen, meinen Bundespresseausweis sowie den gesamten Inhalt meiner Brieftasche.

Das Münchner Polizeipräsidium – der Oberbürgermeister hieß damals Hans Jochen Vogel, später Parteivorsitzender der SPD – begründete das Vorgehen der Polizei gegen mich am 16. Mai damit, es habe sich um eine geplante Demonstration der verbotenen FDJ gehandelt. In der Begründung für die Beschlagnahme heißt es weiter, Pressereporter Schäfer sei aufgefordert worden, »jede Berichterstattungstätigkeit einzustellen und sich aus der Umgebung des Friedhofes zu entfernen. Diese Weisung hat er nicht befolgt. Er wurde vielmehr dabei beobachtet, wie er sich über den Verlauf der polizeilichen Tätigkeit Notizen fertigte. Schäfer wurde daher […] in Gewahrsam genommen und durchsucht.« Außerdem wird betont: »Die Tätigkeit der sowjetzonalen Reporter erfüllt somit in der Regel objektiv

> Beschlagnahme
>
> ### Beschlagnahmebestätigung
>
> 1. Das Polizeipräsidium München - DD 2 - hat am 12.5.1962 bei Herrn Horst S c h ä f e r , geb. am 10.7.1930 in Detmold, wohnt München 9, Chiemgaustr. 50/I, nach Art. 23 Abs. 1 Ziff.1 und 2, Art. 23 Abs. 2 und 3, Art. 24 und Art. 36 des Polizeiaufgabengesetzes - PAG - vom 16.10.1954 (BayBS I S.442) beschlagnahmt:
>
>   a) 7 Blätter Saugpapier mit Notizen über die Demonstration;
>   b) 3 Einlieferungsscheine der Bundespost mit den Stempeldaten 23.1.62, 3.5.62, 9.5.62;
>   c) 9 Zettel mit Aufzeichnungen (Telefonnummern, Adressen, 1 Zeitungsausschnitt);
>   d) 1 Presseausweis für Horst Schäfer mit der Nummer B 07924, ausgestellt von der Berufsgruppe der Journalisten in der IG Druck und Papier in Köln am 12.2.1958, Verbandsnummer 266/58.
>
>   Die Beschlagnahme wird hiermit gemäß Art. 28 PAG bestätigt.
>
> 2. Kosten (Gebühren und Auslagen) werden nicht erhoben.
>
> ### Gründe:
>
> Das Bundesverwaltungsgericht hat am 16.7.1954 entschieden, daß die Vereinigung "Freie Deutsche Jugend in Westdeutschland (FDJ)" gemäß Art. 9 Abs. 2 GG verboten ist. Demzufolge wurde am 12.5.1962 gegen 10 Uhr von der Polizei vor dem Friedhof in Alt-Aubing eine Demonstration aufgelöst, die dort von Anhängern der verbotenen FDJ ver-

Bundesrepublik verwertet werden.

Die Tätigkeit der sowjetzonalen Reporter erfüllt somit in der Regel objektiv den Tatbestand mit Strafe bedrohter Handlungen (§ 92 StGB). Zumindest aber ist sie grundsätzlich eine sonstige verfassungsfeindliche Handlung, weil sie, bewußt oder unbewußt, in die Aktionen der SBZ gegen die verfassungsmäßige Ordnung der Bundesrepublik Deutschland eingegliedert und somit auf die Störung dieser Ordnung gerichtet ist (Art. 5 Abs. 3 Ziff.2 PAG).

Es ist Aufgabe der Polizei, mit Strafe bedrohte oder sonstige ver-

Mit dieser Bestätigung listet das Münchner Polizeipräsidium die Gegenstände, die sie bei einer Hausdurchsuchung der Wohnung des bpb-Korrespondenten Horst Schäfer am 12. Mai 1962 beschlagnahmt hatte. Dort wird die Hausdurchsuchung auch begründet: Die Tätigkeit des »sowjetzonalen Reporters« sei »eine grundsätzlich verfassungsfeindliche Handlung«, da sie in »die Aktionen der SBZ eingegliedert« wäre. Quelle: Privatarchiv Horst Schäfer

den Tatbestand mit Strafe bedrohter Handlungen (§92 StGB). Zumindest aber ist sie grundsätzlich eine sonstige verfassungsfeindliche Handlung.« Ein weiterer Fall war im Mai 1963 die Aktion unter dem Decknahmen ›Maitest‹. Polizei und Staatsanwaltschaften in der Bundesrepublik und in Westberlin führten am frühen Morgen des 14. Mai gleichzeitig Hausdurchsuchungen bei allen Journalisten durch, die für Medien der DDR arbeiteten. Die Polizeiaktion betraf sowohl DDR-Bürger, so die in Bonn akkreditierten vier Korrespondenten, als auch bundesdeutsche Journalisten wie mich. Insgesamt wurden – so der *Spiegel* – 26 Journalisten vorläufig festgenommen sowie ihre Büros und Wohnungen durchsucht. Die Begründung sei »Verdacht staatsgefährdenden Nachrichtendienstes und Agententätigkeit«, meldete UPI und fügte hinzu, der Pressedienst der CDU/CSU habe die Aktion als »längst fällig und notwendig« bezeichnet. dpa ergänzte, Schäfer würde auch der »Geheimbündelei« verdächtigt.

Bei mir bestand das Hausdurchsuchungs-Kommando aus vier Beamten der Politischen Abteilung der Kriminalpolizei unter Staatsanwalt Dr. Paul Nappenbach, die fast fünf Stunden lang Büro und Wohnung einschließlich der Kinderzimmer in Anwesenheit meiner drei und sieben Jahre alten Töchter durchwühlten, darunter Spielsachen, Schulbücher und Briefmarkensammlung. Beschlagnahmt wurden Meldungen, Briefe, Arbeitsunterlagen, 80 bpb-Informationsdienste, Exemplare der Zeitung *Neues Deutschland*, Foto-Kameras, private Fotos und Schriftstücke, Kraftfahrzeugbrief, Tonbänder, etwa zwei Dutzend Bücher und Broschüren, darunter *Globke und die Ausrottung der Juden*, *Die Wahrheit über Oberländer* und *Gestapo- und SS-Führer* sowie Stadtführer von Prag und Sofia, letztere mit der Begründung, sie bewiesen, dass ich diese Städte besucht hätte. Mit gleicher Begründung wurde ein Programmheft der Sofioter Oper beschlagnahmt, obwohl sich herausstellte, dass es sich um ein Gastspiel in München gehandelt hatte. Die Sicht der politischen Staatsanwaltschaft machte Dr. Nappenbach auch deutlich, als er die Beschlagnahme von Schallplatten mit dem alten Gewerkschaftslied *Brüder zur Sonne, zur Freiheit*, dem im KZ entstandenen *Moorsoldatenlied* und Ostermarschsongs im Beisein meiner Frau damit begründete, es sei für einen Prozess gegen mich wichtig zu wissen, wie ich denke. Mein Fernschreiber wurde von der Polizei versiegelt.

Die oft dreispaltigen Schlagzeilen der Zeitungen am 15. Mai 1963 lauteten unter anderem *Schlag gegen Zonenpresse im Bundesgebiet* (*Augsburger Allgemeine*); *Aktion gegen sowjetzonale Journalisten – Verdacht staatsgefährdenden Nachrichtendienstes* (*Münchner Merkur*) oder *Elf staatsgefährdende Journalisten verhaftet*

(*8 Uhr-Blatt*, Nürnberg). Zeitungen in Bayern und im ganzen Bundesgebiet meldeten, dass »umfangreiches Beweismaterial« sichergestellt worden sei.

Obwohl *Der Spiegel* erst Monate zuvor Polizei- und Justizwillkür bei einer großangelegten Durchsuchungs- und Verhaftungs-Aktion selbst zu spüren bekam und Kanzler Adenauer einen »Abgrund von Landesverrat« festgestellt hatte, zeigte sich das angeblich linksliberale Magazin nicht etwa solidarisch mit den linken Kollegen, sondern schrieb am 19. Juni 1963: »Die Aktion – Deckname: ›Maitest‹ – war rechtlich unanfechtbar: Die Zonen-Männer standen im Verdacht, ihre journalistische Tätigkeit mit landesverräterischem Nachrichtendienst verbunden zu haben.«

Als sich nach Monaten herausstellte, dass die Verfahren mangels Beweisen eingestellt werden mussten, konnte ich davon allerdings in den meisten Blättern nichts finden. Kann ich noch ein drittes Beispiel anführen?

Ja, bitte.

Am 5. Mai 1968 fragte die *Bonner Rundschau am Sonntag* in einer rot unterstrichenen Überschrift: »Randalierte Ostberliner Reporter im *Bild*-Büro?« Die *Rundschau* und andere Medien berichteten, die Staatsanwaltschaft habe gegen mich wegen »Teilnahme an den Sicherheitsstörungen« in der Münchner *Bild*-Redaktion am Tage des Mordanschlags auf Rudi Dutschke ein Ermittlungsverfahren wegen Verdachts des Landfriedensbruchs eingeleitet.

Nach dem Mordanschlag auf den Studentenführer am 11. April 1968 in Berlin war es auch in München zu einer Demonstration gegen Springer gekommen, insbesondere gegen die *Bild*-Zeitung, der vorgeworfen wurde, durch ihre Hetzartikel gegen Dutschke die Bluttat angestiftet zu haben. Während einer Gedenkstunde im Rathaus für den eine Woche zuvor ermordeten US-Bürgerrechtler Martin Luther King rief ein Sprecher des Liberalen Studentenbundes Deutschland (LSD), damals der offizielle Hochschulverband der FDP, zum Protest gegen *Bild* auf. Als der Zug die Redaktion erreichte, wurde er von etwa 20 Journalisten begleitet. Viele folgten einem Teil der Demonstranten in die Redaktion. Ich allerdings nicht.

Drei Wochen später teilte mir das Polizeipräsidium mit, dass gegen mich »wegen Ihrer Teilnahme an Sicherheitsstörungen« ermittelt werde. Am 4. Mai berichtete die *Münchner Abendzeitung* unter Berufung auf die Staatsanwaltschaft, DDR-Korrespondent Horst Schäfer sei der »bislang einzige Journalist, gegen den wegen des Verdachts auf Haus- oder Landfriedensbruch Ermittlungen eingeleitet worden sind«. Das Ermittlungsverfahren stützte sich auf ein Gesetz aus dem Jahre 1871 und auf eine Entscheidung des Reichsgerichts dazu von 1921, das Rotkreuz-Schwestern und auch Jour-

»Nie war es der Mann mit den Brötchen oder der Milch«

Bonner Rundschau am Sonntag
5. Mai 68

Randalierte Ostberliner Reporter im „Bild"-Büro?

München. (ap) Die Staatsanwaltschaft München hat gegen den Journalisten Horst Schäfer (36) wegen seiner angeblichen „Teilnahme an den Sicherheitsstörungen" in der Münchner „Bild"-Redaktion am Tage des Mordanschlags auf Rudi Dutschke ein Ermittlungsverfahren wegen des Verdachts des Landfriedensbruchs eingeleitet.

Schäfer ist in München als Korrespondent für mehrere Ostberliner Presseorgane tätig. Er war anwesend, als einige hundert Studenten die Räume der „Bild"-Redaktion verwüsteten. Zu diesem Zeitpunkt befanden sich jedoch nach Angaben von Münchener Journalisten noch zahlreiche andere Reporter in den Redaktionsräumen, darunter auch der später tödlich verletzte ap-Fotograf Klaus Frings.

Der Münchener Oberstaatsanwalt Dr. Wilhelm Lossos erklärte dazu gestern vormittag, das Verfahren gegen Schäfer ist deshalb eingeleitet worden, weil er der einzige Journalist gewesen sei, „von dem wir Kenntnis hatten, daß er an dem Auflauf teilgenommen" habe. Zu dem Hinweis, daß zahlreiche andere Journalisten ebenfalls bei den Verwüstungen in der Redaktion anwesend gewesen seien, erklärte Lossos, daß die Ermittlungen möglicherweise auch auf diese ausgedehnt würden.

Im gleichen Zusammenhang erklärte der Oberstaatsanwalt, daß sich jeder des Haus- oder Landfriedensbruchs schuldig mache, der an einer Zusammenrottung teilnehme. „Die Tätigkeit als Journalist macht allein noch nicht straffrei." Allerdings sei es ein Unterschied, ob ein Journalist sich bei den „unberechtigten Eindringen in ein fremdes Haus" gleich zu Anfang „aktiv beteilige" oder ob er erst später „mit einer Genehmigung" hinzukomme.

Lossos betonte, daß bei den Ermittlungen politische Gründe keine Rolle spielten. Daß Horst Schäfer für kommunistische Presseorgane in Ostberlin tätig sei, bezeichnete er dabei lediglich als einen „unglücklichen Zufall".

Im Mai 1968 berichtet die Sonntagsausgabe der *Bonner Rundschau* über Ermittlungen der Münchner Staatsanwaltschaft gegen Horst Schäfer. Dieser habe angeblich an Verwüstungen der Münchner *Bild*-Redaktion nach dem Mordanschlag auf Rudi Dutschke am 11.4.1968 teilgenommen. Die Ermittlungen werden rund drei Monate später eingestellt. Quelle: *Bonner Rundschau am Sonntag* vom 5.5.1968 nalisten verbot, »sich in räumlichem Zusammenhang mit demonstrierenden Menschenmengen aufzuhalten«. Schäfer »sei beobachtet worden, wie er Demonstranten fotografiert und sich dabei in der Menge aufgehalten habe« fasste die *Neue Westfälische* die Vorwürfe zusammen.

Gegenüber Associated Press (AP) begründete der Münchner Oberstaatsanwalt Dr. Wilhelm Lossos die Ermittlungen damit, Schäfer sei der einzige Journalist gewesen, »von dem wir Kenntnis hatten, dass er an dem Auflauf teilgenommen« habe. Lossos betonte, so AP, »dass bei den Ermittlungen politische Gründe keine Rolle spielten«. Schäfers Tätigkeit für »kommunistische Presseorgane« habe Lossos als »unglücklichen Zufall« bezeichnet.

Dieser ›unglückliche Zufall‹ ging für mich dann erst fast drei Monate später zu Ende – nach richterlichen Vernehmungen, vielen oftmals solidarischen aber auch bösartigen Presse-Artikeln und der Ankündigung von zahlreichen Journalisten, Selbstanzeige zu erstatten.

Haben sich solche Justizaktionen auf Ihre journalistische Arbeit ausgewirkt?

Sicher fördert es nicht den Nachtschlaf, wenn man am nächsten Morgen mit einer Haussuchung rechnen muss oder langwierige Verfahren am Hals hat. Außerdem hatte ich bei Terminen gelegentlich Probleme, wobei ich nicht weiß, ob das auch ein Echo auf die Justizaktionen war. Während ich von der CSU regelmäßig zu allen Parteitagen und anderen wichtigen Veranstaltungen eingeladen wurde – die Strauß-Partei musste offenbar nicht befürchten, als ›moskauhörig‹ verunglimpft zu werden –, gab es bis weit in die 1960er-Jahre oftmals Schwierigkeiten mit DGB und SPD. So verweigerte mir die SPD-Pressestelle zum Parteitag in Karlsruhe 1964 die offizielle Akkreditierung. Mithilfe des SPD-Bundestagsabgeordneten Wenzel Jaksch, damals Präsident des ›Bundes der Vertriebenen‹, gelangte ich dennoch in den Saal, dessen Bühne unter dem Motto ›Erbe und Auftrag‹ mit einer großen Karte des Deutschen Reiches in den Grenzen von 1937 einschließlich Ostpreußens geschmückt war. Jaksch ahnte nicht, wen er da im freundlichen Gespräch durch alle Kontrollen geschleust hatte. Nach einigen Stunden Katz-und-Maus-Spiels wurde ich allerdings von einem Sicherheitsmann der SPD erkannt und des Saales verwiesen.

Oder: Beim NATO-Manöver ›Operation Winter Shield‹ 1960 wurde mir die durch das US-Hauptquartier ausgestellte Akkreditierung ›Civ Mr. Schaefer DDR‹ nach 24 Stunden entzogen – ich hatte die Bundeswehr-Generäle und früheren hohen Nazi-Militärs Heusinger und Speidel fotografiert und über simulierte Atomwaffenschläge berichtet. Die Filme wurden wegen angeblicher Spionage beschlagnahmt. Als Begründung gaben mir zwei Vernehmer des Geheimdienstes der US-Armee etwas betreten zu verstehen, deutsche Stellen hätten darauf bestanden. Ich schlug vor, über die Beschlagnahme nicht in der DDR-Presse zu berichten, wenn ich die entwickelten Filme und dazu von jedem Negativ einen Abzug erhalten würde. Am nächsten Tag wurden mir alle Filme sowie ein dickes Paket mit Abzügen überreicht – und die Geheimdienstler entschuldigten sich sogar für den »Spionage-Verdacht«.

Gab es auch direkte Anfeindungen von Angesicht zu Angesicht?

Auch das gab es. Zum Beispiel beim Nürnberger SPD-Parteitag 1968, bei dem ich akkreditiert war, ging der spätere Bundesfinanz- und Verteidigungsminister MdB Hans Apel sogar mit Fäusten auf mich los und beschädigte eine meiner Kameras. Als ich ihn daraufhin vor Delegierten zur Rede stellte, verteidigte er sein Verhalten damit, dass ihn der Protest mehrerer Tausend Demonstranten vor der Meistersinger-Halle gegen die Notstandsgesetze und meine Fotos darüber empört hätten. Später ließ er mir eine Entschuldigung übermitteln.

1961 hetzte der bayerische Arbeitsminister und stellvertretende Ministerpräsident Walter Stain vom ›Bund der Heimatvertriebenen und Entrechteten‹ (BHE) auf einer öffentlichen Versammlung mehrerer hundert Ungarn gegen den ›Ostkorrespondenten‹ auf und rief, nachdem er unter tosendem Beifall das Verbot meiner Nachrichtenagentur, des Berliner Pressebüros, gefordert hatte: »Wenn Sie sich jetzt umdrehen, können Sie Schäfer sehen. Er hat nicht applaudiert.« Oder: »Der dort hinten unruhig auf dem Stuhl herum rutscht, ist es.« Und nach der Orchestrierung eines »Schäfer-raus«- Chores: »Es wird Zeit, dass Schäfer den Saal verlässt.« Stain hatte im Sudetenland NS-Organisationen angehört und war später Bundesvorsitzender des selbst vom Bundesinnenministerium als rechtsextrem eingestuften Witikobundes in der BRD.

Über Minister Stains Ausfälle gegen mich berichtete auch der *Spiegel*. Das wiederum hatte den Leserbrief eines Journalisten Wolf P. Schaefer aus München-Gräfelfing zur Folge, der deutlich macht, wie rufschädigend es damals gewesen sein musste, für einen linken Journalisten gehalten zu werden. Wolf P. Schaefer gab meine genaue Wohnadresse an und stellte dann fest: »Einige andere Journalisten namens Schäfer oder Schaefer in München sind seit dieser *Spiegel*-Veröffentlichung nicht mehr recht glücklich geworden vor lauter Beteuerungen, dass sie nicht für die Ost-Presse arbeiten.«

Interview mit Horst Schäfer

> Walter Stain, 44, bayrischer Arbeitsminister, echauffierte sich als Redner bei einer Münchner Feierstunde zum Jahrestag des ungarischen Volksaufstandes derart über die Anwesenheit des Münchner Journalisten Schäfer (der sowjetzonale Zeitungen und Agenturen vertritt), daß die aufgebrachte Versammlung Sprechchöre („Schäfer raus") anstimmte, die den zuvor entwickelten Journalisten allerdings nicht mehr erreichten.
> Robert Pferdmenges, 81, Alterspräsident des Bundestages, empfahl seinem Sohn

Die Anwesenheit des Ost-Korrespondenten Horst Schäfer bei einer Feierstunde zum ungarischen Volksaufstand erboste den damaligen bayerischen Arbeitsminister Stain 1961 so sehr, dass er in seiner Rede die Anwesenden gegen diesen aufwiegelte.
Quelle: *Spiegel* 47/1961, S. 92

Das klingt so, als seien Sie ziemlich isoliert gewesen. Hatten Sie unter diesen Umständen überhaupt Kontakte zu Journalistenkollegen aus dem >anderen Lager<?

Aber ja. Sie führten in einigen Fällen sowohl in der BRD als auch in den USA zu freundschaftlichen Beziehungen, die zum Teil bis heute fortbestehen. Das ergab sich auch aus meiner Mitgliedschaft in den verschiedenen journalistischen Gremien. In München war ich aktives Mitglied in der Deutschen Journalistenunion (dju). Der Verein der Ausländischen Presse in Bonn wählte mich 1989 in den engeren Vorstand, was allerdings vonseiten des Bundespresseamtes und dessen Leiter Hans Klein, CSU, Unmut und Proteste auslöste. Schäfer sei schließlich »Deutscher« und könne unmöglich im Vorstand eines Vereins ausländischer Korrespondenten in Bonn sein, erklärte er.

Als ich in Washington arbeitete, ergaben sich die Kontakte auch aus meiner Mitgliedschaft im White House Press Corps und in der Vereinigung der Journalisten im State Department. Dazu kam, dass die Neugierde der US-Journalisten auf einen >kommunistischen Journalisten< die Abneigung gegenüber einem solchen offenbar überwog. Bei der UNO in New York wurde ich in den Vorstand der Korrespondenten-Vereinigung gewählt. Außerdem gehörte die DDR wegen ihrer auf Frieden und Verständigung ausgerichteten Außenpolitik zu den angesehenen Mitgliedern der UNO. Das wirkte sich natürlich auch positiv insbesondere auf meine Kontakte mit Kollegen aus den nicht paktgebundenen Staaten und auf die Arbeit für ADN, Fernsehen und Rundfunk der DDR aus.

Also wurde Ihnen nicht nur mit Ablehnung begegnet?

Es hing von den einzelnen Kollegen ab und auch vom Antikommunismus, und der war ja gerade in der BRD besonders ausgeprägt. Aber nach der Justizaktion 1968 in München – ich habe das vorhin erwähnt – gab es unter den Journalisten aufgrund des Verfahrens gegen mich wegen ›Haus- und Landfriedensbruchs‹ sogar handfeste Solidarität. Die dju hatte gegen meine Strafverfolgung protestiert, Rechtsschutz für mich übernommen und alle Journalisten, die in der *Bild*-Redaktion waren, aufgefordert, Selbstanzeige zu erstatten. Als zahlreiche Kollegen auch konservativer Medien dem nachkommen wollten, wurde das Verfahren schnell eingestellt. Die Journalisten befürchteten, auch selbst betroffen zu sein und über viele Demonstrationen nicht mehr berichten zu können, wenn das Gesetz von 1921 durch ein Urteil gegen mich aktualisiert worden wäre.

Kam es auch zu einer wirklichen Zusammenarbeit, sozusagen über Blockgrenzen hinweg?

Ich sagte ja schon, dass ich relativ gute Kontakte zu den Kollegen hatte, denn auf Kongressen, Parteitagen und Pressekonferenzen gab es auch eine partielle Zusammenarbeit, wie zum Beispiel Informations- und Meinungsaustausch. Das war normal. Und viele meiner in der Gewerkschaft organisierten Kollegen dachten ja über die politische und soziale Lage in Bayern ähnlich wie ich. Einmal habe ich einem Journalisten ›über Blockgrenzen hinaus‹ Rohmaterial einer Story – in dem Fall über einen frei herumlaufenden Kriegsverbrecher – überlassen, weil ich wegen des üblichen Stillschweigens über ähnliche Berichte in der DDR-Presse vermutete, dass diese Geschichte bei Veröffentlichung in der DDR von den westdeutschen Medien nicht aufgegriffen worden wäre. Davon wussten dann natürlich weder meine Redaktion noch die des Kollegen der ›anderen Seite‹.

Warum vermuteten Sie, dass, wenn ein Thema auf der ›falschen Seite‹ veröffentlicht wurde, es von westdeutschen Medien nicht mehr aufgegriffen werden würde?

Diese Erfahrung konnte man insbesondere in den 1950er- und 1960er-Jahren oft machen. Immer, wenn in der DDR oder auch im Ausland Fakten über Nazi-Verbrecher in führenden Positionen der Bundesrepublik veröffentlicht wurden, herrschte zumeist das große Schweigen in den bundesdeutschen Medien. Der deutsche Historiker Prof. Dr. Norbert Frei meinte dazu 2001 in der *Zeit*: »Wie in der Bürokratie, in der Justiz und beim Militär, waren auch in Wirtschaft, Wissenschaft und in den Medien diejenigen wieder am Ruder, die ›von der Sache von früher her etwas verstehen‹ (Adenauer). In dieser Gesellschaft vertuschter Biografien und einer eigentümlich entrückten Vergangenheit waren kritische Fragen der jungen Generation in etwa so willkommen wie die Kampagnen aus Ost-Berlin [...]« Das entspricht auch meiner Erfahrung.

Bundesjustizminister Hans Engelhard, FDP, erklärte 1989: »Wie fast alle gesellschaftlichen und politischen Kräfte war auch die Justiz in den fünfziger und sechziger Jahren nicht bereit, sich ihrer Vergangenheit zu stellen.« Und das spiegelten auch die Medien wider, von denen nur wenige diese Tabuthemen aufgriffen. Der oben erwähnte Prof. Frei betonte: »Die Missstände, die ›Pankow‹ anprangerte, waren Realität [...] Abgesehen von den politischen Spitzen des NS-Regimes waren Mitte der 1950er-Jahre fast alle wieder in Amt und Würden, die schon bis 1945 Staat gemacht hatten.«

Haben Sie westdeutschen Kollegen Material auch überlassen, weil Sie fürchteten, dass es in der DDR nicht veröffentlicht werden würde, weil es nicht in die politische Linie passte?

Nein. Dazu hatte ich niemals Anlass – und im erwähnten Fall schon gar nicht.

Was bestimmte denn damals maßgeblich Ihre Themenagenda?

Wichtige Ereignisse und Entwicklungen, darunter der Kampf gegen die Notstandsgesetze, soziale Probleme und Streiks um soziale Verbesserungen, der Kampf der Gewerkschaften um die Sicherung und den Ausbau ihrer Rechte, Wiederbewaffnung, Abrüstung, Rechtsradikalismus, wie die Treffen der Waffen-SS, der Ritterkreuzträger und anderer Nazi-Organisationen, Antisemitismus und Verweigerung der Anerkennung der deutschen Ostgrenzen, Untersuchungen über die Rolle von Ex-Nazis in der Gesellschaft, atomare Bedrohung, ›Kampf dem Atomtod‹, Friedenssicherung, Anti-Kriegs-Proteste, darunter die Ostermärsche, die Arbeit der Oppositionsbewegung, die Verfolgung von hunderttausenden Gegnern der Regierungspolitik etwa durch die Berufsverbote etc.

An allen Einsatzorten spielte die Auseinandersetzung mit jeder Art von Kriegspropaganda eine wichtige Rolle. Dazu kamen natürlich viele Themen, die mit politischen, wirtschaftlichen, kulturellen und sportlichen Beziehungen zur DDR zu tun hatten.

Aus dieser Themenselektion lässt sich eindeutig Ihr sehr negativer Fokus ablesen. Wird man durch solches Vorgehen nicht letztlich selbst zum journalistischen Propagandisten?

Ich weiß nicht, was daran ›journalistische Propaganda‹ oder ›Ihr sehr negativer Fokus‹ sein soll, wenn man über gewerkschaftliche Aktionen – ich bin schließlich Gewerkschafter – oder über die große Rolle der alten Nazis in der Bundesrepublik berichtet, wenn sich ein Journalist mit Kriegspropaganda auseinandersetzt oder wenn er über die Verletzung demokratischer Rechte zum Beispiel durch Notstandsgesetze und Berufsverbote oder die Verletzung der Menschenrechte durch Arbeitslosigkeit oder Obdachlosigkeit berichtet. Negativ und sogar gefährlich war zum Beispiel die damalige Weigerung der Regierung, die deutschen Ost-Grenzen anzuerkennen – nicht ein Bericht darüber. Das waren nicht nur aufgrund meiner eigenen Lebenserfahrungen wichtige Themen.

Außerdem hatten Sie ja gefragt, was unsere Themenagenda ›maßgeblich‹ bestimmte. Natürlich gehörten zur Themenpalette – sowohl in München und Bonn als auch in Washington und New York – auch Nachrichten und Berichte über Land und Leute, über kulturelle Themen wie Konzerte, Kunstausstellungen, Theater, Film oder – wie in München – auch regelmäßige Kritiken über die Programme der ›Lach- und Schießgesellschaft‹ von Dieter Hildebrandt.

Um auf den ›journalistischen Propagandisten‹ in Ihrer Frage zurückzukommen: Journalismus bedeutete für mich, die Position eines zwar unabhängigen, nicht aber eines ›neutralen‹ Beobachters einzunehmen, der angeblich ›über den Dingen steht‹. Immer habe ich unter einer guten journalistischen Arbeit auch ein Partei-Ergreifen verstanden – zum Nutzen der Gemeinschaft, der Schwächeren, der Benachteiligten, gegen faschistische und andere restaurative Tendenzen in der Gesellschaft sowie insbesondere für eine klare Haltung in den lebenswichtigen Fragen von Krieg und Frieden sowie zum Nutzen der Verständigung von Menschen, Völkern, Rassen.

Haben Sie sich auch mit der Kriegspropaganda der eigenen Seite, der DDR und der Warschauer-Pakt-Staaten journalistisch auseinandergesetzt?

Wer sich mit der Geschichte der DDR und deren Medienpolitik wirklich ernsthaft beschäftigt, der könnte zwar Vieles bemängeln, sich mit nicht Wenigem auseinandersetzen und auch Einiges verurteilen. Doch Kriegspropaganda ist wohl das Letzte, was man der DDR vorwerfen könnte. Das hieße doch, die Historie wirklich auf den Kopf zu stellen – aber auch das gehört ja zu dem Versuch, die DDR zu de-legitimieren.

Aber man darf ja wohl noch differenzieren: Die Berichterstattung in DDR-Medien über den Einmarsch der Sowjetunion in Afghanistan und die folgende Besatzungszeit können Sie ja wohl kaum als unabhängig bezeichnen ...

Wenn Sie den DDR-Medien Kriegspropaganda unterstellen, dann hat das nichts mit differenzieren zu tun. Kriegspropaganda konnte man in den deutschen Medien während des Balkan-Krieges erleben, während des Krieges gegen den Irak oder Afghanistan, dann während der Kämpfe in Libyen oder seit Monaten zu Syrien. Ich darf Sie aber daran erinnern, dass Sie mich zum Thema ›Auslands-Korrespondenten im Kalten Krieg‹ interviewen. Und ich habe als Korrespondent im Wesentlichen aus der BRD und den USA berichtet.

Welche Themenschwerpunkte bearbeiteten Sie denn in den USA?

In den USA gehörten zur Themenagenda insbesondere Analysen der US-Außenpolitik und der Abrüstungsverhandlungen mit der UdSSR, Ursachen und Folgen des Vietnam-Krieges und seine Aufarbeitung, die imperiale Politik der US-Regierungen, Rassismus und die Lage der Minderheiten wie Afroamerikaner und Indianer, wachsende soziale Gegensätze, Gerechtigkeit beziehungsweise Ungerechtigkeit, Armut etc. Ich hatte mir vorgenommen, das selbst geschaffene Bild der USA als ein ›Land der unbegrenzten Möglichkeiten‹ etwas zurechtzurücken und gängige Klischees, etwa. über das Leben der Indianer, aufzubrechen.

Die oftmals kritische Berichterstattung über Probleme in den USA sollte aber nicht mit Antiamerikanismus verwechselt werden. Immer habe ich mich verpflichtet gefühlt, Ursachen und Verantwortliche für Probleme zu benennen, wie die US-Regierung, Unternehmen, Hassgruppen etc. und Verallgemeinerungen nach Möglichkeit zu vermeiden.

Große Bedeutung für meine journalistische Entwicklung hatten auch die Sitzungen des US-Senatsausschusses zur Untersuchung der CIA-Morde an ausländischen Staatsmännern 1975. Hier hatte ich zum ersten Mal Dokumente in den Händen, die bewiesen, in welchem Ausmaß US-Regierungen an Vorbereitung und Durchführung von Verbrechen beteiligt waren, sie sogar angeordnet hatten, Dokumente, die zeigten, wie Kriege so vorbereitet werden, dass man der anderen Seite die Schuld dafür geben kann, Dokumente, die in Medien der USA und ihrer Verbündeter, auch in der BRD, damals wenig Widerhall fanden. Die Ergebnisse dieser Untersuchungen flossen zuerst ab Februar 1976 in eine Artikelserie *Mord-Report* in der *Wochenpost* ein und gehörten 2005 zu den Grundlagen für mein Buch *Im Fadenkreuz: Kuba*.

...und was die inhaltliche Ausrichtung angeht?

Natürlich konnte ich keine rechtfertigenden oder gar verherrlichenden Artikel über Kapitalismus, Sozialabbau, Vermögensumschichtung zu Gunsten der Reichen, Krieg, imperiale Gewaltpolitik, Rechtsradikalismus etc. beim ADN loswerden, aber dazu wäre ich auch – aufgrund der Fakten und meiner eigenen Überzeugung – nicht in der Lage gewesen. Im Wesentlichen wurde erwartet, dass der Korrespondent Entspannungspolitik, eine wichtige Kategorie im Kalten Krieg, und Verständnis und Verständigung zwischen den Völkern nicht nur nicht behindern, sondern befördern sollte. Also gab es eigentlich kaum Differenzen zwischen dem, was die Redaktionen forderten und Ihren eigenen Vorstellungen, was die Themen und ihre Gestaltung anging?

Kaum, aber gelegentlich eben doch. Unbefriedigend und frustrierend war, dass einige Versuche der differenzierteren Darstellung bestimmter Situationen in meinen Gastländern aus für mich nicht überzeugenden Gründen ungedruckt blieben.

Haben Sie dafür ein konkretes Beispiel?

Ich erinnere mich an das ›Festival Neuer US-Amerikanischer Schauspiele‹ in Louisville, Kentucky, das in den 1970er-Jahren noch in den Kinderschuhen steckte und 2011 sein 35. Jubiläum feierte. Ich war damals angetan von der Vielfalt der neuesten Bühnenstücke, fand die Themen realistisch und zeitnah, die Ensembles aus den verschiedensten Gegenden der USA spielfreudig und – trotz eines plump antikommunistischen Stückes – zumeist überzeugend und habe all das in einer Korrespondenz zum Ausdruck gebracht. Doch irgendjemand in der Agentur muss gefunden haben, dass es möglicherweise zu unkritisch war und es wurde nicht veröffentlicht. Als zarter Hinweis, wie man es auch hätte schreiben können, wurde mir der wesentlich kritischere Bericht einer britischen Zeitung über das Festival zugeschickt.

Oder: Im Rahmen meiner Berichterstattung vom Prozess gegen Angela Davis hatte ich von der Gefängnisverwaltung die Genehmigung für ein Interview im Gefängnis für das DDR-Fernsehen erhalten. Es soll, so wurde mir berichtet, im Fernsehfunk darüber debattiert worden sein, ob man das überhaupt senden solle, da die Frage auftauchen könne, warum in DDR-Gefängnissen ähnliche Interviews nicht möglich seien. Ich bin der Sache nie nachgegangen, aber der oder die Kritiker konnte(n) sich offenbar nicht durchsetzen und es wurde entschieden, das Interview in einer ausführlichen 40-Minuten-Fassung ins Programm zu nehmen.

Zweifelt man in solchen Momenten nicht manchmal am journalistischen Selbstverständnis der zuständigen Redakteure oder Entscheidungsträger?

Ich neige eigentlich weniger dazu, mich Zweifeln hinzugeben. Wenn es nötig ist, kämpfe ich lieber darum, eine mir vernünftig erscheinende Sache durchzusetzen.

Haben Sie so etwas an höherer Stelle angesprochen?
Eine Zeit lang fand einmal im Jahr eine Tagung der Auslandskorrespondenten aller DDR-Medien statt, auf der auch ZK- und Politbüromitglieder über die Lage in der DDR, über Schwierigkeiten sowie die innen- und außenpolitische Situation informierten. Die Korrespondenten machten dort manchmal von der Gelegenheit Gebrauch, unverständliche Entscheidungen auch in der Pressepolitik der DDR zu hinterfragen. Dabei ging es unter anderem um die Forderung, die Widersprüche in der DDR-Entwicklung in den Medien besser und umfassender darzustellen.

Geändert hat sich dadurch aber nichts, oder?
Im Laufe der Jahre hat sich schon etwas geändert in der Pressepolitik der DDR – zum Beispiel in der Zeit, als Werner Lamberz in der SED-Parteiführung für die Medien verantwortlich war. Aber das ging den meisten von uns und auch mir viel zu langsam, denn wir hielten es im Interesse der DDR für dringend notwendig. Sie wissen aber sicher, dass erhoffte Veränderungen oftmals lange brauchen. Denken Sie nur daran, dass erst jetzt, nach 50 oder gar 60 Jahren, zögerlich damit begonnen wurde, die schlimme Rolle und den großen Einfluss von schwer belasteten Nazi-Diplomaten im Bonner Auswärtigen Amt öffentlich zu hinterfragen.

Welche Themen wurden von den Abnehmerredaktionen denn besonders nachgefragt?
Besonders gefragt waren Berichte und Analysen über die Außen- und Innenpolitik unserer Gastländer und über alle Aspekte – Fortschritte und Rückschläge – der Entspannungspolitik. Darüber hinaus fanden alle Themen Interesse, die sich mit der DDR beschäftigten sowie solche Themen, die die gesellschaftlichen Widersprüche im jeweiligen Land deutlich machten.

Letzteres führte dann allerdings auch dazu, dass ich – unterstützt von anderen Korrespondenten – immer wieder darauf aufmerksam gemacht habe, dass eine journalistische Darstellung dieser gesellschaftlichen Widersprüche im Gastland nur dann beim Rezipienten anhaltendes Interesse findet und glaubhaft ist, wenn auch die Darstellung der Widersprüche im eigenen Land – also das, worauf jeder DDR-Bürger täglich stößt – in den Medien zu finden ist. Mein Problem und das vieler DDR-Auslandskorrespondenten war also nicht die Darstellung der Widersprüche im Westen, sondern die unzureichende journalistische Behandlung offensichtlicher Widersprüche in der DDR.

Und welche Auslandsthemen waren schwer absetzbar?
Reise-Reportagen konnten wir nicht beim ADN, sondern eher bei Zeitschriften wie *Wochenpost* und NBI unterbringen.

Gab es keine Tabuthemen?

Doch. Ein typisches Beispiel waren die sogenannten ›Brandtschutzwochen‹. Das war die Zeit, in der die Kanzlerschaft Willy Brandts gefährdet schien. Von den Korrespondenten wurde damals im Interesse der Entspannungspolitik erwartet, dass sie keine negativen Berichte über Brandt und seine Regierung schreiben. Das wurde mit übergeordneten Interessen der DDR begründet.

Ähnliche Denkweisen zeigten sich auch bei Begründungen, nichts Kritisches aus Ländern zu berichten, die zum Beispiel Apfelsinen an die DDR verkauften – da sonst vielleicht die Lieferung ausbleiben könne. Als Beispiel wurde immer angeführt, dass das tatsächlich mit Marokko passiert sei. Hingewiesen wurde auch darauf, nicht über Arbeitskämpfe oder andere negative Dinge in westlichen Unternehmen zu berichten, die enge Handelsbeziehungen zur DDR hatten. Diese Beziehungen könnten sonst gefährdet werden, lautete die Begründung. Auch darüber gab es wiederholt kritische Diskussionen auf den Korrespondententreffen. Die Journalisten argumentierten, die Unternehmen würden nicht deshalb mit der DDR Handel treiben, weil diese sich einer kritischen Berichterstattung über sie enthalte, sondern weil sie Geld verdienen wollten.

Haben die abnehmenden Redaktionen auch Beiträge von Ihnen ohne Rücksprache geändert?

Sehr selten. Doch man sollte bedenken: Wir waren eine Nachrichtenagentur und wenn es schnell gehen musste, war der Korrespondent oft schwer zu erreichen. Falls es passierte und mir nicht gerechtfertigt oder sogar falsch erschien, gab es großen Streit von meiner Seite mit offiziellem Protest per Fernschreiben, also auch für die ›andere Seite‹ lesbar. Das war mein Versuch, die Redaktion zu einem gewissenhaften Umgang mit Material der Korrespondenten zu bewegen.

Wie häufig haben Sie sich denn mit den Heimatredaktionen abgesprochen?

Das hing stark vom Arbeitspensum ab. Während einer UNO-Vollversammlung beispielsweise hatte ich mehrmals wöchentlich, mitunter sogar mehrmals täglich Kontakt zu den Abnehmerredaktionen. Im Normalfall allerdings sprachen wir uns einmal pro Woche ab.

Gemessen an der Frequenz Ihrer Absprachen scheinen Sie ja große Entscheidungsfreiheiten genossen zu haben...

In der Regel schlugen meine Frau und ich aus einer reichhaltigen Palette die Themen vor. Uns sind nie die Themen ausgegangen, eher ging uns die Puste aus, über alle auch nur halbwegs wichtigen und interessanten Themen schreiben zu können. Ein hoher Anteil, ich schätze etwa zwischen 90 und 95 Prozent, waren von uns oder den Umständen gesetzte Themen.

Waren die Abnehmerredaktionen Ihrer Einschätzung nach inhaltlich kompetent?

In der Regel ja. Es drehte sich ja zumeist auch um die Kompetenz einzelner Redakteure – und da gab es wie in jeder Redaktion sehr kompetente und weniger kompetente Gesprächspartner, mit denen wir zu tun hatten. Eigentlich ging man in den Redaktionen aber davon aus, dass die Korrespondenten die Experten für ihre Länder und Regionen sind.

Noch einmal zurück zu den oben von Ihnen angesprochenen Korrespondententreffen: Wer organisierte die? Wie viele Korrespondenten kamen da zusammen?

Ich denke, die verschiedenen Redaktionen wie ADN, Fernsehen, Rundfunk, ND, Berliner Verlag zusammen mit dem Presseamt und der zuständigen Abteilung im Zentralkomitee der SED. Die Zahl der Teilnehmer lag so um 100 herum.

Könnten Sie skizzieren, wie sich das Korrespondentennetz der DDR-Medien seit den 1950er-Jahren entwickelte?

Darüber weiß ich nichts Genaues. Jedenfalls erhöhte sich die Zahl der Korrespondenten ständig, und zwar auch in dem Maße, wie westliche Länder Korrespondenten aus der DDR zuließen.

Was änderte sich nach dem Grundlagenvertrag?

Nach dem Grundlagenvertrag wurde die DDR von allen westlichen Staaten anerkannt und mit der BRD UNO-Mitglied. Das hatte eine erhebliche Ausweitung des Korrespondentennetzes wichtiger Medien zur Folge.

Sie sagten, mit Lamberz verbanden viele Korrespondenten Hoffnungen. Können Sie das bitte ein wenig genauer erklären?

Das habe ich so nicht gesagt und darüber weiß ich auch nichts. Ich erinnere mich nur, dass sich Werner Lamberz Anfang der 1970er-Jahre – wir waren gerade aus München in die DDR gezogen – dafür einsetzte, dass die Medien realitätsnäher berichten sollten, insbesondere über die Probleme innerhalb der DDR. Ich habe ja gerade über den Zusammenhang zwischen unserer, wie ich meine, guten Berichterstattung über Widersprüche in der kapitalistischen Gesellschaft und der ungenügenden Behandlung von inneren Widersprüchen der DDR durch die DDR-Medien gesprochen. Das war für mich ein drängendes Problem und Lamberz schien das ähnlich zu sehen.

Gab es in der DDR verschiedene Generationen von Auslandskorrespondenten? Könnten Sie diese bitte charakterisieren?
Diese Frage verstehe ich nicht ganz. Wie überall gab es auch beim ADN und bei anderen DDR-Medien verschiedene Generationen von Korrespondenten – von ehemaligen Emigranten bis zu jungen Absolventen der Universitäten. Ich erinnere mich, dass nach vielen Jahren in Washington Ende der 1970er-Jahre endlich die lange zuvor beantragte Verstärkung unseres Büros eintraf – ein junges Paar, das an der Fakultät für Journalistik in Leipzig studiert hatte.

Sie standen eigentlich immer fest aufseiten der DDR als dem für Sie ›besseren‹ System und haben Ihre Einstellung bis heute nicht grundlegend geändert. Woher kommt diese Systemtreue?
Mit Systemtreue hat das nichts zu tun, sondern mit meinem Weltbild und meinen Vorstellungen einer gerechteren Gesellschaft, die sich bereits in den Jahren nach dem Ende des Zweiten Weltkriegs herausgebildet hatten. Oder anders ausgedrückt: Ich habe mir die Gesellschaftsordnung ausgesucht, die meinen Vorstellungen von einer besseren Welt ohne Krieg und Ausbeutung des Menschen nahe kam. Und im Gegensatz etwa zu meinen sechs Enkeln heute hatte ich damals wenigstens die Wahlmöglichkeit...

Nach dem Zweiten Weltkrieg, als ich 16, 17 Jahre alt war, begann mich die journalistische Arbeit in Wort und Bild sehr zu interessieren. Schon damals – meine Familie lebte in Niedersachsen – habe ich versucht, mit Fotos und kurzen Texten in linke Zeitungen zu gelangen.

Warum in linke Zeitungen?
Ich komme aus einer vom Hitler-Regime zwölf Jahre lang verfolgten linken, antifaschistischen Familie. Meine Mutter war mehr als fünf Jahre eingesperrt im KZ sowie in Nazi-Zuchthäusern und Gefängnissen, in die ich sie als Kind einige Wochen begleiten musste. Das hat sich natürlich auf meine politischen Grundüberzeugungen und auch auf meine journalistische Arbeit ausgewirkt. Das heißt, Fragen nach Ursachen von Kriegen, Herkunft und Wesen des Faschismus, dessen mangelnder Aufarbeitung in der damaligen Bundesrepublik sowie das Nachdenken über Möglichkeiten der Verhinderung ähnlicher gesellschaftlicher Entwicklungen standen von Anfang an im Zentrum meines Interesses und dann auch meiner beruflichen Tätigkeit. Die Umstände, also meine eigenen Erfahrungen mit Krieg und Faschismus, hatten mich schon in sehr jungen Jahren zu einem politischen Menschen und folgerichtig dann auch zu einem politischen Journalisten gemacht.

Diese Haltung und die Erfahrungen der Nachkriegsjahre in Westdeutschland – insbesondere die vielen alten Nazis in Staat, Wirtschaft und Parteien, was ja oft erst jetzt, wir sprachen schon über das Auswärtige Amt, von der Presse thematisiert wird, die Wiederbewaffnung mit den alten Nazi-Generälen unter Adenauer, der paranoide Antikommunismus und die Erkenntnis, dass eben ein kapitalistisches System diese Entwicklung beförderte – trugen auch dazu bei, dass die DDR für mich zu einer Art Identifikationsobjekt wurde.

Man kann Sie also ohne Einschränkung als DDR-getreuen Journalisten bezeichnen?

Ich sagte bereits, dass das nichts mit Treue zu tun hat. Ich hatte gewisse Ideale und fand sie eher in der DDR verwirklicht. In der Nachkriegs-Situation war die sowjetische Besatzungszone und später die DDR für mich zwar das ärmere, aber eindeutig das ›bessere Deutschland‹, insbesondere wegen deren konsequenter antifaschistischer und antikapitalistischer Entwicklung wie der Vergesellschaftung der Bodenschätze, der Banken und der großen Konzerne, wegen ihrer Friedenspolitik, ihrer Sozialpolitik, der Gleichberechtigung der Geschlechter, also gleicher Lohn für gleiche Arbeit, einer kostenlosen Bildung für alle und vielem mehr. Ich sah in der Entwicklung der DDR den sicher sehr komplizierten Versuch, einen menschenwürdigen Gesellschaftsentwurf zu verwirklichen. Und dabei blieb es trotz aller Fehlentwicklungen und Defizite, die auch Unrecht für viele brachten, bis zum Schluss, denn ich wollte zwar eine gerechtere, bessere, demokratischere DDR auch mit interessanteren und überzeugenderen Medien, aber eine sozialistische DDR und keinesfalls die Rückkehr – ich könnte auch sagen: den Rückschritt – zum Kapitalismus. Letzteres war für mich nie eine Alternative. Wie diese Alternative aussieht, ist ja heute zu besichtigen...

Gehen wir noch einmal einen Schritt zurück: Wie genau kamen Sie zum Journalismus?

Als im Frühjahr 1949 – ich hatte das Gymnasium abgebrochen, eine zweijährige Handelsschule besucht und außer Gelegenheitsarbeiten mich mit politischer Jugendarbeit beschäftigt – in Hannover eine Aufnahmekommission der Arbeiter- und Bauernfakultät Berlin, ABF, angekündigt wurde, meldete ich mich an und wurde, zusammen mit zahlreichen weiteren Bundesbürgern, für das Herbstsemester angenommen. 1952 machte ich das Abitur in Berlin. Schon zuvor hatte ich mich – nachdem ich einige Zeit mit dem Gedanken spielte, Theaterwissenschaft und Regie in Babelsberg zu studieren – am Institut für Publizistik und Zeitungswissenschaften in Leipzig beworben, wurde angenommen und schloss das Studium einschließlich Druckereipraktikum und Redaktionspraktikum 1955 ab.

Wie gut war denn die Journalistik-Ausbildung in den Nachkriegsjahren?

Auf meine journalistische Tätigkeit hat mich das Studium nur unzureichend vorbereitet. Erstens steckte das Institut noch in den Kinderschuhen, die Ausbildung zum Zeitungswissenschaftler hatte zeitweilig Priorität und erst nach Umwandlung in eine Fakultät im Herbst 1954 war eine gewisse Spezialisierung möglich. So besuchte ich Vorlesungen an der Deutschen Hochschule für Körperkultur, DHfK, da ich mir auch vorstellen konnte, Sportjournalist zu werden. Zweitens lag es sicher auch an den besonderen Umständen, unter denen ich dann journalistisch tätig wurde, da ich mit 25 Jahren von Anfang an selbstständig in einer mir politisch relativ feindlichen Umgebung gearbeitet habe. Darauf konnte man mich im Studium nicht vorbereiten.

Sie sind also für Ihren Einsatz als Korrespondent nicht aus- oder weitergebildet worden?

Zur Vorbereitung der Korrespondententätigkeit in München absolvierte ich ein mehrmonatiges Praktikum ab Herbst 1955 beim ADN und in bpb-Redaktionen in Düsseldorf und Karlsruhe. Ab Herbst 1972 war ich normaler Redakteur beim ADN. Vor Washington arbeitete ich 1974 bis 1975 in der Auslandsredaktion in Berlin und konnte einen mehrwöchigen Englisch-Intensivkurs besuchen.

Fühlten Sie sich so ausreichend vorbereitet?

Nicht nur damals, auch später bei fast allen anderen journalistischen Aufgaben, hieß die Devise meiner journalistischen Arbeit auch notgedrungen immer ›learning by doing‹. Das lag in Bayern auch an der komplizierten politischen Situation und der dadurch bedingten Erweiterung meines Aufgabengebietes auf andere Bundesländer wie Baden-Württemberg und Hessen sowie auf das westeuropäische Ausland. Zum Beispiel erhielten Journalisten aus der DDR bis in die 1970er-Jahre schwer oder gar keine Einreise-Visa für NATO-Staaten. Also ergab es sich im Laufe meiner 17 Jahre langen Tätigkeit für bpb, dass ich Ereignisse in Ländern wie Italien, Frankreich, Großbritannien oder anderen NATO-Staaten für DDR-Medien wahrnahm – von Partei- oder Gewerkschaftskongressen über Wahlen, soziale Konflikte wie Generalstreiks bis hin zu Gastauftritten von DDR-Theatern und Orchestern sowie Sporttermine wie die Fußball-

Olympia-Qualifikation in Athen und Weltmeisterschaften der nordischen Kombination in Oslo. Aber auch investigative Recherchen zum Beispiel über die frühere Rolle von Bundespräsident Lübke im Elsass beim Bau eines KZ-Lagers gehörten dazu.

Intern nannten wir solche Einsätze ›NATO-Feuerwehr‹. In den meisten Fällen waren das sehr kurzfristig organisierte Korrespondenteneinsätze, die eine gründlichere Vorbereitung erschwerten. Das schloss 1971/1972 auch einen mehr als sechsmonatigen Einsatz in den USA ein – drei Mal etwa zwei Monate Berichterstattung über den Prozess gegen die Bürgerrechtlerin und Kommunistin Angela Davis in Kalifornien für ADN, Rundfunk und Fernsehen der DDR.

Die Anforderungen an Sie waren also ziemlich hoch?

Sagen wir, die Redaktionen hatten große Erwartungen, da meine Einsatzorte aus ihrer Sicht sehr wichtig waren. Aber ich habe das eher als Herausforderung betrachtet. Jedenfalls war es nie langweilig.

Nach welchen Kriterien wählte der ADN seine Korrespondenten aus?

Ich hoffe, nach Kriterien wie Kompetenz, journalistische Fähigkeiten, Selbstständigkeit, Sprache, Zuverlässigkeit und auch – für die DDR im Kalten Krieg wichtig – Nicht-Bestechlichkeit, Nicht-Käuflichkeit.

Allerdings wurde im ADN auch immer folgende Geschichte erzählt: »Wenn Du zu den seltenen Menschen gehörst, die finnisch sprechen und nach Finnland als Korrespondent möchtest, dann verschweige das, zeige Interesse für Frankreich oder Italien und bereite Dich darauf vor, nach Paris oder Rom zu kommen – dann schicken sie Dich vielleicht doch nach Finnland...« Manchmal hatte man bei der Korrespondentenwahl das Gefühl, dass an dieser Geschichte etwas dran war.

Wie groß war das Korrespondentennetz des ADN in den 1980er-Jahren? Wie hatte es sich entwickelt?

Der ADN hatte ein großes Korrespondentennetz – nach meiner Erinnerung zwischen 40 und 50 Büros mit akkreditierten Korrespondenten in etwa 70 Staaten. Wie schon bei der vorherigen Frage angedeutet, entwickelte sich auch das Korrespondentennetz des ADN insbesondere nach dem Grundlagenvertrag sprunghaft. Damit ging auch eine permanente Arbeitsüberlastung in der Berliner Auslandsredaktion einher, sodass eine qualifizierte kritische und damit hilfreiche Reaktion auf unsere Arbeit sehr zu unserem Leidwesen nicht immer die Regel war.

Ihre Korrespondentenstellen, vor allem in den USA, waren doch sicher sehr begehrt?

Das war unterschiedlich. Einerseits gehörten Washington, New York, Paris, Moskau und London zu den attraktiven Korrespondentenstellen. Aber es gab begehrtere Plätze, da die genannten mit einem sehr hohen Arbeitsaufwand – oftmals 7-Tage-Woche und 16-Stunden-Tag – verbunden waren.

Wie war das bei Ihnen? War es von vornherein Ziel des Studiums, zunächst bpb-Korrespondent zu werden?

Nein. Ich wurde kurz vor Studienabschluss vom ADN gefragt, ob ich mir zutrauen würde, trotz geringer journalistischer Erfahrungen die offene Stelle eines Korrespondenten des Berliner Pressebüros in München zu übernehmen. Ich bat um Bedenkzeit, da ich wegen meines Interesses für Sport und auch für politisches Kabarett – ich war stellvertretender künstlerischer Leiter des Kabaretts ›Tarantel‹ der Karl-Marx-Universität, dann ›Rat der Spötter‹ – auch noch andere Optionen sah, sagte aber schließlich nach Beratung mit meiner Frau, die ebenfalls Journalismus studierte, zu. Ende 1970, als wir wiederum von ADN gefragt wurden, ob wir nicht DDR-Bürger werden und dort journalistisch arbeiten wollten, hatten wir uns ein Jahr Bedenkzeit ausgebeten.

Wie war bpb damals strukturiert?

bpb war eine Ostberliner GmbH, gegründet vom ADN und anderen DDR-Medien zur Berichterstattung aus der Bundesrepublik durch BRD-Journalisten. In vielen Bundesländern gab es solche Büros, so in Karlsruhe, Frankfurt/Main, Düsseldorf, Hannover und Hamburg. bpb existierte von etwa 1953 bis zum Grundlagenvertrag 1972 zwischen beiden Staaten. Die von den Korrespondenten übermittelten Artikel und Nachrichten wurden entweder in der relativ kleinen bpb-Redaktion bearbeitet und im bpb-Informationsdienst – der sowohl im Bundesgebiet als auch im Ausland Abonnenten hatte – veröffentlicht oder an den ADN weiter geleitet.

Was war denn damals charakteristisch für Ihre bpb-Arbeit?

Da ich im Wesentlichen für DDR-Medien gearbeitet habe, war natürlich das vorherrschende Charakteristikum die Gegnerschaft oder auch offene Feindschaft meines Arbeitsumfeldes zur DDR und damit oftmals auch zu mir. Das war in Bayern oder anderen Teilen der BRD wesentlich stärker ausgeprägt als etwa im westeuropäischen Ausland oder in den USA. Die Beispiele dafür habe ich ja bereits erwähnt. In der Bundesrepublik bekam ich oft an den Kopf geworfen: »Geh doch rüber!«

Als weiteres Charakteristikum sehe ich an, dass es nie mein journalistischer Ehrgeiz sein konnte, bpb oder ADN all das anzubieten, was bereits von den personell wesentlich besser ausgestatteten westlichen Agenturen – die ADN ja abonniert hatte – über die politische, wirtschaftliche und soziale Lage in meinem Berichtsgebiet offeriert wurde. Hierin sah ich nicht meine Aufgabe und ich hätte es auch nicht gekonnt, da der Tag eben nur 24 Stunden hat. Mir kam es mehr darauf an, über die Bereiche zu schreiben, die aus meiner Sicht von den kommerziellen westlichen Verlagshäusern, aber auch von öffentlich-rechtlichen Medien, entweder vernachlässigt oder nach meiner Auffassung bewusst ausgeklammert wurden oder über die oft unvollständig oder mit einer Akzentuierung berichtet wurde, die nicht meiner Sichtweise und meinen Lebenserfahrungen entsprach. Dazu gehörten zum Beispiel in den USA alle Dinge, die mit dem Kampf der Bürgerrechtsbewegung gegen Rassismus zu tun hatten, aber auch die Rolle der US-Gewerkschaften, der Kommunisten und der Linken überhaupt.

Arbeiteten Sie mehr als Redakteur oder mehr als Reporter?

In Bayern und den USA überwiegend als Korrespondent und Reporter. In Bonn wegen der zunehmenden Größe der Redaktion etwa zu 20 Prozent als Redaktionsleiter und Redakteur. In Bonn war der Anteil der Berichterstattung aus dem Bundestag, seinen Ausschüssen, dem Bundesrat sowie Pressekonferenzen sehr hoch.

Was waren die positiven Seiten an der Arbeit als Korrespondent?

Die räumliche Entfernung von der Hauptredaktion, also die relativ große Selbstständigkeit.

Und was die negativen Seiten?

Wiederum die räumliche Entfernung von der Hauptredaktion und die dadurch sehr eingeschränkten oder sogar fehlenden Konsultationsmöglichkeiten.

In Bonn machten uns die relative Nähe zu Berlin und eine größere Abhängigkeit der Berichterstattung von den schlechteren oder besseren Beziehungen zwischen DDR und Bundesrepublik zu schaffen. In den USA hatten wir zudem mit der schieren Größe des Landes zu kämpfen, mit seiner Ausdehnung – mehrere Zeitzonen – und Bedeutung. Der zu bewältigende Arbeitsanfall insbesondere für eine Nachrichtenagentur mit einem 24-stündigen Sendebetrieb und in den ersten Jahren nur einem Korrespondenten-Ehepaar war enorm.

Konnten Sie in den USA frei recherchieren und reisen oder war Ihre Arbeit dort ähnlich wie in Bayern Restriktionen unterworfen?

In den USA konnte ich mich – im Gegensatz zu den Kollegen der anderen sozialistischen Länder – uneingeschränkt bewegen und es gab sogar offizielle Unterstützung bei allen Reportage-Plänen, darunter Besuche in

Gefängnissen und Interviews mit Häftlingen, Fahrt mit Polizei-Patrouillen an der schwer bewachten Grenze zu Mexiko und eine Reportagereise durch Alaska. Allerdings gestand uns der Minister für Touristik von Alaska nachher, man habe geglaubt, bei der DDR handele es sich um Westdeutschland und man habe gehofft, ich könnte den einen oder anderen Westdeutschen durch meine Berichte dazu bringen, in Alaska Urlaub zu machen.

Aber das Missverständnis stellte sich erst heraus, als er uns zur Halbzeit der Rundreise bei einem Essen die Überraschung präsentierte, der deutsche Botschafter, Herr von Soundso, sei auch in Anchorage und werde am Abend einen Empfang geben. Wir mussten ihn etwas enttäuschen, denn der DDR-Botschafter in Washington hatte kein ›von‹ im Namen.

Nur die Ausreise aus den USA – zum Beispiel zur Berichterstattung in Kanada, wo ich auch bei der Regierung akkreditiert war – gestaltete sich kompliziert, da ein Visum für die Wiedereinreise in die USA oftmals sehr lange dauerte. Ein Mehrfach-Visum wurde uns verweigert. Daher war es schwierig, aktuelle Termine in Kanada wahrzunehmen. Recherchieren in den USA war relativ leicht, da Fakten und Dokumente offener zugänglich waren als etwa in der BRD. Aber auch in Bonn war unsere Bewegungsfreiheit nicht eingeschränkt, wenn man absieht vom sehr eingeschränkten Zugang zu Unternehmen und der Einsicht in Dokumente bei den Behörden.

Sie deuteten an, auch investigativ oder *undercover* im anderen Lager recherchiert zu haben...

Nein, *undercover* grundsätzlich nicht! Im Gegenteil. Gerade in den USA haben wir alle wichtigen Projekte zuvor am Telefon angekündigt, da wir uns sicher waren, dass unsere Telefone abgehört wurden. So konnten wir interessierte Behörden immer auf dem Laufenden über unsere Absichten halten. Auf diese Praxis führen wir es auch zurück, dass wir in den USA nie direkt von FBI oder CIA behelligt wurden.

So konnten Sie aber kaum investigativ arbeiten, oder?

Um wirklich erfolgreich investigativ zu arbeiten, fehlt dem Korrespondenten einer Nachrichtenagentur die Zeit – das ist sicher systemübergreifend so. Und das trifft natürlich insbesondere auf Büros wie Washington mit einem großen Arbeitspensum und ziemlich kleiner Besetzung zu. Außerdem: Da ich davon ausgehen musste, das meine Nachrichtenverbindungen überwacht werden und ich keinen Informantenschutz hätte garantieren können, wäre vom ›investigativen Arbeiten‹ nicht viel übrig geblieben...

War Ihre Arbeit ökonomischen Zwängen unterworfen?

Ja. Unser Finanz-Etat war sehr begrenzt und jede Reportage-Reise ins Land musste gut überlegt werden. Das führte auch dazu, dass wir beispielsweise in den USA zumeist in kleineren Motels übernachteten und – wenn wir flogen – die preisgünstigsten Verbindungen suchten, auch wenn die Reisezeit durch Zwischenlandungen und Umsteigen länger wurde.

Dementsprechend waren Sie auch entscheidend auf andere Medien angewiesen. Welchen Einfluss hatten diese auf Ihre Arbeit?

Zumeist fungierten die Medien der Gastländer als Anregung und Stichwortgeber für die Recherche eigener Beiträge. Außerdem waren sie manchmal Grundlage für Auseinandersetzungen über die Innen- und Außenpolitik der jeweiligen Länder.

Ein Beispiel für die Bedeutung von *All-news*-Radiostationen für den auf Aktualität angewiesenen Korrespondenten einer Nachrichtenagentur ist die Nachricht von der Ermordung des ehemaligen Außenministers der Allende-Regierung, Orlando Letelier, durch den chilenischen Geheimdienst DINA in Washington, die ich im Autoradio hörte. Dadurch war ich schnell am Tatort und konnte für ADN ziemlich exklusiv berichten.

Oder nach einem Besuch beim Führer des ›American Indian Movement‹, AIM, Russel Means, im Gefängnis im Rahmen einer Reportage über die Lage der Indianer hörte ich im Autoradio, dass er mit einem Messer angegriffen und verletzt wurde. Ich kehrte sofort um, konnte ihn noch zum Überfall interviewen und erlebte als einziger Journalist auch einen Solidaritätsbesuch des Schauspielers Marlon Brando im Gefängnis.

Sie erwähnten oben die Geheimdienste. Haben Sie Erfahrungen mit denen gemacht?

Ja. Insbesondere in München versuchte man, mich unter Druck zu setzen und anzuwerben. So forderte mich ein Mann, der sich als Mitarbeiter der Staatsschutzabteilung des Innenministerium vorstellte, Anfang der 1960er-Jahre im Beisein meiner Frau auf, Informationen über die seit 1956 verbotene Kommunistische Partei Deutschlands, KPD, zu liefern. Falls ich nicht mehr für die DDR arbeiten wolle oder könne, würde man mir auch Festanstellungen in bekannten Medien der BRD anbieten, die, so betonte er, hochdotiert und interessant seien – so auch bei den Magazinen *Spiegel* oder *Stern*. Damals erklärte ich dem Beamten, seine Behörde könne alle Versuche aufgeben, mich für den Geheimdienst anzuwerben, da ich fest entschlossen sei, bis an mein Lebensende Journalist – und nur das – zu bleiben. Daraufhin drohte er: »Das werden Sie noch einmal bereuen.«

Und die Stasi?

Von Mitarbeitern der Staatssicherheit der DDR gab es zwei Mal – in New York und vor meinem Einsatz in Bonn – den Wunsch nach Gesprächen, die ich aber beide Male nachdrücklich – siehe obige Begründung gegenüber dem bayerischen Innenministerium – abgelehnt habe, im Übrigen vor dem Bonn-Einsatz mit entschiedener Unterstützung von ADN-Generaldirektor Günter Pötschke, bei dem meine Frau und ich sofort über die versuchte Kontaktaufnahme Beschwerde erhoben hatten. Irgendwelche negativen Konsequenzen gab es deswegen nicht. Ich sollte vielleicht an der Stelle betonen, dass ich insbesondere auch angesichts der Tätigkeit der westlichen Geheimdienste gegen die DDR nichts gegen die Auslandsaufklärung der DDR hatte, sondern nur davon überzeugt war, dass man journalistische Arbeit und Geheimdienst strikt trennen muss.

In Bonn habe ich dann noch 1988 – wenn auch indirekt – mit den bundesdeutschen Geheimdiensten Erfahrungen machen können. Nach einer ›Prüfung‹ der Nachrichtenverbindungen zwischen unserem Büro im Bonner Pressehaus und dem ADN in Berlin durch einen Techniker des Fernmeldeamtes der Deutschen Bundespost erhielt das ADN-Büro ein Schreiben der Post mit einem Schaltplan, der den Stempel »VS – Nur für den Dienstgebrauch« trug. Daraus ging hervor, dass außer dem Bundespresseamt auch das Ministerium für gesamtdeutsche Fragen, eine obskure ›Außenstelle‹ des Bundespresseamtes in Hannover, Möckernstraße 30, sowie eine noch merkwürdigere Bundesstelle für Fernmeldestatistik (BFSt) in München an der ADN-Leitung hingen – die drei Letzteren ohne Vertrag mit dem ADN.

Bundesstelle für Fernmeldestatistik? Wer ist das?

Ich kannte die auch nicht. Aber das Bundespresseamt (BPA) teilte mir im Januar 2011 auf meine Anfrage mit, bei der Bundesstelle für Fernmeldestatistik handele es sich um den Bundesnachrichtendienst (BND), den Auslandsspionagedienst der Bundesrepublik. Bei Wikipedia heißt es dazu: »Die Bundesstelle für Fernmeldestatistik (BFSt) ist eine Tarnbezeichnung für die Abteilung 2 des Bundesnachrichtendienstes. Sie befasst sich mit fernmelde- und informationstechnischen Fragen (offizielle Bezeichnung, bedeutet: Informationsgewinnung mit informations- und fernmeldetechnischen Mitteln).« Das Bundespresseamt bestätigte auch, damals sei dem BPA bekannt gewesen, dass an der offiziellen Leitungsverbindung von der DDR zu ADN-Bonn auch die ›Bundesstelle für Fernmeldestatistik‹, also der Geheimdienst, gehangen habe.

Die ›Außenstelle des Bundespresseamtes‹ in Hannover war in der Kaserne des Bundesgrenzschutz-Kommandos Nord untergebracht, angeblich nicht aus Geheimhaltungsgründen, sondern nur, so das BPA 2011, weil sich »die Unterbringung [...] in einer vorhandenen Liegenschaft des Bundes« angeboten habe. Die Außenstelle sei 1962 gegründet worden und »diente dem Empfang, der Aufzeichnung und der Auswertung von Hörfunk- und Fernsehsendungen der ehemaligen DDR sowie der Auswertung der Meldungen der DDR-Nachrichtenagentur ADN.«

Wie der *Tagesspiegel* schon am 24. Oktober 1989 berichtete, habe es sich bei der Behörde um einen »bundesamtlichen Horchposten« gehandelt, der in »aller Stille« arbeitete. Gegenüber dem *Tagesspiegel* meinte der zuständige Verantwortliche für die Dienststelle in Hannover, Konrad Löhlein, damals: »Wir sind Auge und Ohr der Bundesregierung.«

Wie wichtig waren für Ihre Arbeit die Botschaften oder Konsulate der DDR?

In München gab es keine. In Washington waren sie gelegentlich hilfreich. In New York war der Kontakt mit den DDR-Experten für die verschiedenen UN-Themen Abrüstung, Entwicklung etc. sehr wichtig und wurde von uns intensiv genutzt. In Bonn wiederum hatten wir keinen engen Kontakt zur Botschaft. Da ich Mitglied der Sozialistischen Einheitspartei (SED) und der Gewerkschaft war, gehörte ich jedoch immer den jeweiligen Parteigruppen in den Botschaften in Washington, New York und Bonn an. Das hatte allerdings keinerlei Auswirkungen auf unsere Arbeit, da niemand an den DDR-Vertretungen uns gegenüber Weisungsbefugnis hatte.

Sie erwähnten eingangs, dass Sie vom Prinzip der journalistischen Neutralität nicht so viel halten. Warum?

Ich wusste gar nicht, dass es ein solches ›Prinzip‹, also einen entsprechenden ›allgemeingültigen Grundsatz‹, eine ›Norm‹, gibt. Ich meine, dass es eine wirkliche journalistische Neutralität nicht geben kann. Sie ist – wie die vielbeschworene Pressefreiheit – eine Chimäre, ein Trugbild. Auch ein Journalist ist nicht im luftleeren Raum aufgewachsen. Sein Verleger, also sein ›Arbeitgeber‹, erst recht nicht. Einem Prinzip journalistischer Unabhängigkeit würde ich zustimmen – doch das wäre heute noch schwerer durchzusetzen als zu Zeiten des Kalten Krieges.

Darüber hat sich schon der hoch angesehene konservative deutsche Journalist Paul Sethe, einer der Gründungs-Herausgeber der *Frankfurter Allgemeinen Zeitung* und späterer Ressortleiter der Zeitung *Die Welt*, Gedanken gemacht. »Pressefreiheit ist die Freiheit von 200 reichen Leuten, ihre Meinung zu verbreiten«, stellte er in einem am 5. Mai 1965 im *Spiegel* veröffentlichten Brief fest und sah voraus: »Da die Herstellung von

Zeitungen und Zeitschriften immer größeres Kapital erfordert, wird der Kreis der Personen, die Presseorgane herausgeben, immer kleiner. Damit wird unsere Abhängigkeit immer größer und immer gefährlicher.« Und er setzte hinzu: »Frei ist, wer reich ist... Und da Journalisten nicht reich sind, sind sie auch nicht frei.« Den Anti-Kommunismus in der Bundesrepublik nannte er eine »politische Ersatzreligion«. Paul Sethes Ansicht über die Pressefreiheit ist doch heute aktueller denn je.

Robert F. Kennedy jr., der Sohn des 1968 ermordeten Justizministers der USA, sprach am 7. November 2004 in einem Interview mit der Schweizer Zeitung *SonntagsBlick* unter Bezug auf die US-Medien von einer »unheiligen Allianz zwischen der umweltzerstörerischen Industrie und den rechten Ideologen« und setzte hinzu: »Zuerst gründeten sie rechte Thinktanks im Schatten des Capitols. Dann übernahmen sie die Medien.«

Der Auffassung des ehemaligen TV-Kollegen und sympathischen Journalisten Hanns Joachim Friedrichs, man dürfe sich als Berichterstatter nie mit einer Sache gemein machen, auch nicht mit einer guten, kann ich nicht zustimmen. Für mich galt: »Sei Dir nie zu schade, Dich als Journalist mit einer guten Sache zu identifizieren, selbst wenn es für Dich Nachteile bringen sollte!« Wie ich eingangs schon fragte: Könnte ich denn als Journalist neutral sein, wenn es zum Beispiel um Faschismus, Krieg, Hunger oder Unterdrückung geht?

Wie nah darf ein Journalist denn Ihrer Meinung nach einem politischen System sein oder einer Ideologie?

Das muss jeder Journalist selbst entscheiden. Es kommt doch darauf an, welches Weltbild ein Journalist hat, ob er überhaupt eines hat, ob und welche Prinzipien er vertritt oder ob es für ihn nur ein schöner, interessanter, aber x-beliebiger Beruf ist, in dem er Karriere machen und Geld verdienen will, vielleicht nur als Public-Relations-Manager, also ob er Gefahr laufen kann, ›käuflich‹ zu werden.

Für meinen journalistischen Weg war immer auch das alte US-amerikanische Gewerkschaftslied mit der entscheidenden Frage »Which side are you on?« wichtig, weil ich denke, dass man sich im Leben für die eine oder andere Seite entscheiden muss – auch als Journalist. Gegenwärtig kann es sich ja nur um die Nähe zum kapitalistischen System handeln, und jeder muss es mit seinem Gewissen ausmachen, wie viel Nähe er allein angesichts der schlimmen Erfahrungen der letzten 20 Jahre für erträglich hält und auf welcher Seite er stehen will.

Wenn es sich um ein ›System‹, also eine Gesellschaftsordnung, handelt, die sich mit politischer oder sozialer Ungerechtigkeit nicht abfinden will, die für wirkliche Demokratie im Sinne einer Politik zugunsten der Mehrheit stehen würde, die gegen den Krieg ist, die schlimmste Menschenrechtsverletzung überhaupt, dann sollten Journalisten sogar ›systemnah‹ sein. Das darf nur nicht bedeuten, dass sie dem von ihnen bevorzugten ›System‹ jetzt völlig unkritisch gegenüberstehen. Das wäre dann – selbst wenn es sich um ein ›gutes System‹ handeln würde – letztlich auch wieder prinzipienlos, in gewissem Sinne käuflich und würde dem bevorzugten ›System‹ dann mehr schaden als nutzen. Aber wer ist schon sicher vor Karrieristen?

Ist es Ihrer Meinung nach beispielsweise unkritisch, den Schießbefehl an der innerdeutschen Grenze als ›selbstgeschaffenen Bestandsschutz der DDR‹ zu akzeptieren, weil dies Teil des bevorzugten Systems ist?

Tote an einer Grenze sind immer schlimm – ob an der Grenze zwischen DDR und BRD, oder damals an der Westgrenze der BRD, an der Grenze der USA zu Mexiko oder heute an den Außengrenzen der EU, insbesondere im Mittelmeer. Abgesehen davon, dass es bei Ihrer Frage um keine ›innerdeutsche‹, sondern um eine Grenze von zwei UN-Mitgliedstaaten geht, also eine richtige Staatsgrenze, war es noch die Grenze zwischen zwei sich nicht freundlich gegenüberstehenden hochgerüsteten Militärblöcken. Es war ein sehr gefährdeter und sensibler Grenz-Abschnitt, an dem schon allein durch Missverständnisse, geschweige denn durch Provokationen, schnell eine gefährliche Situation entstehen konnte. So viel historische Genauigkeit sollte sein.

Ob es, wie Sie fragen, ›unkritisch‹ ist, diese Grenze mit all ihren für viele auch schlimmen Folgen angesichts der damaligen politischen Gesamtlage und dem anhaltenden Kalten Krieg als gegeben zu akzeptieren, hing sicher auch von den eigenen Möglichkeiten ab, diese eigentlich anomale Situation zu verändern. Ich hätte gerne eine Normalisierung gesehen, doch um zu Verhältnissen wie an der Grenze zwischen Polen und der DDR zu kommen, wie Erich Honecker es bei seinem Staatsbesuch 1987 in der BRD für möglich hielt, hätten sich zuerst die Beziehungen zwischen den Militärblöcken und zwischen beiden deutschen Staaten verändern müssen. Mir ist allerdings nicht bekannt, dass ein angeblicher Schießbefehl zum, wie Sie in Ihrer Frage unterstellen, ›selbstgeschaffenen Bestandsschutz der DDR‹ gehörte.

Ich finde Ihre kritischen Nachfragen ja interessant. Aber ich darf davon ausgehen, dass Sie ähnlich kritisch auch die bundesdeutschen Kollegen interviewen. Zum Beispiel wenn es darum geht, sie zu befragen, ob sie die

Verseuchung des Staatsapparates mit ehemaligen hohen Funktionären des Nazi-Staates – von Adenauers Staatssekretär im Bundeskanzleramt, Globke, über Bundeskanzler Kiesinger, Ministerpräsident Filbinger, bis zu vielen Blutrichtern und Nazi-Diplomaten in Amt und Würden – akzeptiert haben, weil das Teil des von ihnen bevorzugten Systems war.

Nach der leninschen Journalismus-Definition waren Sie Propagandist, Organisator und Agitator. Welchen Einfluss kann denn Ihrer Meinung nach massenmediale journalistische Berichterstattung auf Rezipienten haben?

War ich das laut Lenin? Oder wird das nicht auch benutzt, um Kritiker des kapitalistischen Gesellschaftssystems in eine bestimmte Ecke zu stellen? Zum ersten war das keine Journalismus-, sondern eine Zeitungs-Definition von Lenin. Und die lautete: »Die Zeitung ist nicht nur ein kollektiver Propagandist und kollektiver Agitator, sondern auch ein kollektiver Organisator.« So Lenin vor mehr als 100 Jahren, 1901, in der Zeitung *Iskra*, als diskutiert wurde, ob die Linken in ihrem Kampf gegen den Zaren-Terror eine eigene Partei-Zeitung brauchten und welche Kriterien dafür nötig seien. Das Adjektiv ›kollektiver‹ bezog sich auf die Notwendigkeit, dass nicht nur Journalisten, sondern viele Mitglieder und Sympathisanten an der Zeitung mitarbeiten sollten.

Nun zum zweiten Teil Ihrer Frage. Jede Art von Berichterstattung hat Auswirkungen auf die Leser – sie können zum Denken angeregt oder auch eingelullt, sie können sogar zu menschenfeindlichem und verbrecherischem Handeln angestiftet werden, und wurden das nicht selten auch. Über die auch mögliche und in diesem Fall beabsichtigte Wirkung von Berichterstattung habe ich im Zusammenhang mit dem bereits erwähnten Prozess gegen Angela Davis Anfang der 1970er-Jahre interessante Erkenntnisse gewonnen. Als ich Werner Lamberz nach meiner ersten oder zweiten US-Reise fragte, warum ein großer Teil der weltweiten Solidaritätspost an Angela Davis im Gefängnis in Kalifornien aus der DDR komme – buchstäblich Millionen von Postkarten und Briefen – und weshalb die DDR auf diese Solidaritätsbewegung einen solchen Wert lege, nannte er zwei Punkte:

Als Erstes wolle die DDR der Bürgerrechtlerin und Kommunistin Angela Davis helfen, freizukommen und nicht – wie es seiner Ansicht nach Gouverneur Ronald Reagan plane – in der Gaskammer zu landen. Damals drohte allen in Kalifornien zum Tode Verurteilten diese Art der Hinrichtung. Aber man verfolge laut Lamberz ein weiteres wichtiges Ziel, wenn man die Bürger zur Solidarität mit Angela Davis anrege: Die DDR wolle sich durch ihre Unterstützung für die Solidaritätskampagne auch selber helfen, Reste von Rassismus und Rassendünkel zu bekämpfen – 25 Jahre nach dem Faschismus sei davon leider in den Köpfen noch Einiges vorhanden. Angela, die kluge schwarze Professorin und Genossin, so Lamberz, sei für die DDR und ihre Bürger daher auch eine Identifikationsfigur im Kampf gegen Überreste faschistischen Denkens im eigenen Land.

Der politische Journalismus der DDR wird heute fast komplett als Propaganda eingestuft. Teilen Sie diese Auffassung?

Nein – aber das war und ist auch eine der beliebten Propaganda-Thesen gegen die DDR. Zum Beispiel wurde das 1965 in der DDR veröffentlichte *Braunbuch* mit den Namen von fast 2.000 hohen Nazi-Funktionären und Kriegsverbrechern in wichtigen Positionen in der Bundesrepublik damals auch als ›Propaganda‹ abgetan. Heute wird eingeräumt, dass fast alles stimmte.

Doch um die Frage wirklich beantworten zu können, müsste man zuerst den Begriff ›Propaganda‹ definieren. Dazu gehörte dann auch eine Untersuchung darüber, inwieweit und von wem ›Propaganda‹ im politischen Journalismus der beiden deutschen Staaten benutzt wurde, um das Existenzrecht des anderen Staates infrage zu stellen oder worauf die Propaganda zielte. Außerdem müsste geprüft werden, ob der ›Propaganda‹ Tatsachen zugrunde lagen oder ob mit gefälschten Fakten oder sogar Operationen unter falscher Flagge gearbeitet wurde. Ich erinnere nur an das sogenannte ›Celler Loch‹, bei dem Verfassungsschutz und GSG-9 in Celle 1978 im Regierungsauftrag ein Loch in die Gefängnismauer sprengten, um den Ausbruch eines RAF-Häftlings vorzutäuschen. Auch damals wurde mit solchen Mitteln und mithilfe der Medien die Terroristen-Hysterie geschürt und Propaganda für schärfere Sicherheitsgesetze betrieben. Vom damaligen Justizminister wurde der Bombenanschlag ›linken Terroristen‹ angelastet – obwohl er die wahren ›Terroristen‹ kannte. Im Kalten Krieg wurde auch in der Bundesrepublik Propaganda in erheblichem Ausmaß als Waffe eingesetzt – insbesondere gegen die DDR und als antikommunistische Propaganda auch im Innern der Bundesrepublik, um gesellschaftliche Veränderungen nach links und im Sinne einer demokratischen Entwicklung wie etwa 1968 zu verhindern. Und das war nicht etwa nach 1989 zu Ende, sondern fand und findet seine Fortsetzung.

Woran machen Sie das fest?

Ich könnte auf die gerade wieder aufgewärmte sogenannte ›K-Frage‹ – K wie Kommunismus – als aktuelles Beispiel oder auch auf Fälle anhaltender

De-Legitimierung der DDR eingehen, aber ich werde beim ADN bleiben. Es handelt sich nur um ein Beispiel von vielen für die Fortsetzung des Kalten Krieges und auch bei Weitem nicht um das Wichtigste, aber es hat eben mit dem Auslands-Korrespondenten Schäfer zu tun. Ich meine das von Michael Minholz und Uwe Stirnberg verfasste und von den Professoren Jörg Aufermann, Hans Bohrmann und Otfried Jarren herausgegebene Buch *Der Allgemeine Deutsche Nachrichtendienst (ADN): gute Nachrichten für die SED*, Verlag K. G. Saur, 1995, das ich leider erst im Zuge der Beantwortung Ihrer Fragen zum ersten Mal zu Gesicht bekam. Ich werde auf einige Stellen im Buch etwas ausführlicher eingehen, weil es zum Interviewstoff passt und weil ich für die Autoren die Klammer bin, die das ganze Buch über den ADN zusammenhält – vom ersten Absatz Seite 1 bis zum letzten Absatz Seite 375.

Abgesehen davon, dass kleine Details wie der angebliche Beginn meiner Korrespondententätigkeit 1958 in München oder einer Tätigkeit für den DEUTSCHLANDSENDER nicht stimmen. Gravierender ist die Feststellung, Seite 226, unter Bezug auf eine Aktion von Polizei- und Justizbehörden gegen DDR-Korrespondenten: »Schäfer geriet auch später immer wieder mit bundesdeutschen Behörden in Konflikt.« Diese Art Darstellung der Behinderungen und Verfolgungen von Journalisten durch Polizei und Justiz gefällt den Autoren so gut, dass sie sie auf Seite 293 erneut benutzen: »Aber noch in den achtziger Jahren gerieten ADN-Auslandskorrespondenten mit Behörden des Gastlandes in Konflikt. 1984 nahm die Polizei von Los Angeles den Washingtoner ADN-Korrespondenten Horst Schäfer fest.« Hier soll offenbar suggeriert werden, DDR-Korrespondenten seien schuld an Konflikten mit Behörden oder hätten es sogar darauf angelegt, sie zu provozieren.

Bereits im ersten Satz dieser sich einen wissenschaftlichen Anstrich gebenden 486-Seiten-Schrift wird der ADN-Korrespondent als »abgebrüht« qualifiziert. Die Autoren beginnen ihr Buch so: »Was ist der ADN?« – Von dieser Frage ließ sich selbst der sonst so abgebrühte und weltgewandte DDR-Journalist Horst Schäfer im Mai 1989 verblüffen, als er vor einer Pressekonferenz des sowjetischen Außenministers Eduard Schewardnadse an der Ausweiskontrolle aufgehalten wurde [...].« Welchen Aussagewert hat es denn, wenn der Sicherheitsdienst von Außenminister Schewardnadse die deutsche Abkürzung für die Nachrichtenagentur ADN nicht kennt und damit angeblich den abgebrühten ADN-Korrespondenten Schäfer verblüfft?

Die Autoren beenden ihre ADN-Geschichte auf Seite 375 mit der Feststellung: »Auch der Bonner Büro-Leiter Horst Schäfer kehrte nach Berlin zurück. Zunächst hatte es so ausgesehen, als ob er die Wende ohne Folgen überstehen könnte, da er zunächst Büroleiter in Bonn blieb. Die Direktion löste ihn von diesem Posten unverständlicherweise erst im Sommer 1990 ab. Ein Jahr später arbeitete er wieder mit seinen Kollegen in der ADN-Zentrale zusammen: Aufstieg und Fall eines SED-Protagonisten!«

Und was war daran falsch?

Zuerst müsste man fragen: Welche »Folgen« sollte nach Meinung der Autoren Minholz und Stirnberg die »Wende« für mich denn haben? Warum fanden sie meine Ablösung »erst im Sommer 1990« so »unverständlich«? Außerdem stimmte diese denunziatorische Schilderung nicht und ist damit für die beiden Buchautoren sicher noch unverständlicher: Ich wurde nicht, wie auf mehreren Seiten, außer auf Seite 375 auch noch auf den Seiten 431 und 457, behauptet, als Leiter des ADN-Büros Bonn »erst im Sommer 1990« vom Kollegen Peter Koard abgelöst, sondern mehr als ein Jahr später, im Herbst 1991. Ich konnte daher auch nicht mehr – wie im Buch behauptet – mit den Kollegen in der ADN-Zentrale zusammenarbeiten, sondern mir wurde, zusammen mit meiner Frau, einen Tag nach meiner Rückkehr nach Berlin Ende September 1991 für den 31. Dezember 1991 gekündigt und ich ging in den sogenannten ›Vorruhestand‹. Wegen ›Resturlaub‹ arbeitete ich auch nicht mehr in der Redaktion. Dabei hätten die Autoren in ihrem eigenen Buch auf Seite 433 unter ›Bonn‹ den richtigen Eintrag finden können: »Horst und Ilse Schäfer 1987-1991.«

Und warum hat man Sie im September 1991 abgelöst?

Der im Buch als »Fall eines SED-Protagonisten« beschriebene Korrespondentenwechsel kam so zustande: Auf einer Betriebsversammlung in Bonn im Sommer 1991 war eine Ablösung von der aus Berlin angereisten ADN-Leitung damit begründet worden, dass die Zentrale zwar mit meiner Arbeit sehr zufrieden sei, doch es habe bereits zahlreiche Anfragen von CDU und Regierung gegeben, warum denn der ›neue ADN‹ in Bonn, der sich inzwischen im Besitz des Bundes (der Treuhand) befand, immer noch von »dem alten Kommunisten Schäfer« geleitet werde. Außerdem erhalte ADN, so die ADN-Vertreter, vom Bundespresseamt einen Millionen-Zuschuss, und den dürfe man durch meine Weiterbeschäftigung nicht gefährden. Dem Druck könne man nicht länger standhalten.

Was meine Arbeit für bpb und ADN betrifft, haben die Autoren nicht nur schlecht und oberflächlich recherchiert, sie lassen auch Sachlichkeit – von Fairness will ich gar nicht reden – vermissen. Viele der mich betreffenden Passagen erinnern eher an eine Schmähschrift aus dem Kalten Krieg. Wenn ich so schlecht recherchiert hätte wie sie, wäre ich nicht lange Korrespondent von bpb oder ADN geblieben. Ich hoffe, dass man von den Angaben über mich nicht auf Gesamtinhalt und Charakter dieses Werkes über den ADN und auf seinen Wahrheitsgehalt schließen muss.

Auch Ihre journalistische Berufsauffassung scheint sich nach dem Ende des Kalten Krieges nicht verändert zu haben...

Meine Sicht der Dinge und mein Weltbild haben sich noch gefestigt, weil sie durch die Ereignisse auch in den letzten 22 Jahren, durch die Entwicklung in der BRD und in der Welt bestätigt wurden – den Sozialabbau seit 1990, die tiefen Wirtschafts- und Finanzkrisen zulasten der einfachen Leute, die erste Kriegsbeteiligung Deutschlands in Jugoslawien 1999 sowie die ebenfalls gegen das Völkerrecht verstoßenden Kriege gegen Afghanistan und Irak.

Als Resümee meiner journalistischen Arbeit für ADN und andere DDR-Medien muss ich sagen: Wenn ich sehe, mit welcher Tendenz und wie kampagnenartig die Mehrheit der bundesdeutschen Medien heute nahezu geschlossen zum Beispiel über China, Venezuela, Nordkorea, Iran, Weißrussland, Kuba, Syrien und in manchmal unerträglicher antikommunistischer Hysterie auch über die Partei Die Linke berichtet – oder sollte ich ›herfällt‹ sagen, denke ich, dass unsere Berichterstattung über die USA oder andere westliche Länder vergleichsweise sachlich, gründlich, kontinuierlich und realitätsnah war. Doch die Auseinandersetzungen um die Schaffung einer gerechteren Welt ohne Hunger und Krieg werden sicher weitergehen – und dabei werde ich als Mensch und auch als Journalist bestimmt nicht neutral bleiben können und wollen.

Das Interview führte Martin Hoffmann.

Literatur

MINHOLZ, MICHAEL; STIRNBERG, UWE: *Der Allgemeine Deutsche Nachrichtendienst (ADN). Gute Nachrichten für die SED*. München (Saur) 1995

SCHÄFER, HORST: *Im Fadenkreuz: Kuba. Der lange Krieg gegen die Perle der Antillen. Mit Geheimdokumenten aus US-Archiven belegt*. Werder (Kai Homilius) 2005

Peter Nöldechen

»Für die Staatsführung waren wir Feinde«

Für die *Westfälische Rundschau* berichtete Peter Nöldechen 15 Jahre lang als Berlin-Korrespondent über die DDR – ›die spannendste journalistische Aufgabe‹ seines Lebens. Ein Interview über Gängeleien durch DDR-Funktionäre, über das Ignorieren von Reise-Vorschriften und Kontakte zu Oppositionellen-Kreisen.

Peter Nöldechen in den 1980ern-Jahren in seinem privaten Arbeitszimmer in Berlin Lichterfelde (Westberlin). Quelle: Privatarchiv Peter Nöldechen

Peter Nöldechen wurde 1930 im Saarland geboren, legte das Abitur ab, arbeitete bis 1953 als Bergmann in Oberhausen und war anschließend Mitarbeiter in einer Werbeagentur. Seit 1955 ist er Journalist, zunächst schrieb er für Filmzeitschriften. 1957 zog er nach Berlin und arbeitete von 1961 bis 1967 als Redakteur im Berliner Büro der amerikanischen Nachrichtenagentur United Press International (UPI). Von 1967 bis 74 war er Chef vom Dienst im Frankfurter Büro der Deutschen Presse-Agentur (dpa). Danach, von 1974 bis 1995 wurde er Berlin-Korrespondent der *Westfälischen Rundschau* (Dortmund) mit Schwerpunkt DDR-Berichterstattung (bis 1989).

Frage: Herr Nöldechen, haben Sie sich als Korrespondent in Ost-Berlin wie ein Ausländer gefühlt?

Peter Nöldechen: Ich habe mich nie als Auslandskorrespondent gefühlt, obwohl ich pro forma einer war. Ein Auslandskorrespondent im Inland sozusagen. Ich war ja immer noch in Deutschland. Ich erinnere mich an eine Kampagne der CDU. Die hatte am Beginn der Interzonenautobahnen, beispielsweise in Helmstedt, Schilder mit dem Schriftzug: »Sie reisen weiter durch Deutschland.« aufgestellt. Das war ein vernünftiges Motto, fand ich. Nein, ich habe mich nie wie ein ›Ausländer‹ gefühlt.

Warum wollten Sie als Korrespondent nach Berlin?

1957, als ich zum ersten Mal nach Berlin ging, habe ich auf eine baldige Vereinigung der beiden deutschen Staaten gehofft. Dann hätte ich wie im Märchen *Der Hase und der Igel* sagen können: »Ich bin schon da.« Das wurde bekanntlich damals nichts, 1961 wurde die Mauer gebaut. 1973, nach Unterzeichnung des Grundlagenvertrags, fragte mich dann Wolfgang Clement, damals Politikchef der *Westfälischen Rundschau* und späterer Bundeswirtschaftsminister, ob ich Berlin-Korrespondent werden wolle. Ich musste nicht lange überlegen. Bei der dpa in Frankfurt war ich unzufrieden mit meiner Position als Chef vom Dienst. Ich wollte nicht ständig meinen Mitarbeitern Vorgaben machen und sie unter Druck setzen, sondern selbst recherchieren und schreiben. Auch die Stadt gefiel mir nicht mehr. Meine Frau stammt aus Berlin, wir wollten beide gerne zurück.

Mit welchem Auftrag wurden Sie nach Berlin geschickt?

Die Richtlinie der *Rundschau* lautete: Große Sensationen sind nicht so wichtig, viel interessanter ist der Alltag der einfachen Leute. Ich sollte die Lebensbedingungen der DDR-Bürger schildern und habe versucht, mich daran zu halten.

War Ihr Ziel als Journalist, in der Tradition der sozialliberalen Koalition zum besseren Verständnis, zur Entspannung zwischen den beiden deutschen Staaten beizutragen?
Nicht direkt. Natürlich haben wir Korrespondenten aus dem Westen allein durch unsere Anwesenheit einen Beitrag zur Entspannung und zur Normalisierung geleistet. Aber das ist uns erst hinterher richtig bewusst geworden. Nach der Wende ist uns aufgefallen, dass wir wohl doch einiges in Bewegung gesetzt haben. Ich hoffe, dass wir dazu beigetragen haben, dass das Verhältnis zwischen beiden deutschen Staaten nicht völlig zerrissen ist. Vielleicht waren wir ein brauchbarer Kitt.

Um als Bindeglied agieren zu können, hätten Sie eine breite Leserschaft haben müssen. Doch im Westen stießen – und stoßen – Themen, die die DDR beziehungsweise die neuen Bundesländer betreffen, oft auf Desinteresse.

Das ist richtig. Ich kann aus eigener Erfahrung nur sagen, dass es in all den Jahren relativ wenig Leserbriefe gegeben hat. Aus der DDR konnte natürlich keine Resonanz kommen, meine Zeitung war dort ja nicht erhältlich. Aber auch ein Echo aus der Bundesrepublik fehlte. Wenn ich mal in Schulen in Westdeutschland oder West-Berlin war, war das Interesse an der DDR nicht groß. Die jungen Leute sind lieber nach Mallorca gefahren als in die DDR, das habe ich an meiner Tochter gesehen. Eine Ausnahme waren nur Klassenfahrten. Fast jeder Bundestagsabgeordnete hat damals Schülerreisen in die DDR organisiert.

Warum hatte denn eine Regionalzeitung wie die *Westfälische Rundschau* Interesse an einem eigenen DDR-Korrespondenten?

Dortmund war damals der Bundestagswahlkreis von Willy Brandt, der mit WR-Chefredakteur Günter Hammer befreundet war.

Sie sind oft in der DDR herumgereist – wie frei konnten Sie sich bewegen?

Die Möglichkeit, zu reisen, war eines der wenigen Privilegien, die man als akkreditierter Korrespondent in der DDR hatte. Ich bin oft durch die DDR gefahren, um zu recherchieren. Ich habe über die Umweltverschmutzung im Raum Leipzig/Halle berichtet, über den Besuch Willy Brandts in Weimar, habe Theateraufführungen in Dresden, Leipzig und Schwerin besucht. Theaterrezensionen haben mir allgemein viel Spaß bereitet.

Aber Sie mussten doch laut den Durchführungsbestimmungen zum Korrespondentenaustausch Recherchevorhaben anzeigen und sich vor einer Reise abmelden?

Theoretisch gab es die Pflicht, sich 24 Stunden vorher abzumelden, wenn man außerhalb Berlins verreisen wollte. Da habe ich aber nie drüber nachgedacht. Wenn ich musste, bin ich gefahren. Da gab es nie Konsequenzen oder Strafen.

Sind Sie sonst in Konflikt mit den Behörden gekommen? Einige Kollegen wie der ARD-Korrespondent Lothar Loewe oder der *Stern*-Reporter Dieter Bub wurden nach kritischen Berichten sogar ausgewiesen.

Die Befürchtung, dass ich ausgewiesen werde, hatte ich nie. Vielleicht liegt das an meinem Temperament, ich habe immer versucht, so objektiv und nüchtern wie möglich zu berichten. Nur einmal habe ich eine Rüge einstecken müssen. Ein Informant hatte mir sehr ausführlich geschildert, wie in Schwedt an der Oder eine Zivilschutzübung einschließlich Atom-Alarm verlief, wie die Feuerwehr für diesen Ernstfall probte. Das war natürlich geheim. Nach Erscheinen des Artikels wurde ich ins Außenministerium zitiert, das für uns Korrespondenten zuständig war. Dort sagte man mir: »Das war hart an der Grenze.« Aber dabei blieb es.

Hat das Außenministerium Sie mit zahlreichen Vorschriften nur behindert oder auch Ihre Arbeit unterstützt? Immerhin wurden Pressekonferenzen organisiert.

Richtig, die gab es, aber die waren wenig ergiebig. Mit den Pressekonferenzen verhielt es sich wie mit offiziellen Verlautbarungen: Sie waren völlig nichtssagend, man erfuhr nichts, was nicht schon im *Neuen Deutschland* gestanden hätte. Und Informationsblätter von den Parteien gab es erst nach der Wende. Wir haben uns dadurch beholfen, dass wir mehrere Ostzeitungen gelesen haben. So habe ich vormittags meist die erste Stunde im Büro zugebracht, bevor ich die Redaktion in Dortmund angerufen habe. Man musste sich erst antrainieren, mit dieser floskelhaften Sprache und den falschen Symbolen richtig umzugehen. Mit der Zeit hat es immer besser geklappt, zwischen den Zeilen zu lesen, sozusagen zu dechiffrieren, was da verschleiert gesagt wurde.

Das Außenministerium hat offenbar Ihre Berichterstattung sehr genau verfolgt. Führte das nicht zu einer Schere im Kopf bei Ihnen und zu indirekter Zensur? Sie wussten doch, wo deren Grenzen lagen...

Nein.

Es gab verschiedene gesetzliche Verordnungen und Bestimmungen über die Arbeit von Korrespondenten in der DDR. Können Sie bitte skizzieren, wie sich diese Bestimmungen in Ihrer Zeit entwickelt haben

und wie strikt die Abteilung Journalistische Beziehungen diese umgesetzt und verfolgt haben?

Die DDR hat im Februar 1973 und dann im April 1979 zwei sich ergänzende Journalisten-Verordnungen erlassen, an die wir uns zu halten hatten. Darin war festgelegt, dass man sich bei ›journalistischen Vorhaben‹ frühzeitig anzumelden hatte, in der zweiten Verordnung wurden zum Beispiel Straßenbefragungen untersagt. Die sich im Lauf der Zeit entwickelnden persönlichen Beziehungen zwischen uns Journalisten und den DDR-Funktionären im Außenministerium führten aber dazu, dass manches nicht so heiß gegessen wurde, wie es gekocht wurde. Ein Interview mit Stefan Heym habe ich trotz Verbots veröffentlicht, weil ich nachweisen konnte, dass der verabredete Gesprächstermin mit Heym zeitlich vor dem Erlass der Verordnung lag.

Und welche Rolle spielte damals das Haus der Presse?

Keine. Das Pressezentrum in der Mohrenstraße wurde erst nach der Eröffnung des Palasts der Republik im April 1976, in Betrieb genommen.

Schildern Sie doch bitte einen gewöhnlichen Tagesablauf.

Ich bin nicht unbedingt ein Frühaufsteher, das hängt wohl mit meinem Beruf zusammen. Beim Frühstück habe ich meist die DDR-*Presseschau* im DEUTSCHLANDFUNK gehört, dann wusste ich ungefähr, was am Tage wichtig werden würde. Meistens bin ich zwischen 10 und 11 Uhr von meiner Wohnung in Lichterfelde im Westteil der Stadt, wo ich seit 1974 lebe, nach Ost-Berlin gefahren. Damals dauerte das, wenn es hoch kam, 20 Minuten; heute sind es fast 40 Minuten, weil die Straßen so voll sind. Entweder bin ich zuerst in die Ständige Vertretung der Bundesrepublik gefahren, um mich dort umzuhören. Oder ich habe gleich mein Büro der *Westfälischen Rundschau* in der Frankfurter Allee in Berlin-Lichtenberg angesteuert. Gegen Mittag habe ich mit der Redaktion besprochen, worüber ich berichten könnte. Je nachdem, ob ich Hunger hatte oder nicht, bin ich zum Mittagessen nach Hause gefahren oder habe mir nur schnell ein Würstchen heiß gemacht. Danach habe ich Informanten angerufen oder besucht, bis 17 Uhr musste der Artikel geliefert werden. Spätestens um 18 Uhr war ich mit der Arbeit fertig. Abends war es natürlich Pflicht, möglichst alle Nachrichtensendungen zu sehen: *heute* im ZDF, *Aktuelle Kamera* im DDR-Fernsehen, *Tagesschau* in der ARD.

Hatten Sie einen festen Stamm von Informanten?

Ja, anders wäre es auch gar nicht gegangen. Von offizieller Seite haben wir kaum Informationen bekommen. Weil ich Berlin schon aus der Zeit bei UPI kannte, hatte ich sehr viele Freunde und Bekannte, sowohl im West- als auch im Ostteil.

Ihr Kollege Karl-Heinz Baum, damals DDR-Korrespondent der *Frankfurter Rundschau*, erzählt im Buch *Drinnen vor der Tür*, dass er regelmäßig schon zum Frühstück einen Bekannten getroffen, auch abends noch Informanten besucht habe. Wie war das bei Ihnen?

Manchmal habe ich meine Informanten in mein Büro gebeten, manchmal haben wir uns irgendwo anders getroffen. Aber das war fast immer tagsüber. Abends war ich nur in dringenden Fällen oder für Theaterbesuche unterwegs. Meine Frau war stets beruhigt, wenn ich wieder da war. Zwar war ich nie wirklich in Gefahr, aber ich konnte ja oft nicht telefonieren. Von Ost-Berlin aus war das möglich; wenn ich in der DDR unterwegs war, gestaltete sich das Telefonieren wesentlich schwieriger.

Wie konnten Sie den Alltag der einfachen Leute abbilden, wenn Sie einen Teil des Alltags, zum Beispiel abendliche Gespräche in der Eckkneipe, gar nicht mitbekommen haben?

Auch wenn ich abends nicht mehr in Kneipen unterwegs war, hatte ich das Gefühl, nah dran an der Bevölkerung zu sein. Ich konnte in meinem Büro in Ost-Berlin problemlos übernachten, das war eine voll eingerichtete Einraumwohnung.

Wie haben Sie Eindrücke zum DDR-Alltag gesammelt? Haben Sie Leute auf der Straße angesprochen?

Das habe ich nie getan, das hielt ich für unnötig. Ich war ja kein Meinungsforscher. Ich habe genügend Leute gehabt, die mir etwas erzählt haben. Natürlich habe ich stets Augen und Ohren offen gehalten. Wenn ich in die Kaufhalle ging, beobachtete ich, wie die Leute Bier kauften. Sie drehten jede Flasche um, um zu gucken, ob der Kronkorken dicht ist, und stellten die Flasche gegebenenfalls zurück in den Kasten. Und sie schimpften, wenn die Plastikschläuche, in denen Milch verkauft wurde, mal wieder geplatzt waren. Solche Beobachtungen waren natürlich wichtig.

Wie schnell konnten Sie als Pendler die Grenze in Berlin passieren?

Touristen und andere Besucher waren oft neidisch, wie schnell ich abgefertigt wurde. Mit der Grenzempfehlung, die ich als akkreditierter Korrespondent besaß, war es sehr einfach. Ich brauchte bloß vorzufahren, das Auto stehen zu lassen, zum Häuschen zu gehen und meinen Pass vorzulegen. Ich kriegte ihn dann 30 Sekunden oder höchstens eine Minute später wieder. Dann wurde ich durchgewinkt und ich fuhr am Zoll vorbei.

Einige Ihrer Kollegen haben mitunter als Kuriere für Oppositionelle agiert, Dokumente oder Tonbänder über die Grenze geschmuggelt. Sie auch?
Nein, das hätte sich mit meiner Berufsauffassung nicht vertragen. Ich wusste, dass einige Kollegen das gemacht haben, aber ich habe mich dagegen entschieden. Der einzige Gegenstand, den ich unter dem Schutz des Nicht-Kontrolliert-Werdens über die Grenze gebracht habe, war ein Fernseher. Ein Bekannter bat mich darum, den Apparat zu seinem Bruder nach Ost-Berlin zu bringen. Der Fernseher war riesig, ich habe ihn kaum in den Kofferraum bekommen.

Haben Sie Kontakt zur Opposition gesucht oder war es umgekehrt?
Die Kontakte ergaben sich eigentlich automatisch. Man wusste, wen man fragen konnte. Die Oppositionellen haben sich bei mir nie direkt gemeldet, sie haben schließlich konspirativ gearbeitet und versucht, ihre Kontakte möglichst vertraulich zu halten. Das erste Mal hatte ich mit diesen Kreisen 1974 zu tun, während eines Kirchentages in Magdeburg. Danach wurden die Termine immer dichter, auch interessanter. Ich bin zu fast allen DDR-Kirchentagen gefahren, zu der ökumenischen Konferenz 1988 nach Dresden, habe über den Olof-Palme-Friedensmarsch berichtet, der 1987 durch die DDR führte.

Konnten Sie problemlos über Kirchenveranstaltungen berichten?
Nein. Es war ein ständiges Streitthema mit dem DDR-Außenministerium: Wir sollten Anträge stellen, wenn wir Synoden oder andere kirchliche Veranstaltungen besuchen wollten. Wir Korrespondenten haben gesagt: »Das tun wir nicht. In der DDR gibt es laut Verfassung eine Trennung von Staat und Kirche. Wenn die Kirche uns einlädt, fahren wir hin.« Manchmal gab's dann Ärger. Bei einer Synode in Dresden wurde ein Kollege zum Abreisen gezwungen.

Unter dem Dach der Kirche konnte sich die Bürgerbewegung formieren. Hatten Sie Kontakt zu den Beteiligten?
Natürlich, die Verbindungen waren sehr eng. Außerordentlich wichtig war zum Beispiel Manfred Stolpe, der spätere Ministerpräsident von Brandenburg und Bundesverkehrsminister, damals stellvertretender Vorsitzender des Bundes der Evangelischen Kirchen in der DDR. Mit den Bürgerrechtlern hatten wir mehr zu tun als mit Repräsentanten des Staates. Dass sie später staatliche Vertreter wurden, haben wir damals nicht geahnt. Die Bürgerrechtler hatten ein großes Bedürfnis, uns möglichst viel zu er-

zählen. Das einzige Problem war dabei, dass ich nicht genug Platz hatte, alles zu drucken. Die *Westfälische Rundschau* war ja keine DDR-Zeitung.

Kannten Sie Dissidenten wie Robert Havemann?

Havemann habe ich flüchtig gekannt. Ich war einmal bei ihm in Grünheide. Aber das war unergiebig, Havemann hörte sich selbst so gerne reden. Wesentlich lohnender waren für mich die Bekanntschaften mit Schriftstellern wie Stephan Hermlin, Stefan Heym und Jurek Becker. Sie habe ich auf den Kulturempfängen der Ständigen Vertretung kennengelernt. Jeder Künstler, der in der DDR Rang und Namen hatte, gehörte bei diesen Veranstaltungen zu den Gästen. Die Erkenntnisse aus diesen Gesprächen habe ich oft als Hintergrund in meine Artikel einfließen lassen. Dabei habe ich natürlich keine Quelle genannt.

Dienten Ihnen auch Diplomaten selbst als Informationsquelle?

Ja, häufig. Ich war regelmäßig in der Ständigen Vertretung. Sie selbst wurde zum Brennpunkt, als sie von Leuten, die ausreisen wollten, besetzt wurde. Das nahm nicht solche Ausmaße an wie in der Prager Botschaft, aber reichte aus, um die Vertretung lahmzulegen. Das Gebäude in der Hannoverschen Straße in Berlin-Mitte, das inzwischen für die Bedürfnisse des Bundesbildungsministeriums umgebaut wurde, war einfach zu klein. Die Mitarbeiter der Ständigen Vertretung haben kein Geheimnis daraus gemacht. Weil sie nicht wollten, dass noch mehr Leute kommen, haben sie gesagt: »Ihr wisst Bescheid, aber schreibt möglichst nicht darüber.«

Und haben Sie sich dran gehalten?

Ja, selbstverständlich, mit der Ausnahme eines übereifrigen Rundfunk-Kollegen. Wir wussten ja, dass es um Mitmenschen ging.

Hatten Sie auch Kontakt zu anderen Botschaften?

Der österreichische Botschafter hat mich und andere Korrespondenten viermal im Jahr eingeladen. Das war ein Kreis von fünf Kollegen, wir kamen zum Mittagessen und blieben bis zum Kaffee. Der Botschafter hat uns so manchen Tipp gegeben, um das auf den ersten Blick unverständliche Agieren der DDR-Politiker besser nachvollziehen zu können.

Wie war Ihr Verhältnis zu den westdeutschen Kollegen?

Die Situation war ungewöhnlich und ist wohl nur vor dem Hintergrund der Arbeitsbedingungen zu verstehen. Eigentlich waren wir ja Konkurrenten. Aber wegen des schwierigen Zugangs zu Informationen haben wir relativ eng zusammengearbeitet, uns ausgetauscht. Das ging so weit, dass Karl-Heinz Baum von der *Frankfurter Rundschau* und ich manchmal zusammen in meinem Büro an unseren Artikeln feilten. Ich hockte am

Schreibtisch, Karl-Heinz Baum saß auf dem Sessel oder auf dem Teppich. Wir haben uns gemeinsam am selben Thema abgearbeitet. Wir haben diskutiert, dann hat jeder seinen eigenen Text geschrieben, aber unsere Standpunkte waren oft ähnlich. Im Grunde genommen waren wir also eher eine verschworene Gemeinschaft als wirklich Konkurrenten.

Haben Sie exklusive Storys nicht für sich behalten?

Wir haben uns oft Tipps gegeben. Beispielsweise sagte ARD-Korrespondent Fritz Pleitgen Mitte April 1980: »Fahrt morgen mal nach Wittenberg. Dort wird eine russische Einheit verabschiedet, werden Panzer verladen.« Wir sind alle hingefahren und haben berichtet, ohne uns vorher beim DDR-Außenministerium abzumelden.

Natürlich habe ich nicht alle Informationen weitergegeben. Für mich behalten habe ich eine kleine Meldung aus einer DDR-Zeitung, der zufolge die Verbindung zwischen DDR und Sowjetunion per Eisenbahn und Fähre verbessert werden sollte. Ich befragte einen Bekannten in Stralsund dazu, und der sagte: »Das kann ich Dir zeigen.« Wir sind dann in seinem Lada nach Mukran bei Saßnitz auf Rügen gefahren und haben uns die Baustelle angeguckt. Dort wurde ein großer Verladebahnhof gebaut, wurden Gleise verlegt und Molen aufgeschüttet. Von diesem Besuch habe ich niemandem erzählt und für meinen Artikel die Überschrift »Die russische Breitspur endet jetzt auf Rügen« gewählt. Denn die Fährschiffe, die in Wismar gebaut wurden und noch heute in Betrieb sind, hatten Gleise sowohl in der russischen Breitspur als auch unserer Normalspur.[1]

War das Verhältnis zu DDR-Journalisten ähnlich fruchtbar?

Nein, die wollten keinen Kontakt. Ich lernte einmal auf einem Empfang, den der damalige Pressechef der Ständigen Vertretung in seiner Wohnung gab, einen Journalisten vom *Neuen Deutschland* kennen. Wir haben unsere Visitenkarten ausgetauscht. Einige Zeit später gab es ein kleines Erdbeben, das im Zentrum Berlins zu spüren war. Er hatte erzählt, dass er auf der Fischerinsel wohnte. Deshalb dachte ich, dass er etwas von den Erdstößen mitbekommen haben müsste und rief ihn an. Doch er sagte nur: »Ich gebe keine Auskunft, ich will nicht.« Die DDR-Journalisten hatten offensichtlich die Weisung, den Kontakt mit dem ›bösen Klassenfeind‹ möglichst niedrig zu halten. Wir waren in den Augen der Staatsführung natürlich Feinde. Die haben uns alle Schlechtigkeiten zugetraut.

---

1 Es handelt sich um Fähren, auf denen auch Züge transportiert werden.

Sind Sie in der DDR häufig auf Vorbehalte oder Vorurteile gestoßen?
Die Journalisten hatten möglicherweise Vorurteile, aber die Mehrheit der Bürger nicht. Ganz im Gegenteil, die haben uns mit offenen Armen empfangen. Ich erinnere mich an unsere ersten Begegnungen im Lande mit Leuten, die später unsere Freunde wurden – auch wenn sich bei einigen später herausstellte, dass sie für die Stasi arbeiteten. Während der ersten Monate in Berlin, also 1974/1975, haben meine Frau und ich so manche Nacht mit den Leuten zusammengesessen und diskutiert. Wir kamen uns vor, als würden wir ihnen die Beichte abnehmen. Die wollten so viel loswerden. Das war für uns zuerst ungewohnt, aber sehr interessant. Außerdem sollten wir ihnen den Westen erklären.

Können Sie ein Beispiel nennen?
Wir haben uns unter anderem über Schweinezucht unterhalten. Ein Bekannter war in einer Landwirtschaftlichen Produktionsgenossenschaft (LPG) für die Schweine verantwortlich. Ich habe mich erst einmal bei einem Fachmann erkundigt, wie Schweinehaltung in Westdeutschland funktioniert, um mitreden zu können. Wir haben natürlich sehr gestaunt, als der Bekannte sagte: »Wir haben ein neues Schwein geschlachtet, weil es überzählig war.« Wenn ein Schwein in der DDR nicht im Plan vorhanden war, musste es eben geschlachtet werden. Das wäre im Westen nie passiert.

Hatten Sie selbst Vorurteile gegenüber der DDR?
Nein. Ich kannte Berlin, den Ost- wie den Westteil. Ich war hier gewissermaßen zu Hause.

15 Jahre sind eine sehr lange Zeit. Was waren für Sie die Höhepunkte während Ihrer Arbeit als Korrespondent?
Als kulturell interessierter Mensch habe ich viele Theateraufführungen besucht. Beispielsweise habe ich Schwerin als Theaterort für mich entdeckt, als Christoph Schroth dort als Schauspieldirektor tätig war. Politisch war der Besuch von Helmut Schmidt in Güstrow 1981 ein Höhepunkt. Das war sicherlich das wichtigste Ereignis. Von der Anwesenheit des Kanzlers in der Stadt und in der DDR überhaupt hat man sich versprochen, dass Bewegung ins Verhältnis zwischen den beiden Staaten kommt. Das Ziel der sozialliberalen Koalition war schließlich, Erleichterungen für die Menschen zu schaffen.

Fünfeinhalb Jahre nach Schmidts Besuch in der DDR besuchte Erich Honecker Helmut Kohl in Bonn und seine saarländische Heimat. Wie haben Sie diese Tage im September 1987 erlebt?
Erst einmal habe ich mir eine schöne Vorgeschichte gesucht: In Honeckers Biografie, die Anfang der 1980er-Jahre erschienen war, wurde auch

der Name seines Lehrers an der Berufsschule in Neunkirchen genannt, Friedrich Müller. Honecker war gelernter Dachdecker. Ich habe mit dem 93-jährigen Müller gesprochen, und er hat erzählt, dass der junge Honecker einmal im Unterricht gefragt habe, ob es denkbar wäre, dass die Kommunisten in Deutschland einmal die Regierung stellen. Müller wunderte sich, dass um den Besuch so viel Wirbel gemacht wurde. Das habe ich ähnlich empfunden, als ich Honecker auf seiner Reise begleitet habe. Als er seine Schwester besuchte, stand ich vor dem Haus: ein riesiger Presse-Auftritt, aber inhaltlich kam nicht viel heraus. Erst am Abend passierte die berühmte Geschichte mit der deutsch-deutschen Grenze. Honecker sagte, dass bei Fortsetzung der friedlichen Zusammenarbeit beider Staaten die Grenze zwischen Bundesrepublik und DDR eines Tages nicht mehr trennen, sondern einen werde – wie die Grenze zwischen der DDR und Polen. Das war eine gewagte These. Der Satz stand nicht im Manuskript. Ich nehme an, dass Honecker von einer Woge seines Heimatgefühls überrollt wurde.

Konnten Sie Honecker bei dieser oder einer anderen Gelegenheit interviewen?

Ich habe es zweimal versucht, immer mit dem Hinweis darauf, dass auch ich im Saarland geboren bin. Aber es hat mir nichts genützt. Die Verantwortlichen haben solche Wünsche wohl grundsätzlich abgelehnt. Nur die Fernsehjournalisten hatten etwas mehr Glück: Fritz Pleitgen von der ARD hat 1989 Krenz interviewt, an Honecker ist aber auch er nicht herangekommen, glaube ich. Die DDR hat versucht, ihre hohen Leute von solchen ›Belästigungen‹ fernzuhalten.

Kannten Sie den Menschen Honecker überhaupt oder wurde er stets abgeschirmt?

Da war kaum ein Herankommen. Ich habe ihm nie die Hand geschüttelt. Meiner Frau allerdings hat er die Hand gegeben, weil er sie für Frau Loewe, die Gattin des ARD-Korrespondenten Lothar Loewe, gehalten hat. Bei der Eröffnung des Palastes der Republik 1976 gab es eine Umbaupause. Da standen wir im Foyer herum, und Honecker ging durch die Gruppe der Journalisten. Ich telefonierte, habe meine Meldung abgesetzt. Meine Frau stand neben Loewe und bekam einen Handschlag von Honecker. Aber sie hat sich inzwischen die Hand wieder gewaschen.

Wurden Ihre Artikel von der Heimatredaktion in Dortmund geändert?

Das kam kaum vor. Sie haben gelegentlich gesagt: »Du hast nur 80 Zeilen.«, wenn ich gerne 120 Zeilen geschrieben hätte. Und natürlich ist manchmal ein Satz gestrichen worden, aber ohne dass dadurch inhaltliche Verluste aufgetreten wären. Das ließ sich aushalten. Also keinesfalls eine Zensur.

Wie unabhängig waren Sie bei Ihrer Themenwahl?

Ziemlich frei. Die Mehrheit meiner Artikel fußte auf eigenen Ideen. Anregungen aus der Redaktion waren relativ selten, Anweisungen erst recht. Einmal habe ich mich allerdings sehr geärgert. Kurz nach dem Treffen zwischen Honecker und Schmidt in Güstrow im Dezember 1981 fand in Ost-Berlin ein Schriftstellertreffen für den Frieden statt, organisiert von Stephan Hermlin und einigen seiner Freunde. Ich war am Abend der Eröffnung vor Ort und habe eine kurze Auftaktmeldung durchgegeben. Die Redaktion sagte, Chefredakteur Günter Hammer wolle mich noch sprechen. Ich wurde durchgestellt. Der Chef sagte, ich müsse am folgenden Tag auf die Teilnahme am Schriftstellertreffen verzichten, weil ich ins Oberverwaltungsgericht nach West-Berlin gehen solle. Dort finde ein Prozess statt, der interessant sei für Dortmund. Es gehe um die Frage, ob in der Dortmunder Hauptgeschäftsstraße ein Sexshop eröffnet werden dürfe oder nicht. Ich habe diskutiert, doch Hammer gab mir eine dienstliche Weisung. Ich war sauer, bin aber zum Gericht gefahren. Es war wirklich für die Katz. Denn nach etwa einer Viertelstunde verkündete das Gericht, das Urteil würde später schriftlich mitgeteilt. Das war eine Zehn-Zeilen-Meldung wert. Aber wenn der Chefredakteur eine dienstliche Weisung ausspricht, muss man leider den Kopf einziehen.

Haben Sie regelmäßig aus West-Berlin berichtet?

Ja, ich musste immer West-Berlin mit abdecken. So reich war die *Westfälische Rundschau* nicht, dass sie sich Korrespondenten in Ost- und West-Berlin hätte leisten können. Etwa 70 Prozent meiner Artikel befassten sich mit der DDR, 30 Prozent mit West-Berlin. Ich weiß das ziemlich genau, weil ich mir die Zeilenzahl jedes einzelnen Artikels notiert habe. Denn im Grundlagenvertrag war auch ein Passus zur gegenseitigen Steuerfreiheit enthalten. Der Verdienst für meine Arbeit in der DDR war also steuerfrei. Daher musste ich gegenüber dem Finanzamt nachweisen, welcher Artikel aus der DDR stammte und welcher aus West-Berlin.

Waren Sie Pauschalist oder fest angestellt?

Ich war fest angestellter Redakteur.

Ein Artikel, den Sie auf beiden Seiten der Mauer recherchiert haben dürften, ist ein Porträt eines Ausgereisten aus der DDR aus dem Jahr 1984. Wie haben Sie die Person gefunden?

Ein Informant wusste, dass sein Bruder einen Ausreiseantrag gestellt hatte und raus wollte. Mein Informant hat den Kontakt hergestellt, und ich habe seinen Bruder besucht. Der hat detailliert erzählt, sodass ich ausführlich berichten konnte. Die Angaben zur Anzahl der Antragsteller und Ausgereisten in dem Artikel stammen natürlich aus Verlautbarungen der Bundesrepublik, die DDR-Behörden haben nichts rausgegeben. Nachher hatte ich leider keinen Kontakt mehr zum Hauptakteur des Artikels. Beide Brüder sind inzwischen gestorben.

Kommen wir zu den Geheimdiensten. Haben Sie für eine der beiden Seiten gearbeitet?

Nein. Einmal hat man versucht, mich anzuwerben. Ich hatte mit einem Mitarbeiter der Ständigen Vertretung etwas zu besprechen. Plötzlich hat er das Thema gewechselt und mich ganz offen gefragt, ob ich mir vorstellen könnte, für den Geheimdienst zu arbeiten. Für den BND, nehme ich an. Er wollte mich sozusagen anzapfen. Ich habe nur gesagt: »Entschuldigung, aber das ist nicht meine Aufgabe.«

Sie hatten ja auch gute Kontakte zu den Amerikanern. Von deren Seite ist nie jemand auf Sie zugekommen und hat Sie anwerben oder mehr oder weniger regelmäßig treffen und über die DDR reden wollen?

Von amerikanischer Seite gab es keine Versuche, mich anzuwerben. Es ist aber von anderer, deutscher Seite einmal versucht worden, Kontakt mit mir aufzunehmen. Das habe ich dann der Chefredaktion mitgeteilt, schriftlich. Danach war Ruhe.

Andere westdeutsche Korrespondenten in der DDR berichten, dass sie ganz offen von der Stasi überwacht wurden. Wie war das bei Ihnen?

Ich weiß es nicht genau. Ich bin davon ausgegangen, dass sie mich im Visier hatten. Erich Mielke wird im Quadrat gesprungen sein, als er erfuhr, dass die DDR westdeutsche Korrespondenten ins Land lässt. Damit hatten sie den Klassenfeind im Haus. Ich habe aber nicht sehr darauf geachtet, ob ich überwacht wurde. Ein guter Freund aus dem Theaterbereich sagte immer: »Kümmere Dich nicht um die Ledermäntel. Lass die machen, was sie wollen. Du weißt, dass Du ordentlich arbeitest und keinen Blödsinn machst.« Ich habe versucht, mich daran zu halten. Natürlich habe ich manchmal Sicherheitsmaßnahmen getroffen, habe Informanten nicht von meinem eigenen Telefon aus angerufen, sondern bin zu einer Telefonzelle gegangen.

Haben Sie Ihre Stasi-Akte eingesehen?

Ja, kurz nach der Wende. Das waren vier oder fünf dünne Hefter, nicht viel. Vielleicht ist etwas vernichtet worden, vielleicht hat man inzwischen auch mehr gefunden, ich weiß es nicht. Ich habe mir nie wieder die Mühe gemacht, das noch einmal nachzuprüfen. Das ist doch Schnee von gestern. Aber ich habe mich sehr geärgert – das will ich nicht bestreiten –, dass die Leute, von denen ich glaubte, dass wir miteinander befreundet sind, mich belauscht und bespitzelt haben.

Da gab es gleich mehrere?

Ja. Beispielsweise der Ingenieur aus Stralsund, mit dem ich im April 1980 in Mukran war. Ich habe ihn erkannt, weil er seine Berichte für die Stasi auf dem gleichen karierten Papier geschrieben hat wie die Briefe an mich. Ich habe an alle Inoffiziellen Mitarbeiter, die ich identifizieren konnte, Einschreiben geschickt, mit einigen Kopien aus meiner Akte und der Bitte um Stellungnahme. Dann kamen einige blöde Entschuldigungen. Nur der Ingenieur und seine Frau haben uns in Berlin besucht. Das Schlimmste an diesem Fall war, dass seine Frau nichts von seiner Spitzeltätigkeit wusste, er hat ihr nichts gesagt. Die beiden kamen heulend bei uns an und wollten sich scheiden lassen. Meine Frau und ich haben zwei Tage gebraucht, um die beiden wieder richtig aufzubauen. Sie sind zusammengeblieben. Ich vermute inzwischen, dass er dem Drängen der Stasi nachgegeben hat, um das Studium der Tochter zu erleichtern.

Peter Nöldechen vor der ehemaligen Ständigen Vertretung der BRD in der DDR.
Quelle: Vincent Mos

Wie lauteten die Entschuldigungen der anderen?
Ein Bekannter aus Leipzig sagte: »Naja, das war doch ganz einfach. Ich habe angenommen, dass Du für den Bundesnachrichtendienst arbeitest, also konnte ich ohne Weiteres für die Stasi arbeiten.« Er hatte uns zweimal besucht – und der Stasi genau beschrieben, wie die Schließanlage unseres Hauses funktionierte. Er hat auch viel Schwachsinn berichtet. Dass unsere Tochter eine Streberin sei, weil sie noch abends um halb neun Hausaufgaben machte. Und dass ich geizig sei, weil es zum Abendessen nur eine halbe Flasche Wein gab und Margarine statt Butter.

Kannten Sie auch Oppositionelle, die für die Stasi tätig waren?
Ja, Wolfgang Schnur vom Demokratischen Aufbruch. Er wurde kurz vor der ersten freien Volkskammerwahl im März 1990 enttarnt. Wir standen früher in engem Kontakt. Ich bin mehrfach bei ihm in Rostock gewesen. Er hat mir Akten gezeigt von Wehrdienstverweigerern, die er vertrat. Wir haben offen und vernünftig über die Fälle gesprochen. Er hat sich ein bisschen hochgespielt, es gab kaum eine Veranstaltung der Opposition, auf der er nicht zugegen war. Niemand konnte ahnen, dass er Stasi-IM war. Ich habe in meiner Stasi-Akte keinen Vermerk gefunden, der auf ihn zurückzuführen ist. Als Schnurs Spitzeltätigkeit aufgedeckt wurde, habe ich den Kontakt abgebrochen. Seitdem haben wir kein Wort mehr miteinander geredet.

Nach der Wende warfen einige Historiker, zum Beispiel Hubertus Knabe, den westdeutschen Korrespondenten vor, zu unkritisch mit der DDR umgegangen zu sein. Hat er Recht?
Herr Knabe hat nicht die geringste Berechtigung, sich als DDR-Experte auszugeben. Er ist im Westen groß geworden und hat für die Evangelische Akademie in West-Berlin gearbeitet. Er kennt die DDR nur aus Akten. Herr Knabe setzt sozusagen den Kalten Krieg fort, gegen ein Phantom. Seiner Argumentation zufolge gehöre auch ich zu den Schönfärbern.

Wie meinen Sie das: »setzt den Kalten Krieg fort«?
Herr Knabe hat mit der früheren DDR ein persönliches Feindbild als Stockkonservativer gefunden und nutzt das – unterstützt von ähnlich denkenden Medien – weidlich aus.

Aber Sie selber geißelten die DDR nicht als Diktatur...
Nein. Der Begriff ›Diktatur‹ ist in meinen Berichten aus der DDR nicht benutzt worden; ich halte das für Meinungsmache, die sich nicht mit einer objektiven und nüchternen Darstellung von Sachverhalten deckt.

Wie blicken Sie heute auf die Zeit als Korrespondent in der DDR zurück?

Es war zweifellos die spannendste journalistische Aufgabe, die ich jemals hatte. Ich hoffe, dass ich den Leuten im Westen ein bisschen geholfen habe, den anderen Teil Deutschlands, die DDR, besser kennenzulernen. Und dass ich umgekehrt dazu beigetragen habe, dass die Leute in der DDR ihre Probleme etwas besser in den Griff bekommen.
Das Interview führten Johannes Pöhlandt, Stefanie Ullmann und Ulrike Sauer.

Literatur

GRASHOFF, EBERHARD; ROLF MUTH: *Drinnen vor der Tür.* [Edition Ost] 2000

NÖLDECHEN, PETER: *Neues Bilderbuch von Uwe Johnsons Jerichow und Umgebung: Spurensuche im Mecklenburg von Gesine Cresspahl und Ingrid Babendererde.* [callidus] 2008

NÖLDECHEN, PETER; JENS REICH: *Geteilte Erinnerungen: Berichterstattung aus der DDR 1974-1989. Mit einem Essay von Jens Reich* [callidus] 2009

Lothar Loewe

»Die CIA-Kontakte konnte ich zu Hause anrufen«

Lothar Loewe († 2010) erlangte Berühmtheit durch seinen Rauswurf aus der DDR. Der einstige Washington-, Moskau- und Ostberlin-Korrespondent der ARD über Martin Luther Kings »I have a dream!«-Rede, die Nähe zur amerikanischen Kultur und seinen Umgang mit Geheimdiensten.

Das Bild aus dem Fundus der Staatssicherheit zeigt: Lothar Loewe (Mitte, mit Hand am Kragen) reist umringt von Kollegen über die Grenzübergangsstelle Heinrich-Heine-Straße am 24.12.1976 aus. Quelle: BStU, MfS HA VI 512, S. 7

Lothar Loewe wurde am 9. Februar 1929 in Berlin geboren. Er arbeitete von 1960 bis 1967 und 1978 bis 1983 als Korrespondent in den USA und berichtete für den Hörfunk, aber vor allem für das Fernsehen der ARD, unter anderem über die Kuba-Krise und die Ermordung Kennedys. Zwischenzeitlich war er auch Korrespondent in Moskau und Ostberlin. 1976 wies die DDR-Führung den akkreditierten ARD-Korrespondenten Loewe aus, weil er den Schießbefehl der DDR-Grenzsoldaten in der *Tagesschau* kritisierte (s. untenstehenden Kasten). Von 1983 bis 1986 leitete er als Intendant den Sender Freies Berlin (SFB) und begleitete von 1992 bis 1994 als Hörfunkbeauftragter der ARD die Transformation des Deutschlandsender Kultur, der im Deutschlandradio eingegliedert wurde. Zuletzt war er als Kolumnist für die *Bild*-Zeitung tätig. Lothar Loewe starb am 23. August 2010 in Berlin.

Die Ausweisung Lothar Loewes 1976

An einen Korrespondenten vom Format eines Lothar Loewe wollte man noch viele Fragen stellen. Leider verstarb er 2010. So blieb keine Zeit, das vorliegende Interview durch Nachfragen zu vertiefen – etwa die zu seiner Ausweisung als ARD-Korrespondent aus der DDR im Dezember 1976. Dennoch soll an dieser Stelle dieses in Ost und West Aufsehen erregende Ereignis kurz skizziert werden.

Am 22. Dezember 1976 hatte die DDR-Führung Loewe im DDR-Außenministerium mitteilen lassen, dass ihm mit sofortiger Wirkung die Akkreditierung entzogen sei. Er habe deshalb innerhalb von 48 Stunden die DDR zu verlassen. Ihm wurde »gröbste Diffamierung des Volkes und der Regierung der Deutschen Demokratischen Republik« vorgeworfen. Auslöser für seine Ausweisung waren die Worte, die er am Vortag an das Ende seines *Tagesschau*-Beitrags setzte: »Die Zahl der Verhaftungen aus politischen Gründen nimmt im ganzen Land zu. Ausreiseanträge von DDR-Bürgern werden immer häufiger in drohender Form abgelehnt. Hier in der DDR weiß jedes Kind, dass die Grenztruppen den strikten Befehl haben, auf Menschen wie auf Hasen zu schießen.«

Insider rechneten bereits vor diesem Zeitpunkt mit der Ausweisung des ARD-Mannes. Moskauer Behörden hatten bereits vor Loewes Dienstbeginn in Ost-Berlin die DDR-Führung vor dessen »antikommunistischer und hinterlistiger Berichterstattung« ge-

> warnt (GRASHOFF et al. 2000: 76f.). Der ARD-Korrespondent habe 1976 längst auf der »Abschussliste« gestanden, konstatiert der damals in der zuständigen Abteilung ›Journalistische Beziehungen‹ im DDR-Außenministerium leitend tätige Rolf Muth. Muths Abteilung hatte der ARD bereits Ende Oktober 1976 nahegelegt, Lothar Loewe als Korrespondenten abzuziehen. Die DDR-Führung fühlte sich von der Arbeitsweise ebenso provoziert wie von Loewes persönlichem Verhalten: In einer langen Kette von MfS-Aktenvermerken sind etwa Verabredungen mit Oppositionellen zur filmischen Aufnahme öffentlicher Protestaktionen, Treffen mit Ausreisewilligen und nicht genehmigte Dreharbeiten vermerkt, aber auch scharfe persönliche Beleidigungen gegen Amtsträger der DDR. Loewe hat einigen dieser Vorwürfe widersprochen, zu anderen »Vergehen« aber sah er sich aus beruflichen Erwägungen (»an der Story bleiben«) gezwungen (SCHREIBER 1977: 20). Zwar spekulierten bereits Ende 1976 neben dem MfS auch einige westdeutsche Kollegen, Loewe habe mit seinem Aufsager in der *Tagesschau* seine Ausweisung provozieren wollen (CHMEL 2009: 171f.; STAADT et al. 2008: 203ff.). Beweisen lässt sich das aber nicht. Klar ist: Lothar Loewe scheute keine Konfrontation.

Frage: Herr Loewe, Sie sind in der Zeit des Nazi-Regimes und mit der Erfahrung des Zweiten Weltkrieges aufgewachsen. Wann hatten Sie zum ersten Mal den Wunsch, Journalist zu werden?
Lothar Loewe: Meine Großeltern in Hinterpommern hatten ein riesiges Radiogerät mit einer wunderbaren Skala und damit spielte ich herum. Ich fing an, schweizerische Sender zu hören, und die hatten neben dem deutschen Wehrmachtsbericht auch die russischen und englischen Militärberichte. Als Jungvolkführer hatte ich die ganze NS-Erziehung mitgemacht und plötzlich kriegte ich ein ganz anderes Bild vermittelt und wurde nachdenklich. Dann fing ich an den deutschen Dienst der BBC zu hören und die *Voice of America*. Da gab es um 23 Uhr die berühmte *Jazz-Hour*. Jazz war schon etwas, das uns sehr interessierte. Auch wenn das natürlich ei-

gentlich alles verboten war. Also ich bin auf den Journalismus gekommen durch den Krieg, durch das Hören und das Aufsaugen von Informationen.

Wie haben Sie denn dann in den Nachkriegswirren in den Journalismus gefunden?

Nach dem Krieg holte ich das Abitur nach. Studieren konnte ich nicht, denn die einzige Universität in Berlin zu der Zeit war die Humboldt-Universität in der sowjetischen Zone. Als Hitlerjugendführer durfte ich mich dort nicht einschreiben. Ich musste irgendwie Geld verdienen, denn da mein Vater im Krieg gefallen war, musste ich auch meine Mutter ernähren. Ich schrieb einfach eine Reportage über ein Berliner Tanzorchester und ging damit zu einer kleinen Lokalzeitung, *Der Abend* in Tempelhof, eine amerikanisch lizenzierte Zeitung, und machte dort die Bekanntschaft eines Redakteurs. Der unterhielt sich mit mir und fand meine Reportage ganz gut. »Das heben wir ins Blatt«, sagte er zu mir. Ich wurde Polizeireporter, berichtete über den Wiederaufbau des Verkehrssystems, Brückenbau und so etwas. Dann kriegte ich einen Schreibtisch in der Redaktion und wurde freier Mitarbeiter für wenig Geld, wie das halt so ist.

Dann bekamen Sie das Angebot, Austauschjournalist in den USA zu werden.

Das war 1953. Die sind vielleicht wegen meiner Berichterstattung über die Aufstände in der DDR am 17. Juni auf mich aufmerksam geworden. Aber ich hatte über die Jahre auch schon eine Reihe von Kontakten mit den Amerikanern etabliert. Während meiner Tätigkeit für *Den Abend* hatte ich auch die Berichterstattung über die Alliierten gemacht. Von der Pressestelle der Militärregierung bekam ich meine Informationen, schrieb Meldungen und Berichte und ging zu Pressekonferenzen. Auf diese Art und Weise kam ich ins Geschäft. Über diese Verbindung mit den Alliierten lernte ich auch amerikanische und englische Korrespondenten kennen, die hier tätig waren. Die waren materiell sehr gut gestellt und suchten junge Leute, die sie als Stringer, also Informationsbeschaffer, einsetzen konnten. Und da sie wussten, dass ich auf lokaler Ebene schon so ein bisschen mit dem Ost-West-Konflikt beschäftigt war, sagten die zu mir: »Rufen Sie mich doch an, wenn irgendwo ein Grenzzwischenfall ist, oder wenn mal wieder ein Volkspolizist geflüchtet ist.« So festigten sich über die Zeit die Kontakte. Ich habe lange gezögert, ob ich das Angebot, nach Amerika zu gehen, annehmen sollte. Denn ich hatte gerade einen festen Job als junger Redakteur beim *Abend* bekommen. Ein älterer Kollege und guter Freund von mir, Dietrich Bartens, war zu der Zeit Korrespondent des BAYERISCHEN RUNDFUNKS in

Berlin, legte mir sehr ans Herz, nach Amerika zu gehen. Er war selbst schon in den 1920er-Jahren in Amerika als Austauschstudent. Der sagte zu mir: »Das musst Du machen, das ist eine Lebenserfahrung, da lernst Du Amerika kennen und das erweitert dein Blickfeld. Wenn Du zurückkommst, sprichst Du fließend englisch und Dir stehen viele Möglichkeiten offen.« Und das stimmte ja auch. Ich habe diesen Schritt nie bereut. Bevor ich aber nach Amerika durfte, musste ich noch eine Prüfung ablegen.

Wie sah diese Prüfung aus?

Da war ein Gremium von Deutschen und Amerikanern. Die befragten mich eine halbe Stunde zu deutscher und amerikanischer Geschichte – und die klopften auch meine Biografie ab. Es war kein Demokratietest, aber dass meine Gesinnung im Hintergrund eine Rolle spielte, war mir schon klar. Es lief ganz gut und kurze Zeit später bekam ich einen Brief mit der Einladung, an dem Programm teilzunehmen.

Wie erlebten Sie diese Zeit als Austauschjournalist in Amerika?

Wir waren eine Gruppe aus sechs oder sieben Journalisten – zwei Berliner, die anderen aus der gesamten Bundesrepublik, zum Beispiel aus Hamburg oder Süddeutschland.

Einige waren schlicht überwältigt vom ›American Way of Life‹. Man kam aus dem armen, kriegszerstörten Deutschland in dieses unglaublich reiche Amerika. In Deutschland hatten wir zum Teil gerade Glas in den Fenstern und dann kam man in diese amerikanischen Einfamilienhäuser, mit den riesigen Eisschränken und den ersten Fernsehern. Dieser ungeheure Überfluss überall war unglaublich. Alle Studenten hatten ein eigenes Auto und als erstes machte ich einen Führerschein und fuhr ins Autokino. Dazu erlebten wir diese amerikanische Lässigkeit und Toleranz, die man aus Deutschland nicht kannte. Wir waren etwa ein Jahr an der University of Oregon. Es war ein gemischtes Studien- und Arbeitsprogramm. Einerseits studierten wir in Oregon und zusätzlich hospitierten wir bei amerikanischen Zeitungen. Vor allem bei Lokalzeitungen in Oregon, aber auch bei kleinen Wochen- und Tageszeitungen. Wir besuchten außerdem Washington, New York und reisten eigentlich durch das ganze Land. Ich war zum Beispiel bei einer *Morning Show* von Chad Huntley an der Westküste, der wurde später ein großer Nachrichtenmoderator. Ich war bei der *Atlanta Constitution*, einer liberalen Zeitung im Süden und lernte die Rassenproblematik in den USA sehr früh kennen. Ich erlebte in Atlanta, was für ein Aufsehen es erregte, als ein schwarzer Polizist im Frühjahr 1954 in die Police Force aufgenommen wurde. Amerika war einfach ein großes Erlebnis für mich.

Wie ging es weiter, als Sie nach Deutschland zurückgekehrt waren?
Mit dem Überfluss war dann erst einmal Schluss. Das Gehalt eines Redakteurs beim *Abend* war ziemlich spärlich, zusätzlich war ich noch Freelancer für Joe Flemming, den Bürochef von United Press in Berlin und ich arbeitete außerdem noch für den *Daily Telegraph*. Damals brauchte man manchmal mehrere Jobs, um über die Runden zu kommen und ich musste mich schließlich auch um meine Mutter kümmern. Doch ich hatte eigentlich ziemliches Glück. Viele Korrespondenten wanderten ins Zentrum der Politik nach Bonn ab, wollten aber in Berlin, als Nahtstelle zwischen Ost und West, ein Büro. Die Büros waren meistens leer und die Korrespondenten schauten nur gelegentlich vorbei. In Bonn war es den meisten aber zu langweilig und so kamen einige hin und wieder nach Berlin, um etwas zu erleben. Die erzählten ihrer Heimatredaktion beispielsweise, sie müssten mal wieder zur Volkskammersitzung oder irgendetwas in der Art und dann gingen die in Berlin ins Theater oder die Oper. Mich hatte der *Daily Telegraph* als Stringer angeheuert und wenn der *Abend* gedruckt war, fuhr ich nachmittags um vier noch mal für zwei Stunden in das Korrespondentenbüro. Dort hatte ich den Ticker der dpa und telefonierte herum. Dann rief der Korrespondent aus Bonn an und fragte, ob ich Neuigkeiten hätte, die er verwerten könnte. Das habe ich von 1954 bis 1960 gemacht. In dem Gebäude hier in Berlin-Grunewald waren auf einer einzigen Etage die *Sunday Times*, der *Observer*, *News Chronicle* und so weiter. Ich hatte immer Kontakt mit den englischen und amerikanischen Korrespondenten, man kannte sich und tauschte sich aus.

Wie kamen Sie dann zum Rundfunk?
Das habe ich im Grunde Dietrich Bartens und Thilo Koch zu verdanken. NDR und WDR hatten ein Rundfunkstudio in Berlin und mein Freund Bartens vom BAYERISCHEN RUNDFUNK arbeitete auch für den NDR. Ich machte dort die Bekanntschaft mit dem berühmten Journalisten Thilo Koch, der Jahre später zu Kennedys Beerdigung die erste Live-Übertragung via Satellit ins deutsche Fernsehen machen würde. Der Sender hatte in Berlin nur zwei kleine Studios. Es waren höchstens ein, zwei Cutterinnen dort beschäftigt, die die Bänder schnitten. Ich durfte eine Hörprobe machen, die Thilo Koch aber nicht sehr begeisterte. Denn mein Berliner Dialekt war unüberhörbar. Trotzdem durfte ich weitere Beiträge sprechen. Anfangs brauchte ich zwar viele Versuche und es musste noch oft geschnitten werden, aber ich wurde immer besser.

Thilo Koch war es auch, der Sie in die USA holte.

Richtig, ohne Thilo Koch wäre ich wahrscheinlich Zeitungsjournalist in Berlin geblieben. Er wollte der Nachfolger von Peter von Zahn als Washington-Korrespondent der ARD werden, ihm fehlte aber die Amerika-Erfahrung. Also kam er eines Tages zu mir, weil er zwei Dokumentationen über die Präsidentschaftskandidaten Nixon und Kennedy für die ARD machen musste. Und weil ich schon Erfahrungen mit Amerika hatte und einige Leute kannte, fragte er mich, ob ich als sein ›Researcher‹ für ein paar Wochen mitkommen wolle. Inzwischen arbeitete ich für die *Bild*-Zeitung, weil die sehr viel besser zahlte, für die damalige Zeit sogar sehr viel besser als andere Zeitungen. Aber dann kam das Angebot von Thilo Koch. Ich hatte noch Urlaub übrig und redete mit den Springer-Leuten, denn Nebentätigkeiten musste man natürlich anmelden. Die hatten nichts dagegen und so ging ich mit Thilo Koch nach Amerika. Ich hatte Verbindungen zu NBC in New York und dadurch kriegte ich Filmmaterial über Nixon und Kennedy. Schnell zimmerten Thilo Koch und ich zwei Filme über Nixon und Kennedy zusammen. Einer der beiden Filme sollte ausgestrahlt werden, je nachdem, welcher Kandidat gewann. Und im November 1960 gewann bekanntlich John F. Kennedy die Wahl zum US-Präsidenten. Nachdem dieser Film gelaufen war, kriegte Thilo Koch das endgültige Angebot, der Nachfolger von Peter von Zahn in Amerika zu werden und er fragte mich dann, ob ich nicht als Junior-Korrespondent nach Washington mitgehen wolle. Das war für mich gar keine Frage. Ich war zwar gerade von der *Bild* an die Redaktion der *Berliner Illustrierten* ausgeliehen und die wollten auch was über Kennedy machen. Der Chefredakteur Peter Boenisch sagte zu mir: »So ein Quatsch, was willst Du in Amerika? Komm mal zur *Berliner Illustrierten*, hier kannst Du große Storys machen.« Aber wieder war es mein Freund Bartens, der mir nahelegte, stattdessen nach Amerika zu gehen. Ich bekam einen Zwei-Jahres-Vertrag beim NDR und der war ebenfalls ordentlich bezahlt.

Nun waren Sie also in den USA. Wie gestaltete sich die Arbeit dort?

In Washington liegen die Informationen auf der Straße. Jeden können Sie anrufen und etwas erfahren. Man arbeitet eigentlich sieben Tage die Woche ununterbrochen. Im Fernseh- und Rundfunkbereich ist es eher selten, dass man sich auf die Suche nach Themen macht. Meistens werden die Themen durch die Redaktion vorgegeben. In den Jahren war es noch nicht so die Aktualität, weil wir anfangs keine Satelliten hatten und jeder Film aus Amerika – schwarz und weiß, keine Farbe – per Flugzeug nach Deutschland gebracht wurde. Aber vor allen Dingen im Hörfunk hatte man jeden Morgen Kontakt mit der außenpolitischen Redaktion in Washington. Erstmal boten wir natürlich Themen an, wir wussten schließlich am besten, welche Themen wichtig waren. Aber die Redaktion hatte natürlich auch Wünsche. Gelegentlich mussten wir der Redaktion verklickern: »Jungs, das ist aber wichtig.« Es war ein Kampf um die Sendeplätze, sowohl im Fernsehen als auch im Radio. Manchmal sagten die dann: »Ist ja alles wunderschön, aber wir sind heute voll. Wir haben den Breshnew-Staatsbesuch in Bonn in der *Tagesschau*. Euer Thema aus Amerika passt nicht mehr rein.«

Wie kritisch konnten Sie berichten?

Wir hatten absolute redaktionelle Freiheit und es gab keine Zensur. Ich hatte nie das Gefühl, dass die Redaktion oder wir Korrespondenten irgendwie beeinflusst worden wären. Natürlich setzte auch die Redaktion Schwerpunkte, da hat man vielleicht mal ein Thema übersehen. Wir haben auch keine Verherrlichung Amerikas betrieben. Zum Beispiel über die Rassenproblematik oder die Arbeitskämpfe haben wir berichtet. Ich habe den Bericht gemacht über die berühmte Demonstration vor dem Lincoln Memorial, wo Martin Luther King sein berühmtes »I have a dream!« gesagt hatte. Das war der größte Tag in der Bürgerrechtsbewegung und natürlich haben wir darüber berichtet. Aber wir standen, ehrlich gesagt, der amerikanischen Kultur schon sehr nahe. Ich will es mal so ausdrücken: Eine außerordentlich kritische Berichterstattung habe ich über Kennedy nicht gemacht. In meiner Generation waren wir alle außerordentliche Kennedy-Fans, er war eine Art Idol für uns.

Ihr Kollege Gerd Ruge hat mal gesagt: »Vor Nixon war unsere Berichterstattung völlig unkritisch.«

Ja, da ist auch was dran. In den 1970er-Jahren während der Watergate-Affäre war ich ein paar Monate vertretungsweise in Washington. Wir waren ziemlich schockiert und hatten es gar nicht für möglich gehalten, was der Nixon alles angestellt hatte. Ich musste zugeben, Nixon falsch eingeschätzt zu haben. Die Redaktion hatte damals einen Beitrag über Nixons Möglichkeiten, Präsident zu werden, angefragt. 1960 war der ja gegen Kennedy durchgefallen und plötzlich kam die Chance für Nixon, Präsident zu werden. Da sagte ich zum Redakteur: »Das ist ein Witz, was Sie hier verlangen. Der Nixon wird nicht mal Hundefänger – der hat keine Chance!« Ich nahm die Sache überhaupt nicht ernst und dann wurde Nixon doch Präsident. Das war einer der größten Flops in meiner ganzen Laufbahn.

Haben Sie rückblickend gedacht, dass Sie manchmal zu unkritisch waren?

Ganz sicher haben wir Amerika zu dieser Zeit viel positiver gesehen als heute. Aber es war auch ein anderes Land als heute. Für mich ist das heute ein unverständliches Amerika.

Es gibt Medienwissenschaftler, die sagen, dieses Unverständnis rühre daher, dass sich die europäischen Korrespondenten damals wie heute vor allem an der Ost- und Westküste aufhalten und das Innere Amerikas gar nicht kennen.

Das würde ich nicht ganz so sagen. Natürlich waren wir vor allem an der Ostküste, also in Washington und New York. Die Vereinten Nationen spielten nun einmal eine große Rolle. Aber wir waren immer wieder an der Westküste und auch in der Mitte des Landes. Es stimmt, mit einem Zwei-Mann-Büro kann man keinen ganzen Kontinent abbilden. Aber ich würde mich nicht dem Vorwurf aussetzen, dass wir den Rest Amerikas vernachlässigt hätten. Die Rolle der Landwirtschafter, Farmer und dergleichen. Ich war mehrmals in Cleveland, um über die große Krise der Stahlindustrie zu berichten und außerdem berichtete ich über die Krise der Automobil-Industrie in Detroit. Nur um ein paar Beispiele zu nennen.

Was für Quellengruppen nutzen Sie als Korrespondent hauptsächlich?

An erster Stelle Informationen aus dem State Department, also dem Außenministerium, von Senatoren und Kongressabgeordneten und natürlich aus dem Weißen Haus oder dem Pentagon. Als Korrespondent erhielt ich eine Akkreditierung für alle offiziellen Regierungsstellen. Der ›White-House-Pass‹ war damals eine Art Freikarte. Wenn man den hatte – 1961 gab es noch keinen Terrorismus und so strenge Kontrollen wie heute – da ging man an das Gate und zeigte seinen Ausweis und die Polizisten, die das Weiße Haus bewachten, grüßten einen freundlich mit: »Good Morning, Sir. Have a nice day.« Gerade für einen jungen Korrespondenten war das ein tolles Gefühl. Zum Beispiel freundete ich mich mit einer Sekretärin von Pierre Salinger, dem Pressesprecher Kennedys, an. Die war zuständig für die Film- und Fotopresse. Mit der ging ich ein- oder zweimal essen. Wie das in Amerika damals so war, wohnte sie mit vier anderen jungen Damen, die alle in der Regierung arbeiteten, zusammen. Die hatten in Georgetown ein Haus und gaben dort Dinner-Partys und so lernte man wieder andere Leute kennen. Sehr wichtig war das State Department, nicht so sehr die Pressestelle, sondern die Referate selbst. Wenn man vom State Department etwas wissen wollte, zum Beispiel über Nicaragua, dann hatte man ein Telefonbuch und rief direkt den sogenannten ›Nicaragua-Desk‹ an. »Hallo, ich bin vom German Television und Radio und möchte etwas über Nicaragua erfahren, haben Sie eine halbe Stunde Zeit für mich?« Nicaragua wurde natürlich selten angefragt, da hieß es dann gleich: »Natürlich, kommen Sie heute Nachmittag vorbei!« So lernte man auch im State Department Diplomaten kennen. Ich habe zum Teil lebenslange Verbindungen aufgebaut. Egal wo man später war, ob in Prag, Moskau oder Berlin, konnte man die anrufen. Nicht zu vergessen ist die CIA. Die ›Intelligence-and-Research‹-Abteilung im State Department war natürlich erstklassig besetzt mit Russland- oder DDR-Spezialisten zum Beispiel. Mit denen konnte man immer reden. Manchmal lernte man auch bei privaten Gelegenheiten Leute aus der analytischen Abteilung der CIA kennen. Das war immer interessant, was die zu sagen hatten. Die lagen zwar nicht immer richtig mit ihren Analysen, aber doch ziemlich zuverlässig. Natürlich waren die Kontakte zum Beispiel mit amerikanischen Kollegen ebenso wichtig. Ganz am Anfang hatte ich eine Empfehlung aus Berlin an amerikanische Kollegen, die sich meiner annahmen. Das sind noch bis heute gute Freunde von mir. Also man schuf sich ein Netzwerk, das eigentlich lebenslänglich hielt.

Gab es nicht noch andere wichtige Quellenblöcke?

Wir hatten auch Wirtschaftsquellen. Also haben wir beispielsweise mit General Motors gesprochen, wenn wir was über Autos wissen wollten und mit dem National Oil Institute in Texas, wenn es um Öl ging. Und wenn man etwas über das Verhältnis von Amerika und Argentinien wissen wollte, musste man nicht mit dem State Department reden, man konnte ja auch die argentinische Botschaft aufsuchen. Außerdem lernte man auch privat Amerikaner kennen – zum Beispiel Leute im eigenen Apartment-Haus, die man am Pool traf.

Wie wichtig waren die amerikanischen Medien für Ihre Arbeit?

Die gaben natürlich Anregungen. Die *Washington Post* oder die *New York Times*, unter Umständen auch die *Baltimore Sun* – das waren ganz wichtige Blätter. Die las man jeden Morgen als erstes. Wir kupferten nicht bei denen ab, aber wir schauten uns schon an, was die machten. Man fragte bei denen auch mal nach. Zum Beispiel bei James Reston, einem berühmten *New-York-Times*-Korrespondenten, den ich persönlich kannte und hin und wieder nach seiner Meinung fragte.

Wie begegneten Sie Korrespondenten aus der DDR oder dem Ostblock?

Ich wusste, die sind ausgesucht und linientreu. Und ich hatte nicht vor, die zu bekehren. Die DDR-Journalisten waren meiner Meinung nach sogar linientreuer als die Russen selbst. Man sah sich nicht häufig und wenn, dann in New York. Die drei Wochen im Herbst, wenn die UN-Vollversammlung tagte, reisten Thilo Koch oder ich und später Gerd Ruge abwechselnd nach New York. Und im Pressezentrum der Vereinten Nationen traf man auch ostdeutsche Kollegen. Zum Beispiel Horst Schäfer vom ADN, der DDR-Nachrichtenagentur, und seine Frau. Waren nette Leute, die beiden. Da sagte man zwar höflich: »Guten Tag«, aber ich glaube, die wollten keinen näheren Kontakt mit mir. Aber es gibt eine Geschichte, die mir im Gedächtnis geblieben ist. 1973 wurden die beiden deutschen Staaten in die UNO aufgenommen und beide deutsche Außenminister sollten Reden halten. Und ich weiß es noch, als wäre es gestern gewesen. Auf einem Presse-Meeting traf ich Wolfgang Meyer vom ADN, später Hauptabteilungsleiter im DDR-Außenministerium, derjenige, der mich ein paar Jahre später aus der DDR ausweisen sollte. Und der zweite war Werner Micke, Chef der Außenpolitik beim *Neuen Deutschland*, dem SED-Presseorgan. Am nächsten Tag sollten die beiden deutschen Außenminister reden und ich machte denen einen Vorschlag: Ich würde ihnen die Vorausexemplare der Rede von Walter Scheel besorgen und im Gegenzug sollten sie die Rede von Otto Winzer besorgen. Für das Fernsehen ist es sehr nützlich, wenn man die Rede vorher hat. Denn man kann sich die Passagen raussuchen, die interessant sind und kann den Kameraleuten sagen, bei welcher Passage sie die Kamera laufen lassen können und welche Passagen sie getrost vergessen können. Als ich meinen DDR-Kollegen das Angebot machte, nickten die nur bedächtig mit dem Kopf. »Naja, wir werden das mal versuchen«, antworteten die nur. »Winzer wird denen doch die Rede geben«, dachte ich. »Das kann ich mir nicht vorstellen, dass Sie die Rede nicht kriegen«, sagte ich dann, »das machen ja sogar die Russen.« Also ich besorgte denen die Rede – gutwillig wie ich bin, auch gegenüber Kommunisten.

Und dann?

Am nächsten Vormittag gehe ich also mit der Rede zu Meyer und Micke, gebe sie ihnen und frage nach der Winzer-Rede. Aber die entschuldigen sich nur, dass sie die Rede nicht bekommen haben. Daraufhin sage ich trocken: »Ihr seid ja richtige Pfeifen.« So gesehen war das also keine Kooperation mit den DDR-Kollegen. Die einzige funktionierende Kooperation hatte ich mit Ulrich Makosch von der *Aktuellen Kamera* in Helsinki 1975 bei der KSZE-Konferenz. Die Redaktion der *Aktuellen Kamera* hatte einen Termin verschlafen und brauchte nun einen Film von Kanzler Schmidt. Ich glaube, es ging um ein Treffen von Schmidt mit Breshnew. Dafür hat Makosch mir dann ein Treffen von Honecker mit Ford, glaube ich, gegeben. So etwas haben wir vielleicht zwei Mal gemacht, wenn ich mich richtig erinnere. Für mich war das überhaupt kein Problem, für den war das ideologisch natürlich ein großes Problem. Er hatte wohl die Position in der Hierarchie, dass er das selbst entscheiden konnte. Mit den Russen war es ein bisschen besser. Ich wurde regelmäßig in die russische Botschaft eingeladen, auch wenn man nicht viel erfuhr. Zygmunt Broniarek von der größten polnischen Tageszeitung, *Trybuna Ludu*, war viele Jahre in Washington und ein sehr lustiger Kollege. Mit dem bin ich gerne mittagessen gegangen. Es kam nicht wahnsinnig viel dabei heraus, aber man hielt den Kontakt. Ein anderer Kollege aus dem kommunistischen Block, der auch eine Rolle in der Kuba-Krise spielte, hatte eine wunderbare englische Tabakpfeifensammlung. Er fuhr einen riesigen Chevy, trug so einen Bankerhut und Galoschen natürlich. Zu dem habe ich nur gesagt: »Richtiger Kommunismus ist das ja nicht, wenn ich hier Deine Pfeifensammlung sehe. Eine Pfeife reicht doch.« Da lachte er nur: »Lothar, you know, communism doesn't mean poverty anymore.« Ich kannte auch Ungarn, einer ist 1956 aus Budapest getürmt und war für AP in Washington. Polen und Ungarn waren im Ostblock wirklich die zugänglichsten Leute.

Die DDR-Journalisten waren Ihnen zu ›linientreu‹. Wie systemnah dürfen Journalisten denn sein?

Ich will es mal so ausdrücken: Wir alle standen natürlich auf dem Boden der parlamentarischen Demokratie. Und wir hatten den Eindruck, das trifft auch für Gerd Ruge, Thilo Koch, für uns alle zu, dass im Grunde genommen die parlamentarische Demokratie in Amerika sehr gut funktionierte. Wir waren natürlich eher Anhänger der Marktwirtschaft und nicht der Planwirtschaft oder des Kommunismus. Wir waren natürlich keine Anhänger von McCarthy, den habe ich ja als Austauschjournalist erlebt und er war unter meinen Kommilitonen nicht besonders populär. Diese Vendetta gegen Kommunisten haben wir nicht unterstützt. Wir hatten immer eine grundsätzlich positive Einstellung zu Amerika, das muss ich sagen, sehr positiv. Die habe ich eigentlich heute noch, trotz Bush.

Betreiben westdeutsche Medien nie Propaganda?

Doch sicher war das so, aber es gab keine zentrale Steuerung. Die parlamentarische Demokratie war die Basis für den Journalismus, auch für die FAZ, für die *Bild*-Zeitung oder *Die Welt*. Und das ist sie heute immer noch – die FAZ ist anders als die *Süddeutsche Zeitung*. So war das immer, seit Beginn der Bundesrepublik. Ich wüsste ein Beispiel für politischen Kampagnen-Journalismus zu Beginn meiner Karriere. Axel Springer, der ein sehr sozialer und großzügiger Verleger war und selber schreiben konnte, hatte einen Slogan, den er 1958 propagierte, als eine gewisse Massenfluchtbewegung aus der DDR im Gange war. Da gab es eine Kampagne: »Macht das Tor auf!« Dieser Slogan ist in der *Bild*-Zeitung erschienen. Dabei war das Tor doch eigentlich offen, die Mauer gab es noch nicht. Ich gebe zu, dass ich als Journalist relativ bedenkenlos diesen Slogan übernommen habe, mit dem eigentlich die Fluchtbewegung gemeint war. Und auch wir Journalisten waren daran interessiert, dieses System zu schwächen. Wir sind in die Flüchtlingslager gegangen und haben Bauern, Ärzte oder Ingenieure rausgesucht, die alle die Nase voll hatten von der DDR, weil sie zum Beispiel enteignet wurden. Wir haben also Schwerpunkte gesetzt und die rausgesucht, die eine besonders schlechte Meinung von Ostdeutschland hatten. Das druckten wir Tag für Tag in den Zeitungen. Das war natürlich ein Kampagnen-Journalismus, den ich heute anders beurteile.

Sie haben in einem Interview gesagt, die westdeutschen Medien waren der »Nagel im Sarg der DDR.«
Richtig.
Haben Sie das als Ihre Aufgabe gesehen?
Ich habe die Berichterstattung nicht unter dem Aspekt gesehen, das Ende der DDR herbeizuführen. Ich war bemüht, die Lage der DDR so objektiv wie möglich darzustellen. Am Anfang habe ich nicht geahnt, welche Bedeutung ich als Informationslieferant für die Bevölkerung der DDR hatte. Wir lieferten Informationen, die standen nicht im *Neuen Deutschland* und liefen nicht im DDR-Fernsehen. Ich glaube, dass die Berichterstattung insgesamt dazu beigetragen hat, die DDR zu destabilisieren. Wir brauchten keine Propaganda, wir mussten nur darstellen, wie es wirklich war. Das gesamte System ruhte auf den Bajonetten der sowjetischen Truppen und lebte von der massiven Unterdrückung der Bevölkerung. Das war seit dem 17. Juni 1953, den ich ja auch als Journalist miterlebt habe, mehr als deutlich und dann 1956 beim Aufstand in Ungarn haben die Russen erneut die Bevölkerung zusammengeschossen. Nicht zu vergessen: der Prager Frühling 1968. Wir hatten genügend Beispiele.

Haben Sie sich als ›Verteidiger des Westens‹ gesehen?
Ja, als ein Verteidiger der westlichen Werte, der Freiheit und der Demokratie. Man kann es auf die schlichte Formel bringen: Jeder soll nach seiner Façon selig werden. Und das konnte man in der DDR eindeutig nicht. Die Leute konnten nicht studieren, was sie wollten, die konnten nicht lesen, was

sie wollten, sie konnten die Filme nicht sehen, die sie sehen wollten und die Musik nicht hören, die sie wollten. Was muss ich da noch aufzählen?

Hatten Sie auch mit Geheimdiensten zu tun?

Das ist eines der Grundprinzipien des Journalismus: Man kann mit Geheimdiensten umgehen, aber man darf nicht für sie arbeiten und man darf sich nicht von ihnen bezahlen lassen. Die Stasi hatte mich einmal angesprochen, kurz bevor ich nach Washington ging. Auf der Transitreise von Berlin nach Hamburg haben sie mich bei Babelsberg im Kontrollpunkt plötzlich festgesetzt. Sie brachten mich in einen vergitterten Raum mit zwei Stühlen und einem Tisch. Dann kam ein freundlicher Herr, der gab sich aus als Dr. Schenk oder so. »Guten Tag, ich wollte mich mit Ihnen mal unterhalten. Ich habe Ihre Berichte gelesen.« Der hatte einen ganzen Stapel Zeitungsartikel von mir aus der *Bild*-Zeitung unter dem Arm. »Sie schreiben doch so gut«, schmeichelte er mir, »können wir uns nicht mal öfter unterhalten?« Ich sagte: »Wissen Sie, da haben Sie wenig Glück mit mir, ich gehe gerade nach Washington« – das wusste der noch nicht. »Das ist aber bedauerlich«, antworte er. Das war ein Versuch der anderen, den ich aber nie in den Akten gefunden habe. Die früheste Stasi-Eintragung war 1958, da hatte die Stasi einen Offizier nach West-Berlin geschickt in mein Haus, wo ich mit meiner Mutter lebte. Die befragten die Hausbewohner, ob ich viel Geld ausgebe, was ich für ein Auto fahre, ob ich viele Freunde und Bekanntschaften habe. Und kamen zurück mit wenig Erkenntnissen.

Der BND hat nie versucht, Sie anzuwerben?

Der BND hat mit mir zu der Zeit, als ich Moskau-Korrespondent war, bei einer Korrespondentenkonferenz in Deutschland Kontakt aufgenommen. Die haben sich bei mir im Hotel gemeldet und wollten mit mir reden, aber ich habe das abgelehnt. Ich wollte mit dem BND nicht reden, ich kannte den Mann nicht, der war fremd für mich und ich wusste nicht, was das soll. Es musste seriös sein. Zum Beispiel Hans-Georg Wieck, ein guter Freund von mir, hat mich häufiger ins schöne Pullach eingeladen.

Hans-Georg Wieck war ab 1985 Chef des Bundesnachrichtendienstes. Wie kamen diese Treffen zustande?

Hans-Georg Wieck kenne ich seit meiner Zeit in Washington. In den 1960er-Jahren arbeitete er dort in der deutschen Botschaft. Später war er Botschafter unter anderem in Moskau. Wir standen immer in Kontakt und ich bin der Patenonkel von einem seiner Söhne. Als er BND-Chef war, lud er zu Hintergrundgesprächen nach Pullach ein. Es ging vor allem um die DDR. Das war natürlich interessant und ich bin immer hingegangen.

Lothar Loewe von der Staatssicherheit fotografiert: vor der Ständigen Vertretung der Bundesrepublik Deutschland in Ostberlin. Quelle: BStU, MfS, AOPK 1499/84, Bd. 2, S. 26.

Als Patenonkel konnte man gar nicht anders...

Nein, das hat damit gar nichts zu tun. In Washington 1961 war Hans-Georg Wieck zweiter Sekretär und wir waren alle ganz jung – eine Freundschaft über ein ganzes Leben. Im Laufe dieser Karriere wurde der Mann unter Kohl auch BND-Chef. Und wenn dann plötzlich ein alter Freund, den man seit 40 Jahren kennt, BND-Chef wird, dann duzt man sich natürlich mit dem und tauscht sich auch aus. Wenn Hans-Georg Wieck mich anrief und sagte: »Wenn Du Lust hast zu kommen, wir machen ein Briefing und sind auch an Deiner Meinung über die DDR interessiert.« Das waren Seminare, die den ganzen Tag liefen. Es war doch offiziell und warum sollte man da nicht hingehen? Warum sollte man mit dem Nachrichtendienst der Bundesrepublik Deutschland, wenn der Chef des Nachrichtendienstes eine kleine Gruppe deutscher Journalisten – es waren ein paar Chefredakteure da, zum Beispiel von der *Süddeutschen Zeitung*, der *Stuttgarter Zeitung* und Rundfunk- und Fernsehleute –, warum soll man nicht hinfahren und sich zum Beispiel ein Referat über Wirtschaft in der DDR, über die Beurteilung der Fluchtgesellschaft und ein Referat über die Beziehungen mit der Sowjetunion anhören? Das waren einfach Informationen, die man nehmen konnte oder nicht. Natürlich war man skeptisch, man hatte ja eine eigene Meinung zu bestimmten Dingen. Man muss sich das so vorstellen, dass 20 Minuten ein BND-Mitarbeiter einen Vortrag hielt, dann konnte man Fragen stellen und wir wurden auch nach unserer Meinung gefragt. Es war einfach ein Austausch. Es ging zum Beispiel über die Lage der Chemie-Industrie oder der Automobil-Industrie in der DDR. Es ging vor allem um Stimmungen. Die Grundfrage war, wie stabil die DDR ist und ob es eine Chance für Liberalisierung gibt. Es ging auch um Personen. Für die BND-Leute war es zum Beispiel auch wichtig, hochrangige Politiker einschätzen zu können. Die wollten wissen, ob Egon Krenz Alkoholiker oder nierenkrank war, da er als großer Säufer galt. Da konnte ich nur sagen: »Ich habe den drei Mal gesehen und wie ein Alkoholiker wirkte er nicht.«

War der Austausch mit Geheimdiensten üblich?

Es gab natürlich offenbar Berichtsbereiche und offenbar auch Kollegen, die mit den Geheimdiensten ziemlich eng waren. Zum Beispiel über meine Kollegen, die im Nahen Osten waren, höre ich das immer wieder. Die Kontakte zu Geheimdiensten spielten für meine Berichterstattung aber meist keine Rolle. Sie waren ein ergänzendes Informationsmittel, das man je nach Einschätzung als zutreffend oder nicht so zutreffend empfinden konnte. Für Hintergrundinformationen waren diese Quellen sehr hilfreich. Man wusste mehr als viele andere Leute, man wusste über die Welt besser Bescheid. Ich werde nie vergessen, eine meiner interessierten Gesprächspartnerinnen war eine Dame namens Gabriele Gast, die ist nach der Wende als eine Top-Agentin von Herrn Markus Wolf entlarvt worden. Sie war bei einem Essen an meinem Tisch und ich habe mit ihr ein sehr interessantes, ausführliches Gespräch über alles Mögliche im Politbüro geführt. Ich habe nie geahnt, dass sie eine Top-Agentin war. Ich hielt den BND immer für unterwandert. Die sind auch nie mit einem seriösen Mann auf mich zugekommen. Wenn der Geheimdienst auf einen Austausch Wert legt, dann müssen die kommen und mit offenen Karten spielen. Wenn der einem nur eine Telefonnummer gibt und nicht mal sagt, wo er wohnt, kann man das doch vergessen. Die CIA-Kontakte konnte ich zu Hause anrufen, weil ich wusste, wo die wohnten und gelegentlich war ich bei denen auch zum Abendessen. Ich hatte CIA-Kontakte in Moskau oder habe mich in Berlin mit Leuten getroffen, die ich noch aus Washington kannte. Mit denen führte ich Gespräche über die Lage im Politbüro in Moskau. Meine Bekannten im State Department bei ›Intelligence and Research‹, zum Beispiel Helmut Sonnenfeldt, der spätere Assistent von

Henry Kissinger, der war ein hochintelligenter Mann. Mit dem zu reden war immer interessant. Wenn es zum Beispiel irgendeinen Personalwechsel im Politbüro gab, ging man zu dem Russland-Referenten, der speziell für Personalien zuständig war und fragte nach Informationen über den neuen Mann. Ich kannte auch den berühmten CIA-Chef Allen Dulles. Von dem habe ich sogar eine Widmung in sein Buch bekommen. Ich kannte ihn über seine Schwester Eleanor Dulles. Sie war die Berlin-Beauftragte des State Departments in den 1950er- und 1960er-Jahren unter dem damaligen Außenminister John Foster Dulles. Inwieweit man auf solche Informationen zugriff, hing auch von dem Ort ab, an dem man war. In Moskau war die Informationslage viel schlechter als in Washington, da war man zum Teil einfach auf gewisse Quellen angewiesen. Die Botschaften in Moskau waren sehr nützlich. Die amerikanische Botschaft, die englische Botschaft, die israelische Botschaft oder die deutsche Botschaft. Mit dem deutschen Botschafter führte man Hintergrundgespräche, im sogenannten abhörsicheren ›Tank‹. Ich hatte alle drei Monate Gespräche mit dem amerikanischen Botschafter oder auch mit dem österreichischen Botschafter, der sehr gut informiert war und ein sehr umfassendes Bild von Russland hatte. Das waren die Quellen, von denen man mosaikartig Informationen bekam und anschließend zusammensetzte.

Wie wichtig war die deutsche Botschaft für Sie?

In Amerika spielte die keine Rolle, außer bei Kanzler- und Außenministerbesuchen und solchen Anlässen. Aber für Informationen über die amerikanische Innenpolitik spielte die Botschaft überhaupt keine Rolle. Ich vermute, die wussten weniger als ich. In der DDR war das ähnlich. Die Ständige Vertretung der Bundesrepublik in Ostberlin hatte zwar ganz sicher einen BND-Mann in ihren Reihen. Das war wohl der Hansjörg Geiger, der Nachfolger von Wieck als BND-Chef, was ich damals gar nicht wusste. Ich glaube aber, dass wir besser informiert waren als die Leute in der Vertretung. Ich wusste mehr über die DDR, weil meine Kontakte einfach besser waren. In Moskau war das schon anders. Die kleine ausländische Community in diesem doch feindlichen Umfeld hielt schon ziemlich zusammen. Man kannte den Botschafter, man konnte ihn immer anrufen, den Gesandten, den Kulturmann, den Pressemann. Da war der Kontakt sicher eng.

Der Kalte Krieg ist seit einiger Zeit vorbei. Hat sich Ihr Selbstverständnis geändert?

Sicher, ein bisschen schon. Ich bin selbstkritischer geworden, auch weil es den Systemkonflikt nicht mehr gibt. Damals war es ganz klar. Ich habe als Korrespondent Washington und Moskau kennengelernt – das war ein Unterschied wie Tag und Nacht. In Washington hatten wir die absolute Freiheit und niemand behinderte unsere Berichterstattung. In Moskau wurden wir so lange zensiert, bis wir uns eine Selbstzensur angewöhnten. Denn wenn denen etwas nicht gefiel, stellten die einfach unsere Leitung ab. Aber insgesamt glaube ich, dass wir eine sehr glückliche Zeit hatten. Wenn Sie heute als Journalist arbeiten, haben Sie selbst im öffentlich-rechtlichen System nicht mehr die Freiheit, die wir seinerzeit hatten. Vielleicht sind die politischen Zwänge weniger geworden, aber die materiellen Zwänge sind heute sehr viel größer als damals – und das ist nicht gut für die Unabhängigkeit des Journalismus.

Das Interview führten Irene Habich und Markus Fischer.

Literatur

BOYSEN, JAQUELINE: Befehl, auf Menschen wie auf Hasen zu schießen. Ein Nachruf auf Lothar Loewe. In: *Deutschlandfunk* 28.08.2010, http://www.dradio.de/dlf/sendungen/marktundmedien/1261426/ [26.11.2011]

CHMEL, CHRISTIAN: *Die DDR-Berichterstattung bundesdeutscher Massenmedien und die Reaktionen der SED (1972-1989).* Berlin [Metropol-Verlag] 2009, S. 163-176

GRASHOFF, E.; ROLF MUTH (Hrsg.): *Drinnen vor der Tür. Über die Arbeit von Korrespondenten aus der Bundesrepublik in der DDR zwischen 1972 und 1990.* Berlin [Edition Ost] 2000

LOEWE, LOTHAR: *Abends kommt der Klassenfeind. Eindrücke zwischen Elbe und Oder.* Wien [Ullstein] 1977

LOEWE, LOTHAR GERD RUGE: *Wie starb John F. Kennedy?* 1964

MUTH, ROLF: Alltag zwischen den Fronten des kalten Krieges. In: GRASHOFF, EBERHARD; ROLF MUTH: *Drinnen vor der Tür.* Berlin [Edition Ost] 2000, S. 67-87

STAADT, JOCHEN; TOBIAS VOIGT; STEFAN WOLLE: *Operation Fernsehen. Die Stasi und die Medien in Ost und West.* Vandenhoeck & Ruprecht. Göttingen 2008, S. 201-206

SCHREIBER, HERMANN: Öfter mal was Menschliches. In: *Der Spiegel*, 1, 1977, S. 20

Ralf Bachmann

»Wir waren nicht Speerspitzen. Wir wollten Brückenbauer sein.«

Ralf Bachmann hatte Zugang zu höchsten Nomenklatur-Kreisen Ostberlins. Als Intellektueller und vom Zweiten Weltkrieg Geprägter fühlte er sich der DDR politisch lange verpflichtet. Während seiner Korrespondenten-Zeit in Bonn genoss er das Vertrauen hoher Persönlichkeiten und vieler Journalisten-Kollegen – und spionierte für die Staatssicherheit. Auch der Verfassungsschutz zeigte Interesse an seiner Mitarbeit.

Ralf Bachmann 1986 im Bonner Saal der Bundespressekonferenz. Quelle: Privatarchiv Ralf Bachmann

»Wir waren nicht Speerspitzen. Wir wollten Brückenbauer sein.«

Ralf Bachmann wurde am 29. Dezember 1929 in Crimmitschau (Sachsen) geboren. Ab 1945 war er bei den *Nachrichten für Grimma*, der *Leipziger Volkszeitung* und der Zeitung *Neuer Tag* in Frankfurt/Oder tätig. Anschließend arbeitete er im Presseamt beim Ministerpräsidenten der DDR. Von 1961 bis 1989 war er als Redakteur und Korrespondent in Prag und Bonn sowie in Leitungsfunktionen bei der DDR-Nachrichtenagentur Allgemeiner Deutscher Nachrichtendienst (ADN) tätig. 1975 verpflichtete er sich, als Inoffizieller Mitarbeiter für das Ministerium für Staatssicherheit zu arbeiten. Als Publizist und Buchautor lebt Bachmann mit seiner Frau Ingeborg in Berlin.

Frage: Sie waren zusammen mit Ihrer Frau Ingeborg ab 1981 für mehr als fünf Jahre als Korrespondent des Allgemeinen Deutschen Nachrichtendienstes (ADN) in Bonn tätig. Wie wurden Sie dort aufgenommen?
Ralf Bachmann: Am Anfang herrschte noch eine ziemlich steife Atmosphäre. Da schienen meine Gesprächspartner überrascht zu sein, dass wir mit Messer und Gabel essen und sie nicht mit »Seid bereit!« begrüßen. Man wusste eben nichts über den anderen, man war misstrauisch, man dachte Schlechtes über die andere Seite. Aber das lockerte sich nach den ersten Gesprächen und dem Austausch deutsch-deutscher Witze bald, weil man merkte, dass wir ganz normale Menschen waren, die normale Sätze sprechen und verstehen.
Haben Sie sich in der Bundesrepublik heimisch oder eher als Ausländer gefühlt?
Als etwas dazwischen. Dass ich mich heimisch fühle, war deshalb nicht möglich, weil ich mir ja ständig bewusst sein musste, ich bin hier für die meisten ein sehr misstrauisch beäugter Fremder und Funktionär ›von drüben‹. Und dazu kam, dass kaum ein Tag verging, ohne dass ich merkte, wie ich nicht nur von der Stasi, sondern auch vom Verfassungsschutz beobachtet wurde.
Ich hätte mich gerne heimisch gefühlt. Es wäre angenehm gewesen, wenn ich dort wie jeder andere gewesen wäre, aber ich fühlte ganz im Inneren, ich gehöre nicht dazu. Fremd war ich freilich auch nicht. Ich spürte, wie sehr ich ›als Mensch‹ oft gesamtdeutsch fühlte, auch dadurch, dass ich so viele Freunde hatte.
Wie sahen die Kontakte zu Journalistenkollegen aus dem ›anderen Lager‹ aus?

Da dominierte natürlich der Erfahrungsaustausch. Wir saßen in Bonn in einem Pressehaus, wo viele Korrespondenten, aber auch Bonner Journalisten ihre Büros hatten. So erweiterte sich der Kreis der Kontaktpartner schnell auch auf Journalisten der Bundesrepublik.

Es blieb aber nicht beim Austausch von Erfahrungen. Da sind echte Freundschaften entstanden, die bis heute bestehen. Die Kontakte an sich waren nicht verboten, mussten nicht verheimlicht werden. Mit den Freundschaften sah es anders aus, weil der Verdacht entstand, zu gute Beziehungen zu kapitalistischen Journalisten könnten unsere Wachsamkeit einschläfern.

Wie begehrt war Ihre Korrespondentenstelle bei den Kollegen in der ADN-Redaktion?

Es mag seltsam klingen, aber Bonn gehörte zu den Orten, wohin die meisten Leute ungern wollten, weil die Berichterstattung von dort so unerhört diffizil war. Denn aus dem anderen deutschen Staat, der als der Hauptfeind galt, konnte man faktisch nicht ›normal‹ berichten.

Ich habe viele Reisen gemacht, nach Lateinamerika oder Finnland, und war Korrespondent in Prag. Dort konnte man beispielsweise übers Bier schreiben oder über einen Film. In Bonn über Warsteiner oder über bundesdeutsche Kinohits zu berichten, verbot sich aus vielerlei Gründen. Das heißt, schreiben konnte ich natürlich, es wäre nur nie erschienen.

So fiel eine ganze Reihe von Themen weg. Man musste solche finden, die außerhalb der Konfrontationssphäre standen. Über das kulturelle Leben zum Beispiel hatte ich erst etwas zu berichten, als es eine Künstlerinitiative in der Friedensbewegung 1982 gab, da wurde sogar mein Interview mit Udo Lindenberg in fast allen DDR-Zeitungen als ›Pressegespräch‹ gebracht, obwohl es ein Exklusiv-Interview für mich war. Das hatte was mit den Beziehungen Erich Honecker – Udo Lindenberg zu tun, da wäre ein ADN-Interview angeblich als so eine Art Versöhnungsgeste ausgelegt worden.

Eine Premiere an den großen Theatern des Landes war kein Thema. Die einzige Theaterrezension, die ich gemacht habe, war, als in Bonn ein Stück des DDR-Komponisten Udo Zimmermann aufgeführt wurde. Auch einige linke Liedermacher und Schriftsteller habe ich interviewt. Aber sonst existierte die normale Seite der Kulturberichterstattung nicht.

Die andere Schwierigkeit ergab sich direkt aus der politischen Konfrontation der beiden deutschen Staaten. Sobald es um politische Meinungsverschiedenheiten ging, war die Linie der Berichterstattung genau vorgegeben, waren wir ständig eingeengt. Man konnte ohne Rücksicht auf die Tatsachen nur propagandistisch darüber berichten, sonst wurde es nicht verwendet.

Aber jedes Abweichen von den Fakten, das uns oft genug von den Agitationsverantwortlichen in die Meldungen hineinredigiert wurde, haben politisch interessierte Rezipienten zu Hause sofort registriert. Alles Wichtige ist ja postwendend über das Westfernsehen in die Wohnzimmer der DDR-Bürger gekommen. Wenn die Leute dann dort sahen, was wirklich passierte – dass zum Beispiel die Friedensbewegung nicht nur gegen die amerikanischen, sondern auch gegen die sowjetischen Raketen protestierte – und es mit dem DDR-Rundfunk und der DDR-Presse verglichen, haben sie gesagt: »Das enthalten die uns vor. Die lügen.«

Damit hat sich die DDR eher einen Bärendienst erwiesen.

Ja, natürlich. Misstrauen, namentlich gegenüber der Informationspolitik, war auch einer der Gründe, die zum Ende der DDR führten. Das wurde bei den Demonstrationen zum Schluss deutlich, oft bezog sich die Kritik direkt auf den ADN oder die Zeitungen. Ein Sprechchor vor unserer Haustür lautete: »ADN, hör auf zu penn'!«

Was war damals noch charakteristisch für Ihre Arbeit in Bonn?

Die Frage kann man nicht so einfach beantworten, weil sich viele Dinge während eines halben Jahrzehnts verändert haben. Der Beginn der Tätigkeit in Bonn stand einerseits im Zeichen der Friedensbewegung. Dieses Thema dominierte in dieser Zeit natürlich die Berichterstattung. Die Raketenkonfrontation schien andererseits zur Kraftprobe zwischen den beiden Weltlagern zu werden und überschattete anfangs alles in den Ost-West-Beziehungen.

Die zweite Hälfte unseres Aufenthalts war angenehmer für uns, weil wir genau in der Zeit zwischen dem Schmidt-Besuch in der DDR und dem Honecker-Besuch in der Bundesrepublik dort waren. Das waren Jahre der Entspannung, als man auch bei den zuständigen Stellen der DDR daran interessiert war, die Berichterstattung so anzulegen, dass Verständigung und gute Beziehungen im Mittelpunkt standen. Das hieß natürlich nicht, dass der Klassenstandpunkt verlassen werden durfte. Aber je besser die Beziehungen waren, desto größer waren die journalistischen Möglichkeiten.

Wie sah Ihre finanzielle Lage in Bonn aus? Gab es für Sie Probleme, weil der ADN Ihnen nicht genügend Geld zur Verfügung stellte?

Ja, natürlich. Unsere finanziellen Möglichkeiten waren eingeengt. In Bonn bekamen wir eine monatliche Summe überwiesen, in deren Rahmen wir uns zu bewegen hatten. Ihre Höhe war danach bemessen, was man als unumgänglich für die Bestreitung des Lebensunterhalts ansah. Ich glaube, es war für uns beide zwischen 1000 und 1500 D-Mark. Ganz genau lässt sich das nicht sagen, weil wir beispielsweise die Wohnungsmiete erstattet bekamen, das Auto als Dienstwagen galt und nur das privat verbrauchte Benzin bezahlt werden musste, das Gleiche galt für Telefonate. Trotzdem reichte das Geld kaum, es war weit weniger als die monatlichen Raten für die Korrespondenten aus anderen sozialistischen Ländern. Immerhin musste man doch mal Leute für ein Gespräch in ein Restaurant einladen oder sich für die häufigen Einladungen westlicher Kollegen revanchieren. Und bei den Betriebskosten, also Mieten, Dienstreisen, Hotels, Übermittlung, Rechnungen für Dienste, Abonnements usw. konnten wir nicht viel sparen, ohne die Arbeitsfähigkeit einzuschränken.

Ein Kuriosum, glücklicherweise ohne peinliche Folgen, war, dass in einem Monat gar kein Geld überwiesen und uns ein paar Tage später mitgeteilt wurde, wir sollten die Betriebskosten für diesen Monat bar bei einer Kölner Bank in Form von Dollar abheben. Da hatte die DDR aus irgendeinem Grunde keine müde Westmark verfügbar.

Konnten Sie diese Geschäftsessen nicht als Spesen abrechnen?

Nein, das konnte man nicht. Das musste man im Rahmen der Summe, die man hatte, einplanen.

Spielte Westverwandtschaft, die Sie hatten, für den ADN bei der Auswahl seiner Korrespondenten eine Rolle?

Ja, am Anfang eine sehr große. Bevor ich nach Bonn kam, musste ich ein vollständiges Verwandtenverzeichnis abgeben. Das nahm zwei Schreibmaschinenseiten ein. Später brauchte man nur noch die unmittelbare Verwandtschaft, also Geschwister oder Eltern im westlichen Ausland, aufführen. Private Begegnungen mit Westverwandtschaft im Gastland waren fast bis zum Schluss generell verboten. Ich habe mich daran nicht gehalten und traf mich mit meinen jüdischen Verwandten. Die Stasi hat das nicht bemerkt, aber ausgerechnet der Verfassungsschutz.

Gab es noch andere Kriterien, anhand derer der ADN auswählte?

Zunächst mussten fachliche Voraussetzungen erfüllt sein. Man schickte keinen nach Madrid oder Lateinamerika, der nicht wenigstens einigermaßen Spanisch sprechen konnte. Der Auserwählte musste eine gute Schreibe haben und kontaktfreudig sein. Diese Kriterien waren wichtig. Aber den ersten Platz nahm die politische Zuverlässigkeit ein. Im Allgemeinen war es so, dass Leute, die ins Ausland gehen sollten, vor dem Einsatz von der Staatssicherheit überprüft, das heißt bespitzelt wurden. Hinzu kam, dass die DDR immer Angst

davor haben musste, die Korrespondenten könnten republikflüchtig werden. Und es gab auch tatsächlich einige, die im Ausland geblieben sind – trotz der Auswahl. In diesem Zusammenhang galt es immer als ganz wichtig, dass jemand Familie hatte und dass die Familienverhältnisse stabil waren. Wer in Scheidung lebte, kam demnach als ADN-Korrespondent nicht infrage.
Ein letztes Kriterium war der Charakter des Bewerbers. Ob jemand zum Beispiel als umgänglich oder unverträglich galt.

Gab es auch Fälle, dass jemand nach solch einer Überprüfung gar nicht ins Ausland durfte?

Es gab jemanden, der sollte, wenn ich mich recht erinnere, als Korrespondent nach Madrid gehen. Er hatte schon gut genug Spanisch studiert, sodass man ihn schicken konnte. Vor Freude darüber ist er vier Wochen vor seiner Ausreise in eine Kneipe gezogen, hat sich dort einige Gläser zu viel genehmigt und bei der Gelegenheit ausgeplaudert, was er in Spanien alles machen will und dass er noch nicht weiß, ob er zurückkommt. Unter den Kneipenbesuchern war aber ein Stasi-Mitarbeiter, der postwendend in seiner Dienststelle Meldung machte. Das Ergebnis war, dass der Betreffende nicht nach Madrid gehen durfte.

Einige Auslandskorrespondenten des ADN sind aber tatsächlich im Ausland geblieben. Einer davon war auch Heiner Klinge[1]. In seinen Memoiren schreibt er, dass er in seinen Stasi-Unterlagen auch Aussagen von Ihnen gefunden hat. Waren Sie verpflichtet, solche Beurteilungen zu schreiben?

Nein, ich habe keine Beurteilung geschrieben. Man hat mir meine Einschätzung mündlich abverlangt.

Sie sind also von der Stasi befragt worden?

Das glaube ich nicht. Die Stasi ging meistens über die Kaderabteilung des ADN. Die hat dann den Auftrag gekriegt, mit Pötschke[2] und mir zu sprechen. Die Notiz über das Gespräch wurde an die Stasi weitergeleitet. Das

---

1 Heiner Klinge war ADN-Korrespondent und flüchtete 1979 von Singapur nach Westdeutschland. In seinen Memoiren steht Folgendes: »Mit großer Spannung habe ich am 23. September 1993 in den Räumen der ehemaligen Stasi-Zentrale in Ostberlin die Reaktion der ADN-Gewaltigen und der Stasi auf meine Republikflucht in meinen Akten studiert. ADN-Generaldirektor Günter Pötschke und der Leiter der Auslandsredaktion, Ralf Bachmann, gaben sich in ihren Stellungnahmen große Mühe nachzuweisen, dass sie bei meinen Leistungen als Auslandskorrespondent nicht die geringste Ahnung von meinem künftigen ›Verrat‹ haben konnten, zumal ich ja 1974 und 1977 als ›Aktivist der sozialistischen Arbeit‹ sowie mit der Verdienstmedaille der DDR ausgezeichnet worden sei.«
2 Günter Pötschke war von 1977 bis 1990 Generaldirektor des ADN und seit 1986 Mitglied des Zentralkomitees der SED.

war der normale Weg. Natürlich gab's bei Bedarf auch direkte Gespräche mit Stasi-Mitarbeitern, aber wohl nicht im Fall von Heiner Klinge.

Ich habe es sehr bedauert, dass Heiner Klinge weggegangen ist. Er sprach mehrere Sprachen perfekt und war auch ein guter Korrespondent. Er war fleißig und tüchtig. Das tat mir in der Seele weh, wenn solche Korrespondenten gegangen sind. Er hat mir übrigens nach der Wende einen langen und freundlichen Brief geschrieben, in dem er Verständnis für meine Lage in dieser Situation äußerte und den Schlussfolgerungen in meinem Buch *Ich bin der Herr* zustimmte.

Wie viele Korrespondenten sind denn insgesamt nicht mehr in die DDR zurückgekommen?

Häufig kam das nicht vor. Einer ist in Stockholm nach dem Einmarsch der Truppen in Prag 1968 übergewechselt. Von dem habe ich nichts mehr gehört. Es gab bestimmt noch mehr, aber daran erinnere ich mich jetzt nicht mehr.

Die ADN-Korrespondenten waren meist nicht besonders interessiert daran, zu gehen. Ihnen stand im Erfolgsfall auch so die Welt offen, und ob sie im Westen auch wieder als Journalist in einem großen Medium unterkommen würden, war völlig unklar.

Als Korrespondenten hatten sie im Allgemeinen das journalistisch bessere Los gezogen. Die Außenpolitik der DDR war informationspolitisch bedeutend leichter zu ertragen als die Innenpolitik. Ich glaube nicht, dass ich durchgehalten hätte, wenn ich in der Inlandsredaktion des ADN für die Volksbildung zuständig gewesen wäre oder gar für Wahlen oder so was. Aber im Ausland war das alles erträglich. Da konnte man sich oft in dem Sinne artikulieren, wie man dachte.

Sie sagten, dass Sie ganz offensichtlich merkten, dass Sie von Geheimdiensten beobachtet wurden. Wollten die Geheimdienste, dass Sie das merken oder haben sie sich nur ungeschickt angestellt?

Meistens waren sie eher ungeschickt. Wenn man in einem Auto, das lange parkt, zwei junge Männer sieht, die sich angeregt unterhalten, dann kann man fast sicher sein, das sind sie. In Bonn habe ich das mehrmals erlebt. Wir fuhren beispielsweise auswärts einkaufen, kamen aus der Stadt und merkten schon, dass uns jemand folgt, der dann auf dem Parkplatz auch noch direkt neben uns stand, als wir aus dem Laden kamen.

Haben die Geheimdienste auch versucht, Sie anzuwerben?

Ja, der Verfassungsschutz. Hätte ich zugesagt, stünde ich heute ganz toll da. Aber ich habe es nicht getan, habe nie einen Zweifel an meiner DDR-Treue gelassen. Das kann man mir heute übel nehmen, aber dass ich mich nicht kaufen lasse und keinen Verrat übe, war damals eine Sache der Ehre. Ich war eben DDR-Journalist, und wenn mich heute jemand fragt: »Hast Du denn nichts gemerkt?«, sage ich: »Natürlich habe ich gemerkt, was alles stinkt.« Aber ich war immer der Überzeugung, man müsste innerhalb der DDR etwas verändern. Dass das gar nicht ging und eine lebensfremde Vorstellung war, war mir damals nicht klar. Ich glaubte, wenn der Honecker und ein paar andere weg sind und noch einige Korrekturen gemacht werden, dann kriegen wir die DDR schon über den Berg.

Wenn der Verfassungsschutz also glaubte, der Bachmann ist kritisch gegenüber seinem Land, mit dem kann man vielleicht was machen, war das ein Irrtum. Mein guter Freund Peter Jansen von der *Neuen Westfälischen* hat mich nach einem verärgerten Wort einmal gefragt: »Sag mal, bist Du ein Dissi?« Und ich habe ihm geantwortet: »Genau das bin ich nicht, ich glaube, es dient der DDR, wenn ich kritisch bin. Ich will ihr nicht damit schaden.«

Sie haben 1947 eine Verpflichtungserklärung beim sowjetischen Geheimdienst NKWD und 1975 eine beim Ministerium für Staatssicherheit unterzeichnet. Warum? Und was lieferten Sie den Diensten?

In Ihrer Fragestellung vermengen sich zwei Vorgänge, die man überhaupt nicht miteinander vergleichen kann und deren vollständige Beantwortung den Rahmen dieses Interviews sprengen würde. Die wenigen Zeilen Lebenslauf, die dem Interview vorangestellt sind, sagen nichts über das schreckliche Schicksal meiner Familie aus, ohne das man weder mein Handeln noch meine Haltung verstehen kann. Ich war 14, als mein Vater und mein älterer Bruder in ein Zwangsarbeitslager der Gestapo und meine Mutter als Jüdin nach Theresienstadt deportiert wurden. Ich blieb allein, wurde von der Oberschule verwiesen und musste täglich auch mit meiner Festnahme rechnen. Das Chaos vor Kriegsende war meine Rettung.

Anderthalb Jahre nach der Befreiung, am 12. Januar 1947, wurde mein Vater, schon vor 1933 Sozialdemokrat, erneut, diesmal vom sowjetischen Militärgeheimdienst, wegen angeblicher Teilnahme an einer völlig aus der Luft gegriffenen sozialdemokratischen Verschwörung verhaftet und in Bautzen eingekerkert – für immer, wir haben ihn nie wiedergesehen, er ist dort umgekommen.

Mich als knapp 17-Jährigen hat man in einem düsteren Verlies der Grimmaer Schlossruine einem ganztägigen zermürbenden Verhör, bei dem ich meinen Vater zum letzten Mal von Ferne sah, unterzogen, und ein Protokoll unterschreiben lassen, das ich nicht lesen konnte, weil es Russisch war. Nur ein Narr kann erwarten, ich hätte mich weigern können. Ich war froh, überhaupt wieder freizukommen und über mir den Himmel zu sehen. Kurz darauf wurde mir die schnellere Freilassung meines Vaters in Aussicht gestellt, wenn ich mich zur Zusammenarbeit mit dem NKWD bereiterkläre. Auch da habe ich nicht gezögert, zu unterschreiben. Das blieb folgenlos. Ich habe von den Leuten nie wieder etwas gehört. Einzelheiten und meine Schlussfolgerungen kann man in der dritten Auflage meines Buches *Die Bornsteins*, Seiten 43 bis 50, lesen.

Die Unterschrift von 1975 hat damit nichts zu tun. Ich war inzwischen trotz allem ein engagierter DDR-Journalist geworden und hatte keine Bedenken, ein Papier zu unterschreiben, das mir zwar Wort für Wort diktiert wurde, mich aber zu nichts anderem verpflichtete, als was ich sowieso tun musste: mit den Sicherheitsorganen meines Staates, der DDR, zu kooperieren. Das Wissen und die Überzeugungen von heute hätten mich natürlich zu einem anderen Verhalten veranlasst, aber die besaß ich damals eben nicht. Im Übrigen wurde mir klar gesagt, dass ich ohne diese Unterschrift nicht mit weiteren Auslandseinsätzen rechnen könne. Das Papier ist nie wieder erwähnt worden, zumal wohl später irgendein geheimer Beschluss den direkten Zugriff der Stasi auf Auslandskorrespondenten unterband. Ich bin, auch in den Bonner Jahren, nur nach irgendwelchen Personen und ihrer Position gefragt worden, wenn es besondere Vorkommnisse gegeben hatte. Aber an meinen aktuellen Wahlanalysen nach dem Besuch der Wahlpartys und Gesprächen mit Politikern zeigte man größeres Interesse als die ADN-Zentrale. Über die persönlichen Prinzipien, die mein Verhalten bestimmten, und das von immer größerem Misstrauen bestimmte Ende meiner Bonner Tätigkeit wird noch zu sprechen sein.

1987 wurden Sie vom ADN wieder zurück nach Berlin gerufen. Kennen Sie heute den genauen Grund dafür?

Nein, eigentlich nicht. Es ist auch nicht aus den Unterlagen der Stasi-Behörde zu entnehmen, weil das im internsten Kreis entschieden worden sein soll: Honecker, Mielke und noch jemand von der Staatssicherheit. Sie hatten von einem Überläufer, der vom Bundesverfassungsschutz in die DDR gekommen war, die Information erhalten, dass der BRD-Geheimdienst unmittelbar an einigen Journalisten und Handelsleuten aus der DDR dran sei. Offensichtlich war ich der Hauptverdächtige, denn ich wurde während eines Besuchs in der DDR in die Villa der Staatssicherheit am Zeuthener See bei Berlin gebracht. Dort unterhielt sich ein hoher Offizier der Stasi fünf Stunden lang ganz intensiv mit mir, doch auch er konnte oder wollte mir nicht genau sagen, was man mir eigentlich vorhielt.

Für die DDR war es eine komplizierte Entscheidung, weil die Ereignisse unmittelbar vor dem geplanten Honecker-Besuch in der BRD stattfanden. Es stellte sich erst später heraus, dass es bis dahin fast noch ein Jahr dauern sollte. Aber zu diesem Zeitpunkt wollten sie unter allen Umständen vermeiden, dass Aufregung entsteht, weil der ADN-Korrespondent abberufen wird.
Worüber haben Sie mit dem Stasi-Offizier genau geredet?
Er sagte, dass alle Zeichen darauf hindeuteten, dass ich von der anderen Seite ins Visier genommen und für eine Aktion ausersehen sei. Er wollte von mir hören, ob ich irgendeinen Fehler gemacht habe, der ausgenutzt werden könnte.

Außerdem äußerte er Unbehagen wegen meines großen Bekanntenkreises und meiner Beziehungen zu manchen SPD-Politikern. Das sei für den Journalisten vielleicht nützlich, für den Menschen aber auf die Dauer Gift.

Am nächsten Tag wurde mir dann vom Generaldirektor des ADN, Günter Pötschke, mitgeteilt, von »höchster Stelle« sei entschieden worden, dass ich nicht wieder nach Bonn darf. Und bei dem Stand ist es geblieben.

Ich weiß natürlich, einer der Hauptgründe waren die genannten engen Beziehungen. Da musste man wachsam sein, dass ich nicht etwa das Lager wechsle. Aber sagen konnte man mir das nicht, weil dieser Verdacht mit nichts zu belegen war. Als Begründung für meine Abberufung zitierte mein Chef die geradezu klassische Formulierung: »Im Interesse der Sicherheit Bachmanns und der Sicherheit der Republik.« Naja, ich habe mich mittlerweile entschlossen, das gar nicht genau wissen zu müssen.

Sie durften dann gar nicht zurück nach Bonn, sondern mussten gleich in der DDR bleiben?
Ich durfte nicht zurück, der Pass wurde gleich eingezogen. Meine Frau hat eine Genehmigung bekommen, und zwar wieder mit politischem Hintergrund. Sie sollte noch einmal nach Bonn fahren, unsere privaten Sachen abholen und gleichzeitig allen Leuten sagen, dass meine Abberufung wegen meines Gesundheitszustandes unumgänglich sei. Das war sehr unangenehm für sie. Die Kollegen dort haben das natürlich nicht geglaubt und sie haben mir bei unseren Treffen nach der Wende gesagt, dass sie schon damals ahnten, was los ist.

Sie erwähnten, dass DDR-Journalisten im Ausland größere Freiheiten hatten. Schloss das auch Recherche- und Reisemöglichkeiten ein?
Die westdeutschen Korrespondenten in der DDR hatten es wesentlich schwieriger als wir. Wir konnten in der BRD ohne vorherige Genehmigung reisen, konnten Betriebe besuchen, wenn die betreffenden Einrichtungen

damit einverstanden waren. Es gab praktisch keine Beschränkungen, außer natürlich bei den militärischen und geheimdienstlichen Objekten. Da sind wir logischerweise nicht hingekommen.

Welche Vorgaben machten Ihre Vorgesetzten in der DDR?

Der Klassenstandpunkt spielte natürlich immer eine Rolle. Die gesamte Berichterstattung sollte parteilich sein. Wir mussten – was die politische Situation betraf – Instabilität, innere Auseinandersetzungen und typisch imperialistisch-kapitalistische Züge der Regierung der Bundesrepublik darstellen. Zu zeigen, wie diese Regierung zum Beispiel innere und äußere Probleme löst, war nicht die Funktion des Korrespondenten der sozialistischen Nachrichtenagentur.

Die DDR-Oberen wollten etwas über die Mängel des kapitalistischen Systems lesen, aber selbst da gab es Grenzen. Ein Beispiel: Konkrete Zahlen darüber, dass man mit einem Arbeitslosengeld von vielleicht 800 D-Mark unterhalb der Armutsgrenze in der Bundesrepublik lebt, wurden aus den Korrespondenzen gestrichen. Da hätte ein schematischer Vergleich bei den DDR-Bürgern Begehrlichkeiten wecken können.

Was wollte man beim ADN denn dann von Ihnen lesen?

Anzeichen für politische Krisen liebte man verständlicherweise sehr. Ich habe zum Beispiel über den großen Korruptionsskandal 1984 in der Spitze der CDU um Rainer Barzel[3] berichtet, und zwar unter der Überschrift »Es ist etwas faul im Staate Bundesrepublik.« Auch wenn sich einzelne Politiker blamiert oder zu weit vorgewagt hatten, sollten wir darüber schreiben. Stets erwünscht waren provokante Äußerungen aus den Vertriebenenverbänden, Arbeitslosenschicksale mit der eben genannten Ausnahme, Arbeitskämpfe, soziale Probleme in Regionen wie dem Ruhrgebiet und Ostfriesland sowie Kriminalität, um nur einige Themen zu nennen. Aber auch positive Stimmen zur DDR und zu Honecker waren immer gefragt, zunehmend auch Entspannungsthemen.

Gab es in der ADN-Redaktion Experten, die speziell für Sie zuständig waren?

In der Zentrale in Berlin gab es eine Gruppe, die die Nachrichten aus der Bundesrepublik bearbeitete und die Zeitungsauswertung vorgenommen hat, weil die Berichterstattung über die Bundesrepublik doch relativ großen Raum im Dienst einnahm und die Augen der politischen Führung

---

3   Rainer Barzel wurde 1983 zum Präsidenten des Deutschen Bundestages gewählt. Weil ihm vorgeworfen wurde, in die Flick-Affäre verwickelt zu sein, trat er am 25. Oktober 1984 zurück.

des Landes auf allen Berichten aus der BRD ruhten. Diese Personengruppe war auch für uns zuständig.

Ost-West-Entspannung: Auf dem Flughafen Köln-Bonn empfängt Egon Bahr (vorne links) Hermann Axen (vorne rechts). ADN-Korrespondent Ralf Bachmann (ganz rechts) begleitet den Besuch. Quelle: Privatarchiv Ralf Bachmann

Schätzen Sie rückblickend den ADN als kompetent ein, was Ihren Themenbereich betrifft?

Ja und nein. Die Kompetenz hatte enge Grenzen, parteipolitische zum Beispiel. Zudem gab es Defizite wegen der hierarchischen Ordnung. Auch Experten konnten nichts entscheiden. Sie konnten zwar Vorschläge machen, aber sie waren immer von oft gar nicht sachgerechten politischen Entscheidungen übergeordneter Instanzen abhängig.

Ein weiteres Defizit war das Wunschdenken oder auch die Realitätsferne. Im ›Großen Haus‹, wie der Sitz des ZK der SED genannt wurde, hatte man ein falsches Bild von der politischen und ökonomischen Situation der Bundesrepublik. Die Realität in der BRD stimmte nicht mit der Realität in den Köpfen der DDR-Führung überein.

Fehlende Detailkenntnisse waren ein weiteres Manko. Das gilt übrigens für beide Länder. Auch ich habe manches nicht verstanden, was da passierte, manches überschätzt, manches unterschätzt, manches falsch eingeschätzt.

Mussten Sie bei Ihrer Berichterstattung auf ADN-Sprachregelungen achten?

Es gab Dutzende sogenannte ›Tabus‹. Der Papst beispielsweise durfte überhaupt nicht kritisiert werden, Willy Brandt, Arafat und China auch nicht. In der Inlandsberichterstattung überwogen kurzfristige Verbote. Gab es zum Beispiel eine schlechte Möhrenernte, da wurde plötzlich mitgeteilt: »Mohrrüben sind für ADN kein Thema!« Längerfristig musste über Fußgängerzonen, Altstadtsanierung und Autoproduktion geschwiegen werden.

Wegen der Fülle der Tabuthemen hatten sich einige Chefs vom Dienst dafür eigens Bücher angelegt. Aber das half wenig, weil man über die Aufhebung alter Tabus nicht informiert wurde, selbst wenn die Handelsorganisation in Möhren schwamm. Man ging davon aus, ein alter ADN-Hase müsse im Urin haben, was man darf und was nicht, welcher Bonner Politiker die DDR gerade geärgert hat und wer mit Günter Mittag[4] Geschäfte anbahnt oder demnächst zum Staatsbesuch erwartet wird. Schriftlich hat man diese Sprachregelungen nicht bekommen. Sie sind höchstens telefonisch übermittelt und dann in Sitzungen weitergegeben worden.

Es tröstet mich wenig, dass einige Kollegen bei großen Zeitungen heute ähnliche Probleme haben. Zwar mit anderen Ausgangspunkten – da geht's um Anzeigenkunden, Richtlinienkompetenzen des Verlegers und solche Sachen –, aber am Ende ist das genauso schmerzhaft.

Worauf haben Sie in Ihren Artikeln besonders geachtet?

Geht man von dem aus, was wir geschrieben haben, waren wir korrekte Protokollanten der politischen Höhepunkte in der BRD. Nur ein Bruchteil davon ist veröffentlicht worden. Wir haben die Parteitage der großen Parteien besucht und darüber meist frei von Polemik berichtet, natürlich mit Tendenz, aber immer als sachliche Berichterstatter. Manchmal hat man von seitenlangen Berichten nur wenige Zeilen genommen, manchmal viel, das hing stets von der politischen Konjunktur ab. Um einigermaßen sicherzugehen, dass wir nicht für den Papierkorb arbeiten, haben wir gezielt ausgewählt, zum Beispiel auf den SPD-Parteitagen die Forderungen, von denen wir annahmen, dass sie zur Entspannung beitrugen. Am meisten Stoff fanden wir in den Anträgen an die Parteitage. Da gab es nicht selten Initiativen für bessere Beziehungen mit der DDR oder Vorschläge zu Aktivitäten in der Abrüstungspolitik.

Warum haben Sie gezielt solche Themen ausgesucht? Wollten Sie als Journalist zur Entspannung zwischen den beiden Staaten beitragen?

Ja, das kann man ohne Weiteres sagen. Es gab vor ein paar Jahren eine Veranstaltung im Willy-Brandt-Haus in Berlin unter dem Motto »Auslands-

---

4 Günter Mittag war von 1962 bis 1973 und erneut von 1976 bis 1989 im Zentralkomitee der SED für Wirtschaftsfragen zuständig.

korrespondenten – Speerspitzen des Kalten Krieges oder Brückenbauer zwischen Ost und West?« Da hatten sie mich als DDR-Korrespondenten und Helmut Lölhöffel von der anderen Seite ausgewählt. Er war etwa genauso lange wie ich Korrespondent der *Süddeutschen Zeitung* in Ostberlin und ist dann nach Bonn zur *Frankfurter Rundschau* gegangen. Wir kannten uns und sprachen bei dieser von Wolfgang Thierse moderierten Veranstaltung freundschaftlich miteinander, weil wir uns einig waren: »Wir waren nicht Speerspitzen des Kalten Krieges, wir wollten Brückenbauer sein.«

Was waren damals die schönen Seiten Ihrer Arbeit als Korrespondent?

Es war toll, wenn man schöpferisch schreiben konnte. Ich versuchte immer wieder, den Raum zu nutzen, den ich trotz allem hatte, um meine Gastländer und meine Gastgeber kennenzulernen und zu beschreiben. Das war eine Arbeit, die Spaß machte, die zugleich auch positive Wirkung hatte. Denn erweiterte Kenntnisse über andere Länder sind natürlich auch eine Hilfe für gegenseitiges Verständnis.

Und was waren die negativen Seiten?

Um es mal ganz allgemein zu formulieren: die Zwänge und Einengungen angesichts des politischen Systems der DDR und der politischen Konfrontation zwischen den beiden deutschen Staaten und den beiden Weltsystemen. Das hat unsere Berichterstattung in hohem Maße eingeschränkt.

Selbst die Schönheit einer Landschaft durfte ich nicht so beschreiben, dass Reisewünsche bei den Lesern geweckt werden konnten. Und als ich bei einem DDR-Regierungsbesuch im Iran den Schah und seine schöne Frau nicht nur reden lassen wollte, sondern etwas über ihre Kleidung und ihr Äußeres verriet, wurde das mit der Behauptung gestrichen: »Das interessiert doch keinen Menschen in der DDR.«

Gab es noch weitere Beispiele, an denen diese politischen Einengungen deutlich wurden?

Wir hatten sehr darunter zu leiden, dass Berichte zu wichtigen politischen Fragen, die von der Parteizentrale freigegeben werden mussten, dort stark verändert wurden. Vor allem bei der Berichterstattung über Bundestagssitzungen, die auch im BRD-Fernsehen übertragen wurden, kam das häufig vor. Zu meinen eigenen Berichten bekam ich meist keinen Kommentar. Über den Ticker lief das, was Honecker aus der Fernsehübertragung wichtig erschien und was er, teilweise noch handschriftlich, daraus gemacht hatte.

Wie sahen denn diese Ergänzungen konkret aus?

Nehmen wir als Beispiel den schon erwähnten Artikel »Es ist etwas faul im Staate Bundesrepublik«, wie meine Überschrift lautete. Er wurde zum Teil von Honecker selbst verschärft, natürlich ohne irgendwelche Rücksprache. Er titelte: »Es ist mehr als nur etwas faul im Staate Bundesrepublik«. Es wurden auch einige Sachen behauptet, die ich nicht geschrieben hatte. Zum Beispiel: »Außerdem pfeifen die Spatzen von den Bonner Dächern, daß Barzel stets und besonders in den letzten Monaten mit Dregger[5] und seinen Mannen gemeinsame Sache gemacht hat.« Da wurde eine Grenze überschritten, die ein Journalist eben einhalten muss. Ich darf durchaus kritisch über den Vorgang schreiben, aber hier habe ich, dank Honeckers Formulierkünsten natürlich unfreiwillig, unsachlich und wild spekuliert. Ohne Beweis, als reine Behauptung. Da wurde eine Gruppe konstruiert – Barzel und sein »Busenfreund« Dregger, wie Honecker mir an anderer Stelle unterschob –, von der ich nichts wusste und die auch gar nicht existierte. Das war das Problem. Der Autor der Einschiebsel war unverkennbar, er hatte seine besondere Ausdrucksweise. Es ging sogar soweit, dass Artikel in Berlin völlig ohne meine Kenntnis geschrieben wurden, aber unter meinem Namen über den Ticker liefen.

Ja, das haben Sie in Ihrem Buch *Ich habe alles doppelt gesehen* geschrieben.

Zwei Mal ist das passiert. Das war empörend. Ein Redakteur der FAZ hatte mir angekündigt, dass er gegen einen Artikel von mir polemisieren werde. Als ich danach ins Büro gegangen bin, habe ich gesehen, dass da ein Beitrag mit meinem Namen im Ticker hing und eine Zeitschrift zitierte, die ich nie in meinem Leben in der Hand gehalten habe, bis heute nicht. Das war das Skandalöseste, was mir passiert ist. Als ich mich darüber in Berlin beschwerte, sagte man mir: »Ja, ja, wir hätten Dich informieren sollen.«

Welche Vorgesetzten bestimmten über Ihre Arbeit?

Alle Entscheidungen über Beiträge aus Bonn wurden auf höchster Ebene getroffen – vom Generaldirektor, vom Chefredakteur vom Dienst und in vielen Fällen sogar direkt von der Agitationsabteilung des Zentralkomitees. Und bei politisch brisanten Fragen sprachen das letzte Wort Honecker und Hermann[6], wenn die zwei gemeinsam zum Mittagessen gingen. Hermann

---

5 Alfred Dregger war von 1982 bis 1991 Vorsitzender der CDU/CSU-Bundestagsfraktion.
6 Joachim Hermann war von 1978 bis 1989 für die Medienpolitik, Presse, Rundfunk und Fernsehen der DDR zuständig.

trug die fraglichen Texte vor und Honecker diktierte ihm seine Entscheidungen und Formulierungen zum Teil auf die nächstgelegene Serviette. So ist die Bezeichnung ›Serviettenjournalismus‹ für diese sehr subjektive Informationspolitik der DDR-Führung entstanden.

In Ihrem ersten Buch *Ich bin der Herr. Und wer bist du?* schreiben Sie, dass Sie Honecker in Ihren Artikeln oft »ein Stück Zucker« gegeben haben, um im selben Text schwierige Passagen unterzubringen.

Worauf ich mich verlassen konnte, war nur eins: Alle hatten Angst vor der Kritik von Honecker – nur er nicht. Ich hab manche Sachen direkt mit Blick auf ihn geschrieben, damit er's lesen musste und dann sagte: »Das wird veröffentlicht!«

Weiter schreiben Sie konkret, dass Sie bei dem Artikel »Villa Hügel im Glanze des Dresdner Barocks« ein Zitat brauchten, das ihm schmeichelte. War denn Honecker so eitel?

Ja, sehr. Diese Eitelkeit war allgemein bekannt. Andererseits war er aber auch ebenso empfindlich. Der Artikel, im Hauptteil ein Interview mit Berthold Beitz, damaliger Vorsitzender des Kuratoriums der Krupp-Stiftung, war ein Auftrag aus Berlin. Er ist seinerzeit in fast allen DDR-Zeitungen veröffentlicht worden. Trotzdem habe ich ihn noch einmal in meine Bücher aufgenommen, weil das, was ich erst heute schreiben kann und was damals gestrichen oder von mir gar nicht angeboten wurde, kennzeichnend für die DDR-Informationspolitik ist: die Beschreibung der Villa, in der die DDR-Ausstellung stattfand, als »symbolträchtige Hochburg des Kapitalismus«, meine Empfindungen, als ich einem so mächtigen Industriekapitän der Bundesrepublik gegenüberstand, seine lustige Erzählung über seinen und Krupps Streit mit Adenauer über den Osthandel. Das wollte man nicht. Das passte nicht zum übrigen trocken-gestelzten Stil der politischen Information.

Berthold Beitz wollte den Text vor der Veröffentlichung noch einmal sehen. Warum war das für Sie so ein großes Problem?

Ich wusste, wenn er den Artikel gelesen hat, durfte ich nichts mehr ändern. Aber ich musste ihn danach noch Honecker vorlegen. Es war kaum denkbar, die Freigabe durch Honecker gleichzeitig zu bekommen. Deshalb musste ich einen Satz reinnehmen, der Honecker so gefiel, dass er – nachdem Beitz den Artikel bereits abgenommen hatte – schon deshalb sein »E. H.« auf das Manuskript setzte und damit entschied: »Der ganze Artikel muss so, wie er geschickt wurde, veröffentlicht werden.« Ich habe Beitz ganz offen nach einer solchen Aussage gefragt, und er hat sie mir schmunzelnd geliefert.

War es unüblich, Texte noch einmal zur Autorisierung vorzulegen?
Ja, schon. Man war ja ständig auf Achse und man konnte es sich kaum leisten, solche Sachen freigeben zu lassen. Ich kann mich nur erinnern, dass ich an Hans-Jochen Vogel[7] und eben an Beitz einmal was schicken musste.

Mussten Sie Erich Honecker auch andere Informationen, die nicht direkt Ihre Berichterstattung betrafen, vorlegen?
Manche Leute in Bonn sahen im ADN-Korrespondenten irrigerweise so eine Art inoffiziellen Verbindungsmann, von dem man die Meinung und die Haltung der DDR-Spitze zu allen möglichen Fragen erfahren und auf kürzestem Wege Botschaften nach Ostberlin schicken konnte. Der SPD-Abgeordnete Jürgen Schmude, der zu dieser Zeit Präsident des evangelischen Kirchentages war, hat mich bei einem Empfang auf den Balkon gebeten und dort ein eineinhalbstündiges Gespräch mit mir geführt. Er wollte die Mentalität der DDR-Politiker ein bisschen kennenlernen, um für seinen bevorstehenden Besuch in der DDR besser gerüstet zu sein. Und ein stockbetrunkener Generaldirektor eines großen Konzerns wollte über mich Honecker zu einem geheimen deutsch-deutschen Gipfeltreffen auf seinem Anwesen in der Eifel einladen und anbieten, dass er ihn in seinem Privathubschrauber abholen lässt, damit keiner etwas merkt. Wir haben natürlich, wie von den Partnern erwartet, Informationen über solche Gespräche geschrieben und nach Berlin geschickt. Die kamen dann, wenn sie ernstzunehmen waren, am Ende auch bei Honecker auf den Tisch.

Mussten Sie diese Informationen schreiben oder haben Sie das aus eigenem Antrieb getan?
Es war natürlich Pflicht, aber wenn ich es nicht gemacht hätte, wäre auch nichts passiert. Die hätten ja nicht gewusst, worüber ich mit wem gesprochen habe.

Sie hatten guten Kontakt zu Hans-Jochen Vogel, dem damaligen Fraktionsvorsitzenden der SPD. Durch ihn konnten Sie an dem sogenannten ›Frühstückskreis‹ teilnehmen.
Das war, wenn ich mich recht erinnere, gegen Ende meiner Zeit in Bonn. Dabei handelte es sich um einen Kreis, bei dem die SPD ihr nahestehenden Journalisten bestimmte Informationen zuspielte. Da ging es meist um Ankündigungen und Wertungen wie: »Morgen kommt es zu einer Begegnung mit einem Politiker der FDP und da wird unter Umständen eine ge-

---

7   Hans-Jochen Vogel war von 1983 bis 1991 Vorsitzender der SPD-Bundestagsfraktion.

meinsame Sache ausgearbeitet, die vorerst vertraulich bleiben soll.« Und natürlich gab es gutes Frühstück.

In Bonn existierte eine ganze Reihe solcher Informationskreise von Parteien, Verbänden und Lobbyisten, aber nur bei der SPD war ich zwei- oder dreimal eingeladen.

An anderen konnten Sie also nicht teilnehmen, weil Sie den Parteien nicht nahestanden?

Nein, weil ich nicht eingeladen war. Es war absolut unüblich, Journalisten aus der DDR oder dem sonstigen Ostblock zu solchen Treffen hinzuzuziehen. Da kamen nur ausgesuchte Leute, man wollte unter sich sein.

Haben Sie auch Informationen, die Sie bei diesem Frühstückskreis bekommen haben, in Ihrer Berichterstattung weiterverarbeitet?

Wenn ich konnte, ja. Das war ja der Sinn der Sache. Ich musste doch zeigen, dass es Zweck hat, mich einzuladen. Da habe ich schon das eine oder andere verarbeitet – zum Beispiel Dinge, die friedenspolitische Aktivitäten der SPD betrafen. Soweit die interessant waren, habe ich die auch gebracht.

Sie haben vorhin gesagt, dass Ihnen vor allem in der Anfangszeit viele Vorurteile entgegengebracht wurden. Sind Sie selbst auch mit Vorurteilen nach Bonn gekommen?

Ja, natürlich. Ich war sozusagen ein Opfer der eigenen Propaganda und hatte vom Alltag der BRD kaum eine Ahnung. Als Leiter der Kulturredaktion des ADN war ich ein einziges Mal als Berichterstatter zu den Oberhausener Kurzfilmtagen geschickt worden. Mein Cousin hatte bei dieser Gelegenheit mithilfe meiner Mutter ein jüdisches Familientreffen in Köln organisiert. Das war natürlich ein Verstoß gegen alle Regeln, aber es ermöglichte mir wenigstens, schon mal einen Eindruck vom Treiben in der Kölner Innenstadt zu Karneval zu gewinnen.

Ansonsten hatte ich unrealistische Vorstellungen, weil ich die Gesellschaftsform der DDR in irgendeiner Weise auf den Westen übertragen habe. Ich dachte, wenn hier bespitzelt und jede abweichende Meinung verfolgt wird, dann wird das dort auch so sein. Ich übertreibe jetzt, aber ich kam mit der groben Vorstellung nach Bonn, was bei uns gegen rechte Abweichler gemacht wird, trifft dort eben die linken Abweichler – und das ist der einzige Unterschied. Erst nach den Bonner Erfahrungen und der Wende begriff ich, dass die grundlegende Differenz die zwischen den politischen Verfasstheiten ist – da Diktatur, dort, mag sie auch noch so unzulänglich sein, Demokratie. Ich geriet nicht in Gefahr, wenn ich hier meine Meinung offen aussprach, alles war offener, freier, demokratischer. Das waren die Punkte, die ich erst lernen musste.

Wenn Sie einmal zurückblicken: Hat sich Ihre journalistische Berufsauffassung nach dem Ende des Kalten Krieges verändert?

Ja. Anfangs war ich ein überzeugter Vertreter marxistisch-leninistischen Ideenguts und ein Mann, der die vorgegebene politische Linie für die journalistische Arbeit – nicht uneingeschränkt, aber im Wesentlichen – vertreten hat. Ich habe es als meine journalistische Pflicht und meine politische Funktion angesehen, parteilich im Sinne des Marxismus-Leninismus zu berichten.

Das hat sich im Laufe der Jahrzehnte geändert. Der Glaube an die alte Ideologie schwand. Für mich trat die Betrachtung der Wirklichkeit und die Wiedergabe des tatsächlichen Geschehens – unabhängig davon, ob es positiv oder negativ ist – immer mehr in den Vordergrund.

Heute stehen für mich die Verhältnisse zwischen Menschen im journalistischen Mittelpunkt. Egal, ob das meine politischen Feinde oder Freunde, ob das Kapitalisten oder Arbeiter sind. Natürlich habe ich bestimmte Kriterien zu beachten, die eben zum Journalismus gehören. Es ist nicht jedes Ereignis gleichwertig und gleich interessant, aber die Entscheidung darüber kann nicht nach parteilichen Gesichtspunkten fallen, sondern nur nach dem Gesichtspunkt der Bedeutung für die gesellschaftliche Entwicklung insgesamt.

Ralf Bachmann (5.v. l.) während eines Besuchs einer Volkskammer-Delegation im Saarland 1986. Abgebildet sind u. a. Horst Sindermann (am Pult) und Oskar Lafontaine (4.v. l.). Quelle: Privatarchiv Ralf Bachmann

Der politische Journalismus der DDR wird heute fast komplett als Propaganda eingestuft. Teilen Sie diese Auffassung?

Das halte ich für eine Vereinfachung, die nicht zulässig ist. Natürlich war vieles im DDR-Journalismus politische Propaganda. Aber wir und alle Korrespondenten in Bonn waren fest davon überzeugt, dass es unsere Pflicht ist, zur Entspannung beizutragen. Das ist dann keine politische Propaganda, obwohl es wie eine solche aussieht.

Wenn man sich die heutige Berichterstattung über Burma oder Afghanistan ansieht, nehmen die Journalisten durchaus auch politische Positionen ein. Trotzdem darf man doch nicht sagen: »Alle Berichterstattungen aus Afghanistan oder aus Burma sind politische Propaganda.« Es ist dann politische Propaganda, wenn es im Widerspruch zur Wahrheit steht. Und das ist auch bei der Berichterstattung der DDR so gewesen. Es gab viel politische Propaganda, aber nicht alles stand im Widerspruch zur Wahrheit. Insofern muss man das meiner Ansicht nach differenziert betrachten.

Wie systemnah dürfen Ihrer Meinung nach Journalisten sein?

Das ist eine Streitfrage. Ich will mal auf die Geschichte zurückgreifen. Ferdinand Freiligrath, einer der berühmtesten politischen Lyriker im Vormärz des 19. Jahrhunderts, hat einmal etwas geschrieben, das man auch auf Journalisten beziehen kann: »Der Dichter steht auf einer höhern Warte als auf den Zinnen der Partei.« Und sein Zeitgenosse Georg Herwegh, die »eiserne Lerche der Revolution«, hat ihm geantwortet: »Partei! Partei! Wer sollte sie nicht nehmen, die doch die Mutter aller Siege war?« Müssen also Parteinahme und Überparteilichkeit unvereinbare Widersprüche sein? Was ich als Wahrheit erkenne, kann ich auch durchaus vertreten, wenn es Partei ist. Das ist meine Schlussfolgerung aus diesem Disput.

Es wird immer umstritten sein, wie sehr ein Journalist auf der einen oder auf der anderen Seite stehen darf. Aber er darf sich nicht so weit in die Fänge einer Partei oder einer Ideologie bringen lassen, dass die Wahrheit darunter leidet. Über der Nähe zu einer Partei muss die unbedingte Treue zur Wahrheit stehen. Dieser Meinung bin ich heute.

Wie schätzen Sie Ihre journalistischen Erfahrungen ein?

Rückblickend kann ich sagen: Ich habe alles erlebt, was ein Journalistenleben zu geben vermag – Ärger und Niederlagen eingeschlossen. Doch überwiegend war dieses lange journalistische Leben interessant und lebenswert.

Meinem neuen Buch habe ich ein Motto gegeben, das an der Decke des Leipziger Ratsplenarsaals steht: »Das sind die Weisen, die durch Irrtum

zur Wahrheit reisen. Die bei dem Irrtum verharren, das sind die Narren.«
Ich bin zwar kein Weiser geworden, aber auch kein Narr geblieben.
Das Interview führten Johannes Pöhlandt, Stefanie Ullmann und Ulrike Sauer.

Literatur

BACHMANN, RALF: *Ich bin der Herr und wer bist Du? Ein deutsches Journalistenleben.* [Dietz] 1995

BACHMANN, RALF: *Ich habe alles doppelt gesehen. Erkenntnisse und Einsichten eines Journalisten. 40 Reportagen und Artikel aus dem geteilten und dem vereinigten Deutschland (1948-2008).* [Beucha] 2009

BACHMANN, RALF: *Sprachbilder und Sprechblasen. Heitere und ernste Überlegungen eines Sachsen zum Thema Muttersprache.* [Beucha] 2012

BACHMANN, RALF: *Die Bornsteins. Eine deutsch-jüdische Familiengeschichte.* [Beucha] 2010

BACHMANN, RALF; RUNGE, IRENE (Hrsg.): WIR – *der jüdische Kulturverein Berlin e. V.* [Mannheim] 2009

Reiner Oschmann

»Immerfort um internationale Anerkennung bemüht«

Reiner Oschmann zählt zur Korrespondenten-Generation der ›Spätgeborenen‹. In den 1980er-Jahren recherchierte und schrieb er in London für das *Neue Deutschland*. Seine zeitweilige Arbeit für die Hauptverwaltung Aufklärung hält er heute für den Fehler seines Lebens.

Für das DDR-Fernsehen interviewte Reiner Oschmann (links) 1984 den englischen Nationaltrainer Bobby Robson auf einem Trainingsplatz nahe London. Quelle: Privatarchiv Reiner Oschmann

Reiner Oschmann wurde am 20. November 1947 im thüringischen Finsterbergen geboren. Von 1967 bis 1971 hat er an der Sektion Journalistik der Karl-Marx-Universität in Leipzig studiert. Anschließend arbeitete er beim *Neuen Deutschland (ND)* in Berlin in der Abteilung Auslandsnachrichten. Von 1981 bis 1985 war er Korrespondent in London, direkt im Anschluss daran berichtete er für ein weiteres Jahr aus Paris. Oschmann blieb auch nach der Wende beim *Neuen Deutschland* und war von 1992 bis 1999 Chefredakteur der Zeitung. Danach übernahm er bis 2002 das Amt des Pressesprechers der PDS-Bundestagsfraktion. In dieser Zeit wurde auch seine frühere zeitweise Informationstätigkeit für die HVA, den Auslandsgeheimdienst der DDR, publik. Heute ist er in Rente und schreibt als freier Journalist vorwiegend zu britischen und US-amerikanischen Themen.

Frage: Sie waren vier Jahre als Korrespondent für das *Neue Deutschland* in London tätig. Wie würden Sie diese Erfahrung rückblickend beschreiben?

Reiner Oschmann: Ich vergleiche die Zeit in London immer mit der ersten Liebe. Und dieses Bild, so pathetisch und damit unenglisch es klingt, so zutreffend ist es. Zum einen war London meine erste Korrespondentenstelle, und die Erinnerung daran bleibt unvergessen – bis ins Alter. Direkt nach London befand ich mich zwar auch noch für anderthalb Jahre als Korrespondent in Paris, aber das war nicht vergleichbar.

Zum anderen hatte ich schon vorher große Sympathie für die Insel. Für die Musik und den Fußball etwa konnte ich mich von jeher begeistern. Letztlich sind es jedoch die Menschen gewesen, die ich kennengelernt habe und die in einigen Fällen Freunde geworden sind. Sie machen mir bis heute die Insel und das Naturell ihrer Bewohner zu etwas Besonderem. Beruflich und politisch habe ich dort wichtige Erfahrungen sammeln können: handwerkliche und politische, die mich später prägten. Unterm Strich waren das Gründe, weshalb ich Großbritannien stets als noch interessanter empfunden habe als etwa Frankreich.

Wie kam es damals dazu, dass Sie nach London gekommen sind?

Es ergab sich kurzfristig. Ich habe, nachdem ich mein Journalistik-Studium 1971 beendet hatte, für das Auslandsnachrichten-Ressort beim *Neuen Deutschland* in Berlin gearbeitet. Dazwischen leistete ich anderthalb Jahre Wehrdienst bei der Nationalen Volksarmee. Im Sommer 1981 wurde ich erstmals mit dem Ansinnen konfrontiert. Günter Schabowski, damals

ND-Chefredakteur, sagte mir: »Reiner, wir brauchen kurzfristig einen neuen Korrespondenten in London.« Der Grund: Mein Vorgänger, Franz Knipping[1], konnte nicht länger in England bleiben. Seine Frau war krank. Unplanmäßig ergab sich eine Vakanz, die es unplanmäßig zu füllen galt. So kam ich ins Spiel. Man sagte mir, ein wesentlicher Grund für die rasche Entscheidung in Verbindung mit mir liege darin, dass ich nicht erst zu einem Sprachlehrgang bräuchte. Ich hatte mich bereits im Studium sehr für die angelsächsische Welt interessiert und viel dazu gelesen. Auch die Sprache hatte ich immer besser gelernt. Das war in der Redaktion bekannt.

Woher kam diese Affinität zu den Angelsachsen?

Sie hat ihren Ursprung schon in meiner Jugendzeit und insofern nichts mit Journalismus zu tun – maßgeblich war es die Musik. Ich war von 1962 bis 1966 im Internat einer Oberschule – heute: Gymnasium – in Thüringen, und diese Jahre waren zugleich die Hochzeit der Beatles und anderer Bands. Wir haben oft in unserer ›Bude‹ gesessen und im Kofferradio RADIO LUXEMBURG gehört. Das war der damals mögliche letzte Schrei. Insofern brachte mir die Musik der vier aus Liverpool so etwas wie den Einstieg in die Sprache – zunächst passiv. Zudem hatten wir in diesen Jahren die Adressen von Mädchen und Jungen aus den USA bekommen, wodurch Brieffreundschaften entstanden. Das Ganze war Trockenschwimmen fürs Sprachtraining. Das war auch in der DDR möglich. Später, im Studium, habe ich mich intensiver damit befasst. Ich erinnere mich beispielsweise, dass mir ein Dozent im dritten Studienjahr antrug, Teile eines amerikanischen Journalismus-Handbuchs für die Fakultät zu übersetzen. Das überraschte mich, aber ich fand es damals exotisch und spannend. Eine Abwechslung im Studentenalltag!

1981 war es dann nicht nur eine kleine Abwechslung für Sie. Sie sind erstmals im September nach London gekommen. Was war das für ein Gefühl?

Ein Traum – und eine Herausforderung. Ich war mit 33 noch recht jung. Eine Besonderheit der DDR bestand ja darin, dass man 40 oder 45 Jahre alt sein konnte und immer noch als ›junger Genosse‹ galt. Ich hatte mithin ziemlich früh eine herausgehobene Position als Vertreter einer Zeitung, die zu Recht als Inbegriff der sozialistischen Macht in

---

1   Prof. Dr. Franz Knipping (geboren 1931 in Erfurt) war von 1978 bis 1981 Korrespondent des *Neuen Deutschland* in London und blieb bis 1990 Abteilungsleiter in der Heimatredaktion. Von 1965 bis 1967 war er Professor für Zeitgeschichte des deutschen Journalismus und gleichzeitig Dekan an der Fakultät für Journalistik der Universität Leipzig.

der DDR gesehen wurde. Und das in einem der Hauptländer des Westens. Ich fragte mich daher: Wie würde ich in London von den Behörden aufgenommen? Welche Art von Zusammenarbeit erwartet mich vor Ort? Mit welchen Schwierigkeiten würde ich rechnen müssen? Ich war ja der personifizierte Brückenkopf einer kommunistischen Zeitung. Solche Fragen beschäftigten mich.

Mussten Sie denn mit Repressalien von britischer Seite rechnen? Gab es entsprechende Erfahrungen Ihrer Korrespondentenkollegen?

Nein, ich rechnete nicht mit Repressalien, aber eine Frage blieb es schon, hielt sich die Zuneigung zwischen Königreich und deutschem ›Arbeiterstaat‹ doch in engen Grenzen. Die Arbeitsbedingungen, die der Kalte Krieg uns auferlegte, habe ich oft mit einem guten englischen Freund erörtert, dessen Korrespondentenstelle meiner quasi diametral entgegengesetzt war. Er war lange Jahre der Osteuropa-Korrespondent der *Financial Times* und später für den *Guardian*, also ›Wessi im Osten‹ und ich ›Ossi im Westen‹. Aus unseren regelmäßigen Gesprächen erscheint mir eine Erkenntnis besonders wichtig: Es war auch in der Hochsaison des Kalten Krieges nicht so, dass permanent die Luft brannte. Es herrschte nicht selten eine Art trügerische Ruhe, als würde man sich im Auge eines Taifuns befinden. Dazu muss man vielleicht sagen, dass die DDR gar nicht hoffte, die Beziehungen zu Großbritannien unter Margaret Thatcher wirklich zu verbessern.

Wurden Sie, bevor Sie nach London gingen, auf Ihre Tätigkeit vorbereitet? Gab es spezielle Anweisungen, was Sie zu tun oder zu lassen hatten?

Es gab beim ND ein festes Bild von Großbritannien: eine der alliierten Mächte, eines der führenden NATO-Länder und aus Sicht der DDR einer der Hauptgegner im Kalten Krieg. In diese Richtung wurde ich eingestimmt. Das muss man sich heute aber nicht so vorstellen, als hätte mich jemand zur Brust genommen, Motto: »Genosse Oschmann, Du kommst jetzt da hin, darauf müssen wir Dich mit einem speziellen Programm vorbereiten.« Nichts dergleichen. Ich wusste ja aus der Arbeit, wie Britannien bewertet wurde. Also war es vor dem Einsatz eher so, dass der Chefredakteur mir Erfolg wünschte und sagte: »Du weißt, das ist ein Schlüsselposten, mach uns keine Schande.«

Wie sahen denn Ihr Arbeitsplatz und Ihre Arbeit in London aus?

Ich habe mit Frau und Kindern in der Nähe vom Hyde Park gelebt. Eine geräumige und schöne Wohnung, eigentlich zu teuer für die DDR. In der Wohnung hatte ich mein Korrespondentenbüro: Ein Arbeitszimmer mit

Schreibmaschine und ein Raum, wo der Fernschreiber stand. Computer gab es noch nicht. Alles musste über gestanzte Lochstreifen nach Berlin geschickt werden. Viele Themen habe ich mir aus der Presse gesucht. Das war manchmal schwieriger als heute.

Auf welche Quellen haben Sie denn hauptsächlich zurückgegriffen?

Auf drei vor allem: Einmal die Presse. Wir hatten, glaube ich, fünf Zeitungen abonniert: *Guardian, Daily Telegraph, Financial Times, Morning Star* und *Times*. Sonntags kamen die Sonntagsblätter hinzu, die auch eine gute Quelle waren. Den *Observer* schätze ich bis heute. Zweite Hauptquelle waren die elektronischen Medien: Funk und Fernsehen. Die dritte Quelle waren Leute, die ich im Laufe der Zeit kennenlernte. Für mich als Korrespondent waren linke Gesprächspartner besonders wichtig, Gewerkschaftsvertreter etwa. Die waren aufgrund ihrer sozialen Mission besonders interessant für eine Zeitung wie das ND. Mit ihnen gab es Anknüpfungspunkte für eine Hauptsäule meiner Arbeit, die Sozialberichterstattung. Alles, was mit Arbeitsmarkt, Arbeitskämpfen und Arbeitslosigkeit zu tun hatte. Nicht zu vergessen beispielsweise der Bergarbeiterstreik 1984/1985. Es waren die Bread-and-Butter-Issues. Sie besaßen verdientermaßen hohen Stellenwert.

Wie viele Freiheiten haben Sie denn als Korrespondent bei der Themensetzung gehabt?

Beträchtliche. An Anweisungen ist mir nichts Spektakuläres erinnerlich.

Also konnten Sie sich ganz ohne Vorgaben aussuchen, welche Butter aufs Brot kommt?

Gegen Ende meiner Amtszeit um den Jahreswechsel 1984/85 konnte man spüren, dass Berlin versuchte, vermehrt Anweisungen zu geben. Besonders das Thema Aufrüstung war ein heißes Eisen. Damals bemühte sich die DDR um größeren Freiraum von Moskau. Honecker wollte die gesamte Nachrüstung nicht, er war nicht nur gegen die westliche Nachrüstung. Er wollte auch keine sowjetischen SS-20-Raketen, weil die Bedrohung durch Kernwaffen für die DDR natürlich existenziell war.

Bei solchen Themen bekam ich gelegentlich aus Berlin gesagt: »Schau mal, ob Du eine Stimme aus dem Unterhaus oder gar aus der Regierungspartei der Konservativen bekommst, die wir drucken können.« Der Gedanke dahinter war, dem Chor der Besorgnisträger gegenüber der Nachrüstung in Ost und West eine Stimme zu verleihen.

Gab es denn auch eine Zensur, also Themen, zu denen Sie nichts schreiben durften?

Am 16.3.1984 erscheint im *Neuen Deutschland* ein Bericht Reiner Oschmanns über den Bergarbeiterstreik. Quelle: *Neues Deutschland*

Ja, die gab es de facto. Nehmen wir den Falkland-Krieg 1982. Da geschah etwas, das typisch war für die Art und Weise, wie die DDR-Obrigkeit mit Krisensituationen umging: In einer Zeit, die eine Hochzeit für den jeweiligen Korrespondenten hätte sein müssen, wurde zuerst der Korrespondent vor Ort stillgelegt. Man sagte einfach: »Da ergreifen wir nicht Partei.« Im Falkland-Krieg war es so: Die DDR-Spitze wollte sich weder mit Argentinien noch mit Großbritannien anlegen. Man berichtete nur die Fakten, damit die Leute wussten, worum es überhaupt geht. Wir nahmen explizit keine politische Bewertung vor. Die DDR-Führung meinte, so könne sie ihre Interessen am besten schützen. Die DDR war weltpolitisch ein Underdog, immerfort um internationale Anerkennung bemüht.

Und wie sah es aus, wenn es keine Vorgaben aus Berlin gab? Welche Themen waren für Sie wichtig?

Mein Hauptehrgeiz zielte dahin, das Themenspektrum der Berichterstattung zu weiten und den Ton zu versachlichen. Deswegen habe ich auch fürs Feuilleton oder die Sportseiten des ND angeboten. Eines meiner größten Erlebnisse war der Besuch des FA-Cup-Finales im alten Wembley-Stadion. Wenn ich an die Atmosphäre denke, läuft es mir jetzt noch kalt den Rücken herunter. In Artikeln habe ich mich mit Geschichte und Eigenart des Fußballs auf der Insel befasst. Es waren keine Sportberichte im engeren Sinne, sondern der Versuch, ein wenig hinter die Kulissen zu blicken. Ich habe auch über exotische Themen berichtet. So gab es im Südosten Englands schon damals ein kleines, feines Weinanbaugebiet. Das war ein Punkt, wo ich mir sagte: »Das ist interessant, daraus kann man eine kleine Geschichte machen.« Sie wurde nicht unbedingt erwartet vom Korrespondenten, aber es war möglich, solche Texte zu eher leichten Themen im *Neuen Deutschland* zu veröffentlichen.

Ich gehe sogar so weit zu sagen, dass bei aller Einäugigkeit der DDR-Informationspolitik in den 1980er-Jahren zumindest aus einem Staat wie Großbritannien in puncto Themenvielfalt manches möglich war, was umgekehrt über die DDR so vielfältig nicht unbedingt erfolgte. Da dominierten Themen wie gedopte Spitzensportler oder Leute, die abgehauen waren. Letzteres war ein wichtiges, schmerzliches Thema. Doch die Beschränkung darauf mag zwar als Ausdruck des Kalten Krieges nahegelegen haben – mit umfassender Berichterstattung aus einem Gastland hatte sie wenig zu tun. Fairerweise füge ich an: Die einseitige Berichterstattung ergab sich auch daraus, dass DDR-Behörden es West-Korrespondenten erschwerten, anders zu berichten. Die Führung trug Mitschuld am einseitigen Bild aus der DDR.

Der Kalte Krieg hat also die Themenvielfalt auf beiden Seiten stark reduziert?

Ja, es war in gewisser Weise eine unmenschliche Zeit. Unmenschlich, weil man sich für den anderen in seiner Vielfalt nicht interessierte. Genau solche verengte Sicht aufeinander möglichst nicht mitzumachen, war mir wichtig. Ich wollte interessante Berichte über Großbritannien schreiben. Wollte zeigen, dass die Sorgen der Leute in London denen in Leipzig ähnlich sind. Wandel durch Annäherung...

Haben Sie denn eine solche Annäherung in Großbritannien auch als Korrespondent praktizieren können? Gab es Kontakt zu den westlichen Kollegen?

Nur sporadisch. In der Regel sah man sich bei Terminen auch kaum. Ich erinnere mich aber an eine Geschichte gegen Ende meiner Korrespondentenzeit. Der damalige bundesdeutsche Botschafter – ich glaube, es war Rüdiger von Wechmar – gab einen Empfang. Dort war ich mit einem Kollegen aus der DDR, und wir hatten angenehme und angeregte Gespräche mit mehreren Kollegen. Eine Episode ergab sich aus einer Tombola: Der

›Zufall‹ wollte es, dass mein Kollege vom Allgemeinen Deutschen Nachrichtendienst (ADN) und ich prompt gewannen. Eine Flasche Wein oder so etwas. Dafür hatte der bundesdeutsche Gastgeber sicher gesorgt, um die Sache zu entkrampfen. Das waren aber Ausnahmen. Man ist sich sonst kaum über den Weg gelaufen, hat das Gespräch auch nicht weiter gesucht. Auch deshalb nicht, weil man wusste, dass es nicht gern gesehen wurde.

Sie haben gerade von Ihren Kollegen der anderen DDR-Medien gesprochen. Wie war der Kontakt untereinander?

Wir waren eine kleine Truppe. Mit mir ein Kollege vom ADN, einer vom Rundfunk und ein Kameramann fürs DDR-Fernsehen. Wir besetzten bestimmte Termine gemeinsam. Man half sich und war auch privat zusammen. Wir befanden uns ja schon durch die Umstände in einer Situation, in der man das Bedürfnis zum Austausch hatte. Wir haben im Jahr mehrfach zusammen gegrillt oder besuchten uns an Geburtstagen. Mit Vertretern der DDR-Botschaft oder den DDR-Handelsmissionen, die es ja auch gab, hatten wir weniger Kontakt. Wir gehörten allerdings zur Parteigruppe der Botschaft. Das heißt, einmal im Monat fand eine Parteiversammlung statt.

Was wurde bei diesen Parteiversammlungen besprochen?

Nichts von Brisanz. Eher rituell, oft sterbenslangweilig. Meist wurde die große Politik so allgemein wie möglich behandelt. Ein Parteitag in Berlin oder Moskau oder Wirtschaftsfragen. Mitunter nahm man wegen eines beruflichen Termins gar nicht teil. Aber die Versammlungen gehörten dazu. Schließlich waren wir Mitglieder der SED.

Nun waren Sie ja nicht nur Korrespondent und Parteimitglied der SED. Sie haben auch als Agent für den Auslandsgeheimdienst der DDR (HVA) gearbeitet. Was haben Sie in dieser Funktion genau gemacht?

Die HVA erwartete von Journalisten, dass sie den Kalten Krieg der Systeme unterstützen. Das war, da bin ich sicher, beim BND nicht anders. Ich wurde von einem HVA-Vertreter in Abständen von acht bis zwölf Wochen kurz kontaktiert. Ich sollte zu ereignisbezogenen Vorgängen, mit denen ich bei meiner journalistischen Arbeit in Berührung kam, meine Sicht auf die Dinge geben. Ich erinnere mich zum Beispiel daran, dass ich einmal befragt wurde, welche für mich zugänglichen Reaktionen es auf britischer Seite zum damaligen Wechsel an der Spitze der KPdSU-Führung in Moskau gab.

Wie lief dieser Informationsaustausch mit der HVA denn genau ab? *Der Spiegel* schrieb, Sie wurden von einem HVA-Mitarbeiter der Londoner Botschaft betreut.

Wir trafen uns in der Stadt und redeten eine halbe Stunde miteinander. Über einen Kongress, das Interview eines britischen Politikers, das mir aufgefallen war, oder einen aufsehenerregenden Leitartikel in einem britischen Blatt. Sehr prosaisch, wenig knisternd. Umso mehr nervte mich der Vorhang der Verschwiegenheit, der für diesen Austausch aufgezogen wurde. Anstatt in der Botschaft am Rande einer Versammlung zu reden, liefen wir einmal um den Block oder zwei Schleifen durch den Park. Ridiculous!

Deutschland

PDS
Halbe Wahrheit

Der Sprecher der PDS-Bundestagsfraktion hat als IM „Helfried" für die Auslandsaufklärung der Stasi gearbeitet. Die Parteispitze war informiert und schwieg.

Die „persönliche Erklärung" ist 16 Zeilen lang und kam per Fax auf neutralem Papier. Dass es sich dennoch um einen politisch brisanten Vorgang handelt, macht die Absender-Kennung deutlich: „PDS BT Pressebüro".

Am vergangenen Donnerstag bestätigte Reiner Oschmann, Pressesprecher der Bundestagsfraktion der Partei des Demokratischen Sozialismus, Recherchen des SPIEGEL. Die hatten ergeben, dass er als

PDS-Politiker Gysi, Sprecher Oschmann: *Früh informiert*

Vortag abgegebene Erklärung im „Presse-

Am 4.12.2000 berichtet der *Spiegel* über die HVA-Tätigkeit Reiner Oschmanns während seiner Zeit als London-Korrespondent. Quelle: *Spiegel Online*

Wie genau kam es denn zur Zusammenarbeit mit der HVA?

Eine Weile nach Beginn meines Korrespondenten-Einsatzes sprach mich ein DDR-Diplomat in London an und erbat die erwähnte Unterstützung in Gestalt gelegentlicher Lage-Einschätzungen der britischen Regierungs- und Oppositionspolitik, zu denen ich in meiner journalistischen Arbeit gelangt war.

Laut einem *Spiegel*-Artikel wurden Sie aber bereits seit 1979 von der HVA als Mitarbeiter geführt, also schon bevor Sie London-Korrespondent wurden.

Ja, das hatte ich auch in einer Pressemitteilung als Pressesprecher der PDS-Fraktion zur Veröffentlichung des *Spiegel*-Artikels publik gemacht. Es gab zwischen 1979 und 1981 erste Kontakte mit den Leuten vom MfS, allerdings wusste ich damals nicht, dass ich es mit der HVA zu tun hatte. Man kam damals auf mich zu und bat mich, vier oder fünf Beiträge über Missstände in der Bundesrepublik zu schreiben, zu außen- und deutschlandpolitischen Themen. Diese BRD-kritischen Beiträge sollten dann in Medien in Westdeutschland veröffentlicht werden. Ich erinnere mich noch an zwei konkrete Themen: einer war zur Gefahr des Rechtsextremismus in der BRD, der andere ein Porträt über den späteren US-Außenminister Alexander Haig.

Und zu Ihrer Korrespondentenzeit? Welche Art von Informationen haben Sie an die Geheimdienstleute weitergegeben?

Es waren meist Informationen, die auch in Zeitungen gestanden hatten und die die Botschaft vielleicht übersehen hatte. Im Grunde ging es darum, wer die Presse besser liest. Im oben genannten Beispiel war es so, dass ich ein oder zwei Reaktionen von Vertretern der britischen KP hatte. Die waren für die DDR insofern nicht ganz uninteressant, weil die KP damals nicht mehr auf Linie mit Moskau war. Sie bezog, ähnlich wie die Eurokommunisten in Rom, Paris oder Madrid, zu bestimmten größeren politischen Fragen abweichende Positionen.

Sie haben also nicht mehr als bloße Presse-Informationen weitergegeben?

Ich will nichts kleinreden, aber auch ein offener Umgang kann aus diesen Kontakten kein großes Ding machen. Ich habe ein gutes Jahr lang von 1982 bis 1983 in größeren Abständen die HVA informiert. Doch trotz ihrer sachlichen Geringfügigkeit waren diese Kontakte von Anfang an für mich emotional belastend. Ich verstehe bis heute nicht, warum man das nicht hätte offen veranstalten können. Was ich gefragt wurde, welche Erkenntnisse ich weitergegeben habe, war so allgemein erreichbar, dass ich wirklich unglücklich war über den Zwang zur Geheimhaltung. Wer mich heute fragt, was ich in meinem Leben lieber nicht hätte tun, wo ich mich hätte verweigern sollen, dann sind es diese Kontakte. Ich habe niemanden ans Messer geliefert. Das hatte auch keiner erwartet. Doch auch wenn gerade die Geheimdienste zum Kalten Krieg gehörten, betrachte ich die zeitweise Tätigkeit für die HVA rückblickend als meine größte Schwäche, als meinen größten Fehler.

Wann kam Ihnen denn dieser Gedanke, dass die Arbeit für die HVA ein Fehler war – auch schon vor dem Systemwechsel?

Lange vor dem Mauerfall. Ich war und bin Journalist. Ich habe mich nie als Geheimdienstler verstanden. Auch die MfS-Leute, mit denen ich Kontakt hatte, wussten das von Anfang an. Ich hatte es ihnen wiederholt gesagt. Aber damit sollten wir's nun auch bewenden lassen! Ich war in London als Korrespondent und nicht als Agent. Deshalb denke ich, sind wir gut beraten, meine Geheimdienstangelegenheit als das zu behandeln, was sie seinerzeit war: ein spärlicher Zweig, kein tragender Ast und erst recht nicht der Stamm.

Sie sprachen zuvor auch den BND an. Wie schätzen Sie das ein: Wie stark war denn das Interesse der Geheimdienste in Ost und West im Kalten Krieg an der Mitarbeit von Auslandskorrespondenten?

Sehr groß. Ohne Zweifel. Nicht zuletzt aus mancher Reaktion von westdeutschen Kollegen – namentlich nach Veröffentlichung meiner zeitweiligen HVA-Kontakte Ende 2000 – weiß ich, wie alltäglich das Interesse der Dienste an Journalisten und ihren mitunter besonderen Informationsquellen war. Mancher alt-bundesdeutsche Journalist versuchte mich nach der ›Enthüllung‹ zu meiner Person – ich war zu jenem Zeitpunkt ja Pressesprecher im Bundestag – damit regelrecht zu trösten.

Es gab ja auch einen Abwerbungsversuch des britischen Geheimdienstes. Wie lief das ab?

Wie in einem Agentenfilm. Es war Anfang April 1983, noch in der ersten Hälfte meiner Korrespondentenzeit. Ich hatte einen Pressetermin bei Lloyd's of London, dem Versicherungskonzern. Ich sollte den Nachfahren eines Leichtathletik-Olympia-Siegers von 1924 treffen. Ich kannte den Herrn nicht, wir hatten uns telefonisch vereinbart. Er wollte mir Lloyd's zeigen; danach wollten wir essen gehen. Ich kam zu Lloyd's und er stellte sich vor. Im gleichen Atemzug präsentierte er mir einen dritten Mann. Mein Interviewpartner fragte, ob ich etwas dagegen hätte, wenn sein Bekannter sich anschlösse. Was hätte ich dagegen haben sollen! Doch meine Signallampen leuchteten. Der Reflex des Kalten Krieges funktionierte: Ich war mir sicher, das hatte einen Haken...

...und dann sind Sie gemeinsam essen gegangen?

Ja. In ein Hotelrestaurant, gleich neben der Tower Bridge. Bis dahin war noch nichts passiert. Aber mir war klar, irgendwann würde was geschehen. Es ließ nicht lange auf sich warten – eben wie im Film. Manchmal habe ich mich später gefragt, ob der Vorfall gar von der eigenen Seite eingefädelt worden war. Um mich zu testen.

Wie auch immer: Wir hatten noch nichts bestellt, als ein Ober herantrat und nach meinem Gesprächspartner fragte. Es gebe einen Anruf für ihn. Zwei, drei Minuten später kam dieser zurück und sagte: »I am so sorry, but I have to go back to the office immediately«, und so weiter. Der Mann, den ich zu interviewen gehofft hatte, war weg, und den anderen, mir gänzlich unbekannten, hatte ich plötzlich ganz für mich ...

Dieser dritte Mann, höflich und freundlich trotz oder wegen des Kalten Krieges, stellte sich vor und sagte, er sei – das weiß ich nicht mehr genau – vom MI5 oder MI6, einem der britischen Geheimdienste. Er wisse, dass ich seit Längerem Bauchschmerzen wegen der Informationspolitik und wegen anderer Entwicklungen in der DDR hätte. Das traf zu. Er sagte, wenn ich es wünschte, könne man mir helfen. Zur Bekräftigung schob er mir einen dicken, verschlossenen Briefumschlag über den Tisch und bat mich inständig, ihn an mich zu nehmen. Das war der Punkt, der mich richtig beleidigte. Nicht unbedingt politisch. Ich fühlte mich missbraucht. Ich stand auf, grüßte und ging. Soweit mein Rendezvous mit MI5 – oder wem immer.

Wie stark waren denn Ihre Bauchschmerzen, was die DDR-Informationspolitik anging? Gab es Fluchtüberlegungen?

Ja, die gab es bisweilen. Wir haben in London und Paris manchmal überlegt, ob wir nicht im Westen bleiben sollten. Ich wollte das aber nicht. Die Bedenken waren weniger politischer Natur. Diesbezüglich gab es inzwischen vieles, was mich deprimierte: Die DDR war in vieler Hinsicht sehr unappetitlich, streckenweise unmenschlich, wenn ich an die Mauer denke. Und sie war völlig humorlos, nicht nur in Machtfragen.

Der Grund für meine Ablehnung, überzulaufen, war persönlich. Ich hätte Familie und Freunde zurückgelassen. Ich fand damals und finde noch heute, dass man so etwas nicht macht. Einen Abgang auf diese Art und Weise hätte ich für unanständig gehalten. Es wäre ein Abgang unter Ausnutzung meines Privilegs gewesen, im Westen zu arbeiten. Das wollte ich nicht.

Es sind ja nur etwa zwei Handvoll DDR-Journalisten während ihrer Korrespondententätigkeit abgehauen – in rund 40 Jahren DDR-Existenz. War diese geringe Quote nur dem persönlichen Anstand geschuldet?

Ich weiß nicht genau, wieso. Aber ich glaube schon, dass unter dem Strich die Mehrzahl der Korrespondenten politisch im weitesten Sinne so überzeugt war, dass sie so einen Schritt für sich ausgeschlossen hat.

Aber haben Sie Ihre eigene Aufrichtigkeit nicht an manchen Tagen auch bereut?

Heute nicht, damals mitunter schon. Was glauben Sie beispielsweise, wie schwer es mir fiel, als ich wieder in Berlin war und merkte, dass der Affenzirkus im ND inzwischen noch größer und der Widerstand gegen Gorbatschow, mit dem ich viele neue Hoffnungen verbunden hatte, seitens der SED-Führung noch neurotischer geworden war? Meine Erinnerungen an Britannien waren in jener Zeit eine Lifeline – Erinnerungen an bessere Zeiten. Das war einer der Gründe, weshalb ich ein Buch[2] zu schreiben begann. Der Medienalltag unter dem späten Honecker war zum Ausrasten.

Dieser Medienalltag wurde von den Korrespondenten der DDR aber sicher auch unterschiedlich bewertet. Lassen sich in der DDR verschiedene Korrespondenten-Generationen charakterisieren?

Natürlich gab es verschiedene Korrespondenten-Generationen. Die ersten, die in den 1960er-Jahren ihre Arbeit aufnahmen, waren ja eine ganze Generation älter als wir. Nach meinem Eindruck waren diese älteren Kollegen viel stärker von den verheißungsvollen Anfängen der DDR geprägt. Sie waren diesem Großexperiment doch mit sehr viel mehr Hoffnung, Idealismus und Elan verbunden. Die später Geborenen waren wahrscheinlich deutlicher beeinflusst von dem Eindruck des Problematischen, des Ungelösten, was sich mit dem Sozialismus verband. Sie waren stärker mit dem Krisensozialismus in Berührung gekommen, dem oftmals schreienden Widerspruch zwischen Anspruch und Wirklichkeit. Wie man mit dem Faktor Reisefreiheit umging, verdeutlicht diese Diskrepanz vielleicht am ehesten. Wenn ich allein auf die Diskussionen beim *Neuen Deutschland* schaue, gab es aber auch dort eine Vorläufergeneration, die sehr kritisch die Probleme der DDR in den 1980er-Jahren diskutierte. Diese Kollegen schätze ich bis heute. Es gab unter ihnen idealistische; die haben dann sehr unter der zunehmenden Repression und damit dem Abstieg ihrer Idee von der DDR gelitten, auch wenn sie sie zum Teil zuvor nach Strich und Faden kritisiert hatten. Ich gehörte vielleicht zu denen, die schon zuvor viele Bauchschmerzen hatten mit der DDR. Deshalb dachte ich mit jedem Jahr mehr: »Wir hatten unsere Chance und wir haben sie verspielt.« Und mit der Wende hoffte ich: »Jetzt haben wir die Chance, einen ordentlichen Journalismus zu machen: nach dem Motto ›Nie wieder Zentralorgan‹.«

Der Medienalltag im Kalten Krieg war ja sehr stark in das politische System eingebettet. Würden Sie rückblickend den DDR-Journalismus als Propaganda einstufen?

Na was denn sonst! Der Journalismus war stark ideologisiert. Wer noch heute das Gegenteil behauptet, lügt. Mit Blick auf die Rahmenbedingungen der DDR konnte es wahrscheinlich auch nicht anders sein. Die DDR konnte nicht sonderlich mit den Muskeln spielen. Aus diesem Grund

---

2 OSCHMANN, REINER: *Die feine Englische: Beobachtungen in Britannien.* Leipzig [Brockhaus] 1990

hat sie einen enormen Minderwertigkeitskomplex entwickelt. Das war als Korrespondent zu spüren. Die DDR hatte immer ein starkes Bedürfnis, international gemocht zu werden. Wenn es zarte Anzeichen in einem Land für größere Aufgeschlossenheit gegenüber der DDR gab, sollte dieses Pflänzchen nicht dadurch gefährdet werden, dass ein DDR-Korrespondent kritische Berichte über sein Gastland verfasst. In Frankreich war das viel stärker zu spüren als in Großbritannien. Mein französisches Jahr verbinde ich deshalb mit einigem Frust, weil ich über viele Themen nicht schreiben konnte. Die Bereitschaft in Berlin, kritische Reportagen oder Berichte über eher schattige Seiten des französischen Lebens zu veröffentlichen, war in jener Zeit mit Mitterrand als Präsident so gut wie passé. Der Grund dafür waren Hoffnung und Kalkül, irgendwann würde das sozialistische Herz in Frankreich hörbarer schlagen, Honecker nach Paris eingeladen werden oder ähnliche Wunder geschehen.

Natürlich haben auch die westlichen Medien immer Propaganda betrieben. Im Einzelnen mit anderen Nuancen, trug man im Grunde ähnliche ideologische Scheuklappen. Wenn mich jemand fragte, ob ich lieber im Westen oder im Osten als Journalist gearbeitet hätte, wäre meine Antwort allerdings klar: Der westliche Journalismus, zumindest – dieser Zusatz ist mir wichtig – in seriöseren Zeitungen und Anstalten, erscheint mir im Großen und Ganzen glaubwürdiger. Er bietet mehr Raum für das, was Journalismus interessant macht. Mehr Raum für Einzelheiten, für Farbe, für das, was viele Leute lesen, hören und sehen möchten. Im Osten gab es immer einen stärkeren Hang dazu, sich auf die große Linie zu beschränken und das, was man dazu erklärt hatte. Die Kür wurde im Zweifel zuerst gestrichen. Also vermeintlich entbehrliche Details oder Episoden, ebenso deutliche, eigenständige Meinung. Die sind für guten Journalismus jedoch unentbehrlich. Reportagen und Korrespondentenberichte leben nicht zuletzt vom Detail und nicht nur vom Bekräftigen einer Linie, die der Leser hundertfach gelesen hat.

Haben sich diese Zwänge mit dem Ende des Kalten Krieges erübrigt?
Der Journalismus veränderte sich in manchen Punkten, nicht immer zum Besseren. Dennoch gibt es genügend Situationen, in denen man merkt, dass die Scheuklappen weiter existieren. Ich erinnere mich an eine Episode mit dem damaligen US-Botschafter in Deutschland, John Kornblum. Ich war ab 1992 ND-Chefredakteur und irgendwann Gast bei einem Round Table, an dem Kornblum teilnahm. Ich ging auf der Treppe auf ihn zu, stellte mich vor und bat um ein Interview. Es sollte um Rüstungsfragen

gehen. Mich sprang nackter Hass an. Er gab mir zu verstehen, dass er mit einer Zeitung wie dem ND auf keinen Fall sprechen werde. Seine Abscheu konnte ich körperlich spüren. Die Begegnung hat wahrscheinlich keine zwei Minuten gedauert. Doch die Zurückweisung in Kornblums Haltung, die Ähnlichkeit, die er in diesem Moment mit Senator McCarthy selig hatte, hätte ich eigentlich nicht mehr für möglich gehalten. Vielleicht ist Herr Kornblum nur ein ebenso treuer Kalter Krieger, wie es sie aufseiten der SED gab. Letztere hätten mich nach solcher Episode jedenfalls garantiert belehrt: »Da kannst Du wieder mal sehen, Genosse Oschmann: Der Klassenkampf ist eine Realität, die nie verschwindet. Nur Fantasten träumen von Entspannung!«

Das Erlebnis dieser Entgleisung eines Spitzendiplomaten gehört zu den amüsanteren Erinnerungen. Es zeigt, wie schwer die Kollateralschäden bei Beteiligten des Kalten Krieges ausfallen können: amputierte Neugier auf das, was die jeweils andere Seite wirklich besorgt; Unwillen, ja Unfähigkeit zu differenzierter Beurteilung der jeweils anderen Seite, dafür Lust auf Vergröberung all dessen, was die Gegenseite betrifft.

Der Korrespondent als Beatles-Fan: 1984 entstand dieses Bild Reiner Oschmanns vor dem Jacaranda Club in Liverpool, dem ersten Beat-Keller, in dem die Fab Four spielten.
Quelle: Privatarchiv Reiner Oschmann

Ein Einzelfall, was den Umgang mit Journalisten nach dem Kalten Krieg angeht?

Ich fürchte, nein. Auch im wiedervereinten Deutschland stellte ich oft ähnlichen Umgang mit Journalisten fest. Wobei diese Empfindlichkeiten sich auf andere Ebenen verlagert haben. Bei meiner freiberuflichen Tätigkeit etwa hatte ich oft mit Managern aus der alten Bundesrepublik zu tun. Was glauben Sie, was es bei Firmengeschichten für Empfindlichkeiten in Bezug auf Formulierungen gibt! Fehlende Toleranz hat mich da so manches Mal ans Politikbüro erinnert. Die gleiche Humorlosigkeit. Der gleiche Versuch, für alles eine Sprachregelung finden zu wollen und Journalisten zu gängeln. Die Bedingungen heute sind vielfach besser als in der DDR. Dennoch gibt es genug Grund zur Besorgnis über den qualitativen Zustand des Journalismus wie über den gesellschaftlichen Verwahrlosungszustand insgesamt. Das Hirnrissige, die Verlogenheit und vor allem die soziale Ungerechtigkeit des heutigen Kapitalismus, in dem eine Generation junger Leute ohne Job und ohne Zukunft ist, sind haarsträubend und manchmal beispiellos. Der englische Historiker Eric Hobsbawm lag wohl richtig mit seiner Meinung, der Kapitalismus habe über den Sozialismus weniger gesiegt, als dass er einfach übriggeblieben sei. Ich sehe mehr denn je die Notwendigkeit neuer Wege.

Sie sagten bereits, dass Sie ab 1992 Chefredakteur beim *Neuen Deutschland* waren. Diesen Posten haben Sie dann aber im Jahr 1999 abgegeben und sind Pressesprecher der PDS-Bundestagsfraktion geworden.

Ja. Meine Stellvertreter und ich haben das ND im Februar 1999 verlassen. Es gab damals Konflikte mit dem Geschäftsführer. Da ging es unter anderem um geplante Entlassungen von Kollegen. Aber auch darum, inwieweit wir die Zeitung wieder stärker auf einen die DDR pauschal rechtfertigenden Kurs führen. Ich bin für differenzierte DDR-Betrachtung, aber ich wollte keine neue Verklärung. Im Mai 1999 wurde ich Sprecher der PDS-Bundestagsfraktion.

Sie sind dem Sozialismus offenbar ein Leben lang treu geblieben...

Mit Gerhard Zwerenz sage ich: Ich bezeichne mich als Antikommunist, wenn ich mit uneinsichtigen Stalinisten zu tun habe. Und ich bezeichne mich als Sozialist, wenn ich Faschisten und Kapitalismusanbetern gegenüberstehe. Darüber hinaus: Auch der Westen steht heute mehr denn je vor der uralten Frage, die schon Kant, Hegel und Goethe beschäftigte: Wie bringt eine Gesellschaft Freiheit und Gerechtigkeit zusammen? Trotz neuer Dringlichkeit dieser Frage: Mauer und Cordhütchen-Sozialismus der DDR habe ich mir deshalb nie zurückgewünscht.

Sie waren bis 2002 Sprecher der PDS. In diese Zeit fällt auch die Enthüllung Ihrer HVA-Tätigkeiten. Welche Rolle hat das gespielt?

Bevor ich Pressesprecher wurde, hatte ich mich dem Fraktionsvorsitzenden Gregor Gysi anvertraut, den ich sehr schätze. Er fand, diese HVA-Tätigkeit sei zu geringfügig, um damit öffentlich zu werden. Als die HVA-Kontakte publik wurden[3], habe ich die Bereitschaft geäußert, mein Amt zur Verfügung zu stellen. Ich nutzte die nächstliegende Fraktionssitzung für eine persönliche Erklärung. Man erwartete jedoch keinen Rücktritt von mir – weder in der Fraktion noch seitens der Bundestagsverwaltung. Ich war und bin sehr froh, dass die Geschichte damals öffentlich wurde. Sie hatte mich stets belastet.

Wieso haben Sie Ihre HVA-Tätigkeit dann nicht selbst öffentlich gemacht, wenn Sie das so stark belastet hat?

Die Berechtigung Ihrer Frage ist ein Grund, weshalb ich die HVA-Kontakte vorhin meinen größten Fehler nannte. Allerdings: Ich hatte im Klima der Wende, die ich herbeigesehnt hatte, nicht das Gefühl, mit einem vorurteilsfreien Verständnisraum rechnen zu können. Auch aus heutiger Sicht scheint mir das nicht völlig falsch zu sein. Wenn ich etwa daran denke, mit welcher Selbstverständlichkeit viele Wessis moralischen Striptease von Ossis erwarten, den sie selbst sich stets verbitten, erklärt das mein Abwarten. Falsch war es trotzdem. Es zeigt, dass man sich manchmal für Taten verantworten muss, vor denen man zurückschreckte.

Nun waren Sie bis zu Ihrer Berentung stellvertretender Chefredakteur in einem Wohnzeitschriften-Verlag. Das ist ein ziemlicher Kontrast zu Ihren früheren Positionen. Ein verspäteter Karriereknick?

Das empfinde ich schon lange nicht mehr so, denn sowohl mein Weggang vom ND als auch das Ausscheiden aus der PDS-Anstellung waren aus eigenem Antrieb erfolgt. Irgendwann kommt eine Zeit, da einem manche Dinge belanglos erscheinen. Für mich war mit Blick auf die jüngere Vergangenheit zum Beispiel der Umstand wichtiger, dass ich Großvater von – um es mit den Beatles zu sagen – *Martha My Dear* geworden bin.

Das Interview führten Marcel Ruge und Dominik Bath.

---

3 LATSCH, GUNTHER: Halbe Wahrheit, in: *Der Spiegel*, Nr. 49, 4.12.2000, S. 111; KÖNIG, JENS: Der Mann, der zu lange schwieg, in: *die tageszeitung*, 4.12.2000, S. 6.

Literatur

KÖNIG, JENS: »Der Mann, der zu lange schwieg«. In: *Die Tageszeitung* vom 4.12.2000, S. 6

LATSCH, GUNTHER: »Halbe Wahrheit«. In: *Der Spiegel*, Nr. 49 vom 4.12.2000, S. 111

MORRISON, DAVID E.; HOWARD TUMBER: The foreign correspondent: date-line London. In: *Media Culture Society 7*, 1985, S. 445 - 470

OSCHMANN, REINER: *Die feine Englische. Beobachtungen in Britannien.* Leipzig [Brockhaus] 1990

Manfred Pohl

»Wir haben uns als Akteure in einer Auseinandersetzung begriffen«

Manfred Pohl († 2013) arbeitete von 1968 bis 1972 für den ADN und das *Neue Deutschland* in Syrien. Auch im spannungsgeladenen Nahen Osten verfolgten DDR-Korrespondenten außenpolitische Ziele ihres Landes. Im Israel-Konflikt standen sie immer an der Seite der Palästinenser.

Manfred Pohl bei einem Aufsager für das Fernsehen der DDR während seiner Arbeit im Libanon. Quelle: Privat Manfred Pohl

Manfred Pohl wurde 1938 in Tiefenfurt, dem heutigen polnischen Parova geboren. Seine Mutter war Porzellanmalerin, sein Vater Tischler im Waggonbau Görlitz. Direkt nach der Oberschule begann er 1956 ein Vorpraktikum beim Sender Dresden von Radio DDR. Es folgte ein vierjähriges Studium der Journalistik an der Karl-Marx-Universität Leipzig. Ab 1961 arbeitete Pohl in der Auslandsredaktion der Nachrichtenagentur ADN und wurde 1968 als Korrespondent für ADN und *Neues Deutschland* nach Damaskus entsandt. Nach seiner Rückkehr 1972 schickte ihn das DDR-Fernsehen von 1974 bis 1980 nach Lissabon, 1982 dann nach Beirut und von 1985 bis 1989 nach Bonn. Während der innerdeutschen Wende war Manfred Pohl der letzte Chefredakteur der *Aktuellen Kamera*. Nach deren Absetzung arbeitete er ab 1992 bis zu seiner Pensionierung 2003 als Chef vom Dienst für die Nachrichten des MDR. Manfred Pohl verstarb 2013.

Frage: Herr Pohl, der politische Journalismus in der DDR wird heute oft als Propaganda bezeichnet.
Manfred Pohl: Die Arbeit eines Korrespondenten war den außenpolitischen Zielen der DDR verpflichtet, so würde ich das bezeichnen. Die Berichterstattung aus Syrien für die DDR war sowieso keine Propaganda. Dasselbe gilt für die Nachrichtenbulletins, die ich im Auftrag des ADN über wirtschaftliche und gesellschaftliche Themen der DDR verfasst und in Syrien zweimal in der Woche verbreitet habe. Diese Selbstdarstellung der DDR würde ich auch heute nicht als Propaganda-Arbeit sehen.
Wie würden Sie die Berichterstattung stattdessen bezeichnen?
Es gibt hier eine terminologische Schwierigkeit. Agitation und Propaganda waren in unserem Weltbild zwei durchaus seriöse Begriffe, wobei Propaganda sich auf die grundsätzliche Darstellung und Verbreitung der marxistischen Weltanschauung bezog, während Agitation mehr die tagesaktuelle Information beinhaltete und das Erläutern von Tagespolitik. Und unter den konkreten Umständen und Bedingungen in der DDR war das ganz normal und an dieser Sicht hat sich für mich bis heute nichts geändert. Das war Journalismus für uns, die Verbreitung von Nachrichten aus Wirtschaft, Politik, Kultur, Wissenschaft und Sport in der DDR.
Warum wollten Sie überhaupt Journalist werden?
Wir hatten an der Oberschule einen Schulfunk, über den in den Pausen Programm gemacht wurde. Da habe ich mitgearbeitet und das hat mir Spaß bereitet, dadurch bin ich auf die Idee gekommen, Journalist zu werden.

Ich habe mich dann direkt nach meinem Abitur 1956 für ein Journalistik-Studium entschieden und mich in Leipzig beworben. Damals wurde gerade das einjährige Vorpraktikum eingeführt, das ich beim SENDER DRESDEN, der zu RADIO DDR gehörte, absolviert habe. Im Studium bekam ich dann in den ersten zwei Jahren eine Grundlagenausbildung, die Theorie und Praxis der Pressearbeit, deutsche, sowjetische und internationale Pressegeschichte sowie deutsche Literatur und Stilistik umfasste. Außerdem natürlich auch Marxismus-Leninismus, da ging es um dialektischen und historischen Materialismus. Wir hatten Vorlesungen und Seminare zu marxistischer Literatur, den Arbeiten von Marx und Engels und natürlich auch zu denen von Lenin. Dazu kamen noch Russisch und Englisch. Nach dem zweiten Studienjahr spezialisierte man sich. Es gab ein Rundfunkinstitut an der Fakultät mit einem schönen, guten, eigenen Studio, in dem wir fast bis zur Diplomarbeit eine Studentenfunk-Sendung für RADIO DDR gemacht haben. Dann gab es noch die Spezialisierung Kulturjournalismus, Wirtschaftsjournalismus, Landwirtschaftsjournalismus, also eine relativ enge Zuspitzung auf einzelne Fachgebiete. Das Rundfunkinstitut war noch am breitesten angelegt, weil es viele Ressorts umfasste.

Nach Ihrem Studienabschluss 1961 wollten Sie aber nicht weiter für den Rundfunk arbeiten...

Das ist richtig, ich wollte zur Nachrichtenagentur ADN. Damit war ich eine ziemliche Ausnahme, denn andere wollten lieber zur Zeitung, am besten Reportagen schreiben. Ist ja auch schöner, wenn dann der Name über dem Text steht, eine ganze Seite zu machen oder einen schönen Feuilleton-Keller, als Nachrichten zu schreiben. Dafür hat man doch nicht vier Jahre studiert. Aber aus unserem Jahrgang mussten eben vier oder fünf zum ADN gehen, denn es gab in der DDR die mit dem Studium verbundene Verpflichtung, dass man die ersten drei Jahre nach dem Abschluss dort arbeitet, wo man eingesetzt wird, also sich nicht selbst um eine Stelle kümmerte. Und das wurde immer am Ende des Studiums festgelegt. Da gab es eine Einsatzkommission, die aus Verlagsvertretern, Zeitungsvertretern und Leuten aus der Abteilung Agitation im Zentralkomitee der SED bestand.

Wenn das Nachrichten-Schreiben so unbeliebt war, wie Sie sagen, warum wollten Sie dann zum ADN?

Ich war fest entschlossen, Auslandskorrespondent zu werden. Mich interessierte Außenpolitik und nicht so sehr Wirtschaft und Landwirtschaft, schon gar nicht unter den Bedingungen bei uns, das war kein tolles Arbeitsgebiet. Und in der DDR hatte zur damaligen Zeit die *Berliner Zeitung* einen

Korrespondenten in Moskau, vielleicht auch noch einen in Warschau. Das *Neue Deutschland* hatte ungefähr acht oder zehn Korrespondenten, das war ja noch vor der Anerkennungswelle. Der ADN hatte im Gegensatz dazu aber schon über 30 Auslandsbüros. Und da habe ich mir einfach gesagt: »Beim ADN ist die Chance, ins Ausland zu kommen, am größten, also gehst du zum ADN.« Und es hat geklappt. Dort war ich zunächst in Berlin und später in der Redaktion Außenpolitik.

Damit waren Sie ja schon in der Redaktion tätig, die mit den Korrespondenten zusammenarbeitete. Wie sind Sie zu Ihrem Job in Damaskus gekommen?

Eigentlich fast automatisch, denn wer in der außenpolitischen Redaktion arbeitete und vom Profil her passte, der kam irgendwann einmal an die Reihe. Wir hatten ja Bedarf, denn jedes Jahr musste eine bestimmte Zahl an Auslandsbüros neu besetzt werden, da die Korrespondenten in der Regel nur für eine Zeit von circa drei Jahren an einem Ort waren. Dann wurde ihr Vertrag entweder verlängert oder sie übernahmen ein anderes Auslandsbüro oder sie gingen für einige Zeit wieder in die Heimatredaktion nach Berlin.

Wie entwickelte sich denn der Korrespondentenstandort Syrien für die DDR?

Meine Nachfolger sprachen in der Regel Arabisch. Als erster kam der spätere ADN-Generaldirektor Günter Hundro, der in Berlin einen Arabisch-Sprachkurs besucht hatte und sich in einem längeren Praktikum bei der syrischen Nachrichtenagentur SANA auf die Arbeit als Korrespondent vorbereiten konnte. Die Einrichtung von Korrespondentenbüros anderer Medien gab es meines Wissens nicht. Es setzte sich im Lauf der Jahre vor allem aus Kostengründen durch, dass ADN-Korrespondenten neben ihrer Arbeit für die Zentralbild, einem Teil des ADN, bei Bedarf auch für Rundfunk und Fernsehen berichteten.

Welche Rolle spielten politische Aspekte bei der Auswahl der Korrespondenten?

Eine wichtige. Ich glaube, es gab keinen Korrespondenten, der nicht Mitglied der SED war. Politische Zuverlässigkeit war eine der Voraussetzungen, weil man dann auch sicher war, dass derjenige nicht abhaut. Das zeigte sich meist daran, was man bei der Arbeit machte, am ganzen Erscheinungsbild, am Auftreten, an der Art, wie man gearbeitet hat. Einige sind dann aber doch geflohen. Aber das stand für meine Frau und mich nie zur Debatte. Zudem war bei der Auswahl auch die Rolle wichtig, die man im gesellschaftlichen Leben seiner Redaktion spielte, zum Beispiel innerhalb der Parteiorganisation oder im Journalistenverband. Der veranstaltete unter anderem externe Lehrgänge zur Ausbildung von Redaktionsassistenten, da habe ich viel über Stilistik und generell über journalistische Arbeit und Genres gelehrt. Und dann musste man verheiratet sein, aber das war ich ja auch.

Weshalb war das Pflicht?

Die geringere Fluchtgefahr war sicher einer der Gründe. Ein Lediger konnte leichter auf die Idee kommen, die Seiten zu wechseln. Aber natürlich auch aus praktischen Gründen, weil ja das Leben organisiert werden musste in so einem Auslandsbüro. Meistens wurden die Partnerinnen – die hießen dann ›mitreisende Ehefrauen‹ – als ›Assistinnen des Korrespondenten‹ eingesetzt und machten die Buchführung, die Bürokasse und organisatorische Arbeiten. Da meine Frau ebenfalls Journalistin war und bei der *Aktuellen Kamera* des DDR-Fernsehens arbeitete, wurde der Versuch unternommen, ob es für sie als Frau möglich war, in Damaskus als Kamerafrau und Fernsehkorrespondentin aktiv zu werden. Das erwies sich als durchaus möglich und führte schnell auch zu einer guten fernsehtechnischen Ausstattung des Büros mit Tonkamera, Licht und eigenem Fahrzeug.

Wie haben Sie sich auf den Korrespondenten-Job vorbereitet?

Nicht sonderlich intensiv. Ich habe mich ein paar Monate vorbereitet, durch Literatur, auch durch Gespräche im Außenministerium. Außerdem hatte ich das Gebiet ohnehin schon mit bearbeitet, als Redakteur in der aktuellen Arbeit. Da war man schon einigermaßen eingefuchst. Aber eine Vorbereitung im Sinne einer zielgerichteten Spezialisierung, die war nicht möglich. Ich hatte auch keine Möglichkeit, Arabisch zu lernen, sondern musste mit Englisch arbeiten. Das war natürlich ein Nachteil. Es ist oft so gewesen, dass die Korrespondenten drei oder fünf Jahre an einem Ort waren und dann nach ein, zwei Jahren zu Hause ganz woanders hingeschickt wurden. Daher war es nicht immer möglich, die Landessprache zu lernen.

Dabei war und ist es doch für Korrespondenten eigentlich unverzichtbar, die jeweilige Landessprache zu beherrschen oder zumindest verstehen zu können.

Ja, sicher. Eine meiner Schlussfolgerungen war danach auch, dass ich nirgendwo mehr hingehe, wo ich nicht zuvor die Landessprache lernen kann. Das hing aber auch mit dem wachsenden Bedarf zusammen: Die außenpolitischen Beziehungen der DDR haben sich Ende der 1960er-Jahre und dann in den 1970er-Jahren sehr stark entwickelt, und da wuchs der Bedarf nicht nur an Korrespondenten, sondern natürlich gleichzeitig auch an Diplomaten schneller, als man Leute dafür vorbereiten konnte. Das mit der Sprache war eine große Schwierigkeit, da es so schwer war, auch persönliche Kontakte über das Offizielle hinaus zu knüpfen. Denn man hätte mit dem einen oder anderen, den man so kennenlernte, gern auch einmal unter vier Augen gesprochen, ohne Dolmetscher. Das verbiegt ja die Gesprächspartner auch mitunter, weil sie nicht wissen, ob das übersetzende Gegenüber unter Umständen mit dem Geheimdienst zusammenarbeitet und ob etwas weitererzählt wird, was einem schaden könnte. Somit wurde durch das Sprachhindernis natürlich das Eindringen in die Problematik und die Situation eines Landes erschwert.

Wie war die Situation in Syrien, als Sie 1968 dort ankamen?

Während meiner 14-tägigen Übergabezeit mit meinem Vorgänger habe ich nichts Bedrohliches wahrgenommen, der Sechs-Tage-Krieg war schon ein Jahr her. Das spielte in Damaskus eigentlich keine Rolle mehr in dieser Zeit. Es gab Lager für die aus der Golan-Provinz vertriebenen Syrer, es gab auch palästinensische Flüchtlinge, aber das war doch ziemlich am Rande der Stadt. Dass das Land immer noch im Kriegszustand war, bekam ich aber natürlich mit, vor allem, wenn ich in den Grenzregionen unterwegs war. Ein Zeichen dafür war auch die Empfindlichkeit der Syrer, wenn wir eine Militäranlage oder etwas Vergleichbares fotografierten. Da musste man sich schon vorsehen und Rücksicht nehmen, aber im Allgemeinen war das eine sehr friedliche und ruhige Situation im ersten Jahr. Erst nach September 1969, als die linksgerichtete Regierung gestürzt wurde und die Assads innerhalb der syrischen Baath-Partei die Macht übernommen haben, gab es nochmal kritische Momente. Denn es lag immer noch die Gefahr in der Luft, dass vielleicht doch Militäreinheiten dagegen putschen könnten. Da musste man sich schon etwas vorsehen. Manchmal musste man sich aber auch gegen die Botschaft durchsetzen, die teilweise übertriebene Sicherheitsvorstellungen hatte. Da gab es ab und an Reibereien, aber die wurden in Berlin eigentlich immer zu unseren Gunsten entschieden.

Was genau wurde denn in Berlin entschieden und von wem?

Wenn der Generalkonsul bis 1970 oder danach der Botschafter zum Beispiel anordneten, dass die Botschaftsmitarbeiter Damaskus oder nicht einmal die Botschaft aus Sicherheitsgründen verlassen durften, versuchte man mitunter, diese Weisung auch auf uns Korrespondenten anzuwenden. Da wir uns gerade in solchen Situationen nicht daran hielten, beschwerte man sich in Berlin darüber. Dort wurde zwischen ADN-Generaldirektion und Außenministerium aber immer zu unseren Gunsten entschieden.

Wenn wir einmal von besonderen Situationen und kritischen Phasen absehen, wie sah Ihr Arbeitsalltag aus?

Als ich ankam in Damaskus lief es in der Regel noch so, dass man seine Meldung, die man nach Berlin schicken wollte, geschrieben und ins Englische übersetzt hat. Dann übersetzte sie einer meiner Mitarbeiter ins Arabische und brachte sie zum Informationsministerium. Dort legte er den englischen Text und die Übersetzung vor, um einen entsprechenden Stempel auf das Telegramm zu bekommen. Der Stempel des Informationsministeriums war insofern wichtig, als ich dadurch einen günstigeren Tarif für das Telegramm bekam. Die Laufzeit vom Büro nach Berlin betrug immer um die sechs bis acht Stunden. Als es Ende 1968, Anfang 1969 neue Telefonverbindungen nach Europa gab, konnte ich meine Meldungen dann teilweise direkt an die Stenogramm-Aufnahme des ADN diktieren, oft hing ich aber auch dabei stundenlang in der Leitung, weil die Verbindungen nicht sehr stabil waren. So war ich dann öfter ans Büro gebunden und konnte nicht, wie eigentlich vorgesehen, Termine draußen wahrnehmen. Ab Ende 1969 gab es dann auch den Anschluss Syriens an das internationale Telex-Netz. Damit normalisierten sich die Nachrichtenübermittlung nach Berlin und der tägliche Kontakt mit der Heimatredaktion.

Welchen Auflagen oder Einschränkungen unterlagen Nachrichten seitens der syrischen Behörden?

Eine ernsthafte Zensur gab es nicht, es ist nie eine Meldung abgelehnt worden. Wir haben uns bei unserer Arbeit auf die legalen öffentlichen Quellen gestützt. Natürlich konnte ich keine Gerüchte kolportieren, auf die Idee kam ich gar nicht erst. Die innenpolitische Situation Syriens war schwierig, gerade seit dem Umsturz 1969. Als Assad und sein Flügel der Baath-Partei die Macht übernommen hatten, wurde die gestürzte, weniger nationalistische Regierung zum Teil eingekerkert. In dieser Situation war es schwer, von syrischen Gesprächspartnern Auskünfte zu bekommen. Es war eine sehr ungesunde Atmosphäre im Land. Es wurde zwar nirgendwo veröffentlicht, aber man wusste schon, dass viele in Gefängnissen saßen, dass es keine legale Opposition gab, sondern dass dort alle abweichenden Kräfte unterdrückt wurden. Allerdings gab es zeitweise auch Mitglieder der Kommunistischen Partei (KP) in der Regierung.

Welche Möglichkeiten hatten Sie, trotzdem an Informationen zu kommen?

Da gab es im Grunde kaum Möglichkeiten. Das ist zum Beispiel ein Punkt, an dem die fehlende Beherrschung der Landessprache ein ganz entscheidendes Hemmnis darstellte.

Der ARD-Korrespondent Ulrich Kienzle, der ebenfalls in der Region gearbeitet hat, berichtete von einer gängigen Bestechungspraxis einheimischer Mitarbeiter oder Behörden, wenn etwas schnell verschickt oder geliefert werden musste. Haben Sie diese Erfahrung auch gemacht?

Nein, ich habe nie ›Bakschisch‹ für dienstliche Dinge rausrücken müssen. Allerdings – 1982, also auch noch zu Zeiten des Kalten Krieges – musste ich für den Taxi-Transport eines Filmsacks, egal wie groß, nach Damaskus jeweils 300 Dollar hinblättern. Von Damaskus wurde er dann per Luftfracht nach Berlin weitergeleitet, mit Interflug nach Berlin-Schönefeld oder anderen Airlines nach Berlin-Tegel.

Sie erwähnten die KP Syriens. Welche Rolle spielte die für Ihre Arbeit?

Eigentlich keine. Die Partei besaß ja keine öffentlichen Strukturen, mit denen man Kontakt hätte aufnehmen oder über deren Aktivitäten man hätte berichten können.

Wie sahen darüber hinaus Ihre Recherchemöglichkeiten in Syrien aus?

Wir konnten uns im ganzen Land frei bewegen, es gab keine Einschränkungen oder Sperrgebiete. Von einem der später eingestellten Dolmetscher wusste ich zwar mit ziemlicher Sicherheit, dass er für den syrischen Geheimdienst arbeitete. Ob er aber meine Mitarbeiter beeinflusst hat, bestimmte Dinge eben nicht zu organisieren oder platzen zu lassen, weiß ich nicht – das könnte möglich sein, aber ich hatte keine Anhaltspunkte dafür. Ich kann mich an keine Sache erinnern, bei der etwas, was ich unbedingt machen wollte, schiefgegangen wäre.

Welche Quellen haben Sie noch genutzt?

Ich habe mir alles, was mir in den einheimischen Tageszeitungen interessant erschien, von einem Dolmetscher übersetzen lassen, das war für die aktuelle Auswertung. Man hatte zudem gelegentlich die Möglichkeit, mit dem Botschafter zu reden, wie er bestimmte Probleme im Land einschätzt. Zum Teil hatte die Botschaft recht gute Kontakte, weil sie auch gute Leute hatten, zum Beispiel den Presseattaché Holger Preißler, einen Leipziger. Die hatten Gesprächspartner in der Kulturszene, in der Intellektuellenszene. Zu einheimischen Journalisten hatten wir auch einen ganz guten Draht, wie zum Direktor des Fernsehens, der hatte in Potsdam an der Filmhochschule Regie studiert. Darüber hinaus kannte ich ein paar Dokumentarfilmregisseure ganz gut.

Zu syrischen Politikern und Ministerien hatte ich hingegen wenige Kontakte. Das lag daran, dass es bestimmte Werkzeuge wie regelmäßige Pressekonferenzen oder dergleichen überhaupt nicht gab in Syrien, sodass die Möglichkeiten, an diese Personen heranzukommen, sehr begrenzt waren. Die hatten keine Lust, mit einem kleinen Korrespondenten zu sprechen. Aber es gab regelmäßige Kontakte zum Generaldirektor der syrischen Nachrichtenagentur SANA, zum Fernsehdirektor und zur Nachrichtenredaktion des Fernsehens und zu anderen Leuten auf dieser Ebene, etwa dem Chef der Statistikbehörde.

Gab es einen Kooperationsvertrag zwischen SANA und ADN?

Der ADN hatte mit fast allen internationalen und nationalen Nachrichtenagenturen Verträge über meist kostenlosen Austausch der Dienste, so auch mit SANA. Der Vertrag sah unter anderem die Unterstützung des Korrespondenten vor. Auch der besuchsweise Austausch von Mitarbeitern einschließlich Technikern war möglich.

Man kann also sagen, Sie waren davon abhängig, was in der syrischen Presse erschien?

Ja, was in syrischen Veröffentlichungen und auch, was in Beirut erschien, das hatten wir zur Verfügung. Da gibt es seit langer Zeit das *Middle East Bulletin*, aus dem ich schon die eine oder andere Hintergrundinformation bekam. Ansonsten waren die Kontakte mehr auf syrische Journalistenkollegen beschränkt. Das war natürlich keine allzu schöne Situation, aber das sind eben die Grenzen des Agenturjournalismus, der ja doch mehr an tagesaktuellen Fakten interessiert ist.

Wie hat sich das auf Ihre Arbeit ausgewirkt?

Der Hauptteil meiner Arbeit in Syrien bestand aus aktueller Ereignisberichterstattung. Das heißt für die Mehrzahl aller Geschichten sind wir rausgefahren, haben mit Leuten gesprochen, haben fotografiert und haben uns die Fakten zusammengesucht. Analytische Beiträge oder detailliertere Einordnungen kamen da relativ selten vor.

Geheimdienste spielten ja generell eine wichtige Rolle im Kalten Krieg und auch im Nahost-Konflikt. Haben Sie in dieser Beziehung weitere Erfahrungen gemacht?

Nein, im Nahen Osten nicht. Dort gab es weder Kontaktversuche des BND, also der westdeutschen Seite, noch vom Ministerium für Staatssicherheit der DDR. Später in Bonn wusste man dann schon, wer da der Resident war innerhalb der Ständigen Vertretung. Das war schon insofern gut und wichtig zu wissen, weil er in manchen Angelegenheiten eine wichtige Informationsquelle für Korrespondenten war. Ob in Damaskus damals schon jemand vom Geheimdienst saß, weiß ich nicht. Das ist aber eigentlich anzunehmen.

Manfred Pohl unterwegs als Korrespondent – Korrespondenten-Arbeit im Hotelzimmer und sein Presseausweis, ausgestellt 1970 vom syrischen Informationsministerium.
Quelle: Privat Manfred Pohl

In welchen Angelegenheiten war der Resident der Botschaft eine wichtige Informationsquelle?

Üblicherweise sind diese Residenten zum Beispiel in die Vorbereitung von Staatsbesuchen von Anfang an mit den jeweiligen Staatsschutzorganen des Gastgeberlandes eng eingebunden. In der Regel hatten sie Verständnis für die insbesondere für das Fernsehen notwendigen umfangreichen Vorbereitungen. So bekamen wir wichtige Termin- und Ablaufinformationen von ihnen meist vor der offiziellen Bekanntgabe der Besuchsprogramme durch das Außenministerium.

Wissen Sie, ob Ihre Kollegen im Nahen Osten mit Geheimdiensten zusammengearbeitet haben?

Nein, da gab es auch keinen Kontakt. Jedenfalls ist mir nichts bekannt. Ich bin auch nie über mögliche Aktivitäten unterrichtet worden. Und ich habe ehrlich gesagt damals gar nicht darüber nachgedacht, wer vor Ort vom Geheimdienst sein könnte.

Aber die politische Lage war doch, wie Sie selber sagen, brisant. Welche Themen haben Sie denn vor allem bearbeitet?

Wir haben in erster Linie über alles berichtet, was sich an bilateralen Geschehnissen auf kulturellen und wirtschaftlichen Feldern abspielte. Regelmäßig habe ich mich auch um das Bewässerungsprojekt in Mittelsyrien gekümmert, das vom entsprechenden UN-Programm unterstützt wurde. Der Bau des Euphrat-Staudamms wurde von uns über die Jahre hinweg kontinuierlich verfolgt. Das erste Fernsehinterview mit dem Generaldirektor machte ich auf der Platte für das Fundament des Staudamms. **Auch wenn Sie relativ wenig über politische Themen berichtet haben, war Syrien doch stark in den Nahost-Konflikt involviert. Welche Rolle spielte der für Ihre Arbeit?**

Der hat im Prinzip, was die Nachrichten anbelangt, immer insofern eine Rolle gespielt, als man die Situation auf den Golan-Höhen regelmäßig verfolgt hat. Da gab es ab und zu israelische Angriffe, zum Beispiel 1969 an der Straße von Damaskus Richtung libanesische Grenze. Solche Sachen haben wir dann natürlich aktuell gemacht, auch fürs Fernsehen. Insgesamt kam das zum Glück in der Zeit nicht sehr häufig vor. Unabhängig davon hatte der Nahe Osten aber schon eine hervorgehobene Position für den ADN. Im Nahost-Konflikt und seinen Kriegen, da standen wir ja ganz eindeutig auf Seiten der PLO[1]. Wir hatten noch jeweils einen Korrespondenten in Beirut und Bagdad, in Kairo sogar zwei, meine ich.

Das ist eine vergleichsweise relativ hohe Korrespondentendichte in dieser Region...

Das hing natürlich auch mit der politischen Orientierung der Regime in den einzelnen Ländern zusammen, weil der Irak zum Beispiel sehr enge Beziehungen zu Moskau hatte. Zu der Zeit lief alles unter dem Begriff ›Nationale Befreiungsbewegung‹, weil in den Ländern dort bürgerliche oder feudale Regime nach 1945 gestürzt worden waren. Es lag natürlich auch daran, dass die DDR ihre Präsenz in Staaten ausgebaut hat, zu denen sie enge Wirtschaftsbeziehungen hatte. Da rechnete man sich die Chance aus, vielleicht die Hallstein-Doktrin durchbrechen zu können. Da haben wir dann mit unseren Bulletins versucht, möglichst viele Argumente zu liefern, die für die Aufwertung der Beziehungen zwischen der DDR und Syrien sprachen.

Was hatte es mit diesen Bulletins auf sich?

Das waren Meldungen aus der DDR, die Bezug zum Nahen Osten oder zu Syrien hatten, Wirtschaftsnachrichten und Nachrichten zu allen schon am Anfang beschriebenen Gebieten. Da kamen über den Tag zwischen 50 und 60 per Funkfernschreiben an. Zwei Funkfernschreibempfänger ratterten in

---

1 Die Palästinensische Befreiungsorganisation (PLO) wurde 1964 von der Arabischen Liga gegründet und formierte sich bis Ende der 1960er-Jahre als Dachorganisation des palästinensischen Widerstandes. Unter ihrem Namen schlossen sich verschiedene säkular ausgerichtete palästinensische Widerstandsgruppen zusammen. Aus der bekanntesten von ihnen, der Fatah, wurde der langjährige Vorsitzende (1969 - 2004) Yassir Arafat gewählt (JOHANNSEN 2006: 30ff.). Die DDR unterstützte die PLO seit den 1970er-Jahren auch offiziell (vgl. JACOBSEN et al. 1979: 678f.).

schallgedämpften Kästen den ganzen Tag. Und die Nachrichten, von denen ich meinte, dass sie für Syrien interessant sein könnten, habe ich dann ausgewählt und zweimal in der Woche an die syrischen Zeitungsredaktionen und Vereine wie die Freundschaftsgesellschaft Syrien – DDR oder andere Organisationen verschickt. Das sollte die DDR bekannter machen, das Land vorstellen. Dafür waren die Büros mit der entsprechenden Vervielfältigungstechnik ausgestattet. Allerdings wurden diese Bulletins Mitte der 1970er-Jahre eingestellt, denn die Abdruckquote in den syrischen Blättern war sehr gering.

War das für einen Korrespondenten nicht peinlich, PR-Arbeit für das eigene Land machen zu müssen?

Nein, das war schon ganz in Ordnung so. Ich meine, wir waren durchaus interessiert daran, dass der diplomatische Durchbruch der DDR gelang, dass wir möglichst zu vielen Staaten normale diplomatische Beziehungen aufnehmen konnten. Alles, was in der Richtung förderlich sein konnte, das empfand ich nicht als ›schmutzige PR-Arbeit‹.

Inwieweit gab es außerdem Absprachen oder Vorgaben für Ihre Arbeit, zum Beispiel vonseiten der ADN-Redaktion?

Es gab schon bestimmte Vorgaben. In einer Wochenplanung habe ich der Redaktion vorher mitgeteilt, was an Terminen ansteht und was interessant sein könnte. Natürlich konnte man nicht immer alle Wünsche bedienen, gerade wenn Reaktionen zu politischen Ereignissen in der DDR, in Europa oder in der Welt gefordert wurden. Wenn es eben keine Kommentare dazu in der syrischen Presse gab, dann war es schwierig, zu liefern.

Gab es solche Wünsche oder Anfragen vom ADN an Sie oft?

Nein, eigentlich nicht. Einen speziellen Fall gab es zu Beginn meiner Korrespondentenzeit: Etwa zwei Monate nach unserer Ankunft in Damaskus war der Einmarsch der Bruderarmeen in Prag, in der Tschechoslowakei. Das bestimmte über die ersten Monate die Berichterstattung, da war der ADN natürlich daran interessiert, alles, was an Stimmen dazu kam, zu bekommen. Wobei wir zum Teil ganze Wortlaute übermittelt haben, weil der ADN ja nicht nur den Fernschreibdienst für die Zeitungen herausgab, sondern auch eine Reihe von Bulletins zu den Spezialthemen Wirtschaft und Außenhandel erstellte. Darunter auch Bulletins, die nur für die Parteiführung und für die Regierung bestimmt waren, zur internen Information. Das gehörte auch mit zu unseren Aufgaben.

Betrachtet man die Berichterstattung im *Neuen Deutschland*, fällt eine gewisse Einseitigkeit auf: Zum Beispiel gab es viele Berichte über

israelische Angriffe, während die Aktionen der anderen Seite meist als Verteidigung dargestellt wurden. Woran lag das?

Unsere Vorgabe war, die grundsätzliche Haltung der DDR zum Nahost-Konflikt – speziell zu den Fakten, die 1967 mit dem Sieg Israels geschaffen worden waren – widerzuspiegeln. Ich meine, zu der Zeit war gar keine syrische Artillerie mehr auf den Golan-Höhen. Bis 1967 haben sie von dort auf die israelische Tiefebene heruntergeschossen, danach nicht mehr.

Sie waren also zu einer ideologisch eingefärbten Berichterstattung verpflichtet? Auch zur Verwendung von Begriffen wie etwa ›der imperialistische Westen‹?

Den Duktus ›imperialistischer Westen‹ habe ich, glaube ich, nie benutzt. Aber wir haben uns schon als Akteure in einer Auseinandersetzung begriffen, das war klar. Es gab nun mal die Hallstein-Doktrin und dass uns die nicht gefallen hat, das war ja verständlich. Unser Missfallen haben wir mit unseren journalistischen Mitteln zum Ausdruck gebracht, und zwar aus wirklich tiefster Überzeugung.

Und wie stellte sich dieses Missfallen konkret journalistisch dar?

Da die DDR zu dieser Zeit bereits mit einem Generalkonsulat in Syrien vertreten war, in der Rue Malki in Damaskus, genau gegenüber dem seit dem Abbruch der Beziehungen der Bundesrepublik zu Syrien geschlossenen Goethe-Institut, traf die Hallstein-Doktrin für Syrien schon nicht mehr zu.

Hatten Sie damals Kontakt zu West- und BRD-Korrespondenten?

In Damaskus gab es mangels West- und BRD-Korrespondenten dazu keine Möglichkeit. Danach – und der Kalte Krieg ging ja noch lange weiter – war es für uns überall völlig normal, solche Kontakte zu pflegen. Auch die Zusammenarbeit mit den jeweiligen Rundfunk- und Fernsehorganisationen war eigentlich immer reibungslos. Ich nahm auch später als Leiter der Fernsehnachrichten-Redaktion der *Aktuellen Kamera* an mehreren der jährlichen oder zweijährlichen Konferenzen der EBU-Nachrichtengruppe teil – in Bergen, Helsinki oder Portugal. Das DDR-Fernsehen speiste mit die meisten Berichte in den internationalen Austausch von Fernsehnachrichten ein und war einer der stärksten Nutzer dieses Austauschs. Deshalb waren wir immer in der Delegation der Internationalen Rundfunk- und Fernsehorganisation, OIRT, bei den EBU-Tagungen vertreten.

Wie haben Sie deren Berichterstattung wahrgenommen? Was den Nahost-Konflikt anbelangt haben die DDR-Medien doch relativ konträr zum Mainstream der BRD berichtet, gerade was Israel anbelangt...?

In Damaskus waren zu dieser Zeit weder die BBC noch die DEUTSCHE WELLE geschweige denn ein europäisches Fernsehprogramm zu empfangen. Was sollte man da also wahrnehmen?

Was war an der Korrespondententätigkeit in Syrien wirklich negativ?

Vor allem die Pflicht, rund um die Uhr erreichbar sein zu müssen, auch wenn das in Syrien im Vergleich zu anderen Standorten gar nicht so wichtig war. Denn genauso schwierig, wie ich nach Berlin durchkam, kam die Redaktion von Berlin aus zu mir durch. Da konnte mir also keiner ständig am Ohr hängen und sagen: »Mach mal dies und mach mal das.«

Das heißt doch, letztlich haben Sie diesbezüglich doch keinen allzu großen Druck von Ihrer Redaktion gespürt?

Naja, man hat als Korrespondent ja dennoch das Gefühl, dass man etwas tun muss. Man sagt sich dann: »Du kannst doch nicht einfach nichts tun, die denken ja sonst in Berlin, Du liegst hier faul auf der Bärenhaut und gehst nur ins Diplomatenbad zum Schwimmen.« Deshalb war ich in der ersten Zeit etwas übermotiviert. Später habe ich gemerkt, dass ich mir manches hätte schenken können.

Wie haben sich Art und Umfang Ihrer Berichterstattung im Lauf der Jahre verändert?

Vom Gefühl her nimmt man die Dinge mit der Zeit etwas ruhiger, regt sich auch nicht allzu sehr auf, wenn man einmal zwei, drei Tage nichts hat, da macht man eben etwas anderes. Der Druck war in Syrien auch nicht so stark, da es eben doch überwiegend ein Randgebiet in der Berichterstattung war. Ich hatte schon ein wenig den Eindruck, dass ich da an der langen Leine gelassen wurde. Als unter Honecker Joachim Herrmann[2] für die Agitation und damit für Rundfunk, Fernsehen und Zeitung verantwortlich war, hat die Gängelung dann zwar unwahrscheinlich zugenommen, 1972 war das aber noch nicht so.

Inwieweit gab es zu dieser Zeit inhaltliche Absprachen oder Diskussionen mit den Korrespondenten über grundsätzliche Konzepte der Auslandsberichterstattung?

Es gab im Prinzip alle zwei Jahre eine zentral organisierte Korrespondentenkonferenz, an der die meisten Korrespondenten der verschiedenen Medien und ihre Pendants in den Redaktionen teilgenommen haben. Es gab Vorträge über die Leitlinien der DDR-Außenpolitik, die Schwerpunkte

---

2   Joachim Herrmann war von 1971-1978 Chefredakteur des *Neuen Deutschland*, ab 1979 als Mitglied des Politbüros im Zentralkomitee der SED zuständig für Medien und Agitation.

der nächsten Zeit und dann wurden wir über die aktuelle Situation und Entwicklungstendenzen innerhalb der DDR informiert. Man war als Korrespondent ja sonst weit ab vom Schuss.

War diese Entfernung ein Problem für die Zusammenarbeit mit der ADN-Redaktion? Wie sah die Kompetenzverteilung aus?

Die Zentrale hatte im Prinzip immer recht – wie überall. Ach, es hat eigentlich nie ernsthaften Streit um unterschiedliche Auffassungen gegeben. Ich kann mich jedenfalls an keinen Fall erinnern, in dem es zum offenen Schlagabtausch gekommen wäre. Ich meine, natürlich gab es das immer wieder mal, dass sich Korrespondenten heftig beschwerten, wenn sie aus dem Urlaub zurückkamen, was die Redaktion ihnen alles angetan habe und dass das doch völlig falsch gewesen sei, diese und jene Sache nicht zu bringen oder zu verändern. Aber da man ja im Grunde genommen keine direkte, schnelle Rückmeldung hatte, verlief sich das zumeist. Man muss aber auch sagen, dass die Korrespondenten im ADN schon höher angesehen waren, auch bei den Leuten auf der Straße. Je mehr Korrespondenten es im Laufe der Jahre wurden, desto stärker hat sich das dann aber auch normalisiert.

Können Sie bitte skizzieren, wie sich die Zahlen der DDR-Korrespondenten über die Jahrzehnte entwickelt haben und von welchen Entwicklungen das beeinflusst war?

Dazu traue ich mir keine Aussage zu, meine Übersicht ist in dieser Frage zu unvollkommen, auch weil ich nach Syrien noch über zehn Jahre als Korrespondent in Portugal, im Libanon und in Bonn tätig war, von Berliner Vorgängen also oft nichts mitbekam.

Bonn war sicher ein ganz anderer Standort als Damaskus. Wo lagen die Unterschiede? Und wie erlebten Sie dort als Journalist die 1980er-Jahre, die Endphase des Kalten Krieges?

In der Tat – ein gewaltiger Unterschied. Meine Abordnung als Korrespondent und Leiter des Bonner Büros des DDR-Fernsehens fiel in die Zeit des vorgesehenen, aber mehrfach auf Moskauer Einspruch verschobenen Honecker-Besuches in der Bundesrepublik. In dessen Vorfeld konnten wir schon einen gewissen Rückgang von Aversionen gegenüber den DDR-Korrespondenten spüren. Politiker nicht nur von SPD, sondern auch von FDP und CDU, die Interviews zum Beispiel früher grundsätzlich abgelehnt hatten, waren plötzlich bereit, mit uns zu sprechen. Auch die Kontakte mit Westkollegen bei gemeinsam wahrgenommenen Terminen entspannten sich.

Wir berichteten ja nicht nur aus Bonn, sondern aus der ganzen Bundesrepublik. Dazu konnten wir eigentlich alle Studios von ARD und ZDF zum

Überspielen der Beiträge nutzen. Der Honecker-Besuch 1987 wurde dann zu einem bisher einmaligen Beispiel der Kooperation von Ost und West. DDR-Fernsehen, ARD und ZDF berichteten von allen Stationen des Besuches von einer technischen Basis, also jeweils einem Ü-Wagen oder einer SNG, hatten das gleiche Live-Bild und den Originalton zur Verfügung. Es gab in West- und Ostdeutschland keinen freien Übertragungswagen mehr. Und als sich Berlin wenige Tage vor dem Besuch entschied, auch das Kölner Treffen Honeckers mit Industrievertretern zu übertragen, konnten wir nach vielen Mühen noch einen Ü-Wagen aus den Niederlanden ordern.

Nach Ihrer Korrespondenten-Zeit waren Sie bis zum Ende der DDR für das Fernsehen tätig. Für viele Journalisten bedeutete die Wende einen Bruch in ihrer Karriere. Wie ging es für Sie weiter?

Nach meiner Rückkehr aus Bonn 1989 war ich erst einmal Leiter der Fernsehnachrichtenredaktion, die für die tägliche Sendung der *Aktuellen Kamera* verantwortlich war. Im November kamen Henning Röhl, damals Chefredakteur der *Tagesschau*, und Heiko Engelkes, zuständig für die *Tagesthemen*, zu Besuch nach Berlin-Adlershof. Da ging es im Grunde genommen um künftige Kooperationen. Es wurde Mittag, unser damaliger Chefredakteur hatte eine Sitzung und ich bin mit den beiden ins Casino gegangen. Dort habe ich beiden viel erzählt, wie bei uns die Dinge laufen, ihre Fragen beantwortet und scheinbar hat das Herrn Röhl viele interessante Erkenntnisse gebracht. Jedenfalls erhielt ich im September 1991 während einer Redaktionssitzung einen Anruf von Röhl, der inzwischen als Fernsehdirektor für den MDR in der Vorbereitung des dortigen Programms war. Und er fragte mich, ob ich bereit wäre, die Fernsehnachrichten-Redaktion beim MDR mit aufzubauen. Da hab ich gesagt, kommt drauf an, wie die Bedingungen sind, aber darüber kann man reden. Letztlich habe ich mich entschieden, das zu machen. Am 31. Dezember habe ich in Adlershof noch die letzte Sendung[3] gemacht, dann haben wir die *Aktuelle Kamera* sozusagen beerdigt, das Licht ausgemacht und abgeschlossen. Den Schlüsselbund hab ich heute noch. Am nächsten Morgen bin ich dann nach Dresden und habe als Chef vom Dienst die erste MDR-*Aktuell*-Sendung gefahren. Das habe ich dann bis zu meiner Pensionierung 2003 gemacht.

---

3   Die *Aktuelle Kamera* strahlte ihre letzte Sendung unter diesem Namen am 14.12.1990 aus und sendete danach unter dem Titel *Aktuell*. Quelle: Deutsches Rundfunkarchiv: Veränderungen in der Berichterstattung: *Die Aktuelle Kamera*, http://1989.dra.de/themendossiers/ddr-fernsehen/berichterstattung/wandel-der-berichterstattung.html [30.08.2013]

Gab es im neu gegründeten MDR Vorbehalte wegen Ihrer früheren SED-Mitgliedschaft?

Ja, die gab es, aber die sind eigentlich relativ schnell beseitigt worden. Ich konnte allen etwas vormachen in der Einschätzung, in der Bearbeitung, in praktischen Dingen. Ich denke, da kam mir meine journalistische Kompetenz zu Gute.

Als Mitte der 1990er-Jahre in einer Serie über die Berichterstattung in *Tagesschau* und *Aktueller Kamera* auch wiederholt Beiträge aus meiner Bonner Zeit liefen, habe ich wiederholt von Westkollegen die Meinung gehört, das würde man doch heute auch senden.

Wenn Sie heute auf Ihre journalistische Arbeit in der DDR zurückblicken, wie schätzen Sie sie ein?

Ich denke, dass ich eigentlich bei kaum einer Sache im Nachhinein rot werden müsste. Ja gut, vielleicht mal bei der ein oder anderen Formulierung. Eins kommt mir da in Erinnerung: Ich bin im September 1982 in Sabra und Shatila[4] gewesen und bin mit meinem Kameramann über die Leichen dort gestiegen. Wir haben gedreht und das Material auch nach Berlin bekommen. Das sollte aber nicht gezeigt werden. – Auch so etwas Schizophrenes, was mitunter in der DDR-Informationspolitik passierte. Denn wenige Wochen später stand ein Honecker-Besuch in Syrien auf der Tagesordnung. Und dann wurde im September entschieden: Also jetzt keine Berichte mehr über Schrecken und Geschichten im Nahen Osten, jetzt ist nur noch heile Welt da unten. Und dann kam das Material aus Sabra und Shatila an, was wir drei Tage vorher gedreht hatten. Da hat die Fernsehredaktion ganz schön darum kämpfen müssen, diesen Bericht noch machen zu können. Inzwischen sind ja die exakten Vorgänge dort einigermaßen geklärt. Ich wusste nicht mehr genau, wie ich die Situation damals eingeschätzt hatte und da ist mir vor Kurzem in einer Mappe der Durchschlag eines Artikels für die *Weltbühne* in die Hand gefallen, zu Sabra und Shatila. Zu meiner großen nachträglichen Freude habe ich festgestellt, dass ich nicht von einem israelischen Massaker gesprochen habe, wie das ja am Anfang naheliegend war.

Sie haben Ihre Berichte demnach immer als richtig und wahrhaftig angesehen?

---

4   Während des libanesischen Bürgerkriegs wurde im September 1982 in den palästinensischen Flüchtlingslagern Sabra und Shatila am Stadtrand von Beirut ein Massaker von libanesischen Phalange-Milizen verübt. Die Zahl der Todesopfer schwankt je nach Quelle zwischen 400 und 3000 Zivilisten.

Ja, das entsprach meiner Einstellung. Ich habe mir immer geschworen, ich will mich bei jedem Interviewpartner, bei jedem, mit dem ich einen Beitrag gemacht habe, wieder sehen lassen können. Und nach dem Prinzip habe ich gearbeitet. Das hätte ich niemals aufgegeben, auch nicht für einen noch so dringenden Auftrag. Und diese Einstellung konnte ich auch unter dem Druck der Vorgesetzten durchziehen. Man musste eben hart bleiben. Dann gab es zwar Ärger, aber keine besonderen Konsequenzen.

Wie systemnah dürfen Journalisten sein?

Als ich in den 1980er-Jahren Korrespondent in Bonn war, da sagte ich mir, wenn ich hier in der Bundesrepublik Korrespondent wäre, würde ich in keine Partei eintreten. Also die Ferne von Parteien ist für meine Begriffe wichtig für einen Journalisten. Das habe ich nach der Wende auch konsequent verfolgt. In der DDR hingegen war die Mitgliedschaft in der SED schon Voraussetzung für etliche Dinge. Es hatte auch gewisse positive Seiten. Denn in der DDR galt das Chefredakteursprinzip, also der Chefredakteur traf die letztendliche Entscheidung. Innerhalb der Parteiorganisation konnte man dann aber die Dinge auch kritisch hinterfragen und sich mit Entscheidungen, die nicht in Ordnung waren, auseinandersetzen. Die Parteiarbeit in den Redaktionen war somit auch immer gleichzeitig ein gewisses Korrelativ zur staatlichen Leitung, zum Chefredakteur, mit dem man auf Parteiversammlungen sehr kontrovers diskutieren konnte. Dieses Korrektiv gibt es beim MDR nicht. Es gab manchmal sehr interessante Diskussionen und Projekte, die auf den Parteiversammlungen diskutiert wurden. Manche Versammlung habe ich sogar mit Spannung erwartet. In einem Unternehmen mit so vielen Intellektuellen wie beim ADN ist ein Parteileben natürlich interessanter. Ich kann mir vorstellen, dass es in manch anderem Bereich arg dogmatisch und trocken, also nicht so anregend gewesen ist.

Das klingt positiv. Aber wie sind Sie denn zum Beispiel mit den inneren Widersprüchen der DDR umgegangen?

Natürlich gab es darüber auch Diskussionen, aber in erster Linie war die Parteiarbeit in den Redaktionen bezogen auf die Arbeit und auf das Erreichen der angestrebten Leistungen.

Wie war es möglich, Kritik zu äußern, bei der straffen und strengen Organisation der Partei?

Naja, es gab schon auch sehr offenen Meinungsaustausch, allerdings haben sich die Dinge natürlich auch im Lauf der Jahre etwas verändert. Die offene Atmosphäre litt, als Joachim Herrmann in den 1970er-Jahren die Verantwortung für Agitation und Medien übernahm. Von diesem Zeitpunkt an herrschte ein sehr ruppiger Ton und vieles war stark auf Weisungen konzentriert.

Wie hat sich die Arbeit von Korrespondenten im Vergleich damals zu heute verändert?

Grundsätzlich ist die Arbeitsanlage heute nicht anders. Die technischen Möglichkeiten sind andere geworden und damit haben sich auch neue Möglichkeiten in der journalistischen Arbeit ergeben, zum Beispiel die direkten Schalten zu den entferntesten Orten. Vom Grundprinzip her hat sich aber nicht viel verändert: Fakten suchen, Eindrücke sammeln und je nach der Wertigkeit des Stoffes daraus Nachrichten machen, Reportagen schreiben oder Fernsehberichte machen.

Das Interview führten Peter Hild und Theresa Tropper.

Literatur

FRIEDMANN, THOMAS LOREN: *Von Beirut nach Jerusalem.* [München] 1978
HERBST, ANDREAS WINFRIED RANKE; JÜRGEN WINKLER: *So funktionierte die DDR. Bd. 3. Lexikon der Funktionäre.* [Hamburg] 1994
JACOBSEN, HANS-ADOLF; GERT LEPTIN; ULRICH SCHEUNER; EBERHARD SCHULZ (Hrsg.): *Drei Jahrzehnte Außenpolitik der DDR: Bestimmungsfaktoren, Instrumente, Aktionsfelder.* München, Wien [Oldenbourg Wissenschaftsverlag] 1979
JOHANNSEN, MARGRET: *Der Nahost-Konflikt (Elemente der Politik).* Wiesbaden [Verlag für Sozialwissenschaften] 2006

Ulrich Kienzle

»Ich habe ihm gesagt, dass das viel Ärger geben wird«

ARD-Korrespondent Ulrich Kienzle bekam seine Korrespondentenstelle im Nahen Osten, weil er seinen Vorgesetzten in Deutschland zu frech war. Nach Beirut ›weggelobt‹ lernte er dort, Abstand zu Propaganda und Geheimdiensten zu halten. Ein Israel-kritischer Beitrag war wahrscheinlich der Grund für seine Versetzung nach Afrika. Im Apartheid-Staat Südafrika eröffnete er das erste ARD-Büro.

Am 21. Dezember 1990 trifft Ulrich Kienzle (li.) Saddam Hussein in Bagdad. Im Interview erklärte der irakische Diktator zum ersten Mal, er werde sich nicht aus Kuwait zurückziehen – de facto eine Kriegserklärung an die antiirakische Koalition unter Führung der USA. Quelle: Privatarchiv Ulrich Kienzle

Ulrich Kienzle, 1936 in Neckargröningen bei Ludwigsburg geboren, begann seine journalistische Karriere beim SDR 1963. Im selben Jahr nahm er sein Studium der Politischen Wissenschaften, der Germanistik und der Kunstgeschichte in München und Tübingen auf. Für den SDR – und 1967/1968 auch für den WDR – arbeitete er als Reporter, Redakteur, Redaktionsleiter und Moderator, bis er 1974 als Nahost-Korrespondent der ARD nach Beirut ging. Im Jahr 1977 wechselte er in das neu gegründete ARD-Studio Johannesburg nach Südafrika. 1980 kehrte Ulrich Kienzle zurück nach Deutschland und wurde Chefredakteur Fernsehen bei Radio Bremen, zehn Jahre später folgte der Wechsel zum ZDF als Leiter der Hauptredaktion Außenpolitik und Moderator des *auslandsjournals*. Ab 1993 übernahm er die Redaktionsleitung und Moderation von *Frontal* bis zu seiner Pensionierung im Jahr 2000.

Frage: Sie sind im April 1974 für den SÜDDEUTSCHEN RUNDFUNK von Stuttgart nach Beirut gegangen. Wie war der Wechsel?
Ulrich Kienzle: Ich musste schnell schmerzlich feststellen, dass der Nahe Osten eine völlig andere Welt ist als unsere. Denn es gab damals keinerlei Vorbereitung für Korrespondenten, keine Hinweise, wie man sich im Ausland verhalten soll. Heute lernen die Kollegen zum Beispiel, wenn sie in Kriegsgebiete geschickt werden, was sie dort beachten müssen. Das mussten wir uns damals alles selbst beibringen. In den drei Monaten, die mir vor meinem Einsatz blieben, konnte ich deshalb nur etwas Arabisch lernen und möglichst viel über den Nahen Osten lesen. Das war alles.
Wegen welcher Erfahrungen im Nahen Osten wurden Sie als Korrespondent ausgewählt?
Ich hatte bis zu diesem Zeitpunkt nur Zypern und Kairo kennengelernt. Korrespondenten wurden damals eben nicht immer nur wegen besonderer Kenntnisse und ihrer beruflichen Erfahrung ernannt. Ich selbst wurde nach einer Technik ausgewählt, die ARD und ZDF auch später immer wieder angewandt haben: ›Wegloben.‹ Ich war meinen Vorgesetzten als Chef der *Abendschau* in Stuttgart einfach zu frech, zu ungemütlich geworden. Das war also eigentlich ein ganz schön hinterhältiges Angebot, denn im Nahen Osten hätte ich auch für immer verschwinden können. Aber für

mich war es vor allem eine große Chance, noch einmal eine völlig andere Welt kennenzulernen als diese begrenzte schwäbische. Das hat mich sehr gereizt. Ich bin dann mit einem Mal aus unserer mitteleuropäischen, demokratisch orientierten Gesellschaft in eine geraten, die für mich völlig unverständlich war. Ein halbes Jahr lang war ich deshalb dem Wahnsinn nahe und wollte einfach nur nach Hause.

Was war denn so schlimm?

Das größte Problem waren für mich am Anfang Zahlen, denn die sind im Orient immer mit Vorsicht zu genießen. Kurz nach meiner Ankunft in Beirut begann der libanesische Bürgerkrieg. Nach vier Wochen berichteten die örtlichen Zeitungen und auch meine einheimischen Mitarbeiter von mehr als hunderttausend Toten. Ich habe das nicht geglaubt, weil es in dieser kurzen Zeit einfach nicht möglich war. Aber es gab keine offiziellen Stellen im Libanon, von denen man Informationen bekommen konnte, denn die Ministerien sind vor Journalisten in Deckung gegangen. Während des Krieges gab es sie teilweise gar nicht mehr. Also musste ich meine Informationen auf anderem Wege sammeln, mithilfe von Mutmaßung, Einschätzung und Erfahrung.

Sie waren aber ja nicht der erste Korrespondent der ARD im Nahen Osten. Inwiefern konnten Sie sich in solchen Situationen an den Erfahrungen Ihrer Vorgänger orientieren?

Mein Vor-Vorgänger Walter Mechtel war schon eine Art Freund für mich, der sich auch um mich kümmerte. Aber er war schon einige Jahre zuvor, während seines Einsatzes in Aden, ermordet worden. Und mein direkter Vorgänger Gerhard Konzelmann war ein Mensch mit fragwürdigen journalistischen Standards. Deshalb war für mich die Orientierung, wie ich mich verhalten soll und was ich von den beiden lernen konnte, gleich Null. Ich habe darum einen Kollegen von der *Süddeutschen Zeitung* um Hilfe gebeten, der schon seit fünf Jahren in der Region war. Er hat mir erstmal einen Whiskey eingeschenkt und mir eine Faustregel für Zahlen im Nahen Osten erklärt, die er selbst Jahre zuvor von einem englischen Kollegen gehört hatte: »Eine Null weg, dann die Hälfte und du kommst hin.« Da habe ich angefangen zu rechnen und festgestellt: Das ist zwar zynisch und ironisch, aber es kann stimmen. Denn diese Regel hat die voluminösen Zahlenangaben der Araber auf ein realistisches Maß reduziert. Ich habe mich später oft daran gehalten und bin nicht schlecht damit gefahren.

Mit welchen Schwierigkeiten hatten Sie in der Anfangszeit noch zu kämpfen?

Sehr schmerzhaft war für mich die Erfahrung, dass vieles nur gegen Geld möglich war. Denn das Prinzip Bestechung haben die Libanesen in Perfektion beherrscht. Wenn man zum Beispiel auf normalem Wege einen Telefonanschluss beantragte, konnte das bis zu einem halben Jahr dauern. Zahlte man dagegen tausend Pfund an den Telekommunikationsminister, ging es innerhalb eines Tages. Für mich war das anfangs abstoßend, aber irgendwann habe ich es auch zum ersten Mal gemacht. Denn ohne Bestechung haben viele alltägliche Dinge einfach nicht funktioniert: Vier Mal im Jahr musste ich zum Beispiel meine Arbeitsgenehmigung verlängern lassen, das kostete jedes Mal 500 Mark. Wollte ich einen Film nach Deutschland verschiffen lassen, musste ich 400 Mark hinlegen. Zahlte ich die nicht, sondern brachte den Film selbst zum Flughafen, kam er nie in Frankfurt an. Das habe ich ein paar Mal versucht, bis ich es dann irgendwann doch eingesehen und gezahlt habe.

Wenn man einmal von den zusätzlichen Verdienstmöglichkeiten absieht, was versprachen sich die Libanesen denn von der regelmäßigen Verlängerung Ihrer Arbeitserlaubnis?

Sie war vor allem ein Mittel, um uns ausländische Journalisten zu kontrollieren. Aus diesem Grund hat vor dem Bürgerkrieg auch kein Auslandskorrespondent die ganze Wahrheit über Beirut und den Libanon berichtet. Denn das hätte bedeutet, dass bei der Ausreise plötzlich fünf Kilo Haschisch in ihrem Koffer gefunden werden. Das ist einer amerikanischen Kollegin passiert, die hat ein bisschen frech berichtet und landete so im Gefängnis. Sie ist dann erst durch den Bürgerkrieg wieder freigekommen, als das Gefängnis gestürmt wurde. Freies journalistisches Arbeiten oder Recherchieren wie im Westen gab es damals eben nirgendwo im Nahen Osten, da er ausschließlich aus Diktaturen oder autoritären Regimes bestand. Und die kontrollierten Informationen genau. Die Ministerien waren nicht wie in Deutschland zur Auskunft verpflichtet. Als Journalist musste man seine Informationen also auf anderen Wegen holen, sozusagen durch Guerilla-Recherche. Und das, was einem die einzelnen Kriegsparteien erzählten, galt es mit äußerster Vorsicht zu betrachten.

Wie hat sich die Pressefreiheit im Libanon denn im Lauf Ihrer Korrespondentenzeit verändert?

Während des Bürgerkriegs gab es im Libanon absolute Pressefreiheit. Die Regierung hatte keine Kontrolle mehr, das Informationsministerium konnte nicht mehr in Europa fragen: »Was hat der berichtet?« Es gab keine installierte Zensur mehr, nur noch die Zensur mit der Maschinenpistole.

Wer es riskierte, konnte relativ frei berichten. Das habe ich dann auch getan und in meinem ersten Jahr etwa 170 *Tagesschau*-Beträge gemacht. Das ist heute unvorstellbar, aber so wichtig haben die Beirut damals genommen.

Haben Sie ein Beispiel für die Zensur mit der Maschinenpistole?

Als ich mit meinem Team Bilder vom Massaker von Sabra und Shatila gedreht hatte, wollte mir ein libanesischer Offizier das Material abnehmen. Ich habe versucht, das zu verhindern und wurde deshalb nach Beirut ins Gefängnis gebracht. Zum Glück hatte mein Kameramann dem libanesischen Offizier in der Zwischenzeit nicht unser gedrehtes Material, sondern nur ein leeres Band ausgehändigt und wir konnten das gedrehte Material später doch noch senden. Aber für mich war das schon ein sehr, sehr unangenehmes Erlebnis. Die Zelle, in die sie mich gebracht haben, war so überfüllt, dass die Häftlinge in Schichten schlafen mussten. Das war Schikane. Gott sei Dank ist mein Team sofort zur deutschen Botschaft gefahren und hat Hilfe geholt. Vier Stunden später wurde ich freigelassen. Das war das einzige Mal, dass ich ein libanesisches Gefängnis von innen gesehen habe. Das hat mir aber auch gereicht.

Wie wichtig war für Sie in solch brenzligen Situationen die deutsche Botschaft?

Zu der hatten wir sehr engen Kontakt, damit sie, wenn man irgendwo verschollen ging, helfen konnte. Informationen habe ich der Botschaft aber nie geliefert, obwohl sie natürlich schon gerne gewusst hätten, was ich so alles erlebt habe. Aber das war mir einfach zu gefährlich. Einmal habe ich beispielsweise in einem Restaurant in der Bekaa-Ebene zufällig Jörg Lang getroffen, den ich noch aus meiner Studienzeit in Tübingen kannte und von dem ich wusste, dass er inzwischen für die berühmte Stuttgarter Kanzlei arbeitete, die die RAF vertrat. Ich habe ihn angesprochen, er ist dann aber sehr schnell verschwunden. Da habe ich verstanden und – solange ich in Beirut war – mit niemandem darüber gesprochen, auch nicht mit der deutschen Botschaft. Das war zwar staatsbürgerlich vielleicht nicht zu hundert Prozent korrekt, aber ich würde heute noch genauso handeln. In so einer Situation ist mir mein Leben wichtiger.

Es gab also von staatlicher Seite aus schon Versuche, Ihr Wissen abzuschöpfen?

Die gab es schon in Stuttgart. Sobald klar war, dass ich Korrespondent werde, hat mich der damalige Präsident des Landeskriminalamtes zu einem Abendessen eingeladen. Wir haben gegessen und getrunken und zu vorgerückter Stunde fragte er dann, ob ich denn nicht Lust hätte, ab und zu Informationen zu liefern. Und dann habe ich gesagt: »Ich würde ungern sterben und werde das deshalb auf keinen Fall machen.« Denn das ist das Schlimmste, was Journalisten im Nahen Osten machen können. Du wirst sowieso ständig verdächtigt, für den Geheimdienst zu arbeiten. Am Anfang habe ich das immer für idiotisch gehalten. Aber nachdem so viele dann offensichtlich doch Material geliefert haben, habe ich verstanden, dass der Verdacht begründet war.

Welche Fälle sind Ihnen denn bekannt?

Ich kann nicht genau sagen, wie viele das gemacht haben. Aber zwei haben es mit ihrem Leben bezahlt: Der eine war mein Freund Robert Pfeffer, der als Korrespondent für den *Stern* gearbeitet hat. Der hat mir erzählt, dass er Kontakte zwischen dem BKA und der PLO hergestellt hat. Er ist dann 1979 vor seiner Wohnung in Beirut erschossen worden, meiner Meinung nach von der RAF. Der andere war Walter Mechtel, der, wenn er betrunken war, vor anderen damit angegeben hat, dass er für den BND arbeitet. Deshalb wurde er wohl auch 1967 erschossen. Zwei Tote sind zwei zu viel. Ich wollte deshalb mit Geheimdiensten nichts zu tun haben und habe das auch klar so gesagt. Nach dem Abendessen in Stuttgart gab es dann auch keine weiteren Anwerbeversuche mehr.

Ihre Korrespondententätigkeit fiel nicht nur in die Zeit des libanesischen Bürgerkrieges, sondern auch in die des Kalten Krieges. Wie hat sich das auf Ihre Arbeit ausgewirkt?

Kaum, denn der Kalte Krieg spielte meiner Meinung nach im Nahen Osten so gut wie keine Rolle. Natürlich gab es Länder wie Ägypten oder Syrien, die sozialistisch waren und auch lange Zeit von den Russen militärisch ausgerüstet wurden. Aber der Urkonflikt, der bis heute nicht gelöst ist, war immer der zwischen Israelis und Arabern.

Aber in diesen Konflikt mischten doch auch beide Machtblöcke kräftig mit.

Der Westen hat damals eindeutig Position für Israel bezogen. So blieb den Syrern gar nichts anderes übrig, als sich auf die sowjetische Seite zu schlagen, um überhaupt Unterstützung im Kampf gegen die Israelis zu bekommen. Auf der anderen Seite aber waren diese Länder offiziell blockfrei und gerade Ägypten hat sich unter Sadat auch sehr opportunistisch verhalten: Weil er sich wirtschaftlich mehr von den USA versprach, betrieb er eine Politik der Öffnung und verschaffte seinem Land damit nicht nur amerikanische Waffen, sondern auch massive Subventionen. Sowohl Russen als auch Amerikaner haben im Nahen Osten mitgespielt, das ist klar.

Aber der Nahost-Konflikt an sich und der libanesische Bürgerkrieg im Speziellen hatten ihre eigene Dramatik, ihre eigenen Gründe. Sie waren zu kompliziert, um sie unter dem Ost-West-Konflikt zu subsumieren. Als Stellvertreterkriege würde ich sie deshalb nicht bezeichnen.

Welche Auswirkungen hatte der Kalte Krieg denn auf Ihren Umgang mit Korrespondenten des anderen Lagers?

Zu Korrespondenten aus dem Ostblock hatte ich kaum Kontakt. In Kairo habe ich zwar ab und zu einen Mann getroffen, der für die DDR berichtet hat. Mit dem hatten wir aber nur sehr wenig Kontakt, da er uns wohl bewusst aus dem Weg gegangen ist. Er war zwar nett und wir haben auch kurz miteinander geredet, aber zu einem längeren Gespräch war er nie bereit. Seine Arbeit habe ich nie gesehen, aber seinen Äußerungen zufolge hat sich seine Berichterstattung von unserer gar nicht so sehr unterschieden. Er ist irgendwann einfach verschwunden und hat bei mir auch keinen großen Eindruck hinterlassen. Es wäre aber interessant, einmal in den Stasi-Unterlagen nachzusehen, was er über mich berichtet hat. Denn da gibt es sicher eine Akte, die ich mir irgendwann noch einmal ansehen werde.

Wie viele Korrespondenten aus der Bundesrepublik gab es zu Ihrer Zeit in Beirut?

In Beirut waren zu meiner Zeit noch zwei Kollegen von der *Süddeutschen Zeitung* und dem ZDF, in Kairo außerdem ein Korrespondent der FAZ. Mehr westdeutsche Korrespondenten gab es im Nahen Osten damals meines Wissens nach nicht. Für die ARD berichtet haben nur ich und Erwin Behrens, der für den Hörfunk zuständig war. Der hatte es natürlich leichter als ich, weil er keine Bilder brauchte und so aus seiner Wohnung berichten konnte. Das war aber auch ganz gut so, weil er Angst vor militärischen Auseinandersetzungen hatte. Einmal rief ihn der WDR an, als in seiner Nachbarschaft gerade eine Kaserne gestürmt wurde. Da lag er unter seinem Tisch und hat berichtet, wie dramatisch es in Beirut zugeht.

Für Sie war der Tisch keine Option?

Nein, für mich kam eine solche Arbeitsweise niemals infrage. Wir Fernsehkorrespondenten mussten ja schon allein wegen der Bilder immer im Zentrum des Geschehens sein. In dieser Auffassung habe ich mich übrigens grundlegend von meinem Vorgänger Gerhard Konzelmann unterschieden.

Sie hatten bereits seine fragwürdigen Methoden angedeutet. Was genau war da los?

Konzelmann war bei vielen Ereignissen im Nahen Osten nicht selbst vor Ort, sondern hat schon vorab seine Aufsager dazu in Beirut gemacht. Sein

Team drehte die dazu passenden Bilder alleine. Durch die geschickte Wahl eines passenden Hintergrundes wirkte es dann so, als wäre er dort gewesen. Davon habe ich nach meiner Ankunft in Beirut durch einen Kameramann erfahren. Er hat manchmal auch ganze Teile seiner Berichte frei erfunden. Das hatte mit Journalismus nichts mehr zu tun, das war Entertainment.

Das sind harte Vorwürfe. Können Sie ein konkretes Beispiel dafür geben?

Bei einer Rede des damaligen ägyptischen Staatspräsidenten Anwar as-Sadat in Kairo waren Konzelmann und ich beide vor Ort. Sein Bericht darüber enthielt detailgenaue Schilderungen und wörtliche Zitate eines Telefonates zwischen Sadat und dem libyschen Staatsoberhaupt Muammar al-Gaddafi. Als ich das gesehen habe, habe ich ihn gefragt, woher er das so genau weiß, denn er hatte dieselben Quellen wie ich. Da hat er nur gelacht und gesagt: »Das weiß ich halt.« Da war ich sprachlos, dass jemand so viel Frechheit besitzt, so etwas zu erfinden. Ich habe dann lange gerätselt, bis mir klar geworden ist: Der hat das wirklich geglaubt. Der hat das, was er erfunden hat, für Wirklichkeit gehalten. Und das ist eine gefährliche Krankheit für einen Journalisten, weil sich so Realität und Fiktion auf dramatische Weise vermischen.

Haben Sie Konzelmann einmal mit diesen Vorwürfen konfrontiert?

Sicher. Das war bei der Feier zur Amtsübergabe in seiner Wohnung. Da habe ich ihn zu vorgerückter Stunde gefragt: »Warum lügst Du eigentlich so?« Vor seiner ganzen Familie habe ich ihm sechs oder sieben Fälle aufgezählt, in denen er nicht die Wahrheit erzählt hatte. Konzelmann saß seelenruhig da und antwortete mir auf Schwäbisch: »Den Leuten gefällt es.« Da war ich völlig geschlagen und bin in mich zusammengesackt. Denn wenn Sie als seriöser Journalist mit jemandem in Konkurrenz liegen, der die Dinge einfach erfindet, wie er sie braucht, werden Sie wahnsinnig.

Wussten Ihre Vorgesetzten in Deutschland davon?

Ich habe ihnen gesagt, dass das keine seriöse Arbeitsweise ist. Aber sie haben überhaupt nicht darauf reagiert, sondern nur gesagt: »Reg Dich doch nicht so auf, Du bist doch nur neidisch auf seinen Erfolg.« Denn erfolgreich war er tatsächlich. Später ist es dann aber doch herausgekommen und er ist zurückgerufen worden. Sein Fehler war, dass er so viele Bücher geschrieben hat. Erst dadurch ist er wirklich als Fälscher entlarvt worden.

Waren Sie im Gegensatz zu Konzelmann denn dann bei allen Berichten selbst vor Ort?

So oft es ging. Ich hatte zwei Teams, von denen eines immer in Beirut war. Das andere war flexibel einsetzbar, wenn irgendwo sonst etwas los war. Das habe ich dann meist mit genauen Anweisungen für erste Drehs losgeschickt und bin dann später hinterher geflogen. Das Problem mit den Bildern war, dass es oft sehr ähnliche Aufnahmen waren: Explosionen und Männer mit Maschinenpistolen, die schießen. Das ist dann natürlich auch irgendwann ermüdend für Medien, vor allem, weil besonders grausame oder brutale Bilder meist nicht gezeigt werden. Eine Ausnahme war ein Bericht über einen entführten Palästinenser, der in einem christlichen Dorf gefoltert und zu Tode gequält wurde. Das war so grausam, dass ich mich fast erbrochen habe. Diese Bilder hat die *Tagesschau* zum Teil gezeigt, weil sie sehr ungewöhnlich waren. Das hat eine Wahnsinnsreaktion ausgelöst.

Gab es Reaktionen im Libanon?

Ja, die Libanesen erfuhren von diesem Bericht. Für uns war das gefährlich, da wir damals im christlichen Teil der Stadt wohnten. Uns wurden Reifen durchstochen und ähnliche Dinge. Darum sind wir dann zwei Wochen lang nicht mehr zurück in unsere Wohnung gegangen. Kurze Zeit später wurde sie von christlichen Flüchtlingen besetzt. Als wir nach Hause kamen, saßen die einfach da und haben an unserem Tisch gegessen. Wir sind dann sofort abgehauen, das hätte sonst schnell sehr kritisch werden können.

Das klingt sehr bedrohlich...

Wenn man mit westlichen Vorstellungen in diesen Bürgerkrieg kam, konnte man leicht denken, dass das alles ein Witz ist. Die Kämpfer haben zum Beispiel nachmittags um 14 Uhr Pause gemacht und Mittag gegessen, drei Stunden später wurde dann wieder geballert. Gerade die amerikanischen Journalisten sind oft eingeflogen und haben berichtet, ohne genaue Kenntnisse über das Land zu haben. Und das ist riskant! Eine französische Fotografin, die direkt aus Paris kam und Bilder machen sollte, hat während eines der vielen Waffenstillstände an der Front fotografiert. Sie dachte, es sei alles ganz friedlich. Nach kurzer Zeit ist sie von einem Scharfschützen ermordet und zwei Tage später im Zinnsarg nach Paris zurück geflogen worden. Wenn man aus Europa kam, konnte man die Gefahr nicht richtig einordnen. Man hatte kein Gefühl dafür.

Haben Ihre Teams die Drehs immer unwidersprochen mitgemacht?

Gerade am Anfang haben sich die Kameramänner oft geweigert, mit mir zu drehen. Das ging sogar so weit, dass sie sich beim SDR beschwert haben, ich sei todessüchtig und wolle sie alle mit umbringen. Das hat mich natürlich sehr unter Druck gesetzt, weil alle anderen die Bilder hatten. Später habe ich dann mit einem französischen Kameramann gearbeitet, der ziemlich eiskalt war und zum Teil Wahnsinnsbilder gedreht hat. Man muss die Gefahr einschätzen können. Wenn man das nicht kann, dann ist man gefährdet. Das muss man jeden Tag neu entscheiden. Es hängt vor allem davon ab, wie der jeweilige Kameramann sich fühlt. Wenn er zu nervös oder schlecht drauf ist, dann sollte man es besser gleich lassen. Ein Mann mit einer Kamera kann auch fehlgedeutet werden, als jemand, der eine Rakete abschießt. Das kann sehr gefährlich werden. Wir haben bei riskanteren Drehs als Vorsichtsmaßnahme auch oft Korrespondenten von Printmedien mitgenommen. Das war eine gewisse Absicherung, wenn man mit mehreren auftrat. Auf der anderen Seite gab es natürlich auch Dinge, die wir bewusst allein gemacht haben, um sie exklusiv zu haben. Zum Beispiel hatte ich einmal von meiner libanesischen Mitarbeiterin Paula erfahren, dass syrische Truppen unterwegs waren, um den Libanon zu übernehmen. Wir waren dann die einzigen, die Bilder von dieser Machtübernahme hatten. Für die Redaktion in Deutschland war das nichts besonderes, aber unter den Kollegen vor Ort war es eine Sensation.

Wie wichtig waren die libanesischen Mitarbeiter für Ihre Arbeit?

Die waren schon sehr wichtig. Zum einen, weil sie oft sehr gute Kontakte hatten, zum anderen, weil sie mit ihren Landsleuten ganz anders reden konnten als ich. Neben Paula hatte ich noch einen weiteren libanesischen Mitarbeiter namens Giarab und einen Fahrer. Die waren schon sehr hilfreich. Sie konnten aber auch einiges verhindern, das ist mir schnell klar geworden. Wenn es ihnen persönlich zu gefährlich wurde, haben sie einfach gesagt: »Das geht nicht.«

Sie haben die guten Kontakte Ihrer Mitarbeiter angesprochen. Welche wichtigen Quellen haben Sie damals außerdem für Ihre Recherchen genutzt?

Die wichtigste Quelle für alle Korrespondenten im Nahen Osten war eine auf Englisch erscheinende Zeitung namens *Arab World*. Die wurde von einem Armenier gemacht und enthielt Übersetzungen von Meinungsäußerungen und Tatsachenberichten aus der arabischen Presse. Daran haben sich alle ausländischen Journalisten orientiert. Daneben gab es noch etwa 20 einheimische Zeitungen, die auch von meinen Mitarbeitern gelesen wurden. Außerdem waren wir in ständigem Dialog mit anderen Journalisten, westlichen wie einheimischen. Und natürlich haben wir regelmäßig mit den Akteuren des Krieges, also etwa mit Palästinensern und Christen, gesprochen. Andere, nicht militärische Quellen wie Unternehmer oder Intellektuelle gab es damals nicht, die waren vor dem Krieg geflohen.

Wer hat entschieden, zu welchen Themen Sie Beiträge gemacht haben?

Das war meist ich selbst. Ich würde sagen, in etwa 80 Prozent aller Fälle habe ich den Redaktionen in Deutschland die Themen für die Beiträge vorgeschlagen. Manchmal haben die aber auch Sachen bestellt. Inhaltliche Vorgaben gab es keine, am Ende wollte die *Tagesschau* aber nicht mehr so viele Bilder haben, auf denen geschossen wird. Stattdessen sollten wir mehr Hintergrund liefern, was wir dann auch gemacht haben. Hauptthema unserer Beiträge war trotzdem der Krieg. Es gab aber auch Inhalte, die nichts oder kaum etwas mit dem Krieg zu tun hatten. Zum Beispiel haben wir zu Beginn des Krieges mal über das ›Casino du Liban‹ berichtet. Das war eine Riesen-Show mit Elefanten und halbnackten Frauen, zu der Zuschauer aus dem ganzen Nahen Osten kamen. Als der Bürgerkrieg losging, wusste niemand, wohin mit dem Elefanten. Am Ende hat ihn dann ein Bauer genommen. Das war eine schöne Geschichte, die zwar indirekt mit dem Krieg zu tun hatte, aber ohne die üblichen Schreckensbilder auskam.

Wurden alle Ihre Themenvorschläge angenommen?

Die meisten, aber nicht alle. Einmal habe ich zum Beispiel ein Interview mit General Ahdab gemacht, der gerade gegen den Präsident geputscht hatte. Der trug eine riesige Pistole, im Hintergrund gab es eine Schießerei – das war tolles Material, das ich natürlich sofort der *Tagesschau* angeboten habe. Und die haben nur getelext: »Interessiert uns nicht. Völlig uninteressant, heute wird im Bundestag über die Ostverträge abgestimmt.« Da habe ich dann zusammen mit meinem Kameramann morgens um elf Uhr eine Flasche Rotwein bestellt und mich über die *Tagesschau* geärgert. Ungefähr eine Stunde später kam dann allerdings ein zweites Telex: »Material sofort verschiffen oder Satelliten bestellen.« Der Flughafen in Beirut war aber geschlossen und einen Satelliten gab es auch nicht. Deshalb bin ich dann gemeinsam mit dem Kameramann, leicht betrunken wie wir waren, trotz des Krieges mehr als 200 Kilometer durch den Libanon und Syrien nach Amman in Jordanien gefahren, um das Material von dort zu überspielen. Leider hatten die Hamburger vergessen, auch die Tonüberspielung zu bestellen. Deshalb konnten wir unseren Beitrag erst am nächsten Morgen mit einer jordanischen Fluglinie nach Deutschland schicken. Am Abend lief er dann in der *Tagesschau*.

Was hatte diesen Meinungsumschwung bewirkt?

Eine Agenturmeldung. Das ist leider oft so: Bevor es nicht von einer Agentur bestätigt wird, glauben die Redaktionen ihren Korrespondenten nicht. Der Putsch im Libanon wurde für die *Tagesschau* erst interessant, als die Mitarbeiter eine entsprechende Meldung der Deutschen Presse-Agentur auf dem Schreibtisch hatten. Erst dann haben sie alles versucht, um unser Material zu bekommen. Diese Agenturhörigkeit gab es leider immer schon.

Hat das damit zu tun, dass die Verantwortlichen in den Redaktionen zu wenig über die Berichterstattungsgebiete ihrer Korrespondenten wussten?

Auf jeden Fall. Einige Jahre später, als ich schon in Johannesburg war, rief mich einmal um die Mittagszeit eine Dame vom außenpolitischen Desk an, um für den Abend einen Beitrag aus Kapstadt zu bestellen. Die hatte keine Vorstellung von den Entfernungen in Südafrika und davon, wie weit Kapstadt von Johannesburg entfernt ist. Da habe ich sie gefragt: »Fliegen sie auch ab und zu mal nach Rom, um für denselben Tag noch eine Geschichte zu machen?« Denn das entspricht der Entfernung. Da war sie ganz überrascht. Das ist so ein Beispiel, wie eine Mischung aus Uninformiertheit, Borniertheit und Desinteresse zu einer völlig unsinnigen Entscheidung führt.

Wie oft kam so etwas vor?

Es war nicht die Regel, aber es kam vor. Als Korrespondent hatte ich keinen festen Ansprechpartner in den Redaktionen. Stattdessen gab es einen außenpolitischen Desk, der die Berichterstattung koordinierte. Der war immer von unterschiedlichen Leuten besetzt, die manchmal mehr und manchmal weniger Bescheid wussten.

Wie regelmäßig hatten Sie Kontakt zu diesen Ansprechpartnern?

Das war unterschiedlich. Es gab eigentlich keinen regelmäßigen Kontakt. Es war von der Ereignislage abhängig. Wenn irgendwas passiert ist, dann hat man natürlich miteinander geredet, sofern es möglich war. In Beirut hatte ich manchmal aber auch wochenlang keinen Kontakt nach Deutschland, weil weder Telefon noch Telex funktionierten. Da hatten die Palästinenser die Telefonzentrale besetzt und öffneten die Leitungen nur, wenn es für sie gut lief. Wenn nicht, haben sie sie einfach gestoppt.

Kam es vor, dass die Redaktion in Deutschland Ihre Beiträge nachträglich inhaltlich verändert hat?

Das konnte ich damals nicht überprüfen, weil ich keinen einzigen meiner vielen hundert Beiträge selbst ansehen konnte. Sie waren noch auf Film und wurden deshalb immer erst in Frankfurt oder in Hamburg entwickelt und von der Redaktion dort geschnitten. Ich hatte zwar immer genaue Vorstellungen von den Berichten und habe auch entsprechende Beschreibungen mitgeschickt. Aber als ich viele Jahre später bei *Zwanzig Jahre danach* im Dritten zum ersten Mal einige meiner alten Stücke gesehen habe, habe ich mich fast zu Tode geärgert. Die hatten das zum Teil ganz anders zusammengeschustert, als ich es mir gedacht hatte. Und gerade bei den längeren und atmosphärischen Beiträgen für den *Weltspiegel* kann es schrecklich sein, wenn eine fremde Hand das eigene Material bearbeitet. Vor allem, wenn derjenige völlig andere Bilder auswählt und damit vielleicht sogar die Aussage des Stückes ändert. In einigen Fällen wurden sogar Palästinenser und Christen verwechselt. Als ich das gesehen habe, habe ich mich anfangs aufgeregt. Später habe ich mich damit abgefunden, ich konnte es nicht ändern. Aber das war schon frustrierend.

Nun war der Nahe Osten ja schon damals ein politisch brisantes Berichtsgebiet. Hat die Chefredaktion Ihnen deshalb Vorgaben für Ihre Berichterstattung gemacht?

Nein, es gab keinerlei Vorgaben. Das einzige, was sie immer gesagt haben, war: »Keinen Ärger machen, bloß nicht noch mal einen Toten!« Die Ermordung von Walter Mechtel hatte die ARD sehr ängstlich gemacht. Denn ein Freund von ihm, der damals Korrespondent der FAZ war, hat danach in der FAZ jahrelang eine Kampagne geführt und den Intendant Hans Bausch und Chefredakteur Emil Obermann als Mörder bezeichnet. Das war zwar völliger Unsinn, aber für die beiden sehr unkomfortabel.

Wollen Sie damit sagen, dass es in der ARD keine politische Einflussnahme gab?

Aber natürlich gab es die. Es ist ja nicht so, dass die Leute vom Himmel fallen, die Chefredakteur werden. Sie bekommen diesen Posten, weil sie bestimmte Qualifikationen und auch bestimmte Haltungen haben. Dass ich später Chefredakteur von RADIO BREMEN geworden bin, hatte sicher auch zum Teil mit meinen politischen Überzeugungen zu tun. Dass es in der ARD politische Einflussnahme gibt, das ist unbestritten, darüber wird nur nie gesprochen. Es wäre naiv zu glauben, dass die Politik im deutschen Journalismus keine Rolle spielt.

Haben Ihre politischen Überzeugungen auch eine Rolle gespielt bei Ihrer Wahl zum Leiter des *auslandsjournals*?

Ja, ganz sicher. Obwohl ich nie einer war, galt ich als Linker. Das war der Job, der bis zu mir immer mit Linksliberalen besetzt war, den haben FDP- oder SPD-nahe Leute bekommen. Beim ZDF wird ja bis heute austariert. Aber damals habe ich das nicht gewusst.

Wie lief diese Wahl ab?

Da gab es keine Wahl. Ich wurde vom Chefredakteur Bresser angerufen, ob ich Lust hätte, das zu machen. Ich habe ihm gesagt, dass das viel Ärger

Ulrich Kienzle 1974 bei Dreharbeiten im Jemen zur Dokumentation *Putsch gegen das Mittelalter*. Quelle: ©SWR/Guy Arabb

geben wird. Aber er sagte: »Okay, das wollen wir« – was mich sehr überrascht hat. Aber in der Außenpolitik hat man ja auch relativ wenig Einfluss.

Wie haben Sie Ihrerseits mit Ihrer politischen Haltung das *auslandsjournal* geprägt?

Durch die Auswahl von Themen und die Kommentierung von bestimmten Dingen – beispielsweise ging damals jede Woche das kommunistische System auf Kuba unter. Da habe ich ein bisschen dagegengehalten. Ich fand das albern. Das sind so Dinge, wo man journalistisch und politisch etwas erreichen kann, wenn man eine Rolle vertritt. Und ohne Ideologie fragt: »Warum ist ein Mann wie Fidel Castro so erfolgreich?«

Wie entwickelte sich das *auslandsjournal* damals?

Das war schon in einer schwierigen Zeit, der Beginn der Privaten. Es lief damals zu einer völlig irrwitzigen Sendezeit für ein außenpolitisches Magazin, freitags um halb acht. Da essen die Leute zu Abend. Wir hatten zwar anfangs noch eine wahnsinnig hohe Einschaltquote. Aber ich habe den Kollegen immer gesagt: »Die lassen nur den Apparat laufen, da schaut keiner zu.«

Zurück zu politische Einflussnahmen während Ihrer Korrespondentenzeit: Haben Sie welche zu spüren bekommen?

Ich habe zum Beispiel einmal einen Bericht über die israelische Unterstützung für die maronitischen Christen im Süd-Libanon gemacht. Ich hatte mit eigenen Augen gesehen, wie sie ihnen Baumaterial und Treibstoff über die Grenze geliefert haben und habe dann entsprechend berichtet. Kurz darauf rief der israelische Botschafter meinen Intendanten an und bezichtigte mich der Lüge. Daraufhin rief der Intendant wiederum bei mir an und fragte, weshalb ich Märchen erzähle. Ich habe versucht, ihm zu erklären, dass es die Wahrheit war – aber er hat mir nicht geglaubt. Da war mir klar, dass etwas passiert sein musste. Kurz darauf rief mich dann der Chefredakteur der ARD an und bot mir einen Wechsel nach Südafrika an.

Wie sehr hat Sie dieses Misstrauen getroffen?

Ich war schockiert. Das war ein Angriff auf meine Berufsehre, das Schlimmste, was einem passieren kann. Wenn die Unwahrheit sich zu Hause durchsetzt, dann können Sie nichts mehr machen. Wobei ich mir nicht sicher bin, ob diese Versetzung wirklich politisch motiviert war. Vielleicht war es ihnen auch einfach nur unangenehm und lästig, dass sie wegen mir Briefe schreiben mussten. Ein halbes Jahr später hat der damalige israelische Ministerpräsident Menachem Begin dann aber eine Pressekonferenz abgehalten und zugegeben, dass diese Kooperation stattfand. Da habe ich den Chefredakteur des SÜDDEUTSCHEN RUNDFUNKS angerufen und gesagt: »Wer hat jetzt Recht behalten, Herr Obermann?« Ich bin dann trotzdem nach Südafrika gewechselt. Es war auch ein Punkt erreicht, an dem ich den Krieg und das alles nicht mehr sehen konnte.

Sie haben dann 1979 das erste ARD-Büro im Apartheid-Staat Südafrika eröffnet. Wie lief das ab? Warum wollte die ARD dort ein Büro haben? Wer hat sich dafür stark gemacht?

Für das Studio hat sich damals Herr Bausch stark gemacht, der Intendant des SÜDDEUTSCHEN RUNDFUNKS, wegen des Massakers von Soweto. Es hat sehr lange gedauert, bis ich ein Visum bekam. Und dann hat man mir von der südafrikanischen Botschaft auch noch einen jungen Fotografen angedient, Herrn Breytenbach. Den habe ich dann langsam umgedreht. Ihm selbst war das unangenehm, denen berichten zu müssen. Aber ich habe ihm gesagt: »Erzähl denen alles, was Du siehst!« Ich war ja nicht in geheimer Mission dort. Und wenn es ganz kompliziert wurde, bin ich am Telefon mit Stuttgart in das breiteste Bauernschwäbisch verfallen.

Wie haben sich Ihre Arbeitsbedingungen durch den Wechsel nach Südafrika geändert?

Sie wurden sogar noch schlechter. Die technischen Voraussetzungen waren zwar in Südafrika viel besser, die Propaganda vonseiten der Regierung aber deutlich spürbarer.

Die ARD hatte zu dieser Zeit also gute Kontakte zum südafrikanischen Informationsministerium?

Ja, auf der menschlichen Ebene hat das irgendwann sehr gut funktioniert. Das geht in einem knallharten Regime vielleicht nicht, aber wenn etwas – wie damals in Südafrika – im Wandel ist, dann versuchen diejenigen, die nur noch ihre Rolle spielen, im Sinne der Menschlichkeit ein Auge zuzudrücken. So etwas kann man nicht in Lehrbüchern festhalten, das ist eine Sache der Beziehung zwischen zwei oder drei Leuten. Das kann manchmal sehr helfen. Ich habe nie direkte Einflussnahme der Regierung auf meine Arbeit gespürt, aber es gab natürlich immer eine gewisse Drohhaltung, dass man seine Arbeitsgenehmigung nicht verlängert bekommen könnte.

Hatte die Regierung mit dieser Strategie Erfolg bei den Korrespondenten?

Soweit ich das beurteilen kann, war diese Strategie nicht sehr erfolgreich, zumindest nicht bei mir. Wie es bei den beiden anderen westdeutschen Kollegen von *Spiegel* und *Welt* aussah, kann ich nicht beurteilen. Es gab aber einige Reisekorrespondenten, zum Beispiel von der FAZ, die sich vom Informationsministerium haben einladen lassen, auch wenn sie das immer bestritten haben.

Mit Hans Germani von der *Welt* hatten Sie damals auch einen Kollegen, der besonders umstritten war.

Germani wird nachgesagt, mit Söldnern im Kongo an der Ermordung von Menschen beteiligt gewesen zu sein. Ein journalistischer Landsknecht, der gleichzeitig geschossen und geschrieben hat. Er war nicht der Einzige, der das so gemacht hat, aber soweit ich weiß der letzte. Das war unerträglich. Er lief auch später in Südafrika immer mit einem großen Messer und einer Pistole herum und war der größte Rassist. Ein sehr unangenehmer Mensch, im Vergleich zu dem waren die Buren aufgeklärte Leute. Deshalb hatte ich zu ihm auch nur Kontakt, wenn es sich absolut nicht vermeiden ließ.

Aber da gab es doch Berührungspunkte...

Sehr gute Kontakte führten dazu, dass ich wusste, wann etwa die Guerilla Mugabes aus dem Busch kommt. Das war sozusagen die letzte große Nummer. Ich bekam einen Tipp, dass da wild aussehende Männer, Guerilla, aus dem Busch kommen sollten, und es passierte tatsächlich. Wir hatten tolle Bilder und fuhren ins Hotel zurück und haben das den anderen erzählt. Und dann kam Hans Germani und sagte »Wo ist das?« Da habe ich dem genau beschrieben, wo das ist und dann fuhr der los. Am nächsten Morgen kam der mit verbundenem Arm zum Frühstück. Der hatte die Hand gebrochen oder mindestens verstaucht, die Nase war blutig und sein Auto komplett zerstört, weil er in eine Falle gefahren war. Jeder dort wusste von diesen Elefantenfallen, die die Guerillas aufgebaut hatten. Und dann kam der rein und schrie mich an: »Sie haben mich in eine Falle gejagt!« Sag ich: »Ich? Ich hab Ihnen nur gesagt, wo es lang geht. Wenn Sie in solche Löcher fahren, sind Sie selber schuld.« Der sah ganz furchtbar aus.

Wie haben Sie denn seine Berichterstattung wahrgenommen?

Er hat in Südafrika das, was er im Kongo mit der Maschinenpistole gemacht hat, mit Worten weitergeführt: Er hat einen Rassenkrieg geführt und die Redaktion der *Welt* hat das zugelassen. Ein Teil davon fand es zwar unerträglich und hat mir das auch deutlich zu verstehen gegeben, aber Germani galt als Faktotum und wurde von den Chefredakteuren gehalten, bis er gestorben ist.

DDR-Korrespondenten hatten oftmals exzellente Kontakte zu den Befreiungsbewegungen im südlichen Afrika. Wie sah das bei Ihnen aus?

Man konnte keine Kontakte zu Befreiungsbewegungen haben, denn die gab es nur im Untergrund. Die einzigen Ansprechpartner in Südafrika waren damals Winnie Mandela und später Bischof Tutu. Und ein Vertreter der SWAPO in Windhuk hat mir viel geholfen, den anderen Standpunkt zu verstehen.

Konnten Sie einfach mit der MPLA in Angola oder der FRELIMO in Mosambik durch den Busch ziehen?

Das konnte ich nicht. Aus Angola wäre ich nicht zurückgekommen. Und in Mosambik gab es diese große Kampfzone, in die man ohnehin fast nie rein durfte. Da haben auch die Mitarbeiter gesagt: Das riskieren wir nicht. Trotzdem habe ich 1980 – auch ohne Kontakte – das Interview mit Mugabe bekommen.

Wie das?

In unserem Hotel in Salisbury, dem ›Meikles‹, tauchten ganz merkwürdige Flieger auf. Ich hatte einen französischen Kameramann, der war fast krankhaft kommunikationssüchtig. Und den bat ich, die anzusprechen. Da stellte sich heraus, dass sie die Vortruppe von Mugabe waren. Ich sagte dann – nicht ernst gemeint – zu meinem Kameramann, er solle mal fragen, ob wir da mitfliegen könnten. Die telefonierten mit Mosambik und zwei, drei Stunden später saßen wir in diesem Flugzeug und flogen nach Mosambik. Ich hatte denen gesagt, es wäre toll, wenn ein Interview mit Mugabe möglich wäre...

Und...?

Am nächsten Morgen klingelte dann um halb acht das Telefon: 10 Uhr Interview mit Mugabe. Er empfing uns in einer Villa und wir machten ein überraschend schönes Interview. Und dann hat mir dessen Referent noch versprochen, dass wir am nächsten Morgen auf dem historischen Flug nach Salisbury mitfliegen dürften. Wir haben uns natürlich gefreut. Er hatte versprochen uns um sechs Uhr abzuholen – aber es kam niemand.

Und dann?

Dann hat der Franzose ein Taxi bestellt, aber der Taxifahrer kannte den Weg zum Flughafen nicht. Wir haben es aber gerade noch dorthin geschafft. Am Flughafen stand das diplomatische Corps Mosambiks in Reih und Glied und die letzten gingen dort gerade durch. Wir sind einfach hinterher und die Gangway rauf. Dort saß der Referent, der uns eingeladen, und ich sagte: »You promised us – three seats.« Er schmiss drei Leute raus für uns. Dann hob das Flugzeug ab. Und dann sprang mein Kameramann plötzlich vor Mugabe durch das Flugzeug und fluchte wild. Denn unsere englische Assistentin hatte vergessen, Randspurmaterial einzupacken, auf dem auch der Ton mit aufgezeichnet wird. Wir haben uns dann mit meinem Aufnahmegerät beholfen. Und dann kam die Enttäuschung. Die *Tagesschau* sagte: »Das interessiert uns heute nicht.« Erst als die gemerkt haben, dass es eine wichtige Sache war, mussten wir noch eine Leitung nach Johannesburg stricken. Das zeigt auch die Unkenntnis an den Desks. Das erste Interview mit Mugabe wollten sie aber immer noch nicht haben. Das habe ich dann dem *Spiegel* verkauft, dem Kollegen Schumacher.

Waren Sie auch mit der südafrikanischen Armee, der SDF, unterwegs?

Nur bei Wahlen in Namibia waren wir mit der südafrikanischen Armee unterwegs. Das war die einzige Möglichkeit, in die nördlichen Gebiete zu kommen. Zu solchen Anlässen wurde die gesamte Presse mit Militärflugzeugen eingeflogen.

Haben Sie DDR-Korrespondenten in Mosambik und Angola getroffen? Die durften damals ja nicht nach Südafrika rein...

Nein, in Südafrika gab es überhaupt keine, noch nicht mal Reisekorrespondenten. Denn Ostblock-Vertreter wurden dort gar nicht zugelassen.

Haben Sie die DDR- oder Ostblock-Berichterstattung über Afrika damals wahrgenommen und falls ja, war die gut?

Nein.

Konservative Medien teilten damals die Region Südliches Afrika in ›freie Welt‹ und ›kommunistische Länder‹ ein. Wie handhabten Sie das?

Ich habe nichts eingeteilt. Denn ich habe aus diesen Ländern erst berichtet, als das kommunistische System zusammenbrach.
Gab es auch in den ARD-Heimatredaktionen Kalte Krieger?
Es gab da Kalte Krieger, das ist mir sogar verständlich. Denn das waren zum Teil ehemalige DDR-Flüchtlinge.
Wurde Ihre Haltung dort auch offen kritisiert?
Nein. Aber es gab diese Kritik der CSU-nahen Hanns-Seidel-Stiftung. Die hat mich denunziert bei der weißen Führung in Salisbury, was zu einem Aufenthaltsverbot außerhalb von Salisbury geführt hat. Aber das war das einzige Mal, dass aus Deutschland interveniert wurde.
Waren Korrespondenten damals zu Zeiten des Kalten Krieges politischer als heute?
Ich glaube, dass Korrespondenten früher überhaupt politischer waren. Wenn Sie sehen, wie heute berichtet wird, dann sehen Sie Dinge, die nicht so wichtig sind. Früher hatte jeder beim *Weltspiegel* den Ehrgeiz, eine politische Analyse zu machen. Vielleicht war das zu eng. Deshalb war ich immer der Meinung, dass nur ein kleiner Prozentsatz der Zuschauer *Weltspiegel* und *auslandsjournal* verstanden hat, dass es manchmal zu hoch war.
Zwischen der Bundesrepublik und Südafrika gab es damals starke Wirtschaftsbeziehungen. Haben Sie die vor dem Apartheid-Hintergrund kritisiert?
Ja, das habe ich. Zum Beispiel habe ich in einem Film thematisiert, dass sich Martin Bangemann, der spätere FDP-Vorsitzende, und Jürgen Möllemann wahrscheinlich vom Informationsministerium ›kaufen ließen‹. Die kamen mit einer Delegation deutscher Politiker nach Namibia, das damals noch Südwest-Afrika hieß. Denen wurden nette blonde Damen serviert und die haben teure Pelzmäntel mit nach Hause genommen, möglicherweise auch noch anderes. Ich habe zu Möllemann gesagt: »Sie haben sich einladen lassen vom Informationsministerium.« Aber Möllemann hat darauf bestanden, zu sagen: »Ja, besser man redet miteinander«. Der alte Politikerspruch – man redet miteinander. Es war ganz klar. Aber es hat ihnen letztendlich nichts genützt.
Was hat denn das südafrikanische Informationsministerium mit solchen Aktionen in Namibia bezweckt?
Da kommt wieder der Ost-West-Konflikt zum Tragen, denn das benachbarte Angola war damals in kommunistischer Hand und wurde von den Sowjets unterstützt. Und die namibische Befreiungsbewegung, die SWAPO, war auch sehr stark und galt als kommunistisch unterwandert, oder anders

gesagt: Die SWAPO wurde als angeblich kommunistische Organisation diffamiert. Demgegenüber stand die sogenannte ›Turnhallenpartei‹, eine groteske Geschichte. Sie wurde so genannt, da sie in der deutschen Turnhalle von Windhuk gegründet worden war. Da wurden konservative Schwarze als Aushängeschild und Gegenbewegung zur SWAPO etabliert. Und diese Turnhallenbewegung sollte von Deutschland unterstützt werden. Das südafrikanische Informationsministerium wollte die Turnhallenbewegung unterstützen und lud deshalb Politiker und Journalisten nach Namibia ein.

Wie versuchte die südafrikanische Regierung, Korrespondenten noch zu beeinflussen?

Es bestand die Gefahr, dass man bei unliebsamer Berichterstattung seine Arbeitsgenehmigung eventuell nicht verlängert bekommt...

Konnten Sie über den ANC berichten, wie Sie wollten, ohne Ihre Arbeitserlaubnis zu riskieren?

Nein, das konnte man nie. Mit offiziellen Mitgliedern des ANC konnte man nicht reden. Nur mit Personen, die dem ANC nahe standen, wie Bischof Tutu oder eben Winnie Mandela. Die wirklich bedeutsamen Vertreter des ANC waren nicht in Südafrika oder saßen im Gefängnis.

In Südafrika wurden damals viele Oppositionelle inhaftiert oder ermordet. Konnten Sie darüber berichten?

Ja, das konnte ich durchaus. Sicherlich auch dank meiner Taktik, hin und wieder auch harmlose Stücke etwa über den Weinanbau in Südafrika zu produzieren. So konnte ich beispielsweise über den Tod von Steve Biko berichten, ein Riesenskandal. Er war der Führer der Black-Consciousness-Bewegung, eine sehr viel selbstbewusstere und radikalere Bewegung als der ANC. Biko wurde bei einer Razzia verhaftet und zusammengeschlagen und dann von Port Elisabeth nach Pretoria gefahren. Als sie dort ankamen, war er tot. Die englischsprachige, liberale südafrikanische Presse hat das damals aufgedeckt. Daraufhin hat es Riesenaufstände in den Townships gegeben. Das war beispielsweise eine Geschichte, die nicht an die Öffentlichkeit geraten sollte.

Wie reagierte die südafrikanische Regierung auf derartige Beiträge? Sind Sie denen nicht negativ aufgefallen?

Es begann auch manchen Buren zu dämmern, dass der Wandel nicht mehr aufzuhalten war. Und zu denen gehörte auch der Pressereferent der Regierung, der mit einer früheren Chefin der Jungen Union verheiratet war. Ich kannte sie sehr gut. Er hat schon ein bisschen das Auge zugedrückt und nicht mehr wie sein Vorgänger gnadenlos den Daumen draufgehalten.

Ulrich Kienzle (Mitte) im Gespräch mit Stefan Siller (l.) und Bodo Hauser.
Quelle: © SWR/H.Schröder

Das war der wichtigste Mann für mich. Er konnte sagen, wer was drehen durfte und was nicht.

Wenn Sie zurückblicken, wie beurteilen Sie Ihre Korrespondentenzeit heute?

Für mich war Korrespondent ein absoluter Traumberuf. Bis in die 1970er-Jahre hinein galten die Korrespondenten als die Stars des Fernsehens, nicht die Moderatoren. Sendungen wie der *Weltspiegel* hatten durchweg hohe Einschaltquoten. Die Zuschauer haben gedacht, wir würden immer Champagner trinken und in teuren Hotels übernachten. Das war natürlich ein völlig falsches Bild. Unser Beruf war nicht immer Honigschlecken. Aber ich habe immer die positiven Seiten des Korrespondentenlebens gesehen: Durch die Arbeit hat sich mein Horizont erweitert, weil ich gezwungen war, in andere Kulturen einzudringen. Das einzig Negative waren vielleicht die Behinderungen und Einschränkungen meiner Arbeit, mit denen ich zu kämpfen hatte. Aber auch das waren ungeheuer wichtige und interessante Erfahrungen. So hat meine Korrespondentenzeit mein Leben, meine Beziehungen zur Politik und zum Journalismus sehr verändert.

Inwiefern?

Ich habe schnell gelernt, dass ich den Nahen Osten nicht verändern würde, sondern der Nahe Osten eher mich. Ich gebe zu, dass ich auch bestochen habe, wenn es um Hotelzimmer oder Drehgenehmigungen ging. Am Anfang habe ich mich noch dagegen gewehrt, aber bald gelernt, dass das Leben so leichter wurde. Natürlich waren wir am Anfang pro-palästinensisch und ich fand die Massaker an den Palästinensern menschenverachtend. Ich habe dann aber sehr schnell gemerkt, dass Palästinenser auch Massaker begangen haben, damit aber medial cleverer umgegangen sind. Im Gegensatz zu den christlichen Maroniten zum Beispiel wussten die Palästinenser, wie Medien funktionieren. Und das hat meine Berichterstattung ganz entscheidend beeinflusst. Es gibt von Hanns-Joachim Friedrichs den schönen Spruch, dass man sich mit keiner Sache gemein machen soll – auch nicht mit einer guten. Das habe ich während meiner Zeit als Korrespondent gelernt.

Das Interview führten Peter Hild und Theresa Tropper.

Literatur

KIENZLE, ULRICH (Hrsg.): *Weiße in der Wagenburg.* Droemer Knauer München, Zürich 1985

KIENZLE, ULRICH: *Abschied von 1001 Nacht. Mein Versuch, die Araber zu verstehen.* Edition Sagas Stuttart 2011

ROTTER, GERNOT: *Allahs Plagiator: Die publizistischen Raubzüge des »Nahostexperten« Gerhard Konzelmann.* Palmyra Verlag, Heidelberg 1992

Gerd Joswiakowski

»Jetzt kommt das erste rote Mäuschen nach Paris«

Als ADN-Korrespondent erlebte Gerd Joswiakowski in den 1960er-Jahren den Aufbruch Afrikas in die Unabhängigkeit und begegnete Persönlichkeiten wie Lumumba, Senghor oder Nkrumah. Später, in Paris, geriet er mitten hinein in den Proteststurm der 1968er-Bewegung.

Gerd Joswiakowski 2008 in seinem Haus in Berlin. Quelle: Lutz Mükke

Gerd Joswiakowski wird am 20. Dezember 1931 in Berlin-Kreuzberg geboren. Nach dem Abitur beginnt er seine journalistische Laufbahn als Volontär beim Allgemeinen Deutschen Nachrichtendienst (ADN). Dort lernt er auch seine Frau Ira kennen. In den 1960er-Jahren wird das Journalistenehepaar für jeweils zwei Jahre ins afrikanische Guinea und später nach Bonn entsandt. Von 1971 bis 1977 und 1981 bis 1986 arbeitet das Paar in Paris. Gerd Joswiakowski wird mehrfach als Sonderkorrespondent eingesetzt. Im Dezember 1966 berichtet er über die UNO-Vollversammlung in New York, im Mai und Juni 1968 über die Unruhen in Paris. Gerd und Ira Joswiakowski blicken auf eine 40-jährige Mitarbeit beim ADN zurück.

Frage: Herr Joswiakowski, vor etwas mehr als 50 Jahren gerieten Sie in eine Situation, die Sie lapidar als ›ganz spannend‹ bezeichnen. Heute sind diese politischen Umwälzungen als ›Kongo-Wirren‹ bekannt...
Gerd Joswiakowski: Ich hatte erst einige Monate als ADN-Korrespondent in Guinea gearbeitet, da erreichte mich im Juli 1960 der Auftrag der Redaktion, als Sonderkorrespondent die Berichterstattung über die sich zuspitzende Situation im Kongo zu übernehmen. Die alte Kolonialmacht Belgien und die US-Administration setzten alles daran, den rechtmäßigen Premierminister Patrice Lumumba zu stürzen. Ich habe Lumumba im Parlament in Kinshasa und auf mehreren Pressekonferenzen erlebt – ein Kämpfer für das freie Afrika mit großer Überzeugungskraft und Ausstrahlung. Auf einer der Parlamentssitzungen hatte er anfangs fast alle Abgeordneten gegen sich, nach seiner Rede über die gespannte Lage und die Einmischungsversuche von außen hatte er die Mehrheit für sich gewonnen und erntete stürmischen Beifall.

Vier Monate vor seiner Ermordung begegneten Sie Lumumba ein weiteres Mal.
Als Staatspräsident Joseph Kasavubu Lumumba am Abend des 5. September in einer Rundfunkerklärung für abgesetzt erklärte, fuhr dieser seinerseits zum Rundfunkgebäude in Kinshasa, damals Léopoldville. Ich hatte zuvor von einem Freund erfahren, dass Lumumba im Radiohaus zu den Vorgängen Stellung nehmen wollte. Auf dem Weg zum Studio trat ihm plötzlich ein weißer Offizier des UNO-Kommandos in den Weg und redete auf Englisch auf ihn ein. Lumumba verstand kein Wort, weil er nur Französisch sprach. Ich stand in der Nähe, und in so einem Moment überlegt man nicht lange, sondern handelt. Ich trat auf die beiden zu und sagte:

»Monsieur le Premier Ministre, der Offizier sagt, Sie seien Ihres Amtes enthoben und dürften nicht mehr ans Mikrofon.«
Wie hat Lumumba auf Ihr spontanes Dolmetschen reagiert?
Er erklärte dem UNO-Offizier, er habe als Premierminister einer gewählten Regierung ein UNO-Kontingent um Hilfe für sein Land gebeten, und nicht darum, fremde Befehle zu bekommen. Lumumba forderte den Offizier auf, das Gebäude des nationalen Rundfunks zu verlassen. Der britische Offizier blickte mich kurz unschlüssig an, als ich ihm das übersetzte und zog dann samt seiner Garde auch tatsächlich ab. Lumumba ging zu den Mikrofonen und wandte sich – wie immer in solchen Situationen – in freier Rede an das kongolesische Volk. Am 14. September putschte Armeechef Mobutu dann mit Unterstützung der USA, löste das Parlament auf und übernahm die Macht. Eine der ersten Maßnahmen bestand darin, alle Korrespondenten aus sozialistischen Staaten auszuweisen. Ich flog zurück nach Conakry.
Wie fühlte es sich an, so dicht am Nachrichtengeschehen zu sein?
Ich habe tatsächlich kurz überlegt, ob ich in meinem Bericht erwähnen soll, dass ich als Dolmetscher quasi an den Verhandlungen mitgewirkt habe. Ich wollte mich dann aber nicht damit brüsten und habe es weggelassen. Übrigens bin ich in Afrika mehrfach in die Rolle eines Dolmetschers zwischen Afrikanern geraten, die entweder nur französisch oder nur englisch neben ihrer Stammessprache sprachen.
Das Abenteuer Afrika war auf Dauer nicht das, was Sie wollten.
Afrika war für uns kein Abenteuer, sondern Arbeitsplatz. Ich habe zwei Jahre mit meiner Frau Ira, die für den DDR-Rundfunk und später auch für den ADN arbeitete, und unserer sechsjährigen Tochter in Conakry gelebt. Wir haben die Aufbruchstimmung in den ersten Jahren nach der Unabhängigkeit voller Sympathie verfolgt. Ich berichtete nicht nur über die Entwicklung in Guinea, sondern interviewte auch Präsident Senghor im Senegal, nahm als Berichterstatter an Gesprächen von Delegationen mit Präsident Kwame Nkrumah in Ghana und Präsident Modibo Keita in Mali, an nationalen und internationalen Gewerkschaftskongressen und zahlreichen Pressekonferenzen teil.

Die Arbeit vor Ort war natürlich nicht immer einfach. Eine Schulung seitens des ADN hatten wir vorab nicht erhalten und in einem Entwicklungsland wie Guinea gab es keine Tagespresse, keine Zeitschriften und kein Fernsehen, nicht einmal eine Fernschreibleitung ins Ausland existierte. Wir mussten also unsere Meldungen zum einzigen Postamt in Conakry bringen, und von dort wurden die Texte nach Dakar gemorst. Erst dann waren sie im Fernschreibnetz. Wir hielten engen Kontakt zu der schon bestehenden kleinen Nachrichtenagentur in Guinea und zu Mitarbeitern des Rundfunks. Auf allen Gebieten, nicht nur den Medien, fehlte es der jungen Republik an Fachkräften.

Kann sich unter solchen Bedingungen eine Arbeitsroutine entwickeln?

Der Arbeitsalltag eines Agenturjournalisten wird zunächst bestimmt von aktuellen Terminen – aber darin bestand schon die erste Schwierigkeit. Man musste sich einen Kalender aufstellen: Wann und wo tritt der Präsident auf, wann tagt die Regierung, und wo kann ich Beschlüsse und Presse-Erklärungen erhalten? Hier war der Kontakt zur Landesagentur unerlässlich. Ein weiterer Schritt bestand immer darin, sich beim Präsidenten oder der Regierung akkreditieren zu lassen und einen Presseausweis zu bekommen, der einem viele Türen öffnete. Wir führten Gespräche mit der nationalen Sammlungsbewegung RDA, der Gewerkschaftsbewegung, der nationalen Jugendorganisation, der Frauenbewegung und so weiter. Ergiebig für die Berichterstattung waren unsere engen Kontakte zur Befreiungsbewegung Angolas MPLA und der PAIGC, die für die Unabhängigkeit Portugiesisch Guineas kämpfte und deren Führungen in Conakry ihren Sitz hatten. Wichtig waren auch Besuche von Delegationen aus der DDR, von Staatsmännern aus anderen Ländern, zum Beispiel Nkrumah aus Ghana, Modibo Keita aus Mali, Lumumba aus dem Kongo, Tito aus Jugoslawien, Breshnew aus der Sowjetunion. Das alles gehörte zum Alltag. Wir unterhielten zudem Kontakte zu den ständigen Korrespondenten von AFP, TASS und Reuters, die damals auch in Conakry waren. Schließlich hatten wir alle das gleiche Problem: eine aktuelle Berichterstattung ohne eine informationsreiche Presse zu sichern. Wir waren uns einig, dass Sonderkorrespondenten mit nur wenigen Tagen Aufenthalt den Hintergrund mancher Probleme nicht erfassen konnten und ihre Berichte oberflächlich blieben.

Haben Sie die Bevölkerung zu Wort kommen lassen und wie genau sahen die Begegnungen zwischen Einheimischen und Journalisten aus?

Da es keine Tagespresse gab, waren wir ohnehin darauf angewiesen, durch Interviews und viele Gespräche die Lage zu erfassen und sie von den Bürgern selbst darstellen zu lassen. Auch die Konferenzen der Gewerkschaft und der Frauenbewegung, auf denen viele Probleme zur Sprache kamen, gaben uns die Möglichkeit, die Bürger Guineas die Situation einschätzen zu lassen. Meine Frau führte längere Gespräche mit Vertreterinnen der Frauenbewegung und Schülerinnen, in denen sie ihre Schwierigkeiten schilderten und nicht wir als Außenstehende urteilten. Es war bemerkenswert und sicherlich ein Ergebnis der Unabhängigkeitsbewegung Guineas, wie selbstsicher gerade jüngere Frauen auftraten und sich für Monogamie und andere gesellschaftliche Veränderungen einsetzten. Dabei waren die Begegnungen immer freundlich. Uns als Weißen ist kein Hass entgegengeschlagen, wir sind auch abends in Conakry nie belästigt worden.

Wie hat sich die große Aufbruchstimmung, von der Sie sprechen, im Land gezeigt?

Es gab große Hoffnungen auf baldige positive Veränderungen im alltäglichen Leben – auf eine gute Ausbildung, um mehr eigene Fachkräfte heranzuziehen, auf Verbesserungen im Gesundheitswesen, bei der Wasserversorgung, beim Ausbau der Infrastruktur. Es gab zum Beispiel noch nicht einmal öffentliche Verkehrsmittel in der Hauptstadt. An den Demonstrationen zum ersten Mai oder zum Unabhängigkeitstag nahmen Zehntausende begeisterter Menschen teil, darunter viele Jugendliche. Es gab die große Erwartung, dass vor allem die sozialistischen Länder Aufbauhilfe für eine eigene nationale Wirtschaft leisten würden. Schon damals wurde sichtbar, dass mehrere Jahrzehnte notwendig sein würden, um die Hoffnungen auf ein besseres Leben zu erfüllen. Wir aber kehrten bereits 1961 nach Berlin zurück. Meine Frau veröffentlichte später im Kinderbuchverlag afrikanische Märchen, die sie in Guinea gesammelt hatte unter dem Titel *Vom Wind und dem Mangobaum*. Auch das war ein Ausdruck davon, wie nah wir den einfachen Leuten waren.

Nach Ihrer Rückkehr stand in Ihrer Heimatstadt Berlin eine Mauer.

Das war für viele überraschend, und die meisten haben angenommen, es handele sich um eine provisorische Maßnahme, die in absehbarer Zeit wieder aufgehoben werden würde. Wer hätte 1949 gedacht, dass 40 Jahre lang zwei deutsche Staaten existieren würden? Schon in Afrika sollte ich übrigens zur Grenzschließung Interviews machen – ich stieß auf ziemliches Unverständnis. Mir wurde mehrfach erklärt, man habe immer angenommen, dass zwischen Ost und West eine Grenze ist, die kontrolliert wird. Wie aber sei es zu erklären, dass ein westlicher Stadtteil inmitten der DDR liegt? Ich habe dann auf solche Interviews verzichtet. Aber es zeigte mir doch, wie fern unsere Probleme den Menschen in Afrika sind. Andererseits: Wissen wir mehr über ihre?

Sie blickten nach Ihrem Aufenthalt in Guinea bereits auf eine zehnjährige Karriere beim ADN zurück.

ADN-Korrespondent Joswiakowski (2.v.l) zusammen mit Korrespondentenkollegen 1961 in Bamako, der Hauptsadt Malis. Quelle: Gerd Joswiakowski

Schon vor dem Abitur 1951 in Berlin-Kreuzberg hatte ich erfahren, dass eine Nachrichtenagentur in der DDR Volontäre suchte. Da habe ich mich beworben. Ich war der einzige Westberliner, der dort anfing. Damals war vieles anders als heute. Redaktionen nahmen auch junge Leute ohne Erfahrung auf, bildeten sie aus. Man fragte mich, in welcher Redaktion ich arbeiten wolle. Ich interessierte mich sehr für die USA oder Großbritannien, da hatte ich die meisten Literatur- und Sprachkenntnisse. Sie drückten mir stattdessen einen Artikel aus der *Humanité*, dem Zentralorgan der Kommunistischen Partei Frankreichs (FKP), in die Hand und fragten mich wiederum, ob ich eine Nachricht daraus machen könne. Ich hatte Französisch in der Schule und die Überschrift lautete *Les pecheurs en grève – Fischer im Streik*. Also habe ich eine Meldung über die streikenden Fischer von Le Havre geschrieben. Das war mein gelungener Einstieg beim ADN. Ich habe dann 40 Jahre dort gearbeitet.

Ihre Sprachkenntnisse aus der Schulzeit reichten aus, um Sie erst in die französischsprachigen Kolonien und später an die Seine zu schicken?

Nein, natürlich nicht. Zwischen dem Abitur und der Arbeit in Afrika lagen immerhin neun Jahre. In der Auslandsredaktion arbeitete ich an französischen Texten, in der Redaktion gab es Mitarbeiter, die in der Résistance gekämpft hatten und mit denen ich französisch sprach. Ich suchte mir eine private Sprachausbildung – und schließlich hatte ich ein zweijähriges Training in Afrika. Ich glaube nicht, dass man als Journalist gut arbeiten kann, wenn man ständig auf Dolmetscher angewiesen ist.

Was hat man Ihnen als Volontär beim ADN beigebracht?

Die Volontärausbildung dauerte ein Jahr. Es wurden verschiedene Fächer gelehrt, zum Beispiel Geografie oder Russisch. Gleichzeitig hat man immer in der Redaktion gearbeitet und die verschiedenen Agenturen kennengelernt: AFP, Itar-TASS, AP, Reuters, dpa natürlich. Ich merkte, dass mir die Agenturarbeit lag. Die meisten Meldungen wurden schon in meiner Anfängerzeit unverändert in den Dienst übernommen.

Hat man Sie deshalb 1968 nach Paris geschickt?

Dazwischen lagen immerhin 17 Jahre. 1968 wollte die Direktion Berichte über die DDR-Ausstellung auf der Pariser Messe haben. Wirtschaftsberichterstattung im weitesten Sinne also. Air France flog aber nicht mehr, weil der Flughafen in Paris bestreikt wurde. Also bin ich von Amsterdam aus mit dem Bus mitten hinein in den Mai '68 gefahren. Die Messe, für die ich akkreditiert war, spielte kaum noch eine Rolle. »Wenn Du schon mal da bist«, meinte die Redaktion, »kannst du doch gleich die Berichterstattung über die Protestbewegung übernehmen.«

Sie waren zum ersten Mal in Paris und die Stadt stand Kopf. Wie haben Sie sich zurechtgefunden?

Als ich in der Nähe des Messegeländes aus dem Bus stieg, war tiefe Nacht. Mir fiel ein, dass Georges Simenon in seinen Kriminalromanen geschildert hatte, wie man in einem Café einen Jeton zum Telefonieren mitbestellen kann. Ich rief einen DDR-Messevertreter an, der mir ein Hotel besorgt hatte. Am nächsten Tag suchte ich dann als erstes Rosa Michel auf, die als freie Mitarbeiterin für ADN arbeitete. Sie hatte eine interessante Vergangenheit: Sie war Sekretärin Dimitroffs und in der Emigration in Moskau die Frau von Walter Ulbricht. Sie beschäftigte sich intensiv mit den politischen Vorgängen in Frankreich und sandte Berichte an die ADN-Redaktion, die ich in Berlin oft zu bearbeiten hatte. Danach suchte ich mir dann ein Hotel in der Innenstadt, kaufte mir einen Stadtplan und überflüssigerweise einen Plan der Pariser Metro.

Die wurde ebenfalls bestreikt?

In der ganzen Stadt gab es Protest- und Streikaktionen. Es fuhr keine U-Bahn mehr, es gab kein Benzin an den Tankstellen, und die sicherste Fortbewegungsart für Journalisten war ein Fahrrad. Ich erlebte riesige Demonstrationen, brennende Barrikaden, prügelnde Polizisten oder Studenten, die Steine warfen.

Haben Sie sich als Journalist zu erkennen gegeben?
Je nach Situation. Manchmal hatten weder die Polizei noch die Studenten Lust auf Fragesteller.
Wie oft haben Sie zu dieser Zeit Texte an die Heimatredaktion geliefert?
Am Vormittag habe ich zunächst die Morgenpresse gründlich ausgewertet und Meldungen nach Berlin abgesetzt. Natürlich habe ich auch im Radio die neuesten Nachrichten verfolgt, die sich oft überschlugen. An verschiedenen Tagen boten sich Zusammenfassungen der Ereignisse an. Bei den riesigen Demonstrationen, die oft stundenlang dauerten, begann ich mit Auftaktmeldungen und, wenn möglich, mit einigen kurzen Porträts von Persönlichkeiten an der Spitze der Demos. Selbstverständlich habe ich täglich die Pressemitteilungen der verschiedenen Studentenverbände, Gewerkschaften, Parteien und Erklärungen der Regierung oder von Präsident de Gaulle ausgewertet. Außerdem begannen zu dieser Zeit in Paris offizielle Gespräche zwischen der Demokratischen Republik Vietnam und den USA, die den Vietnam-Krieg beenden sollten. Für diese Konferenz war ich akkreditiert. Erfreulich war, dass die Fernschreibleitungen im Pressezentrum der Konferenz nicht bestreikt wurden.
Haben Sie in den Straßen was abgekriegt?
Einmal Tränengas. Ich stand auf dem Balkon im dritten Stock meines Hotels – also eigentlich in sicherer Entfernung – und sah eine Gruppe von Menschen, die die Straße entlang rannten und einen Zeitungskiosk anzündeten. Sofort kamen Feuerwehr und Polizei. Die einen löschten, die anderen warfen Tränengasgranaten. Obwohl meine Augen brannten, habe ich gesehen, wie die nächsten Wahlen ausgehen.
Wie meinen Sie das?
Menschen traten hinter den Gardinen hervor auf die Balkone und applaudierten. Der Polizei wohlgemerkt. Die Bürger wollten Sicherheit und Ruhe. Wenn die Ordnungsmacht für ihr hartes Durchgreifen Beifall bekommt, dann wird Charles de Gaulle die Wahlen gewinnen, dachte ich. De Gaulle war zu dieser Zeit von der Bildfläche verschwunden. Das sorgte für noch mehr Unsicherheit. Sein ›Verschwinden‹ am 29. Mai aus Paris führte zu zahlreichen Spekulationen. Wollte er sich bei einem Abstecher nach Baden-Baden der Armee versichern, um sie notfalls einzusetzen? Es war ein gelungenes Täuschungsmanöver, um dann die Auflösung der Nationalversammlung zu verkünden und eine Mehrheit hinter sich zu bringen. Die französischen Kommunisten hatten schon vor der Reise des Generals

befürchtet, dass es zu blutigen Ereignissen kommen könnte und hatten vor einer Zuspitzung gewarnt. Beim Mai '68 denken sehr viele an die Studentenbewegung, aber es gab neun oder zehn Millionen Streikende. Es wurde viel und leidenschaftlich diskutiert: Könnte es nicht zu einem Machtwechsel kommen? Es meldeten sich schon Anwärter auf den Präsidentenpalast.

Hat die französische Linke aus heutiger Sicht Chancen ungenutzt gelassen?

Es gab DDR-Politiker, die in späteren Jahren nach Paris kamen und als sie hörten, dass ich die Ereignisse von 68 miterlebt hatte, fragten, ob die FKP die zugespitzte Lage nicht für Schritte hin zu einer grundlegenden gesellschaftlichen Veränderung hätte nutzen können. Ich habe dem immer widersprochen und darauf verwiesen, dass die FKP wiederholt vor linksradikalen Parolen einiger Studentenführer wie Cohn-Bendit gewarnt hatte. Der Generalsekretär der Gewerkschaft CGT, Georges Séguy, hatte auf einer Massenversammlung in einem Großbetrieb sogar erklärt, man müsse – wenn man eine Lohnerhöhung von zehn Prozent erkämpft hat – auch verstehen, einen Streik zu beenden. Die Gaullisten haben bei den Neuwahlen 1968 358 von 487 Sitzen im Parlament bekommen. Und für mich war mit der Wahlberichterstattung die Arbeit als Sonderkorrespondent in Frankreich beendet.

Ihr Korrespondenten-Dasein hat Sie in viele große Städte geführt.

Im Dezember 1966 war ich Sonderkorrespondent bei der UNO-Vollversammlung in New York. Im Gegensatz zu Frankreich war meine Bewegungsfreiheit hier sehr eingeschränkt. Reisen nach Washington oder in andere Städte waren von amerikanischer Seite untersagt. DDR-Korrespondenten durften sich nur in einem bestimmten Radius in New York aufhalten. Als ich nach Berlin zurückkam, bot man mir an, die Nachfolge des ständigen Korrespondenten bei der UNO zu übernehmen. Ich wollte aber nicht ausschließlich über die UNO berichten.

1971 hat man Sie gemeinsam mit Ihrer Frau erneut nach Paris entsandt. Hatten Sie Schwierigkeiten, die Stelle zu bekommen?

Ich habe mich nicht um die Stelle beworben, sondern sie wurde mir und meiner Frau von der ADN-Direktion vorgeschlagen. Dabei spielten natürlich die Erfahrungen meines ersten Einsatzes 1968 in Paris eine große Rolle. Ein weiterer Auslöser war der Wunsch der französischen Nachrichtenagentur AFP, in Ostberlin ein Büro zu eröffnen. Im Gegenzug konnte ADN ein ständiges Büro in Paris eröffnen.

Berichterstattung des ADN und des *Neuen Deutschland* über Frankreich aus den Jahren 1968 und 1972. Quelle: *Neues Deutschland*

Sie und Ihre Frau waren dann also ab 1971 die ersten fest akkreditierten DDR-Korrespondenten in Paris?

Richtig. Leute wie Lutz Renner für das Fernsehen und Gerhard Leo, der in der französischen Résistance gekämpft hatte und für *Neues Deutschland* schrieb, kamen erst später. Das lag daran, dass die NATO-Länder generell Schwierigkeiten machten, was längere Aufenthalte von DDR-Korrespondenten anging. Erst nach der Zustimmung des französischen Innenministeriums, das den DDR-Korrespondenten eine ganze Reihe von Fragen stellte, erhielt man vom Außenministerium eine ständige Pressekarte.

Und was unterschied das Paris der 1970er-Jahre von dem des Sommers 1968?

Die politische Situation war völlig verändert, es gab nicht mehr das autoritäre Regime de Gaulles, es gab nicht mehr das Gefühl, die Machtverhältnisse könnten sich schon morgen ändern. Es ist auch ein großer Unterschied, ob man als Sonderkorrespondent in einem Hotelzimmer oder irgendwo unterwegs Meldungen verfasst oder in einem festen Büro in Neuilly-sur Seine mit einem Fernschreiberanschluss arbeiten kann.

Wie hat sich Ihre journalistische Arbeit dadurch verändert?

In unserem Büro empfingen wir den Inlandsdienst von AFP und waren damit über die wichtigsten Vorgänge in Frankreich zeitnah informiert. Als Agentur-Journalisten waren wir faktisch unter der Woche von 7 Uhr bis 22 Uhr eingespannt und auch am Wochenende gab es ja Termine. Der Zeitungshändler war beglückt, weil wir ständig einen kompletten Satz der Tageszeitungen bei ihm kauften. Die Informationslage war insofern auch verändert, weil wir jetzt als ständige Korrespondenten Einladungen zu zahlreichen Pressekonferenzen der verschiedenen Parteien, der Gewerkschaften und der Regierung erhielten, ebenso zu Parteitagen. Wir berichteten auch über die Besuche von Delegationen aus der DDR, der Frauenorganisationen, der Freundschaftsgesellschaft DDR-Frankreich sowie über Gastspiele von Künstlern wie dem Berliner Ensemble. Meine Frau arbeitete ebenfalls als Korrespondentin und schrieb vor allem zahlreiche Beiträge über das kulturelle Leben in Frankreich: über Ausstellungen von Picasso, den Umbau des Louvre, über die Filmfestspiele in Cannes und die Höhlen von Lascaux. Gerade diese Beiträge, aber auch die über soziale Probleme, zum Beispiel streikende Frauen, wurden in vielen DDR-Zeitungen abgedruckt. Außerdem hatte sie Kontakte zu Schriftstellern und Publizisten. So erschienen von ihr Übersetzungen, zum Beispiel von Tahar Ben Jelloun, in der Zeitschrift *Sinn und Form*. Nach unserer Rückkehr in die DDR erarbeiteten wir eine Übersetzung der erschütternden Autobiografie von Odette Fabius *Sonnenaufgang über der Hölle*, in der sie ihre Erlebnisse im KZ Ravensbrück schildert.

Schickte die DDR immer nur Ehepaare ins Ausland?

In der Regel war es so. Ich hatte in Berlin einen Kollegen, der als Korrespondent nach Afrika gehen sollte und nun laut darüber nachdachte, welche seiner drei Freundinnen er am besten heiraten solle. Die überwiegende Mehrzahl der Kollegen war verheiratet. In einem fremden Land hat es ja auch Vorteile, nicht allein zu sein.

Apropos allein: Hatten Sie in Paris Kontakt zu Westkollegen?

Man traf sich bei Pressekonferenzen, auf Parteitagen und anderen Veranstaltungen. Ich hatte guten Kontakt zu Kollegen von der FAZ, der *Frankfurter Rundschau* und auch der *Zeit*, um nur einige zu nennen. Als Pompidou nach Pizunda flog, um sich dort mit Breshnew zu treffen, flog ich gemeinsam mit westdeutschen und französischen Journalisten mit. Man kommt zwangsläufig ins Gespräch. In Erinnerung ist mir in diesem Zusammenhang einer der ersten Presse-Empfänge in Paris. Alle standen mit einem Glas in der Hand herum und plauderten, auch August Graf Kageneck von der Zeitung *Die Welt*. Er hatte ein paar Tage zuvor einen Artikel verfasst über die Zusammenarbeit von ADN und AFP. »Jetzt kommt also das erste rote Mäuschen nach Paris«, schrieb er.

Und meinte Sie.

Ja, natürlich.

Haben Sie sich so gefühlt – wie ein Mäuschen?

Ich bin zu Kageneck hin und habe mich vorgestellt: »Ich bin das erste rote Mäuschen.« Er war ganz schön verlegen und meinte, ich dürfe das nicht so ernst nehmen. Das sei doch nur so ein Bild. Und immer, wenn wir uns später getroffen haben, haben wir uns freundlich begrüßt.

Man war Ihnen gegenüber also nicht vorsichtiger?

Nein, eigentlich nicht. Der Korrespondent der FAZ hatte sogar die Idee, deutsche Kollegen müssten sich öfter treffen und austauschen.

Eine Art Journalistenstammtisch?

Ja, es gab einige Zusammenkünfte im Büro der FAZ, an denen Mitarbeiter der *Frankfurter Rundschau* und anderer deutscher Medien teilnahmen. Der Vertreter der FAZ war früher ein bedeutender Afrika-Korrespondent. Vielleicht hat er mich auch deshalb eingeladen. Wir haben das aktuelle politische Geschehen in Paris diskutiert, zum Beispiel die aktuelle Streiksituation. Da prallten schon die Meinungen aufeinander. Ansonsten blieb für einen Nachrichtenjournalisten wenig Zeit, um sich lange mit Kollegen zu treffen. In Paris schon gar nicht.

Gab es einen solchen Meinungsaustausch unter west- und ostdeutschen Kollegen auch während Ihrer Zeit in Bonn?

Die Umstände sind eigentlich kaum zu vergleichen. Mitte der 1960er-Jahre war die Stimmung in Bonn uns gegenüber sehr distanziert. ADN-Korrespondenten waren nicht einmal zur Bundespressekonferenz zugelassen.

Und in den 1980er-Jahren?

In den 1980er-Jahren hatte sich das Verhältnis offenbar normalisiert. Das bekam ich zu spüren, als ich einige Wochen zur Vertretung in Bonn arbeitete. Gegenüber unserem ADN-Büro im Pressehaus saß die *Kölnische Rundschau*. Einer von den Kollegen rief mich eines Tages in meiner Wohnung an und sagte, ich solle doch mal in das Büro gucken, es gebe interessante Nachrichten für ADN. In meinem Postfach fand ich den Text der Rede von Kanzler Kohl, die er am nächsten Tag im Bundestag halten wollte.

Was macht man in einem solchen Moment?

Ich habe den umfangreichen Text meiner Redaktion in Berlin übermittelt. Der stellvertretende Generaldirektor von ADN schickte die Rede, wie ich später erfuhr, sofort an Erich Honecker.

Haben Sie Ihren westdeutschen Kollegen gedankt?

Ich habe Ihnen für die Arbeitserleichterung natürlich gedankt. Kalter Krieg hin oder her, Gefälligkeiten unter Kollegen gab es immer. Vielleicht gab es aber auch ein ›höheres Interesse‹ daran, dass Kohls Rede schnell auf dem Tisch Erich Honeckers landete.

Gab es Fälle, in denen diese ›höheren Interessen‹ die Berichterstattung bestimmten?

Einmal wollte ich über den Streik bei Peugeot berichten. Da hieß es: Die Franzosen stellen nächste Woche auf der Messe in Leipzig die neuesten Automodelle vor. Da wollte man in Berlin nicht über den Streik berichten. Ein anderes Mal war Christa Wolf in Paris und hielt einen gut besuchten Vortrag im DDR-Kulturzentrum. Spätestens, als sie sich kritisch über die Stationierung amerikanischer Atomwaffen in Europa äußerte, hielt ich das für eine interessante Nachricht. Auch diese Meldung wurde nicht verwendet, weil, so hieß es damals, die Partei gerade Probleme mit Christa Wolf habe.

Würden Sie sich selbst als systemtreuen Journalisten bezeichnen?

Das ist – um mit Fontane zu sprechen – ein weites Feld. Ich habe mich immer um eine objektive Berichterstattung bemüht, wie ich sie für eine Nachrichtenagentur für angemessen hielt.

Und doch wird die DDR-Berichterstattung heute oft als Propaganda eingestuft. Zu Recht?

Ich glaube nicht, dass man die gesamte Berichterstattung der DDR-Medien schlichtweg als ›Propaganda‹ bezeichnen kann. Der Begriff ist dort anzuwenden, wo man vermeintliche DDR-Erfolge in den Mittelpunkt gestellt und auch übertrieben hat, wo Kritik unterdrückt wurde, wo die Kluft zwischen der Realität und der Widerspiegelung in den Medien immer größer wurde. Aber ich habe die sozialistische Presse der Springer-Presse immer vorgezogen. ADN stand an der Seite von Vietnam, Lumumba, Angela Davis, Nelson Mandela – um nur einige zu nennen. Ist das nun Propaganda?

Haben Sie trotz aller Einigkeit ab und an Ärger bekommen wegen Ihrer Berichterstattung?

Ja, einmal – in zehn Jahren. Für die Redaktion in Berlin sollte ich immer zu jeder Tages- und Nachtzeit erreichbar sein. Als ich vor Pfingsten zu Besuch bei einem befreundeten Fotografen im Landesinneren Frankreichs war und dessen Telefonnummer sich geändert hatte, war ich nicht erreichbar. Die Redaktion wollte aber unbedingt einen Bericht von einer Pressekonferenz in Paris, auf der FKP-Generalsekretär Georges Marchais erklärt hatte: »Wenn es die DDR nicht gäbe, müsste man sie erfinden.« Ich war über diese Pressekonferenz nicht informiert und konnte nichts berichten. Für diese Panne wurde ich kritisiert. Heute im Zeitalter von Handys und Internet gäbe es diese Probleme nicht mehr.

Gab es andere Vorgaben, die Ihnen Probleme bereiteten?

Es gab die problematische Regelung, dass unsere Tochter, die in Berlin studierte, uns nicht in Paris besuchen durfte. Ihre Anträge für einen Besuch wurden immer abschlägig beschieden. Als wir wieder eine Ablehnung erhalten hatten, wurde ich von Werner Lamberz, Sekretär des ZK der SED für Agitation, überraschend nach Berlin bestellt. In einem persönlichen Gespräch versicherte er mir, dass nicht er für die Ablehnung verantwortlich sei. Zu einem späteren Zeitpunkt, als meine Tochter beim Rundfunk als Journalistin arbeitete, erhielt sie eine Reise-Erlaubnis.

War Ihre Tochter ein Pfand?

Na ja, ich hatte ja auch noch meine Mutter und das Haus und den Garten und meine Freunde in Berlin. Ich kam gar nicht auf die Idee, sie zu holen. Paris ist auch nicht überall das Paradies, und außerdem ist man beim ADN gut behandelt worden. Man hatte seine Freunde in der Redaktion, nicht alles ist so engstirnig gewesen wie in anderen Bereichen. Hier arbeiteten Kollegen, die in vielen Ländern der Welt ihre Erfahrungen gesammelt hatten – und dabei schnitt die DDR nicht so schlecht ab.

Ulrich Wickert, selbst langjähriger Paris-Korrespondent, hat in seinem Buch geschrieben, dass es in Paris auch Aktivitäten von Geheimdiensten gab.

Ich kenne sein Buch nicht, aber es wäre naiv anzunehmen, dass es in Paris solche Aktivitäten nicht gab. Wir wurden natürlich abgehört. Wir haben das daran gemerkt, dass nach einem Urlaub in Paris plötzlich unsere private Telefonnummer mit der dienstlichen Nummer vertauscht war. Nach einer Beschwerde beim Postamt gab es eine Andeutung, dass nicht sie die Nummern vertauscht hätten. Auch unsere Concierge bekam regelmäßig Besuche und wurde nach unseren Kontakten befragt.

Wird man da nicht paranoid?

Ich ging natürlich davon aus, dass man mich als DDR-Korrespondent beobachtete, verfolgt fühlte ich mich nicht. In der DDR-Botschaft wurden wir darauf hingewiesen, dass der französische Geheimdienst gegenüber der Botschaft auf der anderen Straßenseite eine Kamera installiert hatte, die alle Besucher filmte. In Paris ist es vorgekommen, dass Mitarbeiter der DDR-Botschaft nach ihrem Einkauf von einem ›Ladendetektiv‹ festgehalten und beschuldigt wurden, Waren nicht bezahlt zu haben. Es hieß dann immer, man könne von einer Strafe absehen, wenn sie ›ein bisschen erzählen, wie es in der Botschaft so zugeht.‹ Mich hat man aber nie angesprochen oder gefragt, ob ich für den französischen oder westdeutschen Geheimdienst arbeiten wolle.

Und der ostdeutsche Geheimdienst?

Nein, der auch nicht. Ich hatte ja auch keine verfänglichen Informationen. Ich glaube, die besten ›Geheimnisse‹ standen im Übrigen in *Le Monde* und anderen Presseorganen. Viele Skandale wurden von der FKP-Zeitung *L'Humanité* aufgedeckt.

Im Mai 1992 wurde der ADN mit noch 254 Mitarbeitern an den Deutschen Depeschendienst verkauft. Wie haben Sie Ihren letzten Arbeitstag erlebt?

Ich habe mit meinen Kollegen in der Auslandsredaktion in Berlin schon 1991 ein Glas Rotwein nach meinem letzten Arbeitstag getrunken. Von den ehemals 1000 Mitarbeitern waren auch damals nur noch wenige da.

Ist Ihnen der Abschied schwergefallen?

Es war nicht mehr dieselbe Agentur, bei der ich 40 Jahre zuvor angefangen hatte. Alle 40 Auslandsbüros waren geschlossen. Ich sagte mir: Es waren unvergessliche Jahre. It's time to say Goodbye.

Das Interview führten Ulrike Nimz und Sarah Termeer.

Literatur

JOSWIAKOWSKI, IRA: *Vom Wind und dem Mangobaum – Märchen aus West-Afrika.* Berlin [Alfred Holz] 1964

JOSWIAKOWSKI, IRA; BEHRENDT, HANS-JOACHIM: *Warum der Igel dem Tompoko im Halse steckenblieb. Schelmen- und Tiermärchen, Legenden und Sagen der Madagassen.* Berlin [Alfred Holz] 1971

Paul M. Schumacher

»Wir haben uns dann geprügelt, der Staatssekretär und ich«

Paul M. Schumacher († 2011) ging als erster Korrespondent des Nachrichtenmagazins *Der Spiegel* nach Südafrika. Er hatte Zugang zu höchsten Kreisen des Apartheid-Regimes. Dort hielten viele den *Spiegel* für ein »Kommunistenblatt«.

Sie war eine der wenigen Verbindungen zur verfolgten südafrikanischen Opposition und damit eine wichtige Gesprächspartnerin für Paul M. Schumacher: Winnie Mandela.
Quelle: Privatarchiv Familie Schumacher

Paul M. Schumacher volontierte beim *General Anzeiger* der Stadt Wuppertal. Danach arbeitete er zunächst in Düsseldorf und London, bis er 1971 als freier Mitarbeiter zum *Spiegel* kam. Ein prägendes Ereignis seiner Journalistenlaufbahn war die Nelkenrevolution 1974 in Portugal. Die zahlreichen kolonialen Verstrickungen Portugals entwickelten Schumachers Neugier auf Afrika. Im Auftrag des *Spiegel* eröffnete Schumacher schließlich ein Büro in Südafrika. Als Berichterstatter beobachte er von dort aus, wie die Vorherrschaft der Weißen in den portugiesischen Kolonien Angola und Mosambik, in den Siedlerkolonien Rhodesien und Namibia und schließlich auch in Südafrika selbst zu verschwinden begann. Trotz der harten Sicherheits- und Pressegesetze in diesen Ländern genoss Schumacher einen gewissen Sonderstatus. Vielen anderen *Spiegel*-Journalisten war die Einreise verboten. Abgesehen von kurzen journalistischen Exkursen in den Nahen Osten und die USA blieb Schumacher bis 1991 Korrespondent in Afrika. Weitere berufliche Stationen wurden Bonn, als Studioleiter für RTL, und Istanbul, mit einem Bauchladen-Büro unter anderem für den *Spiegel* und für RTL. Ab 1998 lebte Schumacher wieder in Südafrika. Von seiner Weinfarm in der Nähe von Kapstadt schrieb er auch als Kolumnist für *Die Welt*. Paul M. Schumacher verstarb im November 2011.

Frage: Als Sie in den 1970er-Jahren nach Südafrika kamen, herrschte dort ein Apartheid-Regime. Wie erlebten Sie die gesellschaftlichen Verhältnisse in Südafrika als Journalist?

Paul M. Schumacher: Es war völlig klar, dass es in Südafrika eine im Gesetzbuch festgeschriebene Rassendiskriminierung und Ungleichbehandlung gab. Das wusste ich schon, bevor ich hierher kam. Gleichzeitig war es sehr unangenehm, verletzend und ärgerlich, täglich zu sehen, wie Leute nur wegen ihrer etwas dunkleren Hautfarbe benachteiligt wurden. Damals ging man davon aus, dass das irgendwann in einer schrecklichen Katastrophe endet. Die portugiesischen Farmer in Mosambik konnten nach der Revolution ohne Weiteres wieder zurück nach Portugal gehen. Anders die weißen Herrscher in Südafrika, die Buren: Sie waren schon so lange in Afrika, dass sie sich von Europa entfremdet und Afrika angepasst hatten. Sie hatten zwar noch die weiße Hautfarbe, aber die Mentalität passte nicht mehr nach Europa. Mit ihrer eigenen Sprache waren sie so sehr afrikanisch geworden, dass sie ein seltsames Einverständnis mit den schwarzen Südafrikanern entwickelt hatten. Das hat mich immer fasziniert. Einerseits gab es natürlich die Apartheid, also diese Dummheit, Rassismus ins Gesetzbuch zu schreiben und zu versuchen, das mit Polizeistaatsmethoden durchzusetzen. Auf der anderen Seite gab es beispielsweise auf Farmen und im Haushalt zwischen Schwarzen und Weißen viele Gemeinsamkeiten. So kam es vor, dass sich die weiße Frau und ihre schwarze Haushaltsgehilfin im Laufe des Vormittags zu einem Tässchen Tee zusammensetzten und über die Kinder redeten. Gemäß der Apartheid war so etwas eigentlich gar nicht erlaubt. Es ist eine der Absonderlichkeiten dieses Landes, dass es bei aller Rassentrennung auch eine Menge Gemeinsamkeiten gab.

Paul M. Schumacher standen – auch dank seiner Sprachkenntnisse – die Türen vieler Repräsentanten der Apartheid-Regierung offen; auch die des Ministerpräsidenten und späteren Staatspräsidenten John Vorster. Quelle: Privatarchiv Familie Schumacher

Haben Sie das in Ihren Berichten thematisiert?

So etwas zu erklären wäre im *Spiegel* schwierig gewesen, denn der *Spiegel* ist sehr auf Nachrichtenstorys spezialisiert, meist die negativen. Deshalb stand hauptsächlich der Aspekt im Vordergrund, wie irrsinnig das war, was die weißen Machthaber damals versuchten. Die Grautöne dazwischen kamen leider zu kurz. Ich habe versucht, diese Zwischentöne dann in Beiträgen für andere Tageszeitungen oder für Fernsehen und Hörfunk mit einfließen zu lassen, für die ich auch gearbeitet habe, zum Beispiel in der Illustrierten *Bunte* oder im *Handelsblatt*. Denn die wurde als Wirtschaftszeitung besonders genau beobachtet.

Für einen Weißen war das Leben in Apartheid-Südafrika sicherlich angenehm. Da liegt es nahe, eine gewisse ›weiße Sichtweise‹ einzunehmen. Wie war das für Sie?

Ich habe immer einen großen nicht weißen Bekanntenkreis gehabt, der zum einen aus Journalisten bestand und auch aus Künstlern, die mittlerweile große internationale Stars geworden sind. Es gibt bis heute eine interessante Musikszene hier. Wenn man in einen guten Jazzclub gegangen ist, traf man trotz aller Gesetze auch schon in den 1970er-Jahren immer Weiße und Schwarze gemischt und sogar Paare über die Rassenschranken hinweg. Da musste man natürlich aufpassen, denn jede Form des gesellschaftlichen Umgangs mit Schwarzen war per Gesetz verboten. Restaurants und andere Möglichkeiten, wo man gemeinsam hätte hingehen können, waren den Weißen vorbehalten und in den Townships durfte kein Weißer in die Kneipen gehen. Für mich war das – zugegeben – ein großes Problem.

Wie haben Sie es geschafft, Kontakte zum Afrikanischen Nationalkongress, zum ANC, aufzubauen und sich bei den Widerstandskämpfern Vertrauen zu erwerben?

Die Leute im Widerstand wussten immer sehr genau, wer eine sympathisierende, offene Haltung ihnen gegenüber hatte und wer ein Gegner der Befreiungsbewegung war. Auch vom *Spiegel* wussten sie, dass wir dem Anliegen der Befreiungsbewegung durchaus sehr gewogen waren, auch über die Grenzen von Südafrika hinaus.

Ich kam den Befreiungsbewegungen richtig nahe bei meiner Berichterstattung über die dreimonatige Friedenskonferenz in London 1979, bei der es um das alte Rhodesien ging. Aus Sicht vieler Engländer galt ich als Sympathisant der Befreiungsbewegung, das waren die ZANU und ZAPU, angeführt von Robert Mugabe und Joshua Nkomo. Für die weißen Rhodesier war ich ein Kommunist und Nestbeschmutzer. Und diese Informationen drangen nach Südafrika vor. Wenn ich die operativen ANC-Leute in den Townships traf, dann wussten die auch, wen sie in mir vor sich hatten. Die Kontakte hätten mich aber durchaus nach Robben Island, auf die Zuchthausinsel, bringen können. Über viele Jahre hatte ich mit Winnie Mandela, Nelson Mandelas Ex-Frau, sie war seine zweite Frau, engen Kontakt. Es gab oft Schwierigkeiten mit dem Geldtransfer, wenn in Deutschland Spenden für sie gesammelt worden waren. Also habe ich sie finanziell unterstützt. Das war in der Zeit, als ihr Mann im Gefängnis saß und sie plötzlich zur Fahnenträgerin wurde. Dadurch, dass ich damals diese Art von Kontakten hatte, wusste ich immer ganz genau, was diese Seite dachte.

1990 trifft Paul M. Schumacher Nelson Mandela zum Interview. Quelle: Privatarchiv Familie Schumacher

Nun hatten Sie ja anscheinend auch lockere Kontakte mit der Apartheid-Regierung. Sie kannten beispielsweise auch den Staatssekretär im Informationsministerium, Eschel Rhoodie, persönlich. Wie haben Sie sich positioniert?

Das war immer eine Art Seiltanz, den ich da aufführen musste. Als das hier alles zu Ende ging, haben mir die Machthaber mal geschildert, wie verwirrend sie es fanden, dass ich, der ich Afrikaans sprach und Deutscher war, trotzdem Kommunist sein konnte. Außerdem habe ich nie allzu sehr meine wahren Überzeugungen verborgen. Es gab ja immer mal Gelegenheiten, wo man zusammen ein Bier trinken ging und wo dann politische Gespräche aufkamen. Bei den Gelegenheiten habe ich ihnen durchaus gesagt, ohne zu moralisieren: »Es ist nicht allzu lange her, dass wir in Europa Zustände hatten, auf die wir nicht stolz sind. Aber dass Ihr das 1948 in die Gesetzbücher geschrieben habt, ist eine grenzenlose Dummheit. Und wenn Ihr dem Ding nicht noch den Namen Apartheid gegeben hättet, dann wärt Ihr nie so in die Schusslinie geraten.« – Und so konnte ich schon mit einigen von denen reden.

Mit wem zum Beispiel?

Zum Beispiel dem langjährigen Außenminister Pik Botha, mit dem man schon Mitte der 1980er-Jahre durchaus so ein Gespräch führen konnte und der dann natürlich versucht hat, dagegen zu halten. Der sagte mal in

Paul M. Schumacher (li.) interviewt den langjährigen Außenminister Südafrikas Pik Botha (Mitte). Quelle: Privatarchiv Familie Schumacher

einem Pressegespräch, er könne sich sehr gut vorstellen, dass Südafrika irgendwann einen schwarzen Präsidenten hat. An sich war das revolutionär! Dafür hätte er unter den damaligen Gesetzen eigentlich ins Zuchthaus gehen müssen. Und er war immerhin Außenminister! Innerhalb der Regierung gab es durchaus einige Leute mit Weitblick, die sich übrigens gerne mit mir unterhielten, weil sie immer das Gefühl hatten, dass sie mit mir ein ehrliches Gespräch, und sogar auf Afrikaans, führen konnten.

Sie konnten also nach mehr als zehn Jahren als Südafrika-Korrespondent offen mit einem Teil der weißen Machthaber reden. Wie verschlug es Sie eigentlich dorthin?

Als einer der jüngsten *Spiegel*-Korrespondenten verfolgte ich die Nelkenrevolution in Portugal. Das war 1974, als eine der letzten Diktaturen Westeuropas stürzte. Insgesamt war das relativ undramatisch und schnell vorbei, aber ich geriet ins Gespräch mit den beteiligten Offizieren, weil die alle etwa in meinem Alter waren. Sie erzählten immer von ihren Afrika-Besitzungen, also von Mosambik und Angola. Ich fand das spannend und habe mir vom *Spiegel*-Archiv aus Hamburg die ganzen Unterlagen über die Kolonien schicken lassen. Zu dieser Zeit gab es in Mosambik ein riesiges Staudammprojekt, an dem auch deutsche Firmen wie Siemens sehr stark beteiligt waren. Auf jeden Fall hielt die Chefredaktion das auf einmal für eine sehr wichtige und tolle Geschichte und fragte mich, ob ich nicht dahin reisen wollte. Da ich frei und ungebunden war, habe ich zugesagt. Doch damals war die Kommunikation von Mosambik und Angola aus sehr umständlich. Wenn man überhaupt Telefon- und Telexleitungen bekam, dann kriegte man sie aus Südafrika.

Wieso haben Sie das *Spiegel*-Büro in Pretoria, dem Regierungssitz, eröffnet und nicht wie alle anderen Auslandskorrespondenten in Johannesburg?

Einer meiner ersten Kontakte war ein altgedienter BBC-Mann namens John Osman. Wir haben ihn immer im Scherz »The voice of the British Empire« genannt, weil er eben diese altmodische englische Sprache und diesen Habitus hatte. Ich fragte ihn also, warum alle Korrespondenten in Johannesburg sitzen und nicht in der Hauptstadt Pretoria. Da hat er gesagt: »Oh Poor! Pretoria, das ist die Hölle! Kein Mensch dort spricht Englisch, die sprechen alle nur ihr Afrikaans. Und das ist eine schreckliche Sprache, da willst Du nicht wohnen.« Obwohl ich zu der südafrikanischen Politik eine große Distanz hatte, habe ich in jenem Moment beschlossen, die Sprache dieses Landes zu lernen und nach Pretoria zu gehen. Das ging einfach nicht anders und deshalb wurde der Bürositz des *Spiegels* Pretoria. Und das war allen Ernstes das erste Büro eines Auslandskorrespondenten in dieser Stadt. Vorher allerdings habe ich an der Randse Afrikaanse Universiteit, die heute als Johannesburg University bekannt ist, Afrikaans gelernt. Dazu gehörte auch die Literatur, mit allem was dazu gehört. So wie wir in Deutschland Goethe und Schiller haben, hat auch Südafrika einen besonders berühmten Klassiker. Er heißt Langenhoven und hat unter anderem die damalige Nationalhymne geschrieben. Ich habe mich oft darüber amüsiert, wie man mit Zitaten von Langenhoven bei allen möglichen Gelegenheiten die Leute in tiefe Ehrfurcht versinken lassen konnte. Ich glaube, dass der *Spiegel* – der ja eigentlich ›gebannt‹ war – bis zum Ende der weißen Herrschaft ein Büro in Pretoria haben durfte, war eigentlich nur der Tatsache geschuldet, dass die burischen Herrscher gesagt haben: »Der *Spiegel* ist zwar eine schreckliche Kommunisten-Postille, aber immerhin spricht der Korrespondent unsere Sprache und wohnt in Pretoria.« Der *Stern* hatte übrigens keine Vertretung und das zeigte sich in der Berichterstattung.

Welche anderen Medien aus Deutschland waren noch in Südafrika vertreten?

Außer mir gab es bei meiner ersten Ankunft in Johannesburg zwei Korrespondenten in Südafrika: Der eine war von der dpa, der hielt sich einfach an die Nachrichten und war ansonsten sehr konservativ. Der andere war Hans Germani, ein Mann von Springer, der eine lange Afrika-Geschichte hatte, so etwas wie eine Legende – trotz allem. Ich habe ihn im *Spiegel* immer als den Kolonialkorrespondenten bezeichnet, denn der war genauso, wie es sein Name vermuten lässt. Gleich am Anfang zeigte er mir als jungem Kollegen ein Buch, das er über den Kongo-Krieg geschrieben hatte. Darin beschreibt er unter anderem, wie er mit dem damaligen Söldnerführer, Michael Hoare, Libreville einnahm. Dabei wurde Hoare auf seinem Jeep von einer Kugel getroffen und er, der Journalist Hans Germani, stürzte sich an das Maschinengewehr und ballerte wild in den Busch rechts und links der Straße und schoss alles kurz und klein! Ein anderes Mal berichtete er, dass schwarze Menschen – und das sei nun wissenschaftlich nachgewiesen – ein geringeres Gehirngewicht hätten und deshalb eine mindere Rasse seien. Solche Geschichten hat der veröffentlicht! Und er konnte sie auch veröffentlichen, denn das war in Deutschland eine Zeit, wo noch so gedacht wurde, durchaus nicht nur bei Springer.

Sie berichteten zeitweise auch parallel für andere Medien. Wie kam es dazu?

Das ist diesem schwierigen Korrespondentenposten zu verdanken. Man wurde von der Sicherheitspolizei und von den Behörden teilweise sehr drangsaliert. Ganz zwangsläufig gab es dann Redaktionen, die anriefen und sagten: »Kannst Du nicht mal was für uns schreiben?« Ich habe das gemacht und zwar für die unterschiedlichsten Medien, von der SPD-Zeitung *Vorwärts* bis zum *Handelsblatt*. Auch die *Bunte* gehörte dazu, die gerne mal etwas über Tourismus in Südafrika haben wollte. So etwas habe ich gerne gemacht, weil ich immer fand, dass Südafrika bei allen negativen Aspekten auch ein tolles Land ist: vom Wetter her, den Sportmöglichkeiten und der Lebensqualität! Man konnte ja damals auch durchaus sagen, dass es sich wegen der niedrigen Löhne für die Schwarzen nicht so angenehm darstellt. Aber so lange es gewährleistet war, dass das auch gedruckt wird, hatte ich jedenfalls nie Probleme darüber zu schreiben.

Später haben Sie für den Rundfunk berichtet...

Das ergab sich durch einen Anruf des WDR, der gerne ab und zu mal eine Schalte mit mir machen wollte fürs *Mittagsmagazin*. Ich stimmte zu und über die Jahre wurde daraus eine sehr aktive Mitarbeit für viele deutsche Rundfunkanstalten. Das waren dann überwiegend die aktuellen Magazine, aber auch Kommentar-Sendungen.

Hatte die *Spiegel*-Redaktion keine Probleme damit, dass Sie auch für andere Medien arbeiteten?
Doch, irgendwann hat das zu einer gewissen Verstimmung geführt. Denn der Name eines Korrespondenten stand zwar damals im Impressum des *Spiegel*, aber nicht beim Artikel. Und da gab es dann Leute in Hamburg, die gesagt haben: Wie kann es sein, dass der in sämtlichen Rundfunkprogrammen auftritt, obwohl wir *Spiegel*-Leute doch eigentlich alle nicht bekannt werden? Aufgrund der besonderen Situation in Südafrika wurde das dann aber nicht zu einem ganz großen Thema hoch gekocht. Denn es war klar, dass der *Spiegel* nur deshalb aus Südafrika berichten konnte, weil ich in Pretoria, unter den geschilderten Vorraussetzungen, mein Büro eröffnet hatte. Ich sprach also mit der Redaktion und sagte: »Leute, der *Spiegel* ist ein wöchentliches Magazin, ich muss ab und zu mal an anderen Themen arbeiten, andere Formate schreiben, um hier nicht völlig zu versauern.« Das wurde so akzeptiert und deshalb hatte ich – soweit ich weiß – als einziger *Spiegel*-Redakteur dieser Zeit keine Ausschließlichkeitsklausel in meinem Vertrag und habe weiterhin für Rundfunkanstalten und andere Printtitel gearbeitet.

Wie war die Zusammenarbeit mit der *Spiegel*-Redaktion im fernen Hamburg?
Es gibt ein Beispiel, bei dem die Zusammenarbeit besonders geklappt hat: Der vom *Spiegel* aufgedeckte Co-op-Skandal 1988, in den ranghohe Gewerkschafter verwickelt waren. Der betrügerische Gewerkschaftsvorsitzende Bernd Otto hatte sich nach Südafrika abgesetzt, nachdem das in Deutschland aufgedeckt worden war. Irgendwann rief mich jemand aus der Wirtschaftsredaktion an und sagte: »Hör mal! Wir haben gehört, dass der Otto sich mit seinem vielen Geld eine Villa am Meer gekauft hat.« Damals gab es kein Auslieferungsabkommen zwischen Südafrika und Deutschland, deshalb wartete der in Kapstadt, wie sich die Lage entwickelt.

Ich habe daraufhin meine eigenen Recherchen angestellt und rief bei ihm an. Seine Frau war am Telefon und sagte: »Sie können nicht mit meinem Mann reden, Sie wissen, was der *Spiegel* gerade mit unserem Leben gemacht hat!« – Also diese Jammernummer, die sie dann immer drauf haben, wenn sie erwischt worden sind.

Wie haben Sie ihn zum Reden gebracht?
Es dauerte noch einige Telefonate, bis ich ihn an der Strippe hatte. Dann sagte ich zu ihm: »Herr Doktor Otto, es gibt jetzt zwei Möglichkeiten: Entweder Sie laufen weiter weg, dann bleiben Sie ein Leben lang ein

Flüchtling. Oder Sie nehmen die Flucht nach vorne, reden mit dem *Spiegel* und sagen, wo Ihnen, Ihrer Meinung nach, Unrecht geschehen ist.« Ich habe tatsächlich ein *Spiegel*-Gespräch mit ihm gemacht. Es war ein Riesenerfolg, weil viele Leser, nachdem das ein so großer Skandal in Deutschland gewesen war, lesen wollten, wie ein *Spiegel*-Redakteur mit dem Bernd Otto, dem leibhaftigen Teufel, in Südafrika geredet hat. Das Titelblatt habe sich besonders gut verkauft, lobte uns dann die Chefredaktion.

Das war eine der erfolgreichen Kooperationen mit der Heimatredaktion. Gab es andere Beispiele, wo das nicht funktionierte?

Ja, als es zum Beispiel um deutsche Waffenexporte an die Apartheid-Regierung ging. Da haben leider unsere Redaktionen in Deutschland nie besonders gut kooperiert mit uns, die wir vor Ort in Afrika saßen. Zum Teil schrieben die Kollegen von der Heimatredaktion aus über Afrika, wie eben Journalisten schreiben, die die Verhältnisse vor Ort nicht kennen. Da hätte es natürlich viele Möglichkeiten gegeben, das einfach mal gegenlesen zu lassen, aber das wurde nie gemacht. Sie haben das immer damit erklärt, dass die Sicherheitsbehörden bei der Übermittlung mitlesen. Ich weiß nicht, ob das der wahre Grund war. Ich hatte eher das Gefühl, dass da auch Eitelkeiten eine Rolle spielten. Die Redakteure in Deutschland, die mit großer Mühe recherchiert hatten, wollten den Ruhm alleine bekommen. Das sprach eigentlich gegen die *Spiegel*-Philosophie, denn jede Geschichte sollte eine Gemeinschaftsleistung sein. Deshalb veröffentlichte der *Spiegel* damals nur ganz selten die Namen der jeweiligen Autoren. Das hat sich in den 1980er-Jahren geändert. Mit den Namen fingen wie bei den amerikanischen Magazinen die Eitelkeiten an – das förderte nicht gerade unsere Zusammenarbeit.

Zurück nach Südafrika: Wie waren Ihre Erfahrungen mit dem Polizeistaat?

Ich brauchte wie jeder, der hier arbeitete, ein Visum. Zum Glück hatte ich mir damals, als ich Afrikaans lernte, sofort eine ständige Aufenthaltsgenehmigung besorgt. Das hat sich in den folgenden Jahren als großer Vorteil herausgestellt, denn alle anderen Korrespondenten bekamen entweder gar kein Visum oder nur ein zeitlich beschränktes. Im Grunde genommen lebte ich mit meiner ständigen Aufenthaltsgenehmigung fast wie ein Einheimischer, natürlich unter der Fuchtel der Sicherheitspolizei, deren Drangsalierungen ziemlich brutal sein konnten. Die Sicherheitspolizisten waren nicht zurückhaltend, wenn es darum ging, Leute einzuschüchtern. Die haben den Müllcontainer im Hauseingang entleert oder

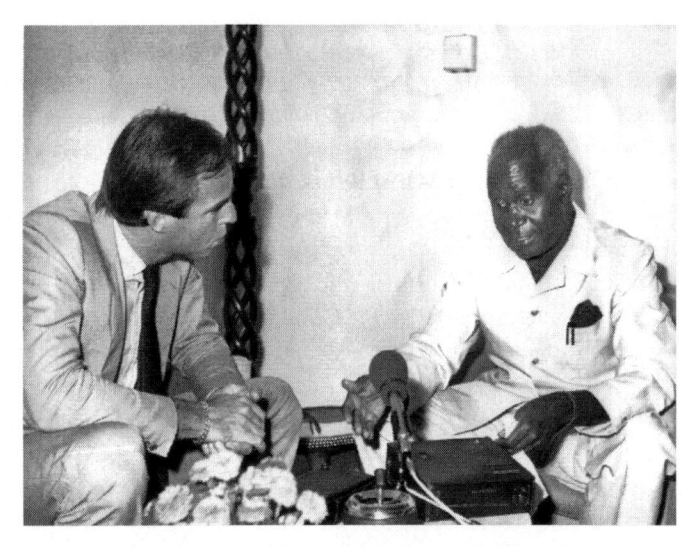

Auch außerhalb Südafrikas traf Schumacher viele prominente Regierungschefs wie Kenneth Kaunda, den damaligen Präsidenten Sambias. Quelle: Privatarchiv Familie Schumacher

nachts Backsteine durchs Dach geworfen. Das Telefon wurde überwacht und damit der gesamte Austausch mit der Redaktion...

Damals kamen gerade diese Live-Sendungen auf. Wenn ich eine Schalte für das *Mittagsmagazin* machte, hatte ich immer diesen hohlen Klang in der Leitung. Einmal gab es eine sehr skurrile Situation, als auf einmal jemand auf Afrikaans in meine eigene Sendung reinquatschte. Man hörte den Redakteur in Köln, mich und auf einmal redete jemand in der Leitung! Ich habe den dann auf Afrikaans angesprochen und gesagt: »Freundchen, geh mal von der Leitung runter, Du bist im falschen Programm!« Dann waren ein erschrockenes Schweigen zu hören und ein lautes Knacken, als der ganz schnell seinen Anschluss gekappt hat. Aber das war nicht immer lustig, sondern zum Teil auch sehr unangenehm. Denn die haben einen auf Schritt und Tritt überwacht und geschaut, was Du machst.

Was waren das für Typen, die Sicherheitsbeamten?

Ich hatte einen Überwachungsoffizier, einen kleinen Mann mit dem Spitznamen Frikkie, der körperlich behindert war und sich auf der Mitleidsschiene mit mir angefreundet hatte. Mir war völlig klar, dass der von der Sicherheitspolizei war, denn der hatte keinen einzigen Grund, mit mir befreundet sein zu wollen, außer, dass er eben ein Afrikaans sprechender körperlich behinderter Mann war. Insofern haben die das ganz geschickt gemacht. Der stand immer in meinem Büro rum und fragte, an was ich denn gerade arbeite. Weil er auch ein bisschen Deutsch verstand, schaute er mir immer über die Schulter, was ich geschrieben hatte, oder belauschte meine Telefonate. Er ist einfach nicht aus dem Büro rausgegangen! Es gab in den 1970er-Jahren eine SPD-Abgeordnete namens Lenelotte von Bothmer aus Hannover, die mich in Südafrika besuchen wollte. Sie war sehr interessiert daran, Leute aus dem Widerstand vom ANC zu treffen und fragte mich, ob ich da vermitteln könnte. Als sie dann da war, rief mich mein Überwachungsoffizier Frikkie an und fragte, was ich denn heute Abend mache, ob er nicht auf ein Bier vorbei kommen könne. Das passte mir natürlich nicht. Er bestand aber darauf, just an diesem Abend zu kommen, denn die hatten am Telefon natürlich längst mitbekommen, dass ich mit Frau von Bothmer verabredet war. Die wussten auch, dass wir Leute aus dem Untergrund treffen wollten. Ich konnte ihn also nicht abschütteln und stimmte schließlich zu. Von einer Telefonzelle aus habe ich dann Frau von Bothmer in ihrem Hotel angerufen und gesagt: »Wir müssen unser Treffen mit dem ANC heute Abend ausfallen lassen. Aber warum kommen Sie nicht zu mir? Sie werden einen südafrikanischen Sicherheitsoffizier in Reinform erleben, denn der hat sich auch schon angekündigt.« Das fand die natürlich als kritische SPD-Abgeordnete sehr interessant. Wir haben dann eine Stunde zu dritt bei mir zusammengesessen. Frikkie rutschte die ganze Zeit auf seinem Stuhl hin und her, dann fragte er: »Kommt denn niemand mehr heute Abend, seid Ihr ganz alleine hier?« Und wir sagten: »Ja klar, wir kennen uns aus Deutschland und wir genießen gemeinsam den südafrikanischen Wein.« Der hatte nicht mitbekommen, dass wir die ganze Veranstaltung verschoben hatten und unsere Kontakte zu einem anderen Zeitpunkt treffen würden.

Sie haben sich also auf eine so offene Bespitzelung eingelassen?

Ja, ich hatte doch nichts zu verstecken. Einmal sagte ich zu einem Sicherheitsbeamten, der bei den Journalisten schon bekannt war: »Ihr seid doch blöd! Was ich denke, das schreibe ich. Ihr braucht gar nicht mein Telex zu überwachen und meine Telefonate abzuhören. Ich gebe euch gerne Kopien meiner Manuskripte. Ich mache nichts, was Ihr nicht lesen könnt. Ich berichte über dieses Land und den Untergrund, und wenn Ihr dann zu mir kommt und fragt, wo ich die Leute getroffen habe, dann kann ich mich nicht mehr erinnern. Aber was der gesagt hat, das könnt Ihr bei mir alles nachlesen.«

Wie heute bekannt ist, versuchte das Informationsministerium, die internationale Presse nicht nur auszuspionieren, sondern auch zu lenken.

Das ist richtig. Manchen gelang es, das zu umgehen. Englische Kollegen, die als Touristen einreisten, versuchten immer wieder, undercover zu arbeiten. Der *Guardian* hat mehrere solcher Enthüllungsgeschichten veröffentlicht, zum Beispiel über die Hungerlöhne der Schwarzen in Südafrika. Das ist jedes Mal von Reportern gemacht worden, die alle ohne Arbeitserlaubnis hier eingereist waren und nur ein paar Wochen hier waren. Aber da die Sicherheitsbehörden wirklich sehr effektiv waren, wurden die meisten von denen doch erwischt. Sie wurden dann einfach des Landes verwiesen, so einfach wurde das gelöst. Ich, der ich hier wohnte, konnte solche Sachen nicht machen. Es war mir unmöglich, mich wochenlang in einer Township-Umgebung aufzuhalten, dort zu wohnen und von dort zu berichten.

Versuchte man auch Einfluss auf Ihre Berichterstattung zu nehmen?

Es war Ende der 1970er-Jahre, als ich ins Informationsministerium bestellt wurde. Man übergab mir ein auf zehn Seiten eng beschriebenes Manuskript und dann sagte der damalige Staatssekretär im Informationsministerium, Eschel Rhoodie, den ich ganz gut kannte, weil ich ein paar mal mit ihm Squash gespielt hatte: »Paul, wenn Du dieses Manuskript im *Spiegel* veröffentlichst, hast Du die nächsten Jahre Ruhe.« Ich sah mir das Manuskript an und stellte fest, dass die mit großer Mühe ein *Spiegel*-Gespräch gefälscht hatten. Das fing mit einer *Spiegel*-Frage an, die durchaus bei uns hätte stehen können und die lautete: »Wie können Sie erklären, dass Ihr Unterdrückerregime weiterhin gute Beziehungen zur Bundesrepublik hat?« Das ganze Gespräch war von vorne bis hinten gefälscht, das war ein richtiges Gaunerstück. Ich habe es durchgelesen und gesagt: »Ist ja toll, Ihr habt Euch ja wirklich viel Mühe gemacht. Aber ich bin ja nur der Korrespondent hier, ich kann das nicht entscheiden. Das muss ich der Chefredaktion vorlegen, da muss dann auch der Augstein dabei sein, der entscheidet solche Sachen immer gerne selber.« Wir hatten von 1973 bis 1986 die beste Chefredaktion, die der *Spiegel* jemals hatte, das waren Johannes K. Engel, mit dem ich sehr viel zu tun hatte, und Erich Böhme, mit dem ich auch bis zu seinem Tod sehr gut befreundet war.

Auf jeden Fall erwiderte Rhoodie: »Dann kannst Du ja jetzt rüber fahren, denen das vorschlagen und dann sagst Du mir Bescheid.« Und ich sagte: »Nee, das Manuskript muss ich natürlich mitnehmen, ich muss denen ja zeigen wie viel Mühe Ihr Euch gemacht habt und wie gründlich Ihr das vorbereitet habt.« Das wollte der natürlich nicht. Ich hatte das Manuskript aber schon in meine Jackentasche gesteckt. Um es kurz zu machen: Wir haben uns dann in seinem Büro geprügelt, der Staatssekretär und ich, weil er versuchte, mir das Manuskript wieder abzunehmen. Ich wusste aber schon vom Squash, dass der an sich keine Chance gegen mich hatte. Ich hab dem dann also tüchtig eine gelangt und er hat natürlich zurück gehauen. Eine Szene wie aus einem Irrenhaus! Irgendwann kam dann eine sehr aufgeregte Sekretärin ins Büro gestürzt, denn die Stühle waren umgefallen und es war auch ein bisschen laut geworden. Der Staatssekretär und ich wurden also im Handgemenge getrennt, ich ging raus, hatte das Manuskript aber noch immer in der Jacke. Weil ich wusste, mit welchen Methoden die arbeiten, bin ich dann direkt nach Deutschland geflogen, ohne noch mal nach Hause zu gehen.

Sie riskierten, nicht zurück nach Südafrika reisen zu können?

Das war schon vorher riskant. Ich hatte zwar eine Aufenthaltsgenehmigung innerhalb Südafrikas, aber wenn man raus fuhr und wieder einreiste, brauchte man ein spezielles Visum. Und das hatten mir die Südafrikaner zu diesem Zeitpunkt verweigert. Unter den Umständen musste ich das Risiko einfach eingehen, das Land ohne ein Rückkehrvisum verlassen und das Ganze erst einmal mit Hamburg abklären. Ich kam also nach Hamburg und habe das gleich den beiden Chefredakteuren und Rudolf Augstein erzählt.

Augstein hat das gleich durchschaut. Auch wenn er sich nie ernsthaft für Afrika interessiert hat, war er doch immer ein sehr politischer Kopf. Er bestellte sofort den südafrikanischen Botschafter nach Hamburg, der damals noch in Köln saß. Dann trafen wir uns zu einer Krisensitzung mit dem südafrikanischen Botschafter und zwei seiner Adjutanten. Plötzlich sagte Augstein einen tollen Satz zum Botschafter: »Wissen Sie, was Herrn Schumacher in Ihrem Land passiert ist, das passiert unseren Korrespondenten sonst nur in der DDR. Ich fürchte, dass der *Spiegel* Sie ab jetzt in derselben Kategorie wie die DDR sehen muss, nämlich als schreckliche, unfreie Diktatur, die Journalisten wie Dreck behandelt.« Er hat ihm richtig die Leviten gelesen. Und allen Ernstes gab es ja auch immer ziemlich viele Parallelen zwischen dem, was in der DDR und dem, was hier in Südafrika passierte, gerade im Bereich der Pressefreiheit. Das war eine tolle Rückendeckung, die ich da bekam. Der Botschafter verließ Hamburg und sagte zu mir auf Afrikaans: »Paul, Du kannst Dich drauf verlassen, wenn Du nach Südafrika zurückkommst, hast Du ein Visum.« So war es dann auch. Als ich zwei Wochen später nach Südafrika zurückkam, lag bei der Einreise am Flughafen ein Visum für mich bereit. Und den Vorschlag der Südafrikaner mit dem gefälschten *Spiegel*-Gespräch haben wir natürlich abgelehnt.

Die Methoden der südafrikanischen Sicherheitspolizei hatten in der Tat Ähnlichkeiten zu denen des Ostblocks. Welche Rolle spielte denn der Kalte Krieg in Ihrem Berichtsgebiet?

Das Thema Nr. 1 für den *Spiegel* und auch für andere war immer die Tatsache, dass es hier unten im Südlichen Afrika einen Gletscher von weiß regierten Staaten gab. Und der fing auf einmal an zu schmelzen, als zunächst Mosambik und Angola, dann die Regierung in Rhodesien stürzte, dem heutigen Simbabwe. Daraus ergaben sich natürlich jede Menge Storys im Südlichen Afrika, einschließlich der Kriege in Mosambik und Angola, die noch bis Mitte der 1990er-Jahre weiter gingen. Das waren natürlich Stellvertreterkriege, das Kräftemessen der zwei Blöcke wurde immer auch in Afrika ausgetragen – sehr zum Nachteil der Afrikaner übrigens, die waren eigentlich immer nur die Bauern, die hin und her geschoben wurden. Alle haben hier ihr eigenes Süppchen gekocht: Moskau hatte hier Interessen, Paris ebenso, Washington, sogar Bonn... Da wurde nie an die afrikanischen Länder gedacht, sondern es ging immer darum, den Anschluss zu behalten. Das wurde für die Amerikaner und uns Westeuropäer zunehmend schwer, weil wir historisch eine Freundschaft mit den weißen Minderheitsregimen hatten. Was für eine Chance für den Ostblock, die Position der Befreiungsbewegung zu übernehmen! Das hat ja auch toll geklappt. Bis heute merkt man bei der ANC-Regierungspartei, dass viele von denen in Moskau an der Lumumba-Universität[1] studierten oder in der DDR ausgebildet wurden. Ich habe viele Freunde hier, die wunderbar Deutsch sprechen, weil sie in Ostberlin lebten. Insofern hat sich dieser ideologische Riss bis heute gehalten. Aber man muss natürlich auch sagen, dass der Ostblock sich im Grunde genommen mit den richtigen Leuten angefreundet hatte. Im Gegensatz dazu sitzen heute weder in Pretoria, noch in Harare, noch in Maputo Leute, die mit dem Westen damals ein sonderlich enges Verhältnis hatten. Das betrifft übrigens auch die Wirtschaft, denn unsere westliche Politik war immer sehr von unseren Wirtschaftsinteressen hier beeinflusst.

---

1   Die Patrice-Lumumba-Universität wurde im Februar 1960 als Universität der Völkerfreundschaft von der Regierung der UdSSR in Moskau gegründet. Sie war Teil einer außenpolitischen Kampagne zur Anbindung vormals kolonisierter Staaten an die Sowjetunion unter Chruschtschow. Sie sollte künftige administrative wie technologische Eliten dieser Staaten ausbilden und so eine langfristige Bindung der Staaten zur Sowjetunion schaffen. Im Februar 1961 wurde sie nach dem zuvor getöteten Präsidenten der Republik Kongo, Patrice Lumumba, benannt. Inzwischen trägt sie wieder den ursprünglichen Namen ›Universität der Völkerfreundschaft‹.

Wie viel Kontakt hatten Sie zu Kollegen aus der DDR?
Es gab keine DDR-Journalisten in Südafrika. DDR-Korrespondenten lösten natürlich bei mir eine gewisse Neugier aus. Denn für mich war die DDR fremder als jedes andere Land der Welt, weil ich als *Spiegel*-Redakteur nie in die DDR einreisen durfte. Also habe ich den DDR-Korrespondenten in Maputo Mitte der 1980er-Jahre besucht. Er war ein sehr netter Mann von ADN, der mit seiner Familie dort lebte. Es war kurz vor Weihnachten, und er wollte etwas Weihnachtsstimmung erzeugen, also haben wir ausgemacht, dass er mit dem Gartenschlauch an die Fenster spritzt. Denn somit hatten er und seine Familie zumindest das Gefühl, dass es draußen feucht sei – wie zu Hause. Das war ein sehr warmherziges, sympathisches Treffen, wobei ich mir eigentlich mehr erhofft hatte: dass er ein bisschen auskunftsbereiter gewesen wäre.

Die DDR hatte ja immer ein sehr starkes Engagement, vor allem in den portugiesischen Kolonien. In Mosambik gab es diese Hilfskorps mit Fahrzeugen und Ernteberatern. Ich dachte, er könnte mir etwas über die Absichten der DDR in Afrika erzählen. Aber der hatte nicht viel Ahnung von Afrika, weil er gerade erst rausgeschickt worden war. Also hat er eher mich über Afrika ausgefragt als ich ihn über die DDR-Pläne für Mosambik.

Wenn die DDR-Kollegen nie nach Südafrika einreisen durften, hatten Sie auf Ihren Reisen Kontakte zu DDR-Bürgern?
Als ich in Angola unterwegs war, bin ich weder als *Spiegel*-Redakteur noch überhaupt als deutscher Korrespondent aufgetreten, sondern habe gesagt, ich sei Südafrikaner. Ich besuchte einen der Stützpunkte der DDR – sie engagierten sich für die Armee im Kampf gegen die UNITA. Dort habe ich mich mit jungen DDR-Deutschen unterhalten und stellte fest, dass die Entsandten ganz ähnliche Verhaltensmuster aufwiesen wie die jungen Westdeutschen, mit denen ich bei meiner ersten Afrika-Reise gesprochen hatte und die beispielsweise als Handwerker beim Deutschen Entwicklungsdienst tätig waren. Sie entwickelten alle nach ein paar Monaten einen gewissen Rassismus, nach dem Motto: Die sind ja zu blöd hier, auch wenn man es ihnen erklärt, die verstehen es nie richtig. Und genau dasselbe hörte ich dann von den jungen DDR-Bürgern. Es war also egal, aus welchem Teil Deutschlands die jungen Leute kamen, ob mit kommunistischen Vorsätzen zur Völkerverständigung oder nicht: Die Geduld, die Afrika erfordert, mussten sie alle erst lernen.

Sie haben nicht nur über Südafrika berichtet, sondern ein riesiges Berichtsgebiet abgedeckt. Wie beurteilen Sie die deutsche Afrika-Berichterstattung?

Wenn es um Afrika geht, sind wir in Deutschland bis heute völlig unterbelichtet. Wir Journalisten haben die Afrika-Berichterstattung immer sträflich vernachlässigt. Die Apartheid haben die Leute in Deutschland und die Redakteure noch verstanden. Und deswegen war das auch so ein großes Thema. Aber wirkliche Entwicklungsprobleme in Afrika sind immer zu kurz gekommen, weil man auch die Redaktionen nie wirklich dafür interessieren konnte. Beispielsweise das Wirtschaftssystem in Tansania, das immer ein bisschen Sozialismus beinhaltete. Etwa der Versuch ab den späten 1960er-Jahren, die Landwirtschaft Tansanias mit einem Genossenschaftsmodell erfolgreicher zu machen, was eigentlich gut der afrikanischen Mentalität entspricht. Mit dieser Geschichte habe ich in Deutschland nur das große Gähnen hervorgerufen, das wollte kein Mensch hören und das ist auch heute noch so.

Hintergründige Geschichten oder dem Bild vom ›Elendskontinent Afrika‹ entgegen gesetzte Beiträge gelangten also kaum in die deutschen Blätter?

Ja, das konnte ich vergessen – von einigen Fachzeitschriften einmal abgesehen. Keine Redaktion will das lesen. Dabei gibt es ja tolle Afrika-Geschichten hier. Allein was in Kenia in den letzten 30 Jahren passiert ist, ist eine spannende Geschichte – mal abgesehen von den Kriegen, die da stattgefunden haben. Oder Mosambik: Die Fangflotten des Ostblocks und inzwischen auch der Chinesen haben die Fischgründe von Mosambik fast komplett leer gefischt. Das war eine Ausbeutung, nur vergleichbar mit den schlimmsten Zeiten des Kolonialismus. Da gibt es viele interessante Geschichten, die man erzählen könnte und sollte. Nur, es ist einfach furchtbar schwer, so etwas zu verkaufen.

Wie haben sich in Ihrer Korrespondentenzeit die Arbeitsbedingungen verändert?

Das ist ein Unterschied wie Tag und Nacht! Man muss sich das mal vorstellen: Zu Beginn meiner Korrespondententätigkeit ging man mit ein paar Blättern Papier zur Post und da saß eine nicht deutsch schreibende Person, die diese Seiten in ein Telex reingeschrieben hat und so wurde das nach Hamburg geschickt. Das war auf der einen Seite eine Form von Zensur, aber auf der anderen Seite waren das auch einfach die technischen Gegebenheiten. Als ich 1976 über den Kinderaufstand von Soweto berichtet habe, war es eine der großen Neuerungen, dass man zu Hause ein Telex hatte. Das war damals schon eine enorme technische Verbesserung. Aber vor allem gab es auf einmal die ersten Telefonate! Man meldete ein

Gespräch an und irgendwann wurde man tatsächlich zum *Mittagsmagazin* vom WDR durchgestellt. Man hatte auf einmal eine Live-Schalte von Johannesburg nach Köln, was damals spektakulär war! Das *Mittagsmagazin* war auch deshalb so ein erfolgreiches ARD-Magazin, weil die ganz viele solcher Live-Gespräche brachten. So habe ich auch aus Soweto berichtet. Es gab dort eine einzige Telefonzelle...
In ganz Soweto?
In ganz Soweto. Und damals gab es dort auch nur einen Zahnarzt, der übrigens Deutsch sprach, weil ihn eine unserer Stiftungen ausgebildet hatte. Also: In Südafrika kannst Du Dich bis heute in den Telefonzellen anrufen lassen. Ich stand in der Telefonzelle unter den aufrührerischen Schülern, die sich untereinander alle ›Genossen‹ nannten. Ich bin meist Vormittags da hin, nahm ein paar Sandwiches mit und ein paar Cooldrinks und sagte zu denen: »Genossen, in der Telefonzelle muss ich über Mittag nach Deutschland berichten, was hier passiert, und Ihr müsst dafür sorgen, dass die Polizei mich nicht hier raus holt. Ihr haltet einfach die Gegend hier sauber und wenn's ganz schlimm wird, dann müsst Ihr mich warnen.« – »Ja, das machen wir, kein Problem!« Das heißt, ich stand in meiner Telefonzelle, um mich herum standen circa 30 bis 40 ›Genossen‹ und mampften an ihren Sandwiches. Dann rief der WDR an und ich konnte natürlich sehr authentisch berichten: »Ich stehe hier mitten in Soweto und so sieht's hier um mich herum aus...«

Und bei einer dieser Sendungen – zu dem Zeitpunkt war ja Soweto eine große Geschichte – da näherte sich die Polizei der Telefonzelle, weil da mehrere junge Leute versammelt standen. Wenn die Polizei Menschenansammlungen sah, dann sind die halt da hingegangen – und haben auch auf alles geschossen. Die Polizei kam mit einem ihrer Panzerwagen, mit Wasserwerfern, Gummigeschossen und Schrotgewehren. Ich sah, wie sie sich meiner Telefonzelle näherten und habe das dem WDR geschildert und gesagt: »In diesem Moment nähert sich ein Panzer, der sieht so und so aus...« Dann fingen die tatsächlich an zu schießen. Und der Thoma, das war der Moderator in Köln und auch der Gründer des *Mittagsmagazins*, sagte: »Herr Schumacher, ich höre Schüsse im Hintergrund!« Und ich sagte: »Sie hören richtig! Die südafrikanische Polizei eröffnet in diesem Moment das Feuer auf die jungen Leute, die hier um meine Telefonzelle herum stehen.« Das waren natürlich Sternstunden der Rundfunk-Berichterstattung!
Das hört sich sehr spannend an...
Noch zwei, drei Jahre früher war das völlig undenkbar. Später wurde es dann technisch leichter. Ich erinnere mich sehr gut an den Aufstand in

Kapstadt 1986. Man konnte keinen Schritt mehr vor den anderen setzen, ohne dass irgendwo geschossen wurde. Dabei liefen Kameraleute herum, die den Scheißjob hatten, mit einer relativ schweren Kamera auf der Schulter und am Auge eine solche Situation abzudecken, ohne zu sehen, wann geschossen wird. Dafür habe ich dort zum ersten Mal gesehen, wie englischsprachige Fernsehanstalten Satelliten zur Übertragung ihrer Berichte nutzten! Die Kamera-Leute fuhren also von den Zwischenfällen, die sie gefilmt hatten, gleich in ein Satellitenbüro und zwei Stunden später lief das dann in der *Tagesschau* im deutschen Fernsehen. Damals habe ich mit südafrikanischen Regierungsmitgliedern ein Gespräch geführt, wo sie mir sagten, wie groß ihr Schaden sei. Denn immer bevor sie ihre Pressemitteilungen herausgaben und erklärten, warum sie schießen mussten, waren die ganzen Berichte schon in aller Welt ausgestrahlt worden. Und damit war auch ihre herkömmliche Pressearbeit überholt. Niemand sendete mehr die offiziellen Erklärungen der Regierung. In den 20 Jahren zwischen 1975 und 1995 hat sich kommunikationstechnisch unheimlich viel geändert. Ich glaube, dass ein Teil des Zusammenbruchs der weißen Regime in Südafrika auch mit der Revolution in der Kommunikationstechnik zu tun hat.

Das Interview führten Michael Hartlep und Ruth Weinhold-Heße.

Literatur

HEEB, CHRISTIAN; PAUL M. SCHUMACHER; BERND WIESE: *Südafrika*. München [Bucher] 1993

KIENZLE, ULRICH (Hrsg.): *Südafrika. Weiße in der Wagenburg*. München, Zürich. [Droemer Knaur] 1982

MINHOLZ, MICHAEL; UWE STIRNBERG: *Der Allgemeine Deutsche Nachrichtendienst (ADN). Gute Nachrichten für die SED*. München, New Providence, London, Paris. [De Gruyter Saur Verlag] 1995

Heike Schneider

»Mitten im Kriegselend fand ich Familienglück«

1973 kam Heike Schneider als ›mitreisende‹ und parteilose Ehefrau nach Afrika. Acht Jahre später verließ sie den Kontinent als gestandene Korrespondentin und SED-Mitglied. Von Luanda und Daressalam aus berichtete sie für den DDR-Rundfunk über die heftigen Stellvertreterkriege im südlichen Afrika. Vom antikolonialen Befreiungskampf war sie überzeugt. In ihren Wende-Erinnerungen spricht sie von »Abwickler-Futzis« aus dem Westen und der »Nacht der langen Messer«.

Im Dezember 1974 interviewt Heike Schneider den Präsidenten der mosambikanischen Freiheitsbewegung FRELIMO und späteren Präsidenten Mosambiks, Samora Machel, in dessen Exil in Daressalam. Quelle: Privatarchiv Heike Schneider

Heike Schneider, 1944 in Cranzahl im Erzgebirge geboren, ist Journalistin und Autorin. Nach dem Abitur und einer anschließenden Ausbildung zur Forstfacharbeiterin sowie Arbeit in einer Baumschule studierte sie Journalistik an der Karl-Marx-Universität Leipzig. Danach arbeitete sie als Redakteurin bei Radio DDR 2. Ab 1973 war sie für acht Jahre Korrespondentin für das DDR-Radio und -Fernsehen in Afrika. Aus Daressalam und Luanda berichtete sie vornehmlich über die Unabhängigkeitsbewegung in den ehemaligen portugiesischen Kolonien, den Befreiungskampf gegen die Apartheid im südlichen Afrika sowie von politischen Brennpunkten wie Regierungswechseln, Militärputschen und Dürrekatastrophen. Zur Wende-Zeit wechselte Heike Schneider zum Deutschlandsender Kultur und in der Folge zum Deutschlandradio (später DeutschlandradioKultur). Dort hat sie als Literatur- und Kulturredakteurin unter anderem Nadine Gordimer, Christa Wolf, Günter Grass und Isabel Allende porträtiert. Heike Schneider hat zwei Söhne, einer davon ist ein namibischer Waisenjunge. Sie lebt heute im märkischen Neue Mühle/Königs Wusterhausen.

Frage: Als Sie nach Afrika kamen, Anfang der 1970er-Jahre, waren viele Länder noch Kolonien mit Privilegien für Weiße. Hat das Ihren Blick auf den Kontinent und die Welt beeinträchtigt?

Heike Schneider: Nein, hat es nicht. Mein Blick auf die Welt ist stark davon geprägt, wie ich groß geworden bin. Mein Großvater, ein alter Sozialdemokrat, hat mir als Kind schon vermittelt, dass ich über mir keinem Menschen erlauben darf, mich klein zu machen oder ihm gegen meinen Willen zu dienen, egal ob Eltern, Pfarrer, Lehrer, Chef. »E Mensch iss immer bluß e Mensch« hat er auf Erzgebirgisch gesagt und gemeint, dass sich alle Menschen auf Augenhöhe begegnen sollten, um dadurch jeden Ansatz von Unterdrückung zu vermeiden. So hatte ich in meinem Leben nie das Gefühl, dass ich anderen Menschen gegenüber etwas Besseres aufgrund meiner Hautfarbe, Bildung oder sozialen Position sei. Auch hatte ich keinerlei Furcht vor Autoritäten. Wir hatten in unserer Daressalamer Dienstvilla zwar auch einen Wächter, einen Gärtner und einen Koch, aber das waren für mich Menschen mit ihrer eigenen Würde und Geschichte.

Als der Gärtner Bwana Omari zum zweiten Mal Vater wurde, habe ich ihm kurzerhand unsere Schlafzimmereinrichtung geschenkt, weil er für seine größere Familie keine Betten hatte. Gegenüber der Heimatredaktion habe ich gelogen und behauptet, dass wir Tropenwürmer im Möbel gehabt hätten und deshalb neue bräuchten.

Wie haben Ihre Angestellten auf die ungewohnte Behandlung reagiert?

Geschenke, große Aufmerksamkeit oder Respekt vor ihrem viel ärmeren Leben waren die eher nicht gewohnt; ihnen war das Herr-und-Diener-Spiel wohl so anerzogen worden. Als ich anfangs unsere Angestellten zum Essen zu uns an den Tisch gebeten habe, erklärten sie mir, dass sie lieber für sich essen, wenn sie mit den Händen den Reis zu kleinen Klößchen formen und in den Gulasch tauchen. Das musste ich auch erst mal begreifen lernen. Sie haben aber natürlich ganz schnell gemerkt, ob Du den Boss rauskehrst oder ein Kamerad bist. Viele, die als europäische Entwicklungshelfer, Diplomaten oder Journalisten in Afrika arbeiteten, haben damals ihre Bediensteten noch mit ›Boy‹ angesprochen, nicht mal mit deren richtigen Namen. Für mich ein empörendes, absolut neokoloniales Verhalten. Und wenn man darauf aufmerksam machte, hieß es nur: »Was wollen Sie denn, wir geben denen schließlich Arbeit und einigermaßen Wohlstand.« Um es zusammenzufassen: Die Kolonialzeit war in den 1970er-Jahren in Afrika überall noch spürbar, selbst in den jungen, unabhängigen afrikanischen Staaten. Mich hat der koloniale Duktus vieler Weißer stets empört, denn ich bin, das kann ich mit gutem Grund sagen, internationalistisch erzogen worden.

Frau Schneider, wie sind Sie Afrika-Korrespondentin geworden?

Ich hatte von 1964 bis 1968 vier Jahre Journalistik in Leipzig studiert und nach dem Diplom zusammen mit meinem damaligen Mann, Christian Schneider, beim DDR-Rundfunk in Berlin angefangen zu arbeiten. Weil mein Mann sehr talentiert und ehrgeizig war, wurde er mit 28 jüngster Auslands-Kader und gleich zum Chef-Korrespondenten für Afrika berufen. Ich war als Parteilose zunächst nur die ›mitreisende Ehefrau‹, habe aber dennoch Berichte für Zeitungen wie z. B. die *Wochenpost*, *Neue Zeit* oder *Horizont* geschrieben und auch kleinere, feuilletonistische Beiträge für RADIO DDR 2 produziert. Und dann sagten die Abnehmer zu mir: »Du machst das recht gut, willst Du nicht in die Partei?« Ich habe zuerst nein gesagt, denn im Parteistatut der SED stand, dass Du Dich dem Mehrheitsbeschluss der Partei fügen musst. Und da ich immer schon eine Individualistin war und bin, wollte ich das nicht. So habe ich auch argumentiert. In Angola wurde mir jedoch bewusst, dass der Westen im Kampf um geopolitischen Einfluss und Rohstoffe wie Erdöl und Diamanten für diesen bestialischen Krieg maßgeblich mitverantwortlich war. Es bleibt für mich ein großes Verbrechen, was die CIA, die Apartheid-Armee, im Ausland angeheuerte Söldner und mit NATO- oder chinesischen Waffen ausgerüstete Separatisten gegen das seit November 1975 unabhängige Angola an kriegerischen Aggressionen mit Bomben, Minen und Massakern verübten. Und das war für mich der Auslöser, da war für mich klar: Jetzt trete ich der SED bei, jetzt bekenne ich Farbe. Aber nicht, weil mir die Partei so gut gefiel. Sie erschien mir im Gegensatz zu den vitalen afrikanischen Befreiungsbewegungen reichlich unsinnlich. Sondern weil mir weltpolitisch viel klarer geworden ist, wie leicht aus dem Kalten ein Heißer Krieg werden kann und wer welche Strippen zieht. Durch den Partei-Eintritt bin ich dann automatisch zur Korrespondentin aufgestiegen.

Das große Thema Ihrer Korrespondenten-Zeit waren die antikolonialen und antirassistischen Befreiungsbewegungen in Afrika?

Ja, deshalb gingen wir zunächst ins Regionalbüro Tansania, weil dort unter dem damaligen tansanischen Präsidenten Nyerere fast alle afrikanischen Befreiungsorganisationen und späteren Präsidenten des südlichen Afrika im Exil waren, von Samora Machel aus Mosambik über den angolanischen Dichter und Patrioten Dr. Agostinho Neto bis Sam Nujoma aus Namibia oder Rechtsanwalt Oliver Tambo vom ANC, der Mandelas Befreiung leider nicht mehr erlebte. Es gab innerhalb der Organisation für Afrikanische Einheit (OAU) immer schon unabhängige Staaten, die besonders solidarisch waren mit ihren noch unterdrückten Brüdern. Daressalam, Lusaka oder Addis Abeba waren solche Zentren des Antikolonialismus. In diesen Hauptstädten tummelten sich dann die verschiedensten Akteure der Großmächte und deren Geheimdienste.

Wie spiegelte sich der Kalte Krieg in Ihrer Arbeit wider?

Afrika hatte für einen DDR-Journalisten den Vorteil, dass man dort nicht ständig sagen musste, dass der Sozialismus besser ist als der Kapitalismus. Dort berichteten wir ziemlich pur über die Realität, das heißt Armut, Kolonialismus, Kolonialerbe und Krieg. Trotzdem hat es wegen des Kalten Krieges manchmal Verwicklungen gegeben, und es war klar, wo die historischen Wurzeln dafür lagen. Einmal wollte ich mit meinem Mann von Angola aus zu einem OAU-Gipfel nach Äthiopien fliegen, und wir mussten in Gabun umsteigen. Als wir die Gangway verlassen, werden wir plötzlich von Uniformierten eskortiert, die unsere Pässe einziehen. Sie behaupteten, wir seien illegal eingereist, dabei waren wir nur im Umsteige-Transit, hatten entsprechende Tickets und eine internationale Akkreditierung für Addis Abeba und wollten nur in Ruhe weiterfliegen. Wir wurden auf dem Airport festgehalten, verhört und wie gemeine Verbrecher behandelt. Ich muss aber zugeben, ich fand das auch irgendwie aufregend, weil ich mir dabei ein bisschen wie Mata Hari vorkam. Ich sagte zur Flughafenpolizei: »Ich rede nicht mit Ihnen, bevor Sie mir nicht meinen Pass wiedergeben.« Jedenfalls wurden wir beide, Christian und ich, mit Gewehrkolben im Rücken an Bord einer französische UTA-Maschine verfrachtet und gegen unseren Willen nach Paris abgeschoben. Aber damit war die Odyssee noch nicht zu Ende, denn für Frankreich hatten wir natürlich kein Visum, weshalb wir am Charles-de-Gaulle-Airport wieder in ein Abschiebeverlies gesteckt und mit irgendwelchen Drogendealern, Kriminellen und illegal Eingewanderten zusammengepfercht wurden. Und dann kam es erneut zum Verhör mit abstrusen Verdächtigungen. Die französische Flughafenpolizei legte uns die Pistole auf die Brust und schlussfolgerte, wie es zum Kintopp des Kalten Krieges passte: »Sie sind aus Ostberlin, arbeiten in Luanda, wollen nach Addis Abeba und werden in Gabun festgenommen. Geben Sie es zu, Sie sind entweder vom KGB oder Stasi-Spione!« Da habe ich gesagt: »Wir sind lediglich Ostberliner Journalisten, die auf Dienstreise mit einer ordentlichen Akkreditierung zum OAU-Summit unterwegs sind, das andere sind Ihre Fantasien, aber wenn Sie es besser wissen...« Für diese Behörden waren wir absolut verdächtig. Es ging ihnen nicht ins Hirn, dass wir als Ostdeutsche, also DDR-Bürger, so in der Weltgeschichte umher reisten. Ich habe gefragt, ob wir mit der DDR-Botschaft in Paris telefonieren dürfen – auch das erlaubte man nicht. »Sie werden abgeschoben«, sagte der Offizier. Ich: »Nein, so schnell lasse ich mich nicht abschieben, jetzt will ich Paris sehen!« Er: »Das bestimme ich!« – Ich: »Na, wenn Sie das so bestimmen, müssen wir ja doch den Botschafter sprechen.« Sie haben uns letztlich ein Drei-Tage-Visum ausgestellt und in die Stadt gelassen, wo wir als erstes unsere französische Kollegin Gerda Lorenzi aufsuchten. Kamera, Aufnahmegerät und sämtliche Koffer waren übrigens weg. Nur den Pass und das Geld hat man uns zurückgegeben. Aber *c'est la vie*, so kamen wir unverhoffterweise dazu, uns im flotten Touristentempo Paris anzuschauen.

Gab es, abgesehen von Ihrem Mann, noch weitere DDR-Korrespondenten in Ihrem Berichtsgebiet?

In Tansania waren wir die Einzigen. In Luanda gab es außer uns noch einen Korrespondenten der DDR-Nachrichtenagentur ADN, Dieter Coburger, der hatte aber meiner Meinung nach keine sonderlich vitalen Beziehungen zu den Angolanern. Der hat immer beflissen die Nachrichten aus den regionalen Zeitungen abgeschrieben. Mosambik haben wir anfangs mit abgedeckt; später gab es in Maputo einen Korrespondenten für ND und ADN. Aber ansonsten hatten wir das große Privileg, so gut wie allein die politisch brisantesten Ereignisse dieses riesigen Kontinents Afrika wie den Kaisersturz in Äthiopien, den Putsch in Madagaskar, die Unabhängigkeitserklärungen von Mosambik, Angola und Simbabwe usw. journalistisch zu begleiten und jeweils an Ort und Stelle zu fliegen.

1980 besucht Heike Schneider Salisbury, kurz bevor es in Harare umbenannt wird.
Quelle: Privatarchiv Heike Schneider

Ohne dass ich das jetzt zahlenmäßig auflisten oder exakt beweisen kann: Das Auslandskorrespondentennetz der DDR war meiner Meinung nach zu dieser Zeit größer als das westdeutsche. Durch die Hallstein-Doktrin war es für die DDR enorm wichtig, international Fuß zu fassen. Deshalb baute man auch das Korrespondentennetz aus, wann und wo immer es ging. Es gab für die Berichterstattung, ob von Osten, Westen, Asien oder Afrika, fast keine größeren weißen Flecken auf der Landkarte. Auch in Hauptstädten, wo nicht allzu viel passierte, saßen Kollegen. Und das schlug sich auch in der außenpolitischen Berichterstattung nieder. Im DDR-Rundfunk tauchten ganz selbstverständlich Rumänien Algerien oder Ägypten oder Indien auf; genauso wie Washington, New York; alle westeuropäischen Hauptstädte bis Skandinavien oder runter zum Balkan. Wenn man heute die *Tagesschau* oder *heute*-Nachrichten verfolgt, tauchen kleinere Länder nur noch auf, wenn da mal irgendein deutscher Politiker hinfliegt oder es irgendwelche großen Katastrophen dort gibt. Da gibt es, was differenzierte Auslandsinformationen betrifft, ziemlich viele tote Zonen. Die DDR-Berichterstattung vom Ausland war zwar ideologisiert, aber keinesfalls unlebendig oder uninformiert.

Aber in Südafrika gab es keinen DDR-Korrespondenten. War das nicht doch ein ›weißer Fleck‹?

Natürlich, weil das Apartheid-Regime uns und andere Osteuropäer einfach nicht reinließ. Für die waren wir einfach nur ›Kommunisten‹ und damit Staatsfeinde. Dafür hatten wir dann in Tansania und Angola die allerbesten Kontakte zu den ANC-Führern im Exil. Einmal haben wir es aber trotzdem geschafft, nach Johannesburg zu kommen. Wir kamen von einem spektakulären Exklusiv-Interview mit dem Premier von Lesotho, dieser Enklave in Südafrika, aus der Hauptstadt Maseru und hatten eine Zwischenlandung in Johannesburg, um dort umzusteigen und wieder zurück nach Luanda zu fliegen. Da habe ich zu meinem Mann und unserem Kameramann gesagt: »Ihr könnt gern weiterfliegen, ich versuche, hier mal kurz auszusteigen und schaue mir Südafrika an; so schnell ergibt sich nicht gleich wieder so eine günstige Gelegenheit.« Mein Mann und der Kameramann haben gebremst und gesagt: »Du bist verrückt, das kann ein Disziplinarverfahren geben«, und bla bla bla, wie ordentliche und disziplingewohnte Deutsche eben so sind. Und ich: »Wenn es Probleme gibt, stellen wir uns doof und sagen: Wir sind so ermattet, dass wir hier eine Nacht im Transit schlafen wollen.« Mir fallen in solchen Situationen immer irgendwelche Storys ein. Fakt war, ich war stets sehr neugierig auf neue Erfahrungen, die ich in meinem Journalistenjob für ganz nützlich halte. Erstaunlicherweise hat die Spontan-Einreise zunächst auch geklappt, weil der grüne DDR-Dienstpass dem BRD-Pass sehr ähnlich aussah. Der Flughafenpolizist fragte nur: »Berlin?« Und ich schnell: »Ja.« Kaum waren wir durch die Einreiseschranke, habe ich vorgeschlagen: »Jetzt lasst uns nach Pretoria brettern und das dortige Gefängnis von außen filmen.« Dann im Taxi merkten wir freilich sofort, dass wir verfolgt und beobachtet wurden, überall. Doch obwohl wir beschattet wurden, haben wir vom Taxifenster aus gefilmt, fuhren direkt am berüchtigten Pretoria Prison vorbei. Von dort also hatten sie Mandela nach Robben Island verschleppt und 27 Jahre eingekerkert. Wir fühlten uns natürlich ganz toll, wie die verwegensten Kreuzritter. Doch der Chef von der

Aktuellen Kamera, Uli Makosch, sagte uns danach nur entsetzt: »Ihr müsst verrückt und von allen guten Geistern verlassen sein! Da seid Ihr doch für den Westen sofort Geheimdienstagenten, wenn Ihr in Südafrika filmt. Ihr könnt doch nicht im Ernst an die Ausstrahlung Eurer Abenteuerreportage glauben. Das können wir nicht senden.«
Warum denn nicht? Das ist doch spektakulär, wenn einem ein solcher ›Coup‹ gelingt.
Das hätte vielleicht der Westen gemacht, wenn man zur KGB-Zentrale gefahren oder das KGB-Gefängnis gefilmt hätte. Aber Makosch hat sofort impliziert, wenn man da mit dem DDR-Pass reingekommen ist in die Höhle des Apartheid-Löwen, geht das für den Betrachter nicht mit rechten Dingen zu. So viel Naivität gebündelt mit Frechheit! Das ordnet der Klassenfeind doch als reine Spionage ein. So hat man damals eben gedacht. Das Material liegt heute noch im Archiv. Wir hießen schließlich nicht Scheumann oder Heynowski, die mit dem Segen oberster ›DDR-Organe‹ Undercover-Reportagen über Söldner in Afrika vom Schlage eines ›Kongo-Müller‹ drehen durften.

Wie auch immer, Tatsache bleibt, dass wir Nelson Mandelas Leben, lange bevor der Westen ihn überhaupt als Helden akzeptiert hat, schon den DDR-Hörern nahegebracht hatten, in Porträts und aus Erzählungen seiner Kampfgefährten. Das gab uns so eine Art Touch, Pioniere der Aufklärung für den afrikanischen Befreiungskampf zu sein. Im Westen wurde Mandela ja erst 1988 so richtig bekannt mit dem legendären Konzert im Londoner Wembley-Stadion. Da lag die Apartheid schon in ihren letzten Zuckungen.

Einmal abgesehen von der Bewegungsfreiheit: Welche Unterschiede sehen Sie zwischen dem journalistischen Arbeiten damals und heute?

Damals galt das Radio als das schnellste Medium. Zum Beispiel beim Putsch 1975 in Madagaskar, als Didier Ratsiraka Regierungschef wurde. Davon haben wir zuerst bei BBC im *Focus on Africa* gehört und dann geschaut, was an Auslandsdiensten über Telex rein kam. Dann hast Du in Windeseile Deinen Kommentar geschrieben und den per Telefon an die Heimatredaktion durchgegeben. Alles in 15 Minuten, wenn Du gut warst. Und Artikel hast Du per Telex übermittelt. Wenn das Ereignis brisant war, haben wir uns schnellstmöglich Flugtickets besorgt, damit wir aus dem Zentrum des Geschehens berichten konnten. Wir haben dann auch eines der ersten Interviews mit dem jungen Präsidenten Ratsiraka bekommen. Wir hatten häufig zuverlässige Kuriere, die die Filmrollen abgeholt haben und mit der schnellsten Maschine nach Berlin flogen. Heute läuft ja alles digital und viel einfacher. Aber auch damals konnten wir fast von überallher anrufen und fürs Radio und Fernsehen unsere Texte absetzen sowie für das aktuelle Filmmaterial die schnellsten Luftwege organisieren. Wir hatten da durchaus freie Hand, und die Heimatredaktion hat des Öfteren sehr exklusives Filmmaterial von uns, zum Beispiel im April 1980 die Unabhängigkeitsfeier im damaligen Salisbury, dem späteren Harare, im Pool an ausländische Sendeanstalten verkauft und damit Devisen verdient.

Woher kam die technische Ausrüstung?

Die wurde von den DDR-Institutionen, dem staatlichen Rundfunk und Fernsehen, gestellt. Und da waren wir auf dem jeweils modernsten Stand: Wir hatten zum Beispiel die neuesten Nagra- und Uher-Aufnahme-Geräte und Sennheiser-Mikrofone aus dem Westen, außerdem moderne Westkameras. Da waren wir überhaupt nicht benachteiligt. Bei den Rundfunkstationen der Hauptstädte, also Daressalam oder Luanda, hatten wir außerdem feste Überspielstrecken fürs Radio mit Studioqualität. Von da aus haben wir dann jeden zweiten Tag unsere Kommentare und Berichte, oft mit O-Tönen, die wir übersetzten und ›overvoicten‹, abgesetzt. Dazwischen haben wir wie gesagt viel Aktuelles über das Telefon berichtet. Deshalb waren wir auch immer so verknüpft und happy mit dem Radio. Denn erstens konnten wir aus jeder Ecke der Welt unsere Reports loswerden, und zweitens ging es umwerfend schnell.

Das waren sicher nicht nur Kommentare und Berichte...

Wir bedienten alle möglichen Genres: Kommentar, Bericht, Reportage, Feature, Montage. Und da wir das Privileg hatten, als einzige Vertreter von DDR-Medien quasi konkurrenzlos im jeweiligen afrikanischen Land zu sein, konnten wir auch eine Menge Features und Reportagen für Hintergrundsendungen produzieren. Der Kommentar war im Rundfunk natürlich besonders gefragt – eine Art aktuelle Vor-Ort-Analyse. Aber ich habe auch sehr gerne Sendungen für die Wochenendachse *Die Welt im Funk* produziert, wo sich Korrespondenten aus aller Herren Länder meldeten und auch über den Alltag und die Kultur neben den großen politischen Ereignissen berichteten. Ich erinnere mich etwa an eine Minireportage über einen Schuhputzer in Luanda, der keine Schulbildung hatte und trotz Armut und Krieg ein total optimistischer Junge war oder auch mal eine Reportage über eine Kilimandscharo-Besteigung, die einmalige Serengeti-Wildnis oder eine Näherinnen-Kooperative äthiopischer Frauen.

Was waren für Sie die positiven Seiten Ihrer Arbeit als Korrespondentin?

Als DDR-Bürger natürlich die Erfahrung ›Welt.‹ Denn sonst konnte man ja bloß bis Prag, Budapest oder Moskau reisen. Das war also was ganz Großes, Kostbares! Und ich fand es auch schön zu sehen, dass journalistische Leistung und Qualität nichts mit dem Herkunftsland zu tun hat, sondern mit dem eigenen Wissen und Engagement. Ich bin der Überzeugung, dass wir persönlich im Wettbewerb der Systeme als Journalisten mit dem riesigen Ressort Afrika gut abgeschnitten haben. Wir waren an Top-Quellen dran und hautnah an brisantester, von großen Umbrüchen bestimmter Zeitgeschichte in Afrika. Und das obwohl wir aufgrund der Devisenknappheit keine Honorare für große Interviews geben konnten. Ein englischer Reuters-Korrespondent sagte uns mal, dass er für ein Interview mit einem Außenminister 5000 Pfund bezahlt habe. Der DDR-Korrespondent konnte und durfte das nicht, wir mussten also den prominenten Interviewpartner ohne Scheckbuch überzeugen. Wir sagten dann ganz schlicht und einfach: »Es ist sicherlich auch für Ihre politischen Ziele und Aussagen wichtig, dass Sie uns das Interview geben.« Bei den Führern der Befreiungsbewegungen hatten wir natürlich immer die besseren Karten. Dass wir da nicht nur mitgehalten haben, sondern auch oft schneller und seriöser waren als die Westkonkurrenz, hat mich schon stolz gemacht. Wir hatten zu ihnen eben auch meist eine sehr ehrliche und oft persönliche Beziehung, die ja auch von unserem politischem Hintergrund her authentisch und quasi sanktioniert war. Das heißt, wir haben bei unseren Kontakten nicht nur die Führer, sondern generell die Kämpfer der Befreiungsbewegungen keinesfalls wie bloße Statisten der Weltpolitik betrachtet und behandelt, und das haben die natürlich gespürt.

Bei Ihrem Berichtsgebiet Afrika denken die meisten zuerst an Hunger, Krieg und AIDS. Wie stark war Ihr Leben und Arbeiten von dieser negativen Realität geprägt?

Negativ ist das falsche Wort. Hart war, als wir während des Angola-Krieges wochenlang kein Wasser und keinen Strom im Büro hatten. Als der Krieg begann, war Luanda zwar unabhängig, doch militärisch von Feinden, die die von der MPLA[1] proklamierte Unabhängigkeit rückgängig machen wollten, eingekreist. Wir saßen mittendrin. Damals haben wir wochenlang von

---

1   Movimento Popular de Libertação de Angola (MPLA), übersetzt ›Volksbewegung zur Befreiung Angolas‹, war eine 1956 gegründete linksgerichtete angolanische Befreiungsbewegung, die als Guerilla-Bewegung gegen die Kolonialmacht Portugal kämpfte und nach der Unabhängigkeit ab 1974/1975 regierte. Die MPLA wurde von der Sowjetunion, Kuba und der DDR sowohl während der Kolonialzeit als auch während des nachfolgenden Krieges unterstützt.

Büchsenbohnen, Konservenbrot und Rotwein gelebt. Das Leitungswasser konnte man damals nicht trinken wegen der Amöben-Gefahr. Da waren wir manchmal, weil man ja in der Tropenhitze viel trinken muss, wegen unserer relativ leeren Mägen fast leicht besoffen beim Überspielen unserer Beiträge. Wir haben auch simbabwische Flüchtlingscamps besucht, wo Du das Gruseln bekommen hast: abgemagerte Kinder, Eiterbeulen, aufgeblähte Hungerbäuche, schreiender Ernährungs- und Versorgungsmangel in jeder Hinsicht. Ich habe oft unvorstellbar großes Elend gesehen. Ich glaube sogar, dass ich eine traurige Weltmeisterin darin bin, im Angola-Krieg so viele Tote wie wohl kaum eine andere Korrespondentin gesehen zu haben. Ich sah, wie ganze Dörfer von ausländischen Bodentruppen mit Panzern, Raketen, Napalm oder Bombenangriffen hingemetzelt und dem Erdboden gleichgemacht wurden oder wie die Bauern auf den Feldern oder Landstraßen durch Minen ihre Beine und manchmal auch Hände verloren. Im angolanischen Huambo haben wir mal einen Bauern getroffen, der beide Hände verloren hatte und vollkommen auf seine Frau angewiesen war. Das war alles so sinnlos und furchtbar! Diese Bilder waren für mich nie nur etwa Stoff als berichtender Augenzeuge, ich war jedes Mal aufs Neue bis ins Innerste aufgewühlt. Und trotzdem habe ich Anfang Mai 1978 angesichts größten und barbarischsten Elends unmittelbar nach dem furchtbaren Kassinga-Massaker, wo südafrikanische Söldner mehr als 700 namibische Flüchtlinge massakrierten, so etwas wie mein privates Familienglück gefunden. Unter den überlebenden, völlig verstörten Kindern, die ihre Mütter, Geschwister und Freunde verloren hatten, war auch ein kleiner, etwa dreijähriger Junge, der mich beim Filmen und Fotografieren auf einmal anlächelte mit seinen vorher doch so unendlich traurigen Augen. Innerhalb einer Sekunde habe ich die für mich schnellste, seriöseste und menschlichste Entscheidung meines Lebens getroffen, indem ich beschloss: »Diesem Jungen wirst und kannst Du in Deiner eigenen Familie wieder Wärme und Geborgenheit geben.«

Für Auslandskorrespondenten eine sehr ungewöhnliche Entscheidung!

Da haben Sie recht. In den 1970er-Jahren, müssen Sie wissen, hatte die namibische Befreiungsorganisation SWAPO, die gegen die Okkupation ihres Landes durch das Apartheid-Regime und für die Unabhängigkeit kämpfte, in Angola Büros, dutzende Stützpunkte und Flüchtlingslager. In einem der größten Flüchtlingslager nahe der südangolanischen Stadt Kassinga lebten hunderte Namibier, die vor dem Krieg aus Nordnamibia geflüchtet waren, besonders Frauen, Kinder und Alte. Als die Apartheid-Armee und

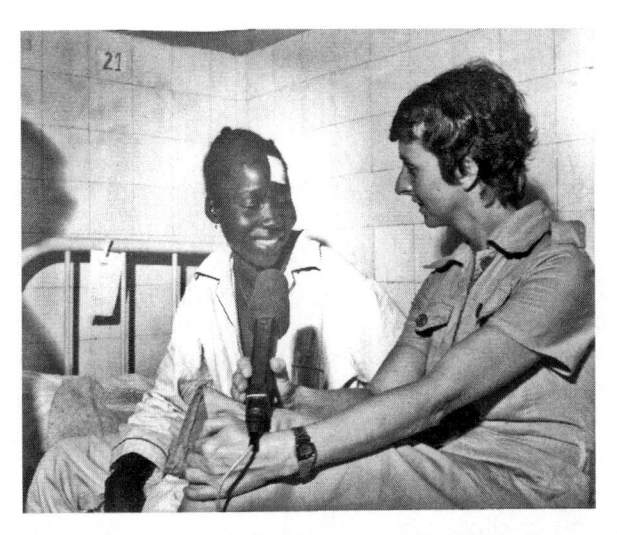

Für das DDR-Fernsehen interviewt Heike Schneider am 8. Mai 1978 eine Verletzte des Kassinga-Massakers in einem angolanischen Krankenhaus. Quelle: Privatarchiv Heike Schneider

ihr Geheimdienst mitbekamen, wann sich die Flüchtlinge beim Morgenappell zum Singen treffen, haben sie sich über die territoriale Integrität und das Völkerrecht brutal hinweggesetzt und zwei Bomberstaffeln hingeschickt und mit Phosphor- und Splitterbomben, abgesetzten Fallschirmjägern und Bodentruppen, mit Maschinengewehren und Handgranaten ein furchtbares Blutbad angerichtet und jeden niedergemetzelt, den sie vor ihre Gewehrläufe bekamen. Wir hörten Anfang Mai 1978 in einer Ad-hoc-Pressekonferenz vom angolanischen Verteidigungsminister Iko Carreira, dass es dort in Kassinga über 700 Tote gab und dass die Welt von diesem Massaker unbedingt erfahren muss. Also bin ich mit sechs anderen internationalen Korrespondenten, unter anderem von BBC, TASS und AFP, in einer kubanischen Militärmaschine runtergeflogen und habe die zwei Massengräber mit den Bergen von Leichen gesehen, ganz aufgedunsen von der tropischen Hitze und zum Teil angefressen von Hyänen. Meine Fotos davon hat die DDR-Nachrichtenagentur ADN in aller Welt vertrieben und verkauft, ein höchst trauriger und ambivalenter Berufserfolg für mich. Die einzigen, die überlebt hatten, waren ein paar namibische Kinder und Frauen, die sich in einem nahen Maisfeld versteckt hatten. Ja, aus diesem Horrorszenario stammt also mein namibischer Junge, den ich wie meinen eigenen Sohn aufgezogen habe. Er lebt jetzt in Königs Wusterhausen und arbeitet in Berlin bei einem großen Luftfahrtunternehmen als Kaufmann für Bürokommunikation. In seinen Flüchtlingspass haben wir damals in Ermangelung genauer Details schreiben lassen: »Vater Joseph, Mutter Maria, Geburtsort Oshakati.« Dass er Epafras Malakia hieß, drei Jahre alt war und neben seiner leiblichen Mutter drei Geschwister verloren hat, das wusste er natürlich alles.

Haben Sie zwischenzeitlich da vielleicht manchmal auch gedacht: Wenn ich mich jetzt so ›involviere‹, könnte ich meine journalistische Beobachterrolle einbüßen?

Nein. Denn wir folgten nicht dem heute so hochgehaltenen und viel beschworenen Credo von Hajo Friedrichs, dass sich Journalisten mit keiner Sache gemein machen sollten, auch nicht mit einer guten. Ich finde freilich, dass er sich selbst mit guten Sachen gemein gemacht hat, denn seine Fernseharbeit bleibt die eines freiheitsliebenden Demokraten. Natürlich verstehe ich, was notwendiges Objektivieren im Journalismus heißt und warum er das einklagte. Aber aus meiner eigenen Berufserfahrung war es für mich immer eine Konsequenz: Wenn ich über Menschen, ihre Kämpfe und Schicksale berichte, kann ich nicht außen vor bleiben. Außerdem konnten wir natürlich durchaus, wenn wir nur wollten, Sachen machen, die eigentlich mit dem Job im engeren Sinn nichts zu tun hatten. Nach dem Massaker in Kassinga wurden auch etliche Schwerverwundete in die DDR geflogen zur medizinischen Notbehandlung, unter anderem eine hochschwangere Frau aus Namibia. Sie hat in Berlin-Buch entbunden, war aber an der rechten Hüfte stark verletzt, und ihr Baby im Bauch hatte auch was abgekriegt. Zufällig arbeitete da im Klinikum Berlin-Buch eine studentische Praktikantin, die fand, vollkommen begründet, dass das kleine, kränkelnde, schwarze Baby noch nicht wieder in ein Flüchtlingscamp zurückgeschickt werden könne, sondern dringend noch weiter medizinisch behandelt werden müsse. Sie überzeugte also ihren Chefarzt davon. Die Schwester der Praktikantin war Stewardess von Interflug, und ihr Vater war Cheftrainer der Eisschnelllauf-Olympioniken der DDR. Ich war eines Tages auf dem Airport Luanda, um bei Interflug Filme abzugeben. Da kam eine Stewardess auf mich zu und betonte, sie kenne mich von der *Aktuellen Kamera* aus dem Fernsehen und müsse sich dringend mal mit mir unterhalten. So erzählte sie mir von dem kleinen, schwarzen Mädchen Steffi und von ihrer Schwester, die sich in der Klinik um sie kümmerte. Sie sagte, dass ihre Familie Schmieder dem Kassinga-Mädchen gerne helfen und es in Berlin gesundpflegen möchte. Und sie fragte mich um Rat, wie sie das am besten machen könnten. Ich sagte ihr: »Passen Sie auf, die Frau Minister Honecker fliegt in nächster Zeit dienstlich nach Afrika. Fliegen Sie manchmal in Regierungsmaschinen als Stewardess mit?« – »Ja.« – »Dann bemühen Sie sich, dass Sie bei Frau Honecker dann Stewardess sind und erzählen ihr beim Servieren Steffis Geschichte.« Um es kurz zu fassen: Das Kind ist mit vielen Wirrnissen in Berlin geblieben und hat als inzwischen junge Frau ein Buch darüber geschrieben.

Kann man denn noch neutral einen Bericht verfassen, wenn man derart emotional involviert ist?

Es ist doch die Frage, ob Du neutral sein willst. Ich wollte es nie, bis heute nicht! Ich will Sendungen und Texte liefern, mit denen ich mich selbst identifiziere und nicht für meinen Chef oder unter dem nebulösen Heiligenschein von Objektivität. Vor Kurzem war ich bei Isabel Allende in Kalifornien. Da fragte ich sie natürlich auch nach ihrem Onkel Salvador Allende. Da kommt doch bei der Art, wie ich frage, schon raus, wie ich über den damaligen, von der CIA gepushten Chile-Putsch des Mördergenerals Pinochet denke, wie ich frage. Schon die Auswahl meines Themas, des Interviewpartners, meine Fragestellung, was ich kürze und drin lasse – das ist doch alles nicht objektiv. Bei Klaus Bednarz merkst du genau, wie er durch Russland geht. Dem ist es eben nicht egal, ob der Fischer an der Wolga noch Arbeit hat oder säuft, weil er keine mehr hat. So was wird zuweilen zu Unrecht verpönt als unobjektiv, parteiisch oder gefühlstriefend, aber da steckt in meinen Augen doch deutlich eine humanistische Haltung dahinter. Und natürlich ist es auch noch mal ein Unterschied, ob Du Korrespondent in Krisen- und Kriegsgebieten bist oder Nachrichtenredakteur in der Basisredaktion. Bei Nachrichten brauche ich und sollte ich meine Emotionen nicht erkennen lassen, auch wenn ich vielleicht wütend oder traurig bin über Katastrophenmeldungen. Aber eigentlich bezweifle ich das angestrebte Objektivismus-Ideal. Wozu bist Du denn verpflichtet als Journalist?

… wahrhaftig zu berichten …

Genau so ist es. Objektivität und Wahrhaftigkeit sind für mich zwei paar Schuhe. Und das Wahrhaftige ist doch so, wie Du persönlich mit all Deinem Wissen und Gewissen, kulturellen Background und Deiner Erfahrung etwas wahrnimmst. Und wie ich es wahrnehme, so muss ich es dann wiedergeben.

Ich habe hier ein Beispiel: Als 1976 die schwarzen Schüler in Soweto gegen Afrikaans als Unterrichtssprache rebellierten, titelte das *Neue*

Deutschland »Vorsterclique schießt Schüler zusammen«. Und in der Bildunterschrift hieß es »Kreaturen des Apartheidregimes.« Ist das noch objektiver Journalismus?

Der Titel ist natürlich grausam und finster, besonders der Untertitel. Ich hätte das mit den ›Kreaturen‹ sicherlich so nicht formuliert. Vorster und Botha waren auch keine Clique, sondern führende Figuren eines Apartheid-Regimes, das mit blutigem Terror die weiße Vorherrschaft über die schwarze Mehrheit zu zementieren suchte. Dagegen, finde ich, muss man unbedingt Partei ergreifen und das auch zur Sprache bringen. Denn dort wurden über Jahrzehnte alle Menschenrechte mit den Füßen getreten, mit Haft, Folter, Mord und rassistischer Diskriminierung aller Nicht-Weißen. Ich denke schon, dass das die Abscheu eines jeden Demokraten verdient. Manche Politikerstatements zu den Konfliktzonen der Welt, ob Afghanistan, Nahost oder Nordafrika, klingen nach meiner Auffassung ziemlich scheinheilig und verwaschen, positiv ausgelegt höchstens diplomatisch. Die Berichterstattung über Israel und Palästina ist so ein Paradebeispiel: Als ob wir antisemitisch wären, wenn wir benennen, dass Israels Siedlungs- und Außenpolitik gegenüber den Palästinensern im Grunde verbrecherisch, aggressiv und menschenverachtend ist. Genau so, wie ich den blindwütigen Hass- und Rache-Terror der Hamas verurteile, weil das den so schwierigen wie nötigen Friedensprozess torpediert. Wenn es aus meiner Sicht verbrecherische Ereignisse und Entwicklungen in der Weltpolitik gibt, dann muss ich sie als Journalist auch so benennen.

Haben Sie also ganz allein Ihre Themenagenda bestimmt?

Nein, das war verschieden. Aber die Partei war es auf jeden Fall nicht. Diese Behauptung entspringt eher einer verschrobenen *Bild*-Zeitungs-Romantik. In den meisten Fällen haben wir je nach Brisanz und Aktualität des Themas oder Ereignisses selbst vorgeschlagen, was wir anbieten. Manchmal, das war aber seltener, hat die Heimatredaktion auch Vorschläge unterbreitet, auch wenn es das eine oder andere Mal Streit darüber gab. Ich habe beispielsweise mal eine rührige, beeindruckende weiße Farmerin in Angola kennengelernt, eine tolle Frau! Ihre Großeltern hatten die ostafrikanische Eisenbahn mit aufgebaut, dann zog die Familie nach Rhodesien und dann wegen des Krieges dort nach Angola, wo es auf einmal auch wieder Krieg gab. Während der ganzen Kriegswirren und unterschiedlicher Frontverläufe über ihr Dorf hatte sie ihren Farmbetrieb und die Versorgung der dortigen Bevölkerung mit Milch und Gemüse aufrecht erhalten. Also habe ich für die *Aktuelle Kamera* ein Porträt über sie gemacht. Doch der

Abnahmeredakteur sagte mir rotzfrech, Großgrundbesitzer seien in der *Aktuellen Kamera* nicht gefragt, sie möchten lieber was von Wettbewerb in der sozialistischen Landwirtschaft hören. Da habe ich wütend gekontert: »Hier gibt es keine LPG, sondern Krieg; mach' doch Deine Afrika-Berichte vom grünen Schreibtisch in Berlin-Adlershof aus und schmink' Dir die Leute dann schwarz, die Du gern filmen willst!« Daraufhin gab's einen Riesenzoff über meine Aufmüpfigkeit. Das Porträt ist dann zwar im Rundfunk gelaufen, aber nicht in der *Aktuellen Kamera*.

Solche Auseinandersetzungen gab es aber auch andersherum. Als Erich Honecker im Februar 1979 seine erste große Afrika-Reise machte und die Welt entdeckte, sollten wir jeden seiner Schritte abbilden. Fünf Berichte sollte ich am Tag allein für den Rundfunk stemmen. Mein kleiner Sohn Epi hatte da aber gerade eine schwere Malaria mit 42 oder 43 Grad Fieber. Es stand auf der Kippe, ob er überlebt. Und da habe ich den Presseverantwortlichen der DDR-Botschaft gesagt, ich mache nur drei Beiträge aus dem und dem Grund und das würde ich unter diesen Umständen auch Honecker persönlich klar machen. Ich hätte ihm gesagt: »Genosse Honecker, Du bist doch auch Vater! Wenn Deine Sonja schwer malariakrank wäre, würdest Du Dich doch zuallererst um sie kümmern, oder?« Und dann hieß es später auf einer Parteiversammlung, ich würde mich mit dem Genossen Generalsekretär und Staatsratsvorsitzendem auf eine Ebene stellen. Darauf habe ich geantwortet: »Nein, in der Funktion natürlich überhaupt nicht, aber in der Rolle als Elternteil schon.« Überhaupt fand und finde ich die Berichterstattung über solche Staatsbesuche so was von aufgeblasen und oft ermüdend für die Hörer und Zuschauer. Letztlich habe ich dann wirklich nicht fünf Beiträge aus Luanda überspielt, sondern nur drei.

Gab es auch ›Tabuthemen‹?

Also, ein Porträt eines westdeutschen Entwicklungshelfers oder so etwas haben wir gar nicht erst angeboten. Und Waffenlieferungen an die Befreiungsbewegungen aus den sozialistischen Ländern waren auch so ein heißes oder Tabu-Thema. Die sogenannte, aber auch tatsächliche ›DDR-Solidarität‹ beinhaltete ja nicht nur die massenhafte Ausbildung afrikanischer Kader. In Daressalam kamen auch Waffenlieferungen aus Moskau oder Ostberlin an. Natürlich wussten wir das, sollten aber darüber nicht berichten. Wir hielten einmal einen Afrika-Vortrag bei der Urania in Dresden. Da fragte mich eine ältere Frau, ob die DDR den Befreiungskampf in Afrika auch mit Waffen unterstütze, da sagte ich: »Ja, und das ist auch gut so.« Da habe ich hinterher viel Ärger mit der Partei gekriegt, obwohl es eigentlich alle

Welt wusste. Von den Sabotageakten des bewaffneten Flügels des ANC gegen Apartheid-Kasernen haben wir ja auch berichtet, aber wir sollten eben nicht so deutlich sagen, dass in Daressalam Waffen und Instrukteure dafür ausgeladen werden. Aber es gab ja auch noch die Möglichkeit, einen internen Bericht an die Heimatredaktion zu verfassen.
Was hatte es damit auf sich?
Das waren Berichte über hochbrisante Entwicklungen oder Kontakte, die nicht zur Veröffentlichung bestimmt waren. Als Honecker zum Beispiel seine Afrika-Reise machte, gab es einen Vortrupp, der von Werner Lamberz angeführt wurde. Er war Mitglied im SED-Politbüro, zuständig für die Medien. Ein ganz dynamischer und vitaler Mann, auch ein charmanter Schürzenjäger soll er gewesen sein. Also im Gegensatz zu seinen Kollegen kein verknöcherter, verbohrter, alter Daddy mit Brille, Zittern und lautem Propagandagetöse. Er galt ja als Kronprinz für Honecker. Der kam im März 1978 in Luanda auf uns zu und sagte: »Ihr Schneiders seid doch hier schon seit 1975, und Ihr kennt den Präsidenten Neto persönlich. Die DDR möchte von Angola Kaffee in großen Mengen importieren, kann aber dafür nicht die nötigen Devisen aufbringen. Wie machen wir das am besten?« Wir rieten ihm: »Erzählt den angolanischen Verhandlungspartnern einfach, welche Engpässe und Probleme die DDR-Wirtschaft wirklich hat. Das beeindruckt die Neto-Regierung mehr, als wenn ihr damit prahlt, dass wir angeblich die sechstgrößte Industriemacht der Welt sind.« Das hat dann auch geklappt: Wir haben den Kaffee ohne Devisen gekriegt, obwohl die Angolaner, die ja Krieg hatten, scharf auf Devisen waren. Lamberz ist ja dann leider auf seiner weiteren Dienstreise nach Tripolis mysteriös tödlich verunglückt. Sein Hubschrauber ist auf dem Weg von der Audienz beim libyschen Staatschef Gaddafi abgeschossen worden, was bis heute jedoch nicht restlos geklärt ist. Für uns war das ein Geheimdienst-Attentat, von wem auch immer. Wahrscheinlich wollte man eigentlich Gaddafi treffen, denn es war seine private Maschine.
Wie muss man sich das vorstellen, wenn ein Thema klein gehalten werden sollte? Gab es dann einen Anruf von der Auslandsredaktion mit einer Anweisung, wie man zu berichten hatte?
Das war meistens gar nicht nötig. Wenn Du im Osten Journalistik studiert hast, wusstest Du doch, auf welcher Seite Du stehst. Du wusstest, dass es Klassenkampf und Kalten Krieg gibt. Und Du wusstest auch, dass die Medien da eine prononcierte Rolle spielen. Du kannst doch nicht in der DDR sagen: »Ich will Journalist werden, bin aber ganz gegen den So-

zialismus und diese Politik.« Dann hättest Du doch total Deinen Beruf verfehlt. Das wäre doch so, als ob einer sagt: »Ich will Arzt werden, kann aber kein Blut sehen.«

Haben Sie sich nie zensiert gefühlt?

Jedenfalls nicht während meiner Zeit in Afrika. Vielleicht, weil ich mich mit der großen Linie der Berichterstattung identifiziert habe, genau wie mit den Zielen und Aktionen der Unabhängigkeitsbewegungen, mit Bürgerrechtlern wie Martin Luther King und Angela Davis oder dem chilenischen Patrioten und Sozialpolitiker Salvador Allende. Obwohl ich im DDR-Alltag natürlich Engpässe sah und schon im Staatsbürgerkunde-Unterricht ideologisches Eifern und lebensfremde Rechthaberei blöd fand, war ich mit dem Entwurf einer sozialistischen Gesellschaftsordnung durchaus *d'accord*. Und in Afrika haben die Kolonialisten und Siedler über 500 Jahre die Rohstoffe geraubt und die afrikanischen Völker unterjocht und ausgebeutet. Ich habe gedacht, dass jetzt endlich mal diese afrikanischen Völker dran sind, ihr eigenes Schicksal selbstbestimmt in die Hand zu nehmen. Was ich während all meiner Dienstjahre nie gut fand, war, wenn man mir vorschrieb, wie ich etwas zu sagen oder zu denken hätte. Ich kam mir bei Parteiversammlungen der 1980er-Jahre manchmal wie in Orwells Horrorvisionen vor, aber auch später im alten RIAS, dem späteren DEUTSCHLANDRADIO, muckte ich auf, wenn zum Beispiel die Chefs den Irak-Krieg von Bush junior schönreden wollten.

Einmal, nach meiner Rückkehr aus Afrika in die DDR, habe ich den Unterschied zwischen der Innen- und Außenpolitik deutlich wahrgenommen. Ich arbeitete im Kulturressort und habe den Dresdner Starpianisten Peter Rösel interviewt. Der sagte mir, wenn die DDR genauso klug mit dem musischen Nachwuchs umginge wie mit dem sportlichen, wären wir weiter. Da forderte meine Chefin: »Dieser Satz muss raus.« – Ich beharrte: »Diese Beobachtung ist ja alles andere als konterrevolutionär, ich lasse sie drin.« – Sie: »Dann läuft das Porträt nicht.« Ich habe den Satz drin gelassen, aber sie hat ihn am Ende trotzdem rausgeschnitten. Da wurde mir klar, wie kleinkariert und borniert diese Ideologie-Scheren in manchen Köpfen tickten. Die 1980er-Jahre waren eine bleierne Zeit.

Sie wirken generell nicht so, als würden Sie hinter dem Berg halten mit Ihrer Meinung. Hatten Sie nie Angst, Grenzen zu überschreiten und Repressionen zu spüren zu bekommen?

Nein, ich hatte wirklich keine Angst. Der Stasi, die wohl aufgrund unserer aktiven Kontakte mit afrikanischen Politikern zu Hause unser Telefon bewacht und, wie ich nach der Wende erfuhr, über unseren namibischen Sohn eine Stasi-Akte angelegt hatte, war wohl auch klar, dass ich nicht zu den Dissidenten zählte. Bei etlichen, ob Redakteuren oder Diplomaten, hat man entweder gespürt oder gewusst, dass die mit der Stasi verbandelt sind. Einmal bekamen wir in Luanda Besuch von einem Botschaftsmitarbeiter. Ehe er sich überhaupt hinsetzte und sagte, weshalb er uns besuchte – es war ein lapidarer Anlass, wir sollten den DDR-Diplomaten etwas von unserer Simbabwe-Reise erzählen –, ging er an unseren Bücherschrank und sagte: »Oh, so viel Westliteratur habt Ihr hier!« Er sah unter anderem Böll- und Grass-Titel, aber auch den *Spiegel* auf dem Couchtisch. Er hat sich derart intensiv umgeguckt, dass ich ihn scherzhaft fragte, ob er von uns nicht eine Liste mit allen Buchtiteln haben wolle.

Ich dachte immer, je konfrontativer und offener Du agierst und redest, desto weniger Ärger hast Du. Wenn ich gesagt hätte, ach, das ist nur geborgt oder so, das wäre doch alles Shit und verlogen! Ich hatte einfach überhaupt keinerlei schlechtes Gewissen oder Bedenken, dass ich ein Verräter an der Sache des Sozialismus wäre.

Sie sagten einmal: »Wenn Du als Auslandkorrespondent gut bist, bist Du auch der Schnellste.« Geht das wirklich immer miteinander zusammen?

Wenn Du an der außenpolitischen Journalistenfront steckst, herrscht Wettbewerb mit zig anderen Korrespondenten anderer Medien und Länder. Die ersten Bilder von politischen Großereignissen werden eben gekauft und gesendet beim Fernsehen. Und der Mann, der am schnellsten vor Ort ist, profitiert. Sicher geht es um Qualität, aber Schnelligkeit ist in der Außenpolitik besonders wichtig. So ein rassistisches Massaker wie in Kassinga passiert so nur einmal. Entweder Du fliegst mit einer Militärmaschine mit hin und willst mit eigenen Augen sehen und eigenen Worten berichten, oder Du sagst: »Das ist mir zu anstrengend oder zu gefährlich.«

Aber wenn man als Korrespondent so ein riesiges Gebiet abdeckt und manchmal tausende Kilometer zu einem Ereignis fliegt, kann man den lokalen Hintergrund doch gar nicht immer kennen.

Im Angola-Krieg hatten wir schon Ahnung, wer da wo Krieg führt und wo und wie die Fronten verlaufen. Und dass Südafrika und die Unita-Rebellen Angolas Regierungspartei MPLA und die besten Führungskader der im Land angesiedelten Befreiungsorganisationen beseitigen wollten, war doch klar und nachweislich zu dokumentieren. Du bist doch nicht als unbeschriebenes Blatt unterwegs.

Aber gerade zu Beginn war es doch sicher schwierig, der Erste sein zu wollen, wenn man sich noch nicht so gut auskennt?
Ich denke schon, dass langjährige Korrespondenten mehr Hintergrundwissen haben als diese ›specialists for war and revolution‹, die von Krisenherd zu Krisenherd hetzen. Aber verallgemeinern kann man das sicher nicht. Ein Kollege, der für das *Neue Deutschland* mal als Korrespondent in Indien arbeitete, war mal für drei Wochen in Tansania, und da staunte ich: »Mensch, ist schon toll, was der daraus macht.« Der setzte sich ganz unbekümmert in einen alten, klapprigen Überlandbus und fuhr 800 Kilometer von Daressalam an der Indik-Küste nach Arusha in Nordtansania. Er schilderte da ganz impressionistisch Szenen aus dem Alltag, wie der Bus in allen größeren Orten anhielt, damit man sich mit Getränken, Grillspießen und Gemüse versorgte, wie einer volltrunken auf der Rückbank saß, als sie anhielten und alle billige Tomaten kauften, wie eine Mutter ihr offenbar malariakrankes Kind versorgte, eine andere mit offener Brust stillte... Also, eine richtig lebendige Reportage über den tansanischen Alltag. Da dachte ich mir: »Also wir erzählen hier hauptsächlich von großer Politik und dem Befreiungskampf, und der setzt sich in den Bus und hat eigentlich schon ein tolles, genaues Bild von Afrika geliefert.« So ein ›jungfräulicher Blick‹ kann manchmal auch ganz erfrischend sein.

Wenn Sie zurückblicken: Wie bewerten Sie heute Ihre journalistische Arbeit von damals?
Ich bin glücklich über diese intensive Berufserfahrung in Afrika, weil die nicht nur meinen politischen Blick geschärft, sondern mich auch als Zeitgenossen bestärkt und reifer gemacht hat. Das klingt jetzt fast pathetisch: Aber ich war Teilhaber an Kämpfen dieser Dekade, ich habe dramatische Zeitgeschichte vor Ort hautnah miterlebt. Ich habe Leute interviewt, die andere nur vom Fernsehen kennen: Miriam Makeba, Samora Machel, Dr. Agostinho Neto oder Oliver Tambo, aber auch Jugendliche, die nach dem Soweto-Aufstand nach Daressalam kamen. Einer hatte noch Kugeln in seinem Körper. Und ich habe auch gelernt, wie relativ und fragwürdig dieses ganze Wohlstandsdenken und -trachten der meisten Europäer eigentlich ist. Ich weiß noch, wie ich meiner Mutter, der ich jede Woche aus Afrika ins Erzgebirge einen Brief schickte, geschrieben habe: »Was ist ein PKW Wartburg und eine Dreizimmer-Komfortwohnung, wovon wir mal träumten, gegen die Tatsache, dass ich lebe und gesund bin?« Weil ich da so viele Tote, so viel Leid und Armut gesehen habe. Das hat meine Mutter gar nicht richtig begriffen, sie fand das wohl irgendwie revoluzzerhaft

von mir. Aber das meinte ich ganz seriös, weil sich meine Perspektiven so relativiert hatten durch Afrika. Ich wollte mir im Ausland auch keine goldene Nase verdienen. Ich wollte – das will ich auch jetzt immer noch, wenn ich Bücher oder Features produziere – mich identifizieren mit dem, was ich tue, und das mit Emphase machen und meiner spezifischen Leidenschaft. Ich bin dankbar, dass ich diese sogenannte ›Dritte Welt‹ – die ja keine dritte Welt für mich ist, sondern eine zu Unrecht vernachlässigte in nur einer Welt – erlebt habe und die Kämpfe dieser zwei Blöcke ganz dramatisch und gewissermaßen hautnah mitgekriegt habe. Und dadurch auch positioniert wurde für Pazifismus, Gerechtigkeit und eine sensiblere innere Haltung als Mensch in meiner Zeit.

Sie haben mal gesagt, dass Sie alle Sachen heute wieder so machen würden.

Ich habe damit gemeint, dass ich nach wie vor hinter dem stehe, was ich als Korrespondentin berichtet habe. Natürlich habe ich auch dazugelernt. Mir war klar, dass die sozialistischen Länder in Afrika auch ihre globalen Interessen verfolgten. Und dass sie oft Fehler gemacht haben, wie in der DDR-Diplomatie im frühen Sansibar oder Sambia und eine Art Revolutions- oder besser Systemexport und damit Einfluss wollten. Aber ich glaube mit Überzeugung sagen zu können, dass ich kein SED-Sprachrohr war und mich auch nicht als solches empfunden habe. Ich habe mich in Afrika eher gesehen als eine Nachfolgerin des rasenden Reporters Egon Erwin Kisch, der einst in Mexiko war und darüber schrieb. Und ich meinte, ich stehe auf der richtigen Seite.

Wie systemnah sollte denn ein Journalist sein?

Ich finde, ein guter Journalist ist ein kritischer Zeitgenosse, sowohl gegenüber dem eigenen Arbeitgeber als auch gegenüber dem Thema. Er darf sich auch nicht vom Mainstream leiten lassen, was besonders am Anfang der Berufskarriere schwer ist. Aber ich glaube, wenn Du mal Deinen Stil, Deinen Berufsethos und auch das, was ich ›journalistisches Brennen‹ nenne, also Passion findest und das ständig weiterentwickelst, hast Du gute Voraussetzungen für Deinen Job. Du musst neugierig und offen bleiben für die Geschichten der Menschen und ihnen mit Respekt und Toleranz begegnen. Das war zu DDR-Zeiten so und gilt für mich bis heute. Ein guter Journalist arbeitet für das Allgemeinwohl, egal in welchem System. Ich hörte, dass auch Klaus Bednarz von bestimmten Chefredakteuren gemobbt wurde, aber er hat seinen Stil und seine Unabhängigkeit gewahrt, und zwar nicht, weil er ein eitler Fatzke wäre und sich supertoll fände, sondern weil er sich der Wahrhaftigkeit und Authentizität verpflichtet weiß. Auch Gaus mit seinen unnachahmlichen Porträts und klugen Fragen *Zur Person* fand ich vorbildlich für politische Streitkultur. Ein guter Journalist muss auch gegen Widerstände arbeiten, gegen oberflächliches Denken. Das galt systemübergreifend und sollte ständiger Appell bei allen journalistischen Arbeiten sein.

Wie stark waren Ihrer Meinung nach die Mediensysteme des Ostens und Westens in Propagandastrategien integriert?

Sehr! Sie haben ja ganz praktisch öffentliches Bewusstsein geprägt. Das ist ein so wichtiges Gut, dass die Mächtigen es in jedem Gesellschaftssystem kontrollieren wollen. Das gelingt ihnen mal stärker, mal schwächer.

Ich war letztens in einem Museum, da hing ein Adenauer-Foto. Da sagte ich zu einer westdeutschen Freundin so leicht flapsig: »Eigentlich waren Adenauer und Ulbricht gleichermaßen provinziell. Der eine war ein Rosengärtner aus dem Rheinland, der nicht mal richtig Sowjetunion aussprechen konnte. Der andere war ein mal piepsiger, mal polternder Sachse, der früher Tischler gewesen war. Und doch waren die beiden im geteilten Deutschland nach dem Zweiten Weltkrieg Regierungschefs.« Über diesen Vergleich war meine Freundin total entsetzt, dabei ist sie eigentlich offen und linksliberal. Da dachte ich: »Erstaunlich, wie verschieden wir davon geprägt wurden, ob wir rechts oder links der Elbe aufwuchsen.« Oder ein anderes, schwerwiegenderes Erlebnis: Ich war mit meinem Sohn Epi in Namibia, um nach seinen Wurzeln zu forschen. Und da treffen wir in einer Lodge hinter Windhuk auf einen Westdeutschen aus Frankfurt am Main, einen richtigen Hessen. Der fand das komisch, dass neben mir ein Afrikaner sitzt und fragte Epi, woher er denn komme. Epi antwortete zunächst: »Aus Berlin, und das hier ist meine Mutter.« Da hat der Hesse erst mal laut gelacht. Und ich präzisierte: »Ich bin meinem Sohn in Kassinga in Angola begegnet.« Und auf einmal wurde der Frager ganz nervös und sagte: »Was, da war ich doch auch, beim Militär.« Der war also, wie sich herausstellte, tatsächlich unter den Söldnern und Banditen, die Epis Eltern und Geschwister in Kassinga umgebracht hatten. Er sagte: »Wir mussten ja den Neto stoppen, diesen Marxisten.« Und ich: »Der Neto war gar kein Marxist, der war von seiner Erziehung und Biografie her eher ein Sozialdemokrat und echter Christ, das marxistische Feindbild habt Ihr Euch eingeredet.« Jetzt war der total durcheinander. Für Epi war das äußerst fatal, er war im Innersten natürlich sehr aufgewühlt und tieftraurig, weil seine Mutter und seine Geschwister nicht mehr lebten und er diesem Täter plötzlich gegenüber saß. Er realisierte, wie durch ideologische

Hetze Menschen zu Werkzeugen und Mördern werden können. Und das Dramatische war, dass dieser Ex-Söldner zum Schluss des Grillabends auf uns zukam und erklärte, er kenne da eine ehemalige SWAPO-Kommandeurin ganz gut, die Epi in Sachen Kassinga vielleicht weiter helfen könnte bei seiner Suche nach Verwandten. Er gab uns auch die Adresse dieser SWAPO-Frau und zeigte sich auf einmal hilfsbereit. Das war eine ziemlich aufregende und verrückte Erfahrung.

Das ist in der Tat ein dramatisches Beispiel für die Auswirkungen von Propaganda... Was ist denn Propaganda Ihrer Meinung nach?

Von den Adjektiven her hohl, plump, oft gefährlich. Propaganda hat immer eine Manipulationsabsicht, wird zur Umsetzung einer ideologischen Doktrin benutzt und missbraucht und verletzt Wahrheit und Fakten für fragwürdige politische Ziele.

Würden Sie Ihren Journalismus da zum Teil mit zuordnen?

Meine journalistische Arbeit nicht, aber in der DDR gab es durchaus Propaganda-Journalismus. Es gibt ja einen Unterschied, ja Gegensatz zwischen Ideal und Ideologie. Dazu stehe ich auch heute noch, auch wenn es nahezu kindhaft wirken mag: Das Ideal einer gerechteren Verteilung und Gesellschaft, eines gleichberechtigten Zugangs zu Arbeit, Bildung und Wohlstand für alle – das wünsche ich mir schon auch heute noch. Insofern ist der Sozialismus als Idee und Ideal in meinem Kopf nicht vom Hof, aber aller Wahrscheinlichkeit nach erlebe ich keine Entwicklung mehr in diese Richtung. Die Sozialismus-Parteien haben ihr Ideal in jüngster Geschichte gründlich pervertiert und verspielt. Nur kleinere, doch nicht bedeutungslose Bewegungen und Aktionen von Attac, bestimmten Gewerkschaften, Umweltorganisationen, sozialen Netzwerken oder Kircheninitiativen zielen noch in diese Richtung.

Meine Arbeit würde ich insofern nicht als Propaganda sehen, als dass ich persönlich dahinter stand und stehe, hinter den Themen und der Art, wie ich sie eigenständig nach bestem Wissen und Gewissen umgesetzt und produziert habe. Und solche ND- beziehungsweise parteitagsartige Propaganda-Prosa wie ›zum Wohle des sozialistischen Menschenbildes/ der sozialistischen Gesellschaft‹ und ähnliches kamen mir überhaupt nicht in den Sinn, weil ich nicht so abgedroschen gedacht habe. Ich habe eine Art goldenes Prinzip: Du sagst oder schreibst nie etwas, das Du nicht auch so denkst.

Wie stehen Sie zur der Auffassung, dass der damalige politische Journalismus der DDR eigentlich nahezu komplett Propaganda war?

Genauso wie die bürgerliche Presse Propaganda für das andere, das kapitalistische System war und Feindbild-Propaganda gegen den Osten gemacht hat, hat das der Osten mit dem Westen gemacht. Ich finde, die Medien beider Blöcke haben ihre Feindbilder projiziert, produziert, reproduziert und propagiert. Wir haben vom bösen Kapitalismus gesprochen, der die Panzer, LKW oder auch Waffen an den Apartheid-Staat Südafrika verkauft, Söldner wie den berüchtigten Kongo-Müller großzieht und so weiter. Und Westmedien haben der DDR mit der Hallstein-Doktrin das Existenzrecht abgesprochen. Ich sehe auch angesichts des Zusammenbruchs der sozialistischen Länder und meines grundsätzlichen Begrüßens der Wende beim besten Willen nicht, wer von beiden Seiten da mehr Schuld oder Propaganda-Unrat auf sich geladen hat.

Die Sendung *Der schwarze Kanal* war natürlich Propaganda und Hetze pur! Das konnte ich, wie die Mehrheit der Zuschauer, nicht ertragen. Wobei das Merkwürdige war, dass wir als Studenten dessen Autor Karl-Eduard von Schnitzler – aus westdeutschem Adelshaus stammend – als einen durchaus charmanten, kultivierten, gebildeten und sehr belesenen, politisch gut informierten Gastdozenten erlebt hatten. Unglaublich, wie derselbe Mensch dann im Fernsehen geiferte und giftete. Um das abzuschließen: In diesem Gefüge der zwei Blöcke und der Situation des Kalten Krieges gab es auf beiden Seiten anständigen Journalismus und propagandatriefenden schlimmster Sorte. Auch im Westfernsehen gab es solche Scharfmacher, wie zum Beispiel Herrn Löwenthal.

Aber in Westdeutschland war der Journalismus pluralistisch, man hatte ein ganzes Spektrum vom *Spiegel* bis zur *Bild*-Zeitung und Journalisten aller Couleur konnten diesem Beruf nachgehen...

Das stimmt. Doch in der DDR gab es neben dem *Neuen Deutschland* und den SED-Bezirkszeitungen auch noch die eher feuilletonistische *Wochenpost* oder den kulturpolitischen *Sonntag*. Und dann gab es auch noch die *Weltbühne*, dieses gediegene, rotfarbene, traditionsreiche und feine Blättchen, gegründet von den linksliberalen, oftmals jüdischen Intellektuellen und Edelfedern der besten 1920er-Jahre-Publizistik, allen voran von Ossietzky, Tucholsky, Jakobson. Also, da muss man fairerweise unterscheiden, was Sprachgestus, Sprachkultur und nicht zuletzt Themenwahl und Differenziertheit betrifft. Freilich blieb das Gros der Meinungsmedien unter dem Propaganda-Diktat der SED.

Selbst die differenzierteren unter den DDR-Medien blieben doch immer linientreu – im Gegensatz etwa zur kritischen, investigativen Berichterstattung des *Spiegel* in der Bundesrepublik.

Ja, aber die bürgerliche Demokratie hat das auf ihre Weise gut gelöst. Du kannst doch zum Beispiel ohne Bestrafung oder Sanktion sagen: »Kohl ist ein Idiot oder politisches Arschloch, Merkel ist ein machtgeiles Frauenzimmer ohne wirkliches Profil«. Kannst Du alles sagen, und es passiert gar nichts. Nur ändern kritische Journalisten in der Regel keine politischen Macht-Strukturen, weil die Medien und die Kultur, wie seriös oder engagiert auch immer, beliebig sind in der bürgerlichen Demokratie, mal abgesehen von der skandalösen *Spiegel*-Hausdurchsuchung auf den Befehl von Strauß oder dem Watergate-Skandal von Washington. Nobelpreisträger Günter Grass zum Beispiel macht doch ziemlich oft und deutlich den Mund auf zur deutschen Politik, was ich persönlich sympathisch finde. Als der 1990 sagte, die Einheit sei zu schnell und gegenüber den Ostdeutschen zu rücksichtslos gelaufen, kriegte er in den großen Feuilletons zwar wütende Schelte, wurde Nestbeschmutzer genannt oder psychologisiert als ein eitler Dauerkommentator mit großer Klappe, aber bewirkt oder geändert hat der Sozialdemokrat im Geiste nichts. Der DDR-Dramatiker Peter Hacks hat zu DDR-Zeiten mal die berechtigte Frage gestellt: »Wie kommt es eigentlich, dass sich das SED-Politbüro mit einem Gedicht von Volker Braun beschäftigt, hat es nichts Besseres zu tun?« Dahinter steckt die Einsicht, dass dieses machtprotzende, aufgeblähte Politbüro Angst hatte vor der Wirkung eines Gedichtes. Die Angst vor der anderen Sprache war die Angst vor anderem Denken und führte zu verbissenen Feindbildern und bornierter Zensur. In jeder Demokratie wäre ein noch so prononciert gesellschaftskritisches, politisch-philosophisches Gedicht von Volker Braun völlig legitim.

Wie haben Sie die Wende erlebt?

Das war eine spannende und einmalige Zeit. Ich betrachte diesen aufregenden Herbst '89 wie die Schriftstellerin Helga Königsdorf so treffend sagte als ›Moment Schönheit‹. Ich bin mit meinen besten Kollegen und Freunden begeistert zur Demonstration auf dem Alex am 4. November geströmt und hatte wie wohl die allermeisten dieser Million demonstrierender DDR-Bürger die Hoffnung, jetzt endlich eine demokratische DDR mitzuerleben und zu gestalten. Ein zum Greifen nahes Projekt. Dann wurden schon bald der DDR-Rundfunk und das Fernsehen abgewickelt. Der letzte Sender des Ostens, bei dem ich arbeitete, war der DEUTSCHLANDSENDER KULTUR. Dort haben die Redakteure leidenschaftlich Programm gemacht, zunächst ganz ohne Redaktionshierarchien und Intendant – völlig anarchisch, hochdemokratisch und überaus spannend. Wir hatten fast alle einen

Burnout, weil wir ständig auf Achse waren, bei Betriebsversammlungen, den Bürgerrechtlern und neuen Politikern in den demokratisch gewählten, jungen Parlamenten. Diese etwa anderthalb Jahre Umbruchzeit mit revolutionärem Atem, das kann man ohne Übertreibung sagen –, so stelle ich mir basisdemokratischen Rundfunk vor.

Hielt das denn nur so kurz an?

Diese Zeit endete, als uns das ZDF juristisch übernahm. Lothar Loewe vom SFB wurde so etwas wie der Intendant, jedenfalls Programm-Hierarch. Für den war ich jedoch buchstäblich ein rotes Tuch. Ich machte damals eine Dienstreise nach Prag, weil ich Alexander Dubček treffen und interviewen wollte, der nach der Wende Parlamentspräsident war. In der Woche, als ich hinflog, hatte er einen schweren Autounfall und starb. Also musste ich stattdessen den stellvertretenden Parlamentspräsidenten interviewen. Den fragte ich, wie die Demokratie im neuen tschechischen Parlament denn so funktioniere. Er antwortete: »Eigentlich komisch, jetzt verbieten wir den Kommunisten das Wort, so wie die es früher mit uns gemacht haben.« Das sendete ich und wurde von einem wütenden Lothar Loewe in sein Büro zitiert. Er warf mir vor, ich wolle offenbar in Prag den Kommunismus wieder etablieren und ich könne bloß froh sein, als Journalist des einstigen Lügenradios überhaupt noch publizistisch arbeiten zu dürfen.

Stand Ihre Arbeitsstelle zu jener Zeit auf der Kippe?

Ja, denn etwas später wollten mich willfährige Abwickler-Futzis kündigen, die den neuen Chefs spitzelmäßig von unbotmäßigem, kritischem Verhalten Einzelner berichteten. Zwei mal habe ich in dieser Zeit gegen ausgesprochene Kündigungen geklagt. Bei einer Überprüfung bekam ich von der Gauck-Behörde den offiziellen ›Persilschein‹, dass ich nichts mit der Stasi zu tun hatte. Anfang 1994 sollten wir dann beim RIAS, dem späteren mit DS-KULTUR fusionierten DEUTSCHLANDRADIO anfangen. Kurz vor Weihnachten 1993 schickte das ZDF seinen Personalchef höchstpersönlich aus Mainz in die Ostberliner Nalepa-Straße und der begann von nachmittags bis morgens um 6 Uhr den Leuten zu sagen, wer aussortiert, also gekündigt wird und wer nicht. Die Rundfunktechniker waren denen offenbar so wenig wert, dass man ihnen am Tage schon per Telefon gekündigt hatte. Das war wie ein grottenschlechtes Bühnenspektakel mit vernichtendem Ausklang – und das kurz vor Heiligabend. Koloniale Manieren waren das in meinen Augen. Ich kam sage und schreibe früh um 4 Uhr dran, da war schon ein Teil der Gekündigten auf dem Flur besoffen oder in Schock-Starre. Ich dachte so naiv, ich bin gut gewappnet mit meinem

›Persilschein‹, außerdem spreche ich gut Englisch, bin ein guter, flexibler, ja lustvoller Reporter, mache anständige Sendungen.

Ich komme also in dieser ›Nacht der langen Messer‹ in das anberaumte Verhandlungszimmer rein, merke, wie wir beide, der Personalchef und ich, schon ziemlich müde sind und höre, wie er mir kurz und bündig an den Latz knallt: »Frau Schneider, ich muss Ihnen leider sagen, Sie sind nicht mit im Rennen.« Da bin ich spontan aufgesprungen und sagte: »Sie kennen mich überhaupt nicht und kündigen mir einfach, das geht so nicht. Wissen Sie eigentlich, wer ich bin?« Dann habe ich ihm ohne jegliche Hemmung vor seiner Autorität und Machtbefugnis von mir erzählt und stolz-kühn in die Stirn gesagt: »Wenn Sie mich kündigen, verlieren Sie erstens einen guten Journalisten, zweitens lasse ich mich so nicht abspeisen, ich werde eine Reportage gestalten, wie das ZDF mit langjährigen Rundfunkredakteuren aus dem Osten umgeht.« Er schien irgendwie irritiert oder überrascht und sagte auf einmal sehr höflich: »Dann werde ich Ihren Fall in Mainz noch mal erörtern, Sie hören bis Jahresanfang von uns.« Und er steckte seine wie immer angefertigte Vorlage über mich wieder ein. Von heute aus gesehen bin ich da wie eine ›wilde Hulda‹ aufgetreten, habe in meiner furiosen Empörung mir nicht die geringste Bremse angelegt und all meine Emotionen aus Selbstachtung rausgelassen. Jedenfalls durfte ich dann doch noch bei DEUTSCHLANDRADIO antreten. Und so viele aufregende Sendungen machen. Gott sei Dank!

Ihr Einsatz hat sich also gelohnt.

Ja. Ich hatte diese existenziellen Minuten aber nicht rational geplant oder vorher kalkuliert. Ich habe lediglich nichts zurückgehalten. Es gab auch welche, die sich komplett verstellten, um mit Übereifer und Scheißfreundlichkeit den ZDF- und RIAS-Leuten besonders zu gefallen. Beim DEUTSCHLANDRADIO, im ehemaligen RIAS-Gebäude an der Kufsteiner Straße, habe ich eine ehemalige Zivilverteidigungs-Offizierin und SED-Hardlinerin, eine überall angepasste Redakteurin erlebt, die in der DDR Marxismus-Leninismus studiert hatte und auf einmal frech behauptete, studierte Philosophin zu sein. Die machte eine Sendereihe, in der sie die DDR karikierte, vom Leipziger Lipsi-Tanz bis zum Pionierhalstuch. Und sie wurde dafür gelobt. Da habe ich in der Sitzung gesagt, dass ich das ziemlich komisch finde. Aber nicht wegen des Inhalts, denn dass Lipsi kein Rock 'n' Roll ist, weiß man längst. Grotesk fand ich die Person, die die Sendung machte. Das Thema ›Wendehals‹ schien mir in diesem Falle kabarettreif. Man macht sich damit natürlich nicht nur Freunde. Insge-

Im Dezember 2007 besucht Heike Schneider (links) gemeinsam mit ihrem Sohn Epi die Schriftstellerin Isabel Allende in Kalifornien. Quelle: Privat Heike Schneider

samt war und ist das DEUTSCHLANDRADIO, heute DEUTSCHLANDRADIO-KULTUR, jedoch ein wirklich gelungenes Integrationsprojekt und in der Zusammensetzung aus Ost- und Westjournalisten in gemeinsamen Redaktionen ein hochspannendes Unternehmen. Der Streit um bestimmte Sendungen, Sprachnuancen, politische Urteile und Prioritäten der Arbeit war, wie Brandt sagte, brennglasartiges ›Zusammenwachsen, was jetzt zusammen gehört‹. Bei konträren Sichten wurde man zuerst oft stutzig und dann kam meistens ein produktiver Dialog zustande. So wurde manches alte Feindbild über Bord geworfen. Aus Konkurrenten wurden Kollegen und manchmal sogar gute Freunde.

Das Interview führten Jakob Maschke und Michael Hartlep.

Literatur

SCHNEIDER, HEIKE: *Schlüpf doch mal in meiner Haut. Alltäglicher Rassismus in Deutschland.* Leipzig [Militzke] 2011

SCHNEIDER, HEIKE; WEDEL, ADELHEID: *Vom Privileg des Vergleichs. Erfahrungen ostdeutscher Prominenter vor und nach 1989.* Leipzig [Militzke] 2009

Roland Wilhelm Hepers

»Jeder versucht, den anderen auszunutzen«

Roland Wilhelm Hepers († 2013) gewährte detaillierte Einblicke in seine verschlungenen Berufswege. Seine Karriere als Propagandamann für den Apartheid-Staat Südafrika endete Ende der 1970er-Jahre im spektakulären Muldergate-Skandal. Danach arbeitete er jahrzehntelang als Afrika-Korrespondent für zahlreiche deutschsprachige Zeitungen – und nutzte dabei alte Kontakte.

Roland Hepers mit seiner Frau Belinda de Nation-Hepers. Quelle: privat

Nach einem Studium in der Schweiz und einem Volontariat bei der Schweizerischen Depeschenagentur (SDA) trat der Deutsche Roland

Hepers 1964 in den Staatsdienst der Republik Südafrika ein. Er arbeitete bis Ende der 1970er-Jahre im diplomatischen Dienst für das südafrikanische Informationsministerium in Europa und Südamerika. Unter anderem war er zuständig für die in Europa weit verbreitete Propaganda-Zeitschrift *Südafrikanisches Panorama*, die in sechs Sprachen erschien, sowie für die Betreuung von Auslandskorrespondenten und universitären Kontakten. Im Zuge des weltweit für Schlagzeilen sorgenden Muldergate-Skandals (1977-1979), in dem er als wichtiger Zeuge vor der Erasmus-Untersuchungskommission auftrat, musste er den Staatsapparat verlassen. Danach arbeitete er von Südafrika aus als freier Afrika-Korrespondent für dutzende deutsche, österreichische und schweizerische Zeitungen und Zeitschriften. Sein Hauptberichterstattungsgebiet war das südliche Afrika, in dem damals etliche Stellvertreterkriege und Unabhängigkeitskämpfe tobten. Hepers, der fließend Afrikaans sprach, hatte in Paderborn die Schule besucht, führte einen Doktortitel und starb 2013 mit 77 Jahren in Pretoria, Südafrika.

Lutz Mükke: Wie kamen Sie nach Südafrika?
Roland Hepers: Ich machte bei der Schweizerischen Depeschenagentur ein Volontariat und da fiel mir die Einseitigkeit der Berichterstattung über Südafrika in den Artikeln auf. Bis ich dann herausfand, dass der, der diese Artikel schrieb, nicht in Südafrika saß, sondern in London. Dieser Journalist produzierte Artikel über Südafrika für die sda-Presseagentur in Bern. Diese Berichte gingen dann an die gesamte schweizerische Presse. Da habe ich begonnen, Nachforschungen anzustellen und stellte fest, dass es eine von der kommunistischen Seite abgekartete Sache war, um Südafrika zu diffamieren. Ich habe mich dann für Südafrika interessiert. Nach dem Diplom-Abschluss bei der Depeschenagentur in der Schweiz trat ich in den Regierungsdienst der Südafrikanischen Regierung, damals unter Dr. H. F. Verwoerd; 1964. In den Jahren von 1964 bis 1979 war ich im diplomatischen Dienst Südafrikas angestellt – Attaché, Presseattaché, 1. Sekretär der Botschaft, Botschaftsrat. Arbeitsgebiet Europa und Südamerika. Ich bekam so eine Vorbildung, die ich nachher als selbstständiger Journalist sehr, sehr nützlich fand.
Sie waren Öffentlichkeitsarbeiter für Südafrika?
Nein, wir nannten das anders. Das war das Pressewesen, die Publikationen der Regierung unter Dr. Verwoerd. In seiner Regierung wurde ich als

Presseattaché angestellt, mit Sitz im Ausland, in Bern in der Schweiz. Beauftragt war ich mit der Publikation der internen Hausschriften und verschiedener Publikationen. Das beinhaltete redaktionelle Arbeit plus Herausgeberarbeit.
Gaben Sie auch Bücher heraus?
Nein. Das waren zunächst Informationsblätter. Die Zeitschrift *SA-Panorama* kam später dazu. Ich hatte ein Budget zur Verfügung, um publizistisch tätig zu sein und die Informationen in verschiedenen Sprachen herauszugeben. Wir sprechen von sechs Sprachen.
Sie waren zuständig für Westeuropa?
Für ganz Europa, Südamerika und Nordamerika. Ich hatte in meinem Team etwa neun Redaktoren, die als Muttersprache Portugiesisch, Französisch, Spanisch, Italienisch, Holländisch und Deutsch sprachen. Die Redaktoren mussten als Muttersprache die Sprache sprechen, die sie redigierten. Meine Tätigkeit bestand darin, alles zu koordinieren und den gesamten Druck dieser Publikationen in der Schweiz zusammenzufassen. Die Schweiz als neutrales Land war dazu günstig, weil ich viel mit den Gewerkschaften in Europa zusammenstieß, die gegen Südafrika agierten.
Kontroverse Zeiten, nicht?
Das war sehr kontrovers. Mit Joschka Fischer zum Beispiel haben wir uns mit Bierflaschen auseinandergesetzt. Ich habe ihn in Frankfurt kennengelernt, als er mit Tennisschuhen gegen das Establishment protestierte. Nach vielen Jahren habe ich ihn dann in Pretoria bei einem Mittagessen wieder getroffen, zu dem er mich eingeladen hatte. Er wusste nicht, wer ich war, weil der Treff von der Deutschen Botschaft organisiert worden war. Joschka Fischer hat politisch eine 180-Grad-Kehrtwendung absolviert. Jetzt ist er ein ganz angenehmer Typ. Mit vielen Schwarzen machte ich ähnliche Erfahrungen. Im Ausland waren sie gegen Südafrika. Später, nach der Wende 1994, wurden sie zu Patrioten. Ich lernte zum Beispiel in den Slums von Daressalam Alfred Nzo, Chef des ANC, des African National Council, kennen, den späteren südafrikanischen Außenminister unter Nelson Mandela. Mandela und andere hatte ich schon während meiner Zeit im Informationsministerium heimlich im Gefängnis fotografiert. Als ich später als Journalist tätig wurde, habe ich die Bilder publiziert, nach 1979, als ich aus dem Regierungsdienst ausgetreten war. Wegen der Bilder bekam ich Ärger mit der Vorster- und später Botha-Regierung. Fotos von Nelson Mandela und anderer eingekerkerter Prominenz waren in Südafrika ein Tabu. Man durfte nichts über die schwarze Untergrundopposition publizieren.

Zurück zu den Publikationen, die vom Ministerium herausgegeben wurden...

Südafrika scheute da keine Kosten. Das SA-*Panorama* war eine Illustrierte. Das fing so an: Ich hatte die Staatsangehörigkeit von Südafrika, kam 1970/1971 zurück in das Informationsministerium nach Pretoria. Ich machte den Vorschlag, alle unsere Publikationen an einem Punkt zu konzentrieren, und zwar in der Schweiz. Ich begründete das einmal mit der Kostenersparnis, zum anderen mit der Neutralität der Schweiz. Einige Kollegen im Ministerium waren dafür, einige dagegen. Einige profitierten von den Budgets dieser Publikationen. Und hier kam der menschliche Faktor ins Spiel. Die Korruption fasste Fuß.

Ich kam also mit der Idee, eine objektive Zeitschrift zu produzieren und eliminierte die vielen kleineren Publikationen. Mit den bisherigen Broschüren konnte man zwar die Buren im Land beeinflussen, verdummen. Aber das war eine Methode, die in Übersee keinen Erfolg hatte. Ich erklärte meinem Vorgesetzten in Pretoria, es müsse eine Publikation geschaffen werden, die in Europa gedruckt, versendet und gelesen wird, also inhaltlich eine neutrale ›Visitenkarte Südafrikas‹ präsentiert.

War Eschel Rhoodie Ihr Vorgesetzter?

Das war mein direkter Vorgesetzter. Er war der Staatssekretär des Info-Ministeriums. Es gab im Ministerium zwei Dr. Rhoodies. Das waren Brüder. Dr. Deneys Rhoodie war auf untergeordneter Ebene tätig.

Eschel Rhoodie hat ein Buch geschrieben, *The real information scandal*...

Ja, dort beschreibt er die Vorgänge so, wie er sie gerne dargestellt haben möchte. Diese Version ist aus seiner Sicht voller ›faktischer Irrtümer‹.

Zurück zu Ihrer Arbeit im Ministerium...

SA-*Panorama* bestand schon als ganz kleine Publikation in Südafrika. Nach meinen Vorlagen sollte es die Visitenkarte Südafrikas im Ausland werden. Sie war erziehungstechnisch angelegt. Über Kunst, Wissenschaft, Erfindungen, tägliches Leben et cetera sollte berichtet werden, nicht über Politik. Die Apartheid-Politik jener Jahre, so wurde mir bald klar, war nicht weiter zu verteidigen.

Panaroma erschien monatlich?

Ich gründete diese Illustrierte in der Schweiz quasi neu, und zwar in den Jahren 1966/1967. Wir bekamen ein bescheidenes Budget von der Regierung, zunächst für eine Auflage von 3.000 Exemplaren in zwei Sprachen, Deutsch und Französisch. Dann sah ich den Erfolg. Wir hatten eine Klientel, die, würde ich sagen, beinahe extrem pro Südafrika war. Diese ersten

Auflagen wurden gratis versandt. Zu diesem Zeitpunkt stoppte Conny Mulder, der Minister für Information, auf Drängen von Deneys und Eschel Rhoodie die staatlichen Zuwendungen und wollten SA-*Panorama* schließen. Sie wollte die SA-*Panoroma*-Budgets für andere dubiose Zwecke nutzen oder andere Projekte fördern, die ihnen näher lagen. Das war meines Erachtens der Grund für die Intrige. Das war 1973/1974, als sich die Korruption in Südafrikas Regierung stark ausbreitete.

Ich hatte SA-*Panorama* inzwischen voll in Bern zentriert. Mir kam die Idee, warum, wenn wir schon am europäischen Zeitschriftenmarkt teilnehmen, machen wir nicht gleich Nägel mit Köpfen und gehen in die Abonnement-Version über? Ich teilte unseren Lesern in eigener Regie und ohne ›Genehmigung meiner Regierung‹ in der ›letzten Ausgabe‹ mit, dass SA-*Panorama* nur im Monats-Abonnement weiter existieren könne. Mit der schweizerischen Post konnte ich mich über die Versandkosten einigen. Wir konnten SA-*Panorama* als erziehungstechnisches Material versenden, als Kulturzeitschrift. Da sanken die Versandkosten quasi gegen Null. Die akzeptierten und wir bekamen den Versand praktisch zum Vorzugstarif bis nach Buenos Aires und Ottawa. Dann richtete ich für die spanische Redaktion ein Büro in Buenos Aires ein und für Frankreich und Kanada in der französischen Schweiz in Genf. Die Zentralredaktion und Koordinierung verblieb unter meiner Leitung in Bern.

Wie lief es?

Wir erlebten in den darauffolgenden Wochen eine gigantische Auflagensteigerung von 3.000 auf 262.000 Abonnement-Exemplare pro Monat in sechs Sprachen. Zu dieser Zeit kontaktierte mich auch die russische Botschaft in Bern. Der Botschafter fragte, ob ich nicht eine gewisse Anzahl der SA-*Panorama* nach Moskau senden könne. Das würde ich, aber nur gegen Abonnement-Bezahlung, sagte ich. Dann schickten wir monatlich 500 Exemplare nach Moskau. Nebenbei bekam ich ein Job-Angebot der russischen Regierung, um eine kommunistische Publikation auf der Basis der SA-*Panorama* für die Sowjets herauszugeben. Zu einem Gespräch luden Sowjetbotschafter und Gattin mich nach Interlaken, im Berner Oberland, zu einem feudalen Essen ein. Ein Angebot, das ich selbstverständlich abgelehnt habe.

SA-*Panorama* hat Aufsehen erregt?

Ja, SA-*Panorama* hat Aufsehen erregt. Das war ein Vierfarbdruck im Rollen-Offset-Verfahren. Ich wurde von diversen Studentenorganisationen – links wie rechts – angegriffen. Die Anklage lautete: Apartheid wird auf Kunstdruckpapier beschönigt. Das war aber nicht ganz korrekt. Wir druckten die andere, die positive Seite von Südafrika. Denn die schäbigen Seiten druckten die ja selbst. Uns wurde beispielsweise vorgeworfen, wir hängen im Jahr 200 Schwarze auf und nur zwei Weiße. Da sagte ich: »Wir haben in Südafrika das holländisch-römische Recht und darin ist die Todesstrafe verankert.« Übrigens war die Kriminalität, über die man heute so gern im Zusammenhang mit Südafrika berichtet, früher noch viel schlimmer. Nur kam das nicht an die Öffentlichkeit. Die Statistiken sind heute zwar erschreckend, aber die hatten wir damals auch schon. Diese Informationen wurden allerdings unterdrückt, sodass man dachte, alles ist friedlich und still im Lande.

Oben: Das Propanda-Blatt *Südafrikanisches Panorama*. Quelle: *SA-Panorama* 35/1971, 46/1973, 97/1979; Unten: Artikel-Ausriss aus 97/1979, S. 20.

Sie haben SA-*Panorama* bis zum Muldergate-Skandal gemacht?
Ja. Ich sah das als Gegenpropaganda. Südafrika wurde so diffamiert im Ausland, dass ich sagte, wir bringen nur die Wahrheit. Ich habe keine

Apartheid-Ideologie vertreten. Ich hatte, wenn ich Artikel über die Zulus, die Inder, die Malaien oder die Pakistanis in Südafrika brachte, immer Ärger mit meiner eigenen Regierung. Ich sagte meinen Obrigen, ich kann nicht nur die Weißen vertreten. Ich muss auch die anderen zu Wort kommen lassen. Ich habe das alles ausgewogen dargestellt und politische Ideologien nie publiziert. In *SA-Panorama* war die Kultur die Basis – ethnologische Artikel, interessante Reportagen von touristischen Sehenswürdigkeiten et cetera. Mein Motto war: »Ein Löwe ist ein Löwe, in Afrika wie auch in Russland. Er bleibt ein Löwe.« Wir brachten Themen, die man nicht verteufeln oder angreifen konnte. In Südafrika passierten so viele gute Sachen, die in der Welt völlig ignoriert worden waren. Solche Geschichten in *SA-Panorama* erregten nicht nur in der Schweiz, sondern überall in Europa Aufsehen.

1974 führte ich eine südafrikanische Delegation, die das schweizerische Fernsehsystem untersuchen und kopieren wollte. Die Mehrsprachigkeit in der Schweiz diente Südafrika als funktionierendes Beispiel. In Südafrika gab es 1974 noch kein Fernsehen. Erst 1976 wurde das Fernsehen in Südafrika eingeführt. Mein Rang war damals Erster Sekretär der Botschaft und gleichzeitig Presseattaché. Ich hatte die Südafrikaner mit dem schweizerischen Fernsehleuten zusammengebracht. Die Konservativen in Südafrika dominierten das Tagesgeschehen. Langsam erkannten sie die Realität in der Welt. Oom Paul[1] war noch der Ansicht, dass die Erde flach sei. Das Fernsehen riss das Afrikaanervolk, Weiße wie Schwarze, aus der Isolation. Das Afrikaanervolk hatte Mühe sich gegenüber solchen Neuerungen wie dem Fernsehen oder überhaupt gegenüber dem Westen zu öffnen. Die Verteidigungsstrategie in Südafrika unter dem Verteidigungsminister und späteren Präsidenten Pieter Willem Botha lief auf Hochtouren. Es kamen die Mirage-Flugzeuge und Wissenschaftler aus Frankreich, die Techniker und Minen-Ingenieure aus Deutschland, die Atomexperten aus Belgien. Es wurden die Atomforschungszentren bei Hartebeespoort-Damm, 45 km östlich von Pretoria, gebaut. Diese Uran-Anreicherungs-Anlagen erregten das Interesse der Großmächte. Viele bekannte europäische Firmen gründeten in den 1960er-Jahren erste Niederlassungen in Südafrika. Ich habe mit Großaktionären von diesen Firmen zahlreiche Gespräche geführt, um sie für Südafrika zu motivieren.

---

1 ›Oom Paul‹ steht hier für synonym für eine ältere, konservative Generation von Buren. Die Buren stammen zum Großteil von niederländischen und deutschen Siedlern ab, die seit dem 17. Jahrhundert in die Region am Kap der Guten Hoffnung einwanderten und dort siedelten.

War das schwierig damals? Gegen Südafrika lief ein internationaler Boykott.
Sehr schwierig. Ich mischte mich in die Wirtschaft ein, da fielen mir unsere eigenen südafrikanischen Diplomaten oft in den Rücken. Handel und Kontakte knüpfen wäre zwar ihr Ressort, aber das diplomatische Entertainment reizte mehr. Golf und Cocktailpartys hatten Priorität. Unsere Handelsabteilung war groß aufgestellt in der Berner Botschaft, wunderbare feudale Büros, aber heraus kam wenig. Ich besuchte die schweizerische Großindustrie. Ich brachte die Aktionäre und Generaldirektoren in Kontakt mit südafrikanischen Partnern. Man war sehr interessiert daran, schweizerische und deutsche Firmen in Südafrika zu haben. 1980 zählten wir in Südafrika, trotz weltweiter Boykotte, etwa 650 deutsche und 450 Firmen aus der Schweiz, die sich in Südafrika etabliert hatten.

Wie viele Firmen holten Sie persönlich nach Südafrika?
Ich selbst? Etwa fünfzehn europäische Großfirmen. Wir lockten sie mit Steuervergünstigungen und billigen Arbeitskräften. Die Löhne der Schwarzen muss man allerdings ins Verhältnis setzen. Nach südafrikanischen Maßstäben verdienten sie bei den schweizerischen und deutschen Firmen protzende Gehälter. Gemessen an schweizerischen oder deutschen Verhältnissen natürlich wenig.

Wie ging es dann bei Ihnen weiter?
1977 bis 1979 kam die große Wende. Ich war damals im Informationsministerium angestellt. Conny Mulder war der Informationsminister. Dann begann der große Skandal. Die Rhoodies, das war eine Großfamilie, hatten ihre Kontakte an den Schaltstellen der politischen Macht in Südafrika. Da begann eine unterschwellige Gegenaktion gegen die Korruption. Es dauerte zwei Jahre, wonach viele dieser dubiosen Charaktere entweder im Gefängnis waren oder sich ins Ausland abgesetzt hatten.

Wurden auch Leute ermordet?
Dass gemordet worden war, und zwar im Namen des Staates, der Apartheid, ist später bewiesen worden.

Was für eine Rolle spielten Sie?
Ich verschaffte denen, die gegen die Korruption vorgingen, Informationen über dubiose Transaktionen mit Banken. In Südafrika war es damals nicht erlaubt, ein Konto im Ausland zu haben. Darauf stand Gefängnis. Die normalen Kundenkonten in der Schweiz herauszufinden, ist allerdings einfach, weil die Konten-Nummern selbst auf den Firmenbriefköpfen gedruckt sind. Andernfalls geht man zur Bank, tätigt eine Einzahlung auf einen Na-

men. Dann fragt der Bankangestellte, wie die Nummer des Kontos lautet und man sagt, die habe ich nicht. Dann schaut er nach, trägt die Nummer ein und gibt die Einzahlungsquittung mit der Nummer zurück. So haben viele, die damals gegen die Korruption angingen, die Konten herausgefunden.

Von der Afrikaans schreibenden Presse wurde ich damals verunglimpft, weil ich öffentlich in der englischen Oppositionspresse gegen den korrupten Bruderbund anging. Ich teilte den Afrikaanern mit, dass ihre ›Superbrüder‹ im Bruderbund nicht das geringste Interesse am Normal-Afrikaaner hätten und das Land, wo immer möglich, radikal bestehlen. Dazu muss erwähnt werden, dass zwischen dem Englisch sprechenden Teil der Südafrikaner und dem Afrikaans sprechendem Teil der Südafrikaner eine tiefe Aversion – zurückgehend auf den Burenkrieg – bestand. Die Afrikaans sprechenden Südafrikaner sehen sich als die echten und wahren Südafrikaner. Alle anderen gelten als Einwanderer.

Der sogenannte ›Info-Skandal‹ (s. S. 355ff.) zog damals weltweit Kreise...

Während des Info-Skandals war von der Regierung eine Untersuchungskommission, die Erasmus-Kommission, eingesetzt worden. Nach einigen Monaten Arbeit kamen die drei Rechtsgelehrten, unter dem Vorsitz von Richter Erasmus, zu dem Ergebnis, dass die Korruptionsvorwürfe gegen hohe Regierungsbeamte und gewisse Ministerien sowie meine persönlich vorgebrachten Korruptions-Anschuldigungen absolut fundiert waren. Die Beweise waren eindeutig. Die Kommission bestätigte in einem Schlussbericht meine Unschuld in allen Aspekten und sprach von einer »organisierten Verleumdung wider meine Person, lanciert von hohen Regierungsbeamten«. Die Einnahmen der SA-Panorama, das war das Interessante, kassierte eine Großfirma im Schweizer Druckwesen. Die schickten das Geld dann an das hiesige Informationsministerium. Die Gelder verschwanden alle. Davon war nichts mehr da. Das müssen Millionen gewesen sein.

Was geschah mit Ihren Vorgesetzen?

Dr. Conny Mulder verstarb kurz nach dem Skandal. Dr. Deneys Rhoodie wurde entlassen. Dr. Eschel Rhoodie erhielt zwölf Jahre Zuchthaus. Der Broederbond[2] organisierte seine ›Abschiebung‹ nach Atlanta in den USA, um

---

2 Der Afrikaner Broederbond und seine Nachfolgeorganisationen waren Geheimbünde der afrikaanssprachigen Bevölkerung Südafrikas. Ihre Wurzeln reichen bis ins Jahr 1918 zurück. Ziele waren u.a., den politischen und wirtschaftlichen Einfluss der burischen Bevölkerung zu stärken. Die vom Broederbond unterstützte National Party trieb maßgeblich den Aufbau des Apartheid-Systems und dessen Ideologie voran.

noch größere Skandale zu vermeiden, weil er drohte, weitere Enthüllungen zu machen. Eschel ist später in Atlanta verstorben – auf der Tennisbahn.
Und wie ging es mit Ihnen weiter?
Ich verließ 1979 den Staatsdienst, weil ich mir sagte, ich habe mich für eine Regierung eingesetzt, die so korrupt ist, dass es sich nicht lohnt, für diese Leute, das war die Vorster-Regierung, noch weiter zu arbeiten. Ich habe für Südafrika gearbeitet, für alle Südafrikaner, aber nicht für eine einzige Bevölkerungsgruppe. Die Burenregierung war zwar die gegenwärtige Machthaberin im Land. Das war aber nicht immer so gewesen. Um die Jahrhundertwende waren die Buren von den Engländern unterdrückt worden. Jetzt waren die Buren oben und unterdrückten alle anderen Volksgruppen im Land.
Sie haben auch einen Prozess geführt?
Es gab etliche Gerichtsprozesse. Ich habe meinen Verleumdungsprozess gegen die *The-Citizen*-Zeitung gewonnen. Das war Anfang der 1980er-Jahre. Ich hatte dieser Zeitung vorgeworfen, eine staatlich kontrollierte Zeitung zu sein. Die machten mich daraufhin auf drei Titelseiten lächerlich, um vom eigentlichen Problem abzulenken, nämlich im Regierungs-Sold zu stehen. *The Citizen* wurde damals von einem gewissen Johnny Johnson geleitet.

In einer Schlacht bekommt man Wunden. Ich wurde hier bekannt wie ein ›bunter Hund‹. Ich habe die Zeitungsbelege noch da, wo ich die Titelseiten fülle. Ich, der immer nur gearbeitet hat, um positive Propaganda für die Buren und für dieses Land zu machen. Später wurde das auch wieder anerkannt. Aber mich machte es sehr traurig zu sehen, wie sich in Südafrika die öffentliche Meinung durch die staatlich kontrollierte Presse manipulieren ließ. Die englische Presse in Südafrika ist abhängig vom Großkapital, aber relativ unabhängig. Die Afrikaaner-Presse aber war total regierungshörig. Das Fernsehen war damals noch sehr schwach, steckte in den Kinderschuhen, die Programme waren sehr bescheiden. Und auf die ausländischen Medien hatte ich keinen Zugriff. Es war eine turbulente Zeit. Mein damaliger Kollege, Dr. Robert Smit, der in Genf arbeitete, während ich in Bern tätig war, wollte aus dem Info-Skandal Kapital schlagen. Er ging nach Südafrika zurück und wollte sich wählen lassen. Das Info-Nest wollte er ausräuchern oder ausrotten, wie er sagte. Das ging vielleicht so eine Woche gut, dann wurden er und seine Frau im eigenen Haus ermordet. An der Schlafzimmerwand stand in blutigen Buchstaben geschrieben RAUTEM, was niemand bis heute erklären oder deuten konnte.

Der Chef des Geheimdienstes war ein Bekannter von mir. Um über diese Morde vor Gericht aussagen zu können, stellte der sich damals öffentlich auf den Church-Square in Pretoria und machte den Mord an Smit als Tat seines Staatssicherheitsdienstes publik. Er sammelte Unterschriften, um vor Gericht aussagen zu können, dass er selbst veranlasst habe, Robert Smit umzubringen. Ich sprach mit ihm, während er im Zentrum Pretorias protestierte. Die nun amtierende Botha-Regierung hatte an einer solchen Aussage aber natürlich keinerlei Interesse und gab ihm auch keine Plattform, auf der er etwas hätte sagen können. P. W. Botha hatte ihn ja abgesetzt und durch einen eigenen Protegé ersetzt. Die Presse in Südafrika ignorierte ›Lang Hendrik‹.

Wir reden von Hendrik van den Bergh?

Ja. Wir nannten ihn Lang Hendrik, weil er so groß war. Er war bei mir in der Schweiz fünf Tage zu Gast gewesen. Ich wusste damals noch nicht, dass er der Chef des südafrikanischen Geheimdienstes war. Er war ein enger Freund von John Vorster und hatte mit ihm zusammen im Konzentrationslager der Engländer in Koffiefontein gesessen. Unter der Vorster-Regierung wurde er Chef des Geheimdienstes, weil Vorster sein alter Kumpel war. Die Qualitäten für so eine Stellung hatte er meines Erachtens nicht. Er war eigentlich Rinderzüchter. Er ließ in seiner Amtszeit Leute umbringen, die gegen die Apartheid waren. Fälle wie Joe Slovo und dessen Frau Ruth. Letztere wurde in Paris umgebracht, vom eigenen Geheimdienst. Viele, viele böse Taten passierten damals. Hendrik van den Berghs Fühler reichten bis nach Paris, London und in andere europäische Städte. 1979 krachte nicht nur das zusammen. Ich machte 1978 die öffentliche Ansage, dass ich das Informationsministerium bis auf das Fundament abbrechen werde. Ich erntete schallendes Gelächter. Daraufhin nahm der sogenannte ›Staatssicherheitsdienst‹ im Namen der nationalen Sicherheit laufend Erklärungen von mir ab, dass ich dazu nichts mehr sage. Das war eine Bande von Killern. Während eines dieser Gespräche sagte ich denen, sie sollten diese Erklärungen doch selbst abgeben. Nicht ich sei die Gefahr für den Staat, sondern sie selbst. Was sich später ja erwies.

Die kamen zu Ihnen?

Ja. Die kamen in mein Haus in Pretoria und bedrohten mich.

Hatten Sie Angst?

Natürlich hatte ich Angst. Ich stand doch völlig allein da. Meine Ex-Kollegen grüßten mich nicht mehr. Wenn sie mich trafen, drehten sie sich vor mir um und liefen weg, damit sie mich nicht grüßen mussten oder ich sie grüßte. Man wollte nicht mit mir gesehen werden. Das müssen sie sich vorstellen.

Das verstehe ich nicht. Warum sind Sie nicht untergetaucht?
Das bin ich auch. Ich bin in die Schweiz geflogen, um weitere Details herauszubekommen.
Damit Sie etwas gegen die in der Hand hatten?
Richtig, und um die Zeitungen darauf anzusetzen. Zum Beispiel ist der Chefredakteur der *Rand Daily Mail* persönlich in die Schweiz gefahren, um Nachforschungen anzustellen. Das war eine sehr, sehr hektische Zeit damals. Es ging ja nicht nur das Informationsministerium den Bach runter, sondern die gesamte Vorster-Regierung. Ich hatte das nicht geplant. Ich respektierte Dr. Rhoodie. Ich wollte ihm überhaupt nichts Böses. Als ich meine Memoranden aus der Schweiz an ihn schrieb, um ihn darauf aufmerksam zu machen, dass in seinem Departement korrupte Elemente am Werk seien, wollte ich ihn nur aufklären, ihn auf die Korruption aufmerksam machen. Aber diese Memoranden gingen nicht direkt an ihn, sondern wurden schon von seinen Untergebenen in den unteren Etagen gelesen, die dann meinten, ich führe etwas im Schilde. Ich hatte damals keine Ahnung, worauf ich mich da eingelassen hatte. Das ganze Ausmaß dieser Affäre war mir zu dem Zeitpunkt gar nicht bewusst.

Sind Sie mit Ihren Informationen auch an internationale Medien herangetreten?
Das deutsche Fernsehen hatte einen Korrespondenten hier, der mich zu diesem Skandal interviewte. Der kam in mein Haus und ich erzählte ihm einige Tatsachen. Da bekam er wohl Angst. Nichts davon wurde gesendet. Ein weiterer Korrespondent sprach auch mit mir. Der kam vom *Spiegel*. Dem erzählte ich zum Beispiel, dass Ruth First, diese junge, hübsche, intelligente Frau schlotternd vor Angst in mein schweizerisches Büro kam. Ich erzählte ihm auch von den Waldeck-Morden in London und erklärte ihm, dass das alles von den Leuten ausging, mit denen er beste geschäftliche Kontakte pflegte. Zum Beispiel arbeitete er eng mit Les de Villiers zusammen. Den nannten wir Dirty Harry. Der wird bis heute noch gesucht. Ich hatte übrigens die jetzige Regierung erst auf diese professionellen Killer aufmerksam gemacht. Der *Spiegel*-Korrespondent glaubte mir das damals alles nicht. Der wusste wohl von den Morden in Europa, aber nicht, dass das die Leute inszeniert hatten, mit denen er bestens zusammen arbeitete.

Ruth First wurde 1982 umgebracht. Wann kam sie zu Ihnen ins Büro? Was wollte sie?
Sie kam von Paris aus – Ende der 1970er-Jahre – in mein schweizerisches Büro, kurz bevor ich das Informationsministerium verließ. Sie er-

kundigte sich nach den Vorwürfen gegen sie und ob es Sinn mache, nach Südafrika zu reisen. Sie war ja mit Joe Slovo verheiratet. Die Sache war damals auch für mich undurchsichtig, weil ich über die Geheimdienstaktionen nicht informiert war.

Noch ein paar Worte zu Dirty Harry. Der hatte die Morde angeordnet?

Der hat die Morde organisiert. Die Anordnung kam vom Geheimdienstchef. Einige von diesen Ganoven traf ich später wieder in New York auf einem Bankett der Mandela-Regierung. Dirty Harry saß zwei Stühle neben mir. Ich saß mit dem Konsul zusammen, meine Frau war ja auch Konsul in New York. Sie ist Südafrikanerin. Wir hatten ein Abendessen dort. Da hörte ich eine Stimme. Ich dachte sofort: »Das ist doch Les de Villiers, Dirty Harry!« Das sagte ich auch richtig laut. Da schaute mich einer an, schön glatt gestrichene Haare, ganz anderes Gesicht. Ich sah sofort, der Mann hatte eine Gesichtsoperation gehabt. Und die hatte er tatsächlich auch bekommen, wie ich nachher feststellte. Sehr interessante Sachen spielten sich beim Übergang ab. Wie die sich von einer Regierung in die nächste retteten oder versuchten zu retten, um dort wieder an allen diplomatischen Privilegien teilnehmen zu können... Das war übrigens ein Essen im New Yorker Waldorf Astoria.

Lebt er noch?

Ja, er ist damals irgendwo in Chicago untergetaucht.

Zurück zu den deutschen Korrespondenten. Was meinen Sie mit ›beste geschäftliche Kontakte‹?

Die bekamen spielend Akkreditierungen und alle Interviews, die sie wollten. Da konnten andere nur staunend zuschauen. Ob das finanzielle Auswirkungen hatte, kann ich nicht sagen. Aber gesellschaftlich hatte das gewaltige Auswirkungen. Die hatten überall Zutritt.

Warum?

Weil ARD und *Spiegel* einflussreiche Medien waren.

Wie ging es nach 1979 weiter? Sie arbeiteten als Journalist?

Das war die Vorgeschichte. Ich kam also zum Journalismus aufgrund der Korruption in Südafrika. Ich schied 1979 aus dem Regierungsdienst aus. Die SA-*Panorama* lief noch bis 1995 weiter. Die *Panorama* war das einzige Regierungsprojekt im Ausland, das alles überstand, 25 Jahre lang. Enorm! Von 1979 an arbeitete ich auf eigene Kappe. Erst zu diesem Zeitpunkt hörte ich auch von den Untergrundbewegungen der Schwarzen, Biko und so. Ich war zu jener Zeit in Südamerika. Aber mir schwante dann, dass Kräfte innerhalb Südafrikas agierten, die wir gar nicht kannten.

1979 kam also die große Wende. Die Regierung begann Zugeständnisse zu machen. Roelof Pik Botha sagte zum Beispiel, die Apartheid gehöre auf den Misthaufen, womit er völlig Recht hatte. Damit schuf Pik Botha jedoch in seinem eigenen Lager große Aversionen gegen sich selbst. Das Burenlager war gespalten. Die Infights in Südafrika führten Mitte der 1980er-Jahre dazu, dass sich dieser Polizeistaat im Polizeistaat versuchte, durch Untaten über Wasser zu halten. Sie organisierten Aufstände in den Townships, von denen sie sagten, das seien die Schwarzen, die sich selber bekämpfen. Das war alles inszeniert. Das Ganze war ein einziges Theater, um der Welt zu beweisen: »Schaut, was die Schwarzen machen.« Im Hintergrund stand immer der südafrikanische Sicherheitsdienst, von dem das Volk überhaupt nichts wusste. Der Bure ist, wie das Wort sagt, ein Bauer. Er arbeitet auf dem Land und denkt, er tut das Beste für seine Schwarzen, nicht wissend, dass seine eigenen Führer das inszeniert hatten, um selbst an der Macht zu bleiben. – Ein Szenario, altbekannt.

Von den Entwicklungen innerhalb der schwarzen Bewegungen, vom ANC, wollen Sie nichts mitbekommen haben?

Oh doch. Ich bin 1979 selbstständig geworden aufgrund der Vorgeschichte, die ich Ihnen in groben Zügen dargelegt habe. Ich hatte ein enormes Insider-Wissen, was im südafrikanischen Regierungslager geschah, weil ich ja selbst einer von den Leuten war, die Politik de facto zwar nicht verteidigten, aber auslegten. Die Apartheid ist im Grunde gar nicht so schlecht. Jeder für sich und Gott für uns alle, das war das große Thema. Man wollte kein Zusammen schaffen, man wollte keine Integration. Man wollte die schwarzen Völker separieren und jeder sollte in Frieden für sich selber leben. Nur, dann kam der menschliche Faktor wieder ins Schwingen. Viele bereicherten sich und den Schwarzen gab man nur, was man selber nicht haben wollte. Die Schwarzen wurden ungerecht behandelt. Wie dem auch sei, das alles funktionierte nicht, weil eben zu viele Leute ihre Finger in den Kuchen steckten. In den Jahren nach 1979 benutzte ich meine Pressekontakte in Übersee, Deutschland, Österreich und der Schweiz, um als Journalist Fuß zu fassen, da ich von der schreibenden Zunft kam. Ich kannte die Redakteure und Redaktoren von vielen Zeitungen durch meine Arbeit im Informationsministerium persönlich. Ich hatte im Nu über 60 schriftliche Akkreditierungen von diesen Zeitungen. Ich habe all diese Bescheinigungen hier in einem Schnellhefter.

War es nicht schwer, als Korrespondent anzufangen?

Nein. Die haben sich auf mich verlassen, weil man wusste, der Mann kennt die Sache. Er hat uns immer erzählt, wie es ist und hatte immer Recht behalten. Ich habe zum Beispiel in einer Konferenz beim *Mannheimer Morgen* 1986 zu den Redakteuren gesagt: »Südafrika wird schwarz und zwar in sehr kurzer Zeit. Die Weißen pfeifen aus dem letzten Loch und der Staatssicherheitsdienst versucht, die Situation mit Untaten zu managen, um an der Macht zu bleiben.« Da haben sie mich ausgelacht in Mannheim. Das hat niemand geglaubt, dass dieser starke Staat Südafrika Bankrott gehen wird, politisch Bankrott gehen wird. Ich selbst habe damals in Zeiträumen von 30, 40 Jahren gedacht. Zehn Jahre später waren sie weg vom Fenster, die großen Köpfe, die Bothas und so. Es war zu insulanisch gedacht. Die Leute saßen hier wie auf einer weißen Insel. Sie hatten keinen Zugang zu korrekten Informationen, weder aus Afrika, noch aus Europa oder Amerika, weil sie unter dem Boykott lagen und mit dem Rücken zur Wand standen, was damals meine Sympathie weckte. Aber ich merkte irgendwann, ich verfechte die falsche Meinung.

Wie ging es weiter als Journalist?

Das funktionierte in den ersten Jahren tadellos, weil die Beiträge, die ich schrieb, Substanz hatten. Wenn einer von der Presseagentur hier nach Südafrika kam, aus Hamburg, war der drei Wochen da, schrieb einen tollen Artikel, stilistisch und sprachlich wunderbar. Das las sich alles wie ein Roman. Dann galt der Mann als Experte. Aber ich sagte oft genau das Gegenteil in meinen Zeitungen. Meine Artikel erwiesen sich über die Jahre immer als korrekt wegen des Hintergrundes. Ich wusste, wie sich alles aufgebaut hatte.

Welche Sender, Zeitungen und Zeitschriften belieferten Sie damals in Deutschland?

Wir können beginnen mit der *Frankfurter Neuen Presse*, *Westfalenblatt Bielefeld*, *Kieler Nachrichten*, *Mannheimer Morgen*, *Karlsruher Zeitung*, *Nürnberger Nachrichten*, *Zürcher Seezeitung*, *Salzburger Nachrichten*. Auch für die BZ in Berlin. Für die *Hannoversche Zeitung* war ich in den frühen 1980er-Jahren auch Korrespondent im südlichen Afrika. Ich war scheinbar der Einzige, den sie hatten, der hier unten Bescheid wusste. Bis dann ihre eigenen Leute hier runter kamen. Interessant ist die Akkreditierung, die ich von dpa habe, vom dpa-Fotodienst. Für die habe ich jahrelang gearbeitet. Den dpa-Leuten habe ich jetzt erst die Beweise geschickt, weil die meinten, ich würde mich hier fälschlicherweise als Vertreter der dpa ausgeben. Nein, nein, sagte ich, als Vertreter des dpa-Fotodienstes.

Wie lange haben Sie denn für dpa gearbeitet?

Mindestens 15 Jahre.

Da kriegen Sie noch Tantiemen...

Ich bekomme noch Geld für Fotos, die ich publiziert habe.
Sie waren immer freier Korrespondent?
Ich bekam von einigen Zeitungen ein Fixum.
Also Pauschalist?
Genau. Einen Fall möchte ich Ihnen erzählen: Das war in Daressalam, in einem Außenbezirk. In dieser Slum-Situation suchte ich Alfred Nzo auf. Alfred Nzo war Generalsekretär des ANC. Das war 1984/1985. Da saßen wir mehrere Tage vor seiner Hütte, vor seiner Bananenhütte, in so einer Shanty Town, und er erzählte mir, *who is who* im ANC. Ich nehme es vorweg: Die Regierung hier in Südafrika kaufte mir diese Informationen ab, weil sie keine eigenen hatte. Bereitwillig gab mir Alfred Nzo das *who is who* des ANC; nach drei, vier Wochen.
Drei, vier Wochen waren Sie da?
Ich habe täglich Interviews mit ihm geführt und er hat mir erklärt, wer ist Chris Hani, wer war dies und wer war jenes und wer war Trevor Manuel et cetera. Der Mann wusste Bescheid in seinem Club. Und er sagte zu mir: »Wenn ich später in Südafrika an der Macht sein werde, bist du mir immer willkommen. Du nennst nur deinen Namen, dann hast du Zutritt.« Ich kannte damals schon den Sitz von Pik Botha, mit dicken Ledersesseln und allem Pipapo, Botha, der weiße Außenminister. Ich habe dann einen Bericht über Nzo geschrieben, ziemlich lang, und die Regierung nahm den Artikel auf und machte mir ein Angebot. Und ich verkaufte ihnen die Informationen für ihren Geheimdienst. Denn das war ja gar nicht geheim, weil ich es ja schon publiziert hatte.

Der Regierungswechsel kam, Nelson Mandela war frei und stellte Alfred Nzo als Außenminister ein, denn Alfred Nzo war der Chef des ANC. Er hätte jeden Posten haben können, auch den des Präsidenten. Aber Mandela hatte diesen Messias-Ruf, den er in der Presse aufgebaut hatte. Ich übrigens noch mit. Mandela wurde also Präsident, Alfred Nzo wurde Außenminister. Nach einigen Monaten dachte ich, ich nehme Nzo jetzt beim Wort. Ich gehe ins Ministerium zu den neuen Boys und stelle mich vor, ich war ja registriert als Auslandskorrespondent. Ich kam dann zu seinen Bürodamen, die meinten, »kein Termin frei, das geht nicht.« »Ja, okay«, sage ich zu der Madame, »da, geh' nur rein ins Büro und sage, Roland ist hier.« Dann kam Alfred mit offenen Armen an: »You see my boy, here I am, here I am.« Die Damen waren natürlich erstaunt, dass es so was gab. So habe ich den Alfred Nzo wieder getroffen und er begleitete mich noch auf eine Fahrt mit dem Blue Train nach Simbabwe, das heißt, er fuhr nur mit bis zum Bahnhof in Pretoria. Dann ging er wieder in sein Büro und wir fuhren mit Thabo Mbeki und der ganzen Elite weiter rauf nach Norden zu den Victoria Falls. Leider starb Alfred Nzo schon kurz darauf. Ich habe noch Fotos davon, wie wir da zusammen sind.

Wenn Regierungsdelegationen nach Südafrika kamen, haben Sie auch darüber berichtet?

Die letzten waren erst kürzlich noch hier, der ehemalige schweizerische Bundespräsident und aus Deutschland, neben Helmut Kohl, auch die gesamte Regierungsmannschaft von Baden-Württemberg. Die haben mich und meine Frau eingeladen, vier Wochen Gast zu sein in Baden-Württemberg. Das war eine Geschäftsreise, eine Artikelreise, weil die wollten, dass ich das in Amerika publiziere. Ich hatte dort bis vor einem Jahr ein Büro.

Was haben Sie in dem New Yorker Büro gemacht?

Ich habe über das Büro südafrikanische Themen angeboten und beispielsweise meine Baden-Württemberg-Reise ausgeschlachtet. Ich habe dort mit der New Yorker Presse zusammengearbeitet. Für einen großen amerikanischen Nachrichtensender habe ich eine einstündige Sendung über Baden-Württemberg organisiert. Aber da war ich nur Initiator, nicht die ausschlaggebende Instanz. Ich hatte zwei eigene Redakteure. Meine Frau war ja Konsul in Amerika, südafrikanischer Konsul.

In New York verkauften Sie hauptsächlich Geschichten über Südafrika?

Ja, das war Sinn und Zweck der Sache. Der touristische Bereich war dominierend. Ich schrieb den Text hier in Südafrika und die Redakteure veramerikanisierten das. Das musste ein buntes Hüttchen sein oder ein paar große Stiefel oder irgendwas Interessantes, ein Eichhörnchen – dumme Themen, die ich keiner deutschen Zeitung hätte anbieten können. Simple Themen, da legten die großen Wert darauf. Ich hatte das Büro interessanterweise eine Straße neben dem Broadway, im Ritz Plaza, einem Apartmenthaus.

Darf ich mal ein paar Artikel rausziehen?

Bitte. Diese sind politisch. Die hier touristisch.

Swapo, Namibia, Angola...

Das waren meine Themen. Das ganze südliche Afrika.

Wie viele Länder betreuten Sie?

Das südliche Afrika. Das sind wohl 13 Länder. Die Inseln zählen da mit dazu, Seychellen, Mauritius, Madagaskar. Aber ich habe auch sehr viel über die Komoren gemacht. Dazu kam Zentralafrika, aber in zweiter Linie.

Sind Sie auch am Horn von Afrika gewesen, Somalia, Äthiopien?

Ja, da war ich, habe aber nicht darüber geschrieben. Meine Kenntnisse sind da nicht ausreichend. Da müsste ich mich total auf die Hilfsorganisationen stützen. Den großen Fehler haben ja die Amerikaner gemacht und hatten dann das Drama in Somalia.
Hatten Sie schon einmal Ärger mit NGOs?
Kein einziges Mal. Ich hatte Ärger mit der Regierung, mit afrikanischen Behörden, nicht mit den Schwarzen, immer mit den weißen Behörden auf höchster Ebene. Pik Botha rief mich einmal in sein Büro, schmetterte mir die *Zürcher Seezeitung* auf den Tisch mit einem großen Foto von Nelson Mandela. Das hatte ich im Gefängnis aufgenommen, heimlich natürlich. »Wie können Sie es wagen«, meinte Botha. Da antwortete ich ihm: »Mr. Botha, it is too late, Mandela wird in Kürze Ihr Chef.« Bothas Polizei hat mich nur beobachten lassen, aber nie festgenommen.
Sie waren ein Untouchable?
Nein, ich war nicht untouchable. Die haben meine Artikel im Ministerium analysiert. Die Artikel kamen zum Geheimdienst. Die haben das gegengelesen. Meine Artikel wurden von den südafrikanischen Botschaften in ganz Europa gesammelt und dann zurückgeführt nach Pretoria. Ich musste die Balance wahren. Aber der Hintergrund war immer korrekt. Ich bezog mich oft auf Dinge, die in den hiesigen Zeitungen schon veröffentlicht waren. Man konnte mich keiner Lügen bezichtigen. Ich habe immer alles im korrekten Zusammenhang geschrieben. Das rettete mich davor, inhaftiert zu werden.
Wie ist das mit Geheimdienstkontakten?
Wir trinken regelmäßig Kaffee im House of Coffee in Pretoria. Da trifft man sich. Da kommen Spione zusammen. Kontakte. Ich denke da auch an Mr. Williamson[3], das war hier der große Spion, der James Bond von Südafrika. Der arbeitete in Bern in der Zeit, als ich auch dort war. Dem wurde hier nachgesagt, wie toll er doch wäre und so weiter. Wir haben ihn ausgelacht. Mr. Williamson war bei uns in Bern bekannt als ein Agent von BOSS, dem Bureau of State Security. Williamson war unter Vorster auf den ANC ange-

---

3 Gemeint ist hier Craig Williamson, ein hochrangiger Mitarbeiter des südafrikanischen Militärgeheimdienstes, der u. a. für eine Vielzahl von Anschlägen und Morden im Ausland verantwortlich ist, so für den Mord an Ruth First 1982 in Maputo/Mosambik, an Jenny und Katryn Schoon in Lubango/Angola oder für die Attentate auf die ANC-Büros 1982 in London und 1986 in Stockholm. Williamson wird auch mit dem Mord am schwedischen Ministerpräsidenten Olof Palme in Verbindung gebracht.

setzt. Der ANC hat ihn mit falschen Informationen gefüttert, weil der ANC wusste, wer er war. Aber die Afrikaaner suchten einen Helden.

Wie viel konnten Sie an Informationen aus diesen Geheimdienstkontakten für Ihre Beiträge verwerten?

Eigentlich überhaupt nichts. Wir tauschen Informationen aus, ohne dass wir fragen. Ich weiß, dass er mir Sachen erzählt, so nach einem guten Kaffee mit einem Cognac. Wenn er was erlebt hat in Angola oder in Caprivizipfel oder in Windhuk oder in Simbabwe erzählt er das. Und dann erzähle ich ihm eine Story, die ich erlebt habe. Und er hört sich meine Story an und ich weiß, nachher in dem Memorandum werde ich zitiert, nicht mit Namen, aber Hörensagen, das und das sei in Simbabwe passiert. Das bekommen die Minister, die Elite. Wir müssen aber unterscheiden zwischen dem Geheimdienst und dem Militärgeheimdienst. Der Militärgeheimdienst war äußerst brutal, weil er eine Militärmacht hinter sich hatte, während der normale Geheimdienst vom Parlament bezahlt wurde. Die beiden Geheimdienste lagen sich oft in den Haaren. Da gibt es ein typisches Beispiel: der Absturz oder der Abschuss des Flugzeuges von Samora Machel kurz nach den Komati-Verhandlungen. Ich war bei diesen Verhandlungen dabei. Machel flog mit seiner russischen Mannschaft zurück. Dann wurde uns erzählt, der sei vor den Baum geflogen oder vom Himmel gefallen, weil die Russen besoffen waren. Aber so besoffen sind auch russische Piloten nie, dass sie in die Erde rein fliegen. Was der Geheimdienst gemacht hat, nicht der normale Geheimdienst, der Militärgeheimdienst, das haben wir damals schon gewusst. Ich habe das damals auch geschrieben: Die haben falsche Peilsender aufgestellt. Die sendeten auf der gleichen Frequenz, an der sich der Pilot orientierte. Normalerweise kommen diese Signale vom Flughafen. Der zivile Geheimdienst hatte die Frequenz besorgt und dem militärischen übergeben. Die Militärs haben das Flugzeug dann abstürzen lassen.

Wo gab es Überschneidungen zwischen den Systemen ziviler und militärischer Geheimdienst zum einen und der Korrespondentenwelt zum anderen? Wie nutzt wer wen aus?

Jeder versucht, den anderen auszunutzen. Bei mir war es so weit gekommen, dass ich zwei, drei Jahre unter dem Verdacht stand, ich sei ein Militäragent. Das kam, weil ich immer genau präzisierte in meinen Berichten, was wo ist. Wenn ich nach Angola ging, dann besuchte ich Savimbi persönlich. Und Jonas Savimbi zeigte mir dann, was los ist. Wenn ich nach Sambia flog und dort im State House mit dem guten Mann, der dort 27 Jahre regierte, mit Kenneth Kaunda, ein Abendessen oder Mittagessen hatte, dann nahm der mich mit in seinen südafrikanischen Weinkeller und zeigte mir die wunderbarsten Weine. Dann wusste ich, dass die Farmer in Stellenbosch ihn beliefern. Ich kannte die Etiketten. Ich wusste es eben genau. Kaunda hatte sich in Südafrika etabliert, mit Südafrika arrangiert. Wie andere Diktatoren etwa aus Mittelamerika auch.

Wie hilfreich waren für Ihre Arbeit deutsche Botschaften?

Kontakte knüpfen.

Und Informationen?

Wir brachten Informationen zu denen.

Wie viele Ihrer 13 Länder haben Sie besucht?

Alle, regelmäßig, jedes Jahr. Ich fahre im Jahr auch immer noch einmal auf die Komoren. Ein wunderbares Gebiet. Die Komoren sind relatives Neuland für den Tourismus und haben eine ausgezeichnete französische Küche. In einem Artikel habe ich gerade erst darüber geschrieben, zum Beispiel in der Bordzeitung der südafrikanischen Airline. Ich reise ungefähr sechs Monate im Jahr.

Berichten Sie häufig von Geschehnissen, über die Sie selbst nicht vor Ort recherchieren können?

So arbeite ich nicht. Ich berichte nur über Dinge, bei denen ich dabei bin. Das ist meine starke Seite. Ich sage, ich habe es gesehen, ich war da, ich habe mit dem Mann gesprochen, ich habe die Information von vor Ort.

Das ist Ihr Standard?

Unbedingt. Das ist selbstverständlich. Im Allgemeinen beschreibe ich eine Situation, die ich von allen Seiten beleuchtet habe und über die ich wirklich beide Seiten zu Wort kommen lasse und mich neutral verhalte, ohne einzugreifen. Ohne zu urteilen, das ist schlecht, das ist gut. Wenn ich schreibe, dass die Gottesarmee in Uganda 20 Leute massakriert hat, dann hat sie diese massakriert. Dann sage ich nicht, das ist gut oder das ist schlecht. Das ist einfach die Feststellung eines Tatbestandes, ohne persönlichen Kommentar. Darin sehe ich den Sinn meiner Berichterstattung. Darum lasse ich in der politischen Berichterstattung alle Adjektive weg. Ich schreibe nicht, dass es schön dunkel ist oder hässlich nass regnet. Ich schreibe, es regnet. In der politischen Berichterstattung schreibe ich ganz klare Sätze, die die Situation beschreiben, wie sie nach meinen Erkenntnissen ist.

Konnten Sie in den Redaktionen Konzeptionen für Afrika-Berichterstattung erkennen? Wenn ja, welche?

Ich habe regelmäßig Redakteure auf meine Kosten eingeladen. Die fuhren hier rum und sahen sich das an. Ich nahm sie mit zu den Quellen, soweit es möglich ist in diesen drei Wochen. Ich ging mit denen in die Townships. Vor allem damals in der Apartheid-Zeit habe ich viele namhafte Redakteure und Chefredakteure eingeladen und habe mir die Mühe gemacht, ihnen vor Ort zu zeigen, wo ich diese oder jene Meldung produziert habe. Sie konnten dann sehen, dass ich mit den normalen Leuten spreche, nicht mit den großen Politikern, die alles verschönern und so schildern, wie sie es gerne haben möchten. Die Realität ist ja eine andere. Ich nahm sie auch mit zu den Regierungsstellen und zur Opposition, zu den Schwarzen selbst.

Aber Konzeptionen...

Früher gab es das definitiv. Vor allem, was das südliche Afrika betraf, saßen da immer Experten in der Redaktion, die meine Artikel abnahmen und sich darauf während Jahren verlassen haben.

Sie sagen ›früher‹?

Vor der Wende. Vor 1994. Apartheid war immer ein dankbares Thema für Journalisten. Man konnte sich darüber auslassen, die Ideologien konnten nach beiden Seiten breitgetreten werden. Aber heute ist es nicht mehr so. Die Afrika-Korrespondenten laufen heute unter ›ferner liefen‹. Das trifft vielleicht nur auf Zeitungen nicht zu, die ihre eigenen Leute herschicken, die dann ein paar Jahre hier sind. Die werden recht ordentlich bezahlt und können auch etwas, weil sie länger als drei Wochen hier sind. Die bringen im Allgemeinen Hintergrundberichte über Wirtschaft und Politik.

Aber was erwartete man von Ihnen?

Die wollten meist zu den aktuellen Meldungen der Agenturen den Hintergrund. Sei es, dass der Aufhänger nun von amerikanischen Agenturen, der russischen TASS oder der deutschen dpa kam. Ein bis zwei Artikel pro Woche haben die Redaktionen angefragt. Aber mein Angebot deckte im Allgemeinen die Wünsche der Redaktionen. Ich kam ihnen zuvor.

Das größte Defizit für die Korrespondenten war die Abschaffung der Apartheid. Es setzte das große Schweigen ein, weil es nichts mehr zu berichten gab. Da machte man einmal eine Wochenendbeilage, wie das Gesundheitswesen total zusammenbrach, das Erziehungswesen total zusammenbrach oder dass sich die Weißen einfach einigelten hinter hohen Mauern. Das waren so die Themen. Ab der Wende habe ich dann hauptsächlich über Tourismus geschrieben. Die Zeitungen, für die ich schrieb, hatten im Allgemeinen Tourismusbeilagen, die mich gerne übernahmen. Einen Tourismus-Redakteur aus Westfalen hatte ich zwei Mal hier in Südafrika. Ich hatte mit der Fluglinie SAA einen Deal, dass die den Flug übernehmen, ich übernehme seine Kosten hier nach der Landung. Den habe ich dann

»Jeder versucht, den anderen auszunutzen«

herumgefahren in Wildreservate. Der publizierte dann sukzessive, was ich ihm danach im Laufe der Zeit zugehen ließ. Das war für mich sehr lukrativ und wesentlich weniger anstrengend als die politische Schreiberei. Vor allem Hotelgruppen und die Wildreservate suchen meinen Kontakt. Ich habe auch jetzt gerade wieder eine Einladung angenommen in ein Wildreservat, wo mit Elefanten und nicht mit Landrovern in die Wildnis gegangen wird.

In der «Operation Merger» tauchen Probleme auf

Meuterei in den rhodesischen Streitkräften

Von unserem Rhodesien-Korrespondenten Roland W. Hepers, Salisbury

Rhodesiens Elite-Einheit, die «Selous Scouts», die «SS» in den rhodesischen Streitkräften, bezichtigt Generalleutnant Peter Walls des Verrates an der eigenen Sache. Walls sieht sich mit der undankbaren Aufgabe konfrontiert, aus 38 000 Terroristen und einem stehenden Heer von 26 000 Mann eine neue Armee für Zimbabwe zu formieren, deren Gesamtbestand 30 000 nicht übersteigen darf. Robert Mugabe, ZANU-PF-Chef und designierter Premier von Zimbabwe, hat seinen früheren Schlachtfeldgegner Peter Walls zwar mit dem Oberbefehl über die neue Streitmacht betraut, aber auch gleichzeitig die Auflösung der rhodesischen «SS» gefordert.

Im rhodesischen Stützpunkt Balla Balla begann letzte Woche das erste gemeinsame militärische Training mit Angehörigen der Sicherheitskräfte und ehemaligen Guerillas. *Vier verschiedene Truppenteile* sollen zu einer Gesamtarmee zusammengefasst werden: a) die Regulären (Weisse und Schwarze); b) Nkomos ZIPRA-Guerillas; c) die rhodesische Armee und d) Mugabes ZANLA Guerillas. Unter dem Oberkommando von Peter Walls leiten 36 britische Instruktoren die *«Operation Merger»* (Verschmelzung) zwischen den früheren Guerilla-Einheiten und den rhodesischen Streitkräften.

Die Offiziere der Selous Scouts meutern

Als Walls letzte Tage zu einer Inspektion im Stützpunkt Inkomo bei seiner «SS», den Selous Scouts, eintraf — Mugabe hatte in weiser Voraussicht Walls' Einladung mitzukommen abgelehnt —, kam es zu einer *offenen Konfrontation* zwischen den Offizieren dieser Elite-Truppe

Berichterstattung aus dem Jahr, in dem Simbabwe unabhängig wurde, *Appenzeller Zeitung*, 16.4.1980

12. Januar 1983   POLITIK/MEINUNG

In Südafrika hat Premier Botha einen Sieg errungen

Die Zustimmung der Mischlinge zu einer Verfassungsreform kann ein Wendepunkt sein – Aber das Lager der Nichtweißen ist jetzt gespalten

Von unserem Mitarbeiter Roland W. Hepers (Pretoria)

Auf dem Weg zur Verfassungsreform, die ein Drei-Kammer-Parlament vorsieht – für Weiße, Asiaten und Mischlinge – hat Südafrikas Ministerpräsident P. W. Botha einen wichtigen politischen Sieg errungen: Der Parteikongreß der Mischlings-Labour-Party sprach sich mit 291 von 300 Stimmen für eine Teilnahme an diesem Prozeß aus. Der Labour-Party-Führer, Pastor Allan Hendrickse, will einen Fuß in die »parlamentarische Tür« bekommen, um die bestehenden Regierungsstrukturen und Systeme für die Befreiung der südafrikanischen Nichtweißen zu benutzen. Die Labour-Führung erklärt, daß man keineswegs bestehende Prinzipien über Bord geworfen habe, sondern dem Präsidialrat

thelezi spricht von einem »Dolchstoß in den Rücken« und von »Bruder-Verrat«. Buthelezi ist Führer der 300 000 Mitglieder umfassenden übernationalen Inkatha-Bewegung und Vorsitzender der schwarzen Allianz, der auch die Asiaten und Mischlinge angehören.
Die Interessen der Mischlings-Labour-Party und der weißen Nationalpartei sind zur Zeit unvereinbar und nicht auf einen Nenner zu bringen. Im südafrikanischen Reformprozess muß aber nach jedem Strohhalm gegriffen werden, den die Möglichkeit endlosen Blutvergießens verringert. Sicher, die Regierungsvorschläge können auch als eine neue Form der

ganzen südlichen Afrika – Gathsa Buthelezi – ignoriert und als Person brüskiert hat. Der gemäßigte Inkatha-Führer Buthelezi hatte in der Vergangenheit große Anstrengungen unternommen, der weißen Regierungspartei eine Formel für eine gemischtrassische Regierung in einer föderativen Struktur zu unterbreiten.
Bei vielen Weißen stieß dieser Plan auf Sympathie, und es waren besonders die Weißen in der Provinz Natal, die um des Friedens willen bereit gewesen wären, eine schwarze Regierung zu akzeptieren. Die südafrikanische Regierung lehnte einen solchen Plan als geradezu lächerlich ab; das hatte man erwarten können, doch

›Mischlings‹-Berichterstattung aus dem *Zürcher Oberländer* vom 12.1.1983

Simbabwe
Der Exodus der Weißen hat begonnen

Von Roland W. Hepers (Salisbury)

Der weiße Exodus aus Simbabwe hat begonnen. Der Sturmlauf der Weißen nach Süden, in die Republik Südafrika wird jedoch erst im Dezember erwartet. Die Durchschnitts-Rhodesier befinden sich zur Zeit zwischen Stuhl und Bank. Radikale Schwarze vergällen den Weißen das Leben; Präsident Mugabes beschwichtigende Äußerungen werden zwar als Trost und Hoffnungsstrahl begrüßt, verfehlen aber ihre Wirkung.

Die Versöhnungspolitik des schwarzen Präsidenten läßt viele immer wieder Mut schöpfen, daß es vielleicht doch nicht so schlimm kommen werde, wie es schwarze,

gabe und Nkomo haben beide den Weißen wiederholt eine sichere Zukunft in einem nichtrassischen Simbabwe versprochen – wohl ohne die gewohnten Privilegien, aber auch ohne Unterdrückung. Trotz offenbarter Versöhnungsgeste der schwarzen Mehrheitsregierung stellen die weißen Rhodesier fest, daß der Status quo kein permanenter Status ist. Noch bekleiden sie in den ländlichen Gebieten die einflußreichen Posten. Im Zuge der praktizierten Afrikanisierung werden aber auch hier in Bälde die Bürgermeister, Stadträte und andere Institutionen schwarz sein.

Dazu kommt der bereits begonnene Machtkampf zwischen den Koalitionspart-

ter Waffen stehen. Mugabe hat zwar den Guerillas versprochen, jeder Bewerber könne sich der nationalen Armee anschließen, mußte aber jetzt zugeben, daß der Integrationsprozeß mehr Zeit erfordert als vorgesehen war.

Vorige Woche wurde von einem Regierungssprecher bekanntgegeben, daß der weiße Oberbefehlshaber der Streitkräfte, General Peter Walls, am Jahresende abgelöst wird. Der General galt als Garant der Sicherheit der weißen Bevölkerung.

Obendrein bahnt sich ein Machtkampf auch innerhalb der regierenden ZANU-Partei zwischen radikalen und gemäßig-

Mannheimer Morgen, 22.7.1980

Südangola ist Savimbi-Land

Ein Mann des Westens kämpft ohne westlichen Segen gegen die Marxisten in Luanda

Von Roland W. Hepers (Pretoria)

Jonas Savimbi kämpft seit vier Jahren mit seiner UNITA in Angola gegen das von Sowjets und Kubanern getragene marxistische MPLA-Regime, um die Werte westlicher Zivilisation und Demokratie zu schützen und zu erhalten. Die britische und die amerikanische Regierung zeigten Savimbi bei seinem Besuch letzte Woche jedoch die kalte Schulter. Ein frostiger diplomatischer Händedruck subalterner Ministerialbeamter war alles, was dem UNITA-Chef in London und Washington mit auf den Weg gegeben wurde. Welche Ironie – ein Freiheitskämpfer im wahrsten Sinne des Wortes wird von jenen westlichen Regierungen abgewiesen, die als Garanten von Recht und Freiheit gelten wollen.

Dass es Dr. Savimbi und seiner UNITA ernst ist im Kampf gegen die immer bedrohlicher werdende marxistisch-kommunistische Einkreisung im südlichen Afrika, davon kann man sich an Ort und Stelle überzeugen. Südangola ist heute Savimbi-Land, daran können auch die verschiedenen sich widersprechenden Communiqués der

Südangola – von der UNITA kontrolliert

Gegenwärtig kontrolliert die UNITA den Süden Angolas, und der Anti-MPLA-Guerillaführer Jonas Savimbi befindet sich in der militärischen Offensive. Die bisherige Kampftaktik der UNITA ist einer andern Strategie gewichen. Die Hit-and-run-Methoden sind abgelöst worden von konservativen militärischen Aktionen: Die neue Devise lautet: «Besetzung und Verteidigung». Cuanguar, eine von vielen Ortschaften, die von Savimbis Soldaten im Grenzgebiet erobert wurde, legt deutlich Zeugnis ab von der veränderten Militärstrategie. Die Besatzungstruppen in solchen Ortschaften sind diszipliniert und UNITA-Enthusiasten. Ein kürzlich in Lissabon herausgegebenes UNITA-Communiqué meldet die Eroberung von Savate (Provinz Cuando Cubango), wo in einem vierstündigen Gefecht 200 Regierungssoldaten und 10 UNITA-Guerillas ihr Leben verloren haben sollen. Aber ohne ausländische Hilfe grossen Ausmasses wird es der UNITA kaum gelingen, die Truppen Luandas in die Knie zu zwingen. Die Bewaffnung der UNITA besteht hauptsäch-

Verteidigung westlicher Werte, Zürichsee Zeitung, 30.7.1980

»Jeder versucht, den anderen auszunutzen«

Nur Ex-Kommunisten unwillkommen

Polen drängen nach Südafrika

Im laufenden Jahr 1982 werden sich 7000 polnische Flüchtlinge in Südafrika niederlassen. Südafrikanische Selektionierungskader befinden sich zurzeit in Wien, um in österreichischen Auffanglagern geeignete polnische Flüchtlinge zu rekrutieren. Fachkräften – vom Schlosser bis zum Arzt – wird in Südafrika eine neue Existenz geboten. Polnische Ex-Kommunisten haben jedoch keine Aussicht, Einwanderungsvisa für Südafrika zu erhalten. Zwischen 100 und 200 Gesuche einwanderungsfreudiger Polen werden gegenwärtig täglich von der Einwanderungsabteilung der südafrikanischen Botschaft in Wien bearbeitet.

Südafrikas blühende Wirtschaft, die beruflichen Aufstiegschancen und das sonnige Klima in der Kaprepublik, bilden für die Polen-Flüchtlinge in Wien

Von «OT»-Korrespondent
Roland W. Hepers, Pretoria

die Motivierung, in einem vom Weltkommunismus verteufelten kapitalistisch-imperialistischen Staat – wie Südafrika –, eine neue Heimat zu suchen

che Qualifikationen besitzen, die dringend in Südafrika gebraucht werden.

Die Pretoria-Regierung hat aus diesem Grunde die Einwanderungsabteilung der südafrikanischen Botschaft in Wien personell verstärkt, um die täglich zwischen 100 und 200 eingehenden Visa-Anträge polnischer Flüchtlinge bearbeiten zu können. Südafrikanische Staatsbetriebe wie CSIR (Industrieforschungsrat), Escom (Elektrizitätsbetriebe), Sasol (Öl aus Kohle-Anlagen), General Mining und Iscor (Stahlwerke)

zogen worden, eine Ideologie, gegen die wir heute rebellieren; früher kannten wir keine Religion, heute hungern wir danach.» Unter den 73 Fischern, die an Weihnachten 1981 in Walvis Bay von polnischen Schiffen desertierten, waren Mechaniker, Maschinenschlosser, Werkzeugschlosser, Elektroniker, Schweisser, Techniker und Schreiner. Für die Pretoria-Regierung bedeutet der plötzliche Drang der Polen nach Südafrika eine Propaganda-Inspirierung. In einer amtlichen Mitteilung wird gemeldet

Kalte-Kriegs-Berichterstattung im *Oltner Tageblatt*, 20.8.1982

Opfer eines Genen-Zufalles haben ein schweres Schicksal zu tragen

„Weiße Neger" in Afrika ein Rätsel

Von unserem Korrespondenten Roland W. Hepers

Pretoria (Elg. Ber.). Während der letzten viertausend Jahre als Neger geboren zu sein, war in den seltensten Fällen ein Privileg. „Weiße Neger" sind das Opfer eines Genen-Zufalles, Albinos, ein bizarrer Scherz der Natur. In Südafrika trifft man häufig auf diese „weißen Neger", weil sie in eigens für sie eingerichteten Schulen, Heimen und Spitälern untergebracht werden und nicht wie im übrigen Afrika ihrem eigenen Schicksal überlassen bleiben. Afrikas schwarze Be-

„Grammatikalisch ist der Begriff „weißer Neger" natürlich lauterer Unsinn, und der Duden bietet ihn auch keine plausible Beschreibung für diese Genen-Mutation an. Der afrikanische Albino ist ein Neger mit allen Merkmalen der negroiden Rasse, aber extrem weißer Hautfar-

sogenannte Southern African Inheritage Disorders Association (SAIDA) mit Sitz in Johannesburg, die es sich zur Aufgabe gemacht hat, das Schicksal der Albinos zu lindern. Eine Kapazität in diesem wissenschaftlichen Neuland ist Dr. Jennifer Kromberg in Johannesburg. For-

völkerung wird auf insgesamt 280 Millionen Menschen geschätzt. Die soziale Stellung der Schwarzen in der Gemeinschaft hat sich erst mit der Abschaffung der Sklaverei in Amerika, nach dem Sezessionskrieg (1861–1864), gebessert. Die Entkolonialisierung Afrikas, nach dem Zweiten Weltkrieg, war ein weiterer Meilenstein in der Geschichte der Menschwerdung der Neger.

Seine Lebenserwartung, aufgrund des physischen Mißgeschickes, ist jedoch wesentlich geringer als beim „schwarzen Neger". 90 Prozent der afrikanischen Albinos werden kurz nach der Geburt gänzlich oder fast blind. Die fehlende Hautpigmentierung setzt den Kör-

Kolonialer Sprachduktus in der *Neuen Westfälischen*, 26.5.1982

Wirtschaftssanktionen stabilisieren das Apartheid-Regime
Boykottaufruf des Weltkirchenrats spielt der südafrikanischen Ultrarechten in die Hände

Von Roland Hepers

Pretoria

Die jüngste Maßnahme des Weltkirchenrats gegen das Apartheid-Regime in Südafrika, der Abbruch der Geschäftsbeziehungen zur Dresdner Bank und zu zwei Schweizer Banken, hat in Südafrika erneut die Frage aufgeworfen, was der Weltkirchenrat mit einer solchen Maßnahme bezweckt. Will er die Regierung in Pretoria einschüchtern, oder will er sich selbst nur mehr Publizität verschaffen?

Die drei betroffenen Banken, die mit

ment der Banken, aber aus dem entgegengesetzten Grund: Es beschleunige den Liberalisierungsprozeß der Schwarzen, eine Entwicklung, für die sich die HNP entschieden widersetzt.

Der Afrika-Strategie des Weltkirchenrats sind schon einige Niederlagen beigebracht worden. In Moçambique trug der Weltkirchenrat auch zum Sieg der Frelimo, der Freiheitsbewegung von Moçambique, bei. Sie ist den Kirchen heute extrem feindlich gesonnen. Den Bau der Cabora-Bassa-Dammes versuchte das Kirchengremium zu sabotieren. Heute ist der Damm Moçam-

Niederlassungen beschäftigen Hunderttausende von Schwarzen, zum Teil in gehobenen Stellungen, sie hätten zahllose Schwarze aus, sie erreichen bei den Burenregierung Konzessionen für ihre schwarzen Mitarbeiter, die noch vor zehn Jahren undenkbar gewesen wären. Die wirtschaftlichen Notwendigkeiten erweisen sich immer mehr als stärker als die Apartheid. Die Boykottaufforderung des Weltkirchenrats spielt den Scharfmachern in Pretoria in die Hände. Seit langem schon wird bemüht, ausländische Investitionen zu stoppen, um den mit der Industrialisierung des Landes

kauft 40 Prozent seines Imports, Südafrika ein; Moçambique erhält überwiegenden Anteil seiner Devisen Südafrika. Hinzu kommen etwa schwarze Gastarbeiter aus den 10 staaten, die ihr Geld in Südafrika verstaaten zunächst diese Arbeiter treffen würde zunächst diese Arbeiter treffen

Eine Reduzierung ausländischer Investitionen um 60 Prozent das Bruttosozialprodukt um 600 M DM sinken lassen. Zur Zeit a kauft DM 1200 englische, 378 ame sche, 350 deutsche und 600 Sch

Analyse aus Pretoria, *Hannoversche Allgemeine Zeitung*, 1.10.1981

351

Sie haben im Kalten Krieg noch mit dem *Welt*-Korrespondenten Herrn Germani zusammengearbeitet, richtig?
Ja. Seine Frau Monika Germani ist heute noch aktiv. Die Berichterstattung war aber nicht mein Stil, sehr einseitig. Alles nach rechts gedreht. Das ist genauso schlimm wie nach links gedreht. Mit ihrem Mann hatte ich damals ein gutes Verhältnis, weil ich im Ministerium noch an der Schaltstelle für Journalisten saß. Wir betreuten Journalisten. Das war ein Teil meiner Arbeit in meiner früheren Profession. Also vor dem Skandal mit dem Information Department. Wir versuchten immer, gute Propaganda zu bekommen. Das war ja meine Aufgabe.

Das hieß, Sie haben denen die Reisen bezahlt?
Natürlich, wenn die Reise im Interesse Südafrikas unternommen wurde.

Und was hatte das für einen Einfluss auf die Berichterstattung?
Das Ministeriums hat oft den Hintergrund beschafft, aus dem der Journalist dann den Artikel machte. Es waren auch Agenturen in Deutschland angestellt, die für das Info-Ministerium Berichte schrieben. Da lieferte das Info-Ministerium den Background und die liefen dann unter dem Namen dieser Agenturen weiter. Das waren positive Berichte.

Das war ein Teil Ihrer PR-Arbeit im Ministerium?
Ja, das war PR. Publikationen wie *SA-Panorama* und andere Zeitschriften waren der andere Teil.

Was waren das für Agenturen in Deutschland?
Ich glaube nicht, dass die heute noch bestehen.

PR-Büros?
Ja. Private PR-Büros. Die aber eine sehr zahlreiche Abonnentenschar in Schwung hielten, Kleinzeitungen, Regionalzeitungen.

Ich möchte noch mal auf einen Punkt zurückkommen – und zwar auf die Arbeit von Korrespondenten während der Apartheid.
Ohne Namen zu nennen: Unter der Apartheid-Situation hatte ich immer das Gefühl – und im Allgemeinen auch zu Recht –: Ich weiß nicht, ob es ein genuiner Korrespondent oder ein gekaufter ist. Ich konnte oft nicht einschätzen: Steht da einer, der von der südafrikanischen Regierung bezahlt oder teilweise bezahlt wird oder ist es ein echter Korrespondent?

Aber das müssten Sie ja gewusst haben, wenn Sie sie selbst gekauft haben?
Als ich 1979 austrat, hielt ich mich von allen Korrespondenten zunächst fern, weil ich die Leute klar identifizieren konnte, die für uns gearbeitet hatten. Die standen in großen Zeitungen in Europa und Amerika als das

Nonplusultra da, als unabhängige Berichterstatter. Das waren sie aber keineswegs.
Wie schwierig war es, Korrespondenten auf Ihre Payrole zu bekommen?
Das war überhaupt nicht schwierig.
Ich stelle mir das sehr schwierig vor.
Nein. Wenn man gut bezahlt, ist das kein Problem. Der Approach war wichtig, wenn man diese Korrespondenten anging. Wir sagten: »Schreib doch über die oder das einen Artikel, was da so stattfindet. Ich fahre Dich hin, zahle Dir das Hotel, aber schreib nur, was Du siehst und ehrlich.« So lief die Bearbeitung der Korrespondenten. Wir machten sie auf Themen aufmerksam, die wir gerne publiziert haben wollten. Wir haben nie gesagt: »Du gehst jetzt nach da und schreibst das.« Wir gaben ihnen die Möglichkeiten, die andere Seite zu sehen. Womit ich den Korrespondenten wieder ein reines Zeugnis ausstellte. Sie haben sich nicht irgendwie bestochen gefühlt. Wir haben sie danach für die ehrliche Arbeit, die sie geleistet hatten, bezahlt. Ich war ja im Regierungsdienst. Unsere Aufgabe in meiner Abteilung bestand darin, die Korrespondenten auf unsere Seite zu ziehen, ihnen die guten Seiten von Südafrika zu zeigen.
Waren Sie nur für Journalisten zuständig?
Nein. Ich habe auch Professoren und Rektoren von Forschungsinstituten und Universitäten nach Südafrika geholt. Wir zahlten die Reise und die Unkosten und wollten nur, dass die sich das ein oder andere anschauen und sich dann ein ehrliches Urteil bilden. Das war meine Politik. Während meiner Zeit habe ich etwa 60 wichtige individuelle Gäste nach Südafrika eingeladen, weil die Südafrika im Grunde nur aus der verdummenden kommunistischen Propaganda kannten.
Sie haben jetzt mehrmals die kommunistische Propaganda angesprochen. Rhoodie ging erfolgreich dagegen vor...
Ja, er war ein Progressiver. Ich habe ihn unterstützt, wie gesagt. Aber später, als ich über diese Korruption stolperte, stieß ich in ein Hornissennest und da war Rhoodie mittendrin.
Das klingt ja so, als hätten Sie den Informationsskandal losgetreten.
Ja, klar. Der ganze Skandal ging auf mich zurück. Aber ohne, dass ich das damals wollte oder wusste. Unwissend. Ich wollte doch nicht das Informationsministerium stürzen oder die Regierung. Ich habe mich nur verteidigt, weil man mich benutzte. Man wollte von den eigenen Schandtaten ablenken und benutzte mich dazu. Da habe ich mich gewehrt und mir gesagt, jetzt nehme ich das Instrument, das ich am besten spielen

kann, die Presse. Ich geh an die Presse. Ich wusste, dass die gegen die Presse immer verlieren werden. Denn der Redakteur hat immer das letzte Wort. Über Rhoodie beispielsweise erschienen seitenlange Beiträge, wie toll er ist et cetera. Der Redakteur schrieb es auch genauso, wie Rhoodie es wollte. Nur ein einziger Satz stand unten drunter: Leider war Rhoodie während des Interviews betrunken. Damit war das ganze Interview zunichte. Einen Kampf gegen die Zeitungen kann man nicht gewinnen. Man kann sie im Guten beschwichtigen, aber wenn man eine Polemik heraufbeschwört, verliert man gegen die Presse. Sie müssen mit den Zeitungen sehr vorsichtig agieren. Die schreibende Zunft ist unheimlich mächtig. Was dem ANC mit Waffengewalt nur in Jahrzehnten gelang, hat die Presse in zwei Jahren geschafft: Die haben die Apartheid gestürzt. Die kleinen Meldungen in der kleinen Oppositionspresse, die in Südafrika noch bestand, machten riesige Wellen. Auch während des Informationsskandals ging die Erasmus-Kommission solchen kleinen Meldungen nach. Das hatte keiner erwartet. Man hat Zeitungen immer unterschätzt.

Das Interview führte Lutz Mükke.

Südafrikas verdeckte ›psychologische Kriegsführung‹ und der Muldergate-Skandal

Dreistellige Millionensummen flossen in die geheimen Propaganda-Aktivitäten des südafrikanischen Informationsministeriums (Department of Information). Ziel des monströs angelegten Reputations-Managements war, das Image des Apartheid-Staats international aufzupolieren. Über ein Jahrzehnt hatte die südafrikanische Regierung dafür ein internationales Unterstützernetzwerk aus Lobbyisten, Buchverlagen, Medienhäusern, Afrikavereinen, Kirchen-, Kultur-, Politik- und Wissenschaftsorganisationen auf- und ausgebaut, gekauft und gesponsert. Gelder des südafrikanischen Militärs flossen in das Programm. Involviert war auch der im In- und Ausland mordende südafrikanische Geheimdienst BOSS, das Bureau of State Security.

Nachdem ihre verdeckten Aktionen der ›psychologischen Kriegsführung‹ ab 1977 Stück für Stück ans Licht kamen, geriet die Regierung in Pretoria unter starken internationalen und internen Druck und setzte daraufhin eine Untersuchungskommission ein, die die Vorgänge rund um den ›Information Scandal‹ – auch ›Muldergate‹ genannt – untersuchte. Vor dieser Kommission sagte auch Roland Hepers aus.

Der Spiegel fasste 1979 die geheimen Propaganda-Aktivitäten Südafrikas so zusammen: »Der Plan, den *Washington Star* zu kaufen und damit einen wichtigen US-amerikanischen Meinungsträger unter südafrikanische Kontrolle zu bringen, ist eines der wenigen Projekte, die Pretoria mißrieten.« Was unter anderem gelang: In Frankreich, Kenia oder den Niederlanden war das südafrikanische Informationsministerium finanziell an der Gründung von Zeitungen und Presseagenturen beteiligt. Geheim einverleibt wurde etwa die internationale Fernsehnachrichtenagentur UPITN. In den

Exkurs

USA, Frankreich und der Bundesrepublik hielt sich Pretoria für Millionensummen einen Kreis bezahlter Sympathisanten; in Hamburg etwa die Werbeagentur Pro International, Hauptgesellschafter: Eduard Graf Wiekenburg. Das südafrikanische Informationsministerium bot potenziellen Freunden auch eine breite Palette an Vergünstigungen. Westliche Politiker und Gewerkschaftsbosse wurden gefügig gemacht und Journalisten en masse auf Apartheid-Kurs gebracht. So flossen stattliche ›Beraterhonorare‹ an namentlich bekannte britische Parlamentarier oder zur umstrittenen ›Unabhängigkeit‹ der Transkei[1] ließen Pretorias ›Sympathie-Werber‹ im Oktober 1976 annähernd 150 Journalisten aus Westeuropa einfliegen, so die *Spiegel*-Recherchen.

In Südafrika selbst lag der Fokus auf zwei aufwendigen Medienprojekten, mit denen die regierende Nationale Partei der Buren das meinungsbildende Übergewicht der englischsprachigen Presse am Kap brechen wollte: 1972 gründete Informations-Staatsekretär Eschel Rhoodie in Johannesburg das Nachrichtenmagazin *To the Point*. *Der Spiegel* nennt das Blatt eine »spritzig gemachte wöchentliche News-Postille, der die burische Herkunft kaum anzumerken war.« Weil *To the Point* »nicht nach Profit zu schielen brauchte, konnte sich Rhoodie teure Mitarbeiter und Korrespondenten in aller Welt leisten; so den Afrika-Experten des ›Springer Auslandsdienstes‹ Hans Germani», den [...] *Neue Revue*-Reportagenchef Horst Peters und die Löwenthal-Mitarbeiterin Brigitte Teuber.« Ähnlich lief es auch beim *The Citizen*, einer von Rhoodie ins Leben gerufenen englischsprachigen Tageszeitung mit burischem Zungenschlag, für die die Regierung umgerechnet 36 Millionen D-Mark Starthilfe ausgegeben haben soll. Um den politischen Standort des *Citizen* zu verschleiern, ließen Rhoodie und sein Vorgesetzter, Informationsminister Cornelius Petrus Mulder, die Anteile unter mehreren Verlegern streuen. Zu den Teilhabern gehörte, neben zwei US-Amerikanern, ein südafrikanischer Fabrikant, ein holländischer Verlagskaufmann und auch der österreichisch-ungarische Kronprinz außer Dienst Otto von Habsburg. Und, so der *Spiegel* weiter, weil die Propaganda-Geheimagenten ihre Ausgaben oft nicht zu belegen brauchten, langten sie »auch außerdienstlich tüchtig in den Geheimfonds.« Verantwortliche Personen hinter den camouflierten Aktionen waren Premierminister Balthazar Johannes Vorster,

---

[1] Die Transkei ist eine Region in Südafrika, die im Zuge der Apartheid-Politik der südafrikanischen Regierung als ›unabhängiges‹ Homeland eingerichtet wurde.

Informationsminister Mulder, Geheimdienstchef Hendrik van den Bergh und der bereits erwähnte Staatssekretär Eschel Rhoodie. Sie alle stürzten Ende der 1970er-Jahre über den Muldergate-Skandal (*Der Spiegel* 13/1979).

«Rand Daily Mail» lüftet Südafrikas Info-Skandal — in Zürich

Swiss-Connection mit Mord und Millionen

Südafrikas verstorbener ehemaliger Finanzminister und Staatspräsident, Dr. Nico Diederichs, soll 69 Millionen Schweizer Franken auf geheime Nummernkonti bei der Schweizerischen Bankgesellschaft in Zürich verschoben haben. Die «Rand Daily Mail», Südafrikas einflussreichste Oppositionszeitung, schockte gestern Dienstag die Oeffentlichkeit auf der Titelseite mit abgedruckten Quittungen für die entsprechenden Bankeinzahlungen.

Das Blatt berichtet, dass es im Verlauf der Untersuchungen in der Info-Affaire und der Smit-Morde auf die geheimen Nummernkonti des ehemaligen Staatspräsidenten in der Schweiz gestossen sei. Wenige Tage vor dem Ausbruch des

Roland W. Hepers, Pretoria

Info-Skandals im September 1977, war der südafrikanische Finanzexperte und Kandidat der Nationalen Partei, Dr. Robert Smit, mit seiner Frau auf brutalste vor bekanntgemacht, dass er die dubiosen Machenschaften der Info-Bosse ans Licht der Oeffentlichkeit zerren werde. Wie sich später herausstellte, waren nicht die Staatssekretäre Eschel und Denys Rhoodie die wirklichen Chefs der Info-Aktivitäten, sondern Dr. Diederichs, Jan Vorster, Geheimdienstchef General Van den Bergh und Innen- und Informationsminister Dr. c. p. Mulder. Die Info-Millionen für sogenannte geheime Projekte wurden ohne Wissen des Parlaments via Verteidigungsminister — damals unter Leitung des heutigen Ministerpräsidenten P. W. Botha — über den Geheimdienst dem Info-Amt zugespielt.

Seit dieser gewaltigen Korruptionsaffäre sind Oppositionsjournalisten auf «Schatzsuche» nach den verschwundenen Steuermillionen. Zur «Swiss-connection» im Info-Skandal kam es zum erstenmal, als der Sunday-Times-Journalist Martin Weltz die Aktivitäten zwischen der Finanzgesellschaft Thesaurus in Zürich. [...] chen Informationsamt aufdeckte. Die «Mail» nennt den ehemaligen SBG-Direktor Dr. Bruno Saager nach dessen eigener Aussage einen «sehr guten Freund von Dr. Diederichs». Dieser habe der Zeitung wegen des vorherrschenden Bankgeheimnisses keine Auskünfte geben können. Auch habe der für die Thesaurus gegenwärtig zuständige Direktor Dr. H. Keller ein Interview mit der «Mail» abgelehnt und erwidert, in allen Südafrika betreffenden Angelegenheiten solle man sich an seinen Vorgänger, Dr. Saager, halten.

Die «Mail» behauptet, Dr. Diederichs, damals Finanzminister, habe Südafrikas Goldverkäufe statt wie bis anhin in London in Zürich konzentriert und mit Hilfe von Schweizer Banken Geheimkonten installiert, die zur Finanzierung der südafrikanischen Propaganda-Feldzüge dienen sollten. Die Zeitung schreibt weiter, dass ihre Agenten in Zürich auf diese Konten Einzahlungen vorgenommen hätten, um den Beweis

Am 10. September 1980 veröffentlicht die *Berner Zeitung* einen Beitrag von Roland Hepers über die ›Swiss-Connection‹ im Muldergate-Skandal

Zu den zentralen Unterstützern der südafrikanischen Propaganda-Maschinerie in Westdeutschland gehörten laut Eschel Rhoodie Heinz Behrens, der als früherer hochrangiger dpa-Mitarbeiter exzellente Zugänge zu deutschen Zeitungen gehabt haben soll und in den Blättern pro Jahr angeblich 600 Pro-Südafrika-Presseberichte unterbrachte. Zudem soll Behrens für positive Südafrika-Berichterstattung im westdeutschen Hörfunk und Fernsehen gesorgt haben. Als weitere zentrale Figuren in Deutschland nennt Rhoodie Gerd Hennenhofer und den »highly respected elderly German aristocrat« Christoph Graf Dönhoff (RHOODIE 1983: 345ff.). Hennenhofer soll jedes Jahr bis zu 15 Spitzenpolitiker und Journalisten nach Südafrika gebracht haben (ebd.: 252). Graf Dönhoff, Bruder der langjährigen *Zeit*-Chefredakteurin und -Mitherausgeberin Marion Gräfin Dönhoff, einst Leiter des Rechtsamts der NSDAP-Auslandsorganisation in Paris, betrieb in der Bundesrepublik hinter den Kulissen politische Lobbyarbeit für Südafrika. Graf Dönhoff war etliche Jahre Vorsitzender der Deutsch-Südafrikanischen Gesellschaft und aktiv in diversen anderen Organisationen und Kreisen, die für Südafrika unter anderem als Kontaktbörsen zur deutschen Wirtschaft dienten (HARPPRECHT 2011).

Zehn Jahre nach dem Skandal gelangte der *Spiegel* an Hennenhofers Nachlass und beschrieb detailreich und mit vielen prominenten Namen durchsetzt, wie bis in die 1980er-Jahre hinein Kirchenobere, Politiker und meinungsbildende Journalisten nach Südafrika gelotst wurden, darunter auch der stellvertretende Chefredakteur des Evangelischen Pressedienstes, Friedrich Carl Schilling, oder der Chefredakteur der Wochenzeitung *Die Zeit*, Theo Sommer. Letzterer habe sich allerdings seine »Reisekosten vom Rassisten-Regime« nicht bezahlen lassen (*Der Spiegel* 30/1989). Für seine Lobby-Dienste soll Hennendorfer allein 1978 530.000 Mark aus Südafrika überwiesen bekommen haben (*Der Spiegel* 42/1979).

Der oberste südafrikanische Spin-Doktor Eschel Rhoodie griff seinen einstigen Untergebenen Hepers in seinem 1983 erschienenen Buch *The Real Information Scandal* scharf an und bezeichnet dessen Einlassungen vor der Untersuchungskommission als »wild« und »Unfug« (RHOODIE 1983: 802ff.). Rhoodie selbst wurde in einem Berufungsverfahren freigesprochen. Er ging 1982 in die USA, wo er 1993 mit nur 60 Jahren überraschend beim Tennis-Spielen verstarb (SAXON 1993).

Literatur

HARPPRECHT, KLAUS: *Die Gräfin Marion Dönhoff. Eine Biographie.* Reinbek b. Hamburg [Rowohlt] 2011

REES, MERVYN; CHRIS DAY: *Muldergate. The Story of the Info Scandal.* [Macmillan South Africa] 1980

RHOODIE, ESCHEL: 50000 Gulden im Kopfkissen des Premiers. Wie Südafrika weltweit mit Schmiergelder Imagepflege betrieb. In: *Der Spiegel*, 42, 1979, 15.10.1979

RHOODIE, ESCHEL: *The Real Information Scandal.* 1983

SAXON, WOLFGANG: Eschel Rhoodie, a South African at Center of Scandal, dies at 60. In: *New York Times* vom 21. Juli 1993

N. N.: Schlimmer als Lockheed. In: *Der Spiegel*, 13, 1979, 26.03.1979, S. 146-150

N. N.: Wirklich absolut vertraulich behandeln. Wie westdeutsche Kirchenfunktionäre sich vom südafrikanischen Rassisten-Regime freihalten lassen. In: *Der Spiegel*, 30, 1989, 24.07.1989, S. 48-52

Hellmut Kapfenberger

»Fünf Mal Bombenalarm am Tag«

Fast vier Jahrzehnte arbeitete Hellmut Kapfenberger für den Allgemeinen Deutschen Nachrichtendienst (ADN). Den Vietnam-Krieg erlebte er aus der Perspektive des ›Vietcong‹, als Hanoi-Korrespondent. Von dort schrieb er auch gegen den ›Klassenfeind‹ und die ›bürgerliche Presse‹ der Bundesrepublik an.

Korrespondent im Krieg: 1972 berichtet Hellmut Kapfenberger (Mitte) als Korrespondent für den ADN und das *Neue Deutschland* aus Nordvietnam. Quelle: Privatarchiv Hellmut Kapfenberger

Hellmut Kapfenberger, geboren 1933, lernte zunächst Tischler und arbeitete nebenbei als Volkskorrespondent in der jungen DDR. Ab 1953 volontierte Kapfenberger beim Allgemeinen Deutschen Nachrichtendienst (ADN) und arbeitete anschließend als Redakteur in der

Interview mit Hellmut Kapfenberger

Auslandsredaktion, ab 1970 als einer der Chefs vom Dienst. Bereits seit 1965 war er für die Berichterstattung über Vietnam zuständig. Von 1970 bis 1973 und von 1980 bis 1984 war er als ADN-Korrespondent in Hanoi stationiert. Im Rahmen einer Neustrukturierung der Redaktion baute Hellmut Kapfenberger 1973 nach der Rückkehr aus Hanoi die Abteilung Entwicklungsländer (EL) auf, die er bis 1980 leitete. In den Jahren nach 1973 wurde Kapfenberger wiederholte Male als Sonderkorrespondent nach Vietnam, Laos und Kambodscha entsandt. Ab 1984 bis 1990 arbeitete er in der nunmehr als Chefredaktion Ausland firmierenden Redaktion als Nachrichtenchef. Neben den Einsätzen in Vietnam (ab 1980 ADN-Korrespondent für Indochina) weilte Kapfenberger im Laufe der Zeit als Sonderkorrespondent für jeweils kurze Aufenthalte in Polen, der Sowjetunion, Bulgarien, Albanien, Finnland, Sierra Leone, Südjemen und in Somalia. Hellmut Kapfenberger lebt heute als Rentner und Autor in Berlin.

Frage: Von 1970 bis 1973 lebten und arbeiteten Sie in der vietnamesischen Hauptstadt Hanoi. Was war in dieser Zeit für Ihre Arbeit charakteristisch?

Hellmut Kapfenberger: Die Berichterstattung über den amerikanischen Bombenkrieg und die Bemühungen, die Folgen so weit wie möglich in dem Maße zu beseitigen, dass das Leben weitergehen konnte. Das war das Wichtigste. Land und Leute konnten nur eine geringe Rolle spielen, obwohl das Leben in Vietnam nicht tot gewesen ist. Da gab es auch Veranstaltungen und den Versuch, seine Feste weiter zu feiern. Darüber ist auch berichtet worden. Aber das Wesentliche war die Berichterstattung über die politischen Ereignisse im Land, über den Krieg – mit Blick darauf, dass die Solidaritätsbewegung mit Vietnam zu stärken gewesen ist. Nicht nur in der DDR, sondern auch über die DDR hinaus. ADN hat ja nicht nur für die DDR-Presse berichtet, er hatte umfangreiche Auslandssendungen im arabischen und asiatischen Raum, hatte Englisch-, Französisch-, Spanisch-Sendungen. Da ist das alles verbreitet worden, damit mit der Stimme des ADN weite Teile der Welt informiert worden sind, was in Vietnam geschieht. Und natürlich ist der ADN auch in der Bundesrepublik verfolgt worden. Insofern wirkte das auch ein bisschen in die Bundesrepublik hinein, weil die westdeutsche bürgerliche Presse eigentlich immer auf der Seite der

Amerikaner stand, mal mehr, mal weniger ausgeprägt. Wir haben darauf hingearbeitet, der westdeutschen Friedens- und Antikriegsbewegung etwas den Rücken zu stärken.

Und während Ihrer zweiten Zeit zu Beginn der 1980er-Jahre, was bestimmte da Ihre Berichterstattung?

Die Aufbauarbeit und die Entwicklung des alltäglichen Lebens. Da ging es mir dann vor allem auch darum, wie sich das normale Leben im Süden entwickelt, in dem erst 1975 wieder Frieden war. Auch, wie die Umstrukturierung vom vorherigen System zur neuen Macht vonstatten ging. Wie etablierten sich die neuen Machtorgane? Was hat die Bevölkerung damit gemacht? Der Beginn des neuen Lebens nach dem Krieg, das war das Hauptthema.

In Vietnam wurde der Kalte Krieg zu einem heißen. Waren Sie selbst auch mit Problemen konfrontiert, die direkt mit dem Kalten Krieg zu tun hatten?

Dank eines guten Rundfunkempfängers hatte ich die Möglichkeit, regelmäßig die *Voice of America* zu hören. Jeden Tag gab es Berichte über die Bombardierungen Vietnams. Die permanente Parole der *Voice of America* war, dass nur ›military targets‹, also militärische Ziele bombardiert worden seien. Da habe ich es mir zur Aufgabe gemacht, diese Berichte mit meinen täglichen Erlebnissen zu vergleichen. Zum Beispiel war eines der besten und modernsten Krankenhäuser des Landes in Trümmer gelegt worden. Und an dem Tag hörte man in der *Voice of America*, dass wieder nur ›military targets‹ bombardiert worden seien. Als Korrespondent konnte ich dadurch die amerikanische Propaganda gut kontern. Allerdings war mir klar, dass meine Wirkungsmöglichkeiten begrenzt waren. Wir sind damals davon ausgegangen, dass die großbürgerliche bundesdeutsche Presse sehr gerne die amerikanische Propaganda kolportierte. Mit den Berichten des ADN, die in die Welt gesendet wurden, konnten wir dagegen sagen: Das ist alles Lüge.

Wie war das in den 1980er-Jahren, nach dem Ende des Krieges?

In Hanoi wurde Anfang der 1980er-Jahre eine große Doppelstockbrücke für Eisenbahn und Autos über den Roten Fluss gebaut. Die Sowjetunion ließ die Brücke mit vietnamesischer Unterstützung errichten. Ungefähr 1982 schaute sich ein Redakteur von der FAZ die Bauarbeiten an. Der Bericht in der FAZ[1] war haarsträubend: Es würde überhaupt nichts vorangehen,

---

1 Der Redakteur der FAZ heißt Erhard Haubold. Am 2. Oktober 1982 schrieb Haubold in der FAZ: »Von der neuen Brücke über den roten Fluss, die Hanoi dringend braucht (nachdem China

nicht einmal die Brückenpfeiler würden stehen. Dabei standen die Pfeiler schon durch den halben Roten Fluss. Da ich fast jeden Tag auf der Baustelle gewesen war und fotografierte wie ein Teufel, konnte ich also genau das Gegenteil beweisen. Diese ganze Geschichte hat mich sehr verärgert. Ich habe dann für die DKP-*Zeitung* einen großen Artikel darüber geschrieben, wie der Redakteur der FAZ die Wahrheit entstellt und lügt über das, was nun lange nach dem Krieg in Vietnam passiert. Das war auch so ein Stückchen Auseinandersetzung im Kalten Krieg.

Zu dieser Zeit war die Pressefreiheit in vielen Ländern eingeschränkt. Hat Ihnen das Probleme bereitet?

Den Korrespondenten sind keine Fesseln angelegt worden in Hanoi. Das musste auch nicht sein, weil wir selbst so diszipliniert gewesen sind. Über negative Erscheinungen und Entwicklungen ist in der vietnamesischen Presse wenig berichtet worden. Bei kameradschaftlichen Zusammenkünften mit Verantwortlichen von Zeitungen, so dem Chefredakteur des Parteiorgans *Nhan Dan*, *Volk*, und der Agentur VNA konnte ich mich über die Lage im Land informieren. Das war immer mal mit der Bitte verbunden, nicht darüber zu schreiben oder aber keine Quelle zu nennen. Dann mussten gelegentlich ›gut informierte Kreise‹ herhalten, ein ganz normaler Vorgang nicht nur in Vietnam. Das hat nichts mit Einschränkung der Pressefreiheit zu tun.

Was genau meinen Sie damit? Sie waren doch zum Berichten da und nicht dafür, inhaltliche Beschränkungen hinzunehmen…

Inhaltliche Beschränkungen aus den unterschiedlichsten Gründen hat es immer und überall gegeben und gibt es auch heute. Ich habe meine Aufgabe nicht darin gesehen, in den Wunden eines durch Kolonialzeit und Krieg gebeutelten Landes herumzustochern. Vielmehr kam es mir darauf an zu zeigen, wie das Land und seine Menschen unter kompliziertesten Bedingungen das Leben meistern, wie das Land den Kampf besteht und sich entwickelt, also nach vorn zu schauen. Das unterschied sich freilich sehr von der Vietnam-Berichterstattung vieler bürgerlicher westlicher Medien, deren Interesse ohnehin fast ausschließlich dem Süden Vietnams galt.

Hatten Sie auch Kontakte zu Korrespondenten-Kollegen ›aus dem anderen Lager‹?

---

seine Ingenieure abgezogen hat) stehen noch nicht einmal die Pfeiler.« Kapfenberger entgegnete in der in der BRD erscheinenden DKP-Zeitung *Unsere Zeit* am 7.1.1983: »Wie FAZ und *Welt* eine Brücke in Hanoi einfach aus der Welt schwindelten.«

Nein, aus dem einfachen Grund: Es gab keine in Hanoi. Der einzige westliche Korrespondent, der in Hanoi war damals, das war ein Korrespondent der FKP-Zeitung[2]. Aber es gab keine bundesdeutschen Journalisten, es gab keine westeuropäischen Journalisten, keine amerikanischen sowieso. Es gab in Hanoi nur Korrespondenten aus sozialistischen Ländern – also ständige Korrespondenten. Zeitweise war ein AFP-Korrespondent da, aber das ist auch keine ständige Einrichtung gewesen.

Was heißt ›nicht ständig‹?

Da kamen nur Sonderkorrespondenten über einen Zeitraum von wenigen Monaten oder zu bestimmten Ereignissen.

Kam man mit den nicht ständigen Korrespondenten in Kontakt?

Ja, natürlich. Man hat sich bei Terminen getroffen, man lernte sich kennen, man kam zusammen und hat Meinungen ausgetauscht. Auch gemeinsame Dinge unternommen. Irgendwann musste man ja auch mal ausspannen am Wochenende.

Es gab also durchaus Kontakt mit westlichen Korrespondenten.

Das Außenministerium hat alle paar Tage die Korrespondenten zusammengetrommelt und wir sind gemeinsam an Orte gefahren, die bombardiert worden sind. Der Umgang zwischen den Korrespondenten war sehr kameradschaftlich und freundschaftlich. Auch mit den AFP-Korrespondenten, die gelegentlich dabei gewesen sind. Mit denen gab es aufgrund der sehr ausgeprägten antiamerikanischen Ausrichtung keine Probleme. Eines der Merkmale der AFP-Berichterstattung war, dass sie die Folgen der Bombenangriffe auf Vietnam dramatisch übertrieben haben. Wenn ich mitbekommen habe, dass die Auslandsabteilung des ADN irgendwelche Schilderungen von AFP übernommen hat, musste ich gelegentlich intervenieren. AFP hat weit übertrieben, aber das war damals die de Gaulle'sche Politik gegen die USA. Das hat sich in der Vietnam-Berichterstattung von AFP ganz stark widergespiegelt. AFP ist ja regierungsfinanziert gewesen, das musste also nicht verwundern.

Das musste man auch nicht ›nach Hause‹ melden, wenn man sich mit westlichen Korrespondenten traf?

---

2 Das offizielle Parteiorgan der Kommunistischen Partei Frankreichs (FKP) war jahrzehntelang die *l'Humanité* mit Sitz in Paris. 1904 gegründet, wurde sie ab 1923 offizielle Parteizeitung der französischen Kommunisten. Seit Beginn der 1990er-Jahre firmiert die Zeitung nicht mehr als offizielles Parteiblatt der französischen FKP. Diese hält jedoch weiterhin einen großen Anteil an dem linken Traditionsblatt in ihrem Parteibesitz.

Kontakte mit Westeuropäern gab es wenig. 1970 bis 1973 kann ich mich überhaupt nicht erinnern, dass mal ein Westdeutscher in Hanoi gewesen wäre. Wenn bestimmte Delegationen da gewesen sein sollten, haben diese sich bei uns nicht gemeldet. Da habe ich auch wenig erfahren darüber, wer hätte mir das sagen sollen? Eine westdeutsche Botschaft gab es nicht und mit der DDR-Botschaft haben sie keine Verbindung aufgenommen. Die Vietnamesen haben mir natürlich nie erzählt, wer aus der Bundesrepublik gekommen ist. Delegationen von der westdeutschen Antikriegsbewegung waren zeitweise da, aber mit denen bin ich nie in Kontakt gekommen.

Haben Sie andere Vertreter der Bundesrepublik in Hanoi getroffen?
Westdeutsche Korrespondenten habe ich eigentlich kaum kennengelernt. Nach der Einrichtung der westdeutschen Botschaft wurde ich als einziger deutscher Korrespondent zum Botschafter eingeladen. Selbst bei dieser Gelegenheit musste ich den ADN nicht um eine Genehmigung bitten. Ich bin ganz einfach mit meiner Frau hingefahren. Da gab es keine Beschränkungen. Die DDR-Botschaft war darüber natürlich informiert, weil es durchaus kurios war, wenn die westdeutsche Botschaft den DDR-Korrespondenten einlädt. Das interessierte die DDR-Botschaft natürlich auch. Aber die Botschaft hatte mir gegenüber keine Weisungsbefugnis. Der Botschafter hätte mir nicht verbieten können, dorthin zu gehen. Das hätte nur der ADN-Generaldirektor tun können.

Wer war das damals und welche Weisungen erteilte Ihnen der ADN-Generaldirektor bezüglich Ihrer Berichterstattung?
Während meines ersten Vietnam-Einsatzes war Frau Deba Wieland Generaldirektorin, während des zweiten war es Günter Pötschke. Weisungen von Generaldirektoren-Seite gab es nicht, jedenfalls nicht für Hanoi.

Zurück zum Botschaftstreffen: Wie lief das Treffen mit dem westdeutschen Botschafter ab?
An diesem Tag war auch ein junger Attaché anwesend, ganz frisch aus Bonn gekommen. Dieser hatte nichts Besseres zu tun, als sich gleich mit mir, dem ADN-Korrespondenten, anzulegen. Ich hatte noch überlegt, wie ich am besten darauf reagieren konnte, ohne die Stimmung zu vergiften. Der westdeutsche Botschafter hatte gleichzeitig noch den algerischen Botschafter und dessen Frau eingeladen. Dieser hatte in Leipzig Germanistik studiert, seine Frau stammte aus Halle. Ich brauchte gar nichts zu sagen. Der algerische Botschafter und seine Frau haben den jungen Attaché alleine zurechtgerückt.

Die DDR errichtete bereits 1954 eine Botschaft in Hanoi. Wie hilfreich und wichtig war diese Einrichtung für Ihre Arbeit in Vietnam?

Die DDR-Botschaft war sehr wichtig für mich, weil es hier die Möglichkeit gab, Meinungen über die Situation und über mögliche Entwicklungen auszutauschen. Diesen Austausch mit den Mitarbeitern oder dem Botschafter direkt habe ich sehr intensiv genutzt. Es gab also ständige Arbeitskontakte und Informationsaustausch zwischen ADN-Korrespondent und DDR-Botschaft, in meinem Falle jedenfalls.

Hellmut Kapfenberger 1972 in Nordvietnam. Quelle: Privatarchiv Hellmut Kapfenberger

Waren Sie in die Institution Botschaft eingebunden?

Nein, überhaupt nicht. Der Botschafter wäre mir gegenüber auch nicht weisungsbefugt gewesen. Man hat es bei einer Gelegenheit einmal versucht. Man wollte mich in das diensthabende System der Botschaft einbinden. Ich habe dann den ADN informiert, dass ich das abgelehnt habe. Da hätte sicherlich auch der Generaldirektor interveniert. Wenn ich irgendwo ins Land gefahren bin, habe ich die Botschaft vorher informiert, damit man wusste, wo ich bin, mehr aber nicht. Es ging nicht darum, irgendeine Genehmigung einzuholen. Weisungsbefugt war nur der ADN selbst. Und der bekam seine allgemeinen Anweisungen, das muss man dazu sagen, aus dem ZK.

Sehen Sie die Besuche in der Botschaft im Nachhinein als eine Art Rapport?

Nein, das war ganz kameradschaftlich. Das war kein Rapport. Beim ersten Aufenthalt 1970 bis 1973, Botschafter waren damals Dr. Klaus Willerding und dann Dieter Döring, hatten wir mit dem Botschaftsrat Rolf Berthold und seiner Familie ein sehr freundschaftliches Verhältnis. Wir haben jeden Morgen in seinem Dienstzimmer zusammengesessen und haben uns ausgetauscht: Was war gestern? Was stand in der Presse? Einfach, um uns gegenseitig zu informieren. Beim zweiten Aufenthalt waren Klaus Zorn und dann Hermann Schwiesau Botschafter. Ich habe den Botschafter gefragt: »Hast Du mal eine halbe Stunde Zeit? Ich komme mal rüber.« So ging das, ohne alle Probleme.

War das selbstverständlich?

Ganz selbstverständlich.

Können Sie das Verhältnis zwischen interner Information und dem, was für die Öffentlichkeit bestimmt war, bei diesen Treffen in der Botschaft abschätzen?

Es ging in erster Linie um interne Information. Das ist nicht in die Berichterstattung eingeflossen. Über Dinge, die allgemein bekannt gewesen sind, brauchte man sich nicht unterhalten. Das Entscheidende waren aber die Schlüsse, die daraus gezogen wurden. Es waren interne Informationen nur für den ›Hausgebrauch‹ zu dem Zweck, den ADN intern über die Situation im Land zu informieren. Es gab auch sogenannte Informationsberichte, um den Generaldirektor über meine Arbeitsbedingungen oder die Situation im Land ins Bild zu setzen.

Waren diese internen Berichte auch für das ZK beziehungsweise andere Regierungsstellen bestimmt?

Die internen Informationsberichte aller Korrespondenten waren direkt an den Generaldirektor gerichtet. Eine Weitergabe an das ZK oder andere Stellen will ich nicht ausschließen, kann ich aber nicht bestätigen.

Welche Erwartungen hatte der ADN allgemein an Sie?

Dass ich über alles Wichtige berichte, und zwar täglich.

War das genau ausformuliert?

Das war das Selbstverständlichste für einen Agenturkorrespondenten.

War Ihre Arbeit ökonomischen Zwängen unterworfen?

Man versuchte natürlich, so sparsam wie möglich zu arbeiten. Aber das waren keine Vorgaben. Es ist nicht vom ADN bestimmt worden, wie viel ich ausgeben darf. Jeder Korrespondent bemühte sich, in jeder Hinsicht so sparsam wie möglich zu wirtschaften, also die Übermittlungskosten so gering wie möglich zu halten. Wenn man so will, waren das natürlich ökonomische Zwänge.

Erlauben Sie uns die Frage: Wie viel hat man als DDR-Korrespondent eigentlich verdient?

Die Korrespondenten bekamen während ihres Aufenthalts im Ausland zu Hause weiter ihr Gehalt in DDR-Währung, abzüglich 30 Prozent vom Bruttogehalt, auf ihr heimisches Konto überwiesen. Für das Ausland gab es für den Abzug eine Aufwendung in der jeweiligen Landeswährung. In Vietnam waren das Dong, die dort verbraucht oder zumindest teilweise auch in die Heimat transferiert werden konnten. Den ersten Aufenthalt in Hanoi begann ich mit einem Monatsgehalt von 1.500 DDR-Mark, minus die 30 Prozent, und monatlich 1.050 Dong, damals: 1 Dong 1,67 Mark. Mein zweiter Einsatz begann mit einem Gehalt von 1.800 Mark inklusive klimabedingtem Zuschlag, der Dong-Betrag ist mir nicht mehr gewärtig.

Wurde auf Ihre Arbeit politisch Einfluss genommen?

Auf meine Arbeit direkt nicht. Auf die Arbeit vom ADN grundsätzlich ja.

Was heißt das konkret?

Das hing damit zusammen, dass die DDR-Presse extrem politisch-ideologisch orientiert war. Dass die große Linie bestimmt wurde vom ZK, dass ADN unter strikter Aufsicht der Abteilung Agitation im ZK gestanden hat und dass logischerweise nur vom ADN berichtet werden konnte, was im ZK seinen Segen fand. Das war ein striktes Regime in der DDR, in allen sozialistischen Ländern eigentlich. Dem waren auch die Korrespondenten unterworfen. Den Korrespondenten in Moskau oder Prag ist es eher passiert, dass sie was berichtet haben und dann im ›Großen Haus‹, wie das ZK umgangssprachlich genannt wurde, gesagt wurde: »Das können wir nicht machen.« Prager Korrespondenten haben mal über einen Autobahnbau berichtet. Der Bericht wurde vom ZK zurückgewiesen mit der Begründung: »Wir können in der DDR keine Autobahnen bauen, wir haben kein Geld.«

Gab es für solche Fälle konkrete Anweisungen?

Im ADN gab es eine Tabuliste, für die Korrespondenten gab es so etwas aber nicht. Die habe ich erst kennengelernt, als ich wieder zu Hause gewesen bin. Als Diensthabender musste man die kennen. Die Korrespondenten haben das berichtet, was sie wollten. Es sei denn, es wurde ihnen gesagt, was sie tun sollten. In Vietnam ist das nicht passiert. Aber in anderen sozialistischen Ländern ist das passiert: in der Sowjetunion, in Polen oder in der Tschechoslowakei. Die Korrespondenten dort hatten durchaus gelegentlich klare Anweisungen, über was berichtet wird und über was nicht. Ich habe einen Artikel geschrieben über die Orangen von Vinh, einer Stadt in Mittel-Vietnam, die gleich am Anfang des Kriegs zerbombt wurde.

Während der Kriegszeit sind die Orangenplantagen verwildert. Nach dem Krieg in den 1980er-Jahren sollten die Plantagen wieder aufgebaut werden, um die Orangen wieder auf den Markt zu bringen. Im ADN wurde dieser Artikel abgelehnt. Mir wurde danach mitgeteilt: »Wir haben große Probleme mit Südfrüchten. Wir können den Artikel nicht bringen.« Solche Kuriositäten gab es damals.

Abgesehen von den Südfrüchten: Welche Themen waren besonders schwer absetzbar?

Das waren die Themen, bei denen es darum ging: Was wir in der DDR nicht haben, darüber dürfen wir nicht aus dem Ausland berichten. Das gab es häufiger, auch in den anderen sozialistischen Ländern.

Alles, was ein negatives Licht auf das Land wirft, war ausgeschlossen?

Das auf jeden Fall. Alle negativen Erscheinungen waren kein Thema für die offene Berichterstattung. Negative Erscheinungen waren nicht gefragt. Das war ja in allen sozialistischen Ländern so.

Welche Themen waren andererseits besonders gefragt?

Über den ersten Einsatz brauchen wir nicht zu sprechen, da ging es fast nur um den Krieg, seine Folgen und die Bemühungen, dagegenzuhalten. Beim zweiten Aufenthalt wurde viel Wert gelegt auf den Wiederaufbau, Land und Leute, Kultur und die Traditionen. Also Land und Leute im weitesten Sinne, das war das Standardthema.

Kommen wir zum Verhältnis zur Heimatredaktion. Wie oft hatten Sie durchschnittlich Kontakt mit Berlin?

Beim ersten Einsatz, als wir auf die telegrafische Übermittlung angewiesen waren, war der Kontakt sehr spärlich, wahrscheinlich seltener als einmal die Woche. Als wir dann in den 1980er-Jahren eine Fernschreiberverbindung hatten, gab es täglichen Kontakt.

Gab es in der Heimatredaktion einen Ansprechpartner für Sie, der sich mit Vietnam auskannte?

Nein. Unmittelbar zuständig war der Leiter der Redaktion ›Sozialistische Länder‹, mehr Zuständigkeit gab es nicht. Einen direkten Zuständigen für Hanoi gab es nie.

Wie oft haben Sie sich inhaltlich mit Ihrer Heimatredaktion auseinandergesetzt?

Selten.

Für wie kompetent hielten Sie Ihre Heimatredaktion?

Es gab durchaus teilweise heftige Auseinandersetzungen darüber, was die in Berlin unter meinem Namen veröffentlichten. Das war gar nicht so selten. Das ist meine Erfahrung als Korrespondent: Oftmals will die Heimatredaktion besser Bescheid wissen über das Geschehene als der Mann vor Ort.

Wo lagen die konkreten Defizite?

In der Sachkenntnis.

Gab es auch Unterschiede zwischen den Redaktionen? Zum Beispiel zwischen ADN und ND?

Ja, beim ND gab es einen direkten Ansprechpartner für mich in Vietnam, und der war gut informiert.

Können Sie einschätzen, wie viele Ihrer Arbeiten Auftragsarbeiten waren?

Höchstens zehn Prozent.

Sie sagten, dass die Abnehmerredaktion Ihre Beiträge manchmal ohne Rücksprache änderte?

Ja.

Haben Sie ein Beispiel?

Da wurde manches verschlimmbessert. Beispielsweise bei Bombenangriffen auf Hanoi. Nach einem solchen Angriff 1972 schrieb AFP, die Hauptstadt liege in Trümmern, was freilich maßlos übertrieben war. In meine Nachricht über diesen Angriff aber wurde das zu Hause eingefügt. Das hat mich sehr gewurmt, weil die Angriffe der Amerikaner ohnehin schlimm genug waren. Hauptsächlich wurde inhaltlich geändert. Sprachlich auch, weil ja jeder meint, das kann man besser schreiben.

War in der Heimatredaktion Ihre Meinung gefragt, wenn es um die Konzeption der Auslandsberichterstattung ging?

Bei der Vietnam-Berichterstattung auf jeden Fall. In aller Regel hat der Korrespondent schon gesagt, was berichtet wird.

Ihre journalistische Laufbahn begannen Sie nicht als Auslandskorrespondent, sondern als Volkskorrespondent...

Ich bin 1948 aus der Schule gekommen. Danach habe ich Möbeltischler gelernt und war in dieser Zeit als Volkskorrespondent tätig, weil mich diese Arbeit sehr interessierte. Während der Schulzeit war meine Lieblingsaufgabe, Aufsätze zu verfassen, das Schreiben hat mir immer Spaß gemacht. Ich habe versucht, mich mit der Kreiszeitung in Verbindung zu setzen, um für die als Volkskorrespondent tätig zu sein. Vor allem in den Anfangsjahren war das eine große Bewegung in der DDR, weil es nicht viele ausgebildete Journalisten gab.

Was genau war damals ein Volkskorrespondent?

Ein Volkskorrespondent hat in seinem normalen Beruf gearbeitet und nebenbei für die Zeitung geschrieben, zum Beispiel über bestimmte Ereignisse in seinem Wohnort. Mein spezielles Thema war die FDJ-Arbeit. Auf diese Weise waren die Kreiszeitungen mit dem Netz der Volkskorrespondenten immer in der Lage gewesen, über die Ereignisse im Kreis zu informieren. Die Volkskorrespondenten waren eine alte Tradition der deutschen Arbeiterpresse, das war nichts Neues, keine Erfindung der DDR. Bis 1952 habe ich das gemacht. Zu dieser Zeit wurde von allen Zeitungen, vom Rundfunk und Fernsehen und auch vom Allgemeinen Deutschen Nachrichtendienst journalistischer Nachwuchs gesucht. Das Problem war damals, dass nach Kriegsende nicht sehr viele Journalisten mehr verfügbar waren, die eingesetzt hätten werden können. Der Großteil der deutschen Journalisten war in der Nazi-Presse beschäftigt und die Kommunisten oder sozialdemokratischen Journalisten lebten entweder nicht mehr oder kamen krank aus den Zuchthäusern und Konzentrationslagern. Es wurde unbedingt Nachwuchs gebraucht und den suchte man dann, wie das in der jungen DDR üblich war, vor allem aus dem Kreis der jungen Arbeiter, Angestellten und Bauern. So wurde ich dann 1952 von meinem Kreisredakteur, das war damals die Kreisredaktion Sonneberg der thüringischen SED-Landeszeitung in Erfurt, für einen Volontärslehrgang des ADN angemeldet. Dieser begann 1952 in Strausberg bei Berlin in einem extra eingerichteten ADN-Schulungsheim. Zehn Monate dauerte der Lehrgang. Ich habe Stenografie und Schreibmaschine-Schreiben gelernt, Stilistik und Russisch kamen dazu. Und natürlich die Grundlagen dessen, was ein Journalist macht. Wie man einen Artikel schreibt, wie man Nachrichten schreibt. Das Volontariat im ADN begann Anfang 1953.

Wie lange waren Sie Journalist?

Bis 1992 war ich aktiv beim ADN. Bis 1990 in der journalistischen Arbeit, zuletzt als Diensthabender in der Auslandsredaktion, danach Mitarbeiter der neu geschaffenen Abteilung Marketing. 1992 bin ich entlassen worden, als die Zahl der Mitarbeiter von über 1000 auf ein paar hundert reduziert wurde, weil es nicht mehr ging.

Das Land, mit dem Sie sich über Jahrzehnte hinweg intensiv beschäftigt haben, ist Vietnam. Wie hat das angefangen?

Ich war von Beginn an Volontär in der Auslandsredaktion des ADN. Als die USA 1965 militärisch in Südvietnam intervenierten und auch der Bombenkrieg gegen den Norden anfing, musste ganz einfach über Vietnam berichtet werden. Der ADN fühlte sich als sozialistische Nachrichtenagentur dazu verpflichtet, in dieser Hinsicht etwas zu tun. Man bestimmte mich für die Aufgabe, die Berichterstattung über Vietnam zu organisieren und zu garantieren.

Im März 1973 dokumentiert Hellmut Kapfenberger (rechts) auf Hanois Flughafen Gia Lam die Übergabe gefangener US-Piloten an Vertreter der US-Airforce. Quelle: Privatarchiv Hellmut Kapfenberger

Warum ausgerechnet Sie?
Das kann ich nicht sagen. Es musste einer machen, da wurde ich gefragt. Es gab kein Zaudern, weil ich mir klar darüber war, was in Vietnam passiert. Zudem hatte ich einen unglaublichen Zorn auf die Ereignisse. Ich hatte als Kind den Krieg erlebt, zwar nicht direkt Bombenangriffe, aber wir mussten 1945 aus Oberschlesien türmen. Nicht vor der Roten Armee, sondern wir wurden von den deutschen Behörden evakuiert. Mir war der Krieg hochgradig zuwider. Als dann der Krieg in Vietnam in diesem Maße begann, hat mich wirklich der große Zorn gepackt. Nicht nur mich, eigentlich alle. Als man mich fragte:»Machst Du es?« Da habe ich gesagt: »Ja klar, mache ich.« Da gab es keinen besonderen Hintergrund, ich hatte bis dahin nichts mit Vietnam zu tun.

Wie wurden Sie danach Korrespondent in Hanoi?
Kurz nach der Schlacht von Dien-Bien-Phu 1954 wurde ein ADN-Büro in Hanoi eingerichtet. Als 1970 dort wieder eine Ablösung anstand, wurde ich gefragt, ob ich bereit wäre, nach Vietnam zu gehen als Korrespondent. Das war insofern logisch, weil ich mich ja zuvor fünf Jahre mit Vietnam

beschäftigt hatte. Die Entscheidung war für mich eigentlich klar. Viel problematischer war das für meine Familie: Wie werden die Lebensbedingungen sein in einem wenig entwickelten Land im Krieg? Da gab es schon eine ganze Menge Dinge zu bedenken und zu bereden. Aber wir sind dann im September 1970 nach Hanoi geflogen, zusammen mit mir meine Frau und unsere zehnjährige Tochter. Bis 1973 war ich dann hauptberuflich für den ADN tätig und nebenbei als Korrespondent des *Neuen Deutschland* in Hanoi.

Wie war diese Nebentätigkeit geregelt?

Vertraglich war ich an den ADN gebunden, aber in Absprache mit dem ADN konnte ich auch für das *Neue Deutschland*, für den Rundfunk, für die außenpolitische Zeitung *Horizont* oder für die Bezirkspresse arbeiten. Wer Wünsche hatte, hat sich direkt bei mir oder beim ADN gemeldet, um etwas Exklusives über Vietnam zu kriegen. Ich stand im Dienst des ADN und bin vom ADN bezahlt worden. Von den anderen gab es dann eben ein Honorar.

Sind Sie speziell auf Ihre Korrespondententätigkeit vorbereitet worden?

Überhaupt nicht. Da gab es keine Möglichkeit. 1970 war es auch eine ziemlich hastige Entscheidung: Ein anderer Redakteur hatte aus familiären Gründen kurzfristig abgesagt. Es gab also kaum Zeit für große Vorbereitungen. Mit einer Ausnahme: die Sprache. In kurzer Zeit Vietnamesisch zu lernen ist unmöglich. Irgendeine Fremdsprache musste ich aber ausbauen. Mein passives Englisch war recht gut, mein Französisch nicht. In Vietnam sprach man 1970 in den verantwortlichen Kreisen, in der Verwaltung und in der Presse fast ausschließlich Französisch. Alle führenden vietnamesischen Kommunisten sprachen hervorragend Französisch, weil sie in der Kolonialzeit auf ein französisches Gymnasium gegangen waren. Die mussten während der Kolonialzeit Französisch sprechen können, um eben der französischen Propaganda entgegenwirken zu können. Egal, wo man zu tun hatte, man traf auf Französisch sprechende Vietnamesen. Ich besuchte deshalb einen Kurs an der Lichtenberger Volkshochschule. Das war eine sehr effektive Lehrmethode: sprechen, sprechen, sprechen! Keine Rechtschreibung und keine Grammatik. Nach acht Wochen haben wir zwar nicht die Rechtschreibung der Wörter gekannt, die wir sprechen konnten, aber wir hatten immerhin sprechen gelernt. Das war die einzige Vorbereitung. Inhaltlich hatte ich mich bereits seit 1965 mit Vietnam auseinandergesetzt. Das war nicht das große Problem.

Hat Sie der ADN dabei unterstützt, sich Wissen über das Berichtsgebiet anzueignen?

Das war sehr schwer, weil hier wenig Quellen vorhanden gewesen sind. Alles, was man an Wissen erwerben musste, konnte man eigentlich nur in Hanoi erwerben. Da konnte der ADN kaum Hilfe leisten. Es gab auch im ADN-Archiv wenig Material von meinen Vorgängern.

Wer waren Ihre Vorgänger und Nachfolger im ADN-Büro Hanoi?

Erster ADN-Korrespondent in Hanoi war Erwin Borchert, letzter, bis 1990, Mathias Weile. Dazwischen waren akkreditiert Klaus Pommerening, Gerhard Feldbauer, mein direkter Vorgänger bis 1970, Karl-Heinz Hagen löste mich 1973 ab, Klaus-Dieter Pflaum wurde von mir 1980 abgelöst, Bernd Findeis, der das das Büro 1984 übernahm. Ich hoffe, ich habe alle genannt.

Nach welchen Kriterien wählte der ADN denn seine Korrespondenten aus?

Es mussten politisch zuverlässige Leute sein und man musste in der Partei sein. Es spielte die journalistische Eignung eine Rolle, man musste schreiben können. Wenn es um die Sowjetunion ging, spielten Russisch-Kenntnisse eine Rolle. Dort konnte man nicht mit Dolmetschern operieren. Bei Vietnam ist das anders, weil wir wenige ausgebildete Vietnamisten in der DDR hatten. Die Landeskenntnisse spielten keine so große Rolle, weil sich niemand langfristig auf einen Auslandseinsatz vorbereiten konnte. Die Einsätze geschahen meist sehr kurzfristig. Ich sollte mal in den 1950er-Jahren als Korrespondent nach Prag gehen, was aus bestimmten Gründen nicht klappte. Meine Frau und ich haben dafür ein Vierteljahr Tschechisch gelernt.

Warum waren die Sprachkenntnisse wichtig?

Weil es immer besser ist, ohne Dolmetscher arbeiten zu können. Man bekommt einfach schneller und besser Kontakt. Nur war das halt nicht in allen Ländern möglich. Von den Leuten, die nach Bukarest gingen, konnte man nicht erwarten, dass die Rumänisch konnten. Vietnamesisch konnte man auch nicht in drei Monaten lernen.

Wie verlief der Selektionsprozess bei der Auswahl der Korrespondenten? Gab es Tests?

Nein, Tests mussten nicht gemacht werden. Es war ein langer Akkreditierungsvorgang in der DDR: Der ADN hat Vorschläge nach besten Wissen und Gewissen gemacht. Die Vorschläge gingen ins ZK, alle Auslandskorrespondenten wurden im ZK bestätigt, direkt vom Sekretariat des ZK. Die letzte Entscheidung traf nicht der Generaldirektor des ADN, sondern irgendjemand im Sekretariat des ZK der SED.

Kannten Sie damals die ZK-Entscheider persönlich? Konnte man in irgendeiner Weise auf deren Entscheidung Einfluss nehmen?

Nein. Weder noch.
Konnten Sie diese Interna zu den Entscheidungen mal einsehen?
Nein, nur die Anträge des ADN haben wir zu Gesicht bekommen. Wie und was entschieden wurde von der anderen Seite, haben wir nicht mitbekommen. Man erhielt nur eine Bestätigung. Dann bekam man vom Generaldirektor sein Akkreditierungsschreiben und ist in Marsch gesetzt worden.
Wie begehrt war Ihre Korrespondentenstelle bei den Kollegen in der Redaktion?
Wenig.
Warum?
Zu schlechte Lebensbedingungen, tropische Verhältnisse. Also um Vietnam hat sich nie einer gerissen. Da gab es viel schönere Länder.
Welche Länder oder Orte waren das?
Zum Beispiel die Schweiz, New York, London, Paris, Brüssel, Rom, Athen, also alles was ›k.A.‹ gewesen ist: kapitalistisches Ausland. Da gab es die harten Devisen. Vielleicht noch Moskau oder Warschau. Wir hatten den vietnamesischen Dong, der international nicht bekannt gewesen ist. Bei allem Bewusstsein spielte das durchaus eine Rolle. Das war eindeutig. Ich hatte mal den Wunsch geäußert, nach Wien zu gehen. Der ist aber nicht gehört worden.
Wie meinen Sie das, dass das bei ›allem Bewusstsein‹ eine Rolle spielte?
Auch ADN-Korrespondenten oder Korrespondenten aus anderen sozialistischen Ländern waren nur Menschen, eben bei allem – politischen – Bewusstsein. Nur ausgemachte Idealisten nehmen freiwillig und ganz bewusst Entbehrungen in Kauf.
Trotz der Unbeliebtheit des Standortes Hanoi sind Sie 1980 wieder nach Vietnam gegangen.
Im Herbst 1973 bin ich mit der festen Absicht zurückgekommen, noch einmal nach Vietnam zu gehen. Ich stimmte mit meiner Frau überein, dass wir nach den ganzen Jahren der Zerstörung sehen wollten, wie es nach dem Krieg weitergeht. Wir haben ja in dieser Zeit fast nichts anderes mitbekommen: zerstörte Häuser und Krankenhäuser, zerstörte Dörfer und Städte. Wir wollten ganz einfach den Aufbau des schrecklich zerbombten Nordens Vietnams miterleben. 1980 ergab sich erneut bei einer Ablösung die Möglichkeit, nochmals für vier Jahre nach Vietnam zu ziehen. Da unsere Tochter zu dieser Zeit ihre Ausbildung abgeschlossen hatte und zum Studium an die Ingenieursschule nach Gotha wechselte, konnten wir dann

ruhigen Gewissens wieder nach Vietnam gehen. Von 1980 bis 1984 haben meine Frau und ich nicht nur den Norden kennengelernt, sondern hatten durch die Wiedervereinigung des Landes auch die Gelegenheit, den Süden zu bereisen. Und es ergab sich die Möglichkeit, mich intensiv um Kambodscha und Laos zu kümmern, also zum Beispiel nach Phnom Penh zu fliegen und über diese beiden Länder zu berichten.

1975 wurde die Demokratische Volksrepublik Laos ausgerufen. 1979 vertrieb die vietnamesische Volksarmee die Roten Khmer und ihren Anführer Pol Pot aus Phnom Penh, was einen Guerilla-Krieg im Dschungel zur Folge hatte. Wie haben Sie die Situation in beiden Ländern als Journalist erlebt?

Laos war noch sehr arm und in jeder Hinsicht unterentwickelt, was sich auf meine gelegentliche Arbeit dort ab 1980 auswirkte. Zudem krankte es an einer Bürokratie, die viel schlimmer war als je in Vietnam. Sowohl die materiellen Bedingungen, so beispielsweise die Transportmöglichkeiten, als auch die bürokratischen Hürden verhinderten zuweilen, dass man machen konnte, was man wollte. Kambodscha, konkret die Hauptstadt, betrat ich erstmals im Februar 1979 als Sonderkorrespondent, der von Berlin aus in Marsch gesetzt worden war, kurz nach der Zerschlagung des Pol-Pot-Regimes durch Vietnams Volksarmee. Phnom Penh war eine menschenleere Geisterstadt, nur ein paar streunende Hunde waren zu sehen. Bei mehreren Aufenthalten in Phnom Penh waren die ersten Wiederbelebungszeichen zu beschreiben. Bis 1984 änderte sich das deutlich, aber auch dort war nicht alles Gewünschte machbar.

Können Sie das genauer beschreiben?

In Laos dauerte es oft lange, ehe man das Okay für schriftlich eingereichte Besuche, Gespräche und andere Berichterstattungswünsche bekam. Nicht alle Vorstellungen ließen sich verwirklichen, manche wurden mit offenkundig fadenscheinigen Argumenten zurückgewiesen. Konkrete Beispiele sind mir nicht mehr gewärtig. Nie wurde offen gesagt, warum dies oder jenes nicht möglich sei. Trotzdem: Reisen z. B. zur Hochebene der Tonkrüge, Plaine des Jarres, im Norden oder nach Savannakhet und auf das Boloven-Plateau im äußersten Süden wurden schließlich ebenso genehmigt wie Gespräche mit führenden Persönlichkeiten in Vientiane. Mit viel Zeitaufwand war Bewegung im Lande also möglich. In Kambodscha hingegen gab es triftige Gründe für Absagen an Wünsche. Bis in die 1980er-Jahre hinein waren die Pol-Pot-Leute noch sehr aktiv, war in manchen Teilen des Landes Bürgerkrieg. Angesichts dieser Lage hörte ich von

Auch Laos gehörte zum Korrespondentengebiet Hellmut Kapfenbergers. Dieses Bild entstand 1983 bei einer Reise in die nordlaotische Provinz Xieng Khouang (Pleine des Jarres). Quelle: Privatarchiv Hellmut Kapfenberger

vietnamesischen Freunden und kambodschanischen Verantwortlichen, dass ich aus Sicherheitsgründen nicht überall hindürfe. Das war zu akzeptieren. Manches wurde mir mit bewaffneter kambodschanischer Eskorte genehmigt, zum Beispiel eine Fahrt nach Sihanoukville.

Sie waren also meist an der Seite der Vietnamesen unterwegs?

Mitnichten. In Kambodscha und Laos sowieso nicht. In Vietnam nur dann, wenn die Pressestelle des Außenministeriums Organisator von Fahrten und Besuchen war oder wenn ich bei weiteren Fahrten die Nachrichtenagentur VNA, mit der der ADN enge Beziehungen unterhielt, um Unterstützung in Gestalt von Pathfinder-Diensten bat. Selbst organisierte Aktivitäten im Lande waren zwar von der Presseabteilung des Ministeriums zu genehmigen, erfolgten aber ohne amtliche Aufsicht. In Laos und Kambodscha war Begleitung durch einen Mitarbeiter der jeweiligen Pressestelle des Außenministeriums obligatorisch.

Ihre Arbeit als Korrespondent hatte aber doch auch positive Seiten...

Die positive Seite war, ein liebenswertes Land kennenzulernen. Und zum anderen, Menschen zu treffen, die bei allem Leid, das Vietnam erfahren hat, nie den Lebensmut verloren haben. Das hat mich eigentlich an den Vietnamesen am meisten beeindruckt. Die Freundschaft, die einem entgegengebracht worden ist in den ganz schweren Jahren des Krieges, das hat den stärksten Eindruck hinterlassen. Es gibt Leute, die sagen, ein Land könne man nicht lieben. Aber ich würde schon sagen, dass ich Vietnam wirklich lieben gelernt habe. Auch die Freundschaft, die sich zwischen der DDR und Vietnam entwickelt hat, strahlte natürlich auf den aus, der von der DDR dort im Einsatz gewesen ist: den Korrespondenten. Wir waren ja häufig unmittelbar nach Bombenangriffen unterwegs. Wie wir dann begrüßt worden sind als Korrespondenten, es waren ja nur Korrespondenten aus sozialistischen Ländern da, das war schon beeindruckend. Das war einer der stärksten Eindrücke, die ich gewonnen habe.

Und umgekehrt: Was hat Sie bei Ihrer Arbeit als Korrespondent gestört?

Das war die Bürokratie, die einem das Leben schwer gemacht hat, vor allem bei dem ersten Einsatz. Bei aller Sympathie, die einem entgegengebracht worden ist, der bürokratische Apparat war oftmals ungeheuerlich. Negativ waren auch die unglaublich schweren Lebens- und Arbeitsbedingungen. Wir hatten in Hanoi permanent Stromausfälle, weil das Versorgungsnetz marode war und gleichzeitig eines der Hauptangriffsziele der Amerikaner. Dann hatte man keine Klimaanlage, wenn der Strom ausgefallen ist. Die Kraftwerke wurden immer wieder mit großer Mühe repariert. Deutsche Sicherheitsleute hätten wahrscheinlich die Hände über dem Kopf zusammengeschlagen. Ein weiteres Problem war die Wasserversorgung. Wären wir nicht von der DDR aus über Schiffe versorgt worden oder später auch über Interflug, dann hätten wir sicherlich in Fragen der Versorgung ein Riesenproblem gehabt. Man hat logischerweise nicht so leben können wie hier zu Hause. Wir wussten ja, wo wir hinkommen. Und wir wussten, unter welchen Bedingungen wir dort arbeiten und leben werden. Insofern musste man sich darauf einstellen, dass es in der DDR anders gewesen ist, als das, was uns dort erwartete. Ich werde jetzt nicht von den Kakerlaken und all dem Zeug anfangen.

Wie gestalteten sich unter diesen Umständen die Arbeitsbedingungen?

Wer heute nur das Internet als Übermittlungsmöglichkeit kennt, der kann sich nicht vorstellen, wie man damals als Korrespondent gearbeitet hat. Eine Telefonverbindung Hanoi - Berlin war fast unmöglich, man hat nichts verstanden, wenn überhaupt eine Verbindung zustande kam. Fernschreiber gab es noch nicht im ADN-Büro, erst in den 1980er-Jahren. Es ging damals alles über Funk, auch die vietnamesische Agentur ist über Funk empfangen worden. Der einzige Übermittlungsweg war das Telegrafenamt.

Da das Telegrafenamt Gebühren kostete, konnte man seine Texte auf der Schreibmaschine nicht einfach runterschreiben. Es gab bestimmte Einheiten zu je 12 oder 15 Zeichen, die dann eine bestimmte Summe kosteten. Also hat man den ganzen Text, den man zu schreiben hatte, in solche Einheiten gefasst, Wörter ineinandergeschoben und auseinandergetrennt. In Berlin musste man das dann wieder in einen vernünftigen und übersichtlichen Text bringen. Das war sehr kompliziert und sehr zeitaufwendig. Mit dem Auto bin ich damit zum Telegrafenamt gefahren, auch bei Bombenalarm. Man konnte ja nicht warten. 1972 hatten wir zeitweise fünf oder sechs Mal Alarm am Tag. Manchmal hat man dann doch ein bisschen Angst gekriegt, muss ich zugeben.

Mit Kamera und Kollegen: Auch von US-Militärstützpunkten konnte Hellmut Kapfenberger während des Vietnam-Krieges berichten, wie hier im April 1973 vom US-Militärstützpunkt Doc Mieu in Südvietnam. Quelle: Privatarchiv Hellmut Kapfenberger

Abgesehen von den äußeren Umständen: Gab es noch andere Einschränkungen für Ihre Arbeit?

In Vietnam nicht. Ich hatte sehr guten Kontakt zur vietnamesischen Volksarmee. Alle meine Bitten während des Bombenkrieges, mit der Volksarmee in den unterschiedlichsten Waffengattungen zusammenzukommen, sind erfüllt worden. Das war für meine Begriffe damals keine Selbstverständlichkeit, zu einer Raketenbatterie oder einer Jagdfliegerdivision Zugang zu bekommen. Das ist immer alles genehmigt worden. Das hängt vermutlich damit zusammen, dass ich DDR-Korrespondent war. Die Vietnamesen hatten volles Vertrauen angesichts der Haltung der DDR zu Vietnam und zum amerikanischen Bombenkrieg. Da gab es für mich überhaupt keine Hindernisse.

Wie viele weitere Korrespondenten außer Ihnen waren noch in Hanoi?

Es gab zu keinem Zeitpunkt andere DDR-Korrespondenten in Vietnam. Keine Ständigen jedenfalls. Sonderkorrespondenten kamen gelegentlich mal vorbei. Ich war sogar der einzige deutsche Korrespondent, es gab nie einen westdeutschen Korrespondenten in Hanoi.

Wer unterstützte Sie in Ihrem Büro in Hanoi?

In den 1970er-Jahren gab es eine Französisch-Dolmetscherin. In den 1980er-Jahren zusätzlich einen Deutsch-Dolmetscher, beide waren Vietnamesen. Hinzu kam meine Frau, die als Sekretärin beschäftigt war.

Kommen wir wieder zu Ihrer eigentlichen Arbeit als Korrespondent zurück: Was oder wer bestimmte Ihre Themenagenda?

Ich allein. Da gab es auch keine Wünsche oder Vorschläge vom ADN. Das musste man selber auswählen und entscheiden. Bei längeren Artikeln sollte ich einen Monatsplan übermitteln. Da hat man dann eben seine Themen formuliert und die nach Berlin gegeben. Da ist es aber nie passiert, dass gesagt worden wäre, das Thema interessiert uns nicht. So wie ich den Plan formuliert habe, sind die Themen dann auch geliefert worden. Themenvorgaben konnte es gar nicht geben.

Es kam gar nicht vor, das gesagt wurde, über ein spezielles Thema muss berichtet werden?

Nein. Vieles konnte der ADN in Berlin auch gar nicht wissen. Vor Ort hatte ich einen besseren Überblick und konnte nach Rücksprache mit dem ADN entscheiden, ob ich zum Beispiel zum Parteitag nach Phnom Penh fliege oder nicht.

Hatten Sie in Hanoi Zugang zu internationalen Leitmedien?

Die *South East Asia Review* habe ich gelesen. Aber ansonsten nur die *Voice of America*. Ich habe mit dem Rundfunkempfänger vergeblich versucht, andere Sender zu bekommen. Regelmäßiges Informationsmaterial irgendwelcher Art stand jedoch nicht zur Verfügung.

War es einfach eine technische Frage? Wie war es später in den 1980er-Jahren?

Da war das nicht anders. Irgendwelche Fremd-Agenturen zu empfangen war technisch ganz einfach nicht möglich. Und die *New York Times* zu beziehen, wäre viel zu kostspielig gewesen. Ich habe es nicht probiert, der

ADN hat es gar nicht erwähnt. Das war kein Thema. Man war weitgehend auf das angewiesen, was die vietnamesische Presse gebracht hat. Da musste man abwägen, was man macht oder nicht.

Wie hoch schätzen Sie den Anteil an Ihrer Berichterstattung, den Sie mit nicht selbst recherchiertem Material bestritten haben?

In den Jahren 1970 bis 1973 war der Anteil vielleicht 50:50. Wenn man die Berichterstattung von Korrespondentenfahrten an bombardierte Orte als selbst recherchiert betrachtet. Allenfalls 50 Prozent nicht selbst recherchiert, also zum Beispiel der vietnamesischen Presse entnommen. Mindestens 50 Prozent selbst recherchiert, beziehungsweise nach eigenem Erleben geschildert. In den 1980er-Jahren war das dann etwas anders, da würde ich sagen 75 zu 25. 25 Prozent selbst recherchiert, 75 Prozent vietnamesische Quellen.

Wenn Sie bei einem bestimmten Ereignis nicht vor Ort sein konnten, wie haben Sie sich dann darüber informiert?

Mit vietnamesischen Agenturen und Zeitungen.

Waren die in dieser Kriegssituation nicht alle streng kontrolliert und propagandistisch?

Natürlich. Das war ganz normal und wäre in vielen anderen Ländern vermutlich nicht anders gewesen. Man hatte halt seinen Verstand zu gebrauchen und offenkundige propagandistische Überhöhungen möglichst zu umschiffen.

Wie hat der ADN denn die vielen tausend vietnamesischen Bootsflüchtlinge erklärt, die grausamen Umerziehungslager in Vietnam oder den Umgang mit Abweichlern und Dissidenten?

Es gehört sicher zu den Ungereimtheiten der Informationspolitik der DDR, dass für ihre Medien die *boat people* kein Thema waren. Sie passten erstens nicht in das Bild von der Befreiung des vietnamesischen Südens und waren zum anderen zweifellos Objekt des intensiven antikommunistischen Propagandakrieges gegen Nordvietnam. Dem wie so manchen anderen unliebsamen Themen wusste die DDR nichts entgegenzusetzen, aus heutiger Sicht ein eindeutiger Fehler. Die ›grausamen Umerziehungslager‹ in Vietnam realistisch, frei von genau solchem westlichen propagandistischen Trommelfeuer, einzuschätzen und darüber zu schreiben, war nicht möglich. Es gab damals keine vietnamesischen Informationen dazu. Ich jedenfalls habe beim zweiten Aufenthalt bei Reisen in den Süden Menschen angetroffen und gesprochen, die einst der Armee oder Verwaltung Saigons angehört hatten, in solchem Lager waren und nun einer geregelten

Arbeit nachgingen oder selbst in verantwortlichen Positionen tätig waren. Ich hatte keinen Grund anzunehmen, dass mir irgendetwas vorgegaukelt würde. Von ›Abweichlern‹ oder ›Dissidenten‹ in Vietnam war vor reichlich 20 Jahren bis zum Ende vom ADN im Gegensatz zu heute keine Rede.

Welche Quellen haben Sie regelmäßig genutzt?

In erster Linie die diversen vietnamesischen Printmedien und den Fremdsprachendienst von VNA, verantwortliche Männer der Presse, offizielle Besucher aus der DDR, DDR-Diplomaten, sowjetische Diplomaten und Korrespondenten, andere Korrespondentenkollegen, auch Diplomaten einiger anderer Länder. Sehr hilfreich war mir enger Kontakt zur Pressestelle des vietnamesischen Verteidigungsministeriums. Auch Kontakte zu Wissenschaftlern, Kunst- und Kulturschaffenden und anderen Persönlichkeiten dienten der Informationsbeschaffung.

Arbeiteten Sie mehr als Redakteur oder als Reporter?

Beides gleichzeitig.

Wie war das Verhältnis?

Das ist ungefähr halbe-halbe gewesen. Das Nachrichten-Selektieren fing morgens an, als ich zusammen mit der Dolmetscherin die Presse ausgewertet habe. Das waren eine Menge Zeitungen: das Parteiorgan, die Volksarmee-Zeitung, die Gewerkschaftszeitung, die Jugendzeitung und ein paar andere Blätter. Da hat man dann selektiert: Was könnte zu Hause interessant sein? Was könnte interessant sein, um als Nachricht angeboten zu werden? Was könnte aber auch interessant sein, um als Informationsbulletin für den internen Gebrauch in Regierung und Partei angeboten zu werden? Das war die Arbeit als Redakteur. Die andere Arbeit bestand darin, als Reporter während des Bombenkrieges über die Zerstörung und die Opfer zu berichten, Krankenhäuser zu besuchen. Jedoch nicht nur das, sondern auch, über das Leben zu berichten, Veranstaltungen, Sport- und Kulturveranstaltungen, die es in all den Jahren auch gab.

Gab es Tabuthemen im Kalten Krieg?

Ein Tabuthema von vietnamesischer Seite war, über Opfer zu berichten, etwa über die Zahl der Opfer bei Bombenangriffen. Da sind wir vielleicht mal intern informiert worden, aber das war kein Thema für die offene Berichterstattung. Das waren aber keine Tabuthemen, die wir uns auferlegt hätten oder die von Berlin gekommen wären. Es gab regelmäßige Treffen bei der Pressestelle des vietnamesischen Außenministeriums, die aber in der Regel internen Charakter hatten. Da wurden viele Informationen gegeben, ohne alles zu sagen, aber immer verbunden mit der konkreten

Anweisung: »Das ist für die interne Information, wir bitten Sie, davon keinen Gebrauch zu machen.«
Musste man da Sanktionen befürchten?
Das weiß ich nicht. Ich habe es nicht versucht.
Immer wenn ein vietnamesischer Offizieller gesagt hat, diese Information sei nur für den internen Gebrauch, dann haben Sie sich daran gehalten?
Ja. Ich habe es nicht probiert und auch andere ADN-Korrespondenten haben es nicht probiert.
Haben Sie über die Opfer der Amerikaner schreiben können?
Soweit wir es erfahren haben, ja. Die Vietnamesen haben uns natürlich auch sehr gerne gesagt, wie viele Flugzeuge sie abgeschossen haben oder wie viele Piloten gefangen. Umgekehrt hat man über vietnamesische Opfer nichts erfahren. Das ist bis heute so.
Worüber die Öffentlichkeit auch nur selten informiert wird, ist die Arbeit von Geheimdiensten. Haben Sie damit Erfahrungen gemacht?
Da muss man davon absehen, dass in der Botschaft Mitglieder des MfS gewesen sind, zu denen man ganz normalen Kontakt hatte. In der Botschaft gab es den sogenannten ›Sicherheitsbeauftragten‹, von dem jeder Vietnamese wusste, dass er Offizier des MfS gewesen ist. Mit dem hatten wir ganz normalen Kontakt wie zu den anderen Mitarbeitern der Botschaft. Dienstlich hatte ich mit dem aber gar nichts zu tun. Er hätte mir auch nichts zu sagen gehabt. Besseren Kontakt hatte ich zu dem Militärattaché, der natürlich auch nicht alles gesagt hat.
Nach 1989 war der Kalte Krieg Geschichte. Hat sich seitdem Ihre journalistische Berufsauffassung verändert?
In gewisser Hinsicht ja. Die Ära des Kalten Krieges war ja auch damit verbunden, dass man gewisse ideologische Scheuklappen hatte, dass man die andere Seite als Gegner gesehen hat und an der Gegenseite kein gutes Haar gelassen hat. Das hat sich natürlich geändert. Es gab in der Bundesrepublik nicht nur die Befürworter des Vietnam-Krieges, sondern auch die Friedensbewegung. Alle anderen, die nicht Anhänger der Friedensbewegung waren, waren nicht automatisch leidenschaftliche Anhänger der US-Außenpolitik. Diese Differenzierungen gab es nicht. Man schaut heute genauer hin. Damals war das nicht gefragt. Wenn ich heute schreibe, versuche ich schon, zu differenzieren.
Bereuen oder vermissen Sie etwas?

Ich bereue nichts und vermisse auch nichts. Was sollte ich bereuen? Ich wüsste nicht was. Dass wir damals so geprägt gewesen sind als sozialistische Journalisten der DDR, daran ist nichts zu ändern. Bedauern kann man allenfalls, dass wir mit recht ausgeprägten Scheuklappen durch die Welt gegangen sind und die Welt in gut und böse eingeteilt haben. Es gab kein Dazwischen. Das ist zu bedauern.

Dürfen Journalisten systemnah sein?

Das ist eine gute Frage. Das ist eine Frage, die zum Beispiel Hanns Joachim Friedrichs mit nein beantwortet. Man solle sich nicht mit einer Sache gemein machen, auch wenn es eine gute ist. Diese Meinung teile ich überhaupt nicht. Es kommt darauf an. Die Frage ist, wie gut ist die Sache, die dieses System vertritt. Darum geht es für meine Begriffe. Ist es zum Beispiel eine sehr sozial ausgerichtete Politik, da finde ich schon, dass der Korrespondent sehr systemnah sein darf. Ist es aber eine sehr unsoziale Politik, dann sollte er es nicht sein. Was speziell Vietnam angeht: Ich sollte in einem Artikel die Frage beantworten: Kann ein Land ein ganzes Journalistenleben prägen? Ich sage: Ja, das kann es durchaus. Man identifiziert sich auch mit dem Land und dem System, das ist ganz klar. Bei Vietnam und seinen ganz speziellen Bedingungen damals war es für mich überhaupt keine Frage, diesem Land ganz nahe zu sein. Aber ich kann die Frage nach der Systemnähe nicht grundsätzlich mit ja oder nein beantworten. Es hängt vom System ab und vom Wissen und Gewissen des Journalisten: Welche Prinzipien vertritt er selbst? Das muss jeder für sich selbst entscheiden.

Verzeiht man Fehler des Systems?

Fehler des Systems kann ich nicht verzeihen. Ich kann auch im Nachhinein viele Fehler des DDR-Systems nicht verzeihen und es sind sehr viele Fehler gemacht worden.

Der politische Journalismus der DDR wird im Nachhinein als Propaganda abgetan. Teilen Sie diese Auffassung?

Nein, das ist zu verabsolutiert. Weitgehend regierte die Propaganda, das ist klar. Ich gehe jetzt mal von der Auslandsberichterstattung aus, beispielsweise im *Horizont* oder im ND: Diese versuchte immer auch, Wissen über Länder zu vermitteln. Nicht propagandistisch aufgebauscht, sondern schlichtweg, Wissen zu vermitteln. Zu sagen, der Journalismus sei nur propagandistisch geprägt gewesen, ist mir zu absolut. Es dominierte, das ist keine Frage. Wenn ich von meinen Erfahrungen ausgehe: Als wir in den 1970er-Jahren begannen, eine Redaktion für Entwicklungsländer aufzubauen, um die weißen Flecken auf der Landkarte vor allem in Lateinamerika und Afrika zu erschließen, ging es vor allem um die Fragen: Wie können wir diese Länder für die Berichterstattung erschließen? Wie können wir Quellen gewinnen? Wie können wir diese Länder dem Publikum näherbringen? Das hatte aber nichts mit Propaganda zu tun. Wir wollten dem Leser in der DDR Kenntnisse über die Welt vermitteln, insofern das möglich gewesen ist.

Inwieweit wurde Journalismus von der BRD als Waffe und Propaganda-Instrument im Kalten Krieg eingesetzt?

Von der großbürgerlichen Presse in jedem Falle sehr. FAZ, Welt, das ging bis hinein in die Regionalzeitungen, beispielsweise in Baden-Württemberg. Da gab es ausgesprochene Wadenbeißer unter den Regionalzeitungen. Ich würde nicht sagen, dass das allgemein so gewesen ist. Ich rede jetzt auch nicht von *Bild*, ich rede von Zeitungen.

Gab es auch positive Beispiele?

Nein, da kann ich jetzt keines nennen. Wenn ich davon ausgehe, wie die Berichterstattung der westdeutschen Presse über den Krieg in Vietnam gewesen ist und wie scharfmacherisch viele Zeitungen eine neue Stufe der Eskalation eingeleitet haben, da prangerte die DDR-Propaganda immer die großbürgerliche Presse an: FAZ, Welt, und auch die Regionalen wie den *Kölner Express*. Da hat sich keiner mit Ruhm bekleckert. Es gab aber auch eine bestimmte bürgerliche Presse, die nicht so scharfmacherisch gewesen ist.

Das klingt so, als würden Sie im Nachhinein sagen, dass sich die Propaganda von beiden Seiten nichts genommen hat?

Das ist richtig.

Sie sprachen davon, dass Sie in den 1970er-Jahren beim ADN begannen, eine Redaktion für Entwicklungsländer aufzubauen. Gab es dafür eine Konzeption? Wie sah die aus?

Eine Konzeption war nicht vorgegeben, dazu wäre niemand in der Lage gewesen. Die hatte ich selbst zu entwickeln. Das Skelett bildeten die regionalen Möglichkeiten der wenigen ADN-Büros in Afrika, Asien und Lateinamerika. Ziel war, ihren Wirkungskreis so weit wie möglich über ihr Gastland hinaus auszuweiten, um für die Berichterstattung so viele Länder wie nur möglich zu erfassen. Dazu wurden konzentrierter als bis dahin die von ADN über Funk empfangenen nationalen Nachrichtenagenturen von Entwicklungsländern und auch auf dem Postweg bezogene Druckerzeugnisse ausgewertet.

Sie haben die ADN-Auslandsberichterstattung über Jahrzehnte begleitet. Könnten Sie die wichtigsten Entwicklungsetappen skizzieren?

Die Entwicklung in Etappen zu fassen, fällt mir schwer, halte ich auch für kaum machbar. Die Auslandsberichterstattung, anfangs auf wenige eigene Büros und vorwiegend auf fremde Agenturen gestützt, entwickelte sich kontinuierlich mit dem Ausbau des Korrespondentennetzes, der personellen Verstärkung der Redaktion, aber natürlich auch mit der Qualifizierung und vor allem der Spezialisierung der Redakteure. Eine neue Entwicklungsetappe wurde fraglos mit der Bildung der Fachabteilungen in der Auslandsredaktion eingeleitet. So hatten wir dann in der in der Abteilung Entwicklungsländer (EL) unsere Spezialisten für Afrika, Asien und Lateinamerika.

Welchen Einfluss hatten die Hallstein-Doktrin, der Grundlagenvertrag sowie außenpolitische Ziele der DDR auf die Auslandsberichterstattung und das ADN-Korrespondentennetz?

Das lässt sich so komplex nicht beantworten. Es gab Zeiten, da im Zeichen der Hallstein-Doktrin vor der quasi weltweiten Anerkennung der DDR ADN-Korrespondenten manche Länder verschlossen waren, Sonderkorrespondenten zu besonderen Ereignissen auch in der BRD nicht einreisen durften. Es gab willkürliche Inhaftierungen von ADN-Leuten in Bonn. Der Arbeit des ADN-Büros in der Bundeshauptstadt kam ohne Zweifel der Grundlagen-Vertrag zugute. Außenpolitische Ziele der DDR hatten nach meinem Eindruck kaum bis keinen Einfluss auf die Auslandsberichterstattung und die Gestalt des Korrespondentennetzes. Ausnahme war die agitatorisch-propagandistische Vorbereitung von Auslandsreisen der DDR-Spitze.

Wie entwickelte sich das Korrespondentennetz des ADN?

Entsprechend den ökonomischen Möglichkeiten, d. h. den finanziellen Mitteln, die dem ADN als der staatlichen Nachrichtenagentur der DDR aus der Staatskasse zur Verfügung gestellt wurden. Die ersten Korrespondenten waren nach Moskau, Warschau und Prag entsandt worden. In den 1980er-Jahren verfügte der ADN über mehr als 40 Büros in aller Welt, manche davon doppelt besetzt. ADN-Büros in Bonn, Rom, Paris, London, Brüssel, Athen, Madrid, Lissabon, Stockholm, Helsinki, Kopenhagen, in New York/UNO, Washington, in Tokio, Singapur, Djakarta, in Kairo, Algier, Daressalam, Bamako, Lagos, Luanda, Maputo, in Peking, Ulan Bator, Sofia, Bukarest, Belgrad und anderen Hauptstädten waren eine Selbstverständlichkeit geworden.

Sie haben alle Generationen von DDR-Korrespondenten erlebt. Kann man von ›Generationen‹ sprechen? Und falls ja, wie würden Sie diese charakterisieren? Was hat sie geprägt, angetrieben, motiviert?
Zwischen den Korrespondenten der ersten Stunde und jenen der letzten Jahre vermag ich keinen grundsätzlichen Unterschied zu sehen. Deshalb halte ich auch eine Unterteilung in Generationen nicht für sinnvoll. Geprägt waren sie alle von ihrer politischen Bildung und Erziehung, von dem einprägsam vermittelten Grundgedanken, mit dem Dienst im Ausland einen Parteiauftrag zu erfüllen. Das kann man verstehen oder auch nicht. Westliche Korrespondenten, so sie nicht als Freie agieren, erfüllten und erfüllen den Auftrag ihrer Redaktion, ihres Senders, ihrer Zeitung. Ein fundamentaler Unterschied? Motiv war in allen Fällen das Streben, eine gute, inhaltsvolle, informativ wertvolle Berichterstattung zu garantieren. All das jedoch im Rahmen des Gewünschten und Erlaubten und oftmals mit dem Versuch, Grenzen zu verschieben.

Das Interview führten Frank Dersch und Björn Lenz.

Literatur

KAPFENBERGER, HELLMUT: *Ho Chi Minh: eine Chronik.* Berlin [Verlag Neues Leben] 2009

KAPFENBERGER, HELLMUT: *Berlin-Bonn-Saigon-Hanoi – Zur Geschichte der deutsch-vietnamesischen. Beziehungen.* Berlin [Verlag Wiljo Heinen] 2013

Lutz Herden

»Welche Beiträge wir gedreht haben, entschieden wir selbst«

Lutz Herden reiste in den 1970er- und 1980er-Jahren als Korrespondent für das Fernsehen der DDR nach Indochina, Kuba und Mittelamerika. Er verfolgte die sandinistische Revolution in Nicaragua und stieg zum Stellvertretenden Redaktionsleiter Außenpolitik auf. Die Wende empfand er als »diskriminierend«.

Lutz Herden auf einem Bild von 1990. Quelle: privat

Lutz Herden wurde 1953 in Halle/Saale geboren. Nach einem ab 1971 absolvierten Volontariat beim Fernsehen der DDR und dem Journalistik-Studium in Leipzig arbeitete er zunächst in der Auslandsredaktion der Nachrichtensendung *Aktuelle Kamera*. In dieser Zeit reiste er immer wieder als Korrespondent nach Indochina, aber auch nach Kuba und Mittelamerika. 1983 wurde er Stellvertretender Redaktionsleiter Außenpolitik.

Mit der Wende wurde Herden 1989 von der Belegschaft zum stellvertretenden Chefredakteur gewählt und war 1990/1991 bis zur Abwicklung des Deutschen Fernsehfunks (DFF) Hauptabteilungsleiter Nachrichten/Journale. 1992 ging er zum Sender ORB, danach zum Ereigniskanal VOX, dann zur Wochenzeitung *Freitag* und war dort von 1996 bis 2008 Ressortleiter Politik, derzeit arbeitet er für den *Freitag* als Auslandsredakteur.

Frage: Herr Herden, Sie waren für das Fernsehen der DDR als Korrespondent in Kuba und Nicaragua. Was waren die positiven Seiten dieser Arbeit für Sie?

Lutz Herden: Heute wird die Arbeit eines Korrespondenten für DDR-Medien gern so dargestellt, als seien wegen der damit verbundenen Reisenotwendigkeiten exorbitante Privilegien damit verbunden gewesen. Eine verkürzte und einseitige Darstellung, denn Sie mussten, um diesem Auftrag gewachsen zu sein, fachlich und sprachlich qualifiziert sein. Unsere finanzielle Ausstattung erlaubte es beispielsweise in all den Jahren fast nie, Dolmetscher anzumieten oder andere Hilfsdienste in Anspruch zu nehmen. Zudem arbeitete man in den von Ihnen genannten Ländern, aber auch in vielen anderen, in denen ich als Korrespondent in Asien oder Afrika unterwegs war, unter völlig ungewohnten Bedingungen der Fernsehproduktion und Kommunikation.

Inwiefern?

Sie müssen davon ausgehen, dass in den 1980er-Jahren allein für die Übermittlung aktuellen Materials ganz andere logistische und technische Konditionen existierten, als das gegenwärtig der Fall ist. Für die materielle Ausstattung der regionalen Fernsehstationen, mit denen wir kooperierten, galten größtenteils völlig andere Standards – denken Sie nur an die Möglichkeiten des Satellitenüberspiels. Die waren natürlich in Nicaragua, das einen Bürgerkrieg überstanden und zu bewältigen hatte, nicht die besten.

Trotzdem musste eine dem DDR-Fernsehen von der inhaltlichen und technischen Seite her adäquate Berichterstattung gewährleistet werden. Ich habe das teilweise als gewaltige Herausforderung, aber auch als Belastung empfunden. Und nicht nur als das große Erlebnis des Reisenden, der nun den Korrespondenten mimt.

Diese Aussage ist interessant, denn Manfred von Conta, der für die *Süddeutsche Zeitung* und den *Stern* in Lateinamerika war, beschreibt seine Zeit dort völlig anders. Für ihn war der Korrespondentenberuf der beste Job des Lebens, ein lebenslanges Studium.

Ich kann mich nur wiederholen, die Korrespondententätigkeit – verbunden mit oft wechselnden Standorten, Umständen und Gegenständen der Berichterstattung – war eine Herausforderung. Es gab in der DDR schließlich nur ein Fernsehen, also konnte man nur für dieses Fernsehen arbeiten oder gar keines. Und wenn man sich da nicht innerhalb bestimmter Leistungsmargen bewegte, war das kaum vorteilhaft.

Wie sahen die ›Leistungsmargen‹ konkret aus?

Zum Beispiel gehörten Sprachkenntnisse dazu, das Vermögen, sich auf verändernde Situationen einzustellen oder mit den Modalitäten der nationalen Fernsehstationen umzugehen. Mitte der 1980er-Jahre zum Beispiel waren Satellitenüberspiele aus Vietnam noch ein Experiment und ein technisch riskantes Unterfangen.

War Ihr Job begehrt?

Ich glaube schon. Wenn ich mich der Studienjahre in Leipzig entsinne, so waren viele Studenten pro Jahrgang immatrikuliert. Das verringerte sich dann mit den Jahren, da manche Kommilitonen an den geltenden Maßstäben scheiterten oder auf eigenen Wunsch hin das Studium abbrachen. Aber das Bedürfnis, diesen Beruf zu ergreifen, das war schon relativ groß.

Aber vom Studenten zum Mittelamerika-Korrespondenten ist es ein langer Weg. Wie sind Sie bis dorthin gekommen?

Ich habe zunächst normal in Leipzig studiert. Das Volontariat beim DDR-Fernsehen hatte ich, wie damals üblich, schon vorher absolviert. 1977 war ich dann mit dem Studium fertig und wollte eigentlich promovieren. Es gab jedoch den Wunsch des Fernsehens, alle Absolventen meines Jahrgangs möglichst schnell einsetzen zu können. So habe ich in der Redaktion Außenpolitik der *Aktuellen Kamera* angefangen. Ende der 1970er-Jahre war ich zunächst als Reisekorrespondent in Indochina, später in Mittelamerika. Letzteres hing nicht zuletzt damit zusammen, dass es 1978/1979 die Sandinistische Revolution in Nicaragua gegeben hatte, mit der die DDR sympathisierte. So entstand das Bedürfnis, dies auch durch eine adäquate Berichterstattung aus Nicaragua und Mittelamerika überhaupt zum Ausdruck zu bringen.

Sie haben gerade gesagt, Sie waren nur als Reisekorrespondent unterwegs. Sind Sie nur für aktuelle Themen nach Mittelamerika geflogen?

Genau, ich bin gependelt. Bin einmal für längere Zeit, dann wieder für einen kürzeren Zeitraum dort gewesen – für einen Monat, dann wieder für zwei Monate, weil Reportagen gedreht werden mussten. An sich verfügte das DDR-Fernsehen über ein festes Korrespondentennetz, sodass zum Schluss aus 13 oder 14 Büros berichtet werden konnte. Nur in bestimmten Regionen – unter anderem Mittelamerika – gab es eben keine festen Korrespondenten. Dort arbeiteten nur temporär Teams des DDR-Fernsehens, was der Ökonomie geschuldet war, weil ein permanent unterhaltenes Büro wohl zu teuer und für die Bedürfnisse des Sendebetriebes nicht in ausreichendem Maße effizient gewesen wäre.

Das erklärt auch die Aussage von Manfred von Conta, der sagte, in seiner gesamten Zeit als Korrespondent in Mittel- und Lateinamerika habe er nie einen Journalisten aus dem Osten getroffen.

Das dürfte auch eine Konsequenz voneinander abweichender Prioritäten gewesen sein. Wenn ich mich recht entsinne, gab es etwa eine sehr intensive Berichterstattung der DDR-Medien aus Chile zur Zeit der Unidad Popular von 1970 bis 1973. In dieser Zeit waren Journalisten für längere Zeit in Santiago, ohne dass es ein festes Büro gab. Über das größte Korrespondentennetz aller DDR-Medien verfügte die Nachrichtenagentur ADN, deren Regionalbüro in Havanna nach meiner Erinnerung Mittel- und zum Teil Lateinamerika abdeckte. ADN-Korrespondenten haben zuweilen auch für das Fernsehen gearbeitet, indem Teams aus dem jeweiligen Gastland engagiert wurden, mit denen man dann aktuelle Sujets produzierte.

Gehörten Sie als Reisekorrespondent und verantwortlicher Redakteur der *Aktuellen Kamera* zu den Nomenklaturkadern?

Den Begriff ›verantwortlicher Redakteur‹ gab es bei uns nicht, auch hat es sich bis gegen Ende des DFF meiner Kenntnis entzogen, ob ich zu den Nomenklaturkadern gehörte.

Waren Sie im Berichtsgebiet Mittelamerika eigentlich der einzige vom DDR-Fernsehen? Oder gab es noch weitere Kollegen, mit denen man sich abgewechselt hat?

Ich hab mich zum Beispiel mit Waltraud Hagen abgewechselt. Sie war die erste Korrespondentin des DDR-Fernsehens in Nicaragua, unmittelbar nachdem die Sandinisten in Managua waren, also unmittelbar nach dem 19. Juli 1979. Und sie hat sehr viel aus Kuba berichtet. Diese Abwechslung war gut, denn so kamen andere journalistische Handschriften zum Tragen. Wir arbeiteten zudem nicht nur für die Nachrichtensendung *Aktuelle Kamera*, sondern gleichsam für das außenpolitische Magazin *Objektiv* oder Reportage-Sendungen des DDR-Fernsehens. Das Sendeformat bei *Objektiv* konzentrierte sich auf Kurzreportagen von bis zu zehn Minuten, die allein schon in gestalterischer Hinsicht mehr Spielräume boten als die Nachrichtensendung AK. Von der Möglichkeit, analytischer zu arbeiten, ganz zu schweigen. Wenn schon ein Team in Mittelamerika unterwegs war, sollte dies natürlich möglichst effizient arbeiten. Wir brachten daher auch Reportagen mit nach Adlershof, die dann eine Sendezeit von 30, 40 oder 50 Minuten hatten. Wenn klar war, dass ein längeres Stück bis hin zum Dokumentarfilm produziert werden sollte, assistierte in der Regel ein Regisseur, der das sonst übliche Zweierteam aus Kameramann und Reporter komplettierte.

Haben Sie sich eigentlich bewusst für Mittelamerika entschieden?

Nein. Das hat sich 1978 aufgrund einer Vakanz in der Redaktion so ergeben. Ich habe dann aber, um das Thema insgesamt besser verfolgen und mich auch vor Ort besser verständigen zu können, an der Abendschule Spanisch gelernt. Hinzu kam, dass man sich thematisch fortwährend mit diesem Gebiet der Berichterstattung befasste.

Die Beiträge, die Sie dort produziert haben, wie haben Sie die an Ihre Redaktion geschickt?

Man hatte Interesse, dass es eine kontinuierliche Berichterstattung gab, wenn schon einmal jemand vor Ort war. Das heißt, die aktuellen Sujets wurden entweder per Satellit übermittelt oder per Luftfracht verschickt. In den 1980er-Jahren gab es ja bereits die Möglichkeit des Satellitenüberspiels. Wir konnten unsere Beiträge über diesen Weg nach Berlin schicken, damit sie in den laufenden Sendebetrieb integriert werden konnten. Das war sicherer und ging schneller als ein Materialversand per Luftfracht, für den etwa aus Managua unter Umständen zwei Tage zu veranschlagen waren. Manchmal war der Versand aufwendiger als die vorausgehende Produktion eines aktuellen Berichts.

Wie groß war denn der Anteil Lateinamerikas an der Berichterstattung? Kann man sagen, dass Lateinamerika in den 1980er-Jahren etwas aus dem Blickfeld der Medien geriet?

Ich kann eigentlich nicht bestätigen, dass es in den 1980er-Jahren einen solchen Trend gab. Im Gegenteil, 1982 und auch 1983 zum Beispiel berichteten wir regelmäßig und intensiv aus Nicaragua, das sich der Sabotage und Angriffe somozistischer Contra-Verbände zu erwehren hatte, die wiederum von den Vereinigten Staaten protegiert und alimentiert waren – unter Bruch elementarer Regeln des Völkerrechts. Die DDR solidarisierte sich mit der sandinistischen Regierung und half auch materiell, etwa durch den Aufbau des großen Hospitals Carlos Marx am Rande von Managua. Derartige Projekte wurden medial begleitet, um in der DDR über den Gebrauch von Solidaritätsleistungen jedes Einzelnen zu informieren und eine Atmosphäre zu schaffen, die zu dieser Hilfe motivierte.

Welche Beiträge wir schließlich gedreht haben, entschieden wir selbst, wenn wir vor Ort waren. Es gab natürlich gewisse Pflichtthemen: Der Jahrestag der Sandinistischen Revolution am 19. Juli war ein solches. Oder die Einweihung des Krankenhauses Carlos Marx. Oder wenn einer der Comandantes, also ein Mitglied aus dem neunköpfigen Führungsgremium der Frente Sandinista (FSLN), dieses oder ein anderes Solidaritätsobjekt besuchte, dann wurde das natürlich wahrgenommen, weil es zeigte, wie wirksam, wie gebraucht und wie konkret die Hilfe der DDR für Nicaragua in diesem Augenblick war.

Ansonsten hatten wir freie Hand. Es gab schließlich keinen Interessendissens zwischen der Redaktion und dem Korrespondenten vor Ort. Man war sich politisch einig. Ich war jemand, der sich mit der Sandinistischen Revolution voll und ganz identifizieren konnte. Es gab für einen Korrespondenten eher ein Unbehagen, wenn es in der Berichterstattung plötzlich andere Prioritäten gab, die von der Heimatredaktion gesetzt wurden, und man darum kämpfen musste, dass die eigenen Sujets ausgestrahlt wurden. Das war – ein paar 1000 Kilometer vom Sendezentrum und den Entscheidungsträgern entfernt – zuweilen schwierig.

Wurde dann nachträglich inhaltlich etwas verändert, wenn es nicht mehr mit der neuen Linie übereinstimmte?

Es gab keine neue Linie gegenüber Nicaragua. Es gab nur sich verändernde Gewichtungen im Verhältnis zu anderen Themenfeldern und Weltregionen. Die Beiträge sind nicht umgeschnitten oder umgetextet worden. Es ging einfach darum, dass die *Aktuelle Kamera* nur 30 Minuten Sendezeit hatte und dass die manchmal nicht ausreichten, all das zu senden, was es an Angeboten aus dem Ausland gab.

Gab es im Sommer beispielsweise eine Phase, in der die Getreideernte einen hohen Stellenwert besaß, hat das die Berichterstattung in der *Aktuellen Kamera* erheblich beeinflusst. Dann beanspruchten – wie es damals hieß – »die Aktivitäten der Partei und Staatsführung« ihren Platz. Auch zu Lasten der Auslandsberichterstattung. Es gab eine Skala der Prioritäten, über die in Berlin entschieden wurde, und mit der man leben musste. Das hat weniger etwas mit Zensur als einer Gewichtung zu tun. Man konnte natürlich versuchen, darauf Einfluss zu nehmen, manchmal ging es, manchmal nicht.

Wurden die Prioritäten vom ZK gesetzt?

Auch von der Fernseh-Intendanz oder der eigenen Chefredaktion, wenn es um Schwerpunkte ging, zum Beispiel die Erntekampagnen im Sommer oder die zuweilen schwierige Energieversorgung der DDR im Winter.

Wie konnten Sie überhaupt verfolgen, ob Ihre Beiträge gesendet wurden?

In Berlin gab es einen betreuenden Redakteur, der sich um all die technischen und organisatorischen Begleitumstände eines Auslandseinsatzes kümmerte: Überspielzeiten, Materialtransporte, Themenabsprachen, Sendezeiten für produziertes Material und so weiter. Mit dieser Kollegin oder diesem Kollegen stand man als Korrespondent jeweils in Verbindung und erfuhr, ob der Beitrag gesendet wurde, in welcher Länge und wann.

Wie oft man miteinander sprach, war unterschiedlich. Wenn man selbst gut erreichbar war, dann täglich. War man aber im Landesinneren Nicaraguas zu Recherchen oder Aufnahmen unterwegs, konnte es auch sein, dass eine Woche lang kein Kontakt zur Redaktion in Berlin-Adlershof bestand.

In Nicaragua tobte ein Stellvertreterkrieg. War das Arbeiten gefährlich?

Nicht über Gebühr, es gab Betreuer und Helfer vom sandinistischen Fernsehen, die auch für die Sicherheit der Korrespondenten verantwortlich waren.

Wie viel Geld stand Ihnen überhaupt zur Verfügung für solche Reisen?

Natürlich hatten wir nicht übermäßig viel Geld, sodass für eine Produktion keine großen Sprünge möglich waren. Andererseits gab es im Fall Nicaraguas Verträge mit dem dortigen Fernsehen *Sistema Sandinista*, das dadurch zu bestimmten technischen Dienstleistungen verpflichtet war. Etwa ein Fahrzeug zu stellen, das für Dreharbeiten gebraucht wurde. Auf gleiche Hilfen durften nicaraguanische Teams, wenn sie in der DDR drehten, auch rechnen.

Wenn Sie in Mittelamerika unterwegs waren, sind Sie sicher auch auf Westkorrespondenten getroffen. Wie war das? Hat man sich da unterhalten und über aktuelle Ereignisse ausgetauscht?

In Nicaragua bin ich ehrlich gesagt auf keine Kollegen aus dem Westen getroffen. In Kuba schon. Dort gab es auch mehr Korrespondenten, gerade wenn Fidel Castro auftrat. Vor allem die Amerikaner haben das gern wahrgenommen.

Bei der Berichterstattung steht im Prinzip im Vordergrund, dass man das Material – den Stoff, den man haben will – auch bekommt. Die Kameraleute und nicht zuletzt auch die Korrespondenten der verschiedenen Lager haben sich weniger über politische Themen ausgetauscht, sondern darüber, wie man wen zum Interview bekam, welchen Standort man zum Drehen brauchte, wie mit den Licht- und Tonverhältnissen umzugehen war und so weiter. Und weniger darüber, was nun jeder einzelne in seinem Unterbildkommentar zum Besten gab. Mir ist es jedenfalls nicht passiert, dass man sich mit westdeutschen Korrespondenten oder wem auch immer darüber ausgetauscht hätte, was nun wer wie und weshalb über Kuba denkt. Dass man unterschiedlich dachte, war ohnehin klar.

Die Vorurteile, die Korrespondenten hätten sich so ein bisschen gegenseitig...

...attackiert? Oder ignoriert?

Nein, ich hab das nicht so erlebt. Und Nicaragua war nach meinem Eindruck für die ARD und für das ZDF nicht unbedingt ein Schwerpunkt der Berichterstattung. Die hatten in Managua auch kein eigenes Büro. Deshalb traf man nicht unbedingt auf deren Leute. Und dass man sich, sagen wir einmal, gegenseitig behindert und sich Sachen streitig gemacht hätte, daran kann ich mich nicht erinnern. Es war eher so, dass es bei den betreuenden Fernsehstationen Probleme gab. Und das weniger in Nicaragua als auf Kuba.

Den Kubanern war natürlich klar, dass das DDR-Fernsehen in einer eher wohlwollenden Art und Weise über ihren Staat berichtete. Wir waren ihnen also nicht so wichtig, gerade wenn es um große Manifestationen, Meetings oder Interviews mit Politbüromitgliedern ging. Nach meinem Eindruck haben sich die Kubaner mehr um westliche Korrespondenten gekümmert, von denen sie wollten oder erhofften, dass sie ein differenzierteres oder verständnisvolleres oder ausgewogeneres Bild über Kuba zeigten, als es normalerweise in deren Herkunftsländern üblich war. Beim DDR-Fernsehen war klar, dass es im Prinzip eine relativ positive Berichterstattung über die Karibikinsel geben würde.

Wie frei waren Sie in Ihrer Berichterstattung vor Ort?

Also in Nicaragua haben wir überhaupt keine Einschränkungen erlebt. In Kuba war das etwas anders, weil dort in den 1980er-Jahren strengere Sicherheitsauflagen zu beachten waren aufgrund der permanenten Konfrontationssituation, die es mit den USA gab. Bestimmte Sachen konnte man dort nicht drehen, obwohl man sie beantragt hatte. Zum Beispiel die Zuckerrohrernte. Zuckerrohr war ein neuralgischer Punkt. Man hätte in irgendein Gebiet fahren können, in dem die Ernte gar nicht so stattfand, wie das von den kubanischen Medien dargestellt wurde. Die ökonomische Existenz Kubas hing noch während der 1980er-Jahre sehr stark vom Zuckerrohr ab. Und da war man am Bild eines reibungslosen Ernteprozesses interessiert.

Außerdem waren Ereignisse, bei denen die kubanische Führung öffentlich in Erscheinung trat, immer mit Einschränkungen für die Berichterstattung verbunden. Da galten äußerst strenge Sicherheitsbedingungen, die respektiert werden mussten. Also in der Regel war ein Tag weg, wenn Fidel Castro am Nachmittag eine Rede hielt. Der Sicherheitscheck begann dann bereits am frühen Vormittag.

Das klingt ja, als ob es für Sie als Korrespondent des DDR-Fernsehens manchmal sogar schwieriger war, auf Kuba zu arbeiten, als für einen Westkorrespondenten?

Was die harten Sicherheitsauflagen betraf, waren sie für alle gleich.

Die meisten Themen, die Sie bisher angesprochen haben, rückten die Länder in ein positives Licht. Wurden kritische Beiträge überhaupt gemacht oder zumindest daran gedacht? Trotz der freundschaftlichen Beziehungen der DDR zu Nicaragua und Kuba?

Bei Kuba dominierte im Wesentlichen immer eine sehr positive Darstellung. Meiner Meinung nach musste sogar eine bestimmte Art Solidarität in der Berichterstattung erkennbar sein, da Kuba in einer so komplizierten, exponierten und gefährdeten Position war, dass das einfach wichtig schien. Hinzu kamen noch die relativ exklusiven staatlichen Beziehungen zwischen der DDR und Kuba.

Das Fernsehen der DDR war mit seinem Staatlichen Komitee als Leitungsgremium eine staatliche Institution. Von der Verfassungslage und der Einbindung in das politische System der DDR war das eine völlig andere Konstellation, als sie in der Bundesrepublik Deutschland in Bezug auf das öffentlich-rechtliche Fernsehen existierte und bis heute existiert. Was in der Aktuellen Kamera gesendet wurde, war bis zu einem bestimmten Teil auch offizielle staatliche Artikulation der DDR. Gut lässt sich das am Beispiel der Frankreich-Berichterstattung darstellen. Diese war eben per se freundlich, weil die DDR sich bei Frankreich um gute Beziehungen bemühte, die vorzugsweise einen ökonomischen Hintergrund hatten. Der Korrespondent in Paris hat also nicht groß über Streiks berichtet, sondern mehr über die Vorbereitungen französischer Firmen auf die Leipziger Messe.

Gegenüber Nicaragua freilich war das ein bisschen anders. Dort gab es enorme Komplikationen des revolutionären Wandels, die man in ihrer Kausalität benennen und analysieren konnte. Zum Beispiel die Wiederaufbauprogramme, die nicht in dem Tempo stattfanden, wie man sich das vorgestellt hatte. Managua war 1972 durch ein Erdbeben fast völlig zerstört worden. All das wurde natürlich immer in dem Bedrohungskontext gesehen, indem sich Nicaragua seit dem Sturz des Diktators Somoza 1979 befand.

Die DDR soll die Sandinisten ja auch mit Waffen und Militär- und Geheimdienstberatung unterstützt haben. Ich nehme an, das waren Berichterstattungstabus?

Wenn das Gegenstand der bilateralen Beziehungen war, dann unterlag es logischerweise der Geheimhaltung, wie bei anderen Staaten auch.

Wurde die DDR-Berichterstattung in den lateinamerikanischen Ländern oder den USA denn überhaupt wahrgenommen?

Das ist schwierig zu sagen. Aber wenn beispielsweise die Menschenrechtsfrage plötzlich in die Berichterstattung eingeflossen wäre, dann hätte das von der kubanischen Seite her schon sehr viel Befremden ausgelöst und die Frage provoziert, ob sich die DDR – nicht das DDR-Fernsehen oder der einzelne Korrespondent – da bei den Feinden Kubas zu exponieren gedenke.

Das heißt, Kritik an Kuba war tabu, weil Kubaner die Berichterstattung für den Spiegel der ostdeutschen Außenpolitik hielten?

Ich habe Ihnen doch gerade den offiziellen Status des DDR-Fernsehens beschrieben.

Wenn in der Themenwahl derlei Einschränkungen galten, wie haben Sie vor Ort Ihre Informationen ausgewählt?

Wir haben uns immer über die Zeitungen informiert. In Nicaragua waren das die beiden linken Zeitungen *La Barricada* und *El Nuevo Diario* sowie *La Prensa*, das war die rechte Zeitung. Zudem hat man sich über die nationalen Nachrichtendienste informiert. Und wenn ein ADN-Büro da war, wie in Havanna, konnte man sich auch bei denen informieren und auf Kuba etwa *La Prensa Latina*, also die einheimische Nachrichtenagentur, nutzen. Das war eine Informationsbasis.

Die zweite war das dortige Fernsehen. Da hatte man immer jemanden, mit dem man reden konnte. Und wenn man jetzt beispielsweise ein Sujet gedreht hat über den Hafen von Havanna, dann ging man auch zu Leuten hin und redete vorher darüber. Die wollten natürlich wissen, was man dreht. In der Regel hat man auch Interviews geführt, die nicht in ihrer ganzen Länge für die Sendung vorgesehen waren. Diese waren ebenfalls ein gewisses Informationspolster.

Hatten Sie sonst Zugriff auf andere Medien, amerikanische Zeitungen oder amerikanisches Fernsehen zum Beispiel?

Auf Kuba nicht. Dort gab es keine amerikanischen Zeitungen. In Nicaragua aber gab es zumindest spanische Zeitungen. Die konnte man dort unter Umständen völlig frei kaufen. Auf Kuba haben wir immer das nationale Fernsehprogramm frequentiert.

Hat Ihr Spanisch da immer ausgereicht?

In Nicaragua musste ich mit dem Spanisch immer irgendwie hinkommen. Da gab es niemanden, der Deutsch sprach. In Kuba war das anders. Oftmals haben wir uns über Russisch verständigt.

Standen Sie auch mit der Botschaft in Kontakt?

Im Prinzip war der Kontakt zur Botschaft nicht unbedingt erforderlich und wurde auch nicht erwartet. Andererseits hatte sie natürlich eine gewisse Pflicht zur Obhut gegenüber den eigenen Landsleuten. In jeder Botschaft gab es einen Presseattaché, der wiederum Kontakte zu bestimmten Medien seines Gastlandes hatte, schließlich waren das seine normalen Ansprechpartner. Davon konnte man unter Umständen profitieren. Aber ich habe nie erlebt, dass der DDR-Botschafter gesagt hat: »Ich gebe ihnen jetzt mal in meiner Residenz einen Einführungsvortrag, wie wir das Land sehen.«

Andere Korrespondenten berichteten, dass im Zusammenhang mit der Botschaft auch immer wieder Geheimdienste aufgetaucht sind. Wie sah das bei Ihnen aus?

Das ist mir nie passiert, dass irgendwie jemand von der Botschaft sich nach irgendwelchen Recherchen erkundigt hätte, weder in Nicaragua noch auf Kuba noch sonst irgendwo. Ich erinnere mich, dass die Kontakte zur DDR-Botschaft in Kuba sowieso fast gegen null tendierten. Wie gesagt, unsere Kontaktpartner waren immer die dortigen Fernsehstationen.

Auch von westlicher Seite gab es keine Versuche?

Nein. Also ich will das jetzt, egal ob von Ost- oder Westseite, nicht komplett für alle Korrespondenten ausschließen. Letzten Endes war das für die entsprechenden DDR-Dienste aber eher bei den ständigen Korrespondenten sinnvoll. Die hatten für einen längeren Zeitraum kontinuierliche Kontakte zu bestimmten Leuten im Gastland.

Gab es in Berlin nie Versuche, Sie anzuwerben?

Nein, nie. Sicher, man hat in der eigenen Redaktion über Eindrücke berichtet, die man in einzelnen Ländern gewonnen hat. Es war erwünscht, dass die Kollegen, die draußen waren, einen möglichst detaillierten Überblick gegeben haben. Dass da möglicherweise Leute dabei waren, die Aussagen noch unter anderen Gesichtspunkten registriert haben, will ich nicht ausschließen. Aber dass man direkt angesprochen wurde unter dem Motto: »Nun lassen Sie uns mal dies und jenes wissen!«, habe ich nie erlebt.

Sie haben mitten im Kalten Krieg gearbeitet. Fühlten Sie sich in Ihrer Arbeit als Krieger gegen das Unrecht?

Sie täuschen sich, es war ein heißer Krieg, der gegen die FSLN in Nicaragua oder die Befreiungsfront Frente Farabundo Marti in El Salvador geführt wurde.

Lutz Herden war als Reisekorrespondent auch in Südostasien unterwegs. 1979 nahm er am Rote-Khmer-Tribunal in Kambodschas Hauptstadt Phnom Penh teil (hinten, stehend mit Notizblock in der Hand). Foto: privat.

Die DDR-Medien waren linientreu, das geht auch aus Ihren Beschreibungen hervor. War das schon Propaganda oder würden Sie das anders definieren?

Ich denke, jedes journalistische Produkt, das in irgendeiner Weise meinungsgetränkt ist – und das beginnt schon mit der Auswahl und Präsentation der Informationen –, erscheint immer als ein Stück Werbung für eine bestimmte politische Auffassung oder einen bestimmten Blick auf Ereignisse und Prozesse. Je besser ich das argumentativ und mit den Mitteln des Mediums Fernsehen tue, desto besser werbe ich unter Leuten, die vielleicht von vornherein ganz anderer Meinung sind, für meine Sicht der Dinge. Es ist meines Erachtens eine Frage der Begrifflichkeit.

Mit dem Begriff ›Propaganda‹ verhält es sich nicht anders als mit dem Terminus ›DDR-Unrechtsstaat‹. Ein Kampfbegriff, der sicherlich, das will ich überhaupt nicht bestreiten, für vieles, was im DDR-Journalismus stattfand, zutreffend ist. Aber ich muss ehrlich sagen, meine Arbeit habe ich nicht so gesehen.

Was meinen Sie mit ›Kampfbegriff‹?

Einen Rückblick heute, der den Realitäten, wie sie in der DDR existierten, nicht gerecht wird.

Das Fernsehen war eine staatliche Institution. Was bedeutete dies für Ihr Journalistenbild in der DDR?

Es gab natürlich das Verständnis, dass man ein politischer Journalist ist, der innerhalb dieses Systems arbeitet. Ich habe nun wirklich sehr viele Kollegen kennengelernt und ich glaube, dass 90 bis 95 Prozent sich grundsätzlich mit der DDR identifiziert haben. Das war ein Ergebnis des Lebensweges, das war ein Ergebnis der Ausbildung, das war aber auch eine Frage der Überzeugung.

Das heißt nicht, dass das ein sozialistischer Hurra-Patriotismus war, aber es gab diese Grund-Identifizierung. Das haben zwar nach 1989/1990 viele nicht mehr so wahrhaben wollen, als sich die Verhältnisse völlig umkehrten, aber nach meinem Eindruck war es so.

Über dieses andere Journalistenbild mit den politischen Bindungen war man sich relativ schnell klar, das bemerkte man schon im Volontariat. Wem das nicht zusagte – und dafür gab es sicher sehr respektable Gründe –, der musste sich überlegen, ob er diesen Beruf ergreift. Wobei es natürlich auch Unterschiede gab. Eine Journalistin, die bei der Frauen-Illustrierten *Für Dich* arbeitete, hatte andere Spielräume als ein Redakteur der *Aktuellen Kamera*.

Sie sind immer noch Journalist. Haben Sie nach der Wende über Ihre Arbeit zu DDR-Zeiten nachgedacht und sich gesagt: »Das hätte ich aus heutiger Sicht anders gemacht, da hat sich meine Einstellung geändert«?

Im Prinzip hing die Tatsache, dass die DDR das Jahr 1990 nicht überlebt hat, letzten Endes auch damit zusammen, das die DDR-Massenmedien in ihrer ganzen politischen Funktionalität erheblich zum Niedergang des Landes beigetragen haben. Das muss man sich auch als persönliche Verantwortung ankreiden, das ist völlig klar. Das Problem war ja, dass sich die Realität der DDR, wie sie der normale Bürger erlebte, und wie sie vor allem in den führenden Massenmedien dargestellt wurde, also vom *Neuen*

1980 drehte Lutz Herden im Hafen von Ho-Chi-Min-City. Quelle: privat

Deutschland oder von der *Aktuellen Kamera*, nicht miteinander übereinstimmten. Auch der politische Subjektivismus der Führung im letzten Jahrfünft der DDR spielte eine sehr große Rolle, gerade in der Abgrenzung gegenüber der Sowjetunion Gorbatschows.

Wenn man das thematisiert und versucht hätte, sich dagegen zur Wehr zu setzen, wäre dies unter Umständen damit verbunden gewesen, den Beruf aufgeben zu müssen. Mich hat vieles gestört, was gerade die Protokollberichterstattung betraf und die Monotonie der Berichterstattung zu manchen Themen. Ich habe dazu intern meine Meinung gesagt und vertreten, ansonsten wäre ich in der Wendezeit nicht von der Belegschaft zum stellvertretenden Chefredakteur gewählt worden. Aber prinzipiell habe ich mich mit der DDR identifiziert und sage das auch heute so. Ich war nicht der Meinung, dass sie das Zeitliche segnen musste.

DDR-Auslandskorrespondenten haben ja in der Regel durch die politische Wende 1989 ihre berufliche Stellung verloren. Wie haben Sie diesen Prozess damals miterlebt?

Als diskriminierend und wenig auf Differenzierung bedacht.

Halten Sie das für gerechtfertigt?

So verhalten sich Systeme, die Vorkehrungen treffen wollen, damit sie es nicht noch einmal mit einem Rivalen zu tun haben, der sie so infrage stellt, wie das mit dem Gesellschaftssystem des Sozialismus geschehen ist.

Sie waren mit der DDR soweit konform. Nach der Wende weiter als Journalist tätig zu sein, war dann eine große Veränderung. Wie hat

sich das auf Ihre eigene Wahrnehmung des Journalistenbildes, auf Ihr Verständnis des Berufs ausgewirkt?

Das heißt nicht, dass ich mich jetzt in Konformismus gegenüber dem herrschenden System übe. Es besteht ein gewisser Spielraum, die eigene Meinung kundzutun. Gott sei dank existiert der *Freitag*. Wenn es diese Zeitung nicht gäbe, wäre das wahrscheinlich ganz anders.

Man muss heute ständig an sich arbeiten, um mit den handwerklichen Fähigkeiten auf der Höhe der Zeit zu bleiben. Die qualitativen Ansprüche sind enorm, der Journalismus verändert sich stetig, gerade im Online-Zeitalter. Das hat das Tätigkeitsprofil des Journalisten völlig verändert. Man muss in diese neuen Verhältnisse hineinfinden. Doch das sind letzten Endes technische Fragen, sie berühren nur bedingt politische Grundüberzeugungen und Grundwahrnehmungen.

Das soll jetzt aber nicht heißen, dass ich zur DDR zurückkehren will. Das wäre ein falscher Zungenschlag. 1989/1990 meinte man sich vielleicht wirklich korrigieren zu müssen, in vielen Dingen. Dazu gehört die relativ grob geschnitzte Wahrnehmung des Westens. Aber das hat sich inzwischen durch die Umgangsformen, die der Westen gegenüber dem Osten offenbart, auch wieder relativiert. Da sind zu viele Sachen zu schikanös, zu beleidigend und zu enttäuschend gelaufen – wie die Sache mit dem ORB –, sodass sich mein Bedürfnis nach Identifikation mit dem vorhandenen Mediensystem in Grenzen hält.

Es gab mit dem ORB Streit über drei Beiträge...

Ein Kollege und ich haben 1992/1993 im Auftrag des ORB und des Grimme-Instituts an einem Projekt mitgearbeitet, in dem Teile der DDR-Medien-Geschichte dargestellt werden sollten. Eine Dokumentation wurde dabei vom Sender nicht abgenommen. Speziell ging es um einen Film über die Serie *Polizeiruf 110*. Wir waren damit nicht einverstanden, haben auch öffentlich protestiert und schließlich ist der Film irgendwann um Mitternacht gesendet worden. Das hat mich sehr an Praktiken des DDR-Fernsehens erinnert, wo Filme, die nicht wohlgelitten waren, irgendwann spät im Zweiten Programm liefen, man denke an *Geschlossene Gesellschaft* im Herbst 1978.

Was war denn das Problem bei diesem Film?

Dieser Film über den *Polizeiruf 110*, wie er zwischen 1971 und 1991 vom DDR-Fernsehen beziehungsweise DFF ausgestrahlt wurde, bemühte sich zwar um eine kritische Bestandsaufnahme, aber er geriet nicht zur Abrechnung mit diesem Sendeformat und dessen Machern – mediengeschichtlicher Rückblick mit dem Vorschlaghammer. Das war das Problem. Die Erwartung der Redaktion war eben eine andere.

Nun sind Sie nach diesem Rauswurf, nach einem Intermezzo beim Privatsender VOX, zum Printjournalisten geworden. Wie war diese Umstellung für Sie?

Nicht schwierig. Man musste dort arbeiten, wo man überhaupt die Möglichkeit dazu bekam. Beim Fernsehjournalismus braucht die Sprache besondere Sorgfalt, weil sie im Verhältnis zum Bild ganz eigenen Regeln unterliegt. Mit anderen Worten, die auch beim Fernsehen gebotene Beschäftigung mit Sprache hat mir geholfen, in einem journalistischen Metier zu arbeiten, in dem es nur um Sprache geht. Und ich hatte das große Glück, dass ich beim *Freitag* als Auslandsredakteur angefangen habe, was mir als Arbeitsgebiet vertraut war.

Den *Freitag* kann man durchaus als kritische Zeitung bezeichnen. Empfinden Sie sich selbst jetzt in dieser Redaktion als kritischer als früher im Fernsehen?

Ja, klar.

Wie kritisch konnten Sie als Journalist im System der DDR-Medien denn sein, gerade in den letzten Jahren der DDR?

Die späten 1980er-Jahre waren in dieser Hinsicht eher unerfreulich. Man sah ja, das eine teilweise autistische Politik auf die Dauer nicht durchzuhalten sein würde, und die Medien immer mehr an Wirkung einbüßten. Ich glaube, dass war in der SED-Führung auch denen klar, die für das Mediensystem Verantwortung trugen. Ein Indiz dafür ist das vom DDR-Fernsehen ab September 1989 ausgestrahlte Jugendmagazin *elf99*, das ab Ende 1988/Anfang 1989 konzipiert wurde, bevor sich die Dinge wirklich sehr stark zuspitzten. Diese Sendung war ein Versuch, die Generation der 15- bis 25-Jährigen zurückzugewinnen. Und dieses Jugendfernsehen hatte plötzlich ganz andere Freiheiten, die dann noch einmal potenziert worden sind durch die Situation in den Monaten der Wende im Herbst 1989.

Man wusste spätestens im Frühjahr 1989, dass sich das Mediensystem der DDR von Grund auf ändern musste. Im April 1990 sollte es den XII. SED-Parteitag geben, der unter anderem die Weichen in Richtung Medienwende stellen sollte. Ich kann mich noch entsinnen, dass es bereits Vorgespräche gab, mit bestimmten Vorstellungen, was man denn zu reformieren oder erneuern gedächte und was dabei von einem selbst erwartet wurde. Es war klar, dass es so nicht weiterging. Wir hatten auch in den Redaktionen der *Aktuellen Kamera* einige Projekte in der Schublade, etwa das Nachrichtenjournal AK zwo, das immerhin schon zwölf Tage nach dem Rücktritt Erich Honeckers – zu dem kam es am 18. Oktober 1989 – auf Sendung ging. Das zeigt, dass derartige Sendeformate schon länger und mit Blick auf die Zukunft vorbereitet waren. Nur gab es eben den Willen der Führung in der DDR, es wird zunächst der 40. Jahrestag begangen, und danach wird mit Reformen begonnen. Der 40. Jahrestag sollte allein den Erfolgen der DDR vorbehalten sein, allein die Ausreisewelle über Ungarn und die ČSSR in Richtung Westen ließ erkennen, wie illusorisch das war.

Hätten Sie damals erwartet, dass alles so schnell geht?

Nein, eigentlich zunächst nicht. Aber als dieser wirklich durchschlagende Autoritätsverlust der politischen Führung immer krasser wurde, die Regierung zurücktreten musste, die Westgrenzen der DDR völlig unkoordiniert geöffnet wurden, war mir durchaus bewusst, dass dies der Anfang vom absoluten Ende sein konnte. Anfangs mochte man sich noch vorstellen, dass es möglicherweise eine Chance gäbe, die DDR als Staat zu erhalten. Nach dem 9. November 1989 und den Umständen dieser Grenzöffnung hatte sich das erledigt.

Sie klingen desillusioniert...

... das war ich damals auch.

Das Interview führten Anika Heber und Maria Wiesner.

Literatur

HERDEN, LUTZ: *Am Saigon-Fluss im Jahr des Hahnes*. Vietnam-Reportage. 45 Minuten, Fernsehen der DDR, 1981

HERDEN, LUTZ (Hrsg.): *Ernstfall Einheit: 15 Jahre Freitag*. [Der Freitag] 2005

HERDEN, LUTZ: *In der Hitze des jungen Tages. Nikaragua-Reportage*. 45 Minuten, Fernsehen der DDR, 1982

Manfred von Conta

»Siemens, Volkswagen störten sich wohl an meinen Reportagen«

Von linken Guerillas entführt und von rechten Contras bedroht – als Korrespondent geriet Manfred von Conta mitten hinein in die rasanten gesellschaftlichen Umbrüche in Nicaragua, El Salvador oder Chile. Weil seine »linken Vokabeln« beim Chefredakteur der *Süddeutschen Zeitung* nicht gut ankamen, wechselte er zum *Stern*. Von 1972 bis 1986 schrieb er aus Lateinamerika.

Manfred Conta vor einer Lochkamera in Nicaraguas Hauptstadt Managua.
Quelle: Perry Kretz

Manfred von Conta wurde 1931 in München geboren. Nach dem Abitur studierte er in Heidelberg Soziologie, Volkswirtschaftslehre sowie Jura.

Seine journalistische Karriere begann Manfred von Conta als freier Mitarbeiter und Lokalreporter bei der *Süddeutschen Zeitung*, ehe er nach kurzen Zwischenstationen bei *Bunter Illustrierter* und *Münchner Abendzeitung* als Korrespondent der *Süddeutschen* nach Frankfurt am Main ging. Über die Stationen Wien und Madrid landete er schließlich in Lateinamerika, wo er bis 1978 für die *SZ* und anschließend bis 1986 für den *Stern* arbeitete. Heute lebt er in Natal, der Hauptstadt des brasilianischen Bundesstaates Rio Grande do Norte.

Frage: Herr von Conta, Sie waren mehr als 15 Jahre als Korrespondent für die *Süddeutsche Zeitung* und den *Stern* in Lateinamerika unterwegs. Was hat es für Sie bedeutet, Korrespondent zu sein?

Manfred von Conta: Für mich ist dieser Beruf ein Gottesgeschenk. Es ist ein lebenslanges Stipendium, man kann seine Neugier befriedigen, so viel man will und wird auch noch dafür bezahlt. Anreise und Aufenthalt bezahlt man Ihnen und es gibt auch noch Lohn dafür, dass Sie Ihren Interessen frei nachgehen können. Für mich ist es der beste Beruf, den es auf der Welt gibt.

Gab es keine negativen Seiten?

Doch, natürlich. Ich wurde sehr schnell zum Korrespondenten. Zuerst schickte mich der Chef der *Süddeutschen Zeitung*, Werner Friedmann, nach Frankfurt, als Korrespondent für Hessen und Rheinland-Pfalz. Das bedaure ich im Nachhinein insofern, als ich seitdem – abgesehen von einem Jahr in Hamburg beim *Stern* – nie mehr in einer Redaktion gesessen habe. Ich war von diesem Moment an ein ›lonely wolf‹, der so durch die Landschaft zog und immer nur von ferne durch Telefone mit der Redaktion verbunden war. Ein sozusagen sehr einsamer Beruf.

War das anfangs Ihr Ziel – in die Redaktion zu kommen?

Schon als Student war für mich die *Süddeutsche* die beste Zeitung der Welt. Ein Lebensziel. Vor allem ihre Art der Präsentation der Realität fand ich gut. Hauptsächlich die Reportagen auf der *Seite Drei* und das *Streiflicht* waren für mich vorbildliche Texte, deutlich besser als beispielsweise die *Frankfurter Rundschau*, bei der ich gleich nach dem Abitur ein paar Monate Volontariat abdiente, ehe ich an die Uni nach Heidelberg ging. Dann wechselte ich nach München, um der *Süddeutschen* wenigstens geografisch näher zu kommen. Die sz war lebendig, jung, dynamisch. Eigentlich kann ich das gar nicht richtig beschreiben. Um die *Seite Drei* bin ich immer herumgeschlichen, dort wollte ich hin. Um aber überhaupt in die Redaktion hineinzukommen, habe ich mir noch als Student, als ›freischaffender Künstler‹ sozusagen, ein ganzes Jahr lang jede Woche eine Reportage ausgedacht, recherchiert, geschrieben und in die Lokalredaktion der sz getragen. Da saß Herr Pollak mit übereinandergeschlagenen Beinen und ziselierte an seinen Texten. Mir kam es so vor, als sei der Lokalteil zu dieser Zeit auch literarisch von Wert gewesen. Und Pollak sagte dann immer: »Ja mei Conta, so kann man das net sagen.« Erst bei einer Geschichte über Sekten in München wurde er dann hellhörig. Ich hatte zusammengeklaubt, welche religiösen Sekten es in München gab und hab die alle abgehandelt in einer Reportage. Immer so zehn Zeilen pro Sekte. Und Pollak hat sich das angekuckt, sich geräuspert und sagte: »Mei Conta, warum arbeiten se eigentlich nicht bei uns?« Daraufhin war ich zunächst drei Monate als Volontär und dann als fest angestellter Lokalreporter in der Redaktion. Und meine Ausbildung war die redaktionelle Betreuung meiner Texte durch zwei geniale Figuren: Pollak als Chef der Lokalredaktion und im Vorzimmer thronte Ernst Hess, der dann später als Peter Brügge beim *Spiegel* sehr berühmt wurde. Die haben mit großer Hingabe jedes Detail angesehen und manchmal eine Stunde mit mir an einem Text gesessen, bis der in Ordnung war. In dieser Zeit habe ich zu schreiben gelernt. Aber der Sprung vom Lokalteil zur Seite Drei war nicht zu machen. Die Entfernung, obwohl nur 20 Meter über den Flur, war so weit wie von Berlin nach Peking.

Sie haben sich später auch in Ihren Korrespondentenberichten auf Reportagen spezialisiert. Blättert man Ihre Arbeit durch, fällt auf, dass Sie überwiegend sozialkritische Themen anschneiden. Was war der ausschlaggebende Punkt bei Ihnen, sich vermehrt diesen Themen zu widmen?

Ich glaube, das war während meines Studiums in Heidelberg, ehe ich nach München ging, um die sz zu belagern. Ich musste mich ja selbst finanzieren und arbeitete deshalb während des Semesters als Tellerwäscher und Telefonist, und in den Ferien in der Aluminiumfabrik von Giulini in Ludwigshafen oder in einer Fabrik für Verpackungsmaterial. Ich habe mich eben als Arbeiter gefühlt und hatte immer gute Kontakte zu den Arbeitskollegen.

Wirkte sich das auch auf Ihre politische Einstellung aus?

Ich war links in dem Sinn, dass ich für soziale Gerechtigkeit und gegen Ausbeutung, gegen Unterdrückung und gegen Zensur war. Ich war, bin und bleibe ein an der sozialen Marktwirtschaft orientierter Demokrat. Natürlich gab es Leute, die dann meinten, ich sei ein nützlicher Idiot Moskaus. Aber ich hätte mir niemals wünschen wollen, dass irgendwo ein kommunistisches System eingeführt wird. Vom ganzen Marxismus glaube ich, dass die Methode der Analyse vortrefflich ist. Mit marxistischen Kategorien kann man wunderbar sozial-ökonomische Realitäten wiedergeben. Die Schlussfolgerungen, die dann in der Praxis gezogen worden sind, waren jedoch völlig verkehrt. Ich glaube, niemand hegt die absurde Vorstellung, ich könnte pro Stalin gewesen sein. Oder pro Ulbricht oder Grotewohl. Die DDR war für mich ein großer Irrtum, der der Bevölkerung in der Folge des Zweiten Weltkriegs aufgezwungen wurde. Sonst wäre es nicht dazu gekommen.

Die politische Rechte stufte Sie dennoch als zu links ein. Gab es denn von DDR-Seite wirklich einmal Versuche, mit Ihnen zu kooperieren oder Sie gar anzuwerben?

Nun, für die DDR war ich seit meiner Korrespondententätigkeit in Prag eine Persona non grata. Aufgrund meiner Berichterstattung aus der Tschechoslowakei während des Prager Frühlings und des Einmarsches der Warschauer-Pakt-Staaten war man in Ostberlin nicht gut auf mich zu sprechen und hatte mich in einem 1968 von Ostberlin publizierten offiziellen ›Weißbuch‹ zum CIA-Agenten ernannt. Denn damals wurde in der ostdeutschen Presse unter den vielen anderen Anschuldigungen, die zur Rechtfertigung für den Einmarsch dienen sollten, die Geschichte publiziert, die aus Kostengründen in der Tschechoslowakei stattfindenden amerikanischen Dreharbeiten zu dem Film *Die Brücke von Remagen* hätten der CIA dazu gedient, Waffen in die Tschechoslowakei zu schmuggeln und damit den Widerstand gegen das kommunistische Regime aufzurüsten. Ich bin zu den Filmaufnahmen gefahren und da wurden mir die Waffen gezeigt. Das waren alles alte Prügel aus der Funduskammer der Wiener Staatsoper, keine amerikanischen Sturmgewehre. Und da habe ich halt eine Geschichte drüber geschrieben und mich dabei ein bisschen lustig über deren Paranoia gemacht. Außerdem hatte ich sehr viele gute Freunde in den intellektuellen Kreisen von Prag. Journalisten, Regisseure, Schauspieler und Schriftsteller. Das waren Leute, die engagiert und interessiert und voll Hoffnung auf neue Zeiten waren. Dann hatte ich eine Geschichte über eine Fabrik gemacht, die als erste versuchte, aus der Planwirtschaft auszusteigen und nach kapitalistischen Mechanismen zu arbeiten. Die Fabrikdirektion, obwohl alles Parteikader, war einstimmig dafür, es anders zu machen. Dieser Aufbruchsstimmung habe ich in der *Süddeutschen Zeitung* Gehör verschafft. Und das hat die Offiziellen in Ostdeutschland wahnsinnig geärgert. Daher haben sie nie etwas mit mir anstellen wollen.

Und wie stand es mit anderen Geheimdiensten?

Angesprochen wurde man als Journalist in der Zeit des Kalten Krieges natürlich häufiger, ob man nicht Hilfsdienste leisten könne. Das habe ich aber prinzipiell nicht gemacht, weil ich das nicht für mein Geschäft hielt. Das hatte ich beispielsweise dem Mann vom Gehlendienst[1] in Madrid so gesagt. Dorthin versetzte mich die *Süddeutsche* relativ schnell, nachdem ich mich mit meiner Berichterstattung aus Prag bei den Ostblockbehörden so unbeliebt gemacht hatte, dass ich dorthin nicht mehr reisen konnte. Der Mann vom Bundesnachrichtendienst sprach mich also in Madrid an, ob ich ihm nicht behilflich sein könnte, sich ein Bild über die politische Situation in Spanien zu verschaffen. Ich riet ihm aber nur, die *Süddeutsche Zeitung* zu abonnieren. Auch der israelische Mossad in Gestalt eines Herrn, der sich als ›Gilad‹ vorstellte hat sich einmal bei einem konspirativen Treffen in einer Hotel-Lobby in Eilad während eines Besuches in Israel Ende der 1960er-Jahre danach erkundigt, ob ich nicht bei meinen Reisen die Augen für sie offen halten könne. Ich meinte aber, meine gegenwärtige Identität als Journalist bringe schon genug Schwierigkeiten mit sich.

Haben sich aus dieser Haltung irgendwelche Probleme ergeben?

Nein.

Von Madrid ging es für Sie recht schnell nach Lateinamerika. Als Sie dort 1972 ankamen, war das ein Brennpunkt des Kalten Krieges. Wie frei konnten Sie berichten?

Sehr frei, ich konnte mich eigentlich auf dem ganzen Kontinent ungehindert bewegen. Sogar in Kuba, wo selbst die Polizei nicht glauben mochte, dass mir deren Botschaft in Bonn ein völlig unbeschränktes Einzelreisevisum fern aller organisierten Gruppen ausgestellt hatte, sodass schon die Suche nach einem Schlafplatz in einem der auf angekündigte Gruppenrei-

---

1 Reinhard Gehlen war der Begründer der ›Organisation Gehlen‹, dem Vorläufer des bundesdeutschen Auslandsgeheimdienstes BND. Bereits während der NS-Herrschaft hatte Gehlen ab 1942 die Abteilung ›Fremde Heere Ost‹ geleitet, in der alle kriegsrelevanten Informationen aus den im Osten besetzten Gebieten zusammengeführt wurden. Kurz vor Kriegsende stellte er sich den Alliierten. Von den Amerikanern wurde er als Leiter der ›Organisation Gehlen‹ ab 1946 mit der Abwehr östlicher Spione betraut. Der ausgewiesene Antikommunist führte bis 1968 als erster Präsident den Bundesnachrichtendienst, in dem die ›Organisation Gehlen‹ 1955 aufging.

sen eingestellten Hotels ein riesiges Problem wurde. Die Presseabteilung des kubanischen Außenministeriums musste mich wiederholt befreien, wenn ich als verdächtiger Ausländer und vermutlicher Spion festgehalten wurde, so etwa beim Fotografieren der leeren Regale eines Supermarktes oder bei neugierigen Umfragen in einem Wohnblock. So bin ich sehr viel rumgereist und hatte als wirklich festen Punkt lediglich den Flughafen von Rio de Janeiro. Ich verglich mich manchmal mit einem Geier. Wo immer Aasgeruch aufstieg, bin ich schnell hingeflogen.

Wie haben Sie das mit dem Visum angestellt? War es für Westkorrespondenten nicht fast unmöglich, frei aus den sozialistischen Ländern des Berichtsgebietes zu berichten?

In meiner Wiener Zeit vor 1968 gehörten Budapest und Prag mit zu meinem ›Bereich‹. Ein Visum für die Tschechoslowakei zu bekommen war bis zur Veröffentlichung des ›Weißbuches‹ keinerlei Problem. Auch mit dem ungarischen Presseattaché der Botschaft in Wien hatte ich beste Kontakte und keinerlei Visumschwierigkeiten, bis die Ungarn auf die Idee kamen, mich zur Beantragung einer ständigen Akkreditierung einzuladen. Nachdem die Chefredaktion der SZ diesen Antrag eingereicht hatte, wurde er von den Ungarn abgelehnt: Sie hatten diese Situation konstruiert, um sich für irgendwelche Schwierigkeiten eines ungarischen Korrespondenten in Bonn revanchieren zu können. Danach bekam ich dann kein Visum mehr – vielleicht auch wegen des ›Weißbuches‹, und ich ging dann auch bald danach nach Madrid. In Lateinamerika hatte ich ja dann außer mit Kuba nichts mehr mit sozialistischen Staaten zu tun und brauchte nirgends mehr Visen. Das kubanische Visum wurde mir erst während meiner Zeit beim *Stern* gegeben – die Botschaft in Bonn hatte wohl Gefallen an meiner Darstellung der zentralamerikanischen Wirren gefunden und glaubte, mit einem um Objektivität bemühten Blick betrachtet zu werden. Ganz allgemein gilt, dass die Berichterstattung aus sozialistischen Ländern überall völlig frei war, vorausgesetzt, man kam in sie hinein und spürte Informationen auf. Zensur von Texten fand keine statt. Wie auch? Ich wurde zwar oft sichtbar beschattet, aber nie behindert.

Wie stand es um Ihr Spanisch? Konnten Sie die Sprache bereits, als Sie nach Madrid gingen?

Spanisch hatte ich schon vorher gelernt, weil ich immer den Wunsch gehabt hatte, in Richtung Lateinamerika zu gehen. Als ich in Madrid ankam, konnte ich mich aber nur radebrechend verständigen. Ich habe Privatstunden bei einem Professor genommen und das Lernen ging dann ziemlich schnell. Da das Spanische dem Portugiesischen sehr verwandt ist, hatte ich mit dieser Sprache dann auch keine Schwierigkeiten, als ich nach Rio ging.

Waren Ihre Sprachkenntnisse gut genug, um sich für Ihre Recherchen mit den Menschen verständigen zu können?

Der Anfang in Spanien war schwierig während der ersten Monate, bis ich einigermaßen fließend reden konnte. Es hilft sehr, wenn man wie ich alleine, ohne Familie, in ein fremdes Land kommt. Man kann sich nie ins Deutsche zurückziehen und ist gezwungen, sich Tag und Nacht in der neuen Sprache zu bewegen. Da helfen auch sehr die zwischenmenschlichen Kontakte, die bei Anwesenheit einer Familie schwerlich zustande kommen. Am Anfang steht immer eine lange Periode intensivster Zeitungslektüre.

Die Bevölkerung ist für Kontakte immer offen. Die unterhalten sich gerne, vielleicht mit Ausnahme von Mexiko, wo das Ressentiment gegen den Gringo sehr groß ist. Brasilien ist hingegen das Land, wo am wenigsten Gringo-Animosität besteht – eigentlich überhaupt keine.

Ich habe zum Beispiel eine Geschichte über Leute geschrieben, die unter einer Brücke leben. Ich war im Bundesstaat Piauí unterwegs auf dem Weg nach Teresina und sah diese Familien am Fluss Poti unter der Brücke kampieren. Da bin ich aus dem Auto ausgestiegen und habe mich stundenlang mit ihnen unterhalten. Das war kein Problem.

Wenn Sie nicht, wie gerade beschrieben, buchstäblich über die Geschichten stolperten, woher bekamen Sie dann Ihre Informationen?

Die meisten Informationen, wo oder besser gesagt warum etwas passiert, habe ich von einheimischen Journalisten erhalten. Das waren meine Hauptkontakte. Ich hatte richtige Freundschaften in Brasilien, Argentinien und Chile mit den Journalisten vor Ort. Die allem zugrunde liegende gegenseitige Sympathie pflegte man dann mit kleinen Geschenken, wie einer Flasche Whiskey oder einer Schallplatte. Bezahlte Informanten hingegen hatte ich keine. Die vielleicht wichtigste Quelle sind freilich immer die Zeitungen und auch das, was sie zwischen den Zeilen veröffentlichen. Von da ausgehend fängt man dann zu bohren an.

Zum Korrespondentenberuf gehört auch immer viel Lektüre. Wie stand es denn um das Zeitungsangebot vor Ort?

Ich habe natürlich vor Ort alle mir zugänglichen Zeitungen in Lateinamerika gelesen. Ich hatte also ein großes Archiv gehabt. Eine Sekretärin war damit beschäftigt, die von mir bei der Lektüre markierten Artikel auszuschneiden und in Mappen einzuordnen. Das waren dann mehrere Stahlschränke voller Artikel.

Dazu fällt mir eine ganz interessante Anekdote ein. Ich hab eine Geschichte darüber gemacht, wie Brasilien sich vergeblich versuchte, in die Atomindustrie einzuklinken. Siemens baute zu der Zeit in Angra Dos Reis zwei Atommeiler. Und die Idee war, dass Brasilien anreicherungsfähiges Uran liefert. Und ich habe durch Zeitungsausschnitte – also Hunderte von Meldungen – die Information herausgefiltert, dass das alles ein Riesenflop ist. Dass Brasilien kein anreicherungsfähiges Uran hat, außer ganz wenig im Süden von Bahìa. Und dass die Problematik in Angra Dos Reis war, dass dieses Uran nicht ausreichte. Nach dem Erscheinen des Artikels erhielt ich einen Anruf vom Präsidenten der Nuclebras, der brasilianischen Nukleargesellschaft. Er lud mich zu einem Drink zu sich ein. Und dann fragte er mich: »Sagen Sie mal, wo haben Sie all diese Sachen her? Das ist doch alles höchst geheim.« Und ich antwortete: »Das habe ich alles aus Zeitungen zusammengekratzt.« Wenn man genügend schabt und ein feines Sieb anlegt, dann hat man einen Satz hier und einen Satz dort. Und wenn man das alles zusammenfügt, hat man plötzlich ein großes Geheimnis gelüftet.

Wenn wir gerade von Kontakten zu Behörden sprechen: Wie stand es denn mit den Botschaften als Informationsgeber?

Die deutschen Botschaften waren zum größten Teil völlig unbrauchbar als Informanten, weil sie immer die herrschende, offizielle Meinung vertreten mussten und auch vertreten haben. Es gab einige rühmliche Ausnahmen, wie mehrere Pressereferenten am Generalkonsulat in Rio oder Botschafter Jörg Kastl in Argentinien. Der hat die Augen nicht davor verschlossen, was in Argentinien vor sich ging. Mit ihm konnte ich mich unterhalten. Allerdings nicht in der Botschaft. Er bedeutete mir mit Zeichen, dass sein Büro verwanzt war, von wem weiß ich nicht. Wir haben uns dann in irgendwelchen kleinen Bars in der Innenstadt getroffen. An sich war die Botschaft allerdings abgesichert wie Fort Knox. Es gab sowohl argentinische Sicherheitsleute und welche vom Bundesgrenzschutz, Panzerglasschleusen, wo die eine Tür erst aufging, wenn die andere zu war. Das klingt vielleicht übertrieben, aber man muss dazu sagen, dass Entführungen damals groß in Mode waren. Sowohl in Brasilien als auch in Argentinien entführten die linken Guerilleros Geschäftsleute und Diplomaten, um Gesinnungsgenossen freizupressen oder riesige Summen zu kassieren. Der erste Entführte in Argentinien war, glaube ich, ein Fiat-Direktor, der ich weiß nicht wie viele Millionen Dollar einbrachte. In Brasilien waren es vier Diplomaten, darunter der deutsche Botschafter Ehrenfried von Holleben und sein Schweizer Kollege Bucher, die gegen Gefangene ausgetauscht wurden...

Hatten Sie keine Angst, dass Ihnen als westlichem Journalisten so etwas auch passiert?
Also ich muss gestehen, dass meine Sympathien eher aufseiten der Entführer lagen. Nur in Zentralamerika habe ich mich wirklich bedroht gefühlt. Dort allerdings nicht nur von den Rechten, sondern auch von den Linken. Und diese haben mich dann witzigerweise tatsächlich entführt.

Das war in Salvador. Bei einer Studentenkundgebung in der Universität haben mich zwei Leute auf die Seite gewunken. Ich bin mit denen um die Ecke gegangen und dort stand ein Volkswagen-Bus. Plötzlich sah ich zwei Revolver auf mich gerichtet und musste in den VW-Bus einsteigen. Dort musste ich mich hinlegen, wurde in einen Teppich eingerollt und bekam eine Sonnenbrille aufgesetzt, die von innen mit schwarzem Papier verklebt war. Der Bus wurde sonst als Schul- oder Kindergartenbus genutzt und war außen mit lauter kleinen Heinzelmännchen und Schneewittchen bemalt. Und drinnen saßen die zwei Typen mit Revolvern und ich in den Teppich gerollt. Dann fuhren wir endlos um Kurven – eine lange Fahrt. Schließlich rollte das Fahrzeug in eine Garage. Ich wurde aus dem Teppich gewickelt und hörte ein kleines Kind fragen: »Mama, wer ist der blinde Mann?« Ich hatte ja immer noch die schwarze Brille auf. Dann führten sie mich in ein Nebenzimmer und dort durfte ich die Brille abnehmen. Vor einer Wand saßen drei vermummte Gestalten von der Frente para la Liberación Nacional (FMLN)[2], hinter ihnen hing ein Tuch mit Hammer und Sichel. Eine Stunde lang haben sie mir einen Vortrag gehalten, von dem ich nichts begriffen habe. Mein Herz wummerte. Ich war bis zum Rand mit Adrenalin gefüllt. Als ich sie bat, mein Tonband einschalten zu dürften, haben sie mir das aber nicht erlaubt. Und auch aufschreiben durfte ich nichts. Ich musste ihnen zuhören, war aber so verspannt, dass ich nichts aufnehmen und verstehen konnte.

Wieso haben die sich ausgerechnet Sie geschnappt?
In den vorangegangenen Tagen hatte ich viele Kontakte mit Leuten – mit Professoren, Studenten und anderen Journalisten – von denen muss irgendjemand zur FMLN gehört haben. Durch meine Recherchen auch in Dörfern, in denen das Militär und rechte Milizen gewütet hatten, war ich bei den Linken irgendwie als Sympathisant erkannt worden. Und die haben sich dann wohl gesagt, der Junge ist empfänglich für die Botschaft,

---

2   Nationale Befreiungsfront, heute eine politische Partei in El Salvador. Führte in den 1970er-Jahren in verschiedenen Splittergruppen einen Guerilla-Krieg gegen die Militärdiktatur.

den holen wir uns mal raus. Sie mussten mich entführen. Wenn sie mich eingeladen hätten, wäre das Risiko zu groß gewesen, dass ich es jemandem sage oder jemanden mitnehme. Zu ihrer eigenen Sicherheit mussten sie mich wegschaffen, ohne dass es jemand mitbekommt. Ich habe ihnen auch gar nicht übel genommen, dass sie mich da entführt haben.

Korrespondent von Conta unterwegs mit Fotografen Perry Kretz (links mit Kameras) in El Salvador. Quelle: Perry Kretz

Und wie stand es mit den Rechten? Haben die jemals versucht, Sie zu entführen?

Die haben mich zwar bedroht, aber nie entführt. Das war ebenfalls in Salvador. Da hat mich ein Chef der rechten Milizen zu sich nach Hause zu einer Grillparty eingeladen. Er wollte mir und meinem Fotografen vorführen, wie sie unbeschwert und fröhlich leben. Dem Fotograf ist ein sehr schönes Foto gelungen, wie der Gastgeber mit dem Teller voll Fleisch und einem Weinglas in der Hand auf uns zukam. Der merkte dann selbst, dass dieses Foto eine negative Botschaft hatte: In einem Land, in dem die Landbevölkerung massakriert, unterdrückt und verfolgt wird, macht die reiche Oberschicht Grillpartys mit riesigen Fleischbergen. Da sagte er mir: »Wenn Du mich auf diese Art verarschen willst, dann wirst Du schon sehen, was Dir passiert.« Wir konnten aber der Versuchung nicht widerstehen. Das Foto war zu schön, also ist es im *Stern* publiziert worden. Ich hatte dann große Angst wieder nach Salvador zu fahren. Als ich trotzdem wieder hinfuhr, haben sie meine Anwesenheit nicht bemerkt oder hatten

mir verziehen, ich weiß es nicht. Versuche, auf meine journalistische Arbeit Einfluss zu nehmen, gab es natürlich noch mehr, aber von denen habe ich mich nie beeinflussen lassen.
Wie sahen diese Einflussnahmen am konkreten Beispiel aus?
In Chile zum Beispiel war es so, dass ich mir bei der Einreise einen Stempel in der Presseabteilung des Außenministeriums holen musste. Bei diesem Besuch haben sie einen Redakteur von *El Mercurio* gerufen. Das war die große konventionelle und traditionelle Tageszeitung, die voll hinter Pinochet stand. Der kam, um mich in die Mangel zu nehmen, und fragte, wo ich denn diese Meinungen her hätte. Ich hätte die falschen Kontakte und sie würden mir gerne andere besorgen. Ich hab das alles dankend abgewehrt, und damit war der Fall dann ausgestanden.

In Brasilien hat man mich direkt eigentlich nie angegangen. Aber ich wurde überwacht. So entschuldigte sich der Postbote etwa bei mir, dass meine Briefe mit zehntägiger Verspätung ankommen. Er sagte: Die muss ich immer erst zum Lesen bei der Polizei abgeben, deshalb dauert es etwas länger. Das Gleiche gab es auch am Telefon. In den 1970er-Jahren war das brasilianische Telefon technisch völlig veraltet und funktionierte die Hälfte der Zeit nicht. Und ich habe also einmal den Telefonhörer abgenommen und geredet: »Das Telefonsystem in Brasilien ist genauso beschissen wie die ganze Verwaltung dieses Staates.« Zwei Minuten später klingelt es: »Hier ist die Telefongesellschaft. Haben Sie irgendwelche Beschwerden vorzubringen? Funktioniert irgendwas nicht?« Das war eher komisch als beängstigend.

Noch ein anderes Beispiel aus meiner Zeit in Brasilien: Die deutsche Industrie hatte eine Arbeitsgemeinschaft gebildet, die Geld sammelte, um die Entsendung eines PR-Mannes nach Rio de Janeiro zu finanzieren. Der hat sich in einem Appartement am Strand von Leme eingenistet und von dort aus PR-Arbeit gegen meine Berichterstattung gemacht. Der Höhepunkt war die Einladung an eine Gruppe deutscher Chefredakteure zu einer Rundreise durch Brasilien. Sie sind dann rumgeführt worden, und man hat ihnen gezeigt, dass keine Blutströme auf den Straßen vorbeifließen. Das bei Volkswagen in den Fabriken die Leute arbeiten, ohne dass bewaffnete Aufsichtsbeamte hinter ihnen stehen. Die Knute wurde für diesen Besuch also weggesperrt. Kurzum, man hat ihnen versucht, ein Brasilien vorzuführen, das Investoren anzieht. Denn in dieser Zeit wurde wahnsinnig viel deutsches Geld hier investiert. Und auf dieser Reise war die Gruppe dann auch in Brasilia im Außenministerium. Dort fragte der Chefredakteur der *Süddeutschen Zeitung*, Hans Heigert, einen Beamten von der Presseabteilung des Außenministeriums in einem zwanglosen Gespräch: »Sag mal, wo hat denn der Conta diese ganzen Sachen von Verschwundenen und Folter her?« Die liest man nirgendwo anders, erfindet der das alles? Und der Beamte sagte: »Nein, nein, der Conta arbeitet einfach mehr als die anderen.«

Kann man das letzte Beispiel überhaupt in Zusammenhang mit dem Kalten Krieg setzen?

Es ist so, dass die Interessen der deutschen Wirtschaft mit Argumenten des Kalten Krieges vertreten wurden. Man hat gesagt, der Militärputsch in Brasilien schützt das Land vor der Gefahr, in kommunistisches Fahrwasser zu gelangen. In Wirklichkeit ging es ihnen aber darum, die Gewerkschaften auszuschalten. Und das nicht etwa, weil die Gewerkschaften Moskau nach Brasilien getragen hätten, sondern damit keine Lohnerhöhungen verlangt werden. Das heißt, das Gewand des Kalten Krieges, die Kalte-Kriegs-Argumentation und der Antikommunismus waren in Wirklichkeit ein Versteck für ganz simple Geschäftsinteressen: wenig Ausgaben für Soziales, niedrige Löhne, kein Kündigungsschutz.

Meiner Meinung nach hatte der Kalte Krieg außer in Kuba in Wirklichkeit nie einen echten Anlass, in Lateinamerika stattzufinden. Dies zeigt unter anderem das Beispiel von Peru. Die peruanische Militärregierung fuhr eine linksnationalistische Linie. Angesichts ihrer internationalen Verschuldung wurde sie vom Währungsfonds fallengelassen. Dann haben sie versucht, nach dem kubanischen Modell Kredite von der Sowjetunion zu bekommen. Und die hat ihnen nichts gegeben. Das Gleiche geschah den Montoneros in Argentinien. Die haben versucht, Kontakte und Unterstützung aus der sowjetischen Einflusszone, unter anderem aus der Tschechoslowakei, zu bekommen, ohne nennenswerten Erfolg. Das heißt, die Sowjetunion hat bei ihrem Versuch, Einflusszonen zu schaffen oder auszuweiten, Lateinamerika meiner Meinung nach nie ernsthaft in Betracht gezogen. Und Kuba hat sich in Lateinamerika bei Weitem weniger engagiert als in Afrika. Che Guevara blieb weitgehend sich selbst überlassen, und außer ein paar Trainingskursen für verstreute Untergrundkämpfer gab es auf der Insel hauptsächlich verbale Sympathiekundgebungen und kostenlosen Zahnersatz für lateinamerikanische Revolutionäre.

In Argentinien waren Sie unter anderem zur Fußball-Weltmeisterschaft 1978. Wie sah es dort mit politischer Einflussnahme aus?

Da erschien im Hotel in Córdoba im Frühstücksraum die traurige Gestalt eines alten Auslandsdeutschen. Der suchte deutsche Journalisten, ging von Tisch zu Tisch und lauschte, wo man Deutsch redete. Und setzte sich dann dazu und fragte: »Und wie gefällt Ihnen Argentinien heute?« – »Ebenso wie gestern«, antwortete ich. Der hat dann also auf sehr dümmliche Art und Weise versucht, das Verschwinden von Personen wegzureden. Ich habe ihn damit konfrontiert, dass gerade erst im militärischen Kommandobereich Córdoba dutzende junge Leute verschwunden waren. Und dann war er stumm und ist wieder weggegangen.

Aber galt bei der Fußball-Weltmeisterschaft das Augenmerk nicht mehr dem Sport als den politischen Zuständen im Land?

Nun, die Sportberichterstattung haben die Fachleute aus der sz-Sportredaktion übernommen. Ich verstehe von Fußball absolut gar nichts. Bei der Fußball-Weltmeisterschaft sah ich meine Rolle darin, den großen Vorhang wegzuziehen und zu zeigen, was hinter der Euphorie für soziale Realitäten stattfanden. Es war ein geschundenes Land, in dem versucht wurde, ein riesiges Spektakel zu inszenieren. Zu den Absurditäten gehörte etwa Folgendes: Kurz vor der WM wurde der Rest der politischen Gefangenen in Flugzeuge gesteckt und über dem Meer abgeworfen, um glaubhaft versichern zu können, man habe ja gar keine Gefangenen mehr. Darunter mein Freund Luis Guagnini, Redakteur von *La Opinión*. Er hatte ein halbes Jahr in der Mechanikerschule[3] im Folter-Keller gesessen, ehe er im Zuge der Vorbereitung auf das propagandistische Fußballspektakel von seinen Henkern umgebracht wurde. Die Repression hatte in Argentinien nicht nur die Zerschlagung linker Widerstandsbewegungen, nämlich Monotoneros[4] und ERP[5], zum Ziel, sondern erlaubte es den in völliger Autonomie operierenden Greifkommandos auch, ihre eigenen Interessen zu verfolgen. Es wurden Leute verschleppt und ›verschwanden‹, weil sie einen van Gogh zu Hause hatten, den irgendein Leutnant seiner Gemäldesammlung einverleiben wollte. In Argentinien war die Angst einfach allgegenwärtig. In La Plata habe ich einen Mann gesehen, der auf der Straße ging und hüpfte und pfiff, wie ein Kind im Wald, das sich fürchtet. Er hat sich unentwegt

---

3 Escuela de Mecánica de la Armada, früher *Escuela Superior de Mecánica de la Armada* (ESMA). Im Deutschen meist als *Technikschule* bzw. *Mechanikerschule der Marine* bezeichnet. War eine Ausbildungseinrichtung der argentinischen Marine in der Hauptstadt Buenos Aires. Während der Militärdiktatur von 1976 bis 1983 war die Schule gleichzeitig ein Geheimgefängnis und Folterzentrum.

4 Die Peronistische Bewegung Montonero war eine argentinische Stadt-Guerilla.

5 Das ›Ejército Revolucionario del Pueblo‹ (ERP, zu Deutsch: ›Revolutionäre Volksarmee‹) war der bewaffnete Ableger der Revolutionären Arbeiterpartei Argentiniens. Sie kämpfte zwischen 1970 und 1977 als marxistisch geprägte Guerilla-Organisation gegen die wechselnden autokratischen Regime in Argentinien.

umgedreht. Jemand, der so von Angst gepeinigt war, dass er singen und pfeifen und hüpfen musste, um das zu bewältigen. Ein anderes Mal saß ich mit einem Bekannten im Restaurant und hab mich über Fußball unterhalten – es war ein Fußballredakteur von *El Clarín*. Und er flüsterte die ganze Zeit. Und ich sagte: »Du, wir reden hier über Fußball, warum flüsterst Du denn so?« Er antwortete ganz leise: »Wer flüstert denn hier?«

Kommen wir kurz etwas weg von den großen, politischen Einflüssen, hin zu denen innerhalb der Redaktionen. Sie hatten bereits gesagt, dass Ihre politische Einstellung eher linksorientiert war. Das spiegelt sich auch in der Themenauswahl und in Ihren Texten wider. Inwieweit wurden diese von den Redaktionen noch verändert und eventuell angepasst?

Bei der *Süddeutschen Zeitung* hatte ich keinerlei Probleme, meine Artikel so loszuwerden, wie ich sie geschrieben habe. Dort war die Bereitschaft, meine Weltschau so stehen zu lassen, wie ich sie geschrieben hatte, sehr groß. Die sz hat einen großen Respekt vor der Schreibe der Autoren. Da wird nichts geändert.

Nicht einmal wenn die Anzeigenkunden ihre Interessen geschädigt sahen. Wie im Fall Brasilien. Unter Präsident Medici herrschte eine riesige Aufbruchsstimmung. Obwohl es der Bevölkerung immer schlechter ging, sprach man nur vom wirtschaftlichen Fortschritt, der Ausbreitung der Geschäfte und den Investitionen. Und die Geschäfte gingen wahnsinnig gut. Deshalb wurde die Chefredaktion der sz von den großen Anzeigenkunden belämmert, wie zum Beispiel bei der erwähnten Rundreise deutscher Chefredakteure, finanziert von der Großindustrie, was weiß ich, wohl Siemens, Volkswagen. Die störten sich an meinen Reportagen. Die erste Zuckung der Chefredaktion war aber beim Sturz Allendes in Chile zu spüren. Ich schrieb in einem Kommentar, dass der bürgerliche Justizapparat den Putsch unterstützt habe. Und da hat der Heigert mir einen Brief geschrieben, hat gesagt, ich könne meine ideologischen Ansichten ruhig behalten, aber ich sollte sie doch hinter Beschreibungen verstecken und keine anstößigen Vokabeln verwenden, wie eben dieses ›bürgerlich‹. Ich war damals sehr arrogant und habe ihm zurückgeschrieben, ich hielte seine Kritik nicht für stichhaltig und im Übrigen sei ich ihm sehr dankbar, denn er habe mir mit seiner Kritik bewiesen, dass ich völlig Recht habe in der Darstellung.

Irgendwann platzte Heigert aber der Kragen. Das war dann bei einer Geschichte über Peru. Dort herrschte zu der Zeit die Militärregierung von Velasco. Sie vertrat eine Ideologie des militärischen Nationalismus, also weder links noch rechts, sondern populistisch. Und sie wollten den Reichtum umverteilen und die Bevölkerung mehr zum Zuge kommen lassen, denn Peru war fest in der Hand einer ganz kleinen Oberschicht. Unter anderem gehörten die Zuckerindustrie, die Fischindustrie und die Finanzindustrie einer einzigen Familie. Die besaß auch die größte Zeitung von Lima. Und die Regierung enteignete dieses Blatt und nahm es aus den Händen dieser Familie. Ich schrieb dann in einer Geschichte, dass mit der Enteignung dieser Zeitung die Bourgeoisie ihre letzte Bastion verloren habe. Und da hat Heigert den Stift genommen, hat Bourgeoisie durchgestrichen und Freiheit drüber geschrieben. Das heißt, dass mit der Enteignung der Zeitung die Freiheit ihre letzte Bastion verloren habe. Den Nachtredakteur hat das so geschockt, dass durch ein Wort die ganze Geschichte ins Gegenteil verdreht wurde, dass er mich mitten in der Nacht noch anrief und gefragt hat, ob ich das autorisiere. Ich sagte natürlich nein, das autorisiere ich nicht. Und der Beitrag ist nicht erschienen. Damit war er aber eine ganz seltene, eigentlich die einzige Ausnahme.

Die Zeitung hatte mit dieser Kritik an der Verwendung linker Vokabeln, wie ich heute einsehe, eigentlich Recht. Ich meine, ich hätte da ruhig nachgeben sollen, habe das aber nicht gemacht.

Systematisch haben einzelne Redakteure dann angefangen, mich unter Druck zu setzen, wohl im Versuch, mich zu disziplinieren. Ich war beispielsweise in Bolivien und habe da eine Geschichte über die Zinnmine Siglo Veinte gemacht. Die Reise war wahnsinnig schwierig. Man hat mir das Geld geklaut und ich war weit in den Bergen, ohne zu wissen, wie ich da wieder rauskomme. Ich bin dann per Anhalter nach La Paz zurück und habe mir bei der Botschaft Geld besorgt. Habe die Geschichte geschrieben, die Nacht nicht geschlafen, sondern bin zu Reuters gegangen, mit denen wir damals einen Vertrag hatten, dass wir unsere Geschichten über deren Ticker schicken konnten. Die konnten aber kein Deutsch, also habe ich mich hingesetzt und selbst den Streifen gestanzt und durchgeschickt. Am Ende hat der zuständige Redakteur mir ein Telegramm geschickt, warum ich meine Zeit in einem Land vergeude, das sie nicht einmal auf der Landkarte finden und stundenlang Fernschreibgebühren anhäufe, während doch über die eigentlichen interessanten Geschichten in Argentinien und Chile nichts von mir komme. Und hinterher haben sie dann diese Geschichte über Bolivien ohne mein Wissen als Anwärter auf den Kisch-Preis eingereicht. In dieses ganze Heckmeck fiel schließlich ein Anruf vom *Stern*. Dessen Chefredakteur Peter Koch sagte: »Wir hören, dass

Du Schwierigkeiten mit der Redaktion hast. Was bei der *sz* ein Malus ist, ist bei uns ein Bonus. Willst Du nicht zum *Stern* kommen?«

An und für sich war ich ja der sz sehr verhaftet. 23 Jahre lang hatte ich bei der *sz* immer das Gefühl, die Zeitung bin ich. Das heißt, ich hätte für die Zeitung mein Leben hingegeben. Und, naja, ich war dann so verbiestert über die von mir als ungerecht empfundene schlechte Behandlung, dass ich Koch zugesagt habe. Das tat ich aber schon mit dem Vorsatz, aus dem Journalismus auszusteigen. Zwei Drittel des Gehaltes bestehen bei der *sz* ja in der Ehre, für die Zeitung schreiben zu dürfen, tatsächliches Gehalt bekommt man nur zu einem Drittel. Beim *Stern* habe ich dann gesagt, also ich möchte bitte die drei Drittel des Gehaltes in die Hand bekommen. Meine Idee war, mir damit in Brasilien eine Fazenda[6] zu kaufen.

Korrespondent von Conta (2.v. r.) mit dem Fotografen Perry Kretz auf dem Land in El Salvador. Quelle: Perry Kretz

Wie sah die Zusammenarbeit mit dem *Stern* aus? Gab es da ebenfalls Einflussnahmen auf die Richtung Ihrer Artikel?

Nein. Oder ja, in einem ganz anderen Sinn. Beim *Stern* war es so, dass sie keinerlei ernsthafte Sachen mehr haben wollten, sie wollten Vorurteile bestätigt bekommen. Brasilien ist eben Samba, Strand und Indianer. Und wenn man in Brasilien war, dann mussten eben Samba, Strand und Indianer zum Thema gemacht werden. Dass ganz andere Sachen wichtiger,

6   Portugiesisch für landwirtschaftlicher Betrieb.

entscheidender oder schwerwiegender waren, interessierte dann nicht. Anfangs war das noch nicht so. Da konnte ich große theoretische Bomben loslassen, über die Verschuldung der Dritten Welt, wie das Moratorium von Argentinien und Mexiko die Weltwirtschaft gefährdet. Das ist dann aber sehr schnell verschwunden.

In meiner Zeit beim *Stern* fand wöchentlich ein Wettkampf zwischen den verschiedenen Polen statt, wie das Magazin aussehen soll. Und ich war Vertreter einer Richtung, die den *Stern* gern als ein großes Instrument zur Aufklärung gehabt hätte. Das heißt, als ein Instrument, das breite Schichten der Bevölkerung in einfacher, aber tiefschürfender Weise über die Basiszusammenhänge dieser Welt aufklärt. Dann gab es eine andere Fraktion, die genau das Gegenteil wollte. Reine Unterhaltung, leicht und süffig. Und diese letztere Linie der leicht verkäuflichen Seichtigkeit hat sich eigentlich nach den Hitler-Tagebüchern durchgesetzt.

Ich hatte von Anfang an gedacht, ich werde beim *Stern* nur vier Jahre alt. Rein gefühlsmäßig gab ich mir diese Zeit, bis der Verschleißprozess meinen Standard beim *Stern* zerstört haben würde. Wenn du beim *Stern* anfängst, sind alle Neuen wunderbar. Dann setzt die Korrosion des Alltags und der Geschichte ein. Es gab unglaubliche Eifersüchteleien und Neid, viel schlimmer als in anderen Redaktionen, glaube ich. Das verschleißt die Person. Aus den vier Jahren sind dann sechs geworden, und am Ende war ich in der Lage, die Fazenda zu realisieren.

Waren Sie regelmäßig zu Besuch in den Redaktionen, auf Korrespondententreffen, oder wie waren Sie sonst noch eingebunden in die Heimatredaktionen?

Zu Beginn meiner Zeit beim *Stern* war ich etwa ein Jahr in Hamburg, in der Auslands-Redaktion, fast dauernd auf Reisen, aber mit Wohnsitz eben an der Alster. Ich war in Fernost, von Hongkong bis Kuala Lumpur zu einer großen Geschichte über die überall wirtschaftlich dominierenden chinesischen Händler, und so weiter, aber Korrespondententreffen gab es nie. Ich kann mich nicht erinnern, einen anderen Korrespondenten in Hamburg getroffen zu haben. Und diskutiert wurde eigentlich immer nur die aktuell kochende Story, jedenfalls im Auslandsressort.

Nach allem, was Sie gerade erzählt haben –, den wirtschaftlichen und politischen Einflussnahmen, den Abläufen in den Redaktionen – könnten Sie kurz definieren, was Sie unter Propaganda verstehen?

Unter Propaganda verstehe ich die Schilderung wahrer oder auch falscher Tatsachen allein zu dem Zweck, einen gewissen Effekt zu erzeugen.

Wenn ich an Lateinamerika denke, kann die Niederschlagung der populären Bewegung in Chile als Beispiel dienen. Sie war der Ostblockpresse, soweit mir zu Ohren gekommen ist, eine willkommene Gelegenheit, den Yankee-Imperialismus anzuschwärzen, das Schicksal der Gefangenen im Fußballstadion von Santiago, die im Mapocho treibenden Leichen und die Verschwundenen waren vor allem Propagandamaterial. Es wurden eben wahre Tatsachen verwendet, aber zu einem falschen Zweck. Aber abgesehen von einigen Sendungen RADIO MOSKAUS, die ich durch Zufall nachts im Hotel abgehört habe – mit dem kleinen Weltempfänger, den ich immer dabei hatte –, blieb mir die Stimmung im Ostblock unbekannt.

Aber hat nicht gerade die DDR große Solidaritätsaktionen gestartet, hunderte politisch Verfolgte aus Chile gerettet und alle publizistischen Alarmglocken gegen Pinochet geläutet?

Von dem Echo, das die Vorgänge um den Sturz Allendes in der DDR gefunden haben, habe ich selbst ja nichts mitbekommen. Ich war sehr weit weg und von den Publikationen im Osten Deutschlands habe ich ohnehin nie etwas zu Gesicht bekommen. Ich wusste von der Aufnahme vieler chilenischer Flüchtlinge in Schweden, wo eigens Kliniken für traumageschädigte Folteropfer eingerichtet wurden, und von solchen in der BRD.

Sind Sie damals Ostkorrespondenten begegnet? Wie sahen diese Kontakte aus?

In Lateinamerika bin ich nie einem DDR-Kollegen, auch keinen anderen Ostblock-Journalisten begegnet. Außer natürlich bei meinem Besuch in Kuba. Da traf ich dann Kollegen, die ich noch aus Madrid kannte. Im Gegensatz zur unbeschwert freundlichen Kollegialität in Madrid waren sie dann bei sich zu Hause – und beobachtet von anderen ihrer Kollegen – eher beklommen im Umgang mit dem Westler.

Und haben Sie Ostmedien rezipiert?

Wie gesagt: nein.

In der DDR war Journalismus per Definition in das politische und ideologische System eingebunden. Haben Sie bei Ihrer Arbeit für westdeutsche Medien ebenfalls feststellen müssen, dass man eine politische Linie verfolgt?

Das ist eine Frage der Epistemologie, nämlich wie man etwas wahrnimmt und auf welche Weise das Wahrgenommene dann in Erkenntnis verwandelt wird. Unsere Wahrnehmung registriert ja keine komplette einheitliche Wirklichkeit, sondern nur punktuelle Bruchstücke derselben, die vom Betrachter dann mithilfe seiner Erfahrung zu einem Bild zusammengesetzt werden, das er für die wirkliche Wirklichkeit hält. Die Auswahl wie auch die Interpretation der wahrgenommenen Bruchstücke bei der Herstellung des Abbildes (der Erkenntnis) hängt von sehr persönlichen und von Betrachter zu Betrachter oft grundverschiedenen Katalysatoren ab, von Erfahrungen, Stimmungen, Vorurteilen usw. Es sind die vor dem Beginn des Betrachtens anwesenden Einstellungen, was die in der Folge dann stattfindende Erkenntnis prägend beeinflusst. Im Fall der Kollegen aus dem sozialistischen Lager war deren ›Einstellung‹ sehr detailliert und verpflichtend vorgegeben, sodass der Rahmen dessen, was ihnen wahrnehmbar sein durfte, ziemlich eng beschaffen war. Westjournalisten haben zwar den subjektiven Eindruck, in Bezug auf das Wahrnehmbare weitgehend frei zu sein, unterliegen aber doch dem Diktat der ihnen vorgegebenen Standpunkte, nämlich dem stillschweigenden Konsens ihres gesellschaftlichen Sektors über die zu respektierenden Werte. Die Qualität eines Journalisten hängt meines Erachtens unter anderem davon ab, wie viel Klarheit er sich über die seinen Erkenntnissen zugrunde liegenden Standpunkte hat erarbeiten können. Ausgerüstet mit dieser Klarheit darf der Schreibende in demokratisch-freiheitlichen Systemen alles ›Erkennen‹ was ihm erkennbar ist, und ist damit frei, diese oder jene politische Linie oder auch keine zu verfolgen.

Mein noch in der Wiener Zeit gewonnener Eindruck war eben, dass ein in ideologischen Lagern wurzelnder Journalist niemals völlig frei sagen konnte, was er wollte. Sei er vom *Neuen Deutschland*, sei er vom Opus Dei. Aus meiner Sicht, so wie ich die Leute erlebt habe, war er immer ein Funktionär mit einem Staatsauftrag, der nichts mit objektiven Informationen zu tun hatte. Sie waren immer gehalten, der guten Sache zu dienen. Wobei eben von der Direktion definiert wird, was die gute Sache ist.

Bei den westlichen Journalisten finden Sie hingegen Parteigänger aller Schattierungen, die jedoch immer die freie Wahl hatten, wofür und wie sie schrieben. Das große Beispiel ist für mich die FAZ. Da hatte sich ein Kollege aus freien Stücken entschlossen, Pinochet wunderbar zu finden, den Aufstieg Chiles durch die Militärdiktatur zu begrüßen, in Brasilien zu leugnen, dass Leute gefoltert werden und verschwinden. So wie ich mich aus freien Stücken entschlossen habe, das zu schreiben, was ich geschrieben habe.

Wie gesagt, die *Süddeutsche* hat nie substanziell Einfluss auf meine Berichte genommen. Sie haben zwar Druck gemacht, gewisse Vokabeln nicht zu verwenden und ideologische Ansichten in der Beschreibung zu verstecken. Heute meine ich, das sei völlig legitim, ein Redakteur kann das erbitten. Ich habe mich bei der *Süddeutschen* immer aufgehoben und so geborgen gefühlt, dass ich mich mit ihr zwei Jahrzehnte lang so sehr identifizierte, dass ich oft die eigentlichen Eigentümer und Herausgeber vergaß.

Das hat nur am Ende einen Knacks bekommen. Als die Zeitung daran Anstoß genommen hat, wie ich in Brasilien die Verfolgung Andersdenkender, das Verschwinden von Leuten, die Folter dargestellt habe. Und in anderen lateinamerikanischen Zusammenhängen die Verwendung des linksbehafteten Vokabulars. Wie zum Beispiel ›bürgerlicher Justizapparat‹, ›Bourgeoisie‹ – das waren Worte, die sie nicht gerne lesen wollten.

Wie haben Sie die Entwicklungen des westdeutschen Korrespondentensystems in den Jahrzehnten Ihrer Arbeit erlebt?

Ohne die Konkurrenz der sogenannten ›Neuen Medien‹ ging es den Zeitungen in den zwei Jahrzehnten meiner Präsenz auf diesem Feld wirtschaftlich gut bis blendend. Das verlockte die Redaktionen, sich ein immer größer werdendes und exklusiveres Korrespondentennetz aufzubauen. Es bringt Prestige, wenn über dem Bericht »Von unserem Korrespondenten« steht. Zu Beginn meiner Wiener Zeit belieferte ich anfänglich noch eine Arbeitsgemeinschaft von drei Tageszeitungen, nämlich die SZ und zwei regionale Blätter. In Madrid und Rio war ich dann exklusiv nur für die SZ tätig. Beim *Stern* spielt die Gründlichkeit der Information weniger eine Rolle als der Unterhaltungswert. Zu meiner Zeit genoss Lateinamerika auch in breiten Leserschichten eine Aufmerksamkeit, die sich vor allem aus emotionalen Quellen speiste. Die Spitze dieses emotionalen Eisberges war, ist und bleibt Che Guevara. Auch wer Rio für die Hauptstadt Argentiniens hielt, ereiferte sich angesichts der Meldungen über die Missachtung der Menschenrechte von Leuten, die mit ihren Gitarren und dem Akkordeon so ungeheuer schöne Musik zu machen verstanden. Später dann wurde Nicaragua zum Objekt starker emotionaler Anteilnahme. Solange diese Stimmung anhielt, lohnte es sich für den *Stern,* Korrespondenten zu haben. Soweit mir bekannt ist, zieht es die Redaktion heute vor, Berichterstatter aus Hamburg an die wechselnden Brennpunkte des Interesses zu entsenden. Die eigentlichen nackten Nachrichten verbreiten sich ja inzwischen elektronisch, also mit der Geschwindigkeit des Lichtes, um den Erdball. Die SZ hält ihr Korrespondentennetz im Interesse einer Interpretation dieser Nachrichtenflut wohl weiterhin aufrecht.

Lassen sich die Korrespondenten der ersten 40 Jahre Bundesrepublik in verschiedene Generationen einteilen? Falls ja, wie lassen sich diese Generationen charakterisieren?

Es lässt sich wohl eine grobe Aufteilung in zwei Gruppen erkennen. In den ersten 15 oder 20 Jahren Bundesrepublik bedienten sich die Redaktionen aus Kostengründen der Dienste bereits vor Ort anwesender und wirtschaftlich irgendwie bereits versorgter Personen, die nicht unbedingt Journalisten sein mussten, wenn sie nur des Schreibens mächtig waren. Diese Korrespondenten der ersten Jahre bedienten meist einen Bauchladen regionaler Zeitungen mit Meldungen fürs Vermischte, um ihren Unterhalt durch die Menge der Kundschaft zu verbessern. Mit wachsendem Wohlstand der Verlage rückte die zweite Gruppe von Korrespondenten vor, die aus der Heimat entsandte Volljournalisten waren und einen Fulltime-Job versahen. Statt vieler kleiner Meldungen produzierten sie größere Artikel in dem Versuch, den Dingen auf den Grund zu gehen. Leitbild für manche dürfte die auch literarisch anspruchsvolle Form der Reportage gewesen sein. Zu letzterer Kategorie vorzustoßen, war auch mein Wunsch gewesen.

Sie sagten, im Nachhinein gab es durchaus ein paar Stellen, wo Sie hätten nachgeben können. Hat sich Ihre Auffassung von Journalismus mit dem Ende des Kalten Krieges geändert?

Im Wesentlichen nein, in Details ja. Ich würde Termini wie ›Klassenkampf‹, ›Massenbewegungen‹, ›Vertreter der Volksmassen‹ und so weiter heute nicht mehr verwenden, sondern den Inhalt beschreiben, der in diesen Begriffen konzentriert ist. Meine Einstellung in sozialer und politischer Hinsicht hat sich im Grunde genommen aber nicht geändert. Ich hatte schließlich den Wunsch, mich in der Landwirtschaft auf der Fazenda selbst auf die Probe zu stellen, denn es erschien mir plötzlich allzu leicht, in der materiell abgesicherten Existenz eines reisenden Problembeschauers aus dem teuren Hotelzimmer heraus harte Kritik an den ausbeuterischen Großgrundbesitzern zu üben und dann zum nächsten Schauplatz weiter zu fliegen. Ich wollte vor allem mir selbst beweisen, dass man einen Produktionsprozess zum Wohl aller Beteiligten organisieren kann und die Gesetze des Marktes es nicht verbieten, die von mir eingeklagte Gerechtigkeit zu praktizieren.

Ich habe dann 22 Jahre lang auf der Fazenda 40 Leute beschäftigt, die alle ihre ›Carteira de Trabalho‹, das heißt ihren registrierten Arbeitsvertrag im Rahmen der geltenden Gesetze hatten, die ihr 13. Monatsgehalt, ihr Urlaubsgeld und die Überstunden bezahlt bekamen. Die 44-Stunden-Woche wurde eingehalten. Ich war der erste, der in meiner Nachbarschaft im Südzipfel des Staates Bahia diese Dinge einführte. Mit dem Effekt, dass die Nachbarn zwangsläufig mitziehen mussten. So habe ich nicht nur kritisiert, sondern dann auch meinen eigenen kleinen Beitrag zur Veränderung der Sozialstruktur Brasiliens geleistet, in der inzwischen fast 30 Millionen Menschen aus der Armut in den statistisch erfassten Mittelstand aufgerückt sind.

Würden Sie das, was Sie damals als Journalist geschrieben haben und wie Sie als Journalist gearbeitet haben, heute genau so wieder machen?

Ich habe mir mein Buch noch mal zur Brust genommen und verschiedene Beiträge gelesen. Wenn ich noch Journalist sein dürfte, würde ich mehr jener Texte schreiben, die nicht mit theoretischen Begriffen beschwert sind und ich würde mehr dem eigenen Gefühl vertrauen. Ich würde es persönlicher machen, mehr den persönlichen Eindruck schildern. Genau das, was der arme Chefredakteur damals von mir erbeten hat, das würde ich heute machen.

Das Interview führten Anika Heber und Maria Wiesner.

Literatur

SITTNER, GERNOT (Hrsg.): *Die Seite Drei. Reportagen aus fünf Jahrzehnten.* München [Süddeutsche Zeitung Edition] 2007

VON CONTA, MANFRED: *Reportagen aus Lateinamerika.* Zürich [Diogenes Verlag] 1982

Die Interviewer

DOMINIK BATH hat in Leipzig und Oldenburg Journalistik, Sozialwissenschaften und Geschichte studiert. Er arbeitet als freier Redakteur bei der *Leipziger Volkszeitung*. Zuvor war er unter anderem für die *Nordsee-Zeitung*, den NDR, den MDR, RADIO BREMEN und das ARD-Studio Washington tätig.

Vor dem Studium der Journalistik in Leipzig studierte KATHLEEN BENDICK Geschichte, Kommunikationswissenschaft und Finnisch an der Ernst-Moritz-Arndt-Universität in Greifwald und in Helsinki. Neben Hospitationen und Freien Mitarbeiten u.a. beim ZDF, dem MDR und der *Sächsischen Zeitung* führte ihr Weg über ein Volontariat bei der *Nordsee-Zeitung* und RADIO BREMEN. Kathleen Bendick arbeitete lange Jahre für die Leipzig School of Media und die *Mitteldeutsche Zeitung*. Als Autorin unterstützt sie Publikationen wie u.a. *Über den Zustand und die Zukunft kreativer Arbeit in Leipzig*.

FRANK DERSCH hat in Konstanz Literatur-Kunst-Medien und in Leipzig Journalistik studiert. In seiner Abschlussarbeit hat er die Bildsprache journalistischer Online-Videos untersucht. Heute arbeitet Frank Dersch als Online-Redakteur beim Gesamtverband der Deutschen Versicherungswirtschaft (GDV). Zuvor hat er bei ZDF WISO, Stiftung Warentest, RBB RADIO und dem Verbraucherzentrale-Bundesverband volontiert.

MARKUS FISCHER arbeitet als freier Journalist in Berlin mit den Schwerpunkten Wirtschaft, IT und Verbraucher. Er volontierte beim RUNDFUNK BERLIN-BRANDENBURG, dem *Tagesspiegel* und der Stiftung Warentest. Zuvor arbeitete er unter anderem für die Nachrichtenagentur dapd, studierte Journalistik in Leipzig und Politikwissenschaft, Wirtschaft und Recht in Greifswald.

IRENE HABICH studierte Tiermedizin und Journalistik an der Freien Universität Berlin und der Universität Leipzig. Für ihre Abschlussarbeit zum Thema *Wie kritisch ist Wissenschaftsjournalismus?* befragte sie Redakteure überregionaler Medien zu ihrem Selbstverständnis als Journalisten. Heute arbeitet Irene Habich als freie Wissenschaftsjournalistin in Berlin und Hamburg, unter anderem für die Medien *Der Freitag* und das *Laborjournal*.

MICHAEL HARTLEP hat an der Universität Leipzig Journalistik studiert. Für seine Abschlussarbeit *Die Schattenreporter* machte sich der gelernte Soziologe und Historiker auf die Suche nach westdeutschen Journalisten, die im Westen verdeckt für das DDR-Fernsehen arbeiteten. Nach einem Volontariat arbeitet Michael Hartlep heute als Journalist bei der DEUTSCHEN WELLE in Berlin und Bonn.

ANIKA HEBER studierte Journalistik und Politik an der Universität Leipzig sowie der Universidade Católica Portuguesa in Lissabon. Nach Abschluss ihres Studiums ist sie als Lokalredakteurin für die *Freie Presse* im Vogtland tätig.

PETER HILD hat an der Universität Leipzig und der Universität Mannheim Medien- und Kommunikationswissenschaft, Politik und Journalistik studiert. Heute ist er als Hörfunk- und Online-Autor für den WESTDEUTSCHEN RUNDFUNK (WDR) tätig. Zuvor arbeitete er unter anderem für den SWR, HR, *Mannheimer Morgen* und RADIO MEPHISTO 97.6.

MARTIN HOFFMANN studierte Kulturwissenschaften an der Europa-Universität Viadrina in Frankfurt/Oder und Journalistik in Leipzig. Er arbeitet als fest-freier Redakteur für das ZDF-*Mittagsmagazin* in Mainz.

BJÖRN LENZ studierte British and American Studies, Geschichte und Journalistik an den Universitäten Konstanz, Adelaide und Leipzig. Für seine Abschlussarbeit untersuchte er die amerikanische Journalismus-Crowdfunding-Plattform *spot.us*. Er arbeitet als Redakteur im Wirtschaftsressort der *Thüringer Allgemeinen*, wo er auch volontierte. Zuvor war er unter anderem beim *Y-Magazin* der Bundeswehr tätig.

JAKOB MASCHKE studierte Journalistik an der Universität Leipzig. Seine Masterarbeit schrieb er zum Thema *Haben Sie das mitbekommen? Die Rolle lokaler Mediendiskurse für Bürger in ausgewählten Orten im Vogtland.* Derzeit arbeitet er als freier Redakteur bei der *Thüringer Allgemeinen.*

LUTZ MÜKKE, Dr., ist Wissenschaftlicher Direktor des Europäischen Instituts für Journalismus- und Kommunikationsforschung in Leipzig. Seit 2010 ist er Herausgeber der internationalen Journalismus-Zeitschrift MESSAGE. Der Buch- und Filmautor arbeitete als Reporter in Kriegsgebieten wie Afghanistan, Südsudan, DR Kongo oder Somalia.

ULRIKE NIMZ hat Journalistik, Germanistik und Soziologie in Leipzig und Rostock studiert. Heute arbeitet sie im Reportage-Ressort der *Freien Presse* in Chemnitz.

JOHANNES PÖHLANDT studierte an der Universität Leipzig Journalistik und Geschichte. Seine Abschlussarbeit schrieb er über westdeutsche Korrespondenten in der DDR und die Staatssicherheit. Heute arbeitet Johannes Pöhlandt als Redakteur bei der *Freien Presse* in Chemnitz.

MARCEL RUGE hat in Leipzig, Hamburg und Växjö (Schweden) Journalistik und Politikwissenschaft studiert. Er arbeitet als Redakteur bei der Kreiszeitung *Wesermarsch*. Zuvor war er unter anderem für die *Nordsee-Zeitung*, den NDR und RADIO MEPHISTO 97.6 tätig.

ULRIKE SAUER studierte an der Friedrich-Schiller-Universität Jena Germanistik und Geschichte auf Bachelor. An der Universität Leipzig absolvierte sie den Master-Studiengang Journalistik. Für ihre Abschlussarbeit befragte sie ostdeutsche Lokalredakteure über Instrumente und Methoden der qualitativen Absicherung von Rechercheprozessen. Heute arbeitet die Autorin als Redakteurin bei der Zeitungsgruppe Lahn-Dill.

SARAH TERMEER hat Journalistik, Germanistik und Geschichte in Leipzig und Konstanz studiert. Heute arbeitet sie als freie Journalistin in München.

THERESA TROPPER hat Europäische Kultur- und Ideengeschichte an der Universität Karlsruhe und Journalistik an der Universität Leipzig studiert. Als Reporterin für das Fernsehen der DEUTSCHEN WELLE in Berlin gehört der Nahe Osten heute zu ihren Schwerpunkten. Zuvor war sie unter anderem für ZDF, SWR, dpa und MEPHISTO 97.6 tätig.

STEFANIE ULLMANN (geb. Richter) studierte Medientechnik und Journalistik an der Hochschule Mittweida und der Universität Leipzig. Nach ihrem Volontariat bei der *Thüringer Allgemeinen* arbeitet sie heute als Redakteurin für die Fachzeitschriften *Dental Barometer* und *recall* des Barometer Verlags in Leipzig.

Nach einem Volontariat in der Hörfunkagentur der Evangelischen Freikirchen in Stuttgart studierte RUTH WEINHOLD-HESSE Kulturwissenschaften und Europastudien an der TU Chemnitz sowie Journalistik an der Universität Leipzig. In ihrer Masterarbeit über *Erfolgsfaktoren von Nischenzeitschriften* untersuchte sie *brand eins*, *Dummy* und *Missy Magazine* und befragte deren HerausgeberInnen. Die Autorin arbeitet als freie Journalistin in Leipzig.

MARIA WIESNER studierte Germanistik, Romanistik und Journalistik in Dresden, Leipzig und Reggio di Calabria. Sie schrieb während des Studiums für Magazine und sächsische Regionalzeitungen und war danach als politische Redakteurin für die *Frankfurter Allgemeine Zeitung* tätig. Heute arbeitet sie als freie Journalistin in Frankfurt.

Sach- und Personenregister

8 Uhr-Blatt 122
68er 17

A

Abrüstung 128, 144
Adenauer, Konrad 122, 127, 136, 147, 201, 321
Adlershof 88, 96, 99, 102, 110, 113, 115, 240, 315, 391, 393
Afghanistan 88, 90, 95, 103f., 129f., 151, 205, 314
AFP 102, 269, 272, 274, 276f., 311, 363, 369
Afrikaans 313
Ägypten 249
Ahdab (General) 254
Akalovsky, Alexander 51
Akkreditierung 69f., 118, 121, 124f., 138, 141, 154, 157, 169, 176, 269, 272f., 275, 304, 340ff., 373f., 409
Aktuelle Kamera 31, 49, 87f., 97, 100ff., 107, 110, 114f., 178, 226, 229, 237, 240, 307, 312, 315, 388ff., 395, 399f., 402
Albanien 360
al-Gaddafi, Muammar 251, 316
Algerien 16, 305
Allende, Isabel 301, 313, 327, 417, 421
Allende, Salvador 142, 313, 317
Allgemeiner Deutscher Nachrichtendienst (ADN) 13, 16f., 26f., 38, 52, 102, 106, 117f., 126, 130, 132, 134f., 137, 137ff., 149ff., 178, 187ff., 202f., 214, 225ff., 231, 233, 235f., 239, 242, 266ff., 271ff., 277ff., 296, 304f., 311, 359ff., 384f., 390, 396
Allied Travel Office (ATO) 27
Allison, Stewart 53
American Indian Movement 142
ANC 263, 284, 292, 295, 303, 306, 316, 330, 341, 343, 343ff., 354
Angela-Davis-Prozess 46, 49ff., 60, 131, 138, 147
Angola 16, 260ff., 269, 282, 286f., 295, 296, 302f., 305f., 309f., 314, 316, 318, 321, 344ff.

Antifaschismus 26
Antikommunismus 18, 51, 126, 136, 222, 408, 415
Anwerbung 41
Apartheid 17, 27, 34, 244, 258, 262, 281ff., 290, 297, 301, 303, 306f., 310, 314, 316, 323, 328, 331f., 334ff., 338, 341, 348, 352, 354ff.
Apel, Hans 125
Arab World 253
Arafat, Yassir 197, 235
Arbeiter- und Bauernfakultät 136
Arbeitsgenehmigung 29, 247, 259, 263
ARD 13, 16f., 23, 26, 34, 36ff., 64, 68f., 71ff., 77, 81, 88, 95, 103, 106f., 109, 155f., 160, 162, 168ff., 174, 232, 239f., 244ff., 250, 256, 258f., 262, 298, 340, 394
Argentinien 26, 32, 47, 177, 212, 410f., 415, 416, 418, 420, 423
Associated Press (AP) 25f., 102, 124, 179, 272
Athen 138, 374, 385
Äthiopien 303, 305, 344
Atlanta Constitution 172
Atom-Alarm 155
atomare Bedrohung 128
Atomexperten 334
Atomforschungszentren 334
Atomindustrie 411
Atommeiler 411
Atomtod 128
Atomwaffen/Atomwaffenschläge 124, 278
Aufermann, Jörg 149
Augsburger Allgemeine 121
Augstein, Rudolf 17, 293f.
Auschwitz 47
auslandsjournal 245, 256f., 262
Auslandsrundfunk 19
Ausreise 75, 141, 159, 163, 169f., 191, 247, 403
Australien 27, 40, 103
Ausweisung 29, 35, 169
Axen, Hermann 62

B

Baath-Partei 230f.
Bachmann, Ingeborg 187
Bachmann, Ralf 30, 32f., 36f., 41, 186ff.
Bagdad 235, 244
Bahr, Egon 197
Bahrow, Rudolf 36
Baltic Film 27
Baltimore Sun 177
Bamako 271, 385
Bangemann, Martin 262
Bartens, Dietrich 171, 173f.
Barzel, Rainer 196
Baskakow, Eduard 61ff.
Bastian, Horst 99
Bauer, Gitta 52
Baum, Karl-Heinz 157, 159f.
Bausch, Hans 256, 258
BAYERISCHER RUNDFUNK 171, 173
BBC 26, 39, 43, 170, 238, 287, 307, 311
Beatles, The 209, 221, 223
Becker, Jurek 159
Bednarz, Klaus 17, 35, 37, 38, 41, 68ff., 90, 94, 102, 106, 313, 320
Befreiungsfront der Azoren 65
Befreiungsorganisation 42, 235, 303, 310, 318
Begin, Menachem 258
Behrens, Erwin 250
Behrens, Heinz 357
Beirut 226, 233, 235, 241, 244ff., 254f.
Beitz, Berthold 201
Berecz, János 102
Bergarbeiterstreik 17, 211f.
Bergh, Hendrik van den 338, 357
Berlin 30, 46f., 50, 52f., 57, 60, 63, 68, 74, 88, 99, 108ff., 115, 118, 122, 127, 136f., 140, 143, 149f., 152ff., 156ff., 161, 163, 165f., 168f., 171ff., 177, 181, 183f., 187, 194, 196, 198, 200ff., 208, 211f., 214, 218, 220, 228, 230ff., 238, 240f., 266, 270ff., 276, 278ff., 302, 306f., 312f., 315, 321, 342, 360, 368, 370, 375, 377ff., 381, 391, 393, 397, 406
Berliner Ensemble 276
Berliner Mauer 14, 27, 153, 163, 180, 216, 218, 222, 270
Berliner Pressebüro (bpb) 27, 117f., 120f., 125, 137, 139, 150f.
Berliner Zeitung 105, 227
Bern 329f., 332, 337, 345
Bernhard, Nancy E. 18
Berthold, Rolf 366
Beschlagnahme/Beschlagnahmung 29, 118f., 121, 125
Biko, Steve 263, 340
Bild-Zeitung 96, 122f., 127, 169, 174, 179ff., 314, 323, 384
Black-Consciousness 263
boat people 380
Boenisch, Peter 174
Böhme, Erich 293
Bohrmann, Hans 149
Böll, Heinrich 318
Bondartschuk 108

Bonn 15, 30, 32, 37, 41, 75, 79f., 117, 118, 121, 126, 129, 132, 140f., 143, 144, 149f., 161, 173, 175, 186ff., 192, 194f., 197, 198ff., 202f., 205, 226, 233, 239ff., 267, 277, 282, 295, 364, 385, 408f.
Bonner, Jelena 75, 79f.
Bonner Rundschau 123
Bonner Rundschau am Sonntag 122
Borchert, Erwin 373
Boris 82
Botha 314, 330, 343
Botha, Pieter Willem 334, 338
Botha, Roelof Pik 285f., 341, 343, 345
Bothmer, Lenelotte von 292
Botschaft/diplomatische Vertretung 59, 80f., 83, 144, 156, 159f., 164f., 177, 179, 181f., 184, 214ff., 230, 232, 234, 248, 258, 277, 279f., 287, 304, 315, 329f., 332, 334f., 345, 347, 364f., 366, 382, 397, 408f., 411, 412f., 418
Botschafter 17, 22, 62f., 89, 114f., 141, 159, 181, 184, 213, 220, 230, 232, 258, 294, 304, 332, 364ff., 397, 411
Boulevardisierung 35
Boykott 17, 87, 103, 335, 342
Brando, Marlon 142
Brandtschutzwochen 32, 133
Brandt, Willy 83, 22, 72, 96, 133, 154, 197
Brasilien 13, 26, 410f., 414f., 417, 419, 422f., 425
Braun, Volker 324
Brender, Nikolaus 96
Breschnew, Leonid Iljitsch 37, 72, 82, 175, 178, 269, 276
Bresser, Klaus 256
Breytenbach 258
Brieftaube 71
Brieger 108
Broederbond 336
Broniarek, Zygmunt 179
Brügge, Peter 406
Brüssel 374, 385
Bub, Dieter 29, 155
Bucher 411
Budapest 88, 94f., 97, 100, 102f., 108, 111ff., 179, 309, 409
Buenos Aires 332, 416
Bulletin 233
Bundesgrenzschutz 143, 411
Bundeskriminalamt (BKA) 249
Bundesnachrichtendienst (BND) 34, 39, 83, 95, 109, 143, 164, 166, 181ff., 214, 217, 233, 249, 408
Bundespresseamt 143, 150
Bundesrepublik Deutschland (BRD) 13, 25ff., 31, 36, 72, 74, 108, 118f., 125f., 130, 134, 139, 141f., 146, 151, 165, 194f., 197ff., 203, 216, 237, 306, 362, 384f., 421
Bundesstelle für Fernmeldestatistik (BFSt) 143
Bunte 283, 288
Bure 259, 263, 282, 331, 334, 337, 341, 356
Bureau of State Security (BOSS) 345, 355
Bürgerrechtler(-in) 46, 50, 122, 138, 147, 158, 317, 325
Burma 205

C

Caprivizipfel 346
Carreira, Íko 311
Castro, Fidel 17, 257, 394, 395
Celler Loch 148
Central Intelligence Agency (CIA) 19, 40, 46, 55, 59, 61ff., 109, 130, 141, 168, 177, 183f., 303, 313, 407
Che Guevara (Ernesto Rafael Guevara de la Serna) 415, 423
Chile 16, 34, 87, 313, 390, 410, 414, 417f., 421
China 104, 151, 197, 361
Christlich Demokratische Union Deutschlands (CDU) 121, 150, 153, 196, 200, 239
Christlich-Soziale Union (CSU) 121, 124, 126, 200, 262
Clement, Wolfgang 153
Coburger, Dieter 304
Cohn-Bendit, Daniel 274
Conakry 32, 268ff.
Conta, Manfred von 17, 22, 34, 35, 389f., 404ff.
Co-op-Skandal 289
ČSSR 28, 73, 403
Cunhal, Álvaro 58

D

Dakar 268
Damaskus 226, 228ff.
Daressalam 300, 301, 303, 308, 315f., 319, 330, 343, 385
Davis, Angela 50f., 138, 147, 278, 317
DDR-Fernsehen 27, 31, 37f., 47, 49, 73, 86, 90, 92, 95ff., 100, 102, 105ff., 111f., 114, 131, 156, 180, 207, 214, 226, 229, 237, 239f., 311, 389ff., 394ff., 401f.
Der Abend 171, 173
Der Monat 40
Der schwarze Kanal 323
Deutsche Demokratische Republik (DDR) 13ff., 20ff., 46ff., 73ff., 86, 88ff., 121f., 124ff., 177ff., 205, 207ff., 225ff., 233, 235ff., 250, 260ff., 268ff., 294ff., 301ff., 320, 322ff., 326, 359f., 364ff., 373, 377ff., 407, 421
Deutsche Journalistenunion (dju) 126f.
Deutsche Presse-Agentur (dpa) 26, 38, 81f., 102, 121, 153, 173, 255, 272, 287, 342, 348, 357
DEUTSCHER FERNSEHFUNK (DFF) 36ff., 73f., 87ff., 92, 95ff., 99ff., 103, 106ff., 388, 390, 401
DEUTSCHER FREIHEITSSENDER 904 20
DEUTSCHLANDFUNK 156
DEUTSCHLANDSENDER KULTUR 169, 301, 324
Die Wahrheit 53, 121
Dimitroff 272
Direktive 1/67 26
Dirty Harry 339, 340
Dissident 17, 19, 68, 70ff., 80, 83, 159, 318, 380f.
Dobrynin, Anatoli 63
Doc Mieu 378
Dönhoff, Christoph Graf 357
Dönhoff, Marion Gräfin 357
Döring, Dieter 366
Dötterl, Franz 27
Dregger, Alfred 200
Dubček, Alexander 325
Dulles, Allen 184
Dulles, Eleanor 184
Dulles, John Foster 184
Durchführungsbestimmung 28, 154
Dutschke, Rudi 122f.

E

Einreise 51f., 137, 141, 282, 293f., 296, 306, 385, 414
Einreiseerlaubnis 51
Eisenhower, Dwight D. 25
Eiserner Vorhang 20, 28
Ejército Revolucionario del Pueblo (ERP) 416
El Clarín 417
elf99 402
Elite 18, 20, 39, 112, 295, 344, 346
El Mercurio 414
El Nuevo Diario 396
El Salvador 17, 398, 412f., 419
Encounter 40
Engelbrecht, Uwe 72
Engelhard, Hans 128
Engel, Johannes K. 293
Engelkes, Heiko 240
Engels, Friedrich 56, 59, 227
England 17, 80, 209, 213
Erasmus 336
Erasmus-Kommission 336, 354
European Broadcasting Union (EBU) 237

F

Fabius, Odette 276
Falkland-Krieg 32, 212
Faschismus 38, 66, 135, 145, 148
Fatah 235
Federal Bureau of Investigation (FBI) 51, 141
Feindbild 18, 166, 321, 323, 327
Feldbauer, Gerhard 373
Fernmeldeamt der Deutschen Bundespost 143
Festnahme 27, 29, 118, 193
Filbinger, Hans 147
Filmaustausch 107
Findeis, Bernd 373
Finnland 47, 138, 188, 360
First, Ruth 339, 345
Fischer, Joschka 330
Fitzgerald, Thomas 55, 59f., 62f.
Fleet Street 39
Flemming, Joe 173
Flick-Affäre 196
Focus on Africa 307
Ford, Gerald 37, 179
Forschungsprozess 14
Frankfurter Allgemeine Zeitung (FAZ) 26, 97, 144, 179, 200, 250, 256, 259, 276f., 361f., 384, 422
Frankfurter Neue Presse 342

Frankfurter Rundschau 157, 159, 199, 276f., 405
Frankreich 26f., 30, 32, 40, 47, 57, 80, 111, 137f., 208, 220, 271f., 274ff., 278, 304, 332, 334, 355f., 363, 395
Freie Demokratische Partei (FDP) 122, 128, 202, 239, 256, 262
Freie Welt 105
Freiheit (Regionalzeitung) 99
Frei, Norbert 127f.
Freitag, Der 388, 401, 402
Frente de Libertação de Moçambique (FRELIMO) 260, 300
Frente Farabundo Marti (El Salvador) 17, 398
Frente para la Liberación Nacional (FMLN) 412
Friedensbewegung 23, 188f., 382
Friedmann, Werner 405
Friedrichs, Hanns Joachim 145, 265, 312, 383
Fröhder, Christoph-Maria 13
Frontal 245
Für Dich 118, 399

G

(Geheim-)Agent 26, 39, 41f., 125, 183, 214, 216, 307, 340, 346, 357, 407
Gast, Gabriele 183
Gaulle, Charles de 273, 275
Gaullist 274
Gaus, Günter 321
Geheimdienst 26f., 29, 39ff., 58ff., 64, 72, 79, 97, 109, 113, 125, 142f., 164, 168, 181, 183, 192ff., 196, 206, 208, 214, 216ff., 230, 232ff. 338, 340, 343, 345f., 355, 382, 396, 397, 408
Gehlen, Reinhard 408
Geiger, Hansjörg 184
Generation 15, 24, 94, 127, 135, 175, 207, 219, 222, 334, 386, 402, 423
Genf 332, 337
Germani, Hans 259f., 288
Germani, Monika 351
German Marshall Fund 98
Ghana 268, 269
Giarab 253
Globke, Hans 121, 147
Goethe, Johann Wolfgang von 222, 287
Gorbatschow, Michail Sergejewitsch 85, 102
Gordimer, Nadine 301
GOSTELRADIO 73, 74, 80
Grass, Günter 301, 318, 324
Griechenland 19, 26f., 47
Grimme-Institut 401
Großbritannien 26f., 32f., 36, 39f., 103, 137, 208, 210, 212f., 220, 271
Grotewohl, Otto 407
Grundlagenvertrag 28, 134, 138f., 153, 163, 385
GSG-9 148
Guagnini, Luis 416
Guatemala 16
Guerilla 247, 259, 375, 412, 416
Guinea 267ff.
Gysi, Gregor 223

H

Hacks, Peter 324
Hagemann, Walter 22
Hagen, Karl-Heinz 373
Hagen, Waltraud 390
Hallstein-Doktrin 25, 26, 235, 237, 305, 323, 385
Hamas 314
Hammer, Günter 154, 163
Handelsblatt 16, 283, 288
Hani, Chris 343
Hannoversche Zeitung 342
Hanoi 360ff., 367ff., 371ff., 377, 379
Harare 295, 305, 308
Hartebeespoort-Damm 334
Haubold, Erhard 361
Hauptverwaltung Aufklärung (HVA) 59, 88, 95, 96, 208, 214ff., 223
Hausdurchsuchung 27, 117ff., 324
Hauser, Bodo 264
Havemann, Robert 159
Hegel, Georg Wilhelm Friedrich 222
Heigert, Hans 34, 414, 417, 418
Helmstedt 153
Helsinki 17, 28, 37, 71, 77, 84f., 90, 178, 237, 385
Helsinki-Gruppe 17, 71, 84f., 90
Hennhofer, Gerd 357
Hepers, Roland 22, 34, 41, 328ff., 357f.
Herden, Lutz 32, 387ff.
Hermann, Joachim 200
Hermlin, Stephan 159, 163
Herrmann, Joachim 238, 242
Herwegh, Georg 205
Hess, Ernst 406
Heusinger, Adolf 124
Heym, Stefan 28, 156, 159
Heynowski, Walter 307
Hildebrandt, Dieter 129
Hitler, Adolf 35, 59, 135, 420
Hitler-Tagebücher 35
Hoare, Michael 288
Hobsbawm, Eric 222
Holleben, Ehrenfried von 411
Honecker-Besuch 38, 189, 195, 240f.
Honecker, Erich 29, 30, 37f., 57, 59ff., 63, 95, 100, 102, 114f., 146, 161ff., 179, 188, 194, 196, 199ff., 238, 240, 278, 313, 315f., 403
Honecker, Margot 111
Horizont 16, 53, 105, 118, 302, 372, 383
Humanité 271, 280, 363
Hundro, Günter 228
Huntley, Chad 172
Hussein, Saddam 244

I

Ideological Advisory Unit 19
Ideologie 18, 21, 33, 145, 204f., 257, 317, 322, 334, 336, 348, 417
Indien 13, 40, 305, 319
Indochina 360, 388f.
Indonesien 19
Info-Skandal 336f.

innere Opposition 19
Inoffizieller Mitarbeiter (IM) 72, 96f., 165f., 187
Inspirierung politischer Untergrundtätigkeit 19
Intellektuelle 40, 56, 186, 253
Internierung 26
Irak 47, 130, 151, 235, 317
Iran 16, 151, 199
Iskra 147
Israel 225, 237, 244, 249, 314, 408
Istanbul 282
Iswestja 39
Italien 26, 47, 137, 138

J

Jackson, Eldridge R. 53
Jackson, George 50
Jakobson 323
Jaksch, Wenzel 124
Japan 26, 47, 53, 106
Jardim, Alberto Joao 64
Jarren, Otfried 149
Jaschin, Lew 108
Jauer, Joachim 109
Jelloun, Tahar Ben 276
Jeutner, Klaus 94
Johannesburg 42, 245, 255, 261, 287, 298, 306, 356
Johnson, Johnny 337
Joswiakowski, Gerd 16, 37, 266ff.
Joswiakowski, Ira 266, 268
Jugoslawien 73, 96, 151, 269
Junge Welt 105

K

Kageneck, August Graf 277
Kairo 235, 245, 250, 251, 385
Kalter Krieg 13ff., 18, 20f., 25, 28, 35, 38f., 45, 88, 103, 106, 117f., 130, 131, 138, 144, 146, 148ff., 166, 199, 204, 210, 213f., 216ff., 220ff., 239, 249, 262, 278, 303f., 316, 323, 351, 361f., 381f., 384, 398, 408, 415, 424
Kambodscha 360, 375f., 398
Kanada 141, 332
Kant, Immanuel 222
Kapfenberger, Hellmut 17, 32, 359ff.
Kapitalismus 18, 20, 54, 58, 130, 136, 201, 222, 303, 323
Kapstadt 255, 282, 289, 299
Karl-Marx-Universität 98, 139, 207, 226, 301
Karlsruher Zeitung 342
Karmal, Babrak 104
Kasavubu, Joseph 267
Kassinga-Massaker 310
Kastl, Jörg 411
Kaunda, Kenneth 346
Keita, Modibo 268, 269
Kennedy, John F. 173ff.
Kennedy, Robert F. jr. 145
Kennzeichen D 88, 109, 110
Kentucky 131

KGB 77ff., 97, 109, 113f., 304, 307
Kieler Nachrichten 342
Kienzle, Ulrich 22, 34, 41, 232, 244ff.
Kiesinger, Kurt Georg 147
King, Martin Luther 17, 122, 175, 317
Kinshasa 16, 267
Kirchentag 158, 202
Kirchschläger, Rudolf 115
Kisch, Egon Erwin 320
Kissinger, Henry 59ff.
Klassenstandpunkt 31, 117, 189, 196
Klein, Günther 49
Klein, Hans 126
Klinge, Heiner 191f.
Knabe, Hubertus 166
Knightley, Phillip 39f.
Knipping, Franz 209
Koard, Peter 150
Koch, Peter 35, 418
Koch, Thilo 173f., 178f.
Kohl, Helmut 161, 278, 324, 344
Kollektivwahrnehmung 23
Kölner Express 384
Kölner Stadt-Anzeiger 72
Kölnische Rundschau 277
Kolonialismus 297, 303
Kolonialzeit 16, 302, 362, 372
Kommunismus 18f., 40, 48, 119, 145, 148, 179, 325
Kommunistischen Partei Frankreichs (FKP) 274, 279f., 363
Kommunistische Partei Deutschlands (KPD) 142
Konferenz über Sicherheit und Zusammenarbeit in Europa (KSZE) 16, 28, 37, 106, 178
Kongo 16, 259f., 267, 269, 288, 295, 307, 323
Kongo-Müller (Siegfried Müller) 307, 323
Kongo-Wirren 16, 267
Kongress für kulturelle Freiheit 40
Königsdorf, Helga 324
Konzelmann, Gerhard 246, 250, 251
Konzentrationslager (KZ) 59, 121, 135, 138, 276, 338, 370
Kopelew, Lew 70f., 79
Kopenhagen 385
Korea 16
Kornblum, John 220, 221
Korrespondentennetz 26f., 134, 138, 305, 385, 390, 423
Korrespondententreffen 23, 133f., 420
Korrespondenten-Vereinigung 37, 126
Kossygin, Alexei Nikolajewitsch 114
Krankl, Hans 115
Krenz, Egon 95, 183
Kretz, Perry 404, 413, 419
Kreuzzug für die Freiheit 19
Krieg um die Herzen und Köpfe 18
Krupp-Stiftung 201
Kuba 16, 17, 31, 130, 151, 169, 179, 257, 309, 388, 391, 394ff., 408f., 415, 421
Kurier/Kurierdienst 26, 39, 80, 158, 307

L

La Barricada 396
Lafontaine, Oskar 204
Lamberz, Werner 147, 148, 279, 316
Landesverräterische Nachrichtenübermittlung 37
Langenhoven 287
Lang Hendrik. Siehe Bergh, Hendrik van den
Lang, Jörg 248
Laos 360, 375f.
La Paz 418
La Prensa 396
La Prensa Latina 396
Lateinamerika 17, 49, 50, 188, 190, 383ff., 389ff., 405, 408ff., 415, 421, 423
Leipzig 13, 21, 60, 84, 88, 99, 100, 117f., 135, 137, 154, 166, 207, 209, 213, 219, 226f., 278, 301f., 364, 388f.
Leipziger Messe 32, 396
Leitfadeninterview 13
Le Monde 280
Lenin, Wladimir Iljitsch 21, 56, 59, 101, 147
Leo, Gerhard 275
Léopoldville 267
Lepke, Irina 94
Lepke, Wolfgang 94
Letelier, Orlando 142
Libanon 17, 26, 34, 225, 239, 246f., 252ff., 257
Liberaler Studentenbund Deutschlands (LSD) 122
Lincoln Memorial 17, 175
Lindenberg, Udo 188
Lissabon 53, 64, 65, 226, 385
Loewe, Hannelore 162
Loewe, Lothar 17, 22, 24, 28f., 33, 37, 41, 155, 162, 168ff., 325
Löhlein, Konrad 144
Lomonossow-Universität 100
London 139, 207ff., 213, 215ff., 281, 284, 329, 338f., 345, 374, 385
Lorenzi, Gerda 304
Lossos, Wilhelm 124
Löwenthal, Gerhard 323
Loyen, Peter van 28
Luanda 300, 301, 304, 306, 308f., 312, 315f., 318, 385
Lübke, Heinrich 138
Lufthansa 80, 83
Lumumba, Patrice 16, 266ff., 278, 295

M

Machel, Samora 300, 303, 319, 346
Madagaskar 305, 307, 344
Madeira 64
Madrid 190f., 216, 385, 405, 408f., 421, 423
Magnettheorie 19
Maitest 28, 121, 122
Makeba, Miriam 319
Makosch, Ulrich 37, 97, 106, 111, 178, 307
Malakia, Epafras 312
Mali 268f.
Managua 391f., 394, 396, 404

Mandela, Nelson 278, 284f., 306f., 330, 343, 345
Mandela, Winnie 260, 263, 284
Mannheimer Morgen 342, 350
Manuel, Trevor 343
Marchais, Georges 279
Marxismus-Leninismus 204, 227, 326
marxistisch 99, 204, 321, 416
Marx, Karl 56, 59, 227
Massenmedien 16, 18, 20, 22f., 33, 39, 399
Mata Hari 304
Mbeki, Thabo 344
McCarthyismus 25
McCarthy, Joseph 179, 221
Means, Russel 142
Mechtel, Walter 246, 256
Medienlenkung 30
Medienmonopol 21
Melville 12f., 42
Merkel, Angela 114
Mertin, Wolfgang 94
Mettke, Jörg R. 28
Mexiko 141, 146, 320, 410, 420
Meyer, Wolfgang 178
MI5 39, 218
MI6 39, 109, 218
Michel, Rosa 272
Micke, Werner 57, 178
Middle East Bulletin 233
Mielke, Erich 164, 194
Militärattaché 81, 382
Minholz, Michael 149, 150
Ministerium für Staatssicherheit (MfS) 26, 64, 72, 95f., 168, 170, 187, 193, 215f., 233, 382
Mittag, Günter 198
Mittelamerika 347, 388ff., 393
Mitteldeutsche Zeitung 88, 99
Mitterrand, François 220
Mobutu, Sese Seko 268
Möllemann, Jürgen 262
Montoneros 415
Mord 130, 314, 337ff., 345
Morgenpost 53
Morosow, Kolja 90f., 93
Mosambik 16, 26of., 282, 286f., 295ff., 300, 303, 305, 345
Moskau 17, 20, 23, 29, 31f., 35, 37, 62f., 68ff., 76, 80f., 83f., 86, 88ff., 94f., 97ff., 106ff., 110, 112f., 139, 168f., 177, 181, 183ff., 211, 214, 216, 228, 235, 272, 295, 309, 315, 332, 367, 374, 385, 407, 415, 421
Mossad 408
Movimento Popular de Libertação de Angola (MPLA) 260, 269, 309, 318
Mugabe, Robert 259ff., 284
Mulder, Cornelius Petrus 332, 335f., 356
Muldergate 328f., 333, 355, 357
Müller, Friedrich 162
Müller, Philipp 119
Münchner Abendzeitung 122, 405
Muth, Rolf 170

435

N

Naher Osten 183, 225, 233ff., 241, 244ff., 249f., 253ff., 264, 282
Namibia 27, 261ff., 282, 303, 312, 321, 344
Nappenbach, Paul 121
Nationalsozialistische Deutsche Arbeiterpartei (NSDAP) 357
National Student Association 40
Nazi 47, 59, 124, 127f., 132, 135f., 147f., 170, 370
Nelkenrevolution 282, 286
Neto, Agostinho 303, 316, 319, 321
Neue Berliner Illustrierte (NBI) 118, 132
Neue Revue 356
Neue Ruhr-Zeitung 26
Neues Deutschland (ND) 17, 29, 33, 46f., 50ff., 55ff., 64f., 102, 106, 118, 121, 134, 155, 160, 178, 180, 208ff., 218ff., 226, 236, 238, 275, 305, 322f., 369, 372, 383, 399, 422
Neuseeland 26
News Chronicle 173
New York 29, 35, 50, 53, 61, 69, 117f., 126, 129, 139, 143f., 172, 174, 176, 178, 267, 274, 305, 340, 344, 374, 385
New York Times 177, 379
Nhan Dan 362
Nicaragua 16, 17, 404, 423
Niederlande 26, 47, 240, 355
Nixon, Richard 59, 174, 175
Nkomo, Joshua 284
Nkrumah, Kwame 266, 268, 269
Nöldechen, Peter 22, 152, 152–167, 153, 165
Nomenklatur 41, 186
NORDDEUTSCHER RUNDFUNK (NDR) 173f.
Nordreporter AB 27
Nordvietnam 17, 359, 365, 380
North Atlantic Treaty Organization (NATO) 18, 59, 124, 137f., 210, 275, 303
Notstandsgesetz 125, 128
NS-Kriegsverbrecher 37
Nujoma, Sam 303
Nürnberger Nachrichten 342
Nyerere, Julius 303
Nzo, Alfred 330, 343f.

O

Oatis, William 25
Oberländer, Theodor 121
Obermann, Emil 256, 258
Objektiv 79, 88, 100, 391
Olympia 16f., 37f., 73, 87, 108, 138, 217
Omari, Bwana 302
Oom Paul 334
Operations Intelligence Unit 19
Operation Winter Shield 124
Operative Personenkontrolle (OPK) 26
Operative Vorgänge (OV) 26
Opposition 19, 26, 56, 71, 109, 112, 158, 166, 231, 281, 348
Organisation für Afrikanische Einheit (OAU) 303, 304
Orlow, Juri 79
Orwell, George 317

Oschmann, Reiner 17, 33, 41, 207ff.
Osman, John 287
Ossietzky, Carl von 323
OSTDEUTSCHER RUNDFUNK BRANDENBURG (ORB) 388, 401
Österreich 26, 96, 114f., 341
Ottawa 332
Ott, Harry 89
Otto, Bernd 289f.

P

Packard, David 51
Paese Sera 118
Pakistan/Pakistanis 19, 26, 334
Palästina/Palästinenser 225, 252, 255f., 265, 314
Palme, Olaf 345
Paris 17, 30, 57, 110f., 138f., 208, 216, 218, 220, 252, 266f., 272ff., 295, 304, 338f., 357, 363, 374, 385, 396
Partei des Demokratischen Sozialismus (PDS) 208, 215, 222f.
Parteihochschule 21, 110
Parteikader 21, 408
Patrice-Lumumba-Universität 295
Patriot 19, 303, 317, 330
Payroll 34
Pentagon 176
Perestroika 24, 94, 111
Personalauswahl 34
Peters, Horst 356
Pfeffer, Robert 249
Pflaum, Klaus-Dieter 373
Phalange-Milizen 241
Phnom Penh 375, 379, 398
Picasso, Pablo 276
Pinochet, Augusto 313, 414, 422
Pleitgen, Fritz 68ff., 78, 82, 160, 162
Pluralismus 55
Pohl, Manfred 26, 32, 225ff.
Polen 28, 70, 73, 78, 81, 83f., 146, 162, 179, 360, 367, 420
Politbüro 83, 105, 114, 183f., 238, 316, 324
politisch-ideologische Diversion 19
Pollak 406
Pol Pot 375
Pommerening, Klaus 373
Pompidou, Georges 276
Popow, Oleg Konstantinowitsch 108
Portugal 19, 27, 47, 65f., 237, 239, 282, 286, 309
Portugiesische Kommunistische Partei 66
Poszgay, Imre 102
Pötschke, Günter 143, 191, 195, 364
Prag 25, 88, 100, 110, 112, 121, 177, 187f., 192, 236, 309, 325, 367, 373, 385, 407ff.
Prawda 83, 101
Preißler, Holger 232
Pressefreiheit 17f., 20, 34f., 77, 144f., 247, 294, 362
Pretoria 263, 287, 289, 295, 306, 329ff., 334, 338, 344f., 351, 355f.
Preuves 40
Pro International 356
Propaganda 14, 17ff., 22, 25, 31, 33f., 54, 74f., 78, 92, 102, 104, 128, 148, 179f., 203, 205,

219f., 226, 244, 258, 278, 322f., 329,
337, 352f., 355, 357, 361, 372, 383f., 398,
399, 420
Propagandastrategie 23, 321
Pseudonym 53, 54
psychologische Kriegsführung 19, 355
Pullach 181

Q

Quadrant 40
Quest 40

R

RADIO BREMEN 245, 256
RADIO DDR 226f., 301f.
RADIO FREE EUROPE 19
RADIO IM AMERIKANISCHEN SEKTOR (RIAS) 19
RADIO LIBERTY 19
RADIO LUXEMBURG 209
RADIO MARTI 19
RADIO MOSKAU 20
RADIO SOFIA 118
Rand Daily Mail 339
Rasse/Rassentrennung 283, 288
Rassismus 130, 140, 148, 282, 296
Rat für Gegenseitige Wirtschaftshilfe (RGW) 31
Ratsiraka, Didier 307
Reagan, Ronald 147
Rechercheteam 13
Renner, Lutz 275
Reportage 32, 82, 92, 94, 104, 132, 140, 142, 171,
220, 227, 243, 307f., 319, 326, 334,
390f., 404ff., 417, 424
Republikflucht 21, 191
Reputations-Management 355
Résistance 271, 275
Reston, James 177
Reuters 26, 102, 269, 272, 309, 418
Reynolds, G. Edward 51f.
Rhodesien 282, 284, 295, 314
Rhoodie, Deneys 331f., 336
Rhoodie, Eschel 293, 331f., 336f., 339, 353,
356f., 358
Rio de Janeiro 409, 414
Robson, Bobby 207
Röhl, Henning 240
Rolle/Rollenverständnis 13f., 22f., 26, 31, 54,
71, 81f., 98, 101, 124, 128, 132, 138, 140,
156, 172, 176, 179, 183f., 190, 196, 223,
228, 230, 232f., 235, 249, 256f., 259,
268, 272, 274, 290, 295, 315f., 335, 360,
373f., 400, 416, 423
Rom 138, 216, 255, 374, 385
Rösel, Peter 317
Rote Armee Fraktion (RAF) 148, 248f.
Rote Khmer 375
RotFuchs 47
RTL 182
Ruge, Gerd 175, 178f.
Rumänien 305

S

as-Sadat, Anwar 249, 251
Sabra und Shatila 17, 241, 248
Sacharow, Andrei 71, 75, 79f., 84, 90
Sager, Dirk 37, 71f., 90, 94, 102, 106f.
Salinger, Pierre 176
Salisbury 260ff., 305, 308
Salzburger Nachrichten 342
Sambia 320, 346
sandinistische Revolution 17
San José 51, 61ff.
Santana, Carlos 105
Saudi Arabien 19
Saunders, Frances Stonor 40
Savimbi, Jonas 346
Schabowski, Günter 29, 57, 208
Schaefer, Wolf P. 125
Schäfer, Horst 13, 25, 27, 32, 37, 41, 52, 117ff., 178
Scheel, Walter 178
Scheumann, Gerhard 307
Schewardnadse, Eduard 149
Schießbefehl 98, 146, 169
Schiller, Friedrich 287
Schilling, Friedrich Carl 358
Schmidt-Eenboom 83
Schmidt, Helmut 37, 107, 161, 163, 178
Schmude, Jürgen 202
Schneider, Christian 302
Schneider, Heike 13, 21, 32f., 44, 300, 300ff.
Schnitzler, Karl-Eduard von 323
Schnur, Wolfgang 166
Scholl-Latour, Peter 55
Schoon, Jenny 345
Schoon, Katryn 345
Schroth, Christoph 161
Schumacher, Paul M. 17, 22, 41, 261, 281ff.
Schumann, Dietmar 17, 29, 31f., 37f., 73, 75, 87ff.
Schumann, Harald 41
Schweden 13, 26, 100, 106, 421
Schweiz 26, 328ff., 334f., 338f., 341, 374
Schweizerische Depeschenagentur (SDA) 328f.
Schwiesau, Hermann 366
Sechs-Tage-Krieg 230
Séguy, Georges 274
Sell, Friedrich-Wilhelm von 35, 69
SENDER FREIES BERLIN (SFB) 169, 325
Senghor, Léopold Sédar 266, 268
Sensation 51, 54, 153, 253
Serviettenjournalismus 201
Sethe, Paul 144f.
Siedlerkolonien 17, 282
Siegermächte 25
Siemens 286, 404, 411, 417
Sierra Leone 360
Siller, Stefan 264
Simenon, Georges 272
Sindermann, Horst 204
Singapur 32, 191, 385
Sinn und Form 276
Sinowatz, Fred 114
Slovo, Joe 338, 340
Smit, Robert 337f.
Soares, Mário 65

437

Sofia 100, 118, 121, 385
Somalia 344f., 360
Sommer, Theo 358
Somoza 396
Sonnenfeldt, Helmut 183
SonntagsBlick 145
South East Asia Review 379
South West Africa People's Organization (SWAPO) 260, 262f., 310, 322
Soweto 17, 258, 297f., 313, 319
Sowjetarmee 17, 31
Sowjetunion 16f., 31, 68, 70, 72, 78, 90ff., 99, 101, 103ff., 110, 112f., 129, 160, 182, 269, 295, 309, 321, 360f., 367, 373, 400, 415
Sozialdemokratische Partei Deutschlands (SPD) 41, 107, 119, 124f., 195, 198, 202f., 239, 256, 288, 292
Sozialismus 18, 20, 24, 48, 54f., 58, 94, 102, 219, 222, 297, 303, 316, 318, 322, 400
Sozialistische Einheitspartei Deutschlands (SED) 21, 24, 31, 33, 53, 58, 60, 94, 98f., 106, 109ff., 115, 132, 134, 144, 149f., 178, 191, 197f., 214, 219, 221, 227f., 238, 241f., 279, 302f., 316, 320, 323f., 326, 370, 373, 402
Sozialistischen Einheitspartei Westberlins (SEW) 53
Spanien 19, 47, 58, 191, 408, 410
Speidel 124
Sperrzone/Sperrgebiet 29, 35, 76, 82, 232
Spiegel 16f., 23, 26, 28, 36, 51, 96, 102, 121f., 125f., 142, 144, 214f., 223, 259, 261, 281ff., 286ff., 293ff., 318, 323f., 339f., 355ff., 396, 406
Spiegel-Affäre 23
Spínola 58
Spionage 25, 28, 36, 41, 119, 125, 307
Spitzensportler 33, 213
Springer 49, 122, 174, 180, 278, 288, 356
Springer Auslandsdienst 356
Springer, Axel 180
Staatssicherheit 26, 28, 41, 44, 64, 72, 88, 95, 109, 143, 168, 182, 186f., 190, 193f., 233
Stain, Walter 125
Stalinismus 25
Stalin, Josef 407
Ständige Vertretung 156, 184
State Department 126, 176f., 183f.
Steiniger, Klaus 30, 41, 46ff.
Stern 16f., 26, 29, 35, 102, 142, 155, 249, 287, 389, 405, 409, 413, 418ff., 423
Stimme der DDR 20
Stirnberg, Uwe 149f.
Stockholm 192, 345, 385
Stolpe, Manfred 158
Stolte, Dieter 109
Stone, Claude M. 53
Stövers, Bernd 40
Strafgesetz 36
Strauß, Franz-Josef 124, 324
Stuttgarter Zeitung 72, 182
subversive Aktivitäten 26
Südafrika 13, 17, 19, 22, 27, 34, 244f., 255, 258ff., 281f., 284, 286ff., 292ff., 296, 298f., 306f., 318, 323, 328ff., 337f., 340ff., 347f., 353f., 356ff.
Südafrikanisches Panorama / SA-Panorama 329ff., 336, 340, 352
SÜDDEUTSCHER RUNDFUNK 245
Süddeutsche Zeitung (SZ) 16f., 26, 34f., 179, 182, 199, 246, 250, 389, 405f., 408f., 414, 416f., 419, 423
Südjemen 360
Südvietnam 370, 378
Südwest-Afrika 262
Svenska Dagbladet 26
Syrien 130, 151, 225f., 228, 230, 232f., 235ff., 241, 249, 254

T

Tabuthemen/Tabus 17, 31, 57, 88f., 94, 104, 128, 133, 197f., 315, 330, 381
Tages-Anzeiger 26
Tagesschau 71, 79, 81f., 85, 156, 169, 175, 240f., 248, 252, 254, 261, 299, 306
Tagesspiegel 72, 144
Tambo, Oliver 303, 319
Tansania 297, 303f., 306, 319
Itar-TASS 61, 269, 272, 311, 348
Tel Aviv 88, 96
Telex 231, 254f., 292, 297, 307
Terrorismus/Terroristen/Terror 42, 147f., 176, 314
Teuber, Brigitte 356
Thatcher, Margaret 210
The Citizen 356
The Daily Mail 39
The Daily Telegraph 39
The Guardian 26, 39
The Observer 26
The Sunday Times 39
Thoma, Dieter 298
Tito, Josip Broz 269
Tokio 385
To the Point 356
Tötung 41
Townships 263, 284, 341, 348
Transition 40
Transkei 356
Tripolis 316
Truman, Harry S. 25
Trybuna Ludu 179
Tschechoslowakei 16, 25, 32, 72, 236, 367, 407, 409, 415
Tschetschenien 88, 95
Tucholsky, Kurt 323
Turnhallenbewegung 263
Tutu, Desmond 260, 263

U

Überwachung 84, 109, 118
UdSSR 28, 87, 92, 130, 295
Ulbricht, Walter 272, 321, 407
Unabhängigkeit/Unabhängigkeitsbewegung 144, 185, 266, 268ff., 301, 309f., 317, 320, 356

undercover 141, 293
Ungarn 16, 73, 96, 102, 111, 125, 179f., 403, 409
União Nacional para a Independência Total de Angola (UNITA) 296
Unidad Popular 390
United Press International Television News (UPITN) 355
United Press International (UPI) 121, 153, 157
UNO/Vereinte Nationen/UN 50, 61, 118, 126, 133f., 176, 178, 267f., 274, 385
Unsere Zeit 362
Unterstützung staatsfeindlicher Gruppierungen 26
Uruguay 47
USA 16, 26, 27, 36, 47, 49ff., 59f., 63, 80, 92, 98f., 106, 126, 130f., 138ff., 145f., 151, 168, 171ff., 209, 244, 249, 268, 271, 273, 282, 336, 356, 358, 363, 370, 395f.

V

Venezuela 151
Verband der Journalisten der DDR (VDJ) 59
Verfassungsschutz 84, 148, 186f., 190, 192f.
Verhaftung 27, 50, 85, 169
Verhör 27, 193, 304
Verpflichtungserklärung 41, 95, 193
Verwandtschaft 190
Verwoerd, H. F. 329
Vientiane 375
Vietcong 17
Vietnam 16, 31, 51, 130, 273, 278, 360ff., 367ff., 389
Villiers, Les de 339f.
Visum 29, 51, 108, 137, 141, 258, 290, 294f., 304, 408f.
Vogel, Hans-Jochen 119, 202
Vorster, Balthazar Johannes 283, 314, 330, 338f., 345, 356

W

Washington Star 355
Wassiljew, Wolodja 93
Weile, Mathias 373
Weißrussland 81, 151
Welikanowa, Tatjana 71, 84, 85
Weltbühne 33, 53, 241, 323
Welt, Die 26, 144, 179, 259f., 277, 282, 362, 384
Weltspiegel 256, 262, 264
Wende (politische) 17, 72, 85, 88, 90, 95, 97, 106, 109, 113, 149f., 154f., 164, 166, 183, 192, 195, 203, 208, 219, 223, 226, 240, 242, 301, 318, 323ff., 330, 335, 341, 348, 388, 399, 400, 402
Wertevertreter 20
Westberlin 51, 63, 121, 152
WESTDEUTSCHER RUNDFUNK (WDR) 35, 69, 75, 78, 80, 106, 173, 245, 250, 288, 298
Westfalenblatt 342
Westfälische Rundschau 152, 154, 159, 163
Westverwandtschaft 36, 190
White House Press Corps 126
Wickert, Ulrich 279

Wieck, Hans-Georg von 184
Wiedervereinigung 14, 72, 109, 375
Wiekenburg, Eduard Graf 356
Wieland, Deba 364
Willerding, Klaus 365
Williamson, Craig 345
Windhuk 260, 263, 321, 346
Winzer, Otto 50, 178
Wladiwostok 78, 82, 94
Wochenpost 16, 33, 118, 130, 132, 302, 323
Wolf, Christa 109, 278, 301
Wolf, Markus 59, 183

Z

Zahn, Peter von 174
Zaire 16
ZDF 16, 23, 26, 28, 36, 38, 64, 71ff., 87f., 95, 97, 103, 105ff., 112, 156, 239f., 245, 250, 256, 325f., 394
Zeit, Die 26, 74, 102, 127, 276, 358
Zeit im Bild 118
Zeitzeugen 11, 13, 15
Zensur 29, 56, 95, 103, 155, 163, 175, 211, 231, 247f., 297, 324, 393, 407, 409
Zentrag 58
Zentralbild 118, 228
zentrale Steuerung 18, 33, 179
Zentralkomitee 31, 32, 58, 83, 102, 111, 134, 198, 227, 238
Zimbabwe African National Union (ZANU) 284
Zimbabwe African People's Union (ZAPU) 284
Zimmermann, Udo 188
Zorn, Klaus 366
Zürcher Seezeitung 342, 345
Zwerenz, Gerhard 222
Zypern 26, 245

Journalismus

MICHAEL HALLER / LUTZ MÜKKE (Hrsg.)

Wie die Medien zur Freiheit kamen. Zum Wandel der ostdeutschen Medienlandschaft seit dem Untergang der DDR

Reihe des Instituts für praktische Journalismusforschung (IPJ), 7
2010, 256 S., 18 Abb., 10 Tab., Broschur, dt.
ISBN 978-3-86962-034-3

Es war kein Sprung in die Freiheit: Der Übergang von der staatlich gelenkten zur staatsfreien Presse deutete sich in der DDR schon vor dem Fall der Mauer an. Viele ostdeutsche Journalisten wollten das freie Wort – und mussten dann mühsam lernen, wie man Pressefreiheit, Publikumswünsche und Medienökonomie zusammenbringt.

Seit 1993 beobachteten Medienwissenschaftler des Lehrstuhls Journalistik an der Universität Leipzig, ob und wie sich die Berufsrolle der Journalisten unter dem Leitbild der Pressefreiheit und dem Zwang des Marktes veränderte, wie ein neuer Typ des Konformismus entstand und wie die regionalen Monopolzeitungen publizistischen Mainstream erzeugten. Sie registrierten aber auch die vielen Versuche und Ansätze zu einer unverblümt-offenen Publizistik.

Jeder der 13 Beiträge untersucht wichtige Fragen des Rollenwandels: Wie agierten die aus Westdeutschland eingetroffenen Chefredakteur? Wie denken Ressortleiter, die schon zu DDR-Zeiten in den SED-Blättern Ressortchefs waren? Wie behandelten ostdeutsche Redakteure den Zulauf, den rechtsradikale Gruppen fanden? Wie kam es zum Fall Sebnitz? Wie erklärt sich der Erfolg der SUPER-ILLU? Und: Welches Bild zeichneten westdeutsche Medien von den Menschen im Osten?

Dieses Buch gibt wissenschaftlich gesicherte Antworten auf die Frage nach Mentalitäten, Normen und Regeln, die den gesellschaftlichen Diskurs Ostdeutschlands prägen.

HERBERT VON HALEM VERLAG
Schanzenstr. 22 · 51063 Köln
http://www.halem-verlag.de
info@halem-verlag.de

Journalismus

STEPHAN WEICHERT / LEIF KRAMP

Die Vorkämpfer.
Wie Journalisten über die Welt im Ausnahmezustand berichten

2011, 256 S., 138 Abb., 2 Tab., Broschur, dt.

ISBN 978-3-86962-036-7

Jahrzehntelang war der Journalismus in Zeiten von Krisen, Terror und Kriegen unersetzlich: Aktuell-verlässlicher Nachrichtenfluss, kompetente Analysen, geschliffene Kommentare – im Idealfall lieferten Auslandsreporter eine hohe Orientierungsdichte für ein verunsichertes, uninformiertes Publikum. Dabei ist der Krisenjournalismus nicht nur eines der gefährlichsten Tätigkeitsfelder, sondern auch eines der am meisten gefährdeten: Sparzwänge und Zeitmangel setzen die professionellen Berichterstatter unter Druck, auch die Konkurrenz durch parajournalistische Informationsagenten wächst zusehends: Die Interpretationsmacht der Geheimdienste, Enthüllungsportale wie WikiLeaks oder vermeintlich unabhängige Blogger in den Krisenregionen stellen die Interpretationshoheit der Reporter und auch deren professionelle Relevanz immer mehr infrage – umso dringender werden verbindliche Richtlinien für die Krisen- und Kriegsberichterstattung eingefordert.

HERBERT VON HALEM VERLAG
Schanzenstr. 22 · 51063 Köln
http://www.halem-verlag.de
info@halem-verlag.de